Raspberry Pi programmieren mit Java

Wolfgang Höfer

Raspberry Pi programmieren mit Java

mitp

Bibliografische Information der Deutschen Nationalbibliothek
Die Deutsche Nationalbibliothek verzeichnet diese Publikation in der Deutschen Nationalbibliografie; detaillierte bibliografische Daten sind im Internet über <http://dnb.d-nb.de> abrufbar.

Bei der Herstellung des Werkes haben wir uns zukunftsbewusst für umweltverträgliche und wiederverwertbare Materialien entschieden.
Der Inhalt ist auf elementar chlorfreiem Papier gedruckt.

ISBN 978-3-95845-055-4
1. Auflage 2016

www.mitp.de
E-Mail: mitp-verlag@sigloch.de
Telefon: +49 7953 / 7189 - 079
Telefax: +49 7953 / 7189 - 082

Lektorat: Sabine Schulz
Sprachkorrektorat: Petra Heubach-Erdmann
Coverbild: Michael Weigend
Satz: III-satz, Husby, www.drei-satz.de
Druck: Medienhaus Plump GmbH, Rheinbreitbach

Inhaltsverzeichnis

Für Tina, Marcel und Jan

Einleitung

Der Raspberry Pi ist ein Minirechner, den Sie sehr flexibel für die unterschiedlichsten Aufgaben einsetzen können. Zum einen haben Sie mit dem gerade mal scheckkartengroßen Rechner einen vollwertigen Desktop-PC, auf dem Sie Office-Anwendungen laufen lassen und Ihre E-Mails bearbeiten können. Auch Drucken, Surfen, Netzwerkverbindung über Kabel, Wireless LAN und Bluetooth gehören dazu. Zum anderen können Sie an dem Minirechner eine Maus und Tastatur über die USB-Ports und einen Bildschirm über HDMI oder einen Fernseher über Composite anschließen. Oder Sie betreiben den Raspberry Pi über einen Remote-Zugriff. Für diese Aufgaben unterstützt Sie dabei das für den Raspberry Pi optimierte Debian-Linux. Aber keine Angst, auch der ungeübte Anwender, der mit der Konfiguration eines Linux-Rechners nicht vertraut ist, wird so weit unterstützt, dass das Debian-Linux ohne Vorkenntnisse installiert und konfiguriert werden kann.

Die zweite Welt, in die Sie mit dem Raspberry Pi eintauchen können, ist die faszinierende Verbindung von Software und Hardware. Diese reicht von einfachen digitalen Ein- und Ausgängen bis hin zur Ansteuerung von komplexen Schaltkreisen, die über den I^2C-Bus, den SPI-Bus oder die RS232-Schnittstelle angesteuert werden können. Über diese Schnittstellen lassen sich dann die unterschiedlichsten Sensoren ansprechen. Den Zugang zu diesen Systemen stellt der Raspberry Pi über eine 26-polige oder je nach Modell auch über eine 40-polige Stiftleiste zur Verfügung. Und genau dahin möchte ich Sie mit diesem Buch begleiten.

Alle Projekte aus diesem Buch werden mit der Programmiersprache Java umgesetzt und es soll nicht nur den erfahrenen Java-Entwickler, sondern auch Umsteiger, die vielleicht bisher mit C oder Python Erfahrung haben, ansprechen. Aber auch alle Technikfreaks, die einfach neugierig sind und etwas Neues ausprobieren wollen. Für diesen Leserkreis gibt es im Anhang dieses Buches eine Einführung in Java, in der die grundlegenden Strukturen und Prinzipien dieser Hochsprache erläutert werden. In den Projekten finden Sie dann weiterführende Themen zu Java.

Wie Sie mit diesem Buch arbeiten können

Das Buch ist so konzipiert, dass die Kapitel aufeinander aufbauen. So gibt es zum Beispiel Java-Klassen, die einmal ausführlich erläutert und dann in nachfolgenden Kapiteln eingesetzt werden. Der gesamte Programmcode teilt sich dabei in einen allgemeinen und in einen für das jeweilige Kapitel spezifischen Teil. Den allgemeinen Teil des Programmcodes können Sie dann später sehr einfach in eigene Projekte einbinden und er bildet in seiner Summe ein kleines Framework für die Java-Programmierung auf dem Raspberry Pi.

Den ganzen Programmcode, den Sie für die Umsetzung der Projekte benötigen, können Sie sich von dem Verlagsserver unter `www.mitp.de/055` herunterladen (unter dem Reiter Downloads) und auf dem Raspberry Pi installieren. Eine Anleitung dazu finden Sie in dem Kapitel »Projektvorbereitung«.

Das Buchprojekt mit dem vollständigen Programmcode finden Sie auf dem Verlagsserver

`http://media.mitp.de/downloads/9783958450554_Raspberry_Pi_und_Java.tar`

Alle Programme sind direkt auf dem Raspberry Pi entwickelt worden. Hierzu wurde die Entwicklungsumgebung BlueJ verwendet, die auch in diesem Buch vorgestellt wird und mit der Sie die wichtigsten Grundlagen für den Umgang an die Hand bekommen.

Da in diesem Buch die Verbindung zwischen Soft- und Hardware beschrieben wird, sind die Projekte fast ausschließlich technischer Natur. Zu jedem Programmcode gehört demnach auch immer ein Stück Elektronik. Hierbei habe ich stets versucht, den Aufwand für Sie möglichst gering zu halten. Es lassen sich daher alle Versuche sehr einfach auf einem Steckbrett nachbauen.

Für einen ersten Überblick über die Themen finden Sie im Folgenden eine kurze Beschreibung zu jedem Kapitel.

Kapitel 1: Der Raspberry Pi

In dem ersten Kapitel lernen Sie die Hardware des Raspberry Pi kennen, indem die verschiedenen Komponenten und Schnittstellen auf dem Board beschrieben werden. Hierzu zählen der Prozessor, die Grafikeinheit, die USB-Anschlüsse, das Netzwerk und die Audio- und Video-Ausgabe. Hierbei wird auch auf die Unterschiede zwischen den verschiedenen Modellen eingegangen. Außerdem wird beschrieben, wo Sie das Kameramodul und ein Display anschließen können.

Für den ersten Start des Raspberry Pi benötigen Sie eine SD-Karte, eine Tastatur, eine Maus und ein HDMI- oder Composite-Kabel und ein Netzteil. Damit Sie hier die richtigen Komponenten anschließen, zeige ich Ihnen, auf welche technischen Werte Sie achten müssen.

Kapitel 2: Booten und konfigurieren

Nachdem alle Komponenten für einen ersten Testlauf des Raspberry Pi verfügbar sind, wird beschrieben, wie Sie das richtige Betriebssystem für den Raspberry Pi auf eine SD-Karte kopieren können und wie Sie den Raspberry Pi konfigurieren. Anschließend werden noch verschiedene Möglichkeiten vorgestellt, um den Raspberry Pi in Ihrem Heimnetzwerk über LAN oder WLAN zu integrieren. Danach wird der Mini-Rechner so konfiguriert, dass Sie über SSH mit PuTTY und WinSCP auf den Raspberry Pi zugreifen können. Weiterhin beschreibe ich, wie Sie mit TightVNC eine Remote-Verbindung aufbauen, um so von einem anderen Rechner auf den grafischen Desktop des Raspberry Pi zuzugreifen.

Kapitel 3: Linux auf dem Raspberry Pi

Auch wenn der Raspberry Pi über einen grafischen Desktop verfügt, werden Sie für bestimmte Aufgaben mit der Linux-Konsole arbeiten müssen. Um hier die wichtigsten Befehle kennenzulernen, finden Sie diese in diesem Kapitel nebst ihrer Anwendung.

Kapitel 4: Projektvorbereitung

In der Projektvorbereitung wird die Java-Entwicklungsumgebung BlueJ installiert und ich beschreibe die wichtigsten Funktionen. Sie installieren dann die Pi4J-Bibliothek, die Sie benötigen, damit Sie die GPIO-Ports des Raspberry Pi ansprechen können. Dies ist die Schnittstelle für alle technischen Projekte.

Wenn Sie nicht direkt mit einem Steckbrett arbeiten wollen, um die ersten Versuche aufzubauen, zeige ich Ihnen, wie Sie das Erweiterungsboard Gertboard mit dem Raspberry Pi verbinden und mit einem einfachen Java-Programm testen können. Auf diesem Board finden Sie einige Schaltkreise, die auch in den verschiedenen Projekten benutzt werden.

Kapitel 5: Datum und Zeit

Im Kapitel »Datum und Zeit« werden Ihnen der Umgang mit Datum und Zeit in Java und die dafür bereitgestellten Klassen `Date`, `Calendar` und `GregorianCalendar` vorgestellt. Hierzu gehört auch das Formatieren und Parsen von Datums- und Zeitangaben. Als praktische Übung schreiben Sie zuerst ein Programm, das den Wochentag Ihres Geburtstags für ein beliebiges Jahr berechnen kann. Und danach kommt die Berechnung der Arbeitstage für ein beliebiges Jahr, die zwischen Weihnachten und Silvester liegen.

Als Nächstes werden Sie das GPIO-Interface des Raspberry Pi über Java ansprechen und Relais ansteuern. Als praktische Übung werden hierzu mit zeitgesteuerten Relais Akkus geladen und eine Spiegelreflexkamera gesteuert.

Kapitel 6: Digitale Eingänge und Sensoren

Das Thema »Digitale Eingänge und Sensoren« zeigt Ihnen, wie Sie mithilfe der Pi4J-Bibliothek auf externe Ereignisse reagieren können. Ein Programm muss also einen Pegelwechsel, der an einem der GPIO-Pins ausgeführt wird, erfassen und darauf reagieren. Als erstes Beispiel werden Sie hierzu ein Programm schreiben, das einen Tastendruck auswertet und daraufhin einen externen Prozess startet. Unter einem externen Prozess versteht man hier zum Beispiel das Ausführen eines Linux-Befehls oder eines beliebigen Programms. In diesem Beispiel wird durch den Tastendruck der Raspberry Pi heruntergefahren und der TightVNC-Server gestartet oder beendet.

Als zweites Anwendungsbeispiel wird ein Bewegungsmelder eingesetzt, um in einer Toilette das Licht beim Betreten einzuschalten und Musik zu spielen. Sie lernen also auch, wie man mit Java Audio-Dateien abspielt.

Den Ultraschallsensor HC-SR04, den man zur Abstandsmessung einsetzt, werden Sie mit einem weiteren Programm testen. Hierbei muss der Raspberry Pi zwei sehr schnell hintereinander auftretende Signale auswerten.

Als Letztes werden dann analoge Sensoren über einen Schmitt-Trigger an den Raspberry Pi angeschlossen, um somit als Schwellenwerterkennung eingesetzt zu werden.

Kapitel 7: Swing lernen

Das Kapitel »Swing lernen« ist ein reiner Java-Kurs, den Sie auch auf jedem anderen Computer testen können. Hier lernen Sie, wie mit Java grafische Oberflächen erzeugt werden und auf Ereignisse reagiert werden kann. Da die Entwicklung grafischer Oberflächen ein sehr komplexes Thema ist, wird hier nur auf einen kleinen Bereich eingegangen, der aber alles abdeckt, was Sie für die Projekte in diesem Buch wissen müssen. Es dient Ihnen aber auch als Grundlage, um tiefer in dieses Thema einzusteigen.

Kapitel 8: Analoge Eingänge und Sensoren

Um mit dem Raspberry Pi analoge Signale verarbeiten zu können, benötigen Sie einen externen Analog-Digital-Wandler. Im Falle des Raspberry Pi können Sie Wandler verwenden, die entweder über einen SPI- oder einen I^2C-Bus verfügen. Als Einstieg in dieses Thema wird der Wandler MCP3002 vorgestellt, der auch auf dem Gertboard zu Verfügung steht und über den SPI-Bus angesteuert wird. Hierzu beschreibe ich zuerst die grundlegende Arbeitsweise des SPI-Bus und wie Sie diesen mit Java über die Pi4J-Bibliothek ansprechen können.

Als analoge Sensoren werden hier ein NTC-Widerstand zur Temperaturmessung und ein LDR-Widerstand zur Messung der Lichtstärke eingesetzt. Außerdem zeige ich Ihnen, wie Sie die Kennlinie solcher Sensoren linearisieren und entsprechende Verstärker zur Anpassung an den Wandler berechnen können.

Da es auch vorkommen kann, dass in einem Datenblatt zu einem Sensor keine Kennlinie, sondern eine Tabelle mit Stützwerten angegeben wird, zeige ich Ihnen, wie Sie diese Stützwerte in Java verarbeiten und Zwischenwerte interpolieren können. Als Beispiel verwenden Sie hierzu ein Programm für die Distanzsensoren der Firma Sharp.

Kapitel 9: Messwerte speichern

Immer wenn Sie mit Sensoren arbeiten, werden Sie die unterschiedlichsten Messwerte speichern und aus einer Datei auslesen müssen. Hierzu habe ich einen Java-Kurs geschrieben, der das Arbeiten mit Dateien und Verzeichnissen erläutert. Außerdem lernen Sie die wichtigsten Java-Klassen kennen, um Daten als Liste, Menge oder in einem assoziativen Speicher abzulegen und formatiert zu speichern. Als praktisches Beispiel werden Sie hierzu einen Datenlogger schreiben, der beliebige Messwerte verarbeiten kann.

Kapitel 10: Messwertgrafiken mit Swing

In diesem Kapitel zeige ich Ihnen, wie Sie mit Java eigene grafische Komponenten entwickeln können. Diese können Sie dann genauso in eigene Programme einsetzen, wie Sie es mit den Swing-Komponenten aus der Java-Bibliothek gewohnt sind. Als Beispiel werden Sie hier ein Diagramm programmieren, mit dem Sie Messwerte im zeitlichen Verlauf grafisch darstellen.

Kapitel 11: Threads und reguläre Ausdrücke

Mit Threads werden in Java nebenläufige Prozesse abgebildet, um eine quasi parallele Verarbeitung von Daten in einer Anwendung zu realisieren. Ich zeige Ihnen in diesem Einführungskurs, wie Sie Threads starten und beenden. Außerdem lernen Sie, wie man auf Daten zugreift, die von mehreren Threads gelesen und geschrieben werden.

Der zweite Block in diesem Kapitel beschäftigt sich mit regulären Ausdrücken, mit deren Hilfe Sie ein sehr mächtiges Werkzeug an die Hand bekommen, um auch komplexe Suchen von Zeichenketten zu realisieren.

Beide Themen aus diesem Kapitel bilden die Grundlage für die nächsten Projekte.

Kapitel 12: Füllstandsanzeige für eine Zisterne

Mit einem Distanzsensor können Sie den Wasserstand in einer Zisterne ermitteln und zum Beispiel als Funktion über die Zeit grafisch darstellen. Die Bereitstellung der Messwerte und die Anzeige werden hier in zwei getrennte Java-Anwendungen aufgeteilt. Die Messwerte werden über einen HTTP-Server zur Verfügung gestellt, den Sie mit ganz einfachen Mitteln selber schreiben. Die Darstellung und das Abholen der Daten von dem Server übernimmt hier ein HTTP-Client, der sich die Daten über einen HTTP-GET-Befehl erfragt. Die grafische Anzeige wird durch die selbst geschriebene Swing-Komponente realisiert.

Mit diesem Konzept kann der HTTP-Client auf jedem Rechner in Ihrem Heimnetzwerk laufen und sich die Daten von dem HTTP-Server, der auf dem Raspberry Pi gestartet wurde, abholen.

Kapitel 13: Eine Heizungssteuerung

Die Heizungssteuerung, die in diesem Kapitel beschrieben wird, folgt dem gleichen Softwarekonzept wie im vorherigen Kapitel, nur dass Server und Client um den HTTP-POST-Befehl erweitert werden und Daten vom Client auf den Server geschrieben werden.

Mit der vorgestellten Schaltung können Sie eine Heizung oder einen Heizkörper steuern.

Kapitel 14: Eine Zeitschaltuhr

Und auch die Zeitschaltuhr teilt sich in Server und Client auf und kann beliebig viele Schaltvorgänge verarbeiten. Sie können damit also Relais für jeden Wochentag beliebig oft ein- und ausschalten. Außerdem zeige ich Ihnen, wie Sie die Anwendung in den Autostart aufnehmen und Desktopverknüpfungen erstellen.

Kapitel 15: E-Mail-Alarm

Im Kapitel »E-Mail-Alarm« lernen Sie die grundlegenden Methoden, um mit Java E-Mails zu verarbeiten. Die E-Mails werden hierbei über einen Provider verschickt und empfangen. Als Anwendung werden Sie eine kleine Alarmanlage programmieren, die einen Alarm durch einen Bewegungsmelder auslöst und eine E-Mail verschickt. Außerdem lässt sich die Alarmanlage über eine E-Mail einschalten.

Kapitel 16: Der I²C-Bus

Der I²C-Bus ist neben dem SPI-Bus der zweite Bus, den der Raspberry Pi auf seinem GPIO-Interface bereitstellt. Wie Sie diesen Bus aktivieren und über die Pi4J-Bibliothek ansprechen, lernen Sie in diesem Kapitel. Außerdem wird das Protokoll des I²C-Bus eingehend behandelt, damit Sie das grundlegende Verständnis für die Arbeit mit diesem Bus erlangen. Als Beispiel werden Sie den Temperatursensor MCP9808 an den I²C-Bus anschließen und den Sensor in verschiedenen Betriebsmodi ansprechen.

Kapitel 17: Die serielle Schnittstelle RS232

Auf dem GPIO-Interface des Raspberry Pi liegt auch ein UART-Baustein bereit, mit dem Sie eine RS232-Schnittstelle aufbauen können und damit die Möglichkeit haben, andere Geräte über eine lange Leitung ansprechen zu können. In einer einfachen Anwendung wird hier der Ultraschallsensor SRF02 über die RS232-Schnittstelle mit dem Raspberry Pi verbunden und über die Pi4J-Bibliothek angesprochen. Außerdem lernen Sie die Leitungstreiber kennen, die Sie für die Anpassung an lange Leitungen benötigen.

Kapitel 18: Textausgabe mit LCD-Displays

Für viele kleine Anwendungen ist es oft hilfreich, wenn Sie die Möglichkeit haben, kurze Texte über ein einfaches Display anzeigen zu können. Hierdurch können Sie oft auf ein teures TFT-Display verzichten. Die Grundlage für dieses Kapitel ist der HD-44780-Displaytreiber, der in sehr vielen Displays verbaut wird. Sie werden hier den Befehlssatz des HD 44780 kennenlernen und verschiedene Testprogramme schreiben. Dabei werden Sie ein Display im 4-Bit- und 8-Bit-Modus ansteuern. Und Sie werden den IO-Expander MCP23017 einsetzen, um ein einfaches Display über den I^2C-Bus anzusteuern.

Anhang A: Java

Wenn Sie mit Java noch keine Erfahrung haben, sollten Sie sich im Anhang den Grundkurs Java anschauen. Dort habe ich die wichtigsten Grundlagen in einem Kurs zusammengefasst. Sie lernen als Erstes das Grundkonzept von Java und der objektorientierten Programmierung kennen. Anschließend erörtere ich, wie in Java mit Variablen, Arrays und Operatoren gearbeitet wird und wie Sie den Programmfluss kontrollieren können. Danach erfolgt eine Einführung in das objektorientierte Programmieren mit Java und die dafür notwendige Syntax. Abschließend bekommen Sie einen Überblick über Wrapper-Klassen, die Fehlerbehandlung in Java und die Organisation von Klassen in sogenannte Packages. Tiefer gehende Themen zu Java werden dann noch in verschiedenen Kapiteln behandelt, die einen konkreten Bezug zu den beschriebenen Projekten haben.

Über den Autor

Nach dem Studium der Elektrotechnik arbeitet Wolfgang Höfer seit über 20 Jahren als Software-Entwickler. Im Laufe seines Berufslebens hat er Projekte in den Programmiersprachen C, Pascal, Basic, Assembler, PL/SQL und Java umgesetzt. Hierbei hat er in den letzten 15 Jahren mit Java hauptsächlich Datenbank-gestützte Client/Server- und Webanwendungen entwickelt. Aus Interesse zur Hardware hat er sich in seiner Freizeit mit der Programmierung von ATMEL-Controllern beschäftigt und damit verschiedene Projekte umgesetzt. Dabei ging es hauptsächlich um die Auswertung von Sensoren und einfachen regelungstechnischen Aufgaben aus der Hausautomation. Bei diesen Projekten fehlte aber immer wieder die Anbindung eines Controllers an einen leistungsstarken Rechner, mit dem Benutzeroberflächen, Webanwendungen, Webservices und die Speicherung von größeren Datenmengen realisiert werden konnten. Da ein normaler PC wegen des relativ hohen Stromverbrauches für den Dauereinsatz ausschied, suchte er nach preiswerten Alternativen. Und genau diese hat er dann mit dem Raspberry Pi gefunden. Die leichte Integration in ein Computernetzwerk und die Fähigkeit, verschiedene Bussysteme und Schnittstellen ansteuern zu können, machen den Raspberry Pi zu einem perfekten System, um Steuer- und Sensorelektronik mit modernen Anwendungen zu verbinden.

Der Raspberry Pi

In diesem Kapitel werden Sie die verschiedenen Komponenten des Raspberry Pi kennenlernen. Ich werde Ihnen die Anschlüsse und Interfaces vorstellen, die den Raspberry Pi mit der Außenwelt verbinden. Außerdem werde ich Ihnen kurz die zwei wichtigsten ICs auf dem Board und deren Funktion erläutern.

1.1 Das Board

Wenn Sie noch keinen Raspberry Pi besitzen, stellt sich zum einen die Frage, wo Sie ihn erwerben können und ob Sie etwas beim Kauf beachten müssen. Da sich der Raspberry Pi mittlerweile so großer Beliebtheit erfreut, ist er in fast jedem gut sortierten Elektronik-Versandhandel zu bekommen. Wenn Sie nach dem Raspberry Pi suchen, werden Ihnen wahrscheinlich unterschiedliche Modelle angezeigt, die sich erst mal im Preis unterscheiden. Die Modelle A und A+ sind mittlerweile schon ein bisschen aus der Mode gekommen, da sie über keinen Netzwerkanschluss verfügen und sich preislich kaum von den größeren Modellen mit Netzwerk unterscheiden. Oft wird das A-Modell auch nicht mehr zum Verkauf angeboten.

Der wesentliche Unterschied zwischen den Modellen B und B+ liegt an der Anzahl der GPIO-Ports. Was sich genau hinter den GPIO-Ports verbirgt, werde ich Ihnen weiter hinten noch aufzeigen. Im Gegensatz zu den A-Modellen bieten die B-Modelle doppelt so viel RAM-Speicher.

Das Flaggschiff der Raspberry-Pi-Modelle ist das Modell 2 B, das seit 2015 auf dem Markt ist. Es bietet den meisten Arbeitsspeicher und hat einen erheblichen Geschwindigkeitsvorteil gegenüber den kleineren Modellen, ist aber auch das teuerste Modell. Wenn man die Modelle mit dem 40-poligen Pfostenstecker miteinander vergleicht, so liegt der ungefähre Preis bei 23 Euro für das A+-Modell, 28 Euro für das B+-Modell und 38 Euro für das Modell 2 B. Für welches Modell man sich nun entscheidet, hängt auch von der Verwendung ab. Alle Beispiele, die in diesem Buch vorgestellt werden, laufen auch mit den B-Modellen. Die A-Modelle fallen bei einigen Anwendungen wegen des fehlenden Netzwerkanschlusses raus.

Modell	RAM-Speicher	USB	Ethernet	Pfostenstecker
A	256MB	1x	-	26
A+	256MB	1x	-	40
B	512MB	2x	10/100 Mbit	26

Tabelle 1.1: Die Modelle im Vergleich

Modell	RAM-Speicher	USB	Ethernet	Pfostenstecker
B+	512MB	4x	10/100 Mbit	40
2 B	1024MB	4x	10/100 Mbit	40

Tabelle 1.1: Die Modelle im Vergleich (Forts.)

Die B-Modelle unterstützen an ihren USB-Anschlüssen die meisten USB-2.0-Geräte. Wenn Ihnen die Anzahl der USB-Anschlüsse nicht ausreicht, können Sie über einen USB-Hub mit eigener Spannungsversorgung weitere hinzufügen. Wollen Sie zum Beispiel eine Tastatur, eine Maus und einen WLAN-Stick an den Raspberry Pi anschließen, kommen Sie bei den Modellen A, A+ und B nicht ohne einen USB-Hub aus.

1.1.1 Der Prozessor

Das Herzstück des Raspberry Pi ist ein sogenannter SoC. Die Abkürzung SoC steht für System-on-a-Chip und bedeutet so viel wie, dass in einem einzelnen Chip die wichtigsten Komponenten für ein Rechnersystem untergebracht sind. Das Konzept, mehrere Hardware-Komponenten in einem IC zu integrieren, wird in fast allen mobilen Geräten genutzt. Der Grund dafür ist natürlich die platzsparende Bauweise. Im Falle des Raspberry Pi handelt es sich außer bei dem Modell 2 B um den SoC BCM2835 der Firma Broadcom. In ihm ist die 32-Bit-CPU ARM1176JZFS untergebracht. Sie wird mit 700 Mhz getaktet und unterstützt die Verarbeitung von Gleitkommazahlen.

Das Modell 2 B hat den SoC BCM2836, in dem sich eine ARM-Cortex-A7-CPU befindet. Sie besitzt vier Kerne und wird mit 900 Mhz getaktet. Damit ist sie über sieben Mal schneller als die der einfachen B-Modelle.

1.1.2 Die GPU (Graphics Processing Unit)

In dem BCM2835 und BCM2836 befindet sich auch der Grafikprozessor Videocore 4 von Broadcom. Er ist in der Lage, BluRay-Qualität mit H.264 bei 40MBits/s zu verarbeiten. Um 3D-Grafiken schneller verarbeiten zu können, greift die GPU auf die mitgelieferte OpenGL-ES2.0-Bibliothek zu. Die Verarbeitung von Vektor- und Rastergrafiken wird durch die OpenVG-Bibliothek realisiert. Die hinter diesen Bibliotheken stehenden Spezifikationen wurden hauptsächlich für eingebettete Systeme wie Mobiltelefone und Spielkonsolen entwickelt.

Damit Sie sich vorstellen können, wie leistungsfähig die GPU in Bezug auf die 3D-Verarbeitung ist, möchte ich Ihnen ein paar Eckdaten vorstellen. Für eine technische Bewertung des Grafikprozessors dienen die Werte GFLOPs/s, Gpixel/s und Gtexel/s. GFLOPs/s sind die maximale Anzahl von Fließkomma-Operationen in Giga pro Sekunde. Gpixel/s und Gtexel/s geben die maximale Anzahl zu verarbeitenden Pixel und Texturelemente in Giga pro Sekunde an. Da hier die reinen Zahlenwerte nicht wirklich ein Gefühl dafür geben, was der Grafikprozessor zu leisten vermag, habe ich die Videocore-4-GPU mit zwei Grafikkarten, wie sie in einem PC verwendet werden, verglichen und in der folgenden Tabelle gegenübergestellt.

Model	Rechenleistung in GFLOPS/s	Pixelfüllrate in Gpixel/s	Texelfüllrate in Gtexel/s
Raspberry Pi mit der Videocore 4	24	1	1,5
Geforce 8200 MG	19,2	1,6	3,2
Geforce 9800 MGTS	288	9,6	16

Tabelle 1.2: Die GPU des Raspberry Pi im Vergleich mit zwei anderen Grafikkarten

Den Video-Ausgang der GPU können Sie entweder über den HDMI-Anschluss mit einem Monitor oder wahlweise über den Composite-Ausgang für einen TV-Scart-Anschluss mit einem Fernseher verbinden. Wenn ich mal davon ausgehe, dass es in fast jedem Haushalt einen Fernseher oder ein Computermonitor gibt, der mindestens eine der beiden Schnittstellen unterstützt, sind dies wohl die einfachsten und auch günstigsten Varianten, um eine Ausgabe für den Raspberry Pi zu realisieren. Wenn Sie den HDMI-Anschluss verwenden, wird der Audio-Ausgang über den Klinkenstecker nicht benötigt, da das HDMI-Interface auch Audio unterstützt.

Die zur Verfügung stehenden Videoausgänge unterscheiden sich etwas bei den verschiedenen Modellen. So hat das Modell B für den Composite-Ausgang eine eigene Buchse. Bei den Modellen B+ und 2 B gibt es eine Buchse für einen Klinkenstecker, auf dem der Composite-Ausgang und der Audio-Ausgang zur Verfügung liegen. Die HDMI-Ausgänge sind aber gleich geblieben. Schauen Sie sich dazu Abbildung 1.1 an. Dort ist auf der linken Seite das Modell B mit den zwei getrennten Buchsen für Audio und Composite und auf der rechten Seite das Modell 2 B mit einer Buchse für Audio und Composite zu sehen.

Abb. 1.1: Audio- und Videoausgänge beim Modell B und den Modellen 2 B und B+

1.1.3 Audio

Der Audio-Ausgang steht über einen 3,5-mm-Klinkenstecker zur Verfügung und kann an einen Verstärker oder über ein Adapterkabel zusammen mit dem Composite-Ausgang auf einen Scart-Stecker gelegt werden. Die Ausgangsleistung ist aber so gering, dass Sie einen Lautsprecher nicht direkt ansteuern können. Sie benötigen hier also einen zusätzlichen Verstärker oder eine Aktivbox.

Die Tonqualität des Audio-Ausgangs über den Klinkenstecker ist nicht bei allen Modellen gleich. Bei den Modellen A+, B+ und 2 B wurde die Audioqualität gegenüber den Modellen A und B verbessert. Dies macht sich aber erst bemerkbar, wenn Sie den Raspberry Pi an ein rauscharmes Netzteil anschließen. Wenn Sie auf bessere Audioqualität Wert legen, sollte das

Netzteil einen Filter besitzen. Für diese Zwecke ist dann ein klassisches Netzteil mit Trafo, Festspannungsregler und Filter gegenüber einem einfachen Schaltnetzteil vorzuziehen.

Neben dem Audio-Ausgang werden Sie vielleicht eine Eingangsbuchse vermissen, die Sie auf dem Board auch nicht finden werden. Wenn Sie Audio-Eingänge benötigen, können Sie diese z.B. über ein USB-Mikrofon realisieren. Für zusätzliche Audio-In/Out-Geräte steht außerdem der I^2S-Bus auf dem GPIO-Interface zur Verfügung.

1.1.4 Netzwerk und USB

Bei einem Blick auf das Board fällt neben dem SoC noch ein zweites IC ins Auge. Und zwar das LAN9512 der Firma SMSC. In ihm steckt ein Netzwerk-Adapter mit 10/100-Ethernet- und Full-duplex-Betrieb-Unterstützung. Außerdem wird darüber der USB-2.0-Hub bereitgestellt.

In Abbildung 1.2 sehen Sie den Netzwerk- und USB-Anschluss des Raspberry Pi. Auf der linken Seite ist das Modell B und auf der rechten Seite das Modell 2 B im Vergleich dargestellt. Das Modell 2 B besitzt an seinem Netzwerkstecker zwei LEDs, wobei eine den Betriebsmodus des Netzwerkadapters und die andere die Netzwerkaktivität anzeigt. Bei dem Modell B sitzen diese LEDs direkt auf dem Board.

Abb. 1.2: Netzwerk- und USB-Anschlüsse beim Modell B und 2 B

1.1.5 CSI (Camera Serial Interface)

Für den Raspberry Pi gibt es zwei verschiedene 5-Megapixel-Kameramodule, die über ein Folienbandkabel angeschlossen werden. Der verwendete Sensor ist bei beiden Modulen gleich und hat eine Auflösung von 2592 × 1944 Pixeln und ist in der Lage, Videos mit einer Auflösung von 1080p und 30 Bildern in der Sekunde aufzunehmen. Zum Betrieb des Kameramoduls muss aber vorher ein Treiber installiert werden.

Die beiden Kameramodule unterscheiden sich nur dadurch, dass das NoIR-Kameramodul keinen Infrarotfilter besitzt. Hierdurch können Sie mit dieser Kamera Infrarotaufnahmen und Aufnahmen bei schlechter Beleuchtung durchführen.

1.1.6 DSI (Display Serial Interface)

Über den DSI-Anschluss können Sie Displays mit Folienbandkabel anschließen. Beim Kauf eines solchen Displays sollten Sie aber unbedingt darauf achten, dass es für das Display einen Treiber gibt, der für das Betriebssystem des Raspberry Pi getestet ist.

Das offizielle Raspberry-Pi-Display hat die Raspberry Pi Foundation im Juni 2015 vorgestellt. Es handelt sich dabei um ein 7-Zoll-Display mit einer Auflösung von 800 x 480 Punkten und wird über das DSI-Interface mit dem Raspberry Pi verbunden. Wenn Sie die aktuelle Betriebssystemversion nutzen, brauchen Sie für das Display auch keinen Treiber zu installieren. Die Kosten für dieses Display betragen ungefähr 80 Euro.

Einige Firmen bieten auch Displays an, die über die 26- oder 40-polige Steckerleiste des Raspberry Pi angeschlossen werden. So bietet die Firma HwLevel für den Raspberry Pi direkt vier verschiedene TFT-LCD-Displays zwischen 3,2" und 5" an, die alle direkt über den GPIO-Stecker mit dem Raspberry Pi verbunden werden. Für das günstigste Display liegt der Preis bei ca. 40 Euro.

Modell	Größe	Auflösung
LCD-PI32	3,2"	320 × 240
LCD-PI33	3,3"	320 × 480
LCD-PI43	4,3"	480 × 272
LCD-PI50	5,0"	480 × 272

Tabelle 1.3: TFT-LCD-Displays der Firma HwLevel

In Abbildung 1.3 können Sie sich die Lage des Display- und Kamera-Interface von Modell B und 2 B anschauen.

Abb. 1.3: Überblick über die Modelle B und 2 B

1.1.7 Status-LEDs

Auf dem Board B befinden sich in der rechten oberen Ecke 5 Status-LEDs, die Ihnen einige wichtige Informationen liefern. Eine kurze Erklärung zu den Status-LEDs finden Sie in der folgenden Tabelle.

ACT	Leuchtet immer dann, wenn auf die SD-Karte zugegriffen wird.
PWR	Zeigt an, dass der Raspberry Pi mit der Stromversorgung verbunden ist.
FDX	Durch diese LED wird der Full-duplex-Betrieb des Netzwerkadapters angezeigt.
LNK	Immer wenn Netzwerk-Aktivitäten ausgeführt werden, zeigt LNK dies an.
100	Der Netzwerkadapter arbeitet im 100-Mbps-Modus.

Tabelle 1.4: Die Bedeutung der Status-LEDs

Bei den Modellen A+, B+ und 2 B befinden sich nur noch die zwei Status-LEDs ACT und PWR direkt auf dem Board. Zwei Status-LEDs für das Netzwerk finden sich bei diesen Boards direkt am Netzwerkstecker. Den Vergleich zwischen den beiden Modellen B und 2 B zeigt Abbildung 1.4.

Abb. 1.4: Status-LEDs bei den Modellen B und 2 B

1.1.8 Der Schacht für die SD-Karte

Die Aufnahme für die SD-Karte befindet sich bei allen Modellen auf der Unterseite des Boards. Die SD-Karte wird hier von der Seite in den Schacht eingeschoben und ragt ein Stück über den Rand der Platine hinaus. Bei den Modellen A und B besitzt der Raspberry Pi einen SD-Schacht und bei den Modellen A+, B+ und 2 B einen microSD-Schacht. Den Vergleich zwischen beiden Varianten können Sie in Abbildung 1.5 sehen.

Im nächsten Kapitel werde ich Ihnen zeigen, wie Sie das Betriebssystem des Raspberry Pi auf die SD-Karte kopieren können. Auf ihr wird aber nicht nur das Betriebssystem installiert, sondern sie nimmt auch alle Daten und Programme auf, die Sie auf dem Raspberry Pi benötigen.

Abb. 1.5: Der SD-Schacht beim Modell B und der microSD-Schacht beim Modell 2 B

1.1.9 GPIO (General Purpose Input and Output)

Die 26- beziehungsweise 40-polige Steckerleiste ist die Schnittstelle zu einer ganzen Reihe von Bus-Systemen und einfachen digitalen Ein- und Ausgängen, die Sie über selbst geschriebene Programme ansprechen können. Die Modelle A und B besitzen eine 26-polige Steckerleiste und die Modelle A+, B+ und 2 B eine 40-polige Steckerleiste. In Abbildung 1.6 sehen Sie Position und Nummerierung der Steckerleiste.

Abb. 1.6: Nummerierung der 26- und 40-poligen Steckerleiste

Einen ersten Überblick über die Belegung der einzelnen Pins zeigt die nächste Tabelle. Beachten Sie bitte, dass in der Tabelle die Belegungen für die 26- und 40-polige Steckerleiste angegeben sind.

Leider gibt es unterschiedliche Bezeichnungen für die einzelnen Pins. Dies liegt ganz einfach daran, dass oft die Pinbezeichnung angegeben wird, wie sie in der Spezifikation des Broadcom SoC definiert ist. Diese sehr Hardware-nahe Bezeichnung kann bei verschiedenen Releases zu einem Modell variieren. Die Bezeichnungen, die in der folgenden Tabelle zu sehen sind, beziehen sich alle auf die in diesem Buch benutzte Java-Bibliothek Pi4J. In Pi4J wurden diese Bezeichnungen abstrahiert und sind deshalb von der eigentlichen Hardwarebezeichnung unabhängig und machen es uns als Java-Programmierer einfacher, da Sie sich nicht um verschiedene Releases eines Boards kümmern müssen.

Die Bedeutung der einzelnen Ports auf der Steckerleiste werden Sie im Laufe des Buches noch kennenlernen.

A+/B+/2 B	A/B	GPIO		A/B	A+/B+/2 B
3,3 V		1	2	5,0 V	
GPIO8 SDA1(I^{2}C)	GPIO8 SDA0 (I^{2}C)	3	4	5,0 V	
GPIO9 SCL1(I^{2}C)	GPIO9 SCL0 (I^{2}C)	5	6	0,0 V	
GPIO7		7	8	GPIO15 TxD	
0,0 V		9	10	GPIO16 RxD	
GPIO0		11	12	GPIO1	
GPIO2		13	14	0,0 V	
GPIO3		15	16	GPIO4	
3,3 V		17	18	GPIO5	
GPIO12 MOSI (SPI)		19	20	0,0 V	
GPIO13 MISO (SPI)		21	22	GPIO6	
GPIO14 SCLK(SPI)		23	24	GPIO10 CE0 (SPI)	
0,0 V		25	26	GPIO11 CE1 (SPI)	
SDA0 (EEPROM)		27	28		SCL0 (EEPROM)
GPIO21		29	30		0,0 V
GPIO22		31	32		GPIO26
GPIO23		33	34		0,0 V
GPIO24		35	36		GPIO27
GPIO25		37	38		GPIO28
0,0 V		39	40		GPIO29

Tabelle 1.5: Die Pinbelegung der Steckerleiste

Wenn Sie weitere Information zu den verschiedenen Board-Versionen suchen, empfehle ich Ihnen die folgende Webseite

```
http://elinux.org/Rpi_Low-level_peripherals.
```

1.2 Ein Gehäuse für den Raspberry Pi

In vielen Veröffentlichungen sieht man den Raspberry Pi in interessanten Projekten die unterschiedlichsten Aufgaben ausführen. Nur leider liegt er dabei oft vollkommen schutzlos auf einem Schreibtisch oder einer Werkbank. Dabei reicht ein Stück Kupferdraht oder eine Büroklammer aus, um den kleinen Linux-Rechner ins Jenseits zu befördern. Ein Kurzschluss kann dann dazu führen, dass die sensible Elektronik zerstört wird und das Board nicht mehr zu reparieren ist. Und dies wäre doch echt schade, da ein einfaches Gehäuse für ca. 5 Euro den Raspberry Pi schon gut schützen kann. Aber nicht nur im Betrieb, sondern auch durch statische Aufladung oder zu starker mechanischer Beanspruchung der Multilayer-Platine kann er für immer unbrauchbar werden. Für den Einsatz im Elektroniklabor bieten sich besonders die Gehäuse an, bei denen die Steckerleiste des Raspberry Pi von außen zugänglich ist. Bei einem solchen Gehäuse können Sie so die Ports der Steckerleiste mit einem Adapter auf ein Steckbrett führen.

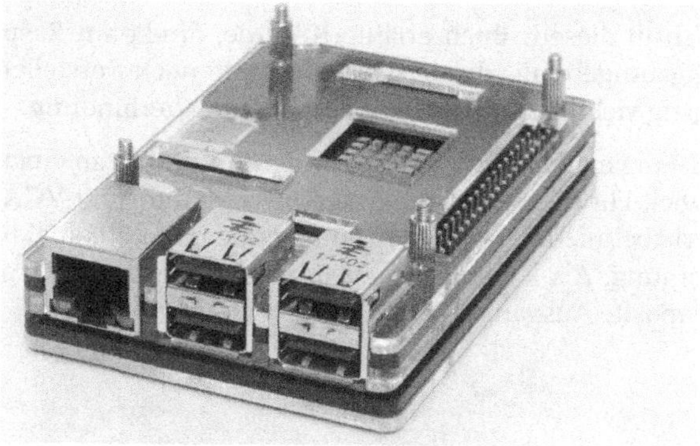

Abb. 1.7: Der Raspberry Pi im Gehäuse

1.3 Das richtige Netzteil

Für den Raspberry Pi benötigen Sie ein 5-V-Netzteil mit Micro-USB-Stecker. Eine einwandfreie Funktion ist aber nur gewährleistet, wenn das Netzteil auch ausreichend Strom liefern kann. Der minimale Verbrauch ohne angeschlossene Geräte ist hier für Modell B ab 700 mA und für Modell A ab 500 mA zu berücksichtigen. Sie sollten sich vor dem Anschließen weiterer Komponenten unbedingt über den Stromverbrauch informieren. So kann der Stromverbrauch von Maus und Tastatur zwischen 100 mA und 1000 mA liegen. Für die richtige Auswahl hilft hier die eLinux-Webseite, auf der viele getestete Komponenten zu finden sind.

```
http://elinux.org/RPi_VerifiedPeripherals
```

Verbinden Sie den Raspberry Pi über ein HDMI-Kabel mit einem Monitor, müssen Sie hier mit einem Verbrauch von 50 mA und beim Anschluss des Kameramoduls mit 250 mA rechnen. Die GPIO-Ports dürfen zusammen nicht mehr als 50 mA liefern. Ein einzelner Port kann aber maximal 16 mA bereitstellen.

Wenn Sie für den ersten Probelauf Ihres Raspberry Pi eine Maus und eine Tastatur mit geringem Stromverbrauch und einen Monitor über HDMI anschließen, reicht ein 1,0-A-Steckernetzteil aus. Bei einigen Projekten in diesem Buch muss das Netzteil aber nicht nur den Raspberry Pi, sondern auch zusätzliche Hardware mit Strom versorgen. Aus diesem Grunde habe ich mich hier für ein 2-A-Schaltnetzteil entschieden. Wollen Sie später zusätzliche Geräte über die USB-Anschlüsse nutzen, sollten Sie hierfür einen USB-Hub mit eigener Stromversorgung verwenden.

1.4 Tastatur, Maus und HDMI-Kabel

Wenn Sie eine Tastatur und Maus für den Raspberry Pi kaufen wollen, sollten Sie sich, wie im vorherigen Abschnitt beschrieben, die Liste mit getesteten Geräten auf der eLinux-Webseite anschauen. Auch wenn wir den Raspberry Pi so konfigurieren wollen, dass er headless betrieben werden kann, benötigt man doch immer wieder die Eingabe über Tastatur und Maus.

Ich habe alle Java-Programme, die ich in diesem Buch erläutern werde, direkt am Raspberry Pi entwickelt. Die Entwicklungsumgebung, die ich Ihnen später noch vorstellen werde, läuft über einen direkten Zugang viel flüssiger als über eine Remote-Verbindung.

Wenn Sie keinen Monitor mit HDMI-Eingang besitzen, gibt es für den Anschluss an einen Monitor mit DVI-Eingang Adapterkabel. Für die Verbindung zu einem Monitor mit VGA-Eingang reicht ein einfaches Adapterkabel nicht aus. Hier benötigen Sie dann einen aktiven Adapter mit eigener Stromversorgung. Als letzte Alternative können Sie Ihren Raspberry Pi natürlich auch über den Composite-Ausgang mit einem Fernseher verbinden.

1.5 Die SD-Karte

Um den Raspberry Pi starten zu können, benötigen Sie eine SD-Karte mit einem Linux-Betriebssystem. Die Raspberry Pi Foundation stellt auf ihrer Webseite eine Reihe von verschiedenen Betriebssystemen zum Download zur Verfügung, die alle auf dem Raspberry Pi laufen und für ihn optimiert worden sind. Egal, für welches System man sich entscheidet, man braucht mindestens eine Speicherkapazität von 4 GB. Da man neben dem reinen Betriebssystem noch weitere Software installieren und natürlich auch eigene Daten speichern möchte, sollte die SD-Karte ausreichend groß sein. Auch hier empfehle ich Ihnen einen Blick auf die eLinux-Webseite, auf der es eine riesige Auswahl getesteter Karten gibt.

```
http://elinux.org/RPi_SD_cards
```

Neben der Größe sollten Sie auch auf die Klasse der Karte achten, die ein Maß für die Geschwindigkeit der Schreib-/Lesezugriffe angibt. Ich würde Ihnen hier immer eine schnelle Karte empfehlen, die positiv getestet wurde.

Stellen Sie beim Arbeiten am Raspberry Pi fest, dass Sie Text nicht zügig schreiben können oder die Eingabe immer wieder stockt, wird dies wahrscheinlich an einer langsamen SD-Karte liegen und nicht an der Verarbeitungsgeschwindigkeit des Prozessors.

Booten und konfigurieren

Jetzt wollen wir den ersten Probelauf des Raspberry Pi wagen. Und wie Sie sehen werden, ist das Betriebssystem sehr schnell installiert und konfiguriert. Selbst für Menschen, die im Administrieren von Linux-Systemen keine Übung haben, wird es nicht schwer sein, den kleinen Rechner zum Laufen zu bekommen. Und wenn Sie das Betriebssystem mal gründlich durcheinander konfiguriert haben, lässt sich der Grundzustand oder das letzte von Ihnen gespeicherte Betriebssystem-Backup sehr schnell wieder einspielen. Viel Spaß!

2.1 Das Betriebssystem auf die SD-Karte laden

Als Erstes müssen Sie sich die richtige Linux-Distribution für den Raspberry Pi herunterladen. Auf der Webseite der Raspberry Foundation finden Sie unter DOWNLOADS verschiedene Distributionen, die alle auf dem Raspberry Pi installiert werden können.

```
http://www.raspberrypi.org/downloads
```

Wir entscheiden uns hier für die Raspbian Distribution, die von der Raspberry Community gepflegt und in sehr kurzen Abständen aktualisiert wird. Das Raspbian-Wheezy-Image ist ein freies Betriebssystem, das auf Debian-Linux aufbaut und für den Raspberry Pi optimiert wurde. Alle anderen Distributionen auf der Download-Seite sind für mehr oder weniger spezielle Aufgabe entwickelt worden.

Hinweis

Downloaden Sie das Raspbian-Wheezy-Image auf Ihren PC und entpacken Sie die Zip-Datei in ein Verzeichnis.

```
https://www.raspberrypi.org/downloads/raspbian/
```

Nach dem Entpacken sehen Sie die `.img`-Datei, die bei dem Raspbian-Wheezy-Image vom 05.05.2015 3,2 GB groß ist. Für dieses Image muss die SD-Karte 4 GB oder größer sein. Damit Sie das Image auf die SD-Karte kopieren können, benötigen Sie ein Programm, das ein 1:1-Abbild auf die SD-Karte schreiben kann. Windows-Benutzer können sich hierzu den Win32DiskImager auf ihrem PC installieren.

Hinweis

Win32DiskImager herunterladen und die Zip-Datei entpacken.

`http://www.sourceforge.net/projects/win32diskimager/`

Sie benötigen jetzt einen SD-Karten-Leser, um das Raspbian-Image mit dem Win32DiskImager auf die SD-Karte kopieren zu können. Falls Ihr Rechner keinen eigenen SD-Karten-Leser hat, können Sie einen externen Karten-Leser über die USB-Schnittstelle Ihres PC anschließen. Wenn sich jetzt die SD-Karte im Karten-Leser befindet, starten Sie aus dem Installationsverzeichnis die EXE-Datei des Win32DiskImager.

Hinweis

SD-Karte in den Karten-Leser stecken und die Datei `Win32DiskImager.exe` ausführen.

Nachdem Sie den Win32DiskImager gestartet haben, geben Sie den Namen des Raspian-Image mit Pfadangabe in das Feld IMAGE FILE ein. Anschließend noch den Laufwerksbuchstaben des Karten-Lesers auswählen und die Schaltfläche WRITE aktivieren. Bevor der Schreibvorgang beginnt, kommt noch eine Sicherheitsabfrage, die Sie darauf aufmerksam macht, dass das Schreiben auf das ausgewählte Gerät dieses eventuell beschädigen kann. Diese Meldung ist für unsere SD-Karte nicht von Bedeutung und wird quittiert. Sie können jetzt erst einmal tief durchatmen und sich entspannt zurücklehnen, bis das Image auf die SD-Karte geschrieben wurde.

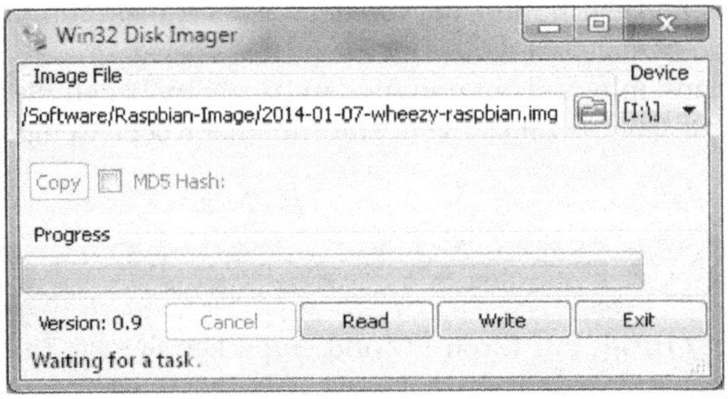

Abb. 2.1: Win32-Disk-Imager mit ausgewähltem Image und Laufwerksbuchstaben

2.2 Booten

Bevor Sie anfangen, den Raspberry Pi mit der Stromversorgung und den Ein-/Ausgabegeräten zu verbinden, kommt hier noch eine kurze Warnung.

Warnung

Alle Geräte und die SD-Karte bitte immer nur mit dem Raspberry Pi verbinden oder entfernen, wenn er sich im stromlosen Zustand befindet.

Stecken Sie jetzt die Tastatur und die Maus in die USB-Anschlüsse des Raspberry Pi. Einen Monitor können Sie über den HDMI-Anschluss oder einen Fernseher über den Composite-Ausgang mit dem Raspberry Pi verbinden. Dann fehlt nur noch die SD-Karte mit dem Raspbian-Image und zu guter Letzt das Steckernetzteil. Sobald die Stromversorgung des Raspberry Pi aktiv ist, beginnt der Boot-Vorgang. Auf dem Monitor sehen Sie jetzt die ganzen Initialisierungsprozesse des Betriebssystems, die Sie erst mal nicht weiter berücksichtigen müssen.

Abb. 2.2: Das erste Mal booten mit Maus, Tastatur und Monitor

Nach der Initialisierung wird automatisch das Konfigurations-Tool *raspi-config* gestartet und erlaubt Ihnen eine menügesteuerte Konfiguration des Raspberry Pi. Nachfolgend werden jetzt alle Menüpunkte kurz beschrieben und die erforderlichen Einstellungen vorgenommen.

Hinweis

Alle Menüangaben beziehen sich auf das Raspbian-Wheezy-Image vom 05.05.2015.

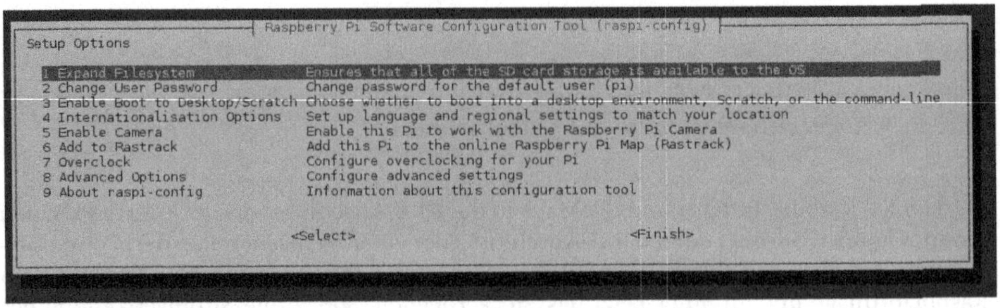

Abb. 2.3: Das Hauptmenü des Konfigurations-Tools `raspi-config`

1. EXPAND FILESYSTEM

   Mit EXPAND FILESYSTEM können Sie den ungenutzten Speicherplatz auf der SD-Karte dem Betriebssystem zur Verfügung stellen. Wenn Sie z.B. das Raspbian-Image auf eine 8 GB große SD-Karte geschrieben haben, werden 4,2 GB nicht genutzt.

   8 GB (SD-Karte) – 3,2 GB (Raspbian-Image) = 4,8 GB (ungenutzt)

   Im Hauptmenü können Sie mit [→] auf <SELECT> springen und dann mit [↵] das Menü EXPAND FILESYSTEM aktivieren. Danach stehen Ihnen zum Speichern von Daten und weiteren Programmen zusätzlich 4,8 GB Speicher auf dem Raspberry Pi zur Verfügung. Wenn Sie eine größere SD-Karte benutzen, entsprechend mehr. Sie sollten aber bedenken, dass ein Backup des Betriebssystems mit dem Win32-Disk-Imager auf Ihrem PC immer ein Image der Größe Ihrer SD-Karte speichert.

2. CHANGE USER PASSWORD

   Auf dem Raspian-Image ist der Benutzer *pi* mit dem Kennwort *raspberry* gesetzt. Wenn Sie möchten, können Sie das Kennwort jetzt ändern. Dies können Sie jedoch auch später an anderer Stelle erledigen.

Default-Einstellung von Benutzer und Kennwort

Benutzer ist **pi** und das Kennwort **raspberry**.

3. ENABLE BOOT TO DESKTOP/SCRATCH

   Unter dem Punkt ENABLE BOOT TO DESKTOP/SCRATCH können Sie festlegen, mit welchem Programm der Raspberry Pi nach dem Booten gestartet werden soll. Mit der ersten Option wird direkt die Konsole gestartet. Bei dieser Variante muss man sich mit dem Benutzer pi und dem eingestellten Kennwort anmelden. Als zweite Möglichkeit kann der Raspberry Pi in den grafischen Desktop ohne Anmeldung gebootet werden. Als letzte Möglichkeit kann man auch direkt in die grafische Entwicklungsumgebung Scratch starten, die dafür gedacht ist, jungen Menschen den spielerischen Einstieg in die Software-Entwicklung zu erleichtern. Wir wählen hier die zweite Option, damit nach dem Start sofort der grafische Desktop zur Verfügung steht.

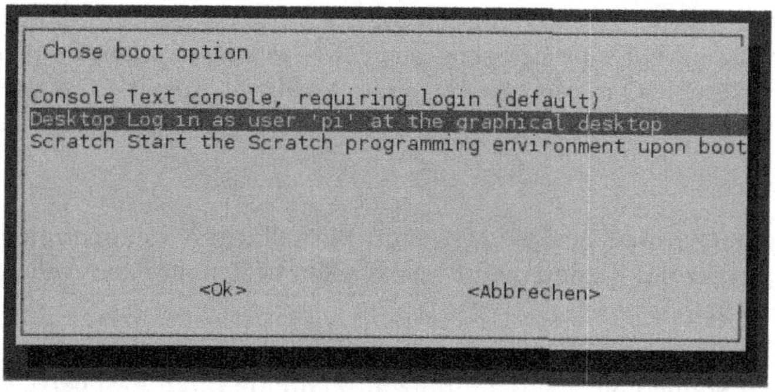

Abb. 2.4: Mit dieser Einstellung wird direkt in den grafischen Desktop gebootet.

4. Internationalisation Options
   Wenn Sie aus dem Hauptmenü in den Punkt Internationalisation Options navigieren, kommen Sie in ein Untermenü, in dem Ihnen drei weitere Navigationspunkte zur Verfügung stehen. Hier stellen Sie die Sprache mit regionalen Varianten, die Zeitzone und das Tastatur-Layout ein.

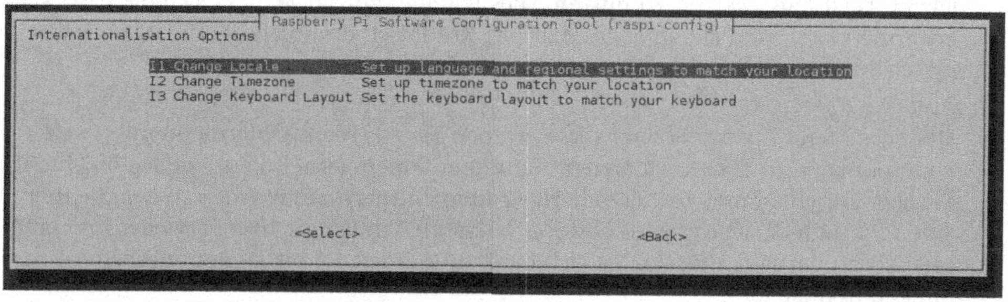

Abb. 2.5: Sprache, Zeitzone und Tastatur-Layout einstellen

Ich habe im Menü Change Locale als Land und Sprache *deutsch* gewählt. Und den Zeichensatz wie im Menü empfohlen auf *UTF-8*. Im Menü Change Timezone habe ich die Zeitzone *Europa* mit der Stadt *Berlin* ausgewählt.

Abb. 2.6: Sprache und Zeitzone festlegen

Im Untermenü CHANGE KEYBOARD LAYOUT müssen Sie die Einstellungen Ihrer angeschlossenen Tastatur anpassen. Für eine deutsche Standard-Tastatur können Sie hier für das Keyboard-Layout GENERIC 105-KEY (INTEL) PC und für die Sprache GERMAN wählen. Für die Einstellungen der Tasten [Alt], [Alt Gr] und [Control] habe ich alle Standards übernommen.

5. ENABLE CAMERA
   In dem Menü ENABLE CAMERA brauchen Sie erst dann Einstellungen vorzunehmen, wenn Sie über den CSI-Stecker das Kameramodul anschließen wollen. Für den Anfang benötigen wir dies aber nicht.
6. ADD TO RASTRACK
   Den nächsten Menüpunkt können Sie erst dann nutzen, wenn Sie Ihren Raspberry Pi mit dem Internet verbunden haben. Hier können Sie sich mit einem Benutzernamen auf der Webseite `http://rastrack.co.uk` registrieren und Ihren Standort eintragen. Dieser wird dann zusammen mit all den anderen Raspberry-Pi-Standorten auf einer Weltkarte angezeigt. Ist eine nette Idee, hat aber auf die Funktion Ihres Raspberry Pi keinen Einfluss.
7. OVERCLOCK
   In diesen Menüpunkt sollten Sie als Einsteiger erst einmal keine Veränderungen vornehmen. Hier können Sie nämlich die CPU des Raspberry Pi übertakten, um noch die letzten Leistungsreserven zu nutzen. Dies hat aber zur Folge, dass sich die CPU stark erwärmen kann und sie ohne zusätzliches Kühlblech eventuell überhitzt. Im Rahmen dieses Buches ist ein solches Tuning auch nicht notwendig.
8. ADVANCED OPTIONS
   Über das Menü ADVANCED OPTIONS kommen Sie zu einem Untermenü mit 7 weiteren Unterpunkten, in denen wir weitere Konfigurationen vornehmen. Vorweg möchte ich Sie aber auf eine etwas irritierende Navigation aufmerksam machen. Wenn Sie hier in einen Punkt hineinnavigieren und ihn verlassen, landen Sie immer wieder im Hauptmenü. Von dort aus müssen Sie sich dann immer wieder bis zu dem nächsten Unterpunkt durchhangeln.

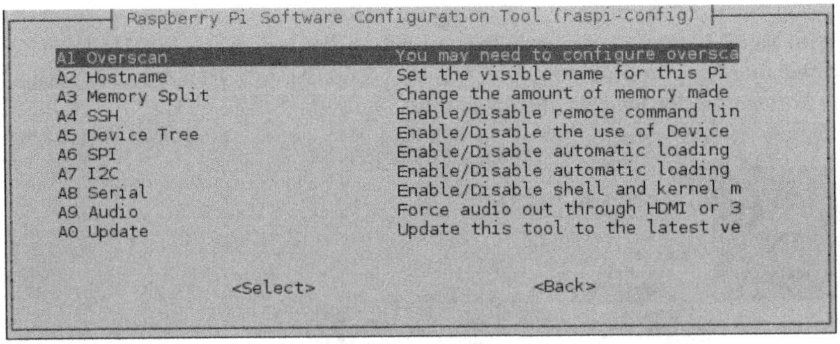

Abb. 2.7: Das Untermenü ADVANCED OPTIONS

- ADVANCED OPTIONS: OVERSCAN

  Der Menüpunkt OVERSCAN wird für Sie interessant sein, wenn Sie später mit dem grafischen Desktop des Raspberry Pi arbeiten und auf Ihrem Monitor am Rand schwarze

Streifen sehen, das Bild also zu klein dargestellt wird. Hier können Sie durch das Freigeben von OVERSCAN zu besseren Ergebnissen kommen.

- ADVANCED OPTIONS: HOSTNAME

  Der Raspberry Pi hat als Hostname *raspberrypi* eingestellt. Wenn Sie diesen Namen ändern möchten, können Sie ihn unter dem Punkt HOSTNAME überschreiben. Bei den weiteren Beschreibungen in diesem Buch gehe ich aber immer von dem Standardnamen aus.

- ADVANCED OPTIONS: MEMORY SPLIT

  Unter dem Punkt MEMORY SPLIT können Sie der GPU (Grafikeinheit) mehr Speicher zuweisen. Standardmäßig ist dieser auf 64 MB eingestellt. Wenn Sie den Raspberry Pi für 3D-Spiele nutzen, kann es erforderlich sein, diesen Wert nach oben zu ändern. Dies müssen Sie sich aber gut überlegen, da Sie dadurch dem Betriebssystem und allen laufenden Programmen Speicher entziehen.

- ADVANCED OPTIONS: SSH

  Im nächsten Punkt werden wir SSH aktivieren. Dies ist wichtig, wenn wir den Raspberry Pi später headless betreiben wollen, also alle Zugriffe über das Netzwerk laufen und Tastatur, Maus und einen zusätzlichen Monitor für den Raspberry Pi nicht mehr nötig sind.

- ADVANCED OPTIONS: DEVICE TREE

  Der Device Tree unterstützt das Laden von Kernelmodulen, die für Erweiterungsboards notwendig sind, die zum Beispiel am I^2C- oder SPI-Bus angeschlossen sind. Hier nehmen wir keine Änderungen vor.

- ADVANCED OPTIONS: SPI

  Wenn Sie über das GPIO-Interface Geräte betreiben möchten, die die SPI-Schnittstelle nutzen, können Sie hier das Laden des SPI-Kernel-Moduls freigeben. Dies werden wir später nachholen, wenn der SPI-Bus über eigene Java-Anwendungen angesprochen werden soll.

- ADVANCED OPTIONS: I^2C

  Auch in diesem Punkt müssen Sie jetzt keine Änderungen vornehmen, da die Konfiguration des I^2C-Bus in Kapitel 16 erklärt wird.

- ADVANCED OPTIONS: SERIAL

  Auf der 26- und 40-poligen Steckerleiste des Raspberry Pi liegt auch die serielle Schnittstelle. In diesem Menüpunkt können Sie diese für ein Terminal freigeben. Sie haben dann die Möglichkeit, über ein Terminalprogramm von einem anderen Rechner auf die Konsole des Raspberry Pi zuzugreifen. Dazu müssen Sie aber beide Geräte mit einem entsprechenden Kabel verbinden und den Raspberry mit einem Kabeltreiber ausstatten.

  Wir nehmen in diesem Punkt keine Änderungen vor.

- ADVANCED OPTIONS: AUDIO

  Im Menüpunkt AUDIO können Sie die Ausgabe des Audiosignals fest auf HDMI, den 3,5 MM KLINKENSTECKER oder auf AUTOMATISCH einstellen lassen. Sie brauchen den Default-Wert AUTO nicht zu verändern.

- ADVANCED OPTIONS: UPDATE

  Im letzten Menüpunkt können Sie *raspi-config* auf die neueste Version updaten. Hierfür brauchen Sie aber Netzwerkzugriff, den Sie noch nicht haben. Diesen Punkt können Sie später durchführen. Sie können aber davon ausgehen, dass bei einem gerade heruntergeladenen Raspbian-Image auch *raspi-config* auf dem letzten Stand ist und ein Update erst später Sinn macht.

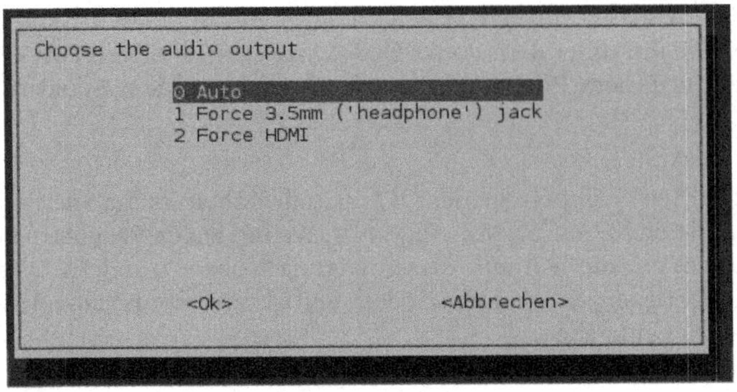

Abb. 2.8: Die Audio-Ausgabe konfigurieren

Jetzt geht es zurück ins Hauptmenü, wo Sie *raspi-config* über <FINISH> beenden können. Sie werden dann noch gefragt, ob neu gebootet werden soll, was unbedingt getan werden sollte, da sonst die vorgenommenen Konfigurationen erst beim nächsten Neustart wirksam werden.

2.2.1 Reboot und richtig ausschalten

Nach dem Neustart wird jetzt der grafische Desktop geöffnet und Sie könnten sich mit der Oberfläche des Desktops vertraut machen. Ich möchte Ihnen aber zuerst zeigen, wie Sie den Raspberry Pi richtig abschalten. Dies ist schon wichtig, da das Betriebssystem Schaden nehmen könnte, wenn Sie zum Ausschalten einfach die Stromversorgung unterbrechen.

Abb. 2.9: Der grafische Desktop

Über den Menüpunkt SHUTDOWN öffnen Sie den kleinen Dialog END SESSION. Ihnen stehen nun drei Möglichkeiten zur Auswahl. Mit dem Punkt SHUTDOWN fahren Sie den Raspberry Pi herunter und können ihn dann vom Netz trennen. Warten Sie aber mit dem Trennen der Spannungsversorgung so lange, bis alle Status-LEDs außer der Power-LED erloschen sind.Warten Sie dann noch eine Sekunde und ziehen Sie dann den Netzstecker.

Mit REBOOT erzwingen Sie einen Neustart und mit LOGOUT können Sie sich von dem grafischen Desktop abmelden. Es erscheint dann ein Anmeldedialog, über den Sie sich mit dem Benutzer pi und dem aktuellen Kennwort (raspberry) anmelden können.

Übrigens erscheint die Taskleiste nach dem ersten Start am oberen Rand; wenn Sie dies ändern möchten, klicken Sie mit der rechten Maustaste auf die Taskleiste und ändern die Position unter dem Menüpunkt PANEL-EINSTELLUNGEN.

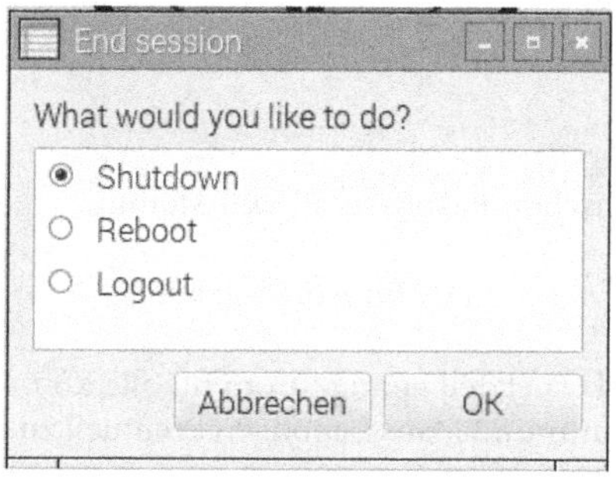

Abb. 2.10: Das Menü zum Ausschalten des Raspberry Pi

Eine zweite Möglichkeit, den Raspberry Pi herunterzufahren, ist über die Konsole. Dazu öffnen Sie das LXTERMINAL, das sich auch auf der Taskleiste befindet, und geben dort die folgende Befehlszeile ein:

```
$ sudo shutdown -h now
```

Den `shutdown`-Befehl können Sie nur als root-User ausführen. Aus diesem Grunde steht vor dem Befehl noch `sudo`, wodurch Sie für einen Befehl diese Rechte verliehen bekommen. Zu dem LXTerminal und dem Ausführen von Linux-Befehlen werden Sie später noch mehr erfahren.

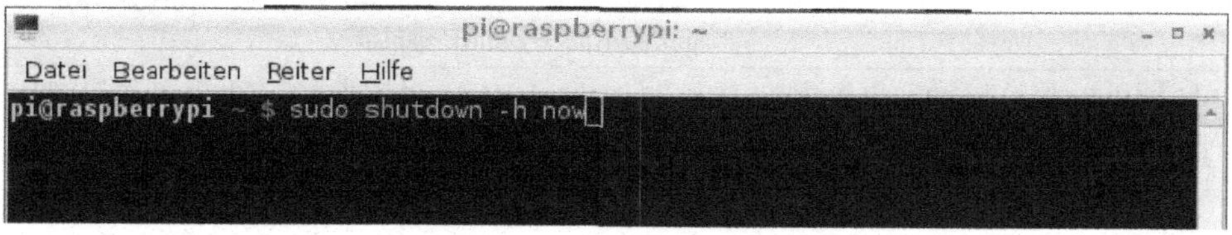

Abb. 2.11: Den Raspberry Pi über die Kommandozeile herunterfahren

2.2.2 Mögliche Fehler

Wenn Sie alles berücksichtigt haben und auch die Hardware einwandfrei funktioniert, müsste alles so laufen, wie ich es Ihnen beschrieben habe. Aber manchmal klappt es dann doch nicht sofort und dann brauchen Sie Hilfe. Aber woher? Eine sehr gute Quelle für solche Fälle bietet die eLinux-Webseite. Hier finden Sie unter TROUBLESHOOTING jede Menge Fehler beschrieben, die irgendwann schon einmal aufgetaucht sind.

```
http://elinux.org/R-Pi_Troubleshooting
```

Oft sind es aber nur Kleinigkeiten, die den richtigen Ablauf verhindern. Aus diesem Grunde habe ich Ihnen eine kleine Checkliste zusammengestellt, die Sie erst einmal durchschauen können. Wenn dies nicht hilft, sollten Sie auf der oben beschriebenen Webseite nachschauen.

Fehler	Abhilfe
Der Bildschirm bleibt dunkel.	Verbindung zwischen Raspberry Pi und Monitor prüfen. Ist am Monitor der richtige Eingang selektiert worden? Liefert das Steckernetzteil genug Strom für alle Komponenten? Tastatur und Maus benötigen eventuell zu viel Strom. Sitzt die SD-Karte richtig? Hat der Kopiervorgang des Raspbian-Image richtig funktioniert? Kopierschutz an der SD-Karte aufheben und eventuell neu kopieren.
Der Bootvorgang wird unterbrochen.	Stromversorgung reicht nicht aus. Tastatur und Maus benötigen zu viel Strom oder sind defekt.
Das Konfigurationswerkzeug *raspi-config* wird nicht automatisch gestartet und Sie werden zur Eingabe von Benutzernamen und Kennwort aufgefordert.	Benutzername: **pi** Kennwort: **raspberry** *raspi-config* starten: **sudo raspi-config**
Bei der Eingabe des Kennworts werden Sie abgewiesen.	Wenn Sie in *raspi-config* noch kein deutsches Tastaturlayout angegeben haben, sind auf der Tastatur die Buchstaben y und z vertauscht. Dies führt zur Eingabe *raspberrz* statt *raspberry*.
Es wird nicht automatisch in den grafischen Desktop gebootet.	*raspi-config* starten und in den 3. Menüpunkt ENABLE BOOT TO DESKTOP/SCRATCH navigieren. Dort den Punkt DESKTOP LOG IN AS USER 'PI' AT THE GRAPHICAL DESKTOP selektieren und dann *raspi-config* beenden. Auf der Kommandozeile können Sie mit dem Befehl `startx` den Desktop starten.

Tabelle 2.1: Die Fehlersuche, wenn mal etwas nicht funktioniert

2.3 Der Raspberry Pi und das Netzwerk

Wir wollen den Raspberry Pi jetzt mit dem Netzwerk verbinden. Ich beschreibe hier das Vorgehen in einem typischen Heimnetzwerk, in dem alle Geräte an einen Router angeschlossen werden. Ich gehe davon aus, dass in Ihrem Netzwerk mindestens ein Rechner schon mit dem Router verbunden ist und dieser Zugriff auf das Internet hat. Fahren Sie den Raspberry Pi herunter und trennen Sie die Stromversorgung. Verbinden Sie jetzt den Router und den Raspberry Pi mit einem Netzwerkkabel. Wenn Sie jetzt booten, sollte der grafische Desktop erscheinen und der Raspberry Pi mit dem Netzwerk beziehungsweise mit dem Internet verbunden sein.

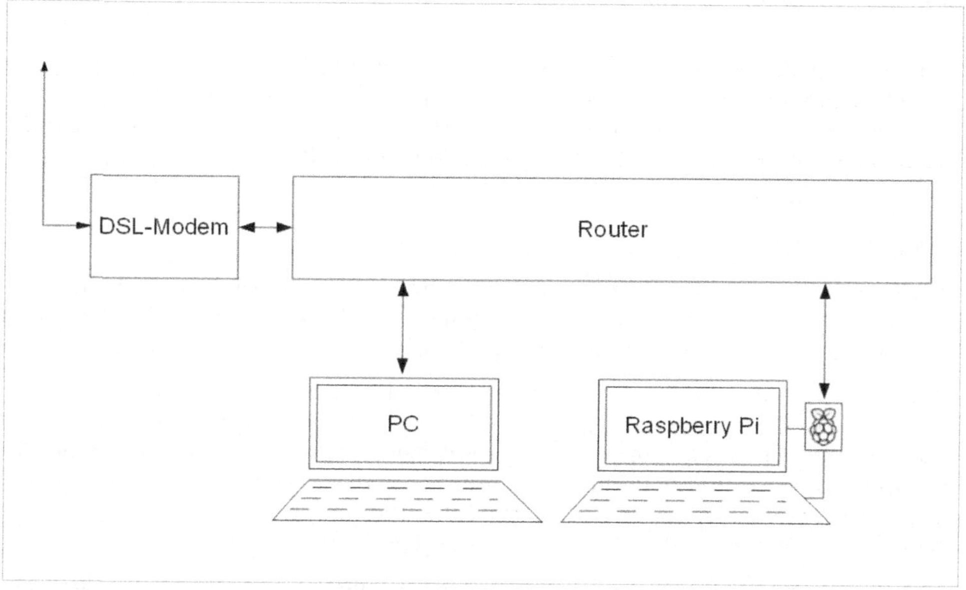

Abb. 2.12: Den Raspberry Pi mit dem Router verbinden

Bevor wir uns jetzt dem Raspberry Pi widmen, möchte ich noch ein paar Worte zur Router-Konfiguration verlieren. Um netzwerkfähige Geräte ganz einfach über den Router ins Heimnetzwerk zu integrieren, kann man in dem Router einen DHCP-Server aktivieren. Erkennt der Router einen Rechner, so vergibt er automatisch eine IP-Adresse an dieses Gerät. Um herauszufinden, welche IP-Adresse der Router an den Raspberry Pi vergeben hat, starten Sie das LXTerminal vom Desktop des Raspberry Pi und geben Sie den folgenden Befehl ein.

```
$ ip addr
```

Als Antwort erhalten Sie die Ausgabe wie in Abbildung 2.13.

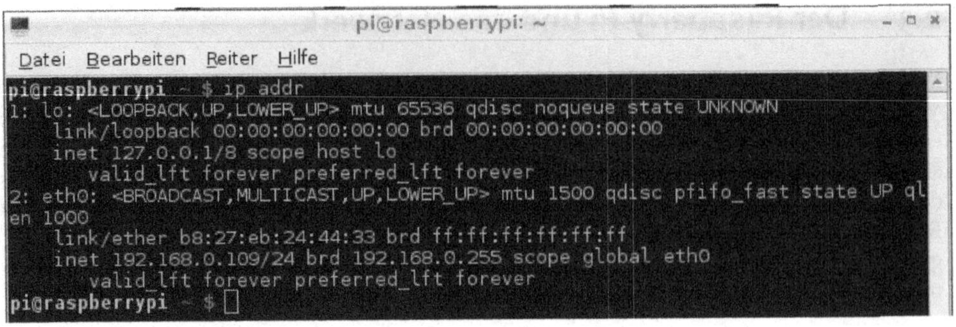

Abb. 2.13: IP-Adresse ermitteln

Hinter INET können Sie die vergebene IP-Adresse ablesen. In unserem Fall ist dies die 192.168.0.109. Außerdem sehen Sie die MAC-Adresse des Netzwerkadapters. Beide Informationen wollen wir uns hier merken. Sie müssen die hier aufgeführten Werte natürlich durch die Werte ersetzen, die Sie in Ihrem Netzwerk ermittelt haben.

IP: 192.168.0.109

MAC: B8:27:2B:24:44:33

Noch wichtiger als die IP-Adresse ist die MAC-Adresse. Diese ist nämlich von der Konfiguration unabhängig und sie ist die Hardware-Adresse des Netzwerkadapters Ihres Raspberry Pi. Diese Adresse ist im ganzen Internet eindeutig.

Wenn wir später den Raspberry Pi headless betreiben möchten, haben wir keinen direkten Zugriff mehr. Den Raspberry Pi erreichen Sie dann nur noch über das Netzwerk. Aber woher bekommen Sie dann die vom Router vergebene IP-Adresse? Im Router können Sie der MAC-Adresse eine feste IP-Adresse zuordnen, hierzu suchen Sie in Ihrem Router nach dem entsprechenden Menü (z.B. IP & MAC BINDING) und fügen einen Eintrag mit der aktuellen IP-Adresse und der MAC-Adresse Ihres Raspberry Pi hinzu.

Nachdem Sie die Eintragungen vorgenommen haben, fahren Sie den Router und den Raspberry Pi herunter und wieder hoch. Im Raspberry Pi können Sie dann mit dem Befehl `ip addr` überprüfen, ob dieselbe Adresse vergeben wurde.

Es gibt aber noch eine andere Methode, den Raspberry Pi mit einer festen IP-Adresse zu versorgen. Hierbei wird die Netzwerkkonfiguration des Raspberry Pi so geändert, dass die IP-Adresse fest eingetragen wird. Man spricht dabei auch von einer statischen IP-Adresse. Falls Sie die IP-MAC-Bindung ausprobiert haben, müssen Sie dies unbedingt wieder rückgängig machen, bevor Sie die nächsten Änderungen vornehmen.

Dem Raspberry Pi eine statische IP-Adresse zuweisen

Bevor Sie dem Raspberry Pi eine statische IP-Adresse zuweisen, müssen Sie im Router erst einmal nachschauen, welcher IP-Bereich in Ihrem Netzwerk zur Verfügung steht. Eine gültige IP-Adresse bekommen Sie aus dem DHCP-Einstellungen Ihres Routers, wo es einen vorgegebenen Adressbereich gibt. Typisch ist z.B. ein IP-Bereich von 192.168.0.100 bis 192.168.0.199. Sie können also in Ihrem Heimnetzwerk 200 Adressen vergeben, die sich alle nur durch die letzte Zahl unterscheiden. Ich habe hier die Adresse 192.168.0.120 gewählt. Beachten Sie aber bitte, dass der IP-Bereich in Ihrem Router anders aussehen kann.

Für die Konfiguration auf dem Raspberry Pi müssen Sie erst einmal das Gateway und die Subnet-Mask ermitteln. Öffnen Sie hierzu das LXTerminal, das auf dem Desktop des Raspberry Pi liegt. Hier geben Sie dann den Befehl

```
$ netstat -r -n
```

ein und schauen sich die Ausgabe an. In der Zeile, die mit der IP-Adresse 0.0.0.0 beginnt, finden Sie unter der Spalte ROUTER die Adresse des Gateways. In unserem Fall ist dies die 192.168.0.1. In der Zeile, die nicht mit 0.0.0.0 beginnt, können Sie die Subnet-Mask mit der Adresse 255.255.255.0 ablesen.

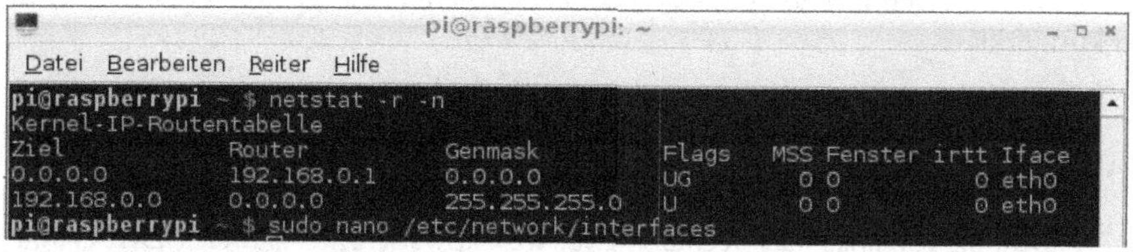

Abb. 2.14: Der Linux-Befehl `netstat`

Mit den hier ermittelten Adressen können wir nun die Datei `interfaces` aus dem Verzeichnis `/etc/network` bearbeiten. Dafür brauchen wir einen Texteditor und die entsprechenden Rechte, um die Änderungen überhaupt vornehmen zu können. Dies können Sie mit der Eingabe der folgenden Befehlszeile erreichen.

```
$ sudo nano /etc/network/interfaces
```

Durch den `sudo`-Befehl können Sie einen Befehl als Administrator ausführen. In unserem Fall ist dies der Aufruf des Texteditors *nano* mit Pfad und Dateiangabe der zu bearbeitenden Datei. Schauen Sie sich jetzt die geöffnete Datei `interfaces` an und suchen Sie die Zeile:

```
iface eth0 inet dhcp
```

Wenn Sie ein Raspbian-Wheezy-Image ab dem 05.05.2015 benutzen, kann diese Zeile auch so aussehen:

```
iface eth0 inet manual
```

Diese ersetzen Sie dann durch die folgenden Zeilen:

```
iface eth0 inet static
address 192.168.0.120
netmask 255.255.255.0
gateway 192.168.0.1
```

Wenn Sie die Änderungen eingetippt haben, speichern Sie alles mit Strg+X, J und ↵ ab. Starten Sie jetzt den Raspberry Pi und Ihren Router, damit die Änderungen übernommen werden. Der Raspberry Pi ist jetzt über die IP-Adresse 192.168.0.120 zu erreichen.

2.4 Der Desktop

Jetzt wollen wir uns die wichtigsten Funktionen des Desktops anschauen. Da der Desktop bei Raspbian-Wheezy-Images, die vor dem 05.05.2015 erstellt wurden, etwas anders aussieht, beziehe ich mich hier auf die neueren Versionen.

Schauen Sie sich nun den linken Teil der Taskleiste an. Hier finden Sie vier Symbole, die ich Ihnen kurz erkläre.

Abb. 2.15: Die Symbole von links nach rechts: MENÜ, WEBBROWSER, DATEIMANAGER, LXTERMINAL

Über das erste Symbol erreichen Sie das Hauptmenü des Desktops. Hier finden Sie alle vorinstallierten Programme mit grafischem Interface, also alles, was Sie über den Desktop öffnen können. Danach kommt das Symbol für den Webbrowser und als Drittes der Dateimanager, mit dem Sie sehr einfach im Verzeichnisbaum navigieren können. Und ganz rechts sehen Sie das LXTerminal, mit dem Sie direkt Befehle an das Betriebssystem absetzen können.

Auf der rechten Seite der Taskleiste finden Sie vier weitere Symbole. Hier wird Ihnen als Erstes das Netzwerksymbol angezeigt. Wenn in diesem Symbol in den beiden Bildschirmen jeweils drei helle Punkte zu sehen sind, ist der Raspberry Pi mit dem Netzwerk verbunden.

Über das Lautsprechersymbol können Sie die Lautstärke des Audioausgangs einstellen. In dem dritten Symbol sehen Sie die Prozessorauslastung in Form von einem kleinen Balkendiagramm. Und ganz rechts wird Ihnen die aktuelle Uhrzeit angezeigt, die sich der Raspberry Pi übrigens von einem Zeit-Server aus dem Internet bezieht. Wenn Sie den Raspberry Pi ausschalten, vergisst er Uhrzeit und Datum. Bei jedem Start holt er sich diese aber immer wieder neu aus dem Internet.

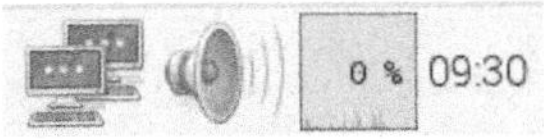

Abb. 2.16: Die Symbole von links nach rechts: NETZWERK, LAUTSTÄRKEREGLER, PROZESSORAUSLASTUNG und UHRZEIT

Alle Einstellungen am Desktop können Sie unter dem Menü EINSTELLUNGEN vornehmen. Hier kann das Erscheinungsbild des Desktops und der darauf dargestellten Fenster beeinflusst werden. Sie können außerdem Einfluss darauf nehmen, mit welchen Maus-Aktionen Fenster geschlossen oder vergrößert werden. Außerdem können Sie für Maus und Tastatur das Zeitverhalten ändern.

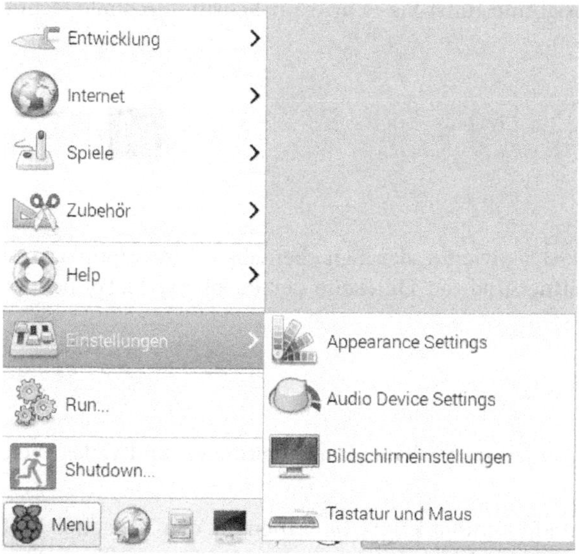

Abb. 2.17: Das Menü EINSTELLUNGEN

Es gibt auch einen Taskmanager, den Sie über den Menüpunkt ZUBEHÖR aufrufen können. Hier können Sie sich CPU- und RAM-Auslastung anschauen. Außerdem wird der Ressourcen-Bedarf von aktiven Prozessen in einer Liste angezeigt.

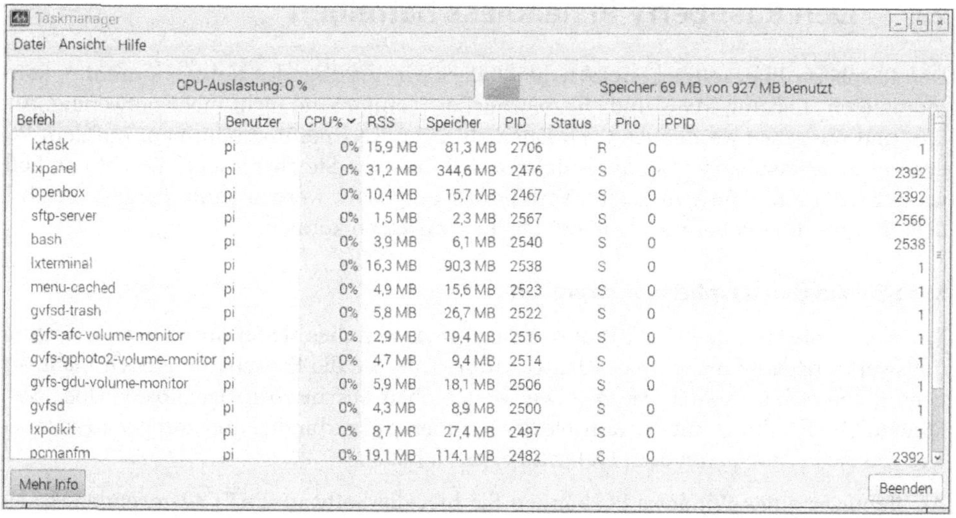

Abb. 2.18: Der Taskmanager

Zum Schluss beschreibe ich Ihnen noch eine Auswahl an Menü-Icons, die das Raspbian Image bereitstellt. Über den Menüpunkt HELP gelangen Sie zur DEBIAN-REFERENZ, in der Sie viele nützliche Informationen über das Betriebssystem nachlesen können. Die Referenz beginnt mit einem Linux-Tutorial und führt Sie Schritt für Schritt durch alle technischen Details der Debian-Distribution.

Abb. 2.19: Verschiedene Menü-Icons

Wenn Sie das Icon RASPBERRY PI HELP aktivieren, das sich ebenfalls im Menüpunkt HELP befindet, wird der Webbrowser geöffnet und die Hilfeseite der Raspberry Pi Foundation angezeigt.

```
https://www.raspberrypi.org/help/
```

Von hier aus finden Sie die Dokumentation, Projekte, Veranstaltungen und vieles mehr rund um den Raspberry Pi.

Über das Icon TEXT EDITOR aus dem Menüpunkt ZUBEHÖR öffnen Sie den Texteditor Leafpad, mit dem Sie Textdateien erzeugen und bearbeiten können. Und wenn Sie Archive erstellen oder öffnen wollen, können Sie dies über den Xarchiver sehr bequem ausführen.

Mit dem Icon PDF VIEWER können Sie den Xpdf öffnen und sich PDF-Dokumente anschauen. Dieses Programm werden Sie sehr oft benötigen, da technische Dokumentationen meist im PDF-Format vorliegen.

2.5 Den Raspberry Pi headless betreiben

Den Raspberry Pi headless betreiben, heißt, dass wir nur über das Netzwerk mit ihm kommunizieren. Tastatur, Maus und ein zusätzlicher Monitor sind nicht mehr notwendig. Alle Ein- und Ausgaben werden jetzt von einem anderen Rechner übernommen. Auf dem PC, der mit dem Raspberry Pi kommunizieren soll, müssen Sie aber zuerst die richtige Software installieren, damit auch eine Verbindung aufgebaut werden kann. Es gibt verschiedene Protokolle und Software, mit der Sie dies umsetzen können.

Mit SSH auf den Raspberry Pi zugreifen

Wir wollen hier mit dem SSH-Protokoll beginnen, weil dies schon über unser Konfigurationswerkzeug *raspi-config* freigeschaltet wurde. Falls Sie die Freischaltung noch nicht vorgenommen haben, sollten Sie dies wie weiter oben beschrieben nachholen. Über SSH können Sie sich direkt mit der Konsole des Raspberry Pi verbinden und dort genau so arbeiten, wie Sie es bereits mit dem LXTerminal getan haben.

Als Benutzer eines Windows-PC können Sie hier die Software PuTTY verwenden. Laden Sie dazu die `putty.exe` von der folgenden Webseite herunter und starten Sie diese:

```
http://www.chiark.greenend.org.uk/~sgtatham/putty/download.html
```

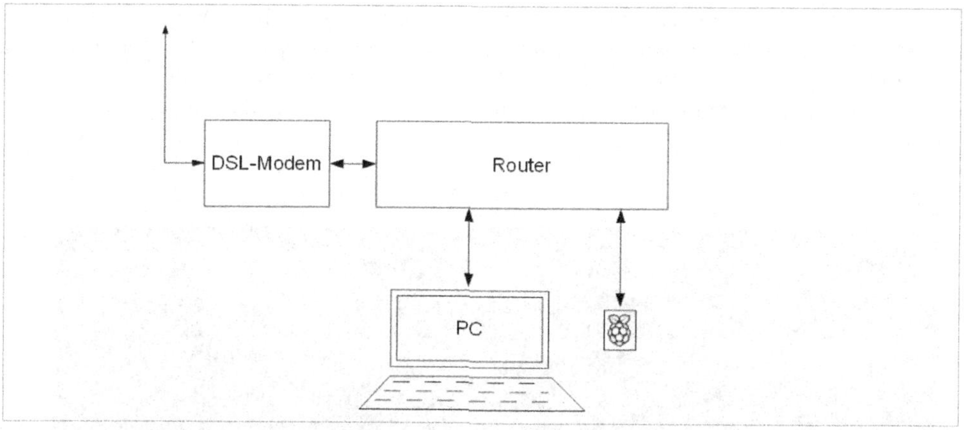

Abb. 2.20: Der Raspberry Pi ist nur noch über das Netzwerk mit der Außenwelt verbunden.

Ohne Installation wird PuTTY direkt ausgeführt und das Konfigurationsfenster wie in Abbildung 2.21 dargestellt. Zum Aufbau einer Session brauchen Sie jetzt die IP-Adresse, die Sie dem Raspberry Pi vergeben haben. In dem Konfigurationsfenster wählen Sie aus dem Baummenü den Punkt SESSION aus, damit Sie auf der rechten Seite die Maske BASIC OPTIONS FOR YOUR PUTTY SESSION erhalten. In das Feld HOST NAME geben Sie dann die IP-Adresse Ihres Raspberry Pi ein. Den Port tragen Sie mit 22 ein und wählen als CONNECTION TYPE SSH aus. Wenn Sie möchten, können Sie in SAVED SESSIONS einen Text eingeben und die Konfiguration dann mit der Schaltfläche SAVE speichern. Wie Sie in Abbildung 2.22 sehen, habe ich die Konfiguration unter dem Namen *Raspberry PI LAN* abgespeichert.

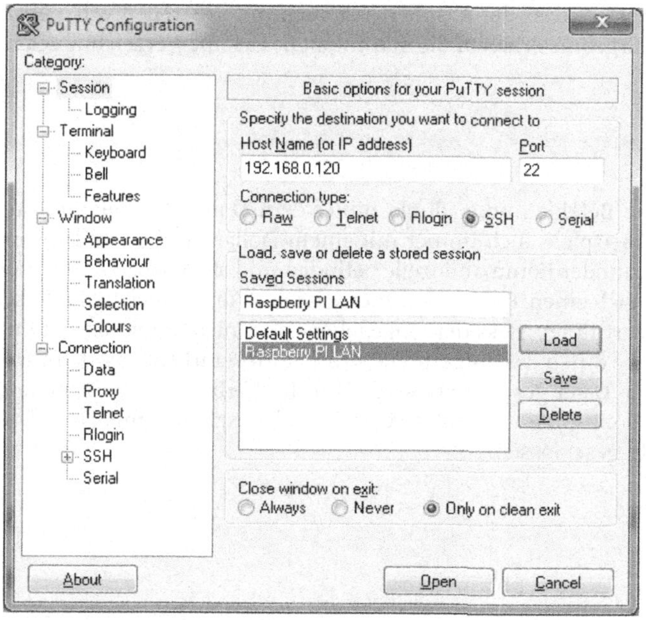

Abb. 2.21: Eine SSH-Verbindung mit PuTTY

Aktivieren Sie die Schaltfläche OPEN, um die Verbindung aufzubauen. Wenn der Raspberry Pi unter der angegebenen Adresse gefunden wurde, öffnet sich jetzt ein Fenster, in dem Sie sich mit *pi* als Benutzer und dem Kennwort *raspberry* anmelden können. Beachten Sie bitte, dass Sie ein anderes Kennwort eingeben müssen, wenn Sie dies über *raspi-config* geändert haben.

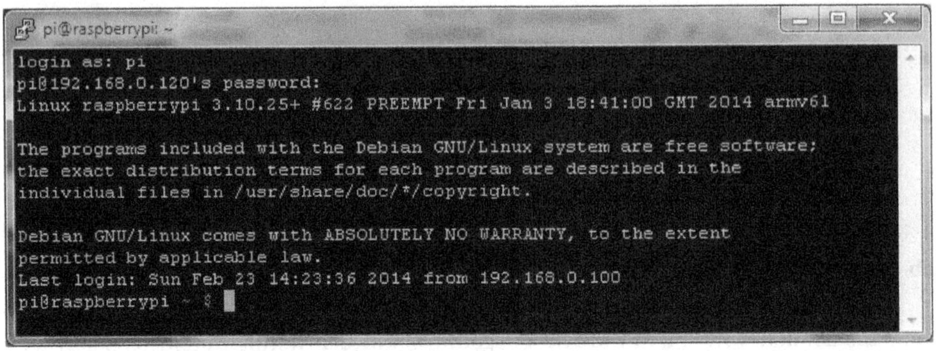

Abb. 2.22: Die Anmeldung über SSH

In der geöffneten Konsole sehen Sie:

```
pi@raspberrypi ~ $
```

Darin ist `pi` der aktuelle Benutzer und `raspberrypi` der Netzwerkname. Die Tilde vor dem Dollar-Zeichen zeigt Ihnen an, dass Sie sich im Home-Verzeichnis des angemeldeten Benutzers befinden. Um zu testen, dass der Raspberry Pi auch mit uns reden will, geben Sie den Befehl `ls -l` ein. Als Ergebnis erhalten Sie den Inhalt des Home-Verzeichnisses in Listenform.

```
pi@raspberrypi ~ $ ls -l
```

Auf der Konsole geben Sie die Befehle immer direkt hinter dem Dollar-Zeichen ein. Aus diesem Grund beginnen alle Beispiele auch immer mit einem Dollar-Zeichen und zeigen Ihnen damit an, dass Sie sich auf der Kommandozeile befinden und als normaler Benutzer angemeldet sind. Wenn Sie gleich einen Texteditor öffnen und dort Text eingeben, fehlt das Dollar-Zeichen. Dies signalisiert Ihnen, dass der eingegebene Text nicht direkt ausgeführt wird, sondern nach der Eingabe durch das aufgerufene Programm verarbeitet wird, im Fall eines Texteditors also in einer Datei gespeichert wird. Um die Verbindung zu beenden, geben Sie auf der Kommandozeile den Befehl `exit` ein und bestätigen mit [↵]. Das PuTTY-Fenster wird daraufhin geschlossen.

```
pi@raspberrypi ~ $ exit
```

Mit SFTP auf den Raspberry Pi zugreifen

Eine weitere Variante, um sich mit dem Raspberry Pi zu verbinden, ist über das SFTP-Protokoll, das sich hervorragend zum Übertragen von Dateien eignet. Da SFTP über SSH zur Verfügung steht, können wir dies ohne zusätzliche Konfiguration auf dem Raspberry Pi nutzen. Auf der PC-Seite können Sie dazu WinSCP benutzen, das Sie von der folgenden Webseite downloaden können:

```
http://winscp.net/eng/download.php
```

Installieren und starten Sie WinSCP auf Ihrem PC. Im Anmeldefenster aktivieren Sie dann in dem linken Baummenü den Punkt SITZUNG und wählen als Übertragungsprotokoll SFTP. Alle anderen Angaben geben Sie wie bei PuTTY ein und speichern die Sitzung unter einem für Sie sprechenden Namen.

Wählen Sie jetzt im Menü GESP. SITZUNGEN die gespeicherte Anmeldung für den Raspberry Pi aus und aktivieren Sie die Schaltfläche ANMELDEN. Wenn die Anmeldung funktioniert hat, wird Ihnen ein zweigeteiltes Fenster angezeigt. Im linken Teil sehen Sie die Verzeichnisstruktur Ihres PC und im rechten Teil die Verzeichnisstruktur des Raspberry Pi. Durch Drag&Drop können Sie jetzt Dateien zwischen den beiden Rechnern austauschen.

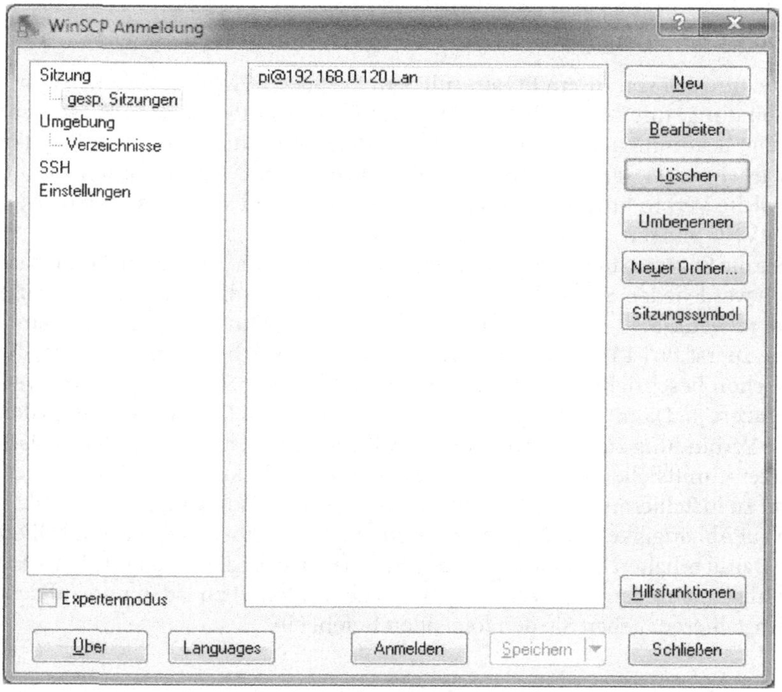

Abb. 2.23: WinSCP Anmeldung mit einer gespeicherten Sitzung

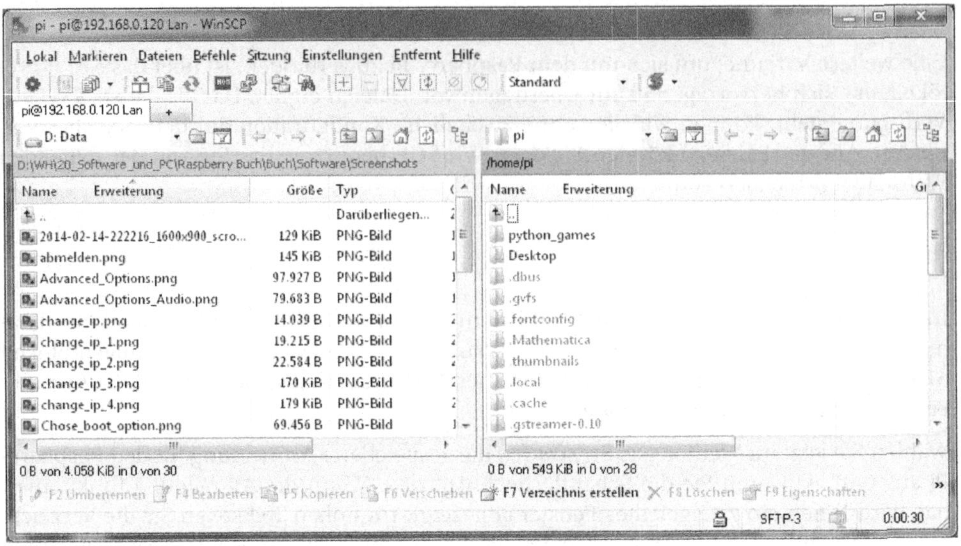

Abb. 2.24: In WinSCP können Sie Dateien mit Drag&Drop zwischen dem PC und dem Raspberry Pi austauschen.

Mit Virtual Network Computing (VNC) auf den Raspberry Pi zugreifen

Die dritte Variante, um sich von Ihrem PC aus mit dem Raspberry Pi zu verbinden, ist über eine Remote-Verbindung, mit der Sie den Desktop des Raspberry Pi in einem Fenster auf Ihrem PC angezeigt bekommen. In diesem Fenster können Sie dann so mit dem Desktop des Raspberry Pi arbeiten, als wären Sie direkt mit ihm verbunden. Die freie Software TightVNC kann eine solche Verbindung aufbauen und ist für Linux- und Windows-Systeme verfügbar. Um TightVNC nutzen zu können, müssen Sie es zuerst auf dem Raspberry Pi installieren. Da Sie die Software über die Konsole installieren müssen, benötigen Sie ein paar Linux-Befehle. Ich werde jeden Schritt kurz beschreiben, damit Sie die Software auch dann installieren können, wenn Sie mit dem Arbeiten auf der Linux-Konsole nicht geübt sind. Hierzu starten Sie zuerst PuTTY von Ihrem PC aus und melden sich an dem Raspberry Pi, wie weiter oben schon beschrieben, an. Nach dem Login befinden Sie sich im Home-Verzeichnis des Benutzers *pi*. Damit Sie die passende Software aus dem Internet herunterladen können, muss die Verbindung zum Internet stehen. Mit dem Befehl `apt-get` bietet Debian-Linux eine Benutzerschnittstelle, um Software-Pakete aus einem Repository im Internet herunterzuladen und zu installieren. Bevor die Software heruntergeladen wird, prüft die Paketverwaltung noch auf Abhängigkeiten zu anderen Modulen, die eventuell noch nachinstalliert werden müssen. Damit erhalten Sie eine sehr große Sicherheit, dass die installierte Software dann auch lauffähig ist. Um den TightVNC-Server aus dem Internet zu laden und auf dem Raspberry Pi zu installieren, geben Sie den folgenden Befehl ein:

```
pi@raspberrypi ~ $ sudo apt-get install tightvncserver
```

Da Sie `apt-get` nur als Administrator ausführen können, muss `sudo` vor dem Befehl stehen. Bei der Installation erhalten Sie noch den Hinweis, wie viel Speicher benötigt wird. Dies bestätigen Sie mit [j] und warten, bis die Paketverwaltung alles für Sie erledigt hat.

Da der TightVNC-Server auf dem Raspberry Pi mit einigen Parametern gestartet werden muss, legen Sie sich ein Start-Script an. Um dieses zu erstellen, verwenden Sie den Texteditor *nano*. Geben Sie hierzu auf der Kommandozeile `nano` gefolgt von dem Namen der zu erstellenden Datei ein.

```
pi@raspberrypi ~ $ nano start_vnc.sh
```

Da `start_vnc.sh` noch nicht existiert, wird sie durch `nano` erzeugt. Später können Sie auf die gleiche Weise eine bestehende Datei öffnen. Geben Sie jetzt die folgenden zwei Zeilen in den Editor ein:

```
#!/bin/sh/
vncserver :1 -geometry 1280x800 -depth 24 -dpi 96
```

Mit [Strg]+[X], [J] und [↵] speichern Sie die Datei und beenden *nano*. Sie haben den VNC-Server jetzt so parametrisiert, dass er die Ausgabe mit einer Auflösung 1280 x 1024 Pixeln, einer Farbtiefe von 24 bit und 96 dpi ausgibt. Die 1 hinter dem Doppelpunkt gibt den Ausgabekanal an, den wir später noch auf der PC-Seite benötigen. Mit `ls -l` überprüfen Sie noch, ob die Datei auch erzeugt worden ist.

```
pi@raspberrypi ~ $ ls -l
```

Dem Script fehlt jetzt aber noch die Berechtigung, ausgeführt werden zu dürfen. Dies können Sie daran erkennen, dass ganz links vor dem Dateinamen `start_vnc.sh` die Zeichenfolge `-rw-r--r--` zu sehen ist. Da die Zeichenfolge nicht mit einem `d` beginnt, erkennen Sie, dass es sich um eine Datei und nicht um ein Verzeichnis handelt. Danach folgen drei Dreier-Päckchen, die die Berechtigung auf die Datei angeben.

- `rw-`
  Der Besitzer der Datei darf lesen (r) und schreiben (w).
- `r--`
  Die Gruppe darf lesen (r).
- `r--`
  Alle anderen Benutzer dürfen lesen (r).

Sie müssen die Berechtigung jetzt noch so erweitern, dass Sie als Besitzer der Datei diese auch ausführen dürfen. Geben Sie dazu die folgende Zeile ein.

```
pi@raspberrypi ~ $ chmod +x start_vnc.sh
pi@raspberrypi ~ $ ls -l
```

Wenn Sie sich jetzt die Berechtigung für die Datei anschauen, werden Sie sehen, dass der Besitzer, die Gruppe und alle anderen Benutzer nun das Recht zum Ausführen erhalten haben.

```
-rwxr-xr-x
```

Gekennzeichnet wird dies durch das x in jeder Berechtigungsstufe. Als Nächstes testen Sie, ob das Script auch läuft.

```
pi@raspberrypi ~ $ . start_vnc.sh
```

Sie müssen das Script mit einem vorangestellten Punkt und einem Leerzeichen aufrufen, damit kenntlich gemacht wird, dass die Datei im aktuellen Verzeichnis liegt. Wenn Sie das Script jetzt ausführen, werden Sie aufgefordert, ein Kennwort zu vergeben. Ich habe hier *desktop1* vergeben. Danach werden Sie noch gefragt, ob Sie noch ein *view-only*-Kennwort vergeben möchten. Dies habe ich mit [n] quittiert.

Hinweis

Kennwort: `desktop1`; view-only: `n`

Beachten Sie bitte, dass das Kennwort nicht mehr als 8 Zeichen haben darf.

Nachdem Sie nun den VNC-Server erfolgreich über `start_vnc.sh` gestartet haben, brauchen Sie noch ein Script, um ihn zu stoppen. Dazu erzeugen Sie die Datei `stop_vnc.sh`.

```
pi@raspberrypi ~ $ nano stop_vnc.sh
```

Im Editor geben Sie dann die folgenden Zeilen ein

```
#!/bin/sh/
vncserver -kill :1
```

und speichern mit [Strg]+[x], [j] und [↵]. Danach vergeben Sie die Rechte zum Ausführen der Datei und kontrollieren diese mit `ls -l`.

```
pi@raspberrypi ~ $ chmod +x stop_vnc.sh
```

Um den Server zu stoppen, geben Sie die folgende Zeile ein:

```
pi@raspberrypi ~ $ . stop_vnc.sh
```

Nachdem Sie auf dem Raspberry Pi alles für den TightVNC-Server installiert und konfiguriert haben, müssen Sie auf Ihrem PC noch einen TightVNC-Client installieren. Besuchen Sie dazu die folgende Webseite und downloaden Sie die entsprechenden Dateien.

```
http://www.tightvnc.com/?f=va
```

Für Windows-PCs liegen MSI-Pakete zur Installation bereit, die Sie auf Ihrem Rechner ausführen. Übernehmen Sie alle Standardeinstellungen bei der Installation und geben Sie für den TightVNC-Server auch hier das Kennwort *desktop1* ein. Den Server benötigen wir allerdings nicht, um auf den Raspberry Pi zuzugreifen. Nach der Installation starten Sie den TightVNC-Viewer und geben in das Eingabefeld REMOTE HOST die folgende Verbindung ein und aktivieren die Schaltfläche CONNECT.

```
192.168.0.120::5901
```

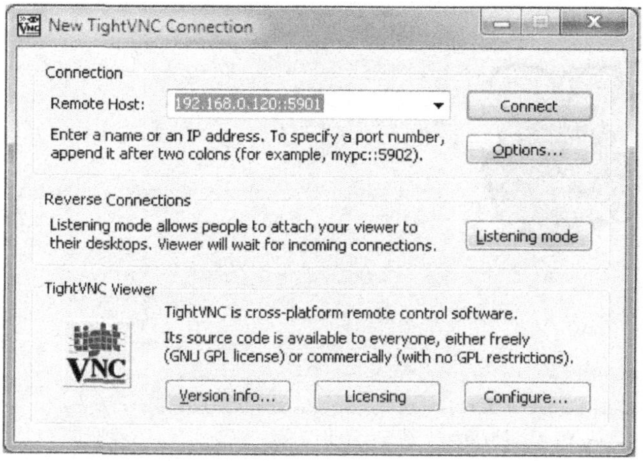

Abb. 2.25: Der TightVNC-Viewer auf Ihrem PC

Wenn auf dem Raspberry Pi der TightVNC-Server läuft und die IP-Adresse stimmt, öffnet sich ein Fenster, in dem die Verbindung angezeigt wird und in dem Sie das Kennwort des Tight-VNC-Servers eingeben müssen. Für das Kennwort geben Sie hier *desktop1* ein. Alles, was Sie in diesem Anmeldefenster sehen, bezieht sich auf die Einstellungen, die wir auf dem Raspberry Pi vorgenommen haben. So bezieht sich die 1 in 5901 auf den Wert hinter dem Doppelpunkt in dem Script *start_vnc.sh*, das Sie auf dem Raspberry Pi angelegt haben. Zur Verdeutlichung sehen Sie sich den Eintrag noch einmal an.

```
vncserver :1 -geometry 1280x800 -depth 24 -dpi 96
```

Die 5901 ist die Portnummer, über den die Tight-Verbindung läuft.

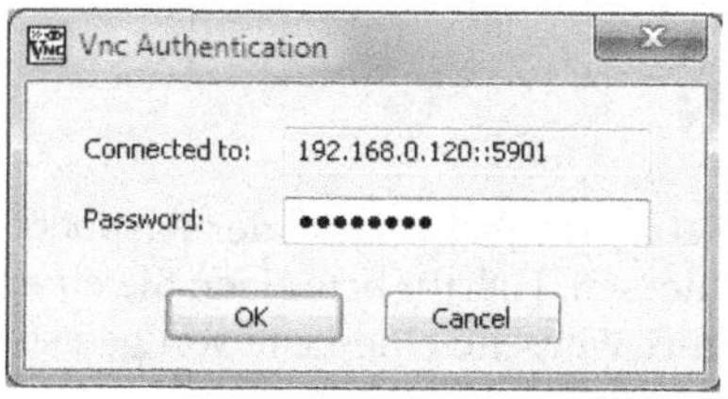

Abb. 2.26: Die Anmeldung am TightVNC-Server auf dem Raspberry Pi

Wenn Sie jetzt OK aktivieren, erscheint ein Fenster mit dem Desktop des Raspberry Pi, so wie Sie ihn über die direkte Verbindung schon kennen.

Abb. 2.27: Der Desktop des Raspberry Pi über VNC

Da Sie die SSH-Verbindung über PuTTY jetzt nicht mehr benötigen, können Sie das Fenster schließen. Über das SHUTDOWN-Icon auf dem Desktop lässt sich der Raspberry Pi herunterfahren. Es ist aber auch möglich, sich vom Desktop abzumelden und den TightVNC-Viewer zu schließen. Der TightVNC-Server auf dem Raspberry Pi ist davon nicht betroffen und arbeitet weiter. Zu einem späteren Zeitpunkt können Sie sich vom PC aus wieder mit dem TightVNC-Viewer an dem Raspberry Pi anmelden und auf dem Desktop weiterarbeiten. Zum Test können Sie mal den Browser des Raspberry Pi öffnen und das Fenster des TightVNC-Viewers schließen. Sie können sich dann wieder über VNC mit dem Raspberry Pi verbinden und werden sehen, dass der Desktop unverändert ist.

Wenn Sie sich noch eingehender mit dem VNC-Server auf dem Raspberry Pi beschäftigen möchten, finden Sie auf der eLinux-Webseite noch mehr Informationen.

```
http://elinux.org/RPi_VNC_Server
```

2.6 Der Raspberry Pi und das WLAN

Mit dem nächsten Schritt werden Sie auch noch das Netzwerkkabel los und der Raspberry Pi wird nur noch an die Spannungsversorgung angeschlossen. Hierfür benötigen Sie einen USB-WLAN- bzw. USB-WiFi-Stick. Hier bietet die eLinux-Webseite eine Liste von getesteten Geräten an.

```
http://elinux.org/RPi_USB_Wi-Fi_Adapters
```

Bei der Auswahl des WLAN-Sticks sollten Sie darauf achten, dass Sie keinen Treiber installieren müssen und der Strombedarf des WLAN-Sticks mit allen angeschlossenen Geräten nicht höher als 300 mA sein darf. Wollen Sie große Reichweiten erzielen, braucht der WLAN-Stick eventuell mehr Strom, als der Raspberry Pi liefern kann. In diesem Fall können Sie den WLAN-Stick über einen USB-Hub mit eigener Stromversorgung anschließen und sind damit von der Stromversorgung des Raspberry Pi abgekoppelt.

Wenn Sie sich für einen WLAN-Stick entschieden haben, verbinden Sie diesen im stromlosen Zustand mit einem USB-Port des Raspberry Pi. Bei Raspberry-Pi-Modellen mit 4 USB-Ports können Sie die Konfiguration auch direkt über Tastatur und Maus ausführen. Wenn Sie aber nur zwei Ports frei haben, verbinden Sie sich von Ihrem PC aus über PuTTY mit dem Raspberry Pi. Auf der Kommandozeile starten Sie dann das Script `start_vnc.sh`. Denken Sie beim Aufruf des Scripts bitte an Punkt und Leerzeichen vor dem Script-Namen.

```
pi@raspberrypi ~ $ . start_vnc.sh
```

Jetzt können Sie sich von Ihrem PC aus über den TightVNC-Viewer mit dem Desktop des Raspberry Pi verbinden.

Bei Image-Versionen ab dem 05.05.2015 läuft die Konfiguration des Wireless-Netzwerks fast automatisch. Aktivieren Sie hierzu das NETZWERK-Icon in der Task-Leiste, um alle Wireless-Netzwerke angezeigt zu bekommen. Je nachdem müssen Sie etwas warten, bis alle verfügbaren Netze gescannt worden sind. Klicken Sie dann auf das gewünschte Netzwerk. Ist das Wireless-Netzwerk verschlüsselt, werden Sie über einen Dialog aufgefordert, den PRE SHARED KEY einzugeben. Diesen müssen Sie gegebenenfalls Ihrer Router-Konfiguration entnehmen.

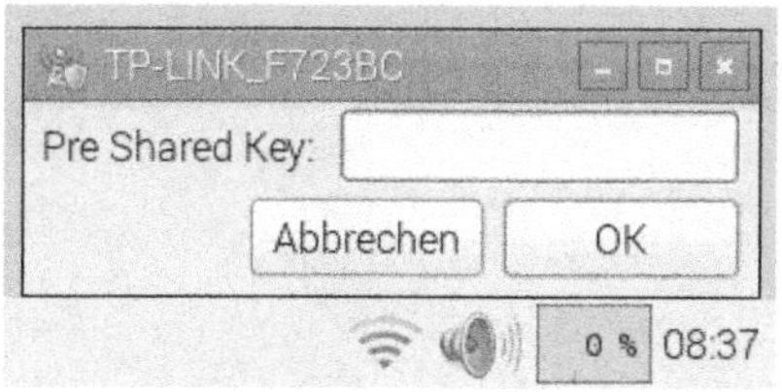

Abb. 2.28: Der Dialog zur Eingabe des PRE SHARED KEY

Wenn die Verbindung steht, können Sie den Raspberry Pi wieder herunterfahren und das Netzwerkkabel entfernen. Nach dem Neustart ist der WLAN-Stick direkt aktiv.

Wenn Sie noch ein Rasbian-Wheezy-Image haben, das älter als 05.05.2015 ist, wird die Wireless-Komfiguration über die WPA-GUI ausgeführt. Diese starten Sie über das Icon WIFI CONFIG. Mit dieser Oberfläche können Sie nach dem WLAN-Router suchen und die WLAN-Verbindung konfigurieren. Wenn der WLAN-Stick erkannt worden ist, erscheint im Feld ADAPTER der Wert `wlan0`. Um die Suche nach dem WLAN-Router zu starten, aktivieren Sie die Schaltfläche SCAN.

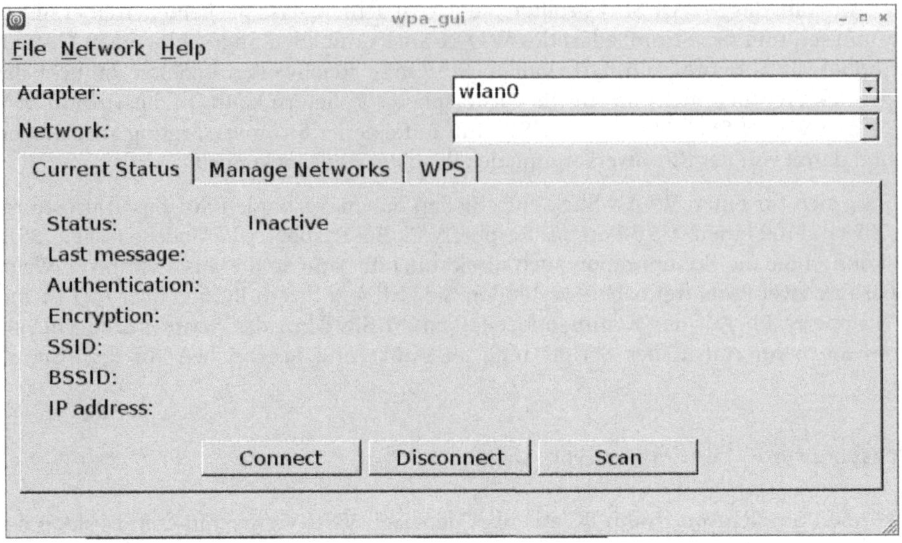

Abb. 2.29: Die WPA-GUI

Nachdem Sie die Schaltfläche SCAN aktiviert haben, öffnet sich das Fenster SCAN RESULTS. Hier müssen Sie auch die Schaltfläche SCAN aktiveren, um den eigentlichen Suchlauf zu starten. Wurde der WLAN-Router gefunden, erhalten Sie einen entsprechenden Eintrag in der Liste SCAN RESULTS. In unserem Beispiel ist dies der TP-Link-Router.

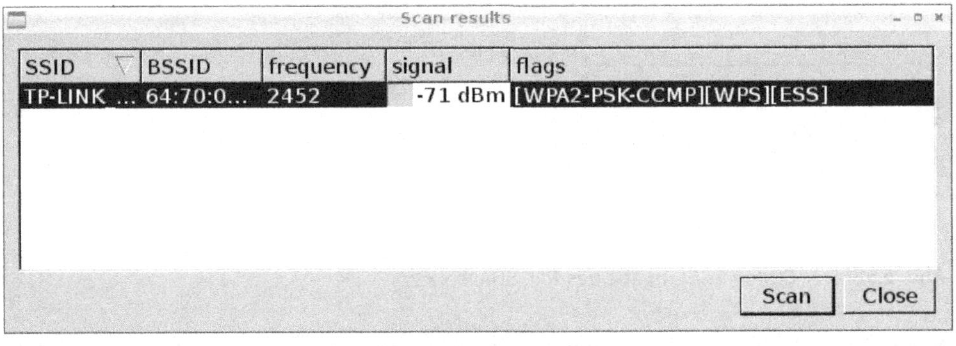

Abb. 2.30: Der Scan-Vorgang hat den TP-Link-Router gefunden.

Wenn Sie mehrere Router in der Liste angezeigt bekommen, wählen Sie Ihren Router mit einem Doppelklick aus der Liste aus. Danach erscheint das Konfigurations-Fenster, in das Sie noch das Kennwort eintragen müssen, das Sie im Router für WLAN-Verbindungen vergeben haben. Das Kennwort tragen Sie in das Feld PSK ein und aktivieren die Verbindung über ADD.

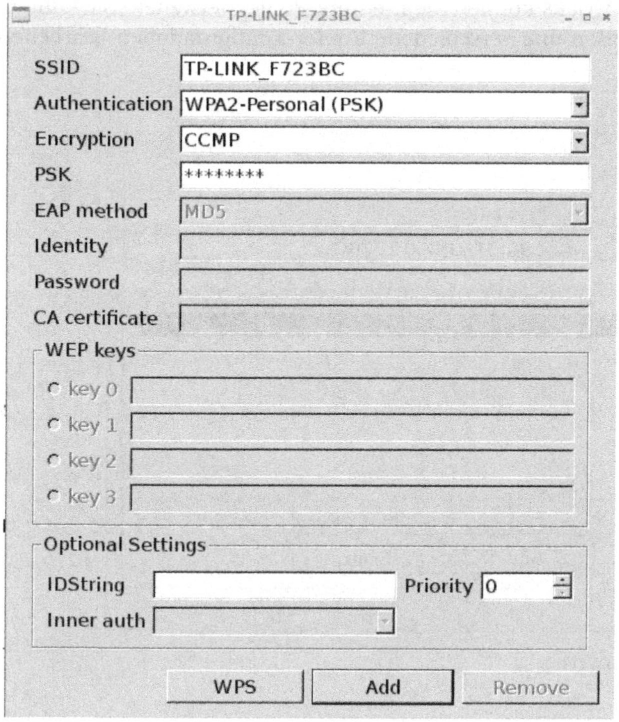

Abb. 2.31: Das Konfigurationsfenster für die WLAN-Verbindung

Wenn Sie das richtige Kennwort eingetragen haben, sehen Sie die aktive Verbindung im Fenster WPA-GUI. Unter IP ADDRESS wird die IP-Adresse angezeigt, die der Router dem Raspberry Pi für die WLAN-Verbindung zugewiesen hat.

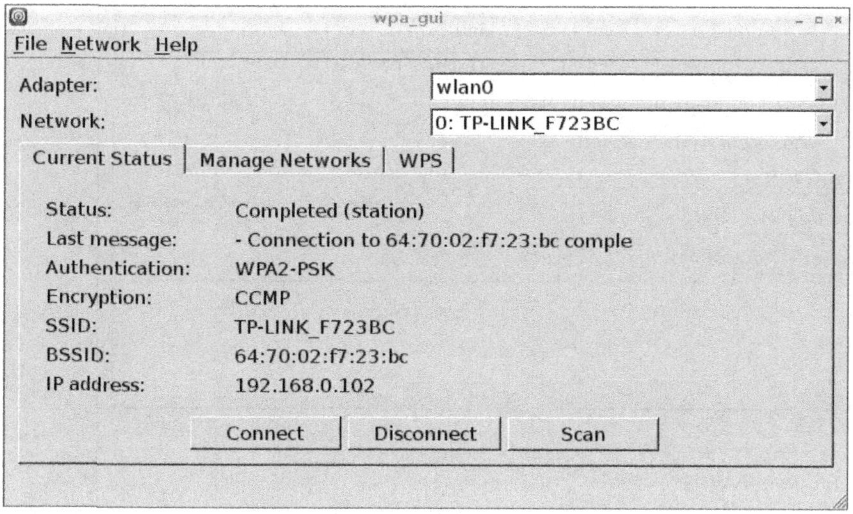

Abb. 2.32: Tab-Reiter: CURRENT STATUS

In dem Tab-Reiter MANAGE NETWORKS können Sie mehrere Router verwalten. Sie können auch einen Scan-Vorgang anstoßen und verschiedene Router-Konfigurationen bearbeiten und freigeben.

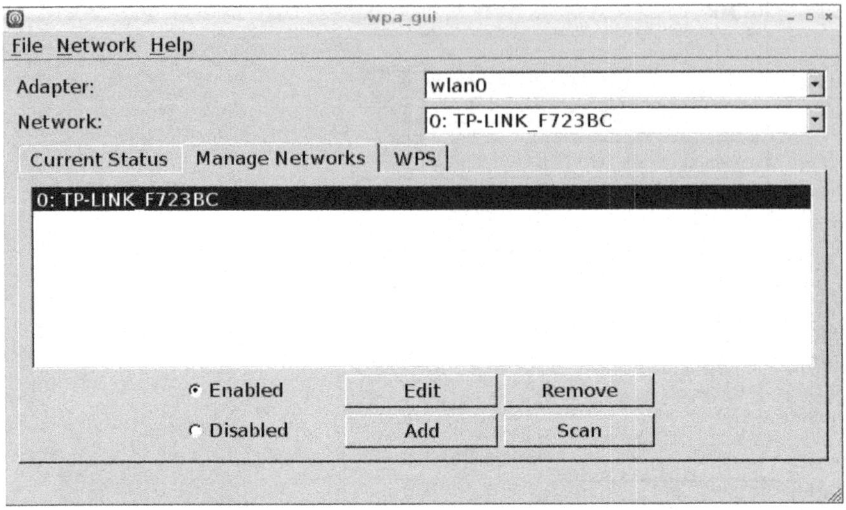

Abb. 2.33: Tab-Reiter: MANAGE NETWORKS

Über den Tab-Reiter WPS (Wi-Fi Protected Setup) können Sie die WPS-Funktion nutzen, um auf einfache Art eine Verbindung zu einem WiFi-Gerät aufzunehmen. Dabei wird im Router eine PIN erzeugt oder bestimmt, die von dem WiFi-Gerät aufgenommen werden muss, um eine Verbindung mit dem Router herstellen zu können.

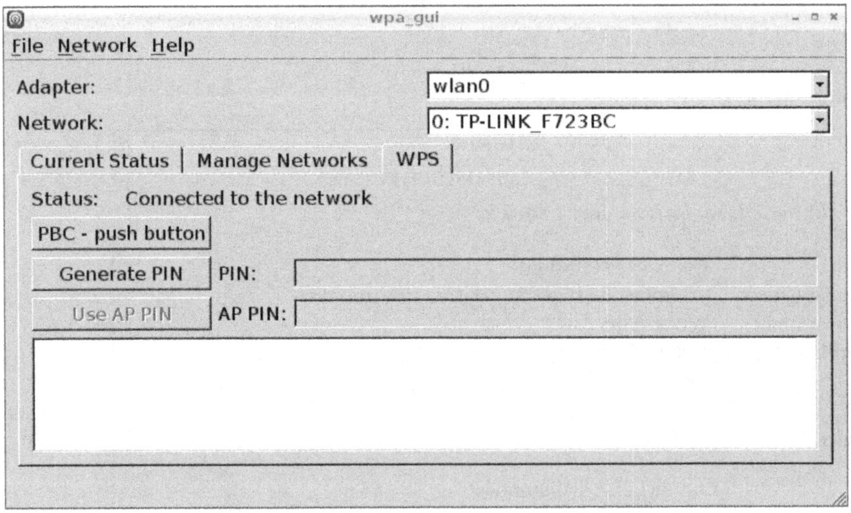

Abb. 2.34: Tab-Reiter: WPS

Als letzten Schritt fahren Sie den Raspberry Pi herunter und trennen die Stromversorgung. Entfernen Sie jetzt das Netzwerkkabel und aktivieren Sie dann wieder die Stromversorgung des Raspberry Pi, damit er wieder startet. Wenn Sie Glück haben, vergibt der Router dieselbe IP-Adresse, wie Sie sie in der WPA-GUI angezeigt bekommen haben. Wenn nicht, müssen Sie im Router-Setup unter der DHCP-Client-Liste nach dem Raspberry Pi suchen, um die aktuell zugeteilte IP-Adresse herauszufinden. Der Verbindungsaufbau zum Desktop des Raspberry Pi ist genau so, wie Sie es schon über das Netzwerk ausgeführt haben.

Nachdem die WLAN-Verbindung steht, sehen Sie sich mit dem Linux-Befehl `less` die Ihnen schon bekannte Datei `interfaces` aus dem Verzeichnis `/etc/network` an. Mit `less` kann man Dateien anschauen und sie seitenweise durchblättern.

```
pi@raspberrypi ~ $ less /etc/network/interfaces
```

Um sich die Datei anzusehen, können Sie sich auch über PuTTY mit dem Raspberry Pi verbinden. In der Datei `interfaces` hat die WPA-GUI drei neue Zeilen hinzugefügt. Vielleicht werden Sie Parameter wie das Kennwort (PSK) und die Authentifizierung in der Datei vermissen. Diese hat die WPA-GUI in die Datei `wpa_supplicant.conf` eingetragen und den Verweis in `interfaces` geschrieben.

Alle Einträge, die zu dem WLAN-Adapter `wlan0` gehören, sollten nur über die WPA-GUI geändert werden. Es könnte sonst zu Komplikationen kommen, wenn manuelle Änderungen von der WPA-GUI nicht richtig erkannt werden oder bei einem späteren Aufruf des Programms die manuellen Änderungen überschrieben werden. Aus diesem Grund wollen wir hier auch auf das Einstellen einer statischen IP-Adresse für die WLAN-Verbindung verzichten und stattdessen im Router die MAC-Adresse des WLAN-Adapters einer IP-Adresse zuweisen.

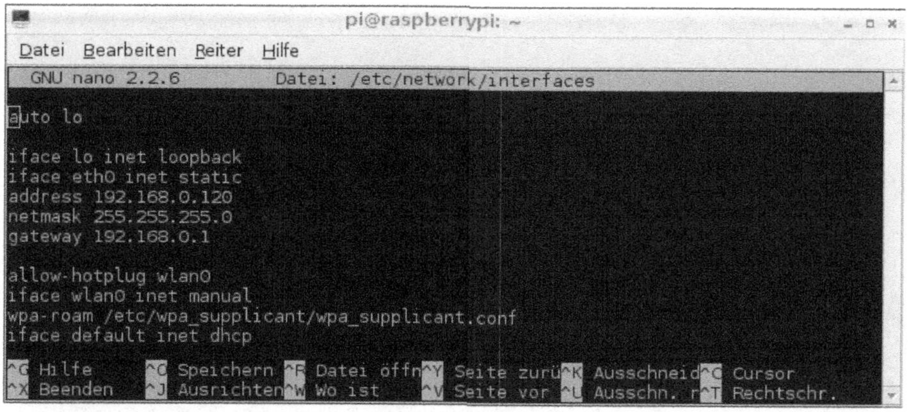

Abb. 2.35: Netzwerkkonfiguration in `/etc/network/interfaces`

2.7 Ein Backup

Nachdem Sie den Raspberry Pi jetzt fertig konfiguriert haben, sollten Sie ein Backup auf Ihrem PC sichern. Mit diesem Backup können Sie später immer wieder einen Grundzustand herstellen, in dem der Raspberry Pi lauffähig ist. Um das Backup anzulegen, fahren Sie den Raspberry Pi hinunter und trennen die Stromversorgung. Sie können jetzt die SD-Karte aus dem Raspberry Pi herausziehen und in den Kartenleser des PC einstecken. Starten Sie dann den Win32-Disk-Imager und tragen Pfad und Dateinamen in das Feld IMAGE FILE ein. Sie können auch über die Schaltfläche rechts neben dem Feld IMAGE FILE zu dem gewünschten Verzeichnis navigieren und einen Namen eintragen. Achten Sie bitte darauf, dass die Dateiendung immer `img` ist. Wenn Sie jetzt die Schaltfläche READ aktivieren, wird das Image von der SD-Karte gelesen und auf Ihrem PC gesichert.

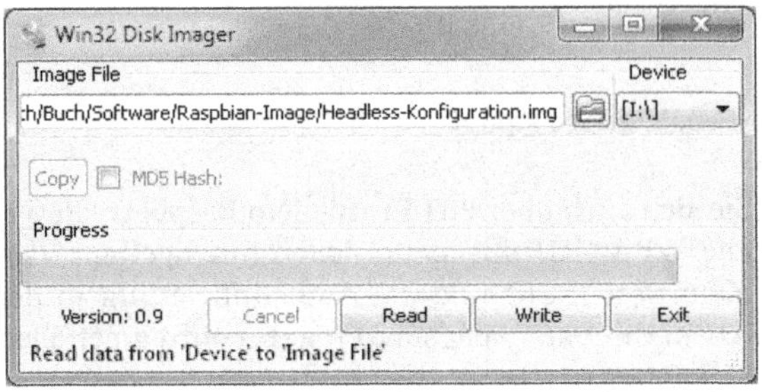

Abb. 2.36: Backup mit dem Win32 Disk Imager

Kapitel 3

Linux auf dem Raspberry Pi

Da das Raspbian-Betriebssystem des Raspberry Pi auf Debian-Linux aufbaut, sollten Sie ein paar Grundlagen auf der Linux-Konsole beherrschen. Auch wenn der Raspberry Pi eine grafische Oberfläche bereitstellt, müssen Sie hin und wieder auch mit der Konsole arbeiten. Da ich im Rahmen dieses Buches nicht auf alle Einzelheiten, die Linux zu bieten hat, eingehen kann, werde ich hier den pragmatischen Weg einschlagen und die wichtigsten Befehle kurz beschreiben. Wenn Sie sich erst einmal an das Arbeiten mit der Konsole gewöhnt haben, werden Sie feststellen, dass Sie die meisten Aufgaben, die für die vorgestellten Projekte notwendig sind, mit einer Handvoll Befehle erledigen können. Durch das Ausprobieren von Befehlen an der Konsole werden Sie schnell Sicherheit erlangen.

Wie Sie bereits wissen, können Sie entweder über PuTTY auf die Konsole zugreifen oder über den Desktop mit dem LXTerminal arbeiten. Egal, für welche Methode Sie sich entscheiden, werden Sie auf der Konsole den sogenannten Shell-Prompt sehen. In unserem Fall ist der Prompt das $-Zeichen und zeigt Ihnen damit an, dass Sie als normaler Benutzer und nicht als Administrator angemeldet sind. Für den Administrator würde der Prompt durch das #-Zeichen dargestellt werden.

```
pi@raspberrypi ~ $
```

Alle Befehle, die Sie auf der Konsole eintippen, werden ohne Leerzeichen direkt hinter dem $-Zeichen eingegeben. Die Tilde (~) vor dem Prompt ist die Kurzform für Ihr Home-Verzeichnis. Meldet man sich mit pi als Benutzer an, ist das Home-Verzeichnis `/home/pi`. Wenn Sie mit dem `cd`-Befehl in das Desktop-Verzeichnis navigieren, erscheint vor dem Prompt `~/Desktop$`.

```
pi@raspberrypi ~$ cd Desktop
pi@raspberrypi ~/Desktop $
```

Die Langform hierfür wäre dann `/home/pi/Desktop`. Vor der Verzeichnisangabe steht dann noch `pi@raspberrypi` und zeigt Ihnen den aktuellen Benutzer und den Netzwerknamen des Raspberry Pi an.

Nachdem Sie jetzt angemeldet sind, werde ich Ihnen kurz die wichtigsten Befehle erklären. Bei allen Beispielen, die jetzt folgen, habe ich wegen der besseren Übersicht immer nur den Prompt und danach die entsprechenden Befehle aufgeführt. Stellen Sie sich also vor, dass vor dem $-Zeichen immer noch `pi@raspberrypi ~` steht.

3.1 Verzeichnisse

Beginnen wir mit dem Anschauen von Verzeichnissen. Diese können Sie mit dem Befehl ls anzeigen lassen.

```
$ ls
```

Ohne weitere Parameter listet ls alle Datei- und Verzeichnisnamen hintereinander auf. Benötigen Sie außer dem Namen noch weitere Informationen, so fügen Sie den Schalter -l an und erhalten eine einspaltige Liste.

```
$ ls -l
```

Die Ausgabe der Liste hat dann die folgende Darstellung:

```
drwxr-xr-x 2 pi pi   4096 Jan 7   23:09 Desktop
drwxr-xr-x 2 pi pi   4096 Mär 10  2013 python_games
-rwxr-xr-x 1 pi pi     61 Mär 1   00:13 start_vnc.sh
-rwxr-xr-x 1 pi pi     19 Feb 28  23:57 stop_vnc.sh
```

Was die angezeigten Informationen im Einzelnen bedeuten, habe ich in der folgenden Tabelle aufgelistet. Sie beschreibt von links beginnend die zurückgegebenen Felder.

Feld	Beschreibung
1	Hier wird ein d angezeigt, wenn es sich um ein Verzeichnis handelt, und -, wenn es eine Datei ist.
2	Lese-, Schreib- und Ausführungsrechte für den Benutzer. r Leseberechtigung w Schreibberechtigung x Ausführungsberechtigung Wenn statt r, w oder x jeweils ein – steht, hat der Benutzer dieses Recht nicht.
3	Lese-, Schreib- und Ausführungsrechte für die Gruppe. r Leseberechtigung w Schreibberechtigung x Ausführungsberechtigung Wenn statt r, w oder x jeweils ein – steht, hat die Gruppe dieses Recht nicht.
4	Lese-, Schreib- und Ausführungsrechte für »Jeder«. r Leseberechtigung w Schreibberechtigung x Ausführungsberechtigung Wenn statt r, w oder x jeweils ein – steht, hat Jeder dieses Recht nicht.
5	Zeigt die Anzahl der *harten Links* an.

Tabelle 3.1: Die Bedeutung der durch ls angezeigten Felder

Feld	Beschreibung
6	Benutzername
7	Gruppenname
8	Dateigröße in Byte
9	Datum
10	Datei- oder Verzeichnisname

Tabelle 3.1: Die Bedeutung der durch `ls` angezeigten Felder (Forts.)

Sie können sich auch für ausgewählte Dateien und Verzeichnisse die Informationen anzeigen lassen, indem Sie diese durch Leerzeichen getrennt anfügen.

```
$ ls -l start_vnc.sh stop_vnc.sh
-rwxr-xr-x 1 pi pi     61 Mär 1    00:13 start_vnc.sh
-rwxr-xr-x 1 pi pi     19 Feb 28   23:57 stop_vnc.sh
```

Neben den Dateien und Verzeichnissen, die Sie bis jetzt aufgelistet bekommen haben, gibt es noch die Punktdateien und -verzeichnisse. Diese beginnen mit einem Punkt und sind für viele Programme nicht sichtbar. Mit dem `ls`-Befehl können Sie sie durch den Schalter -a sichtbar machen.

```
$ ls -la
```

Die meisten Linux-Befehle unterstützen auch eine zweite Möglichkeit, mehrere Parameter für einen Befehl einzugeben. Statt `-la` können Sie auch `-l` -a eintippen.

```
$ ls -l -a
```

Linux hat ein Hilfesystem, in dem Sie über einen Befehl sehr ausführliche Informationen erhalten. Um die Hilfe aufzurufen, geben Sie einfach `man` und den Befehl ein, über den Sie etwas wissen möchten.

```
$ man ls
```

Wenn Sie Hilfe zur Hilfe benötigen, drücken Sie bei geöffneter Hilfe die [H]-Taste. Um die Hilfe zu beenden, drücken Sie die [Q]-Taste.

Für viele Befehle finden Sie auch über `info` Hilfetext zu einem Befehl. Die Hilfe zu dem `info`-Befehl und das Beenden erreichen Sie auf gleiche Weise wie bei dem `man`-Befehl.

```
$ info ls
```

Sie wissen jetzt, wie Sie Dateien und Verzeichnisse aufgelistet bekommen und wie Sie das Hilfe-System verwenden können.

Als Nächstes zeige ich Ihnen, wie Sie sich im Verzeichnisbaum orientieren können und darin navigieren. Um zu wissen, in welchem Verzeichnis Sie sich gerade befinden, geben Sie den Befehl `pwd` ein.

```
$ pwd
/home/pi
```

Als Ergebnis erhalten Sie den absoluten Pfad des aktuellen Verzeichnisses. Um von hier aus zu navigieren, benutzen Sie den Befehl `cd`. Achten Sie dabei aber auf Groß- und Kleinschreibung der Verzeichnisnamen. Um von unserem Home-Verzeichnis eine Ebene weiter nach oben zu gelangen, geben Sie `cd ..` ein und kontrollieren Sie mit `pwd` den aktuellen Pfad. Immer wenn die Pfadangabe mit einem Punkt beginnt, handelt es sich um einen relativen Pfad. Beginnt die Pfadangabe mit einem /, ist immer ein absoluter Pfad gemeint.

```
$ cd ..
$ pwd
/home
```

Wenn Sie direkt mehrere Verzeichnisebenen nach oben springen wollen, geben Sie dies wie folgt ein.

```
$ cd ../../
```

In diesem Beispiel sind Sie direkt zwei Ebenen nach oben gesprungen. Beachten Sie aber bitte, dass in unserem Falle über `/home` nur noch das root-Verzeichnis liegt. Dies ist die oberste Ebene in unserem Baum und wird mit / gekennzeichnet. Um direkt in unser Home-Verzeichnis zu navigieren, geben Sie als Pfadangabe ~ ein.

```
$ cd ~
$ pwd
/home/pi
```

Dies funktioniert übrigens von jeder beliebigen Stelle im Verzeichnisbaum aus. Legen Sie als Nächstes ein neues Verzeichnis in unserem Home-Verzeichnis an und navigieren Sie dann dort hinein. Zum Anlegen eines Verzeichnisses nehmen Sie den Befehl `mkdir` gefolgt von dem gewünschten Verzeichnisnamen.

```
$ mkdir TestVerzeichnis1
$ cd TestVerzeichnis1
$ pwd
/home/pi/TestVerzeichnis1
```

Von hier aus können Sie dann beliebig viele Verzeichnisse mit unterschiedlich tiefen Verzeichnisstrukturen anlegen.

Um ein leeres Verzeichnis zu löschen, können Sie den Befehl `rmdir` benutzen. In unserem Beispiel navigieren Sie dazu aus dem Verzeichnis `TestVerzeichnis1` eine Ebene nach oben und löschen dann `TestVerzeichnis1`.

```
$ cd ..
$ ls -l
drwxr-xr-x 2 pi pi  4096 Jan 7   23:09 Desktop
drwxr-xr-x 2 pi pi  4096 Mär 10  2013 python_games
-rwxr-xr-x 1 pi pi    61 Mär 1   00:13 start_vnc.sh
-rwxr-xr-x 1 pi pi    19 Feb 28  23:57 stop_vnc.sh
drwxr-xr-x 2 pi pi  4096 Mär 8   20:00 TestVerzeichnis1
$ rmdir TestVerzeichnis1
```

Würde sich in dem zu löschenden Verzeichnis eine Datei befinden, würde `rmdir` das Löschen verweigern. Damit Sie auch ein nicht leeres Verzeichnis löschen können, verwenden Sie den Befehl `rm` mit dem Schalter `-r`.

```
$ rm -r Verzeichnisname
```

3.2 Dateien

Nachdem Sie sich nun mit dem Anlegen und Löschen von Verzeichnissen auskennen, werden Sie in diesem Abschnitt das Gleiche mit Dateien machen. Um eine Datei zu erzeugen, werden Sie als Erstes das Programm nano verwenden. Die erste Datei soll *TestPi* heißen und wird als Parameter hinter nano eingegeben.

```
$ nano TestPi
```

Nachdem sich der Texteditor geöffnet hat, können Sie beliebig Text eingeben und editieren. Um Hilfe für den Umgang mit *nano* zu bekommen, geben Sie bei geöffnetem Editor Strg+G ein. Um den Text zu speichern, geben Sie Strg+X, J und ↵ ein. *Nano* erzeugt nicht nur Dateien, sondern öffnet auch bestehende Dateien.

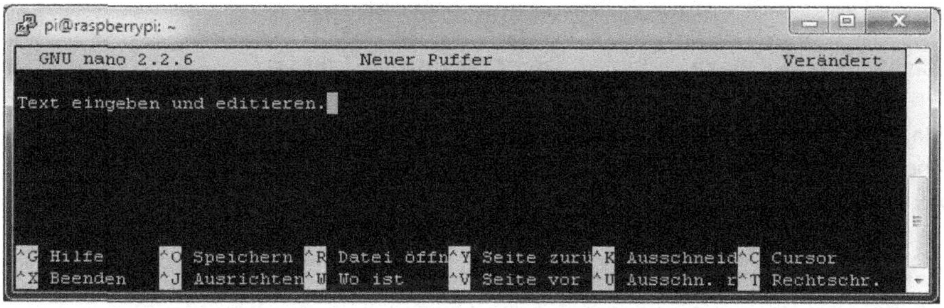

Abb. 3.1: Der Texteditor *nano*

Nachdem Sie *nano* beendet haben, finden Sie die neue Datei im aktuellen Verzeichnis.

```
$ ls -l
drwxr-xr-x 2 pi pi   4096 Jan 7    23:09 Desktop
drwxr-xr-x 2 pi pi   4096 Mär 10   2013 python_games
-rwxr-xr-x 1 pi pi     61 Mär 1    00:13 start_vnc.sh
-rwxr-xr-x 1 pi pi     19 Feb 28   23:57 stop_vnc.sh
drwxr-xr-x 2 pi pi   4096 Mär 8    20:00 TestVerzeichnis1
-rw-r--r-- 1 pi pi     19 Mär 8    20:01 TestPi
```

Mit dem Befehl `mv` können Sie eine Datei verschieben oder umbenennen. Geben Sie die folgenden Befehle ein, um die Datei `TestPi` in `TestRaspberry` umzubenennen.

```
$ mv TestPi TestRaspberry
$ ls -l
drwxr-xr-x 2 pi pi   4096 Jan 7    23:09 Desktop
drwxr-xr-x 2 pi pi   4096 Mär 10   2013 python_games
-rwxr-xr-x 1 pi pi     61 Mär 1    00:13 start_vnc.sh
-rwxr-xr-x 1 pi pi     19 Feb 28   23:57 stop_vnc.sh
drwxr-xr-x 2 pi pi   4096 Mär 8    20:00 TestVerzeichnis1
-rw-r--r-- 1 pi pi     19 Mär 8    20:01 TestRaspberry
```

Um die Datei `TestRaspberry` in das Verzeichnis `TestVerzeichnis1` zu verschieben, geben Sie hinter `mv` den Dateinamen und dann das Zielverzeichnis an.

```
$ mv TestRaspberry TestVerzeichnis1
$ cd TestVerzeichnis1
$ ls -l
-rw-r--r-- 1 pi pi     19 Mär 8    20:03 TestRaspberry
```

Sie können auch mehrere Dateien und Verzeichnisse gleichzeitig in ein anderes Verzeichnis verschieben. In dem folgenden Beispiel werden die Dateien `Datei1`, `Datei2`, `Datei3` und die Verzeichnisse `Verz1` und `Verz2` in das Verzeichnis `Zielverzeichnis` verschoben:

```
$ mv Datei1 Datei2 Datei3 Verz1 Verz2 Zeilverzeichnis
```

Wenn Sie eine Datei kopieren möchten, können Sie dies mit dem Befehl `cp` ausführen. Dazu geben Sie hinter dem Befehl zuerst die vorhandene Datei und danach den Namen für die kopierte Datei an.

```
$ cp TestRaspberry TestRaspberryCopie
$ ls -l TestRaspberry TestRaspberryCopie
```

```
-rw-r--r-- 1 pi pi     19 Mär 8   20:01 TestRaspberry
-rw-r--r-- 1 pi pi     19 Mär 8   20:01 TestRaspberryCopie
```

Ähnlich wie bei dem Befehl `mv` können Sie auch mit `cp` gleichzeitig mehrere Dateien in ein Verzeichnis kopieren.

```
$ cp Datei1 Datei2 Datei3 Zielverzeichnis
```

Mit dem Befehl `rm -r` hatten Sie schon Verzeichnisse löschen können, die nicht leer waren. Den Befehl `rm` ohne Parameter können Sie dazu nutzen, eine oder mehrere Dateien zu löschen.

```
$ rm Datei Datei2 Datei3
```

3.3 Suchen

Im Laufe der Zeit werden Sie bestimmt viele Dateien auf Ihrem Raspberry Pi erzeugt haben. Wenn Ihnen dann nicht mehr einfällt, wo die ein oder andere Datei liegt, können Sie sie mit dem Befehl `find` suchen lassen. Da `find` sehr komplex ist, zeige ich Ihnen nur eine kleine Auswahl der zur Verfügung stehenden Optionen und Möglichkeiten. Wollen Sie z.B. in dem Home-Verzeichnis nach WAV-Dateien suchen, geben Sie Folgendes ein:

```
$ find ~ -type f -name \*.wav
```

* ist ein Platzhalter für eine beliebige Zeichenkette. Es wird hier also nach allen Dateien gesucht, die mit `.wav` enden. Wollen Sie nach allen Java-Dateien ab dem root-Verzeichnis aus suchen, geben Sie Folgendes ein.

```
$ sudo find / -type f -name \*.java
```

Und mit Verzeichnissen funktioniert es auch.

```
$ sudo find / -type d -name  TestVerzeichnis1
/home/pi/TestVerzeichnis1
```

Sie können auch nach allen Verzeichnissen suchen, die mit Test beginnen.

```
$ sudo find / -type d -name  Test\*
/home/pi/TestVerzeichnis1
/usr/share/perl1/5.14.2/Test
/usr/share/perl1/5.14.2/Test/Builder/Tester
```

Damit Sie den Befehl besser verstehen können, habe ich die einzelnen Parameter in einer Tabelle zusammengefasst und kurz erklärt.

Befehl/ Parameter	Erklärung
`find`	Der Befehl kann nach Dateien oder Verzeichnissen suchen.
Pfad	Hinter `find` geben Sie als Erstes den Pfad an, ab dem `find` suchen soll. /: Suche beginnt im root-Verzeichnis. `/home/pi`: Suche beginnt im Home-Verzeichnis. Hier könnten Sie auch einfach ~ eingeben. `../Verzeichnis1`: Suche beginnt eine Verzeichnisebene über dem aktuellen Verzeichnis und von dort aus in das Verzeichnis `Verzeichnis1`.
`-type`	Wenn Sie hinter `type` ein `d` eingeben, wird nach Verzeichnissen gesucht, und wenn Sie ein `f` eingeben, wird nach Dateien gesucht.
`-name`	Hinter `name` geben Sie den Datei- oder Verzeichnisnamen ein. Hier können Sie auch ein Wildcard (Platzhalter) eingeben. * steht hier für ein beliebiges Zeichen. `\*.wav`: Sucht nach allen WAV-Dateien. `Test\*`: Sucht nach Dateien oder Verzeichnissen, die mit `Test` beginnen.

Tabelle 3.2: Die Parameter des Befehls `find`

Als Nächstes gehen Sie einen Schritt weiter und suchen nach Zeichenketten, die sich in Dateien befinden. Hierzu benötigen Sie den Befehl `grep`, der ähnlich komplex parametrisiert sein kann wie `find`. Um den Rahmen dieses Kapitels nicht zu sprengen, werde ich Ihnen hier auch nur die wichtigsten Parameter und Ausdrücke erklären. Damit Sie die Beispiele selber nachvollziehen und erweitern können, legen Sie zuerst eine Testdatei mit dem Namen `Testgrep` an. Geben Sie dort den Text, wie in Abbildung 3.2 zu sehen ist, ein.

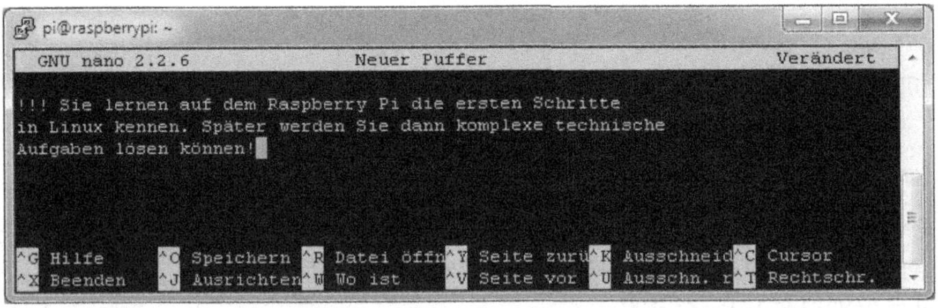

Abb. 3.2: Mit *nano* erstellen Sie die Testdatei `Testgrep`

Als Erstes lassen Sie in der Testdatei nach dem Wort »Sie« suchen. Das Ergebnis zeigt Ihnen alle Textzeilen, die das Wort *Sie* enthalten.

```
$ grep Sie Testgrep
!!!Sie lernen auf dem Raspberry Pi die ersten Schritte
in Linux kennen. Später werden Sie dann komplexe technische
```

Statt einen Suchstring zu benutzen, können Sie auch mit regulären Ausdrücken arbeiten. So wird bei dem Ausdruck `[öä]` nach allen Zeilen gesucht, die entweder ein *ö* oder ein *ä* enthalten.

```
$ grep '[äö]' Testgrep
in Linux kennen. Später werden Sie dann komplexe technische
Aufgaben lösen können!
```

Sie können auch den regulären Ausdruck negieren, indem Sie als Parameter `-v` eingeben. Es werden dann alle Zeilen ausgegeben, die nicht dem Ausdruck entsprechen.

```
$ grep -v '[äö]' Testgrep
!!! Sie lernen auf dem Raspberry Pi die ersten Schritte
```

Mehr Informationen zu `grep` erhalten Sie wie weiter oben schon erwähnt mit dem Befehl `man grep`.

3.4 Berechtigungen

Mit dem Befehl `ls -l` können Sie sich alle Zugriffsrechte für Dateien und Verzeichnisse anzeigen lassen. Wie die Berechtigungsinformationen aufgebaut sind, können Sie sich im Abschnitt 3.1 »Verzeichnisse« in der dort aufgeführten Tabelle noch einmal anschauen. Prinzipiell werden die Zugriffsrechte auf Dateien und Verzeichnisse in Linux an Benutzer, Gruppen und Benutzer aus anderen Gruppen vergeben. Damit Sie diese Zugriffsrechte an Ihre Anforderungen anpassen können, steht Ihnen der Befehl `chmod` zur Verfügung.

Wenn Sie als Benutzer pi eine Datei erzeugen, haben alle Benutzer auf dem System das Recht, sie zu lesen. Sie selber haben auch das Recht, die Datei zu verändern oder zu löschen. Schauen Sie sich die Berechtigung der selbst angelegten Datei `Testgrep` einmal an.

```
$ ls -l Testgrep
-rw-r--r-- 1 pi pi    10 Mär 17 18:00 Testgrep
```

Wie Sie erkennen können, hat der Benutzer pi Schreib- und Leserechte (`rw-`). Alle anderen dürfen nur lesen (`r--r--`). Wenn Sie auf diese Weise ein Shell-Script anlegen, haben Sie als Benutzer erst einmal kein Recht, dieses Script auszuführen. Um sich dieses Recht zu geben, führen Sie den folgenden Befehl aus. Beachten Sie bitte, dass es sich in diesem Beispiel um eine reine Textdatei handelt, die nicht ausführbar ist.

```
$ chmod u+x Testgrep
```

Der Befehl ist so aufgebaut, dass Sie zuerst den Geltungsbereich (u = Benutzer), dann den Befehl (+ = hinzufügen) und die Berechtigung (x = Ausführen) und danach den Datei- oder Verzeichnisnamen angeben. In der folgenden Tabelle habe ich die wichtigsten Optionen für chmod aufgeführt.

chmod [-R] Geltungsbereich Befehl Berechtigung Dateinamen	
-R	Dieser Schalter ist optional und kann angegeben werden, wenn Verzeichnisse rekursiv durchlaufen werden sollen, um Berechtigungen an alle tiefer liegenden Objekte zu ändern.
Geltungsbereich	u = Benutzer g = Gruppe o = Benutzer, die nicht in der Gruppe sind a = Alle Wenn der Geltungsbereich nicht angegeben wird, ist a der Standardwert.
Befehl	+ = Berechtigung hinzufügen - = Berechtigung entfernen
Berechtigung	r = lesen w = schreiben x = ausführen (bei Verzeichnissen bedeutet es, mit cd ins Verzeichnis wechseln zu dürfen) u = duplizieren von Benutzerberechtigungen g = duplizieren von Gruppenberechtigungen o = duplizieren von Benutzerberechtigungen aus anderen Gruppen s = setuid oder setgid t = Sticky Bit (für alle Dateien in einem Verzeichnis, für das Sie Schreibrechte haben, können Sie Dateien löschen und verschieben. Wenn das Sticky Bit gesetzt ist, müssen Sie die Rechte auch für die Datei besitzen, um löschen und verschieben zu können.)
Dateinamen	Ein oder mehrere Datei- oder Verzeichnisnamen, die durch Leerzeichen getrennt sind.

Tabelle 3.3: Die Parameter des Befehls chmod

Eine weitere Möglichkeit, Berechtigungen zu vergeben, besteht darin, eine Datei oder ein Verzeichnis einem anderen Benutzer oder einer anderen Gruppe zuzuweisen. Der nächste Befehl weist der Datei Testgrep den root-User als Besitzer zu. Da Sie dies nur mit root-Berechtigung ausführen dürfen, setzen Sie den Befehl sudo davor.

```
$ sudo chown root Testgrep
$ ls -l Testgrep
-rwxr-xr-x 1 root pi 141 Mär 23 13:45 Testgrep
```

Wie Sie an der Ausgabe sehen können, wurde der Eigentümer von pi auf root geändert. Um die Gruppenzugehörigkeit einer Datei oder eines Verzeichnisses zu ändern, können Sie den Befehl chgrp benutzen. Im nächsten Beispiel werden wir mit chgrp der Datei Testgrep die Gruppe root zuweisen.

```
$ sudo chgrp root Testgrep
$ ls -l Testgrep
-rwxr-xr-x 1 root root 141 Mär 23 13:45 Testgrep
```

Die Datei gehört jetzt dem root-Benutzer und ist der root-Gruppe zugewiesen. Beide Befehle können Sie auch auf Verzeichnisse anwenden. Außerdem können Sie mehrere Dateien und Verzeichnisse durch Leerzeichen getrennt angeben. Die Befehle chgrp und chown kennen beide den Schalter -R, mit dem Sie Verzeichnisse rekursiv durchlaufen können.

3.5 Benutzer verwalten

In diesem Kapitel möchte ich Ihnen die Grundlagen der Benutzerverwaltung für den Raspberry Pi vorstellen. Dieses Thema kann auf großen Linux-Systemen mit einigen Hundert Benutzern sehr komplex werden. In unseren Fall geht es darum, für technische Projekte einzelne Benutzer zu verwalten. Wichtig ist hier nur, das Grundverständnis zu erlangen, und nicht, alle Details, die Raspbian-Linux bereitstellt, zu kennen. Beginnen wollen wir hier mit dem einfachen Anlegen eines Benutzers und die Zuweisung zu einer bestehenden oder neuen Gruppe. Da auf dem Raspberry Pi die Gruppe users bereits existiert, wollen wir dieser Gruppe einen neuen Benutzer zuweisen. Mit dem Befehl useradd können Sie einen Benutzer anlegen und gleichzeitig weitere Eigenschaften für ihn definieren. So können Sie mit dem folgenden Befehl das Home-Verzeichnis, die Standardkonsole und die Gruppe festlegen, zu dem Sie den neuen Benutzer zuweisen wollen. In unseren Fall heißt dieser Benutzer testuser. Mit dem pi-Benutzer können Sie aber keinen Benutzer anlegen, aus diesem Grunde setzen Sie vor useradd den Befehl sudo. Dadurch haben Sie Administratorrechte und können useradd ausführen.

```
$ sudo useradd -d /home/pi -s /bin/bash -g pi testuser
```

Hinter dem Schalter -d geben Sie das Login-Verzeichnis für den neuen Benutzer ein. Beachten Sie aber, dass dieses Verzeichnis existieren muss. Also, wenn nötig, müssen Sie es vorher anlegen. Mit dem nächsten Schalter geben Sie das Verzeichnis zur Standardkonsole für den Benutzer ein. In unserem Falle ist dies /bin/bash und das ist auch der Standard auf dem Raspberry Pi. Mit dem Schalter -G können Sie eine oder mehrere Gruppen festlegen, denen der Benutzer zugeordnet werden soll (ist im Beispiel oben nicht angewendet worden). Die Standardgruppe des Benutzers können Sie hinter -g angeben. Ganz zum Schluss geben Sie dann noch den Benutzernamen an. In dem Beispiel für den Benutzer testuser habe ich die existierende Gruppe pi und das Home-Verzeichnis /home/pi gewählt, da beides schon existiert.

Damit sich der Benutzer auch anmelden kann, müssen Sie ihm noch ein Kennwort vergeben, das er dann später selber ändern kann. Geben Sie dazu hinter passwd den Benutzer an, dem Sie das Kennwort zuweisen wollen. Nach [↵] müssen Sie dann zweimal hintereinander das gleiche Kennwort eingeben.

```
$ sudo passwd testuser
```

Wenn sich der neue Benutzer an der Konsole erfolgreich angemeldet hat, kann er mit dem Befehl `passwd` sein Kennwort ändern. Hierfür sind dann keine Administrationsrechte nötig.

```
$ passwd
```

Um einen Benutzer anzupassen, geben Sie mit den gleichen Schaltern die Änderungen mit dem Befehl `usermod` ein. Hier brauchen Sie natürlich nur die Angaben aufzuführen, die geändert werden sollen.

```
$ sudo usermod -d /home/wh -s /bin/bash -g users testuser
```

Um einen Benutzer zu löschen, geben Sie hinter `userdel` den zu löschenden Benutzer an.

```
$ sudo userdel testuser
```

Wenn Sie einem neuen Benutzer eine Gruppe zuweisen wollen, diese aber noch nicht existiert, können Sie eine neue Gruppe mit `groupadd` anlegen. Mit dem Schalter `-f` können Sie bestimmen, dass keine Fehlermeldung erzeugt wird, falls die Gruppe schon existiert.

```
$ sudo groupadd -f neueGruppe
```

Wenn Sie sich alle Gruppen ansehen wollen, die dem aktuellen Benutzer zugeordnet worden sind, geben Sie den Befehl `groups` ein.

```
$ groups
```

Interessieren Sie sich für Gruppen, die bestimmten Benutzern zugeordnet worden sind, geben Sie hinter `groups` alle Benutzer ein, die Sie auf ihre Gruppenzugehörigkeit abfragen möchten.

```
$ groups user1 user2
```

Um eine Gruppe zu löschen, verwenden Sie `groupdel` und den Gruppennamen. Und auch hierfür benötigen Sie Administratorrechte, die Sie über `sudo` bekommen.

```
$ sudo groupdel gruppenname
```

Wenn Sie eine neue Gruppe erstellt haben, werden Sie sie mit dem Befehl `groups` nicht angezeigt bekommen. Dies liegt daran, dass die neue Gruppe noch keinem Benutzer zugeordnet worden ist und `groups` nur benutzerbezogene Gruppen auflistet.

Um einen neuen Benutzer mit den entsprechenden Rechten und Verzeichnissen anzulegen, müssen Sie eine ganze Reihe von Befehlen ausführen. Raspbian-Linux stellt hierfür einen weiteren Befehl zur Verfügung, mit dem das Anlegen eines neuen Benutzers vereinfacht wird. Geben Sie **sudo adduser** und den Namen des neuen Benutzers ein und beantworten Sie alle Fragen, die Ihnen durch das Programm **adduser** gestellt werden.

```
$ sudo adduser willi
Lege Benutzer >>willi<< an ...
Lege neue Gruppe >>willi<< (1004) an ...
Lege neuen Benutzer >>willi<< (1001) mit Gruppe >>willi<< an ...
Erstelle Home-Verzeichnis >>/home/willi<< ...
Kopiere Dateien aus >>/etc/skel<< ...
Geben Sie ein neues UNIX-Passwort ein:
Geben Sie das neue UNIX-Passwort erneut ein:
Geben Sie einen neuen Wert an oder drücken Sie ENTER für den
Standardwert
Vollständiger Name []:
Zimmernummer []:
Telefon geschäftlich []:
Telefon privat []:
Sonstiges []:
Sind die Informationen korrekt? [J/n]
```

Wie Sie an dem Beispiel sehen können, hat **adduser** eine ganze Reihe Aufgaben für Sie erledigt. Das Programm fragt unter anderem auch persönliche Eigenschaften des neuen Benutzers ab, die für technische Benutzer nicht von Bedeutung sind und deshalb in dem Beispiel nur durch [↵] quittiert wurden.

3.6 Administrator werden

Bisher haben Sie immer den Befehl **sudo** benutzt, wenn Sie Administratorrechte benötigt haben. Diese Vorgehensweise hat den großen Vorteil, dass Sie nach der Ausführung eines Befehls immer wieder als normaler Benutzer angemeldet sind und das Betriebssystem noch etwas geschützt ist. Wenn Sie genau wissen, was Sie auf der Konsole tun, können Sie mit dem Befehl **su** den Benutzer wechseln. Um Administrator zu werden, müssen Sie dazu den root-Benutzer nehmen und sich mit dem Kennwort authentifizieren. Wie Sie an dem Beispiel sehen können, steht nach dem Wechsel des Benutzers **root** vor dem @-Zeichen und der Prompt hat von $ auf den Administratorprompt # gewechselt.

```
pi@raspberrypi ~ $ su root
Passwort:
root@raspberrypi:/home/pi#
```

Um wieder zu dem ursprünglichen Benutzer zu wechseln, geben Sie **exit** ein.

```
root@raspberrypi:/home/pi#exit
exit
pi@raspberrypi ~ $
```

Die Anmeldung als Administrator kann ich Ihnen aber nur im Ausnahmefall empfehlen. Hier stehen nämlich alle Tore offen, um das Betriebssystem lahmzulegen.

3.7 Dateien und Verzeichnisse packen

Auf dem Raspberry Pi können Sie mehrere Dateien und Verzeichnisse sehr einfach in ein einzelnes Dateiarchiv packen, um dies z.B. auf einem anderen Laufwerk oder PC zu sichern. Um ein Archiv anzulegen, können Sie den Befehl `tar` benutzen. Mit den folgenden Schaltern können Sie den Befehl so konfigurieren, dass Sie ein Archiv anlegen, ansehen oder ausgeben können. Ohne einen weiteren Schalter angeben zu müssen, wird bei Verzeichnisangaben immer der ganze Inhalt des Verzeichnisses mit in das Archiv aufgenommen.

`tar [-cvfztx] [Archivname] [Dateien/Verzeichnisse]`	
`-c`	Archiv anlegen
`-x`	Archiv entpacken
`-t`	Den Inhalt des Archivs anzeigen
`-f`	Sie können die Datei angeben, aus der gelesen oder in die geschrieben wird.
`-z`	Das Archiv wird mit der GZIP-Komprimierung angelegt.
`-v`	Es wird angezeigt, welche Dateien ausgegeben oder hinzugefügt werden.

Tabelle 3.4: Die Parameter des Befehls `tar`

Mit der Schalterkombination `-cvf` erzeugen Sie ein Archiv und geben den Archivnamen an. Außerdem werden durch `-v` während der Archivierung die Dateien und Verzeichnisse angezeigt, die dem Archiv hinzugefügt werden.

```
$ tar -cvf meinarch.tar verz1 verz2 verz3 datei1 datei2
```

Wenn Sie das Archiv GZIP-komprimieren wollen, fügen Sie noch `-z` hinzu.

```
$ tar -czvf meinarch.tar.gz verz1 verz2 verz3 datei1 datei2
```

Damit Sie sich den Inhalt des Archivs `meinarch.tar.gz` ansehen können, geben Sie die Schalterkombination `-tf` an. Beachten Sie bitte bei der Vergabe eines Dateinamens auf die Endung `tar`, wenn es sich um ein Archiv ohne GZIP-Komprimierung handelt, und auf die Dateiendung `tar.gz`, wenn Sie ein Archiv mit GZIP-Komprimierung anlegen wollen. Dies ist guter Linux-Stil und zeigt Ihnen an, um was für ein Archiv es sich handelt.

```
$ tar -tf meinarch.tar.gz
```

Damit Sie ein Archiv in ein bestimmtes Verzeichnis entpacken können, navigieren Sie in das Verzeichnis und führen dort mit den Schaltern `-xvf` und dem Archivnamen mit Pfadangabe den Befehl `tar` aus. Sie können auch das Archiv zuerst in das Verzeichnis hineinkopieren, in dem es entpackt werden soll, um sich die Pfadangabe zu sparen.

Mit dem folgenden Befehl wird das Archiv `meinarch.tar.gz` aus dem Verzeichnis `/home/pi` in dem Verzeichnis entpackt, in dem `tar` ausgeführt wird.

```
$ tar -xzvf /home/pi/meinarch.tar.gz
```

3.8 Softwarepakete verwalten

Um Software auf dem Raspberry Pi zu installieren, stellt Raspbian-Linux den `apt-get`-Paketmanager bereit, mit dem Sie aus dem Raspbian-Repository Software laden und installieren lassen können. Vor der eigentlichen Installation von neuen Paketen werden noch Abhängigkeiten zu anderen Softwarepaketen geprüft, und erst wenn alle bestehenden Abhängigkeiten positiv bewertet werden, startet die Installation. Softwarepakete, die in dem Raspbian-Repository liegen, setzen bei abhängigen Softwarepaketen immer einen aktuellen Stand auf dem Raspberry Pi voraus. Damit Sie auf Ihrem Raspberry Pi bei allen installierten Paketen immer auf dem aktuellen Stand sind, können Sie diesen durch `apt-get` prüfen und herstellen lassen. Dazu starten Sie `apt-get` mit dem Parameter `update`.

```
$ sudo apt-get update
```

Auch wenn Sie keine neue Software installieren wollen, sollten Sie `update` von Zeit zu Zeit ausführen, um den Raspberry Pi auf dem neuesten Stand zu halten. Um jetzt ein neues Paket zu installieren, geben Sie hinter `apt-get` den Parameter `install` und den Paketnamen ein.

```
$ sudo apt-get install Paketname
```

Sie können `apt-get` auch dazu benutzen, um Softwarepakete zu deinstallieren. Geben Sie dazu den Parameter `remove` mit dem zu löschenden Paket an.

```
$ sudo apt-get remove Paketname
```

Ein Nachteil bei der Verwendung von `remove` besteht darin, dass eventuell vorhandene Konfigurationsdateien nicht mit gelöscht werden. Wollen Sie aber ein Paket restlos von dem Raspberry Pi entfernen, können Sie statt `remove` auch `purge` benutzen. Der Befehl `remove` hat natürlich auch seine Berechtigung, da es eventuell gewünscht ist, bestimmte Konfigurationen auf dem Raspberry Pi zu behalten.

```
$ sudo apt-get purge Paketname
```

Wenn Sie neue Software aus dem Raspbian-Repository installieren möchten, aber den Paketnamen nicht genau wissen, können Sie mit `apt-cache search` und einem Suchbegriff danach suchen lassen. In dem nächsten Beispiel können Sie nach *jdk* suchen lassen und bekommen alle Pakete aufgelistet, die im Namen oder der Paketbeschreibung die Zeichenkette *jdk* enthalten. Haben Sie dann den genauen Paketnamen in der Liste gefunden, können Sie das Paket mit `apt-get install` installieren.

```
$ apt-cache search jdk
```

3.9 Netzwerk

In Kapitel 2 über die Konfiguration des Raspberry Pi haben Sie schon ein paar Netzwerkbefehle kennengelernt und den Raspberry Pi in Ihr Heimnetzwerk eingebunden. In diesem Abschnitt zeige ich Ihnen deshalb nur noch die wichtigsten Befehle, um Informationen zu Ihrer Netzwerkverbindung anzuzeigen und wie Sie überprüfen können, ob ein Rechner von dem Raspberry Pi aus zu erreichen ist. Um die Netzwerkverbindung und die Routentabelle abzufragen, benutzen Sie den `netstat`-Befehl mit den Schaltern `-rn`.

```
$ netstat -rn
```

Wenn Sie wissen wollen, welche IP-Adresse Ihre Netzwerkverbindung hat, fragen Sie dies mit `ip addr` ab.

```
$ ip addr
```

Und ob ein Rechner in Ihrem Netzwerk von dem Raspberry Pi aus erreichbar ist, können Sie mit dem Befehl `ping` und der IP-Adresse des Rechners prüfen.

```
$ ping 192.168.0.121
```

3.10 Prozesse

Auf Ihrem Raspberry Pi laufen eine ganze Reihe Prozesse im Hintergrund, die schon beim Systemstart aktiviert worden sind. Hinzu kommen dann noch Prozesse, die Sie während des Betriebs angestoßen haben. Um sich Prozesse anzuschauen, die dem aktuellen Benutzer zugeordnet sind, geben Sie `ps` ein. Sie erhalten dann eine Liste, in der ganz links die Prozess-IDs (PID) und ganz rechts der Prozessname zu sehen sind. In dem folgenden Beispiel sehen Sie die Prozesse `bash` und `ps`. Der Prozess `bash` ist die Kommandozeile und `ps` der gerade ausgeführte Befehl.

```
$ ps
 PID TTY          Time CMD
2430 pts/0    00:00:01 bash
2445 pts/0    00:00:00 ps
```

Wenn Sie ps noch den Schalter -e hinzufügen, sehen Sie alle laufenden Prozesse. Um noch mehr Informationen zu einem Prozess zu bekommen, können Sie das Programm top starten. Es zeigt Ihnen neben vielen anderen Informationen den Benutzer, die CPU-Belastung und den verwendeten Arbeitsspeicher an.

```
$ top
```

Da top die Prozessliste permanent abfragt, müssen Sie zum Beenden die Taste [Q] betätigen. Um einen laufenden Prozess zu beenden, rufen Sie den Befehl kill mit der entsprechende Prozess-ID auf. Sie sollten hier aber immer mit Vorsicht agieren, da ein versehentlich gelöschter Prozess den Raspberry Pi zum Absturz bringen kann.

```
$ kill pid
```

3.11 Gemischtes

Auf Ihrem Raspberry Pi gibt es eine Reihe nützlicher Programme, die Ihnen beim Umgang mit Dateien helfen. So können Sie z.B. mit dem Programm less Dateien anzeigen und mit den Cursor-Tasten darin navigieren.

```
$ less Dateiname
```

Mit tail können Sie sich das Ende einer Datei ansehen. Dies ist besonders dann nützlich, wenn Sie das Ende von sehr großen Textdateien anschauen müssen. Typischerweise sind dies z.B. Log-Dateien. Sie können tail auch mitteilen, wie viele Zeilen vom Dateiende aus gesehen Sie sich ansehen möchten.

```
$ tail -200 Dateiname
```

Bei jedem Programm, das auf die Standardausgabe schreibt, können Sie die Ausgabe auch in eine Datei umlenken. So wird z.B. bei dem nächsten Befehl die Ausgabe von ls -l in die Datei Verz.txt geschrieben.

```
$ ls -l  > Verz.txt
```

Wenn Sie statt > das >> benutzen, wird die Ausgabe immer wieder an die angegebene Datei angehängt.

Mit einer *Pipe* (|) können Sie Befehle so kombinieren, dass die Ausgabe eines Befehls als Eingabe eines weiteren Befehls verwendet wird. Im nächsten Beispiel wird der Inhalt der Datei Verz.txt, der mit less ausgegeben wird, an den Befehl grep weitergegeben. Als Ergebnis sehen Sie dann alle Zeilen der Datei Verz.txt, die die Such-Zeichenkette Mär enthalten.

```
$ less Verz.txt | grep Mär
```

Immer wenn Sie einen Befehl, Dateinamen oder Verzeichnisnamen eintippen, können Sie ihn durch [⭾] vervollständigen lassen. Dabei wird so weit ergänzt, wie eine Eindeutigkeit besteht. Außerdem können Sie mit den Tasten [↑] und [↓] zwischen schon eingegebenen Befehlen hin und her springen. Sie ersparen sich so das mehrfache Eingeben von langen Befehlszeilen.

Kapitel 4

Projektvorbereitung

Bevor Sie sich jetzt auf das erste Projekt stürzen, müssen Sie noch ein paar Vorbereitungen treffen. Als Erstes wäre da die Entwicklung von Java-Programmen auf dem Raspberry Pi und den damit verbundenen begrenzten Ressourcen. Da auf dem Raspberry Pi Java-Entwicklungsumgebungen wie NetBeans oder Eclipse nicht lauffähig sind, brauchen wir eine Entwicklungsumgebung, die mit sehr wenig Ressourcen auskommt. Hier ist BlueJ eine gute Alternative und macht Anfängern den Einstieg in die Java-Programmierung recht einfach. Einen ersten Einstieg in die Bedienung von BlueJ werden Sie in diesem Kapitel bekommen.

Grundsätzlich benötigen Sie für die Entwicklung von Java-Programmen das JDK, das auf dem Raspberry Pi schon installiert ist. Die Version des installierten JDK können Sie mit dem folgenden Befehl erfragen.

```
$ java -version
```

Wenn Sie noch keine Erfahrung mit der Entwicklung von Java-Programmen haben, empfehle ich Ihnen den Einsteigerkurs im Anhang dieses Buches. In diesem Kurs habe ich die Grundlagen der Java-Programmierung zusammengefasst und er soll Einsteigern und Umsteigern von einer anderen Hochsprache als Einführung dienen. Weiterführende Themen finden Sie dann in den verschiedenen Projekten.

Der Raspberry Pi stellt eine Schnittstelle bereit, über die Sie die Verbindung zu technischen Schnittstellen herstellen können. Diese Schnittstelle wird als GPIO (General Purpose Input/Output) bezeichnet und bietet Unterstützung von einfachen digitalen Ein- und Ausgängen und Schnittstellen wie dem I^2C-Bus, dem SPI-Bus und der RS232-Schnittstelle. Um diese aber in Java nutzen zu können, benötigen wir ein Software-Paket, das die Verbindung zu GPIO herstellt und die Hardware ansprechen kann. Hierfür werden wir die Pi4J-Library installieren, die für uns das Bindeglied zwischen Java und der Hardware des Raspberry Pi ist. Auch hier werden Sie den Einstieg in Pi4J über die Projekte bekommen.

Um Ihnen die elektronische Seite der Projekte etwas zu vereinfachen, werden wir am Anfang das Gertboard einsetzen. Dieses Erweiterungsboard für den Raspberry Pi lässt sich sehr flexibel einsetzen, da es über ein Patch-Feld verfügt, über das man die einzelnen Schaltkreise auf dem Board mit dem Raspberry Pi verbinden kann. Auf diese Weise brauchen Sie nur die Schaltkreise zu aktivieren, die Sie für das jeweilige Projekt auch benötigen. Sie lernen zwar einige Komponenten auf dem Board in den Projekten kennen, sollten sich aber auch die Dokumentation zu diesem Board durchlesen. Die entsprechenden Links dazu finden Sie in der folgenden Installationsanleitung.

4.1 BlueJ installieren

Die Installation von BlueJ ist sehr einfach, da es über die Debian-Paketverwaltung installiert werden kann. Aktualisieren Sie hierzu das Betriebssystem und installieren dann BlueJ.

```
$ sudo apt-get update
$ sudo apt-get install bluej
```

Wenn die Installation erfolgreich abgeschlossen wurde, finden Sie in dem Menü ENTWICKLUNG den Eintrag BLUEJ.

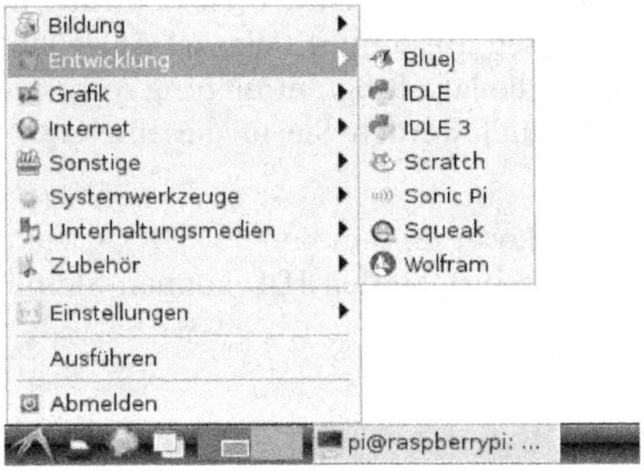

Abb. 4.1: BlueJ im Menü ENTWICKLUNG

Starten Sie BlueJ, um zu prüfen, ob die Entwicklungsumgebung auch läuft. Öffnet sich BlueJ mit einem leeren Projektfenster, hat alles funktioniert. Sie können BlueJ dann erst einmal wieder schließen, da wir im nächsten Schritt die Java-Library Pi4J installieren wollen.

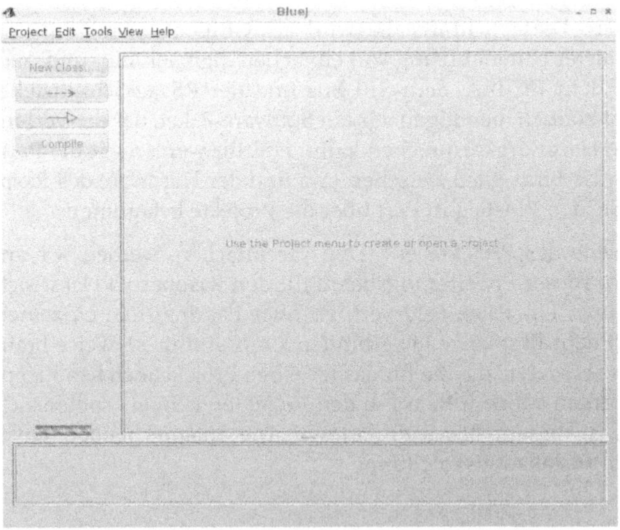

Abb. 4.2: Der erste Aufruf von BlueJ

Parallel zu den Projekten in diesem Buch sollten Sie auch einen Blick in die Dokumentation von BlueJ werfen. Dort stehen viele sehr einfach beschriebene Details im Umgang mit BlueJ.

Dokumentation für BlueJ

http://www.bluej.org/doc/documentation.html

http://www.bluej.org/tutorial/blueJ-tutorial-deutsch.pdf

http://www.bluej.org/tutorial/tutorial-201.pdf

http://www.bluej.org/doc/bluej-ref-manual.pdf

4.2 Pi4J installieren

Um Pi4J zu installieren, öffnen Sie die Konsole und wechseln in das Download-Verzeichnis. Von dort laden Sie das Debian-Paket herunter und installieren es.

```
$ cd /home/pi/Downloads
$ wget http://pi4j.googlecode.com/files/pi4j-0.0.5.deb
$ sudo dpkg -i pi4j-0.0.5.deb
```

Nachdem die Installation abgeschlossen ist, befinden sich auf dem Raspberry Pi die folgenden Verzeichnisse:

```
/opt/pi4j/lib
/opt/pi4j/examples
```

In dem `lib`-Verzeichnis liegen die Bibliotheken, die Sie für die Ansteuerung der Hardware benötigen und im Verzeichnis `examples` finden Sie einige Beispielprogramme. Die Dokumentation der Bibliotheken und weitere Beispiele finden Sie auf der Homepage.

```
http://pi4j.com
```

4.3 Pi4J in BlueJ einbinden

Damit Sie in BlueJ die Pi4j-Library nutzen können und der Compiler diese auch findet, müssen Sie BlueJ entsprechend konfigurieren. Öffnen Sie hierzu BlueJ und navigieren Sie über das Menü TOOLS nach PREFERENCES.

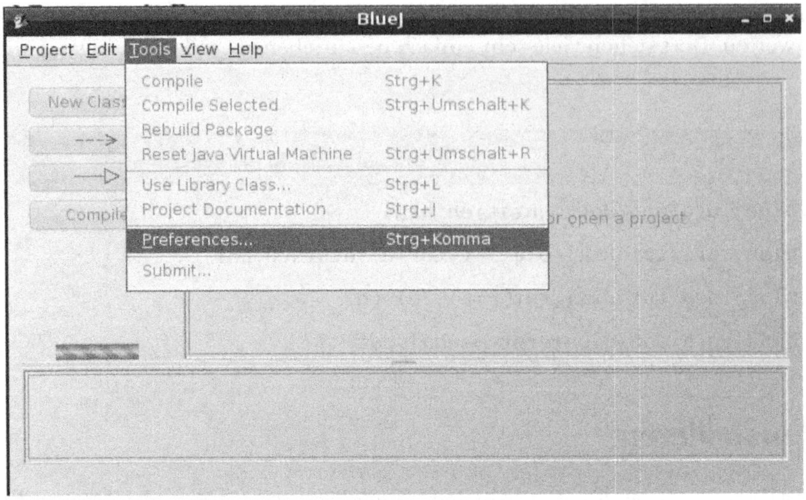

Abb. 4.3: Den Dialog PREFERENCES aufrufen

Im Dialog PREFERENCES sehen Sie die verschiedenen Tab-Reiter, auf denen Sie BlueJ konfigurieren können. Um Java-Bibliotheken für alle Projekte in BlueJ verfügbar zu machen, wählen Sie LIBRARIES aus. Dort sehen Sie die noch leere Liste für Java-Bibliotheken, die BlueJ in Projekte einbindet. Um jetzt Pi4J hinzuzufügen, aktivieren Sie den ADD-Button und suchen die Java-Bibliotheken auf dem Raspberry Pi über den Dialog SELECT DIRECTORY OR JAR/ZIP FILE.

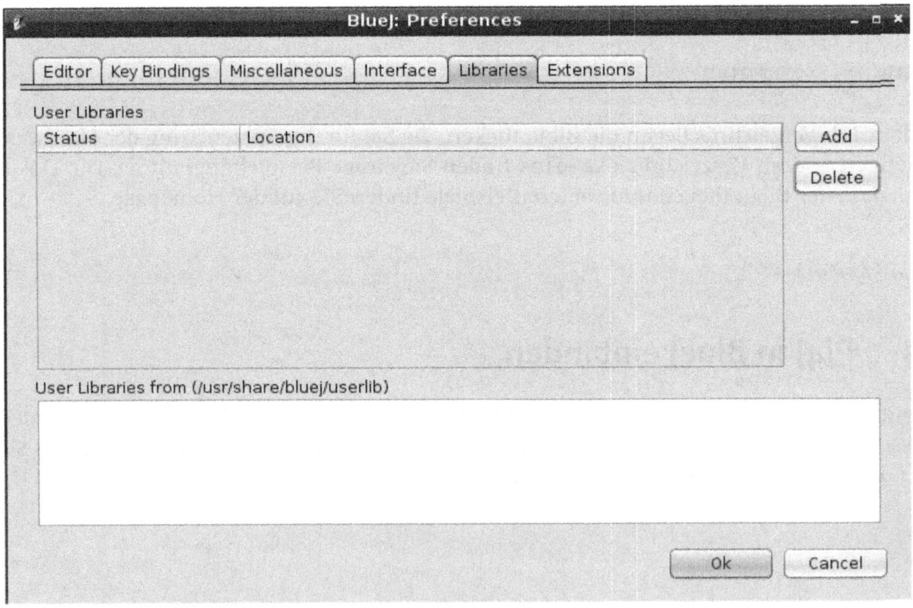

Abb. 4.4: Der PREFERENCES-Dialog

Alle Pi4J-Bibliotheken finden Sie im Verzeichnis `/opt/pi4j/lib`. Fügen Sie sie BlueJ hinzu, indem Sie nacheinander die `jar`-Dateien selektieren und den Button ÖFFNEN aktivieren.

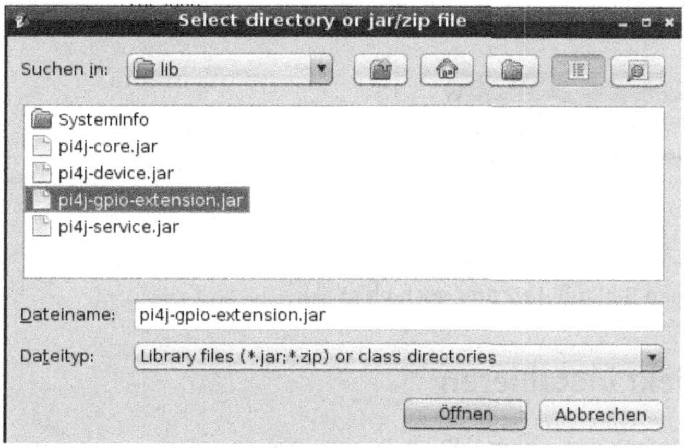

Abb. 4.5: `jar`-Dateien hinzufügen

In dem Tab-Reiter LIBRARIES müssen dann die Bibliotheken pi4j-core.jar, pi4j-device.jar, pi4j-gpio-extension.jar und pi4j-service.jar aufgelistet sein. In der Auflistung steht in der Status-Spalte vor jeder neu hinzugefügten Bibliothek die Information NOT LOADED und zeigt Ihnen an, dass die Bibliothek noch nicht verwendet werden kann.

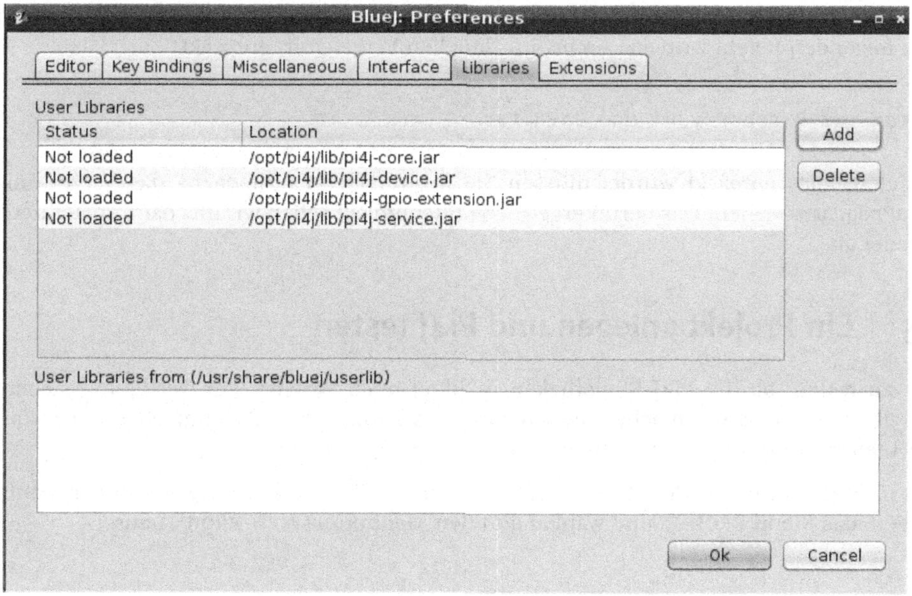

Abb. 4.6: Die neu hinzugefügten Bibliotheken von Pi4J

Die Information, dass die Bibliotheken noch nicht geladen worden sind, erhalten Sie auch, wenn Sie den PREFERENCES-Dialog über den OK-Button schließen. Es öffnet sich dann ein MESSAGE-Fenster, in dem beschrieben wird, dass die neuen Bibliotheken erst geladen werden, wenn die Java-Virtual-Machine (Laufzeitumgebung) neu gestartet wird. Dies erreichen Sie am einfachsten, in dem Sie BlueJ einmal schließen und wieder öffnen.

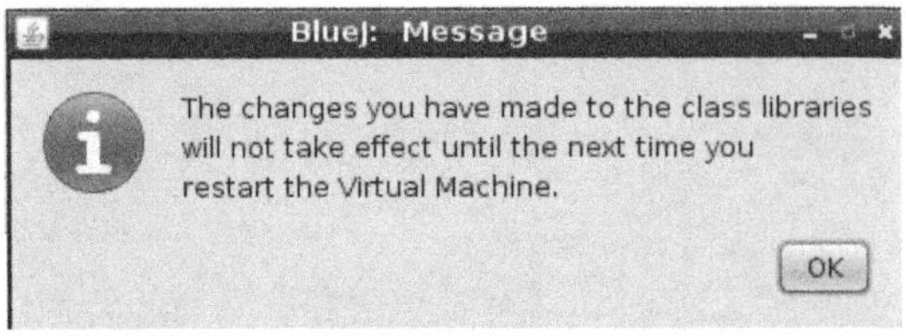

Abb. 4.7: Die neu eingebundenen Bibliotheken sind noch nicht aktiv.

4.4 Das Buchprojekt installieren

Alle Java-Programme und Scripte aus diesem Buch können Sie von dem Verlagsserver herunterladen. Alle Dateien sind dort in einem Archiv gespeichert, das Sie herunterladen und entpacken müssen. Zum Herunterladen führen Sie bitte die folgenden Kommandos aus.

```
$ cd /home/pi
$ wget http://media.mitp.de/downloads/9783958450554_Raspberry_Pi_und_Java.tar
```

Nachdem das Archiv vollständig heruntergeladen worden ist, müssen Sie es entpacken. Mit dem folgenden Befehl wird das Archiv im aktuellen Verzeichnis entpackt.

```
$ tar -xf Raspberry_Pi_und_Java.tar
```

Nachdem alles entpackt wurde, müssen Sie im Verzeichnis `/home/pi` das Verzeichnis `JavaProgramme` sehen. Das heruntergeladene Buchprojekt sehen wir uns dann später noch genauer an.

4.5 Ein Projekt anlegen und Pi4J testen

Um zu testen, ob die Pi4J-Bibilotheken in BlueJ auch wirklich zur Verfügung stehen, schreiben Sie ein ganz einfaches Testprogramm. Wir wollen hier Pi4J nutzen, um die aktuelle Temperatur des Prozessors zu ermitteln.

Um in BlueJ ein neues Projekt anzulegen, öffnen Sie BlueJ und navigieren in der Menüleiste in das Menü PROJECT und wählen dort den Menüpunkt NEW PROJECT aus.

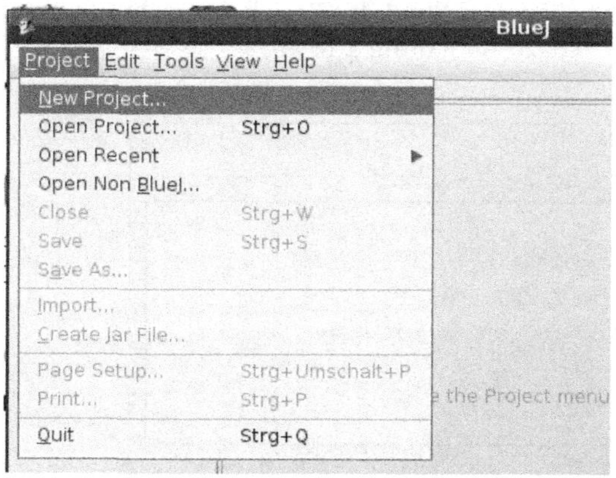

Abb. 4.8: Ein neues Projekt anlegen

Über den sich öffnenden Dialog NEW PROJECT können Sie in das Verzeichnis `Projekte` navigieren, das durch das Entpacken des Archivs im vorherigen Abschnitt erzeugt worden ist.

```
/home/pi/JavaProgramme/Projekte
```

Geben Sie dort unter ORDNERNAME den Projektnamen ein. Ich habe hier den Namen `Pro1_Test_Pi4J` gewählt.

Wie in Abbildung 4.9 zu sehen ist, sehen Sie in dem Dialog NEW PROJECT schon das Projekt `Raspberry_Pi_und_Java`. Hierbei handelt es sich um das heruntergeladene Buchprojekt und dieses wird weiter hinten erläutert.

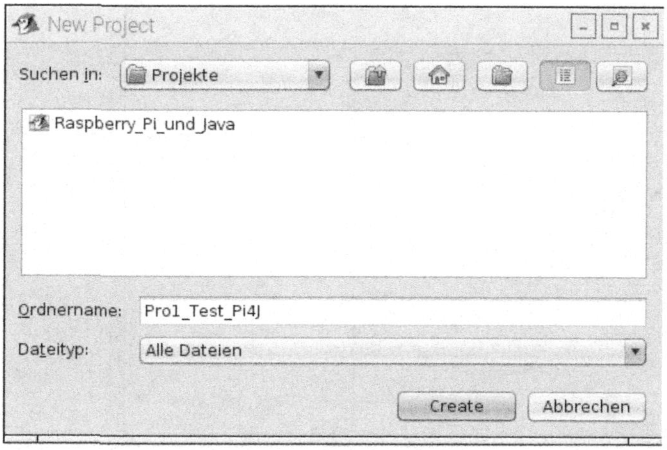

Abb. 4.9: Das Projekt `Pro1_Test_Pi4J` anlegen

Nachdem Sie den Button CREATE aktiviert haben, legt BlueJ das Projektverzeichnis an und öffnet die Objektübersicht. Schauen Sie sich dazu Abbildung 4.10 an.

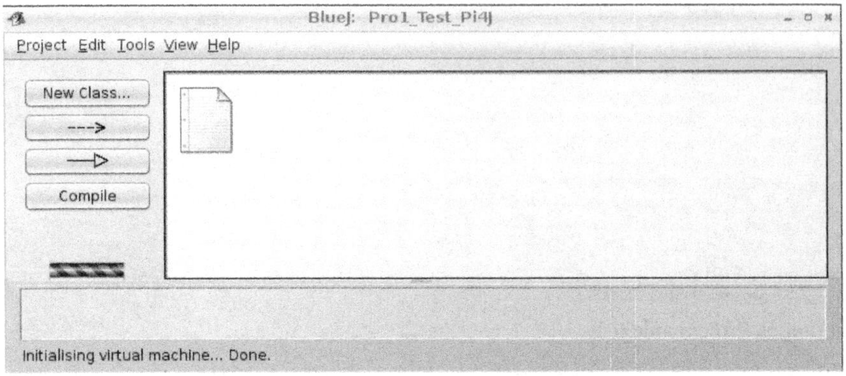

Abb. 4.10: Die leere Objektübersicht für das Projekt `Pro1_Test_Pi4J`

In unserem kleinen Testprogramm wird es nur eine Klasse geben, die wir `ProzessTemp` nennen wollen. Um die Klasse zu erstellen, aktivieren Sie den Button NEW CLASS..., der den Dialog CREATE NEW CLASS öffnet. Unter CLASS NAME geben Sie dann den Namen der zu erstellenden Klasse ein und wählen aus der Auswahl den Typ CLASS aus. Neben dem Erstellen einer Klasse bietet der Dialog auch die Möglichkeit, Interfaces und weitere spezielle Klassen anzulegen.

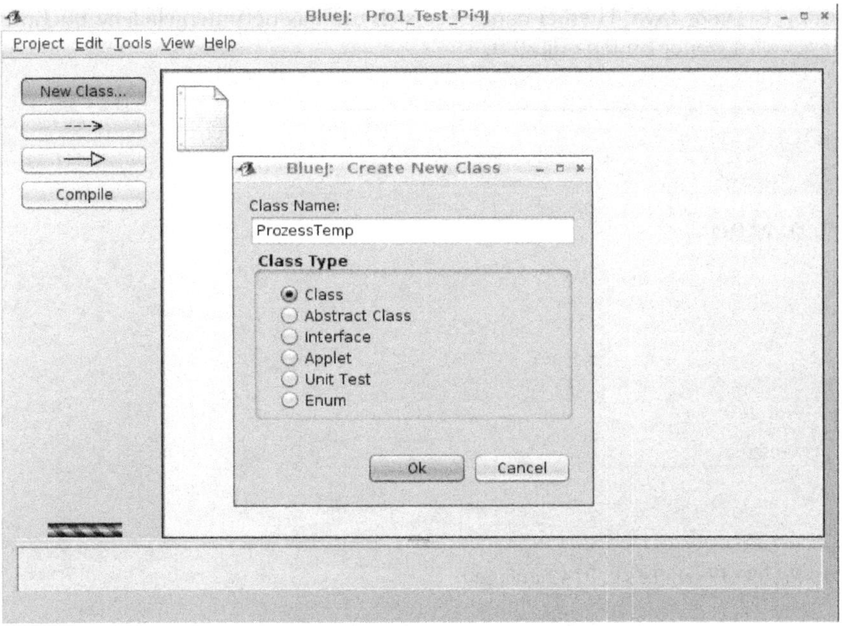

Abb. 4.11: Die Klasse `ProzessTemp` anlegen

Nach dem Aktivieren des Buttons OK sehen Sie in der Objektübersicht die neue Klasse als rechteckiges Symbol dargestellt. Die Schraffur in dem Klassen-Symbol zeigt Ihnen an, dass die Klasse noch nicht kompiliert worden ist. Bevor Sie dies tun, müssen Sie natürlich zuerst Programmcode schreiben. Führen Sie hierzu einen Doppelklick auf das Klassensymbol aus, um den Java-Editor zu öffnen.

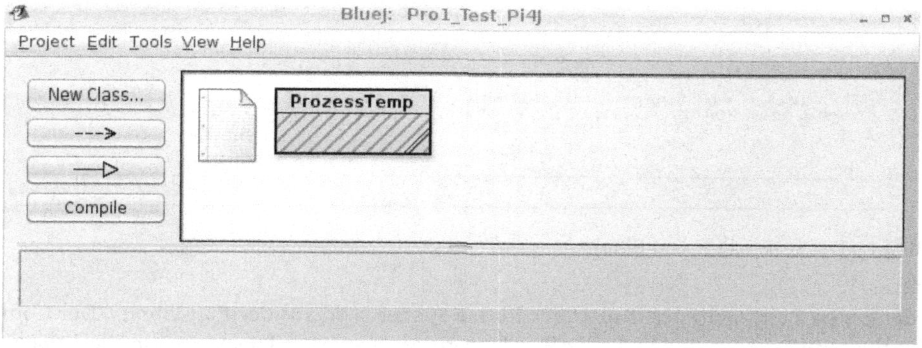

Abb. 4.12: Die neue Klasse ProzessTemp

In dem geöffneten Editor sehen Sie bereits Programmcode, der von BlueJ automatisch erstellt wurde und abhängig davon ist, was für ein Klassen-Typ in dem Dialog CREATE NEW CLASS ausgewählt wurde. Ändern Sie den Programmcode im Editor dann wie folgt ab:

```
import com.pi4j.system.SystemInfo;
import java.io.IOException;
/**
 * Write a description of class ProzessTemp here.
 * @author (your name)
 * @version (a version number or a date)
 */
public class ProzessTemp{
  public static void main(String[] args)throws IOException,
                                          InterruptedException{
    System.out.println("CPU Temperature   :  " +
                SystemInfo.getCpuTemperature());
  }
}
```

Im Editor zeigt sich der Programmcode dann wie in Abbildung 4.13 dargestellt.

Wie Sie im Programmcode sehen können, besteht die Klasse nur aus der main-Methode, in der die Methode SystemInfo.getCPUTemperature() aufgerufen wird. Diese Methode liefert die aktuelle Temperatur des Prozessors als Zeichenkette zurück, die dann über System.out.println(...) auf der Konsole ausgegeben wird.

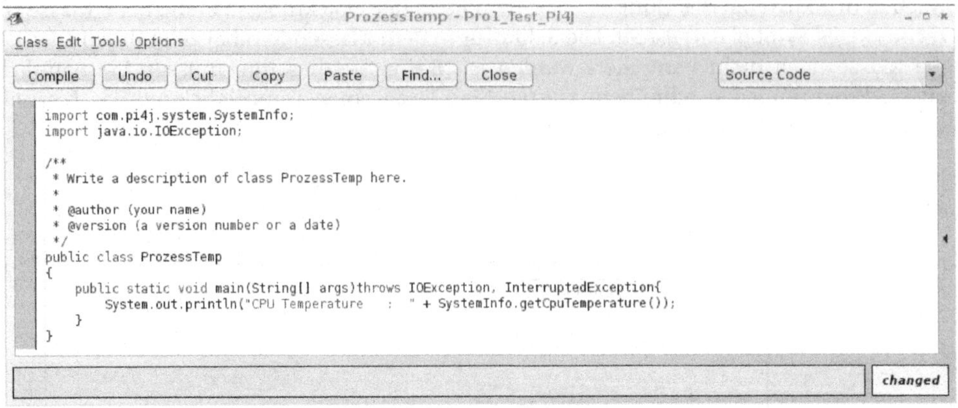

Abb. 4.13: Der Java-Editor von BlueJ

In der ersten Zeile steht der Import der Klasse `SystemInfo` aus der Pi4j-Library. Der Compiler findet diese Klasse, da wir die Pi4j-Libraries unter USER LIBRARIES für alle Projekte bekannt gemacht haben. Um zu testen, ob der Compiler die Klasse aber wirklich findet, aktivieren Sie im Editor den Button COMPILE. Wenn Sie im Programmcode keinen Tippfehler haben, erscheint im Editor unten in der Status-Zeile die folgende Meldung:

```
Class compiled - no syntax errors
```

Wenn diese Meldung erscheint, können Sie den Editor schließen. In der Projektansicht ist die Schraffur aus dem Klassen-Symbol verschwunden und zeigt Ihnen damit eine fehlerfrei übersetzte Klasse an. Wenn Sie mehrere Klassen in einem Projekt haben, können Sie diese auch alle zusammen durch Aktivieren des Buttons COMPILE in der Projektansicht übersetzen lassen.

Um das Programm jetzt zu starten, klicken Sie mit der rechten Maustaste auf das Klassen-Symbol und erhalten ein Kontextmenü, in dem unter anderem alle statischen Methoden der angeklickten Klasse aufgelistet sind. In unserem Beispiel steht hier nur die `main`-Methode, die Sie jetzt anklicken können, um das Programm zu starten.

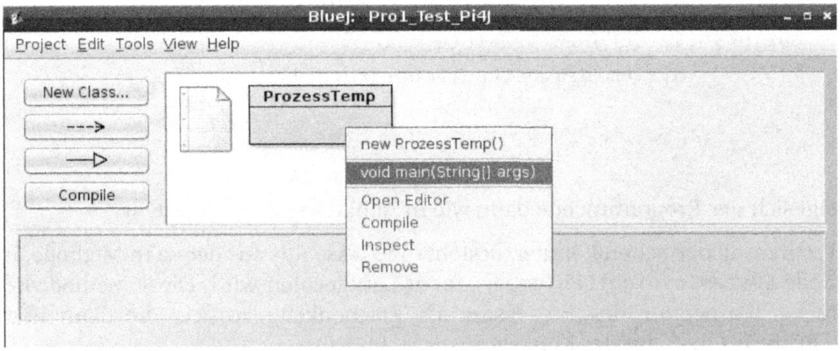

Abb. 4.14: Starten der Klasse `ProzessTemp`

Da die `main`-Methode Übergabeparameter besitzt, zeigt Ihnen BlueJ den Dialog METHOD CALL an, in dem Sie für die `main`-Methode, wenn notwendig, noch die Übergabeparameter eintragen können. Da das Beispielprogramm keine Übergabeparameter auswertet, können Sie hier direkt den Button OK aktivieren.

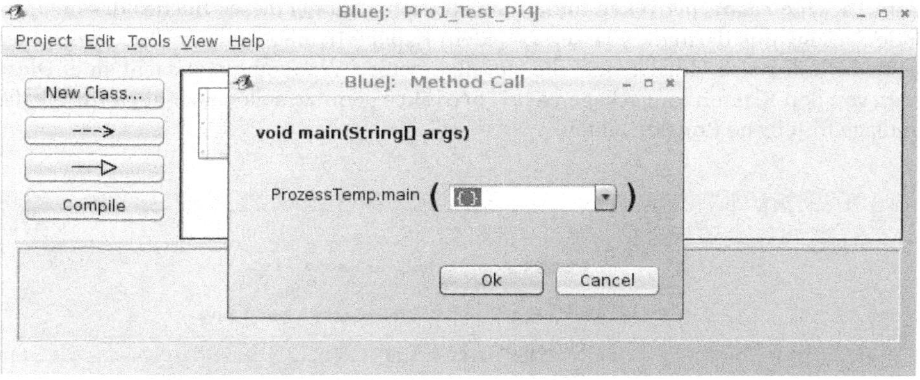

Abb. 4.15: Die `main`-Methode ohne Übergabeparameter starten

BlueJ öffnet jetzt die Konsole und zeigt dort die aktuelle Temperatur des Prozessors an.

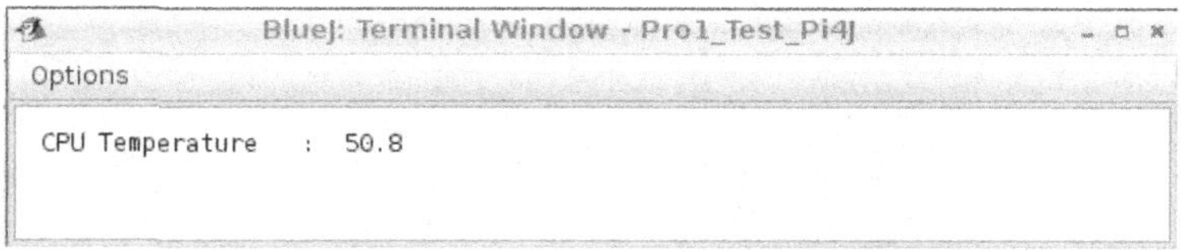

Abb. 4.16: In der Konsole wird die aktuelle Temperatur des Prozessors angezeigt.

Dieser einfache Test hat Ihnen gezeigt, wie Sie Java-Bibliotheken für Ihre Projekte verfügbar machen und wie Sie Klassen erzeugen, übersetzen und starten können. Wie Sie mit BlueJ Programme debuggen und welche Hilfsmittel es Ihnen noch zur Verfügung stellt, um Ihnen das Programmieren zu erleichtern, sollten Sie in der BlueJ-Bedienungsanleitung nachlesen.

4.6 Ein Überblick über das Buchprojekt

Damit Sie den Programmcode zu den jeweiligen Kapiteln schnell auf dem Raspberry Pi finden und ausführen können, gebe ich Ihnen hier eine Übersicht zu dem Buchprojekt.

Alle Dateien zu dem Buchprojekt liegen in dem folgenden Verzeichnis.

```
/home/pi/JavaProgramme/Projekte/Raspberry_pi_und_Java
```

In dem Unterverzeichnis `doc` finden Sie die Dokumentation zu dem Projekt, die durch BlueJ erstellt wurde. Um sich einen Überblick über das Projekt zu verschaffen, öffnen Sie mit dem Browser in dem Verzeichnis `doc` die HTML-Datei `index.html`. In Abbildung 4.17 sehen Sie den Inhalt der `index.html`, die alle Packages und Klassen auflistet. Navigieren Sie sich hier mal durch die Packages, um sich einen ersten Überblick zu verschaffen.

In dem Package `raspi.projekte` finden Sie zu jedem Kapitel dieses Buches das entsprechende Package und darin die Klassen zu jedem Kapitel. In allen anderen Packages dieses Projekts befinden sich Hilfsklassen, die zur allgemeinen Verwendung gedacht sind. Diese werden von den Klassen im Package `raspi.projekte` genutzt, sollen aber auch für Sie die Grundlage für eigene Projekte bilden.

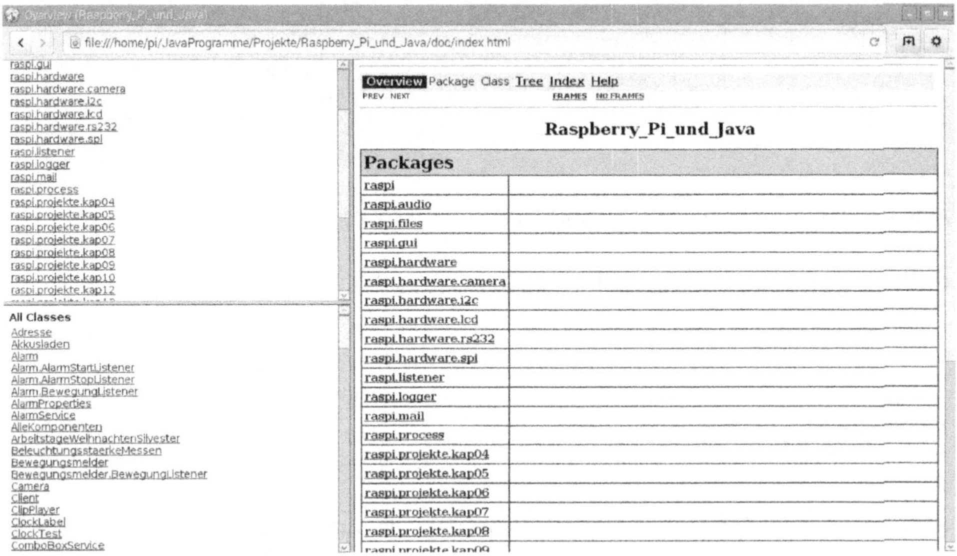

Abb. 4.17: Die Java-Dokumentation zum Buchprojekt

Alle Java-Klassen des Projekts befinden sich im Package `raspi`, das in dem folgenden Verzeichnis liegt:

```
/home/pi/JavaProgramme/Projekte/Raspberry_Pi_und_Java/raspi
```

Um die Programme zu den einzelnen Kapiteln zu starten, können Sie, wie weiter oben schon gezeigt, BlueJ benutzen. Ich habe aber auch für alle Kapitel Scripte angelegt, über die Sie die entsprechenden Klassen starten können. Diese liegen alle im Verzeichnis:

```
/home/pi/JavaProgramme/Projekte/Raspberry_Pi_und_Java
```

Am Ende eines jeden Kapitels finden Sie immer das zugehörige Start-Script aus dem gerade vorgestellten Verzeichnis.

4.7 Das Gertboard

Als Nächstes wollen wir das Gertboard installieren und ein kurzes Testprogramm schreiben, das die zwölf LEDs auf dem Gertboard nacheinander ansteuert. Für diesen Test benötigen Sie außer dem Gertboard nur noch ein paar Draht- und Kabelbrücken, die mit dem Gertboard mitgeliefert werden. Das hier verwendete Gertboard weist das Herstellungsdatum vom 21. Oktober 2012 auf. Wenn Sie auf Ihrem Gertboard andere Bezeichnungen finden, als die hier verwendeten, sollten Sie in die Dokumentation schauen, um eventuelle Unterschiede zu berücksichtigen.

Das Gertboard können Sie sich als eine Auswahl von integrierten Schaltkreisen vorstellen, die vollkommen unabhängig voneinander auf einer Platine installiert sind. Diese haben ohne weitere Beschaltung auch keine Verbindung zum Raspberry Pi. Durch diesen Aufbau können Sie das Board sehr flexibel einsetzen und die Schaltkreise so mit dem Raspberry Pi durch Draht- und Kabelbrücken verbinden, wie Sie es für Ihre Anwendung brauchen. Welche Bausteine sich auf dem Board befinden, können Sie sich in der folgenden Tabelle anschauen. Dort finden Sie neben der Bezeichnung der vorhandenen ICs auch eine kurze Erklärung.

Was befindet sich alles auf dem Gertboard?	
L6203	Motortreiber zur Ansteuerung von Gleichstrommotoren
MCP4802	Zweikanal-Digital-/Analog-Wandler (8-Bit-Auflösung) mit SPI-Schnittstelle
MCP3002	Zweikanal-Analog-/Digital-Wandler (10-Bit-Auflösung) mit SPI-Schnittstelle
ATMEGA328P	AVR-RISC-Microcontroller Atmel Flash-Speicher 32 kB RAM-Speicher 2 kB
ULN2803A	6 Open-Collector-Ausgänge mit jeweils einer maximalen Ausgangsspannung von 50 V und einem Kollektorstrom von 500 mA
MC74HC244AN	3 Treiber 3-State
	12 LEDs
	3 Taster

Tabelle 4.1: Die Schaltkreise auf dem Gertboard im Überblick

Schauen Sie sich Abbildung 4.18 an, um sich einen ersten Überblick zu verschaffen, wo sich die ICs auf dem Board befinden.

Wenn Sie das Gertboard jetzt mit dem Rasperry Pi verbinden, sollten Sie dies immer im stromlosen Zustand tun. Stecken Sie nun die Buchsenleiste auf der Unterseite des Gertboards auf die Steckerleiste des Raspberry Pi. Achten Sie dabei auf den exakten Sitz der Stecker und Buchsen. In Abbildung 4.19 sehen Sie, wie die beiden Platinen verbunden sind. Wenn Sie einen Raspberry Pi mit einer 40-poligen Steckerleiste haben, achten Sie bitte darauf, dass das Gertboard auf die oberen 26 Stifte gesteckt wird.

Abb. 4.18: Die Schaltkreise des Gertboards

Abb. 4.19: Das Gertboard richtig mit dem Raspberry Pi verbinden

Nachdem die beiden Boards verbunden sind, müssen Sie auf dem Gertboard eine Brücke stecken, die alle ICs auf dem Gertboard mit der 3-V-Spannungsversorgung des Raspberry Pi verbindet. Wo sich die Stiftleiste befindet, auf die Sie die Brücke stecken müssen, sehen Sie in Abbildung 4.20 in der unteren, rechten Ecke. Diese Brücke müssen Sie immer gesteckt haben, wenn Sie das Board über den Raspberry Pi mit Spannung versorgen wollen.

Um das Gertboard zu testen, wollen wir die zwölf LEDs auf dem Board durch den Raspberry Pi ansteuern. Hierzu brauchen wir die drei Treiberbausteine MC74HC244. Die Treiber müssen dafür so verdrahtet werden, dass sie als Ausgänge betrieben werden können und die LEDs ansteuern. Stecken Sie hierzu hinter jeden Treiberbaustein jeweils vier Steckbrücken, wie im Bild dargestellt. Den zugehörigen Schaltplan und eine ausführliche Beschreibung finden Sie in der Dokumentation des Gertboards.

Abb. 4.20: Für den Test müssen 13 Brücken gesteckt werden.

Auf dem Gertboard liegen alle GPIO-Ports des Raspberry Pi auf einer Stiftleiste. Diese sind auf dem hier verwendeten Board mit J64 gekennzeichnet und die einzelnen Pins von links nach rechts mit GP25, GP24, GP23.... Die 5-V-, 3,3-V- und Massepins sind auf dieser Stiftleiste nicht verfügbar.

In Abbildung 4.21 sehen Sie die J64-Stiftleiste und links darüber die J3-Stiftleiste, die von links nach rechts mit B1, B2, B3 ... beschriftet ist. Die J3-Stiftleiste ist mit den 74HC244-Bausteinen verbunden, die wir zur Ansteuerung der LEDs benutzen wollen.

Abb. 4.21: Die J3- und J64-Stiftleisten auf dem Gertboard

Die beiden Stiftleisten J64 und J3 müssen wir nun so miteinander mit Kabelbrücken verbinden, dass die gewünschten Ausgänge des Raspberry Pi mit den Eingängen der MC74HC244-Bausteine verbunden sind. Leider stimmt die Beschriftung der J64-Stiftleiste nicht mit den üblicherweise verwendeten Bezeichnungen des Raspberry Pi überein. Damit Sie sich hier besser orientieren können, habe ich in der nächsten Tabelle die Bezeichnungen der GPIO-Schnittstelle den Bezeichnungen auf dem Gertboard gegenübergestellt. Wollen Sie zum Beispiel den Port GPIO 1 auf dem Raspberry Pi auf dem Gertboard verwenden, müssen Sie, wie in der Tabelle gezeigt, auf dem Gertboard den Pin mit der Beschriftung GP 18 verwenden.

Gertboard	Raspberry und Pi4j	Gertboard	Raspberry und Pi4j
GP 0	GPIO 8	GP 15	GPIO 16
GP 1	GPIO 9	GP 17	GPIO 0
GP 4	GPIO 7	GP 18	GPIO 1
GP 7	GPIO 11	GP 21	GPIO 2
GP 8	GPIO 10	GP 22	GPIO 3
GP 9	GPIO 13	GP 23	GPIO 4
GP 10	GPIO 12	GP 24	GPIO 5
GP 11	GPIO 14	GP 25	GPIO 6
GP 14	GPIO 15		

Tabelle 4.2: Die Pinbezeichnung auf dem Gertboard und dem Raspberry Pi

Für unseren Test wollen wir die Kabelbrücken zwischen der Stiftleiste J64 und J3 so stecken, dass die Portnummern des Raspberry Pi den Nummern auf der J3-Leiste entsprechen. Für den GPIO 1 müssen Sie dann den Stift GP18 mit dem Stift B1 der J3-Stiftleiste verbinden. Damit dies leichter zu verstehen ist, habe ich in Abbildung 4.22 beide Boards und die zu steckenden Kabelbrücken zwischen der J64- und der J3-Leiste aufgezeichnet. Außerdem habe ich in der Zeichnung beispielhaft für die LED D1 die entsprechende Schaltung dargestellt. Diese Schaltung müssen Sie sich für jede LED vorstellen, die dann immer zwischen den Stiften *Bn* und *BUFn* liegt. Aus Platzgründen habe ich sie hier nicht alle gezeichnet.

Die Drahtbrücke, die Sie in der Zeichnung hinter dem Treiberbaustein 74HC244 sehen, existiert natürlich auch zwölf Mal und es sind die Brücken, die Sie hinter die Treiber gesteckt haben.

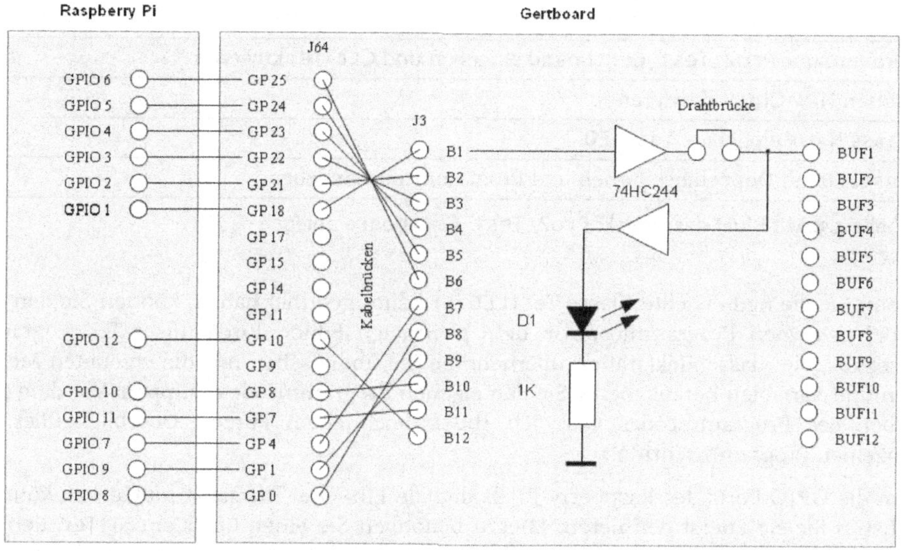

Abb. 4.22: Die Patchleisten J64 und J3 auf dem Gertboard und dem Raspberry Pi

Wenn Sie jetzt alles verdrahtet haben, können Sie den Raspberry Pi einschalten.

4.7.1 Das Testprogramm

Das folgende Testprogramm lässt jede der zwölf LEDs auf dem Gertboard nacheinander eine Sekunde blinken, schaltet dann alle Ports inaktiv und beendet sich. Dieses Programm finden Sie auch in dem Buchprojekt in dem Package `raspi.projekte.kap04.` und es kann mit dem folgenden Script gestartet werden.

Verzeichnis: `/home/pi/JavaProgramme/Projekte/Raspberry_Pi_und_Java`

Script: `kap04TestLED.sh`

```
$ . kap04TestLED.sh
```

Ich zeige Ihnen aber jetzt auch noch einmal, wie Sie ein Projekt in BlueJ anlegen können.

Das Testprojekt wollen wir `Pro2_Test_Gertboard` nennen und es soll auch in das Projektverzeichnis `/home/pi/JavaProgramme/Projekte`. Die einzelnen Schritte, um in BlueJ ein

Projekt anzulegen, habe ich weiter oben beschrieben. In der nachfolgenden Tabelle können Sie die notwendigen Schritte dennoch in Kurzform nachlesen.

Projekt erstellen
BlueJ öffnen
Menü: PROJECT|NEW PROJECT...
Im Dialog NEW PROJECT in das Verzeichnis `/home/pi/JavaProgramme/Projekte` wechseln
Ordnername `Pro2_Test_Gertboard` eingeben und CREATE aktivieren
Button NEW CLASS aktivieren
CLASS NAME eingeben: `TestLED`
`TestLED` mit Doppelklick öffnen und Programmcode eingeben

Tabelle 4.3: Mit BlueJ das Projekt `Pro2_Test_Gertboard` anlegen

Wenn Sie die neu erstellte Klasse `TestLED` im Editor geöffnet haben, können Sie den von BlueJ erzeugten Programmcode in dem geöffneten Editor durch unser Testprogramm ersetzen. Die Klassendeklaration übernehmen Sie und löschen nur die erzeugten Methoden und Variablen heraus, bevor Sie den eigenen Programmcode eintippen. Vor dem Eingeben des Programmcodes gebe ich Ihnen noch einen kurzen Überblick über die einzelnen Programmschritte.

Um die GPIO-Ports des Raspberry Pi als digitale Ein- oder Ausgänge nutzen zu können, müssen Sie sie zuerst definieren. Hierzu benötigen Sie einen `GpioController`, den Sie über die `GpioFactory` erhalten.

```
final GpioController gpio = GpioFactory.getInstance();
```

Über die Instanz des `GpioController` können Sie dann den gewünschten Port als Ein- oder Ausgang definieren. Der `GpioController` stellt hierzu die Methode `provisionDigitalInputPin` bereit, um einen Port als Eingang, und die Methode `provisionDigitalOutputPin`, um einen Port als Ausgang bereitzustellen. Um die LEDs anzusteuern, benötigen wir hier natürlich Ausgänge.

Als Übergabeparameter müssen wir dann noch festlegen, welchen Port wir bereitstellen wollen. Die Klasse `RaspiPin` liefert hierzu die notwendigen Konstanten, die mit den üblichen GPIO-Bezeichnungen übereinstimmen. Um zum Beispiel den Port GPIO 1 als Ausgang zu definieren, übergeben Sie der Methode `provisionDigitalOutputPin` die Konstante `RaspiPin.GPIO_01` und erhalten als Rückgabewert das Interface `GpioPinDigitalOutput`. Über dieses Interface haben Sie dann die Kontrolle des Ausgangs GPIO 1.

```
final GpioPinDigitalOutput led1 =
gpio.provisionDigitalOutputPin(RaspiPin.GPIO_01);
```

Damit die Zustände der GPIO-Ports nach dem Beenden der Anwendung in einen definierten Zustand übergehen, stellt das Interface `GpioPinDigitalOutput` die Methode `setShut-`

`downOptions` bereit. Hiermit können Sie festlegen, ob nach dem Ausführen der `Shutdown`-Methode auf den GPIO-Port noch zugegriffen werden kann und welchen Pegel der Port haben soll. Außerdem legen Sie fest, ob die Pull-up/Pull-down-Widerstände aktiv sind. In unserem Fall werden die Shutdown-Bedingungen für alle zwölf Ports gleich definiert.

Schauen Sie sich beispielhaft für alle Ports den nächsten Programmausschnitt an. Dort geben wir durch `true` als ersten Übergabeparameter an, dass der Port nicht mehr kontrolliert werden kann, nachdem der `Shutdown`-Befehl ausgeführt wurde. Mit dem zweiten Parameter wird der Portpegel nach dem Shutdown auf `low` gesetzt und mit dem letzten Parameter wird mit `PinPullResistance.OFF` der Pull-up- und der Pull-down-Widerstand des Ports abgeschaltet. Hierdurch wird der Port in den inaktiven Zustand versetzt.

```
led1.setShutdownOptions(true, PinState.LOW, PinPullResistance.OFF);
```

Das Interface `GpioPinDigitalOutput` bietet über die Methode `blink` die Möglichkeit, einen kontinuierlichen Pegelwechsel auf einem Port auszuführen. Hierzu übergeben Sie als ersten Parameter den Blinktakt und als zweiten Parameter die Dauer des Blinkens jeweils in Millisekunden an.

```
// Jede LED blinkt 1000 ms im 100-ms-Takt
led1.blink(100, 1000);
```

Damit in unserem Testprogramm die LEDs nacheinander für eine Sekunde blinken, wird zwischen jedem `blink`-Befehl das Programm für eine Sekunde angehalten. In dieser Zeit blinkt dann immer die zuvor angesteuerte LED.

```
led1.blink(100, 1000);
Thread.sleep(1000);
led2.blink(100, 1000);
...
```

Nachdem alle LEDs durchlaufen wurden, setzt der `shutdown`-Befehl alle Ports in die Zustände, die durch `setShutdownOptions` festgelegt wurden.

```
gpio.shutdown();
```

Im nächsten Abschnitt sehen Sie den kompletten Programmcode, den Sie jetzt über den BlueJ-Editor eingeben können. Danach kompilieren Sie die Klasse und starten das Programm, indem Sie in der Objekt-Übersicht mit der rechten Maustaste auf die Klasse `TestLED` klicken und im Kontextmenü die Methode `main` aktivieren.

Wenn Sie versuchen, das Programm ein zweites Mal zu starten, werden Sie eine Fehlermeldung erhalten. Dies liegt daran, dass im Programmcode der `GpioController` und alle `GpioPinDigitalOutput` als `final` deklariert wurden. `final`-Variablen dürfen aber nur einmal instanziiert werden und ihre Gültigkeit endet erst mit dem Beenden der Java-Virtual-Machine. Diese wird aber nicht bei jedem Programmstart in BlueJ neu gestartet, sondern sie ist während der Laufzeit von BlueJ aktiv.

Um in BlueJ aber trotzdem ein Programm mit `final`-Deklarationen mehr als einmal laufen zu lassen, klicken Sie mit der rechten Maustaste auf den schraffierten Balken in der Objekt-Übersicht. Hierdurch wird ein Reset auf der Java-Virtual-Machine ausgeführt und alle `final`-Objekte werden gelöscht.

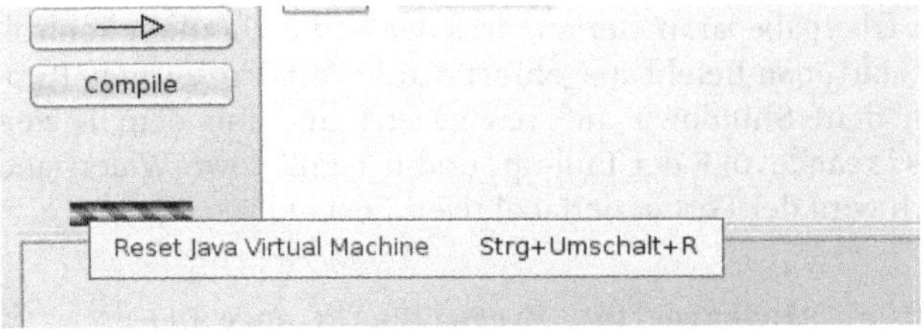

Abb. 4.23: Die Java-Virtual-Machine zurücksetzen

Das Problem mit `final`-Objekten haben Sie nicht, wenn Sie Java-Programme über die Kommandozeile starten, da hier die Java-Virtual-Machine grundsätzlich neu gestartet wird und beim Beenden des Programms auch beendet wird.

Wie Sie das Testprogramm `TestLED` auf der Kommandozeile starten und die `pi4j`-Library einbinden, sehen Sie in dem folgenden Programmblock.

```
$ cd JavaProgramme/Projekte/Pro2_Test_Gertboard
$ sudo java -classpath .:classes:/opt/pi4j/lib/'*' TestLED
```

4.7.2 Die Klasse TestLED

In dem folgenden Listing sehen Sie den kompletten Programmcode der Klasse `TestLED`. Wenn Sie sich die Klasse anschauen, sollten Sie die einzelnen Programmschritte mit den Erklärungen aus dem vorherigen Abschnitt vergleichen.

```
import com.pi4j.io.gpio.GpioController;
import com.pi4j.io.gpio.GpioFactory;
import com.pi4j.io.gpio.GpioPinDigitalOutput;
import com.pi4j.io.gpio.PinPullResistance;
import com.pi4j.io.gpio.RaspiPin;
import com.pi4j.io.gpio.PinState;
import com.pi4j.io.gpio.GpioPin;

public class TestLED {
  public static void main(String[] args) throws
                                        interruptedException {
    System.out.println(
  "Alle LEDs auf dem Gertboard blinken nacheinander 1sec lang.");
    // create gpio controller
```

```
final GpioController gpio = GpioFactory.getInstance();
// GPIO01-12 als Ausgänge definieren
final GpioPinDigitalOutput led1 =
         gpio.provisionDigitalOutputPin(RaspiPin.GPIO_01);
led1.setShutdownOptions(true, PinState.LOW,
                               PinPullResistance.OFF);
final GpioPinDigitalOutput led2 =
         gpio.provisionDigitalOutputPin(RaspiPin.GPIO_02);
led2.setShutdownOptions(true, PinState.LOW,
                             PinPullResistance.OFF);
final GpioPinDigitalOutput led3 =
         gpio.provisionDigitalOutputPin(RaspiPin.GPIO_03);
led3.setShutdownOptions(true, PinState.LOW,
                               PinPullResistance.OFF);
final GpioPinDigitalOutput led4 =
          gpio.provisionDigitalOutputPin(RaspiPin.GPIO_04);
led4.setShutdownOptions(true, PinState.LOW,
                               PinPullResistance.OFF);
final GpioPinDigitalOutput led5 =
         gpio.provisionDigitalOutputPin(RaspiPin.GPIO_05);
led5.setShutdownOptions(true, PinState.LOW,
                               PinPullResistance.OFF);
final GpioPinDigitalOutput led6 =
gpio.provisionDigitalOutputPin(RaspiPin.GPIO_06);
led6.setShutdownOptions(true, PinState.LOW,
                               PinPullResistance.OFF);
final GpioPinDigitalOutput led7 =
         gpio.provisionDigitalOutputPin(RaspiPin.GPIO_07);
led7.setShutdownOptions(true, PinState.LOW,
                              PinPullResistance.OFF);
final GpioPinDigitalOutput led8 =
         gpio.provisionDigitalOutputPin(RaspiPin.GPIO_08);
led8.setShutdownOptions(true, PinState.LOW,
                               PinPullResistance.OFF);
final GpioPinDigitalOutput led9 =
         gpio.provisionDigitalOutputPin(RaspiPin.GPIO_09);
led9.setShutdownOptions(true, PinState.LOW,
                               PinPullResistance.OFF);
final GpioPinDigitalOutput led10 =
         gpio.provisionDigitalOutputPin(RaspiPin.GPIO_10);
led10.setShutdownOptions(true, PinState.LOW,
                               PinPullResistance.OFF);
```

```
    final GpioPinDigitalOutput led11 =
            gpio.provisionDigitalOutputPin(RaspiPin.GPIO_11);
    led11.setShutdownOptions(true, PinState.LOW,
                                         PinPullResistance.OFF);
    final GpioPinDigitalOutput led12 =
            gpio.provisionDigitalOutputPin(RaspiPin.GPIO_12);
    led12.setShutdownOptions(true, PinState.LOW,
                                         PinPullResistance.OFF);

    // Jede LED blinkt 1000 ms im 100-ms-Takt
    led1.blink(100, 1000);
    Thread.sleep(1000);
    led2.blink(100, 1000);
    Thread.sleep(1000);
    led3.blink(100, 1000);
    Thread.sleep(1000);
    led4.blink(100, 1000);
    Thread.sleep(1000);
    led5.blink(100, 1000);
    Thread.sleep(1000);
    led6.blink(100, 1000);
    Thread.sleep(1000);
    led7.blink(100, 1000);
    Thread.sleep(1000);
    led8.blink(100, 1000);
    Thread.sleep(1000);
    led9.blink(100, 1000);
    Thread.sleep(1000);
    led10.blink(100, 1000);
    Thread.sleep(1000);
    led11.blink(100, 1000);
    Thread.sleep(1000);
    led12.blink(100, 1000);
    Thread.sleep(1000);
    // shutdown stoppt alle GPIO-Threads
    gpio.shutdown();
    System.out.println(
     "Shutdown: Alle benutzten Ausgänge des Raspberry
                                              auf LOW-Pegel.");
  }
}
```

Kapitel 5

Datum und Zeit

In Java werden Datums- und Zeitangaben in einem Objekt verwaltet. Dabei wird die Zeit vom 01.01.1970, 00:00:00 GMT (Greenwich Mean Time) bis zum aktuellen Datum in Millisekunden angegeben und dient als Grundlage aller Zeit- und Datumsangaben. Gespeichert wird dieser Wert in einem `long`-Wert und kann dazu genutzt werden, um Zeitinformation zwischen den unterschiedlichen Datum-/Zeitklassen auszutauschen.

5.1 Die Date-Klasse

Die `Date`-Klasse ist ein einfaches Objekt, um die Systemzeit zu ermitteln, und bietet Methoden, um Datums-/Zeitangaben zu vergleichen.

```
import java.util.Date;
```

Um eine Instanz der aktuellen Systemzeit zu erhalten, kann der Konstruktor der `Date`-Klasse ohne Übergabe von Parametern aufgerufen werden. Mit der `toString()`-Methode können Sie sich die aktuelle Zeit als Zeichenkette erzeugen lassen. Das Ergebnis liefert in unserem Beispiel die CEST (mitteleuropäische Sommerzeit).

```
Date datum = new Date();
String strDatum = datum.toString();
// Wed Jul 09 20:12:57 CEST 2014
```

Es besteht aber auch die Möglichkeit, eine Instanz über einen `long`-Wert zu erzeugen. Schauen Sie sich dazu das nächste Beispiel an. Dort wird mit der Methode `getTime()` der `long`-Wert einer `Date`-Instanz abgefragt und ein Wert, der einem Tag in Millisekunden entspricht, erzeugt. Die Summe beider Werte wird dem `Date`-Konstruktor übergeben, um eine neue Instanz zu erzeugen. Diese ist dann einen Tag später.

```
Date datum = new Date();
long tag = 1000L * 60L * 60L *24L; // Tag in Millisekunden
Date datumSpaeter = new Date(datum.getTime()+tag);
System.out.println(datum);         //Tue Jul 01 15:47:32 CEST 2014
System.out.println(datumSpaeter); //Tue Jul 02 15:47:32 CEST 2014
```

Wie zwei `Date`-Instanzen miteinander verglichen werden können, zeigen die nächsten Programmzeilen. Dort wird die Methode `after` der Instanz `datumSpaeter` benutzt, um zu prüfen, ob datumSpaeter zeitlich hinter der Instanz datum liegt. Trifft dies zu, wird die Zeichenkette AFTER ausgegeben. Im nächsten if wird genau umgekehrt aber mit der Methode before geprüft.

Mit der Methode setTime wird die Instanz datumSpaeter auf die gleiche Zeit wie die Instanz datum gesetzt und danach werden mit der Methode compareTo beide Instanzen verglichen. Wenn beide Zeiten übereinstimmen, liefert compareTo eine 0 zurück, auf die dann geprüft werden kann.

Mit der Methode equals können Sie ebenfalls auf Gleichheit prüfen und erhalten true zurück, wenn beide Date-Instanzen die gleiche Zeit wiedergeben.

```
if(datumSpaeter.after(datum)){
      System.out.println("AFTER");
}
if(datum.before(datumSpaeter)){
      System.out.println("BEFORE");
}
datumSpaeter.setTime(datum.getTime());
if(datum.compareTo(datumSpaeter)==0){
     System.out.println("EQUAL");
}
Date datumClone = (Date)datum.clone();
if(datum.equals(datumClone)){
    System.out.println("EQUAL");
}
```

5.1.1 Jede Zeitangabe gehört zu einer Zeitzone und einem Sprachraum

Bevor wir zu komplexeren Klassen für die Verarbeitung und Erzeugung von Zeit-Objekten kommen, sollten Sie sich klar machen, dass jede Zeitangabe zu fest definierten Zeitzonen gehört. Außerdem gibt es für jeden Sprachraum unterschiedliche Schreibweisen für Wochentage, Monatsnamen und so weiter. Um Zeitzonen und Sprachräume einstellen zu können, gibt es im Package java.util die Klassen TimeZone und Local.

```
import java.util.TimeZone;
import java.util.Locale;
...
Locale sprachraum = Locale.GERMANY;
TimeZone zeitZone = TimeZone.getTimeZone("Europe/Berlin");
```

5.2 Die Klassen Calendar und GregorianCalendar

Die Klasse Calendar ist eine abstrakte Klasse, die eine ganze Reihe von Konstanten und Methoden definiert, mit deren Hilfe Kalender-Objekte manipuliert und erzeugt werden können. Sie definiert aber keinen konkreten Kalender. Um einen Kalender zu erzeugen, wird eine Klasse benötigt, die alle abstrakten Methoden der Klasse `Calendar` implementiert. Für unser Kalendersystem gibt es dazu die Klasse `GregorianCalendar`, die, wie der Name schon sagt, den gregorianischen Kalender implementiert. Beide Klassen befinden sich im `java.util`-Package.

```
import java.util.Calendar;
import java.util.GregorianCalendar;
```

Um eine `Calendar`-Instanz zu erzeugen, können Sie die statische Methode `getInstance` verwenden. Diese erzeugt einen Kalender mit den Betriebssystem-spezifischen Einstellungen. Sie können aber auch über den Konstruktor der Klasse `GregorianCalendar` die Zeitzone und den Sprachraum selber definieren. Wahlweise können Sie dem Konstruktor auch das aktuelle Datum übergeben. Alle drei Möglichkeiten sind im nächsten Beispiel zu sehen.

```
//1. Möglichkeit
Calendar cal1 = Calendar.getInstance();
// 2. Möglichkeit
TimeZone zeitzone = TimeZone.getTimeZone("Europe/Berlin");
Locale sprachraum = Locale.GERMANY;
Calendar cal2 = new GregorianCalendar(zeitzone, sprachraum);
// 3. Möglichkeit
Calendar cal = new GregorianCalendar(2014, Calendar.JULY, 2);
```

Wie bei der `Date`-Klasse kann von einem `Calendar`-Objekt die eingestellte Zeit in Millisekunden abgefragt und gesetzt werden. Dies bietet die Möglichkeit, Objekte über eine Rechenvorschrift zu manipulieren.

Die überladene Methode `set` kennt eine ganze Reihe von Möglichkeiten, um Datums- und Zeitangaben explizit zu setzen. Die folgende Auflistung zeigt hier die wichtigsten Einstellungen, die an einer `Calendar`-Instanz mit der Methode `set` vorgenommen werden können. Außerdem wird gezeigt, wie mit der Methode `add` ein Offset zum aktuellen Datum erzeugt wird. Bei beiden Methoden wird immer zuerst das Feld angegeben und als zweiten Parameter der neue Wert für dieses Feld.

`Monat setzen: Calendar.JANUARY` `FEBRUARY, MARCH, APRIL, MAY, JUNE, JULY, AUGUST, SEPTEMBER, OCTOBER, NOVEMBER, DECEMBER`
`cal.set(Calendar.MONTH, Calendar.AUGUST);`
`Kalenderwoche setzen: Calendar.WEEK_OF_YEAR`
`cal.set(Calendar.WEEK_OF_YEAR,20);`
`Wochentage: Calendar.SUNDAY` `MONDAY, TUESDAY, WEDNESDAY, THURSDAY, FRIDAY, SATURDAY`

Tabelle 5.1: Die wichtigsten Methoden der Klasse `Calendar`

`cal.set(Calendar.DAY_OF_WEEK,Calendar.MONDAY);`
`cal.set(Calendar.DAY_OF_WEEK_IN_MONTH,25);`
`cal.set(Calendar.DAY_OF_MONTH,25);`
`cal.set(Calendar.DAY_OF_YEAR, 132);`

`Uhrzeit setzen`

`cal.set(Calendar.HOUR_OF_DAY, 17);`
`cal.set(Calendar.MINUTE, 32);`
`cal.set(Calendar.SECOND, 54);`
`cal.set(Calendar.MILLISECOND, 54);`

`Addieren`
`cal.add(Calendar.YEAR, 1);` `cal.add(Calendar.MONTH, 1);`

Tabelle 5.1: Die wichtigsten Methoden der Klasse `Calendar` (Forts.)

5.3 Datum und Zeit formatieren und parsen

Nachdem Sie nun wissen, wie Sie Datums- und Zeitobjekte erzeugen und ändern können, ist es noch wichtig, zu wissen, wie Sie formatierte Ausgaben erzeugen. Die Java-Bibliothek stellt hierzu die abstrakte Klassen `DateFormat` und `SimpleDateFormat` zur Verfügung. `SimpleDateFormat` erweitert die Klasse `DateFormat` und implementiert alle abstrakten Methoden von `DateFormat`.

```
import java.text.SimpleDateFormat;
import java.text.DateFormat;
```

Um eine Formatierung zu erzeugen, wird eine Instanz der Klasse `SimpleDateFormat` erzeugt. Dabei wird dem Konstruktor der Klasse `SimpleDateFormat` eine Formatierungszeichenkette übergeben. In dem folgenden Beispiel wird als Formatierung `dd.MM.yyyy` übergeben, wobei `dd` für Tag, `MM` für Monat und `yyyy` für die Jahresangabe steht.

```
DateFormat datumsFormat = new SimpleDateFormat("dd.MM.yyyy");
```

Mit dem so angelegten Objekt können Sie über die Methode `format` eine formatierte Zeichenkette erhalten. Dazu müssen Sie `format` eine `Date`-Instanz übergeben, die dann formatiert wird. In dem nächsten Beispiel soll das aktuelle Datum mit Tag, Monat und vierstelliger Jahresangabe erzeugt werden.

```
String ausgabe = datumsFormat.format(new Date());// 09.06.2014
```

Sie können auch den umgekehrten Weg gehen, indem Sie der `parse`-Methode eine Zeichenkette mit einem Datum übergeben. Die Datumsangabe muss dabei das gleiche Format besitzen, wie es im Konstruktor definiert wurde. Als Rückgabewert erhalten Sie dann ein `Date`-Objekt mit dem entsprechenden Datum. Hierzu muss aber die `ParsException` abgefangen werden, die immer dann erzeugt wird, wenn die zu parsende Zeichenkette nicht mit der vorgegebenen Formatierung übereinstimmt.

```
Date datum = null;
try{
  datum = datumsFormat.parse("30.07.65");
}catch(ParseException ex){...}
```

In der folgenden Übersicht finden Sie die wichtigsten Formatbezeichner mit Beispielen, um selber Datums- und Zeitangaben formatieren zu können.

Datumsformate	
`dd`	Tag im Monat
`MM`	Monat als Zahl
`MMMM`	Monat als Text
`YY`	Jahr zweistellig
`YYYY`	Jahr vierstellig
`"dd.MM.yy"`	`//01.07.14`
`"dd.MMMM.yyyy"`	`//01.Juli.2014`
Uhrzeitformate	
`hh`	Stunde 1–12
`HH`	Stunde 0–23
`kk`	Stunde 1–24
`KK`	Stunde 0–11
`mm`	Minuten
`ss`	Sekunden
`SS`	Millisekunden
`"HH:mm:ss:SS"`	`//11:19:23:58`
`"kk:mm:ss:SS"`	`//11:19:23:58`
`D`	Tag im Jahr
`DDDD`	Tag im Jahr mit vier Stellen
`E`	Wochentag als Text in Kurzform
`EEEE`	Wochentag als Text in Langform
`w`	Kalenderwoche
`www`	Kalenderwoche; immer dreistellig
`W`	Woche im Monat
`WW`	Woche im Monat; immer zweistellig
`z`	Zeitzone als Text in Kurzform
`zzzz`	Zeitzone als Text in Langform
`"D E w W z"`	`//182 Di 27 1 MESZ`
`"DDDD EEEE www WW zzzz"`	`//0182 Dienstag 027 01 Mitteleuropäische Sommerzeit`
Texte	
`'`	Text in einfache Hochkomma einschließen
`''`	einfaches Hochkomma
Die üblichen Datums- und Zeittrenner wie Punkt, Doppelpunkt und Leerzeichen müssen nicht als Text gekennzeichnet werden.	
`"HH 'TEXT' mm ss ''SS''"`	`//11 TEXT 29 54 '70'`

Tabelle 5.2: Datums- und Zeitformate

5.4 An welchem Wochentag habe ich Geburtstag?

Die Frage, an welchem Wochentag man geboren wurde oder auf welchen Wochentag der nächste Geburtstag fällt, hat sich wohl jeder schon einmal gestellt. Um dies in Java zu ermitteln, benutzen Sie die `Date`- und `Calendar`-Klassen. Da zu einem Datum sehr einfach der Wochentag erfragt werden kann und man ein Datum sehr einfach um eine bestimmte Anzahl Jahre, Tage oder Zeiteinheit erhöhen oder verringern kann, ist dies sehr simpel umzusetzen.

Bei dem folgenden Programm kann der Benutzer ein Geburtsdatum eingeben und bekommt dann ab dem Geburtsdatum für die nächsten 80 Jahre das Alter, die Jahreszahl und den Wochentag angezeigt. Damit das Programm die Eingabe des Geburtsdatums entgegennehmen kann, muss ein `InputStream` geöffnet werden. Diesen erhalten Sie über die Klasse `System`.

```
InputStream inStr = System.in;
```

Ein `InputStream` verarbeitet aber keine Zeichen, sondern kennt nur Bytes. Um die eingelesenen Bytes in Zeichen zu konvertieren, wird hier die Klasse `InputStreamReader` benutzt. Diese erzeugt also aus einem Byte-Stream einen Zeichen-Stream.

```
InputStreamReader inStrReader = new InputStreamReader(inStr);
```

Da die Eingabe mit einem [↵] abgeschlossen werden soll, also eine Eingabezeile verarbeitet wird, muss der Stream in einen Zeilenpuffer geschrieben werden. Hierzu wird dann die Klasse `BufferedReader` benutzt, die ein zeilenweises Lesen ermöglicht.

```
BufferedReader console = new BufferedReader(inStrReader);
```

Immer wenn ein Benutzer etwas eingibt, können Fehler auftreten, die das Programm abfangen sollte. Aus diesem Grund wird in einer Schleife so lange die Eingabe des Geburtsdatums abgefragt, bis es in dem richtigen Format eingegeben wurde. Schauen Sie sich dazu den nächsten Programmausschnitt an, dort wird die `while`-Schleife erst dann verlassen, wenn das Parsen der eingelesenen Zeile ohne Fehler erfolgt.

```
...
DateFormat datumsFormat = new SimpleDateFormat("dd.MM.yyyy");
...
while (check) {
  try{
    lineRead = console.readLine();
    geburtstag = datumsFormat.parse(lineRead);
    check = false;
  }catch(ParseException ex){
   ...
```

```
    check = true;
   }
}
```

Nachdem der Benutzer das Datum korrekt eingegeben hat, wird eine `Calendar`-Instanz mit diesem Datum erzeugt. In einer `for`-Schleife wird dann bei jedem Durchlauf das Alter, das Jahr und der Wochentag ausgegeben und danach das Datum um ein Jahr erhöht.

Script zum Starten der Anwendung

Script `kap05Geburtstage.sh`

In dem folgenden Listing sehen Sie den Programmcode der Klasse `Geburtstage`.

```
package raspi.projekte.kap05;

import java.io.BufferedReader;
import java.io.InputStreamReader;
import java.text.DateFormat;
import java.text.SimpleDateFormat;
import java.text.ParseException;
import java.io.IOException;
import java.util.Date;
import java.util.Calendar;
import java.util.GregorianCalendar;
import java.util.TimeZone;
import java.util.Locale;

public class Geburtstage{
  public static void main(String[] args) throws IOException{
    System.out.println(
            "An welchem Wochentag haben Sie Geburtstag!");
    System.out.println("Geben Sie bitte Ihr Geburtsdatum ein!");
    System.out.println("Zum Beispiel: 30.05.2003");

    DateFormat datumsFormat = new SimpleDateFormat("dd.MM.yyyy");
    DateFormat datumAusgabe = new SimpleDateFormat("yyyy EEEE");
    String lineRead = "";
    Date geburtstag = null;
    boolean check = true;
    BufferedReader console = new BufferedReader(
        new InputStreamReader(System.in));
    while (check) {
```

```
      try{
        lineRead = console.readLine();
        geburtstag = datumsFormat.parse(lineRead);
        check = false;
      }catch(ParseException ex){
        System.out.println(Falsches Format!");
        System.out.println(
          "Bitte folgendes Format verwenden: 30.05.2003");
        check = true;
    }
  }
  TimeZone zeitzone = TimeZone.getTimeZone("Europe/Berlin");
  Locale sprachraum = Locale.GERMANY;
  Calendar calendar = new GregorianCalendar(
    zeitzone, sprachraum);
  calendar.setTime(geburtstag);
  for(int i = 0; i < 81; i++){
    System.out.println(
      "Alter: " + i + "  "+
      datumAusgabe.format(calendar.getTime()));
    calendar.add(Calendar.YEAR,1);
  }
 }
}
```

5.5 Wie viele Arbeitstage liegen zwischen Weihnachten und Silvester?

Bei der Frage, wie viele Arbeitstage zwischen Weihnachten und Silvester liegen, geht es darum, festzustellen, welche Wochentage vom 27.12. bis zum 30.12. auftreten. Für die Wochentage Montag bis Freitag wird jeweils ein Arbeitstag gerechnet. Für Samstag und Sonntag kein Arbeitstag. In dem folgenden Beispiel wird diese Auswertung durch die Methode `wochentag` durchgeführt, die für einen Tag im Dezember ermittelt, ob der übergebene Tag ein Werktag ist. Wenn Ja, wird der Zähler für Werktage um eins erhöht und von der Methode zurückgegeben.

In einer `for`-Schleife werden dann vom aktuellen Jahr aus für die nächsten 20 Jahre die Arbeitstage, die zwischen dem 27.12. und dem 30.12 liegen, berechnet und auf der Konsole ausgegeben.

Script zum Starten der Anwendung

Script `kap05ArbeitstageWeihnachtenSilvester.sh`

Schauen Sie sich im folgenden Listing die Methode **wochentag** genau an, um zu verstehen, wie der Unterschied zwischen Werktagen und dem Wochenende berechnet wird.

```
package raspi.projekte.kap05;

import java.io.BufferedReader;
import java.io.InputStreamReader;
import java.text.DateFormat;
import java.text.SimpleDateFormat;
import java.text.ParseException;
import java.io.IOException;
import java.util.Date;
import java.util.Calendar;
import java.util.GregorianCalendar;
import java.util.TimeZone;
import java.util.Locale;

public class ArbeitstageWeihnachtenSilvester
{
  static TimeZone zeitzone = TimeZone.getTimeZone(
    "Europe/Berlin");
  static Locale sprachraum = Locale.GERMANY;
  static Calendar calendar = null;

  private static int wochentag(int count, int day, int jahr){
    calendar.set(jahr, Calendar.DECEMBER, day);
    int wochentag = calendar.get(Calendar.DAY_OF_WEEK);
    int montag = Calendar.MONDAY;
    int freitag = Calendar.FRIDAY;
    if(wochentag >= montag && wochentag <= freitag){
      count++;
    }
    return count;
  }

  public static void main(String[] args) throws IOException{
    System.out.println("Wie viele Arbeitstage liegen zwischen
                                Weihnachten und Silvester?");
    calendar = new GregorianCalendar(zeitzone, sprachraum);
    int jahr = calendar.get(Calendar.YEAR);
    int count = 0;
    for(int i = 0;i < 21; i++){
```

```
            count =  wochentag(count, 27, jahr);
            count =  wochentag(count, 28, jahr);
            count =  wochentag(count, 29, jahr);
            count =  wochentag(count, 30, jahr);
            System.out.println(jahr + " gibt es " + count +
              " Arbeitstage zwischen Weihnachten und Silvester.");
            calendar.add(Calendar.YEAR,1);
            jahr = calendar.get(Calendar.YEAR);
            count = 0;
        }
    }
}
```

5.6 Relais schalten

Mit den Date- und Calendar-Klassen lassen sich sehr gut Zeitfunktionen aufbauen, die Sie nutzen können, um mit dem Raspberry Pi zeitgesteuert Relais zu schalten. Da die Ausgänge des GPIO aber nicht die erforderlichen Leistungen aufbringen, um Relais direkt anzusteuern, benötigen Sie noch eine Verstärkerstufe, die die erforderliche Leistung zum Ansteuern bereitstellt.

Außerdem bleibt noch die Frage offen, an welche Spannungsversorgung das Relais angeschlossen werden soll. Auf dem GPIO sind zwar 5 V und 3,3 V verfügbar, diese scheiden aber aus unterschiedlichen Gründen für die Spannungsversorgung aus. 3,3 V reichen zur Ansteuerung nicht aus, da die im Handel gängigen Relais als kleinste Bauform meist 5 V als Betriebsspannung anbieten. Die Pins des GPIO, die 5 V Spannung führen, erhalten diese zwar von dem angeschlossenen Netzteil, das den Raspberry Pi mit Spannung versorgt, aus Sicherheitsgründen wurde aber eine Rückstell-Sicherung dazwischengeschaltet, die bei Strömen größer als 1,1 A die Spannungsversorgung unterbricht. Da der Raspberry Pi selber aber schon 700 mA benötigt und eventuell die angeschlossene Maus, Tastatur und ein Bildschirm den gesamten Strombedarf bis zu 1 A erhöhen kann, sollten Verbraucher mit höherem Strombedarf an eine separate Spannungsversorgung angeschlossen werden.

Um dies möglich zu machen, müssen Sie die Versorgungsspannung für die Relais direkt an dem Netzteil abgreifen, das auch den Raspberry Pi versorgt. Ich habe hierfür einen kleinen Adapter gebaut, an dem die 5 V einmal über eine USB-Buchse für den Raspberry Pi und parallel dazu über Stiftleisten zur Verfügung stehen. Um den Raspberry Pi an die USB-Buchse anschließen zu können, benötigen Sie ein USB/Micro-USB-Adapterkabel.

Schauen Sie sich Abbildung 5.1 an. Dort sehen Sie links die Buchse für das Steckernetzteil und unten die USB-Buchse für die Spannungsversorgung des Raspberry Pi. Nach links gehen die zwei Leitungen zu der kleinen Platine mit den Stiftleisten. Hierbei führt die linke Stiftleiste 5 V und die rechte Stiftleiste 0 V.

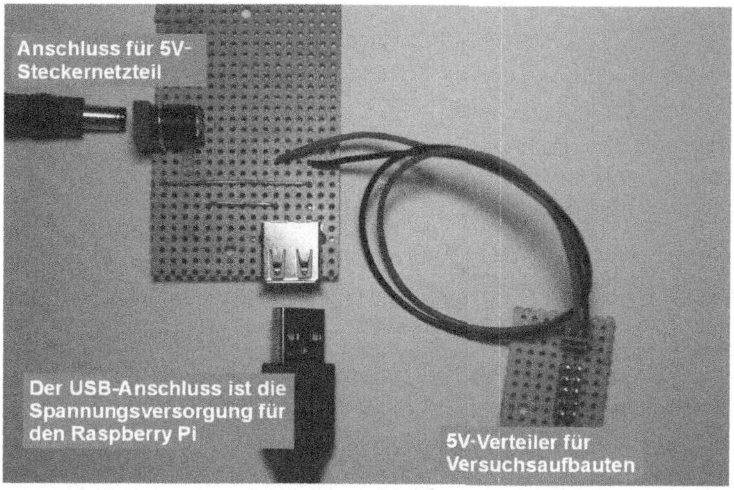

Abb. 5.1: Spannungsverteiler für Raspberry Pi und weitere Verbraucher

Um den Selbstbauaufwand gering zu halten, habe ich ein Relais-Board der Firma Sain-Smart verwendet. Auf diesem Board befinden sich 4 Relais mit jeweils einem Optokoppler und einem Schalttransistor für jedes Relais. Außerdem gibt es für jeden Kanal eine LED, die leuchtet, wenn das jeweilige Relais angesteuert wird. Die 5 V Spannungsversorgung für dieses Board wird dem oben beschriebenen Verteiler entnommen. Die Eingänge des Relais-Boards sind so aufgebaut, dass das jeweilige Relais eingeschaltet wird, wenn der Eingang auf 0 V heruntergezogen wird. Ausgeschaltet wird das Relais, wenn 5 V am Eingang anliegen oder der Eingang offen bleibt.

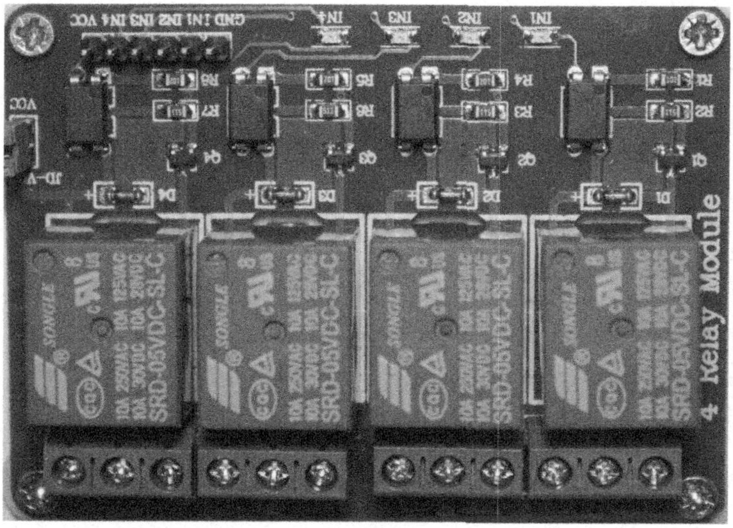

Abb. 5.2: Relais-Board der Firma SainSmart

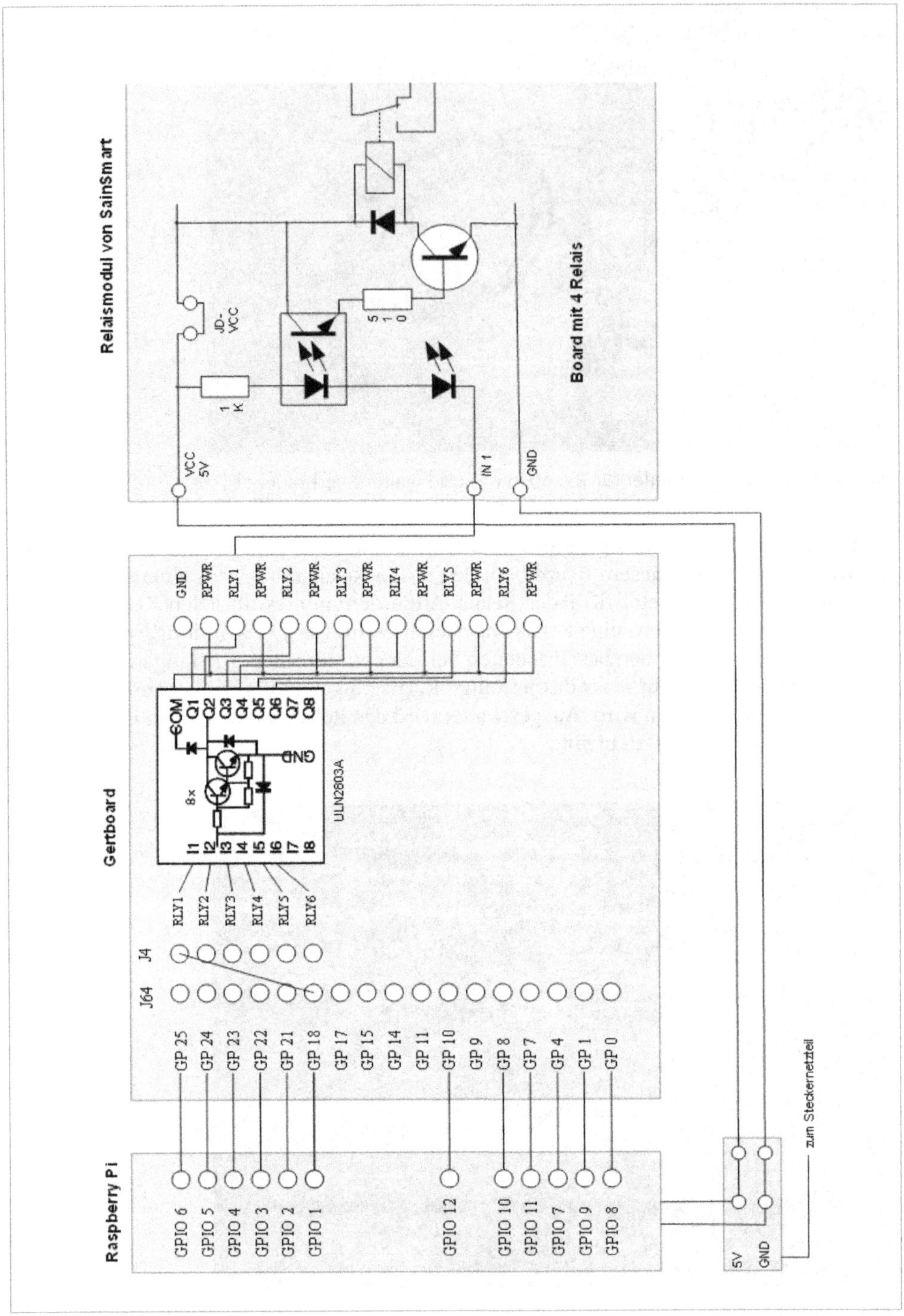

Abb. 5.3: Schaltplan zum Ansteuern des SainSmart-Relais-Boards

Da das GPIO in 3,3-V-Technologie aufgebaut ist, können Sie das Relais-Board nicht direkt über den Raspberry Pi ansteuern. Da es aber auf dem Gertboard den Schaltkreis ULN2803A gibt, der acht Darlington-Stufen enthält, können wir das Relais-Board darüber ansteuern. Wenn der Eingang einer Darlington-Stufe auf 3,3 V gelegt wird, steuert diese durch und zieht den Ausgang auf nahezu 0 V herunter. Wird der Eingang auf 0 V gelegt, sperrt die Darlington-Stufe und der Ausgang wird hochohmig.

Auf dem Raspberry Pi soll der Ausgang GPIO 1 zum Ansteuern eines Relais benutzt werden. Verbinden Sie dazu auf dem Gertboard den Stift GP18 der J64-Stiftleiste mit dem RLY1 der J4-Stiftleiste. Dadurch haben Sie den Ausgang GPIO 1 mit dem Eingang der ersten Darlington-Stufe verbunden. Der Ausgang dieser Stufe liegt auf dem Stift RLY1 der Stiftleiste J12 ganz rechts auf dem Gertboard. Diesen verbinden Sie mit dem Eingang IN1 auf dem Relais-Board. Wenn Sie dann noch die Spannungsversorgung des Relais-Boards an den 5-V-Verteiler anschließen, ist die Verdrahtung komplett.

Schauen Sie sich in Abbildung 5.3 den Schaltplan an, auf dem alle drei Boards und die entsprechenden Verbindungen zu sehen sind. Von dem Relais-Board und dem ULN2803A habe ich jeweils immer nur eine Stufe gezeichnet.

Den Versuchsaufbau mit allen drei Boards können Sie sich in Abbildung 5.4 ansehen. In den nächsten zwei Projekten zeige ich Ihnen dann den praktischen Einsatz dieser Schaltung.

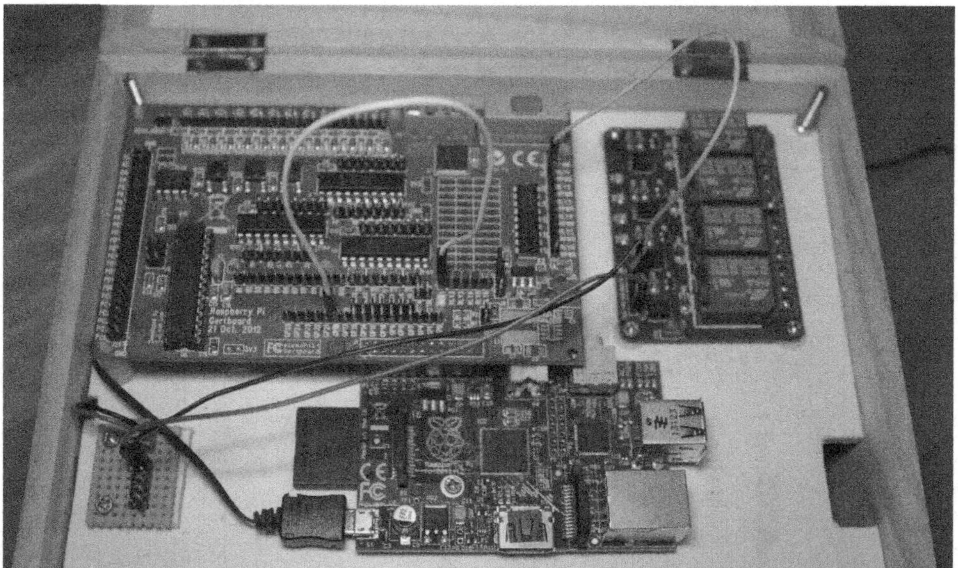

Abb. 5.4: Versuchsaufbau zum Ansteuern des SainSmart-Relais-Boards

Wenn Sie das Gertboard nicht verwenden möchten, können Sie den ULN2803A auch auf ein Steckbrett setzen und die Verbindungen zum Raspberry Pi und dem Relais-Board, wie im Schaltplan dargestellt, herstellen.

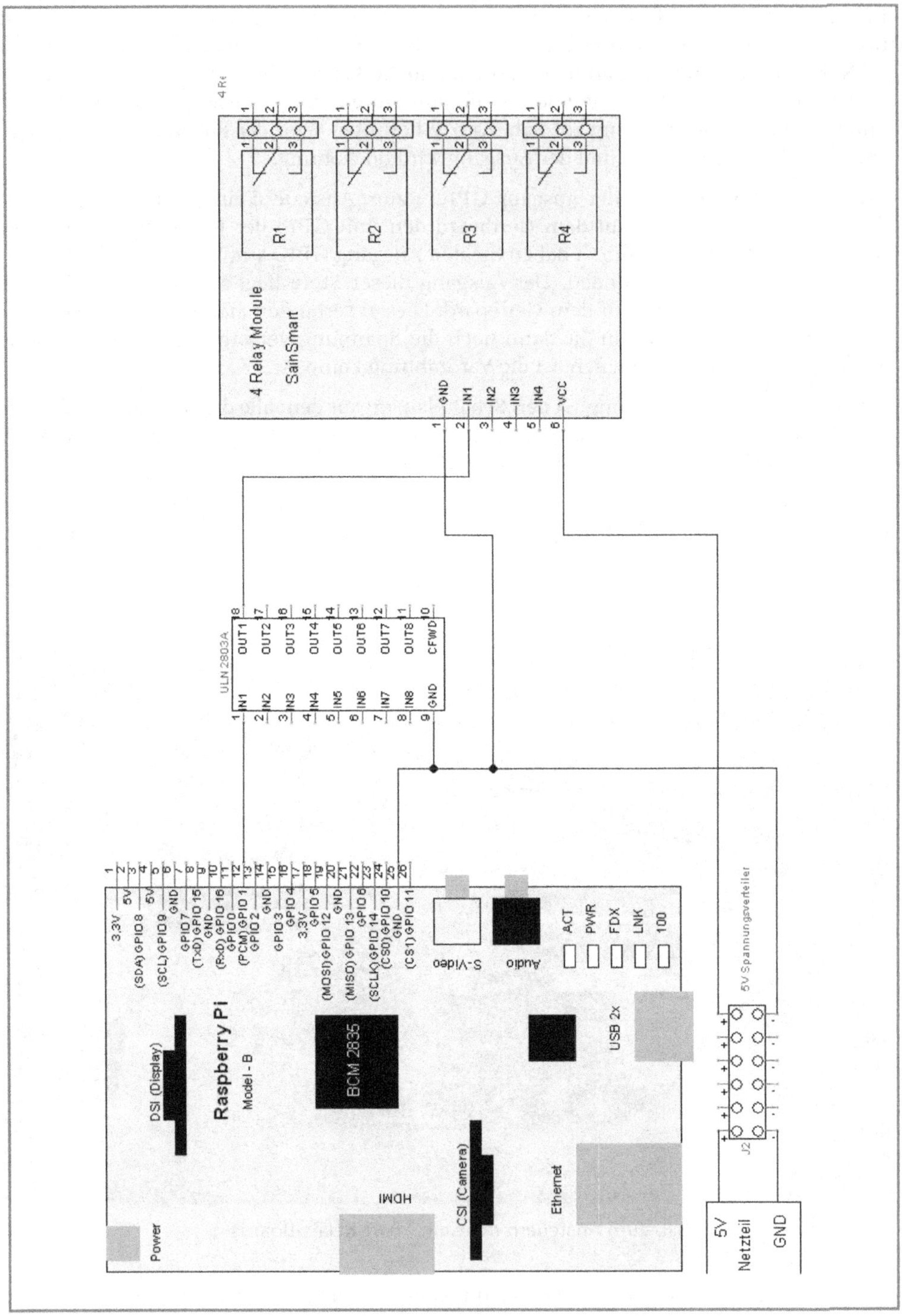

Abb. 5.5: Die Ansteuerung des Relais-Boards über den ULN2803A

Im Schaltplan ist zu sehen, dass der Spannungsverteiler von dem 5-V-Netzteil gespeist wird. Dieses Netzteil versorgt, wie weiter oben beschrieben, auch den Raspberry Pi, nur dass ich dies nicht extra eingezeichnet habe.

In allen Versuchsaufbauten in diesem Buch habe ich für den Raspberry Pi immer das Modell B gezeichnet. Da wir aber immer nur mit den ersten 26 Pins des Raspberry Pi arbeiten, können Sie auch jedes andere Modell einsetzen.

5.7 Akkus zeitgesteuert laden

Mit der oben aufgebauten Schaltung können Sie jetzt alles Mögliche steuern, was eine maximale Stromstärke von 10 A benötigt. Ich möchte Ihnen hier zeigen, wie Sie mit dem Raspberry Pi ganz einfach die zeitliche Kontrolle über den Ladevorgang von Akkus herstellen können. Dazu soll der NiCd-Akku eines ferngesteuerten Autos über ein Schnellladegerät aufgeladen werden.

Ohne den Raspberry Pi wird der NiCd-Akku direkt an das Schnellladegerät angeschlossen und der gewünschte Ladestrom eingestellt. Wenn der Akku vollständig entladen ist, berechnet sich die Ladedauer aus der Kapazität des Akkus und des eingestellten Ladestromes. Für einen Akku mit einer Kapazität von 4500 mAh und einem eingestellten Ladestrom von 1400 mA ergibt sich aus der folgenden Formel die Ladezeit:

Ladezeit in Stunden = (4500 mAh/1400 mA) * 1,4 = 4,5 h

Der Akku muss also nach 4,5 Stunden von dem Ladegerät getrennt werden, da sonst die Gefahr besteht, dass er überladen und durch die entstehende Wärme zerstört wird. Und genau hier kommt der Raspberry Pi zum Zuge. Das Abschalten des Ladevorgangs übernimmt ein kleines Java-Programm, das ein Relais eine vorgegebene Zeit einschaltet und danach ausschaltet. Führen Sie hierzu eine Zuleitung von dem Schnellladegerät über den Schließer des Relais 1 auf dem SainSmart-Relais-Board und von dort zum Akku. Die zweite Leitung des Schnellladegeräts wird direkt an den Akku angeschlossen.

Abb. 5.6: Schnellladegerät an einem ferngesteuerten Auto und dem zwischengeschalteten Relais-Board

Nachdem der Versuchsaufbau steht, sehen Sie sich die Klasse `Akkusladen` aus dem Package `raspi.projekte.kap05` an. Dort wird als Erstes der Port GPIO 1 so konfiguriert, dass Sie ihn als Ausgang verwenden können. Dies geschieht in drei Schritten. Als Erstes wird über die `GpioFactory` eine `GpioController`-Instanz erzeugt. Damit kann dann für den GPIO 1 ein Ausgangsport definiert werden. Dieser wird hier als `relais1` bezeichnet. Abschließend werden für `relais1` dann noch die `ShutdownOptions` so definiert, dass nach dem Beenden des Programms die Pull-up/-down-Widerstände abgeschaltet werden und der Port auf Low-Level geschaltet wird.

```
final GpioController gpio = GpioFactory.getInstance();
final GpioPinDigitalOutput relais1 =
gpio.provisionDigitalOutputPin(RaspiPin.GPIO_01);
relais1.setShutdownOptions(
   true,
   PinState.LOW,
   PinPullResistance.OFF);
```

Nach der Initialisierung des Ports wird ein Informationstext für den Benutzer auf der Konsole ausgegeben und auf die Eingabe der Ladezeit in Minuten gewartet. Der von dem Benutzer eingegebene Wert wird der Methode `ScheduleUtil.activeForMinutes` übergeben und liefert eine formatierte Zeichenkette zurück, die wir hier `command-Sting` nennen wollen.

```
String dauerMinuten = console.readLine();
command = ScheduleUtil.activeForMinutes(dauerMinuten);
```

Dieser `command-String` wird später durch die Methode `ScheduleService.scheduleCheckForLongTimeUse(command)` verarbeitet, die so lange den Wert `true` zurückliefert, bis die eingestellte Zeit abgelaufen ist.

Die beiden Klassen `ScheduleUtil` und `ScheduleService` liegen in dem Package `raspi.schedule` und sind für eine einfache Datums-/Zeitsteuerung gedacht. Die Klasse `ScheduleUtil` beinhaltet alle Methoden, die einen `command`-String erzeugen können. Die Klasse `ScheduleService` hat Methoden, die diesen `command`-String verarbeiten können. Um die Arbeitsweise dieser Klassen verstehen zu können, erkläre ich Ihnen zuerst den Aufbau des `command`-Strings. Er besteht immer aus 40 Zeichen mit den folgenden Funktionen.

Zeichen 0 bis 7	Startdatum im Format ddMMyyyy
Zeichen 8 bis 15	Enddatum im Format ddMMyyyy
Zeichen 16 bis 22	Wochentage von Montag bis Sonntag. Für jeden Tag kann entweder eine 1 (aktiv) oder eine 0 (inaktiv) gesetzt werden.
Zeichen 23 bis 28	Startzeitpunkt im Format HHmmss
Zeichen 29 bis 34	Endezeit im Format HHmmss
Zeichen 35 bis 39	Halbe Pulsdauer im Format sssss (fünfstellige Sekundenangabe)

Tabelle 5.3: Der Aufbau des `command`-Strings

Die Methode `ScheduleService.scheduleCheckForLongTimeUse` wertet nur drei Dinge aus dieser Zeichenkette aus. Als Erstes prüft sie, ob sich der aktuelle Zeitpunkt in dem Zeitintervall Startdatum/-zeit und Endedatum/-zeit befindet, danach prüft sie, ob der aktuelle Wochentag in der formatierten Zeichenkette auf eins gesetzt wurde, und zum Schluss prüft sie noch, ob bei der eingestellten halben Pulsdauer der Impuls gerade aktiv oder inaktiv ist. Erst wenn alle drei Optionen gültig sind, liefert `ScheduleService.scheduleCheckForLongTimeUse` `true` zurück. Sie werden sich jetzt sicher fragen, was das alles mit unserer Akkuladezeit zu tun hat, aber ich habe beide Klassen zur allgemeinen Verwendung geschrieben.

Klarer wird die Auswertung, wenn Sie sich die Methode `ScheduleUtil.activeForMinutes` ansehen. Sie erzeugt einen `command`-String mit dem folgenden Aufbau.

Startdatum und Startzeit	Beide Werte werden auf den aktuellen Zeitpunkt gesetzt.
Endedatum und Endezeit	Beide Werte werden so gesetzt, dass sich genau das Zeitintervall ergibt, das durch die übergebene Zeit in Minuten zum Startzeitpunkt ergibt.
Wochentage	Für jeden Wochentag wird der Wert auf 1 gesetzt. Damit ist es egal, an welchem Wochentag der Akku geladen wird. Zeichenkette: `"1111111"`
Puls	Für die halbe Pulsdauer wird `"00000"` gesetzt. Damit ist der Puls abgeschaltet.

Tabelle 5.4: Aufbau eines `command`-Strings, der durch die Methode `activeForMinutes` erzeugt wird

Mit dem so erzeugten `command`-String liefert die Methode `ScheduleService.scheduleCheckForLongTimeUse` vom aktuellen Zeitpunkt an für die nächsten eingestellten Minuten den Wert `true` zurück. In der Klasse `Akkusladen` wird der Port auf High-Pegel gesetzt und eine `while`-Schleife wird so lange alle 5000 ms durchlaufen, bis `ScheduleService.scheduleCheckForLongTimeUse(command)` auf `false` umschaltet, die Schleife dadurch unterbrochen wird und danach der Port auf Low-Pegel gesetzt wird.

```
relais1.high();
while(ScheduleService.scheduleCheckForLongTimeUse(command)) {
  Thread.sleep(5000);
}
relais1.low();
```

Sie können mit Recht behaupten, dass die Vorgehensweise hier sehr kompliziert ist, da man auch einfach mit `Thread.sleep(ladezeit_in_millisekunden)` die Wartezeit einstellen und danach den Port auf Low setzen kann.

```
relais1.high();
Thread.sleep(ladezeit_in_millisekunden) ;
relais1.low();
```

Die Leistungsfähigkeit der Klassen `ScheduleService` und `ScheduleUtil` zeigt sich aber erst bei komplexeren Zeit-/Datumszyklen, so wie wir sie bei späteren Projekten einsetzen werden.

Script zum Starten der Anwendung

Script `kap05AkkusLaden.sh`

Das vollständige Programm zum Laden eines Akkus finden Sie in dem folgenden Listing.

```
package raspi.projekte.kap05;

import raspi.schedule.ScheduleUtil;
import raspi.schedule.ScheduleService;
import java.text.ParseException;
import java.io.IOException;
import java.io.BufferedReader;
import java.io.InputStreamReader;

import com.pi4j.io.gpio.GpioController;
import com.pi4j.io.gpio.GpioFactory;
import com.pi4j.io.gpio.GpioPinDigitalOutput;
import com.pi4j.io.gpio.PinPullResistance;
import com.pi4j.io.gpio.RaspiPin;
import com.pi4j.io.gpio.PinState;
import com.pi4j.io.gpio.GpioPin;

public class Akkusladen
{
  public static void main(String[] args) throws
        IOException, ParseException, InterruptedException{

    final GpioController gpio = GpioFactory.getInstance();
    final GpioPinDigitalOutput relais1 =
        gpio.provisionDigitalOutputPin(RaspiPin.GPIO_01);
    relais1.setShutdownOptions(true,
        PinState.LOW, PinPullResistance.OFF);

    String command = "";
    BufferedReader console = new BufferedReader(
        new InputStreamReader(System.in));
    System.out.println(
        "Geben Sie die Minuten ein, die der Akku");
    System.out.println("geladen werden soll: ");
    String dauerMinuten = console.readLine();
    command = ScheduleUtil.activeForMinutes(dauerMinuten);
```

```
      System.out.println("Akku wird geladen ...");
      relais1.high();
      while(ScheduleService.scheduleCheckForLongTimeUse(command)){
        Thread.sleep(5000);
      }
      relais1.low();
      System.out.println("Die Ladezeit ist beendet.");
    }
  }
```

5.8 Zeitsteuerung einer Kamera

Den Raspberry Pi als intelligente Zeitschaltuhr zu gebrauchen, kann man sich gut vorstellen. Aber wie wäre es denn, wenn Sie mit wenig Aufwand einen Fernauslöser für eine Kamera bauen und den Raspberry Pi als Steuereinheit einsetzen könnten? Diese Funktion lässt sich bei einigen Spiegelreflexkameras sehr einfach umsetzen. Sie benötigen dazu nur das richtige Kabel, um die Kamera mit dem oben vorgestellten Versuchsaufbau zu verbinden. Das hier vorgestellte Kabel funktioniert für Canon-Kameras der folgenden Typen: EOS 300D, 350D, 400D, 450D, 500D, 550D, G10 und G11. Für andere Kameras müssen Sie sich informieren, ob die Anschlüsse und Funktionen identisch sind.

Für die Herstellung des Kabels benötigen Sie einen 2,5-mm-Stereo-Klinkenstecker und ein Stück zweiadrige Leitung. An den Klinkenstecker löten Sie dann eine Leitung an den Massepunkt und die andere an den Punkt, der mit der Spitze der Stereo-Klinke verbunden ist. Der mittlere Pool des Klinkensteckers wird zum Fokussieren der Kamera verwendet und hier nicht benötigt. Wenn Ihre Kamera nicht beim Auslösen selber fokussiert, müssen Sie am Objektiv die manuelle Fokussierung einstellen und vor dem Programmstart auf die gewünschte Entfernung scharfstellen.

In Abbildung 5.7 sehen Sie den selbst gebauten Fernauslöser. Wenn Sie dieses Kabel so in die oben aufgeführten Kameratypen einstecken und die beiden Kabelenden kurz verbinden, löst die Kamera aus. Neben dem Klinkenstecker in der Abbildung habe ich auch eingezeichnet, welche Verbindung welche Kamerafunktion auslöst. Zur einfacheren Handhabung habe ich hier das Fokussieren nicht berücksichtigt.

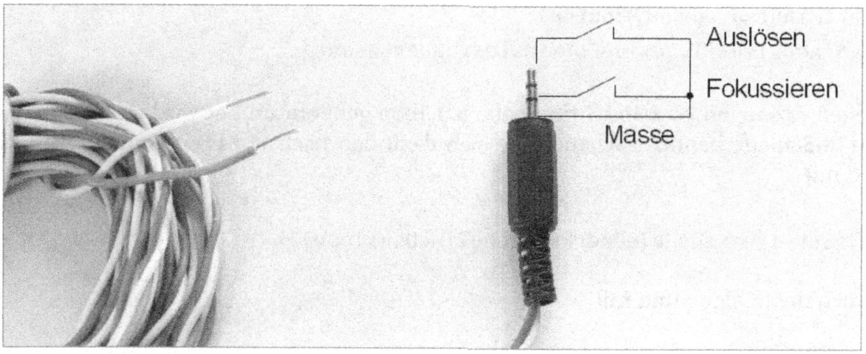

Abb. 5.7: Fernauslöser für Kamera

Die Enden des Kabels können Sie jetzt mit dem Schließer des Relais 1 auf dem Relais-Board verbinden und schon kann es losgehen.

Die Klasse `Zeitschaltuhr` ist nicht speziell für das Ansteuern einer Kamera geschrieben, sondern kann auch viele andere Geräte schalten. Die Klasse beginnt wie im vorherigen Projekt auch mit der Initialisierung des GPIO 1. Danach erfolgt ein kleiner Benutzerdialog. Hier gibt der Benutzer an, nach welcher Zeit und wie lange das Relais eingeschaltet bleiben soll. In dem Zeitintervall, in dem das Relais aktiv ist, kann man dann noch angeben, in welchem Sekundentakt das Relais ein- und ausgeschaltet werden soll. Gibt man hier zum Beispiel 10 Sekunden ein, so zieht das Relais im Wechsel 10 Sekunden an und ist dann wieder 10 Sekunden ausgeschaltet. Dies wiederholt sich so lange, wie das Zeitintervall angegeben wurde.

In dem nächsten Programmausschnitt sehen Sie das Einlesen der Benutzereingabe von der Kommandozeile und die Übergabe der eingelesenen Parameter an die Methode `ScheduleUtil.startPulseInMinutes`. Diese erzeugt dann den entsprechenden `command`-String, so wie er schon im vorherigen Abschnitt beschrieben wurde.

```
...
String startMinuten = console.readLine();
...
String dauerMinuten = console.readLine();
...
String takt = console.readLine();
command = ScheduleUtil.startPulseInMinutes(
      startMinuten, dauerMinuten,takt);
```

Im vorherigen Projekt brauchten wir nur den `command`-String mit der Methode `ScheduleService.scheduleCheckForLongTimeUse` auszuwerten, um die Abbruchbedingung zu definieren. Dies funktioniert hier nicht mehr, da durch die Pulsangabe nach dem ersten Ausschalten des Relais abgebrochen werden würde. Sie benötigen also einen zweiten `command`-String, der das Beenden durch die Einschaltverzögerung und die Einschaltdauer berechnet. Die Summe beider Werte wird in `dauerGesamt` gespeichert und an `ScheduleUtil.activeForMinutes` übergeben.

```
String dauerGesamt =  ScheduleUtil.addMinutes(
    startMinuten, dauerMinuten);
loop = ScheduleUtil.activeForMinutes(dauerGesamt);
```

Den zweiten erzeugten `command`-String habe ich `loop` genannt und er wird zum Beenden einer `while`-Schleife benutzt. Schauen Sie sich dazu den nächsten Programmauszug an. Dort wird mit

```
ScheduleService.scheduleCheckForLongTimeUse(loop)
```

der Abbruch der Schleife und mit

```
ScheduleService.scheduleCheckForLongTimeUse(command)
```

das periodische Ein- und Ausschalten gesteuert. Außerdem wird in der `while`-Schleife noch geprüft, ob [↵] gedrückt wurde, um die Schleife vorzeitig beenden zu können.

```
...
while (ScheduleService.scheduleCheckForLongTimeUse(loop)
      && c == 0) {
  if(ScheduleService.scheduleCheckForLongTimeUse(command)){
    relais.high();
  }else{
    relais.low();
  }
  Thread.sleep(500);
  c = System.in.available();
}
relais.low();
```

Wenn man die Klasse `Zeitschaltuhr` nur als intelligenten Fernauslöser für eine Kamera benutzen möchte, kann man noch ein paar Dinge optimieren. So könnte man zum Beispiel ein zweites Relais dazu benutzen, die Kamera zu fokussieren. Sie müssten dann allerdings dem Selbstbaukabel noch eine dritte Leitung spendieren. Außerdem werden Sie bemerkt haben, dass der Auslöser genau so lange aktiviert wird, wie Sie die Pulsdauer eingegeben haben. Besser wäre hier, wenn bei langen Pulsdauern das Relais nur kurz anzieht. Den Impuls zum Fokussieren und zum Auslösen müsste man so nacheinander ausführen, dass die Kamera genug Zeit zum Fokussieren hat.

Script zum Starten der Anwendung

Script `kap05Zeitschaltuhr.sh`

Vergleichen Sie im folgenden Listing der Klasse `Zeitschaltuhr` die einzelnen Schritte mit den oben beschriebenen Erklärungen. Und wenn Sie das Buchprojekt auf dem Raspberry Pi installiert haben, können Sie in der Java-Dokumentation auch noch mehr Details zu den Klassen `ScheduleUtil` und `ScheduleService` finden.

```
package raspi.projekte.kap05;
import raspi.schedule.ScheduleUtil;
import raspi.schedule.ScheduleService;
import java.text.ParseException;
import java.io.IOException;
import java.io.BufferedReader;
import java.io.InputStreamReader;
import java.io.InputStream;
import com.pi4j.io.gpio.GpioController;
```

```
import com.pi4j.io.gpio.GpioFactory;
import com.pi4j.io.gpio.GpioPinDigitalOutput;
import com.pi4j.io.gpio.PinPullResistance;
import com.pi4j.io.gpio.RaspiPin;
import com.pi4j.io.gpio.PinState;
import com.pi4j.io.gpio.GpioPin;
public class Zeitschaltuhr{
  public static void main(String[] args) throws IOException,
                          ParseException, InterruptedException{
    final GpioController gpio = GpioFactory.getInstance();
    final GpioPinDigitalOutput relais =
              gpio.provisionDigitalOutputPin(RaspiPin.GPIO_01);
    relais.setShutdownOptions(true, PinState.LOW,
                                   PinPullResistance.OFF);

    System.out.println("Zeitschaltuhr");
    String command = "";
    String loop = "";
    BufferedReader console = new BufferedReader(
    new InputStreamReader(System.in));
    System.out.println(
        "Geben Sie bitte ein, in wie vielen Minuten das Relais");
    System.out.println("eingeschaltet werden soll: ");
    String startMinuten = console.readLine();
    System.out.println(
               "Geben Sie bitte ein, wie viele Minuten das");
    System.out.println(
      "Relais eingeschaltet bleiben soll: ");
    String dauerMinuten = console.readLine();
    System.out.println(
                  "In welchem Sekundentakt soll das Relais");
    System.out.println("ein- und ausgeschaltet werden: ");
    String takt = console.readLine();
    command = ScheduleUtil.startPulseInMinutes(
      startMinuten, dauerMinuten,takt);
    String dauerGesamt =  ScheduleUtil.addMinutes(
                              startMinuten, dauerMinuten);
    loop = ScheduleUtil.activeForMinutes(dauerGesamt);
    System.out.println("Zeitschaltuhr ist aktiv!");
    System.out.println(
    "Drücken Sie die Return-Taste, um das Programm vorzeitig zu beenden!");
    InputStream is = null;
```

```
    int c = 0;
    while (ScheduleService.scheduleCheckForLongTimeUse(loop)
      && c == 0) {
      if(ScheduleService.scheduleCheckForLongTimeUse(command)){
        relais.high();
      }else{
        relais.low();
      }
      Thread.sleep(500);
      c = System.in.available();
    }
    relais.low();
    System.out.println("Ende");
  }
}
```

5.9 Die Navigation in BlueJ

Der Programmcode aus diesem und allen anderen Kapiteln finden Sie in dem heruntergeladenen Buchprojekt *Raspberry_Pi_und_Java*. Damit Sie sich die Programme auch auf dem Raspberry Pi anschauen können, zeige ich Ihnen, wie Sie in BlueJ durch die verschiedenen Packages navigieren können. Öffnen Sie dazu BlueJ und navigieren Sie dann über das Menü PROJECT in das Untermenü OPEN PROJECT.... In dem Verzeichnis `/home/pi/JavaProgramme/Projekte` öffnen Sie dann das Projekt *Raspberry_Pi_und_Java*.

Abb. 5.8: Das Projekt Raspberry_Pi_und_Java öffnen

In dem geöffneten Projektfenster gibt es rote Symbole, die ein Package, und gelbe Symbole, die eine Klasse oder ein Interface darstellen. Über die Package-Symbole können Sie durch Doppelklick in ein Package hinein- und über ein Package-Symbol mit der Beschriftung <GO UP> in das darüber liegende Package navigieren. Schauen Sie sich dazu in Abbildung 5.9 den Navigationspfad von dem Package `raspi` bis hinunter zu dem Package `raspi.projekte.kap05` an, in dem Sie die Klassen dieses Projekts finden. Die Navigation nach oben erfolgt dann immer über das <GO UP>-Symbol.

Wenn Sie BlueJ öffnen, springt BlueJ immer in das Package, das als letztes geöffnet war.

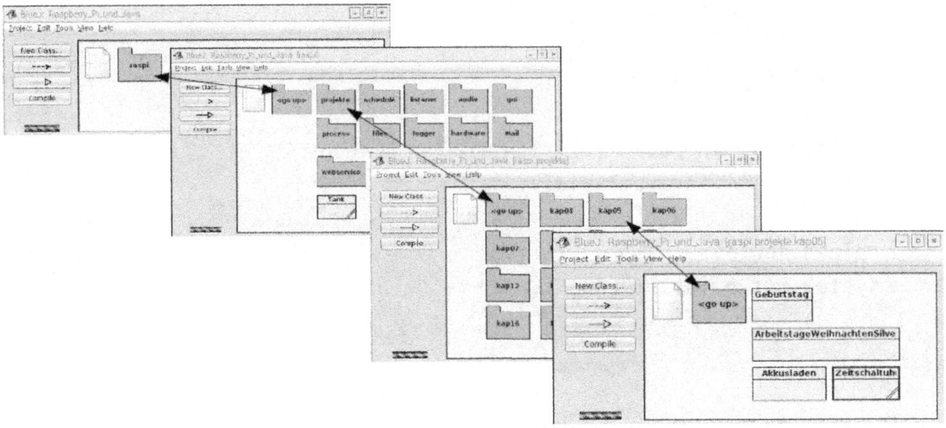

Abb. 5.9: Die Navigation in BlueJ

Digitale Eingänge und Sensoren

Der Raspberry Pi stellt eine ganze Reihe von Ports zur Verfügung, die Sie wahlweise als Eingang oder Ausgang konfigurieren können. Bei dem Raspberry Pi 1 Modell B liegen auf der 26-poligen Steckerleiste 17 Ports bereit. Außerdem gibt es 4 weitere Ports auf der 8-poligen Stiftleiste und bei dem Raspberry Pi 1 Modell B+ und dem Raspberry Pi 2 Modell B stehen sogar 26 Ports zur Verfügung. Für die meisten Anwendungen reicht dies vollkommen aus. Und wie Sie später sehen werden, lassen sich über einen Port, der als Eingang definiert worden ist, schon komplexe Sensoren anbinden. So benötigen Sie nur einen Eingang und einen Ausgang, um beispielsweise eine Ultraschall-Entfernungsmessung mit dem HS-SR04-Erweiterungsboard durchzuführen.

Wenn Sie Hardware an die Ports des Raspberry Pi anschließen, müssen Sie unbedingt darauf achten, dass Sie nicht versehentlich eine Spannung an einen Port legen, die größer als 3,3 V ist. Wenn eine Erweiterungsplatine 5 V Spannungsversorgung benötigt, liefern die Ausgänge wahrscheinlich auch 5 V als Ausgangspegel. Diese müssen Sie dann über einen Spannungsteiler auf 3,3 V reduzieren. In den folgenden Projekten werde ich darauf aber noch im Detail eingehen.

6.1 Den Raspberry Pi über einen Taster steuern

Die einfachste Art, einen digitalen Eingang zu beschalten, ist wohl über einen Taster oder Schalter. Um die 0 V für den Low-Pegel und 3,3 V für den High-Pegel über einen Taster zu erzeugen, gibt es verschiedene Möglichkeiten. Am einfachsten können Sie dies umsetzen, indem Sie die internen Pull-up- oder Pull-down-Widerstände des BCM 2835 beziehungsweise des BCM 2836 nutzen. Diese können Sie über die Pi4J-Libary ein- und ausschalten. Da das Gertboard bereits drei Taster besitzt, werden diese für die nächsten zwei Projekte genutzt.

Damit die gewünschten Pegel erzeugt werden können, müssen die Pull-up-Widerstände im BCM eingeschaltet werden. Beispielhaft können Sie für einen Schalter auf dem Gertboard die Beschaltung in Abbildung 6.1 sehen. Der Schalter liegt auf Masse und kann über den 1-kΩ-Widerstand mit einem Port des Raspberry Pi verbunden werden. Im BCM liegt der eine Pol eines Pull-up-Widerstands am Eingangsport und der andere Pol auf 3,3 V. Bei geöffnetem Schalter liegen am Eingang des BCM 2835/2836 über den internen Pull-up-Widerstand die 3,3 V. Bei geschlossenem Schalter bildet der 1-kΩ-Widerstand und der interne Pull-up-Widerstand einen Spannungsteiler. Da die Pull-up-Widerstände Werte zwischen 50 kΩ und 65 kΩ haben, liegen am Port nahezu 0 V an.

Der 1-kΩ-Widerstand am Schalter ist ein Schutzwiderstand, der als Strombegrenzer dient, wenn der Port versehentlich als Ausgang konfiguriert und auf High-Pegel gesetzt wurde. In diesem Fall wird der Strom bei geschlossenem Schalter auf ungefähr 3,3 mA begrenzt.

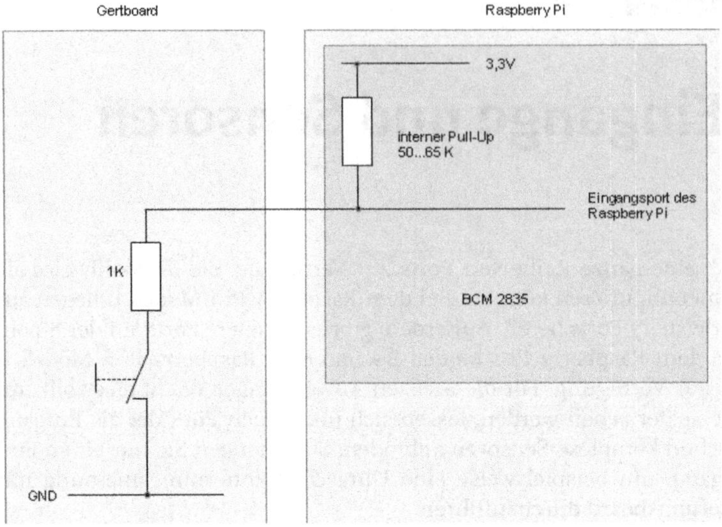

Abb. 6.1: Einfache Beschaltung eines Eingangsports

Für das folgende Beispiel wird neben dem Gertboard auch wieder das Relais-Board benötigt. Die Taster auf dem Gertboard sollen dazu benutzt werden, verschiedene Aktivitäten anzustoßen. So soll durch Drücken von Taster 1 das erste Relais für zwei Minuten eingeschaltet und durch Drücken von Taster 2 das zweite Relais für eine Minute im Zwei-Sekunden-Takt ein- und ausgeschaltet werden. Mit dem dritten Taster soll das Programm beendet werden.

Die Verdrahtung beider Platinen habe ich in der folgenden Tabelle aufgelistet.

Steckverbindungen auf dem Gertboard	
Von Stiftleiste J64 (Raspberry-Pi-Ausgänge)	Nach Stiftleiste J4 (Darlington-Arrays)
GP 18 (GPIO 1)	RLY 1
GP 21 (GPIO 2)	RLY 2
Steckverbindungen auf dem Gertboard	
Von Stiftleiste J64 (Raspberry-Pi-Eingänge)	Nach Stiftleiste J3 (Taster)
GP 23 (GPIO 4)	B3
GP 24 (GPIO 5)	B2
GP 25 (GPIO 6)	B1
Steckverbindungen zwischen dem Gertboard und dem Relais-Board	
Gertboard	Relais-Board
Stiftleiste J12 Pin RLY 1	IN1
Stiftleiste J13 Pin RLY 2	IN2

Tabelle 6.1: Steckverbindungen auf dem Gertboard und zum Relais-Board

Den entsprechenden Schaltplan, der dem Aufbau wie mit dem Gertboard entspricht, finden Sie in Abbildung 6.2.

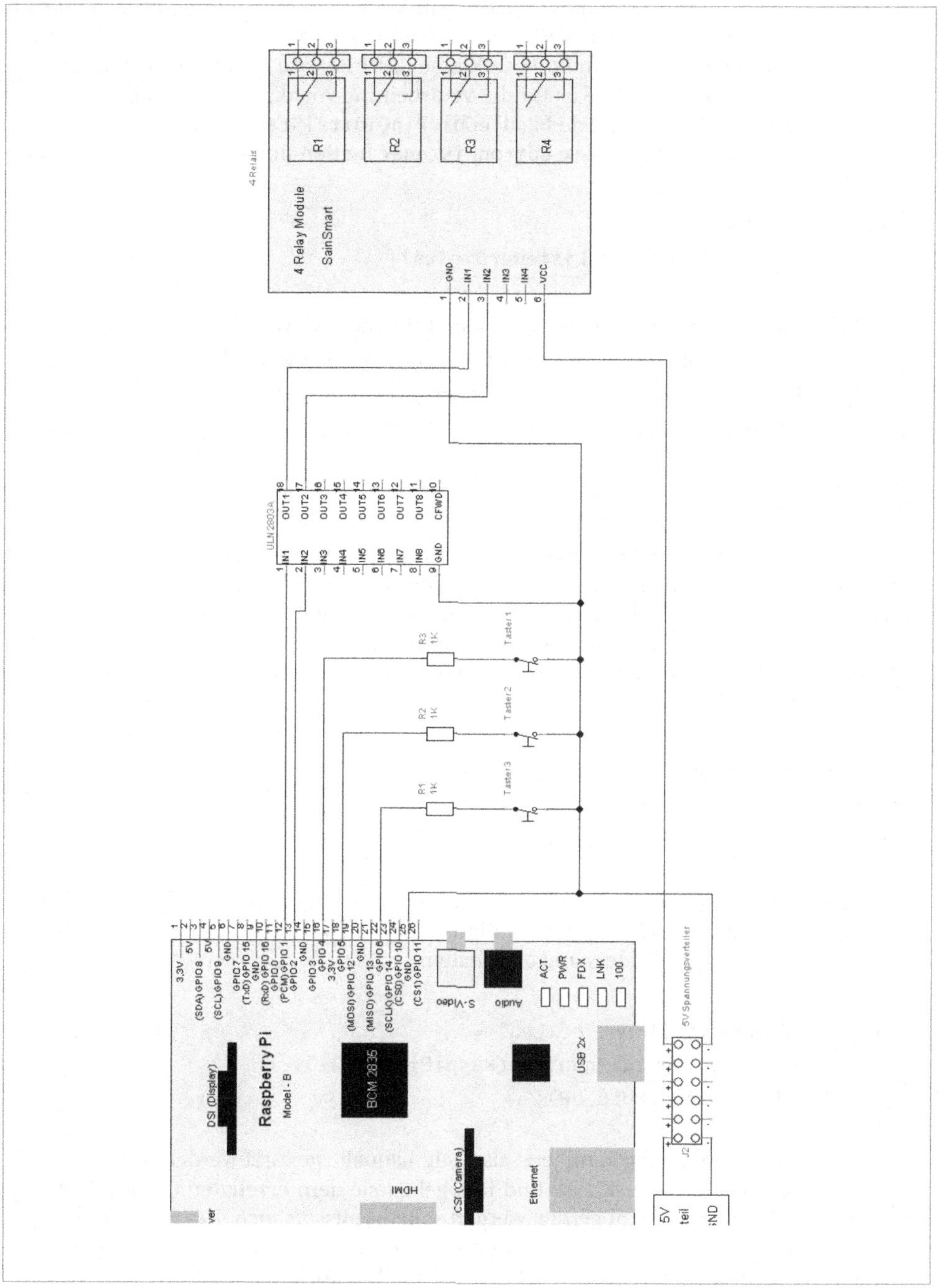

Abb. 6.2: Versuchsaufbau ohne Gertboard

Um in einem Java-Programm auf Ereignisse reagieren zu können, werden sogenannte Listener-Klassen eingesetzt. Diese werden in der Initialisierungsphase eines Programms einer Ereignisquelle zugeordnet und immer dann ausgeführt, wenn die Ereignisquelle eine Aktivität meldet. In unserem Fall ist dies eine Pegeländerung auf einem Port, die durch Betätigen eines Tasters hervorgerufen wird. Um eine Listener-Klasse zu schreiben, die einen Tastendruck verarbeiten kann, muss diese Klasse das Interface `GpioPinListenerDigital` implementieren. Dieses Interface ist für die Verarbeitung von digitalen Eingängen vorgesehen und definiert nur die Methode `handleGpioPinDigitalStateChangeEvent`. In unserem Beispiel soll die Listener-Klasse `ButtonListener` heißen und hat folgenden Aufbau.

```
class ButtonListener
      implements GpioPinListenerDigital{
   @Override
   public void handleGpioPinDigitalStateChangeEvent(
              GpioPinDigitalStateChangeEvent event){
      // Hier wird der Programmteil ausgeführt, der das
      // Ereignis verarbeiten soll.
   }
}
```

Die Methode `handleGpioPinDigitalStateChangeEvent` hat den Übergabeparameter `GpioPinDigitalStateChangeEvent` und wird dazu benutzt, nähere Informationen der Ereignisquelle abzufragen. So können Sie zum Beispiel über `event.getPin()` ein `GpioPin`-Objekt erhalten und den Namen des Ports erfragen, der das Ereignis ausgelöst hat. Über `event.getState()` erhalten Sie ein `PinState`-Objekt, mit dessen Hilfe Sie den aktuellen Pegel abfragen können.

```
GpioPin pin = event.getPin();
String name = pin.getName();
PinState state = event.getState();
```

Damit Sie einen Port als Eingang benutzen können, müssen Sie ihn mit der Methode `provisionDigitalInputPin` als solchen konfigurieren und wie weiter oben schon beschrieben den internen Pull-up-Widerstand einschalten.

```
final GpioPinDigitalInput button1 =
   gpio.provisionDigitalInputPin(RaspiPin.GPIO_04,
   PinPullResistance.PULL_UP);
```

Der so konfigurierte Eingang kann jetzt als Ereignisquelle genutzt werden. Dazu erzeugen Sie eine Instanz der Listener-Klasse und übergeben sie dem erzeugten `GpioPinDigitalInput`-Objekt. Da drei Taster abgefragt werden sollen, müssen auch drei Eingänge konfiguriert und jedem Eingangsobjekt die Instanz einer Listener-Klasse übergeben werden. Schauen Sie sich dazu die nächsten Programmzeilen an. Hier wird nur eine Listener-Klasse benötigt, um die Ereignisse auf allen drei Eingängen zu überwachen. Die Auswertung, welcher Eingang das Ereignis ausgelöst hat, wird in der Listener-Klasse vorgenommen. Man hätte hier auch drei verschiedene Listener-Klassen implementieren und diese jeweils einem Eingang zuweisen können.

```
ButtonListener gpl = new ButtonListener(); // Listener erzeugen
/* Einen Listener für alle drei Eingänge registrieren */
button1.addListener(gpl);
button2.addListener(gpl);
button3.addListener(gpl);
```

Die Klasse `ButtonListener` prüft, an welchem Port eine Pegeländerung aufgetreten ist, und reagiert entsprechend. Wenn GPIO 6 das Ereignis ausgelöst hat, wird mit `ScheduleUtil.activeForMinutes("2")` ein `command`-String erzeugt, der eine Aktivität von zwei Minuten erzeugt. Hat GPIO 5 das Ereignis ausgelöst, so wird mit `ScheduleUtil.startPulseInMinutes(0, 1, 2)` ein `command`-String erzeugt, der eine Aktivität von einer Minute und einer Ein- und Ausschaltdauer von zwei Sekunden erzeugt. Beide `command`-Strings werden in einer Schleife, die sich in der `main`-Methode befindet, mit `ScheduleService.scheduleCheckForLongTimeUse` abgefragt und schalten dort die Ausgänge, an die Sie die Relais angeschlossen haben. Tritt die Pegeländerung an GPIO 4 auf, wird die Variable `loop` auf `false` gesetzt und beendet dadurch die Schleife und das Programm.

Wenn Sie sich das Programm anschauen, werden Sie feststellen, dass in der Haupt-Klasse `Taster` die `ListenerKlasse` als interne Klasse deklariert worden ist. Hierdurch wird die Übergabe der von beiden Klassen gemeinsam genutzten Variablen vereinfacht. Mit etwas mehr Aufwand könnte man hier aber auch zwei separate Klassen erstellen.

```
package raspi.projekte.kap06;

import raspi.schedule.ScheduleUtil;
import raspi.schedule.ScheduleService;
import java.text.ParseException;
import com.pi4j.io.gpio.GpioController;
import com.pi4j.io.gpio.GpioFactory;
import com.pi4j.io.gpio.GpioPinDigitalOutput;
import com.pi4j.io.gpio.GpioPinDigitalInput;
import com.pi4j.io.gpio.PinPullResistance;
import com.pi4j.io.gpio.event.GpioPinListenerDigital;
import com.pi4j.io.gpio.event.GpioPinDigitalStateChangeEvent;
import com.pi4j.io.gpio.RaspiPin;
import com.pi4j.io.gpio.PinState;
import com.pi4j.io.gpio.GpioPin;

public class Taster{
  static String commandRelais1 = ScheduleUtil.allwaysOff();
  static String commandRelais2 = ScheduleUtil.allwaysOff();
```

```
static boolean loop = true;

public static class ButtonListener implements
                                        GpioPinListenerDigital{
  @Override
  public void handleGpioPinDigitalStateChangeEvent(
                          GpioPinDigitalStateChangeEvent event){
    GpioPin pin = event.getPin();
    String name = pin.getName();
    PinState state = event.getState();
    if(state.isLow() && name.equals("GPIO 6")){
      commandRelais1 = ScheduleUtil.activeForMinutes("2");
    }else if(state.isLow() && name.equals("GPIO 5")){
      commandRelais2 = ScheduleUtil.startPulseInMinutes(0,1,2);
    }else if(state.isLow() && name.equals("GPIO 4")){
      loop = false;
    }
  }
}

public static void main(String[] args) throws
                          ParseException, InterruptedException{
  /* Ausgänge konfigurieren */
  final GpioController gpio = GpioFactory.getInstance();
  final GpioPinDigitalOutput relais1 =
          gpio.provisionDigitalOutputPin(RaspiPin.GPIO_01);
  final GpioPinDigitalOutput relais2 =
          gpio.provisionDigitalOutputPin(RaspiPin.GPIO_02);
  relais1.setShutdownOptions(true, PinState.LOW,
                                      PinPullResistance.OFF);
  relais2.setShutdownOptions(true, PinState.LOW,
                                       PinPullResistance.OFF);
  /* Eingänge konfigurieren */
  final GpioPinDigitalInput button1 =
                              gpio.provisionDigitalInputPin(
                RaspiPin.GPIO_04,PinPullResistance.PULL_UP);
  final GpioPinDigitalInput button2 =
                              gpio.provisionDigitalInputPin(
                RaspiPin.GPIO_05,PinPullResistance.PULL_UP);
  final GpioPinDigitalInput button3 =
                             gpio.provisionDigitalInputPin(
                RaspiPin.GPIO_06,PinPullResistance.PULL_UP);
```

```
    /* Listener erzeugen */
    ButtonListener gpl = new ButtonListener();
    /* Listener für alle drei Eingänge registrieren */
    button1.addListener(gpl);
    button2.addListener(gpl);
    button3.addListener(gpl);

    while (loop) {
      if(ScheduleService.scheduleCheckForLongTimeUse(
                                              commandRelais1)){
        relais1.high();
      }else{
        relais1.low();
      }
      if(ScheduleService.scheduleCheckForLongTimeUse(
                                              commandRelais2)){
        relais2.high();
      }else{
        relais2.low();
      }
      Thread.sleep(500);
    }
    gpio.shutdown();
    System.out.println("Exit");
  }
}
```

Script zum Starten der Anwendung

Script `kap06Taster.sh`

6.2 Externe Prozesse über einen Taster steuern

Nachdem im vorherigen Abschnitt die prinzipielle Verarbeitung von Ereignissen mithilfe von Listener-Klassen erläutert worden ist, möchte ich Ihnen jetzt zeigen, dass Sie die Möglichkeit haben, Prozesse zu steuern, die außerhalb des Java-Programms liegen. So können Sie zum Beispiel Linux-Befehle aus einer Java-Anwendung heraus starten. Die Java-Bibliothek stellt hierzu die Klasse `Runtime` und `Process` zur Verfügung. Wird eine `Runtime`-Instanz erzeugt, kann man über sie die `exec()`-Methode aufrufen, der man einen Linux-Befehl oder den Aufruf eines beliebigen anderen Programms als Zeichenkette übergeben kann.

```
Process p = Runtime.getRuntime().exec("ls -l");
```

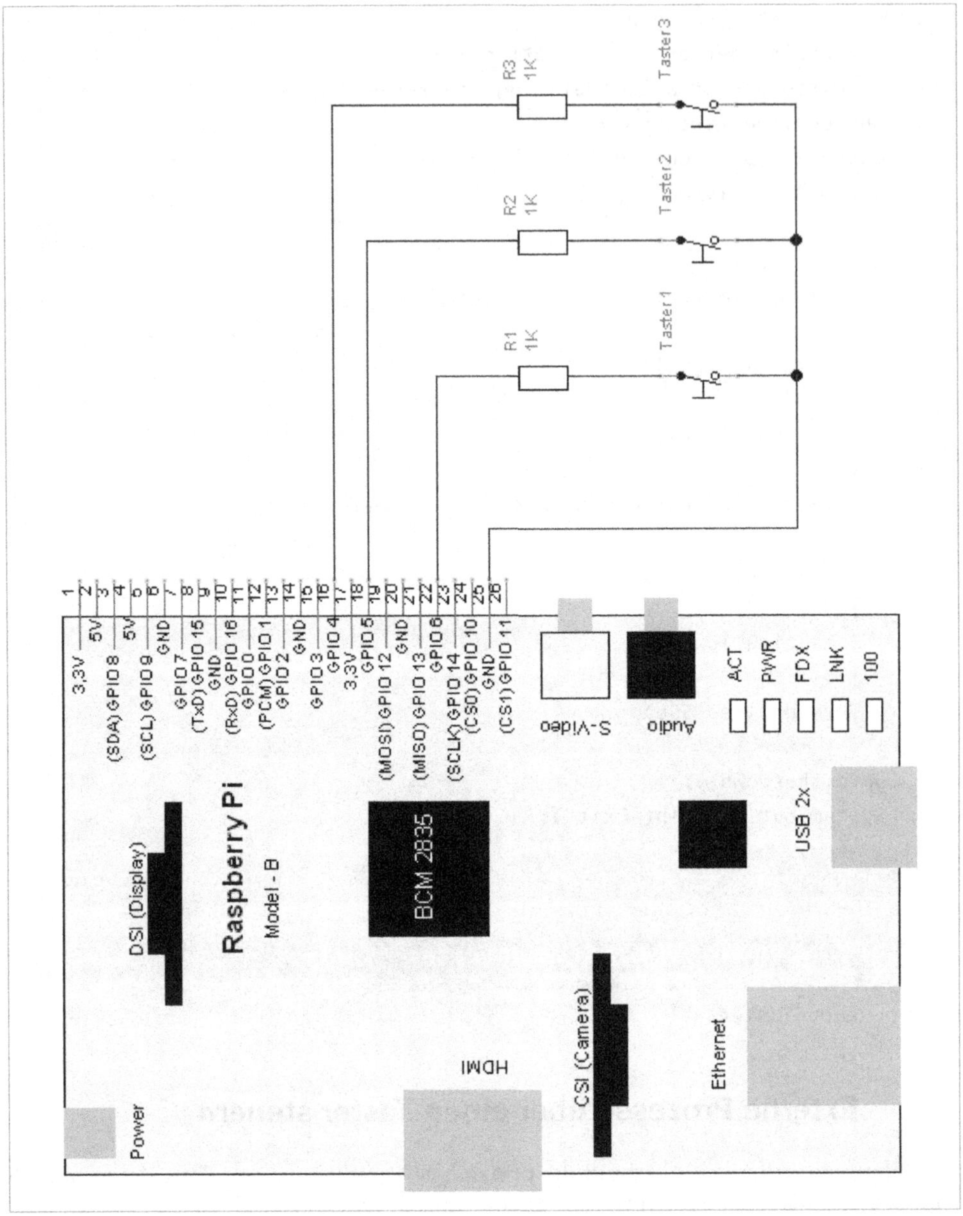

Abb. 6.3: Die drei Taster mit dem Raspberry Pi verbinden

Die exec()-Methode liefert daraufhin eine Process-Instanz zurück, die bei Bedarf den Programmfluss so lange anhält, bis der externe Prozess beendet worden ist.

```
p.waitFor();
```

Die Erzeugung eines Prozesses und eine einfache Fehlerverarbeitung habe ich in die Klasse `Shell` im Package `raspi.process` implementiert. Mit dieser Klasse wird in dem folgenden Projekt das Herunterfahren des Raspberry Pi und das Starten und Stoppen des VNC-Servers umgesetzt. Alle Prozesse sollen durch einen Tastendruck ausgelöst werden.

Da wir das Relais-Board nicht brauchen, sieht die Verdrahtung auf dem Gertboard recht übersichtlich aus. Wenn Sie das Gertboard hier nicht verwenden möchten, können Sie auch Taster über 1-kΩ-Widerstände mit dem Raspberry Pi verbinden. Der zweite Pol liegt dann jeweils gegen Masse.

Steckverbindungen auf dem Gertboard	
Von Stiftleiste J64 (Raspberry-Pi-Eingänge)	Nach Stiftleiste J3 (Taster)
GP 23 (GPIO 4)	B3
GP 24 (GPIO 5)	B2
GP 25 (GPIO 6)	B1

Tabelle 6.2: Die Steckverbindungen auf dem Gertboard

Den Schaltplan ohne Gertboard zeigt Abbildung 6.3.

Anders als bei dem vorherigen Projekt wurde für jeden Taster eine eigene Listener-Klasse geschrieben, die alle in dem Package `raspi.listener` liegen. Hierdurch können Sie die Listener-Klassen sehr einfach in Ihre eigenen Projekte einbinden.

Die Klasse `ShutdownListener` führt den Linux-Befehl `shutdown -h now` aus. Dieser soll aber erst ausgeführt werden, wenn Sie den zugehörigen Taster länger als drei Sekunden gedrückt halten. Hierdurch soll das versehentliche Abschalten des Raspberry Pi verhindert werden.

```
package raspi.listener;

import raspi.process.Shell;
import com.pi4j.io.gpio.event.GpioPinListenerDigital;
import com.pi4j.io.gpio.event.GpioPinDigitalStateChangeEvent;
import com.pi4j.io.gpio.PinState;
import com.pi4j.io.gpio.GpioPin;
import java.util.Calendar;

public class ShutdownListener implements GpioPinListenerDigital{
  boolean check = true;
  long  start = 0;
  long  stopp = 0;
  long  div = 0;
  Object obj = null;
```

```
  public ShutdownListener(Object obj){
    this.obj = obj;
  }
  @Override
  public void handleGpioPinDigitalStateChangeEvent(
                            GpioPinDigitalStateChangeEvent event) {
    GpioPin pin = event.getPin();
    String name = pin.getName();
    PinState state = event.getState();
    if(state.isLow()){
      start = Calendar.getInstance().getTimeInMillis();
    }else if(state.isHigh()){
      stopp = Calendar.getInstance().getTimeInMillis();
      div = (stopp - start) / 1000l;
      if(div > 3){
        beforeShutdown(obj);
        Shell.execute("shutdown -h now");
      }
    }
  }
  public void beforeShutdown(Object obj){
  }
}
```

Die Methode `beforeShutdown(Object obj)` wird vor dem Ausführen des Linux-Befehls ausgeführt. Wenn Sie sich die Methodendeklaration anschauen, sehen Sie, dass der Methoden-Rumpf leer ist. Falls Sie die Klasse aber in anderen Projekten einsetzen wollen, können Sie eine neue Klasse implementieren, die von `ShutdownListener` erbt, und dann die Methode `beforeShutdown` überschreiben. Dort können Sie dann die Aufgaben ausführen lassen, die vor dem Abschalten noch erledigt werden sollen. Dies kann zum Beispiel das Schließen von geöffneten Dateien oder Ähnliches sein.

Die beiden Listener `VNCStartListener` und `VNCStopListener` sind noch einfacher aufgebaut, da sie bei einem Tastendruck direkt den gewünschten Linux-Befehl ausführen. Beim Starten des VNC-Servers kommt aber noch eine Besonderheit hinzu. Da alle Java-Programme mit root-Rechten ausgeführt werden, kann je nach ausgeführtem Befehl ein Zugriffsproblem für den pi-User auftreten. Schauen Sie sich dazu den folgenden Programmausschnitt aus dem Listener `VNCStartListener` an.

```
Shell.executeAndWaitFor(
  "vncserver :1 -geometry " + w +"x" + h +" -depth 16 -dpi 96");
Shell.execute("chmod a+xwr /home/pi/.Xauthority");
```

Hier wird zuerst der VNC-Server gestartet und gewartet, bis der Prozess fertig ausgeführt worden ist. Danach werden die Zugriffsrechte der versteckten Datei `.Xauthority` so geändert, dass sie auch von anderen Benutzern ausgeführt beziehungsweise geändert werden darf. Würden die Zugriffsrechte nicht geändert, hätte nach dem Start des VNC-Servers nur der root-User die Berechtigung zum Beschreiben und Ausführen der Datei `.Xauthority`. Dies hätte erst einmal keine Auswirkung. Wenn Sie aber den Raspberry beim nächsten Mal starten und automatisch in den grafischen Desktop gebootet werden soll, schlägt dies fehl. Da dieser Vorgang mit dem User pi ausgeführt wird und sich dieser am Desktop anmelden muss, versagt der Zugriff auf `.Xauthority` und der Desktop wird nicht geöffnet. In diesem Fall müssten Sie sich mit PuTTY an dem Raspberry Pi anmelden und die Zugriffsrechte von `.Xauthority` im Verzeichnis `/home/pi` ändern.

Die Klasse `RaspiSteuern` ist sehr einfach aufgebaut, da hier nur die drei Eingänge konfiguriert und die Listener-Klassen registriert werden. Danach wartet die Anwendung in einer Endlosschleife. Sehen Sie `RaspiSteuern` hier nur als Demo-Programm an, das Ihnen zeigt, wie Sie die drei Listener in Ihre eigene Anwendung integrieren können.

```
package raspi.projekte.kap06;

import raspi.process.Shell;
import raspi.listener.ShutdownListener;
import raspi.listener.VNCStartListener;
import raspi.listener.VNCStopListener;
import com.pi4j.io.gpio.GpioController;
import com.pi4j.io.gpio.GpioFactory;
import com.pi4j.io.gpio.GpioPinDigitalOutput;
import com.pi4j.io.gpio.GpioPinDigitalInput;
import com.pi4j.io.gpio.PinPullResistance;
import com.pi4j.io.gpio.event.GpioPinListenerDigital;
import com.pi4j.io.gpio.event.GpioPinDigitalStateChangeEvent;
import com.pi4j.io.gpio.RaspiPin;
import com.pi4j.io.gpio.PinState;
import com.pi4j.io.gpio.GpioPin;
import java.util.Calendar;

public class RaspiSteuern{
  public static void main(String[] args) throws
                                        InterruptedException{
    final GpioController gpio = GpioFactory.getInstance();
    final GpioPinDigitalInput button1 =
                                gpio.provisionDigitalInputPin(
                RaspiPin.GPIO_06,PinPullResistance.PULL_UP);
    final GpioPinDigitalInput button2 =
                                gpio.provisionDigitalInputPin(
                RaspiPin.GPIO_05,PinPullResistance.PULL_UP);
    final GpioPinDigitalInput button3 =
```

```
                    gpio.provisionDigitalInputPin(
              RaspiPin.GPIO_04,PinPullResistance.PULL_UP);
    button1.addListener(new ShutdownListener(null));
    button2.addListener(new VNCStartListener("1280","800"));
    button3.addListener(new VNCStopListener());
    while (true) {
      Thread.sleep(500);
    }
  }
}
```

Script zum Starten der Anwendung

Script `kap06RaspiSteuern.sh`

Beenden mit Strg + C

6.3 Der Bewegungsmelder HC-SR501

Mit dem Bewegungsmelder HC-SR501 können Sie Bewegungen bis zu einer Reichweite von 7 Metern erfassen. Er besitzt eine dreipolige Stiftleiste, von denen zwei Stifte für die Versorgungsspannung und der dritte Stift als Signalausgang dient. Da er schon mit einer Betriebsspannung von 5 V arbeitet und sein Ausgangspegel entweder 0 V oder 3,3 V annehmen kann, eignet er sich ideal zum Anschluss an den Raspberry Pi.

Immer wenn eine Bewegung festgestellt wird, schaltet der Signalausgang auf 3,3 V. Wird keine Bewegung mehr festgestellt, bleibt der Signalausgang für eine gewisse Zeit eingeschaltet und fällt danach auf 0 V zurück. Mit einem Potenziometer, das sich auf der Platine des Bewegungsmelders befindet, können Sie diese Einschaltzeit zwischen 0,3 min und 5 min einstellen.

Mit einer Steckbrücke können Sie den Bewegungsmelder so einstellen, dass er mit oder ohne Nachtriggerung arbeitet. Wenn die Nachtriggerung eingeschaltet ist, wird bei jeder Bewegung die Einschaltzeit wieder neu gestartet. Ist die Nachtriggerung ausgeschaltet, fällt der Signalpegel nach Ablauf der Einschaltzeit auf jeden Fall ab. Selbst bei dauernder Bewegung gibt es dann eine kurze Phase, bei der der Signalausgang auf 0 V geschaltet wird. Diese so entstehende Unterbrechungszeit beträgt 0,2 s.

In der folgenden Tabelle habe ich die technischen Eckdaten zusammengefasst.

HC-SR501 PIR Sensor – Infrarot-Bewegungsmelder	
Spannungsversorgung: 5 V–20 V	Einschaltzeit: 0,3 min–5 min
Stromverbrauch: 65 mA	Nachtriggerung: aus/ein
Signalausgang: TTL 3,3 V/0 V	Unterbrechungszeit: 0,2 s
Temperaturbereich: -15°–+70°	Reichweite: 3 m–7 m

Tabelle 6.3: Die technischen Daten des Bewegungsmelders

Nach dem Anlegen der Betriebsspannung an den Sensor benötigt dieser etwa eine Minute, um betriebsbereit zu sein. In dieser Boot-Zeit können bis zu drei Signalwechsel am Ausgang auftreten.

Schauen Sie sich Abbildung 6.4 an, um die richtige Stiftbelegung zum Anschluss an den Raspberry Pi zu ermitteln. Außerdem ist zu sehen, an welchem Potenziometer die Einschaltzeit und die Reichweite einzustellen ist. Mit der Steckbrücke für die Nachtriggerung können Sie diese ein- oder ausschalten. Werden, wie im Bild zu sehen ist, die beiden oberen Stifte verbunden, ist die Nachtriggerung ausgeschaltet. Werden die beiden unteren Stifte verbunden, ist diese eingeschaltet.

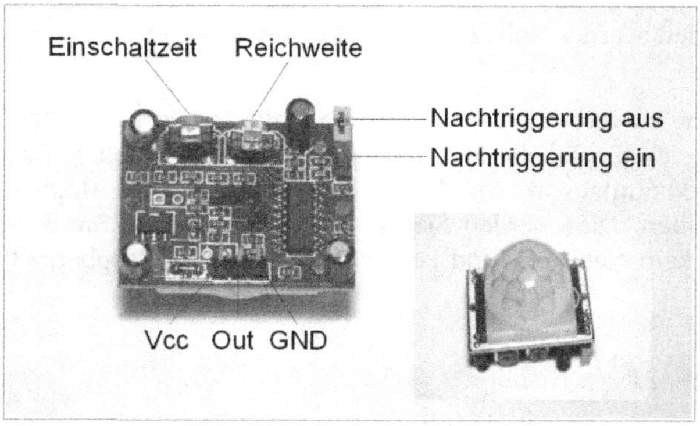

Abb. 6.4: Der Bewegungsmelder HC-SR501

6.4 Licht und Musik über den Bewegungsmelder steuern

Über einen Bewegungsmelder können Sie viele Dinge steuern, die Ihnen das alltägliche Leben angenehmer machen und dazu auch noch Energie sparen helfen. In vielen öffentlichen Gebäuden finden Sie heute schon von Bewegung abhängiges Steuern von Licht und Klimaanlagen. Da die Steuerung von Klimaanlagen für ein Bastelprojekt etwas zu hoch gegriffen ist, wollen wir zuerst einmal Licht steuern. Der Raspberry Pi »fühlt« sich aber wohl gekränkt, wenn er nur bei Bewegung das Licht einschalten und nach einer vorgegebenen Zeit wieder ausschalten soll. Dies kann man viel einfacher mit einem normalen Bewegungsmelder erreichen. Aber was halten Sie denn davon, wenn Sie in Ihr Badezimmer kommen, das Licht eingeschaltet, Musik oder vielleicht Meeresrauchen langsam eingespielt und nach dem Verlassen des Badezimmers beides wieder abgeschaltet wird und danach zur Belüftung ein Lüfter eine gewisse Zeit aktiviert wird?

Um dies in einem Versuchsaufbau umzusetzen, schließen Sie an das Gertboard den Bewegungsmelder HC-SR501 und das Relais-Board an. Für die Tonausgabe wird die Buchse zur Aufnahme eines 3,5-mm-Stereo-Klinkensteckers verwendet. Daran können Sie dann einen Aktivlautsprecher anschließen. Für einen Test reichen Aktivlautsprecher aus, wie sie auch zum Anschluss an ein Handy oder einen MP3-Player verwendet werden.

Damit der Audioausgang auch benutzt werden kann, müssen Sie den Raspberry Pi zuerst entsprechend konfigurieren. Rufen Sie hierzu auf der Kommandozeile `raspi-config` auf und navigieren Sie dort in das Audiomenü und aktivieren Sie dann den Audioausgang. In der folgenden Tabelle habe ich den Aufruf von `raspi-config` und den Navigationspfad aufgelistet.

sudo raspi-config
8 Advanced Options
8 Audio
1 Force 3.5mm ('headphone') jack

Tabelle 6.4: Den Kopfhörerausgang des Raspberry Pi aktivieren

An dem Bewegungsmelder stecken Sie die Steckbrücke so, dass die Nachtriggerung eingeschaltet ist. An dem Potenziometer zur Einstellung der Einschaltzeit wird diese auf einen möglichst kleinen Wert eingestellt. Dies ist an dieser Stelle sinnvoll, da die tatsächliche Einschaltzeit im Programm kontrolliert werden soll. Der Bewegungsmelder liefert hier nur den Auslöseimpuls.

Um die benötigte Hardware richtig zu verbinden, entnehmen Sie alle Steckverbindungen der folgenden Tabelle. Wenn Sie sich die Tabelle anschauen, werden Sie feststellen, dass auch ein Taster auf dem Gertboard benutzt wird. Mit diesem Taster haben Sie die Möglichkeit, den Raspberry Pi auszuschalten. Dies werden Sie dann benötigen, wenn Sie diese Schaltung einsetzen wollen und kein Netzwerk und kein Eingabegerät am Raspberry Pi angeschlossen ist.

Steckverbindungen auf dem Gertboard	
Von Stiftleiste J64 (Raspberry-Pi-Ausgänge)	Nach Stiftleiste J4 (Darlington-Arrays)
GP 18 (GPIO 1)	RLY 1
GP 21 (GPIO 2)	RLY 2
Steckverbindungen auf dem Gertboard	
Von Stiftleiste J64 (Raspberry-Pi-Eingänge)	Nach Stiftleiste J3 (Taster)
GP 25 (GPIO 6)	B1
Steckverbindungen zwischen dem Gertboard und dem Relais-Board	
Gertboard	Relais-Board
Stiftleiste J12 Pin RLY 1	IN1
Stiftleiste J13 Pin RLY 2	IN2
Steckverbindung zwischen Gertboard und Bewegungsmelder	
Gertboard	Bewegungsmelder
GP 24 (GPIO 5)	Signalausgang

Tabelle 6.5: Die Steckverbindungen auf dem Gertboard zum Bewegungsmelder und dem Relais-Board

Den Schaltplan ohne Gertboard zeigt Abbildung 6.5.

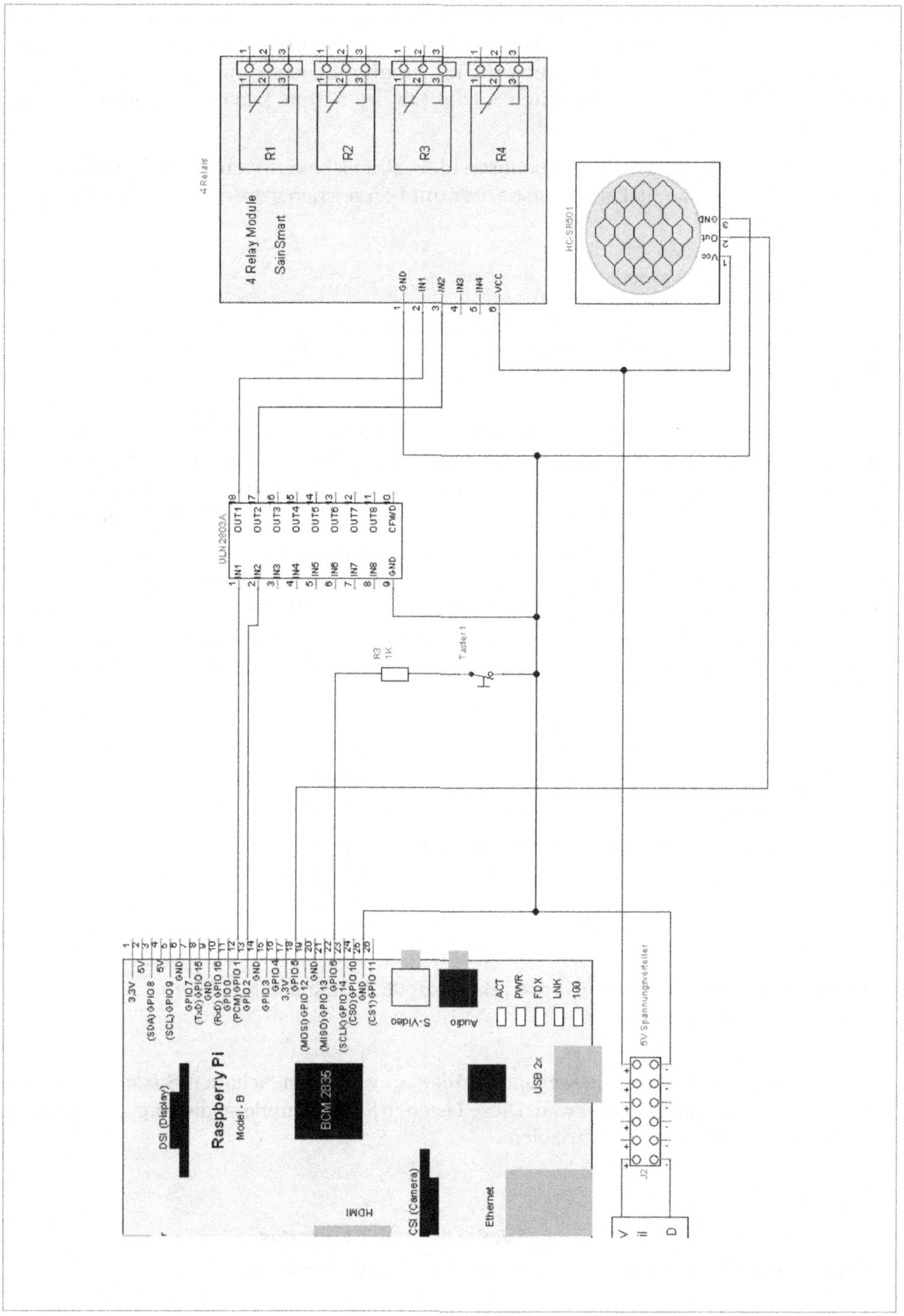

Abb. 6.5: Der Schaltplan ohne Gertboard

Für das Abspielen der Musik oder der Geräusche benötigen Sie jetzt noch eine Audiodatei im WAV-Format. In dem Buchprojekt liegt eine WAV-Datei in dem Unterverzeichnis `audio` und heißt `Wellen.wav`. Diese Datei wird im Programm `raspi.projekte.kap06.Bewegungsmelder` benutzt und kann durch Ausführen des Scripts `kap06Bewegungsmelder.sh` getestet werden.

Wenn Sie sich das Script `kap06Bewegungsmelder.sh` anschauen, werden Sie feststellen, dass hinter dem Klassennamen `Bewegungsmelder` mit Leerzeichen getrennt noch drei Parameter angefügt wurden.

```
#!/bin/sh/
sudo java -cp .:classes:/opt/pi4j/lib/'*'
raspi.projekte.kap06.Bewegungsmelder 1 1 /home/pi/JavaProgramme/
Projekte/Raspberry_Pi_und_Java/audio/Wellen.wav
```

Mit dem ersten Parameter können Sie die Einschaltzeit für Licht und Musik in Minuten einstellen und mit dem zweiten Parameter die Einschaltzeit für den Lüfter. Im dritten Parameter können Sie dann noch den Namen der Audiodatei mit absoluter Pfadangabe bestimmen. Wenn Sie nur einen Parameter angeben, wird dieser als Ablageort für die Audiodatei interpretiert.

Wenn Sie das Programm über BlueJ aufrufen wollen, können Sie die Startparameter in dem BlueJ-Fenster METHOD CALL angeben, das immer erscheint, wenn Sie in BlueJ eine Klasse ausführen wollen. Schauen Sie sich dazu Abbildung 6.6 an. Dort sind die Übergabeparameter zu sehen. Die WAV-Datei wird zum Test bei diesem Aufruf aus dem Benutzerverzeichnis aufgerufen. Die Datei `Wellen.wav` müssen Sie natürlich vorher dorthin kopiert haben.

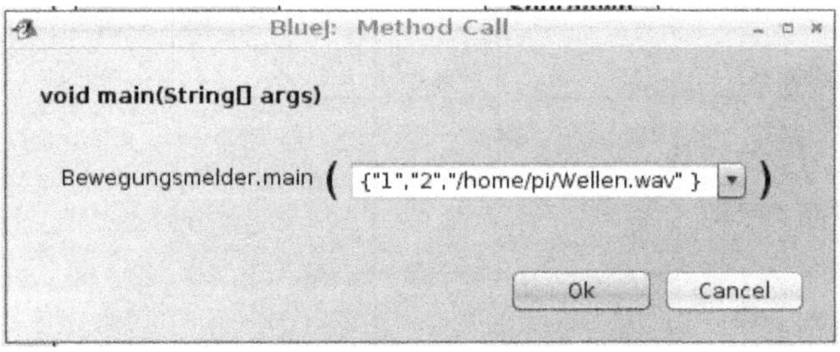

Abb. 6.6: Starten der Klasse `raspi.projekte.kap06.Bewegungsmelder` mit Übergabeparametern

Um die Funktion der Klasse `Bewegungsmelder` zu verstehen, schauen Sie sich zuerst die innere Klasse `BewegungListener` an. Diese Listener-Klasse empfängt die Impulse des Bewegungsmelders und setzt drei Variablen.

```
l = LICHTAUDIOEIN;
commandLicht=ScheduleUtil.activeForMinutes(lichtMusikEin);
commandMusik=ScheduleUtil.activeForMinutes(lichtMusikEin);
```

Die Laufvariable `l` wird bei jeder Bewegung immer wieder auf `LICHTAUDIOEIN` gesetzt und signalisiert dem Hauptprogramm, dass das Licht eingeschaltet und die Audiodatei abgespielt werden soll. In den Variablen `commandLicht` und `commandMusik` wird bei jedem Bewegungsimpuls die Einschaltzeit für Licht und Musik gesetzt. Es entsteht so eine Nachtriggerung beider Einschaltzeiten.

In dem Hauptprogramm `Bewegungsmelder` werden in der `main`-Methode zuerst die Übergabeparameter ausgewertet und anschließend die benötigten Ports des Raspberry Pi konfiguriert. In einer Endlosschleife können dann die 5 Zustände `PAUSE`, `LICHTAUDIOEIN`, `LICHTAUDIOAUS`, `LUEFTEREIN`, `LUEFTERAUS` abgearbeitet werden.

Im Zustand `PAUSE` wird immer dann verharrt, wenn keine Bewegung erfasst wurde oder Audio-, Licht- und Lüfter-Einschaltzeiten abgelaufen sind.

In den Zustand `LICHTAUDIOEIN` wird immer verzweigt, wenn eine Bewegung festgestellt wurde. Dies erfolgt im `BewegungListener` durch Setzen der Laufvariablen `l` auf `LICHTAUDIOEIN`. Über die Variable `commandLicht` wird dann geprüft, ob die Einschaltzeit schon abgelaufen ist. Wenn nicht, bleibt oder wird das Licht eingeschaltet. Außerdem wird geprüft, ob ein Audioplayer instanziiert wurde und ob das Audio eventuell schon fertig abgespielt ist. Trifft dies nicht zu, wird ein Audioplayer instanziiert und gestartet. Dabei wird der Audiopegel in vier Schritten von -30 db auf 0 db angehoben. Außerdem wird dem `ShutdownListener` die Instanz des Players übergeben. Wenn die Einschaltzeit für Licht und Audio aber abgelaufen ist, wird durch `l = LICHTAUDIOAUS` in den Zustand `LICHTAUDIOAUS` umgeschaltet.

Im Zustand `LICHTAUDIOAUS` wird der Audiopegel abgesenkt, der Player gestoppt und die Instanz des Players gelöscht. Dann wird die Einschaltzeit des Lüfters gesetzt und direkt in den nächsten Zustand `LUEFTEREIN` geschaltet.

Im Zustand `LUEFTEREIN` wird geprüft, ob die Einschaltzeit des Lüfters abgelaufen ist. Wenn dem so ist, wird der Lüfter ausgeschaltet und in den Zustand `LUEFTERAUS` geschaltet. Dort wird dann der Lüfter abgeschaltet und in den Zustand `PAUSE` verzweigt.

```
package raspi.projekte.kap06;

import raspi.schedule.*;
import raspi.audio.SourceDataPlayer;
import raspi.audio.PlayerException;
import com.pi4j.io.gpio.*;
import com.pi4j.io.gpio.event.*;
import java.text.ParseException;

public class Bewegungsmelder
{
  static String commandLicht = null;
  static String commandLuefter = null;
  static String commandMusik = null;
  static final int PAUSE = 0;
  static final int LICHTAUDIOEIN = 1;
  static final int LICHTAUDIOAUS = 2;
```

```
static final int LUEFTEREIN = 3;
static final int LUEFTERAUS = 4;
static  int l = PAUSE;
static String lichtMusikEin = "1";
static String luefterEin = "1";
static String audiodatei = "/home/pi/Wellen.wav";

public static class BewegungListener implements
                                        GpioPinListenerDigital{
@Override
public void handleGpioPinDigitalStateChangeEvent(
                  GpioPinDigitalStateChangeEvent event) {
  GpioPin pin = event.getPin();
  String name = pin.getName();
  PinState state = event.getState();
  if(state.isHigh()){
    l = LICHTAUDIOEIN;
    commandLicht=ScheduleUtil.activeForMinutes(lichtMusikEin);
    commandMusik=ScheduleUtil.activeForMinutes(lichtMusikEin);
  }}
}

public static void main(String[] args) throws
      InterruptedException, ParseException, PlayerException{
  if(args.length == 3){
    lichtMusikEin = args[0];
    luefterEin = args[1];
    audiodatei = args[2];
  }else if(args.length == 1){
    audiodatei = args[0];
  }

  final GpioController gpio = GpioFactory.getInstance();
  final GpioPinDigitalOutput licht =
           gpio.provisionDigitalOutputPin(RaspiPin.GPIO_01);
  final GpioPinDigitalOutput luefter =
           gpio.provisionDigitalOutputPin(RaspiPin.GPIO_02);
  licht.setShutdownOptions(true, PinState.LOW,
           PinPullResistance.OFF);
  luefter.setShutdownOptions(true, PinState.LOW,
           PinPullResistance.OFF);
  final GpioPinDigitalInput taster
```

```
            = gpio.provisionDigitalInputPin(
            RaspiPin.GPIO_06,PinPullResistance.PULL_UP);
final GpioPinDigitalInput bewegungsmelder
            = gpio.provisionDigitalInputPin(
            RaspiPin.GPIO_05,PinPullResistance.PULL_UP);
Shutdown shutdownListener = new Shutdown(null);
taster.addListener(shutdownListener);
bewegungsmelder.addListener(new BewegungListener());
SourceDataPlayer player = null;
l = PAUSE;
luefter.low();
licht.low();
commandLicht = ScheduleUtil.activeForMinutes(lichtMusikEin);
commandLuefter = ScheduleUtil.activeForMinutes(luefterEin);
commandMusik = ScheduleUtil.activeForMinutes(lichtMusikEin);
while (true) {
  switch (l){
    case PAUSE:
    break;
    case LICHTAUDIOEIN:{
    if(ScheduleService.scheduleCheckForLongTimeUse(
                commandLicht)){
      licht.high();
      luefter.low();
      if(player == null || player.isReady()){
        player = new SourceDataPlayer(audiodatei);
        shutdownListener.setObject(player);
        player.setGain(-30f);
        player.startPlayer();
        Thread.sleep(1000);
        player.setGain(-20f);
        Thread.sleep(1000);
        player.setGain(-10f);
        Thread.sleep(1000);
        player.setGain(-0f);
        Thread.sleep(1000);
      }
    }else{l = LICHTAUDIOAUS;}
    break;
  }
  case LICHTAUDIOAUS: {
    licht.low();
```

```
        luefter.low();
        if(player != null){
          player.setGain(-10f);
          Thread.sleep(1000);
          player.setGain(-20f);
          Thread.sleep(1000);
          player.setGain(-30f);
          Thread.sleep(1000);
          player.stopPlayer();
          player.closePlayer();
          player = null;
        }
        Thread.sleep(3000);
        commandLuefter=ScheduleUtil.activeForMinutes(luefterEin);
        l = LUEFTEREIN;
        break;
      }
      case LUEFTEREIN:{
        if(ScheduleService.scheduleCheckForLongTimeUse(
                commandLuefter)){
          luefter.high();
        }else{ l = LUEFTERAUS;}
          break;
        }
      case LUEFTERAUS:{
        luefter.low();
        l = PAUSE;
        break;
      }
    }
    Thread.sleep(1000);
  }
 }
}
```

Als Nächstes schauen Sie sich die Klasse `Shutdown` an. Diese Klasse wertet den Taster aus und soll den Raspberry Pi ausschalten. Hierzu wurde `Shutdown` von der schon bekannten Klasse `ShutdownListener` abgeleitet und die Methode `beforeShutdown` überschrieben. Diese Methode wird vor dem Abschalten aufgerufen und schließt den Audioplayer.

```
package raspi.projekte.kap06;
```

```
import raspi.listener.ShutdownListener;
import raspi.audio.SourceDataPlayer;
import raspi.audio.PlayerException;

public class Shutdown extends ShutdownListener{
  public Shutdown(Object obj){
    super(obj);
  }
  @Override
  public void beforeShutdown(Object obj){
    SourceDataPlayer player = (SourceDataPlayer)obj;
    if(player != null){
      player.stopPlayer();
      player.closePlayer();
      player = null;
    }
  }
}
```

Script zum Starten der Anwendung

Script `kap06Bewegungsmelder.sh`

6.5 Abstandsmessung mit dem Ultraschallsensor HC-SR04

Mit dem Ultraschallsensor HC-SR04 können Sie Entfernungen zwischen zwei Zentimetern und drei Metern messen und dies mit einer Auflösung von drei Millimetern. Der Sensor benötigt eine Versorgungsspannung von 5 V und besitzt einen Triggereingang, über den eine Messung ausgelöst wird, und einen Ausgang, der ein Pulsweiten-moduliertes Signal ausgibt. Beide Ports arbeiten mit TTL-Pegel. Auf dem Board ist der Triggereingang mit *Trig* und der Ausgang mit *Echo* beschriftet.

Um eine Entfernungsmessung auszulösen, müssen Sie am Triggereingang für mindestens 10 µs ein High-Pegel anlegen. Nachdem der Triggereingang wieder auf Low-Pegel geschaltet wurde, benötigt der Sensor ungefähr 250 µs, um dann eine Messung zu beginnen. Der Start der Messung wird an dem Ausgangsport durch einen Pegelwechsel von Low nach High angezeigt. Hierbei sendet der Sensor einen 40-kHz-Burst ab. Wird dieser Burst an einer Fläche reflektiert und von dem Sensor empfangen, wird der Ausgangsport des Sensors von High auf Low geschaltet. Die Zeit zwischen der steigenden und der fallenden Flanke am Ausgangsport ist also die Laufzeit des Burstsignals vom Sensor zum Messobjekt und wieder zurück.

Um aus der Impulsdauer die Entfernung berechnen zu können, müssen Sie die Geschwindigkeit kennen, mit der sich der Schall in Luft ausbreitet. Bei einer Umgebungstemperatur von 20°C beträgt diese 343 m/s. Mit der gemessenen Laufzeit und der Schallgeschwindigkeit können Sie also den zurückgelegten Weg des Burstsignals berechnen. Da die gemessene Laufzeit aber dem Hin- und Rückweg des Burstsignals entspricht, müssen Sie vor der Berechnung der Entfernung die Laufzeit noch durch 2 dividieren.

An einem Beispiel lässt sich die Berechnung verdeutlichen. Würden Sie zum Beispiel am Ausgangsport eine Impulsweite von 6 ms messen, so beträgt die Laufzeit des Burstsignals vom Sensor zum Messobjekt:

Impulsweite / 2 = Laufzeit = 6 ms / 2 = 3 ms

Wenn wir von einer Umgebungstemperatur von 20°C ausgehen, so können Sie die Entfernung wie folgt berechnen:

Strecke = Schallgeschwindigkeit × Laufzeit = 343 m/s × 3 ms = 1,03 m

Wenn Sie den Ultraschallsensor an den Raspberry Pi anschließen wollen, müssen Sie bedenken, dass der Triggereingang und der Echoausgang mit TTL-Pegel arbeitet und den Spannungswerten 0 V und 5 V zugeordnet sind. Da die Pegel an den Ports des Raspberry Pi aber auf keinen Fall größer als 3,3 V sein dürfen, muss der Echoausgang des Sensors über einen Spannungsteiler an den Raspberry Pi angeschlossen werden. Der Triggereingang benötigt theoretisch 0 V für Low- und 5 V für den High-Pegel. Da aber in der TTL-Technik schon Spannungswerte, die größer als 2,4 V sind, ausreichen, um einen High-Pegel zu erkennen, reichen die 3,3 V eines GPIO-Ausgangs aus, um den Triggereingang des Sensors korrekt anzusteuern.

In dem folgenden Schaltplan können Sie erkennen, wie der Sensor an den Raspberry Pi angeschlossen werden kann. Bei der Berechnung des Spannungsteilers habe ich die Widerstände relativ hochohmig angesetzt, um Sicherheit bei einer falschen Ansteuerung des GPIO-2-Ports zu haben. Würden Sie zum Beispiel den GPIO-2-Port nicht als Eingang, sondern als Ausgang definieren und diesen auf High-Pegel setzen und würde der Echoausgang des Sensors im Ruhezustand auf 0 V liegen, so würden am GPIO-2-Port die beiden Widerstände R1 und R2 parallel liegen.

Rg = (R1 * R2) / (R1 + R2)

Rg = (1000 Ω × 1300 Ω) / 1000 Ω + 1300 Ω) = 565 Ω

Bei 3,3 V Ausgangspegel fließen dann weniger als 6 mA.

Mit der Klasse `UltraschallListener` können Sie den Sensor ausprobieren. In dieser Klasse ist der Listener `EchoListener` implementiert, der auf den Port GPIO 2 horcht und nichts anderes zu tun hat, als die Impulsbreite des Echosignals zu messen.

In der `main`-Methode läuft dann eine Endlosschleife, die einen Triggerimpuls auf den GPIO 1 mit einer Pulsbreite von 40 µs sendet und eine Sekunde wartet. Nach der Wartezeit wird dann mit den Werten aus dem `EchoListener` die Entfernung berechnet und auf der Konsole ausgegeben.

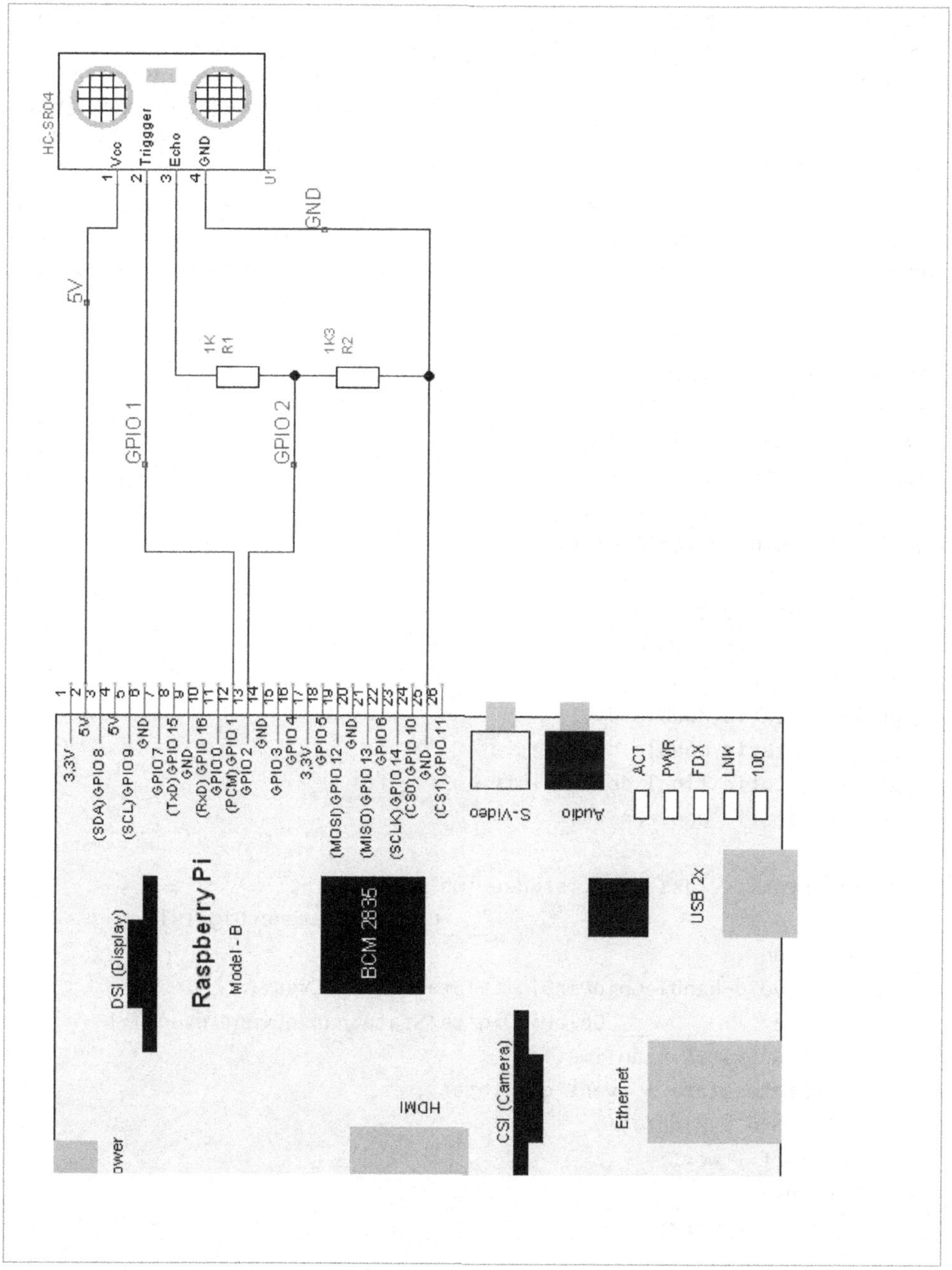

Abb. 6.7: Anschluss des Ultraschallsensors an den Raspberry Pi

Leider gibt es einen Nachteil, der systembedingt ist. So werden Sie feststellen, dass die ausgegebenen Werte im günstigsten Fall in einem Bereich von 4 cm streuen und manchmal sogar größere Ausreißer auftreten. Dies hängt damit zusammen, dass die Prozessorleistung auf viele Prozesse aufgeteilt wird, um einen quasi parallelen Ablauf der einzelnen Prozesse zu simulieren. Zwischen dem Pegelwechsel an einem Eingang und dem Aufruf eines Listeners werden von dem Betriebssystem noch andere Aufgaben, die nichts mit unserem Programm zu tun haben, ausgeführt und erzeugen so die erkennbare Streuung. Der Fehler verringert sich mit größeren Pulsweiten und so gibt es im Bereich zwischen 20 cm und 300 cm je nach Anwendung doch zufriedenstellende Ergebnisse.

Viel bessere Ergebnisse würden Sie bekommen, wenn Sie den Sensor an einen Microcontroller anschließen und dieser die Zeitmessung durchführt. Mit dem Raspberry Pi könnten Sie dann über die serielle Schnittstelle die Messergebnisse vom Microcontroller erfragen.

```
package raspi.projekte.kap06;
import raspi.schedule.*;
import com.pi4j.io.gpio.*;
import com.pi4j.io.gpio.event.*;
import java.text.ParseException;

public class UltraschallListener
{
  public  static double start;
  public  static double stopp;
  public  static double wert;
  public  static double div;
  public  static double distanz;
  public  static final double luft = 343.0f;
  public  static boolean ok;

  public static class EchoListener implements
                                        GpioPinListenerDigital {
    @Override
    public void handleGpioPinDigitalStateChangeEvent(
                          GpioPinDigitalStateChangeEvent event) {
      wert = System.nanoTime();
      PinState state = event.getState();
      if(state.isHigh()){
        start = wert;
      }else{
        stopp = wert;
      }
    }
  }

  public static void main(String[] args)
      throws InterruptedException{
```

```
    final GpioController gpio = GpioFactory.getInstance();
    final GpioPinDigitalOutput trigger =
        gpio.provisionDigitalOutputPin(RaspiPin.GPIO_01);
    trigger.setShutdownOptions(true, PinState.LOW,
        PinPullResistance.OFF);
    final GpioPinDigitalInput echo =
       gpio.provisionDigitalInputPin(RaspiPin.GPIO_02,
       PinPullResistance.OFF);
    echo.addListener(new EchoListener());

    Thread.sleep(2000);
    while(true){
      start = 0d;
      stopp = 0d;
      long c = 0;;
      while(echo.isHigh());
      trigger.high();
      Thread.sleep(0, 40000);// 40 µsec Pause
      trigger.low();
      Thread.sleep(1000);
      if(start != 0d && stopp != 0d){
        div = stopp - start;
        distanz = div * luft * 0.5E-7;
        System.out.printf("%1$3.0f %n", distanz);
      }
    }
  }
}
```

Script zum Starten der Anwendung

Script `kap06UltraschallListener.sh`

Beenden mit Strg+C

6.6 Schmitt-Trigger für analoge Sensoren

Über einen Schmitt-Trigger können Sie an die digitalen Eingänge des Raspberry Pi analoge Sensoren anschließen. Von analogen Sensoren spricht man immer dann, wenn der Sensor nicht die definierten Low- und High-Pegel abgibt. Dies ist beispielsweise bei PTC-, NTC- und LDR-Widerständen der Fall. Aber auch bei Reflexions- und Gabellichtschranken sind undefinierte Pegel möglich. Der Schmitt-Trigger sorgt nun dafür, dass beim Überschreiten eines Spannungswertes an seinem Eingang der Ausgang auf einen definierten High-Pegel geschaltet wird. Und umgekehrt schaltet er beim Unterschreiten einer bestimmten Spannung an seinem Eingang den Ausgang auf einen definierten Low-Pegel.

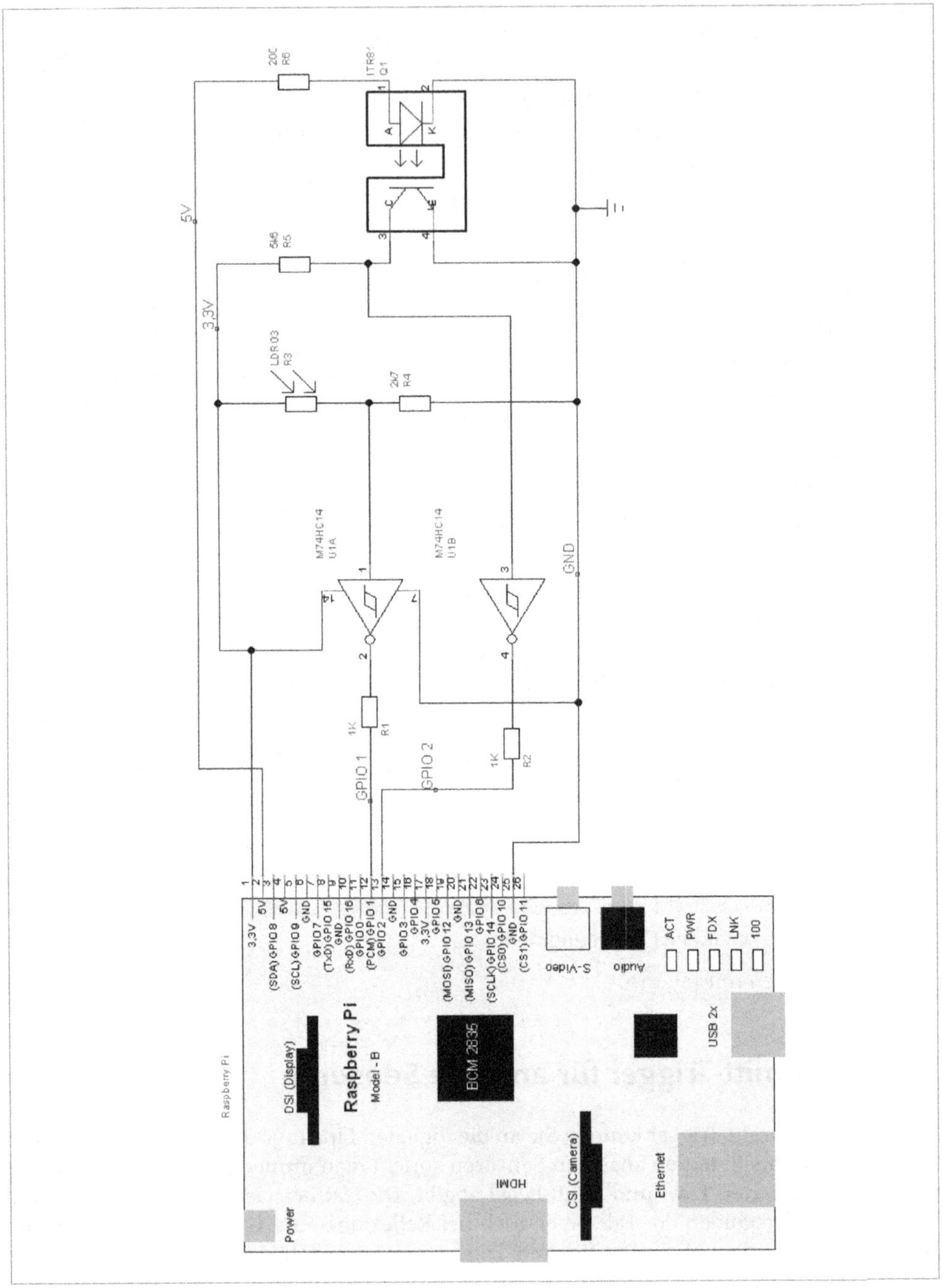

Abb. 6.8: LDR-Widerstand und Gabellichtschranke an den Raspberry Pi anschließen

Außerdem liegt die Ein- und Ausschaltspannung nicht auf dem gleichen Spannungswert, wodurch eine sogenannte Hysterese entsteht. Ohne eine solche Hysterese könnte es am Ausgang des Schnitt-Triggers zu ungewollten Pegelwechseln kommen, die dann auftreten würden, wenn am Eingang genau die Schaltspannung anliegen würde und zum Beispiel durch kleinste Störspannungen (Rauschen) immer zwischen High- und Low-Pegel hin- und hergeschaltet würde. Die Differenz zwischen Ein- und Ausschaltspannung des Schmitt-Triggers verhindert dies.

In einem Versuchsaufbau habe ich die Gabellichtschranke ITR8102 und einen LDR-Widerstand jeweils über einen invertierenden Schmitt-Trigger an den Raspberry Pi angeschlossen. Als Schmitt-Trigger wird hier der Schaltkreis M74HC14 verwendet, der insgesamt sechs invertierende Schmitt-Trigger enthält.

Die beiden Widerstände R1 und R2 habe ich nur zur Sicherheit eingefügt, falls die beiden Ports GPIO 1 und GPIO 2 versehentlich als Ausgänge konfiguriert wurden.

Für die Berechnung der Vorwiderstände R5 und R6 wurde das Datenblatt der Gabellichtschranke ITR8102 herangezogen und in der folgenden Tabelle dargestellt.

Gabellichtschranke: ITR8102 Werte aus dem Datenblatt	Berechnung der Widerstände	Gewählte Widerstände
Infrarot-Diode V_F=1,2 V; I_F=20 mA	R_6= (5 V-V_F) / I_F R_6= (5 V-1,2 V) / 20 mA R_6= 190 Ω	R_6= 200 Ω
Fototransistor V_{ce}(sat)= 0,4 V; I_c=0,5 mA; I_F=20 mA	R_5= (3,3 V – V_{ce}(sat)) / 0,5 mA R_5= (3,3 V – 04V) / 0,5 mA R_5= 5800 Ω	R_5= 5600 Ω

Tabelle 6.6: Die Berechnung der Vorwiderstände

Im Schaltplan ist Ihnen bestimmt aufgefallen, dass für die Spannungsversorgung der Infrarot-Diode der 5-V-Port benutzt wurde. Dies dient nur der Entlastung der 3,3-V-Spannungsversorgung, die nicht mehr als 50 mA liefert.

Mit der Klasse `SchmittTrigger` können Sie den Versuchsaufbau testen. Das Programm gibt bei einem Zustandswechsel des Sensors eine entsprechende Meldung auf der Konsole aus.

```
package raspi.projekte.kap06;

import com.pi4j.io.gpio.*;
import com.pi4j.io.gpio.event.*;
public class SchmittTrigger{
  public static class SensorListener implements
                                        GpioPinListenerDigital {
    @Override
    public void handleGpioPinDigitalStateChangeEvent(
         GpioPinDigitalStateChangeEvent event) {
```

```
    GpioPin pin = event.getPin();
    String name = pin.getName();
    PinState state = event.getState();

    if(state.isLow() && name.equals("LDR")){
      System.out.println("Licht ein!");
    }else if(state.isHigh() && name.equals("LDR")){
      System.out.println("Licht aus!");
    }else if(state.isLow() && name.equals("LS")){
      System.out.println("Lichtschranke zu!");
    }else if(state.isHigh() && name.equals("LS")){
      System.out.println("Lichtschranke offen!");
    }}
  }

  public static void main(String[] args)
                                throws InterruptedException{
    final GpioController gpio = GpioFactory.getInstance();
    final GpioPinDigitalInput ldr = gpio.provisionDigitalInputPin
                (RaspiPin.GPIO_01,"LDR", PinPullResistance.OFF);
    final GpioPinDigitalInput lichtschranke =
                              gpio.provisionDigitalInputPin(
                 RaspiPin.GPIO_02,"LS",PinPullResistance.OFF);
    SensorListener sensorListener = new SensorListener();
    ldr.addListener(sensorListener);
    lichtschranke.addListener(sensorListener);
    while(true){
      Thread.sleep(10000);
    }
  }
}
```

Script zum Starten der Anwendung

Script `kap06UltraschallListener.sh`

Beenden mit Strg+C

Kapitel 7

Swing lernen

Mit Java sind Sie in der Lage, komplexe grafische Oberflächen zu entwickeln. Java-Anwendungen, die eine solche Oberfläche besitzen, nennt man auch Desktop-Anwendungen. Um den Rahmen dieses Buches aber nicht zu sprengen, zeige ich Ihnen hier nur die wichtigsten Grundlagen, um selber einfache Oberflächen zu entwickeln. Dabei werde ich nur die Themen behandeln, die wir für die Umsetzung der Projekte in diesem Buch benötigen.

7.1 Ein Fenster erzeugen

Die Klasse `JFrame` aus dem Package `javax.swing` dient uns als Grundlage, um auf dem Desktop des Raspberry Pi ein Fenster zu erzeugen. In dem folgenden Beispiel erweitert die Klasse `Fenster` die Klasse `JFrame` und kann damit auf alle öffentlichen Methoden von `JFrame` zugreifen.

Im Konstruktor der Klasse `Fenster` wird die Größe des Fensters mit `setSize` und die Sichtbarkeit mit `setVisible` eingestellt. Der Befehl `setDefaultCloseOperation (JFrame.EXIT_ON_CLOSE)` sorgt dafür, dass das Programm beendet wird, wenn Sie das Fenster schließen.

```
package raspi.projekte.kap07;

import javax.swing.JFrame;
public class Fenster extends JFrame {
  public Fenster(){
   setSize(300,100);
   setVisible(true);
   setDefaultCloseOperation(JFrame.EXIT_ON_CLOSE);
  }
  public static void main(String[] args){
   new Fenster();
  }
}
```

Script zum Starten der Anwendung

Script `kap07Fenster.sh`

Wenn Sie über TightVNC mit dem Raspberry Pi verbunden sind, kann es passieren, dass Sie beim Öffnen eines Java-Fensters die folgende Fehlermeldung erhalten:

```
...Can't connect to X11 window server using ':1.0' as the value of the
DISPLAY variable.
```

Um den Fehler zu beheben, müssen Sie beim Aufruf des Java Launcher zwischen `sudo` und `Java` den folgenden Befehl einschieben:

```
XAUTHORITY=/home/pi/.Xauthority
```

Das Script zum Starten der Anwendung würde dann wie folgt aussehen:

```
sudo XAUTHORITY=/home/pi/.Xauthority java raspi.projekte.kap07.Fenster
```

Und bitte ohne Zeilenumbruch schreiben.

Das so erzeugte Fenster wird in der angegebenen Größe in der linken, oberen Ecke des Desktops angezeigt. Wenn Sie das Fenster jetzt schließen, wird auch das Programm beendet.

Als Nächstes soll das Fenster mit Inhalt gefüllt werden. Es soll ein Textfeld und ein Label (Beschriftung) angezeigt werden. Die grafischen Elemente in Java werden auch als Content bezeichnet und dieser wird auf einem Panel abgelegt. So ein Panel können Sie sich auch als Zeichenfläche vorstellen, auf die die grafischen Elemente gezeichnet werden. Die Klasse `JPanel` aus dem `javax.swing`-Package stellt solch ein Panel dar. Damit wir nun ein Textfeld und ein Label anlegen können, erzeugen wir eine Instanz von `JPanel` und übergeben dem Konstruktor den Parameter `null`.

```
JPanel contentPane = new JPanel(null);
```

Mit dem `null`-Parameter erzeugt das Panel ein sogenanntes Null-Layout. Dies bedeutet, dass die Position und die Größe aller Elemente auf dem Panel durch die Angabe von X-/Y-Koordinaten und durch Höhe und Breite angegeben werden. Durch andere Parameter können sogenannte Layout-Manager erzeugt werden, die Elemente auf bestimmte Art anordnen können und die Größe der Elemente in einem gewissen Maße automatisch verändern. Diese Anpassung der Elemente würde ein Layout-Manager zum Beispiel immer dann vornehmen, wenn Sie mit der Maus ein Fenster manuell vergrößern oder verkleinern. Da diese Layout-Manager sehr umfangreich sind, werde ich hier auf weitere Details verzichten und begnüge mich mit dem Null-Layout.

Der Instanz des Panels wird eine bevorzugte Größe und die gewünschte Hintergrundfarbe des Panels zugewiesen.

```
contentPane.setPreferredSize(new Dimension(300,100));
contentPane.setBackground(new Color(192,192,192));
```

Der Hilfsklasse `Dimension` werden Breite (300) und Höhe (100) des Panels in Pixel übergeben. Für die Hintergrundfarbe werden der Hilfsklasse `Color` Zahlenwerte zwischen 0 und 255 übergeben, sie stellen RGB-Farbwerte dar. Der erste Parameter steht für den Rot-Wert, der zweite für den Grün-Wert und der dritte für den Blau-Wert der gewünschten Farbe.

Nachdem das Panel initialisiert worden ist, werden die Instanzen der Klassen `JLabel` und `JTextField` erzeugt.

```
JLabel  label1 = new Jlabel();
...
JTextField textfield1  = new JtextField();
...
```

Anschließend wird das Label-Objekt und das Textfeld-Objekt dem Panel hinzugefügt.

```
contentPane.add(textfield1);
contentPane.add(label1);
```

Damit das Panel mit seinen Objekten angezeigt werden kann, wird es dem Content des Fensters (`JFrame`) übergeben.

```
getContentPane().add(contentPane);
```

Schauen Sie sich das vollständige Beispiel mit den Kommentarzeilen genau an, um den Aufbau zu verstehen. Die Initialisierung des Labels und des Textfeldes werde ich im nächsten Kapitel beschreiben, sie sind aber auch teilweise selbsterklärend.

```
package raspi.projekte.kap07;

import java.awt.Dimension;
import java.awt.Color;
import java.awt.Font;
import javax.swing.JFrame;
import javax.swing.JPanel;
import javax.swing.JTextField;
import javax.swing.JLabel;

public class DefaultFenster extends JFrame {
 //Constructor
 @SuppressWarnings("unchecked")
 public DefaultFenster(){
 //Titel des Fensters wird gesetzt.
 setTitle("Ich bin ein JFrame");
 // Fenstergröße setzen.
```

```
setSize(300,100);
//Panel mit Null-Layout wird erzeugt und die bevorzugte Größe
//und die Hintergrundfarbe des Panels werden eingestellt.
JPanel contentPane = new JPanel(null);
contentPane.setPreferredSize(new Dimension(300,100));
contentPane.setBackground(new Color(192,192,192));
//Label anlegen und initialisieren.
JLabel label1 = new JLabel();
label1.setBounds(10,35,120,35);
label1.setBackground(new Color(214,217,223));
label1.setForeground(new Color(0,0,0));
label1.setEnabled(true);
label1.setFont(new Font("sansserif",Font.PLAIN,12));
label1.setText("Ich bin ein JLabel");
label1.setVisible(true);
//Textfeld anlegen und initialisieren.
JTextField textfield1  = new JTextField();
textfield1.setBounds(130,35,140,35);
textfield1.setBackground(new Color(255,255,255));
textfield1.setForeground(new Color(0,0,0));
textfield1.setEnabled(true);
textfield1.setFont(new Font("sansserif",Font.PLAIN,12));
textfield1.setText("Ich bin ein JTextField");
textfield1.setVisible(true);
//Komponenten werden dem Panel hinzugefügt
contentPane.add(textfield1);
contentPane.add(label1);
//Panel wird JFrame hinzugefügt
getContentPane().add(contentPane);
//Wenn JFrame geschlossen wird, endet das Programm
setDefaultCloseOperation(JFrame.EXIT_ON_CLOSE);
//Die Fenstergröße, die mit setSize angeben wurde, wird
//verwendet, um das Fenster zu zentrieren. Da der Methode
//setLocationRelativeTo null als Parameter übergeben wird,
//findet die Zentrierung am Desktop statt.
//Es könnten hier auch Komponenten angegeben werden, an denen
//das Fenster ausgerichtet wird.
setLocationRelativeTo(null);
//Mit pack() wird das Fenster so vergrößert, dass die
//bevorzugte Größe des Panels vollständig sichtbar wird.
pack();
//Das Fenster wird angezeigt.
```

```
  setVisible(true);
 }

 public static void main(String[] args){
  // Die GUI läuft in einem eigenen Thread.
  javax.swing.SwingUtilities.invokeLater(new Runnable() {
  public void run() {
   new DefaultFenster();
  }});
 }
}
```

Script zum Starten der Anwendung

Script `kap07DefaultFenster.sh`

Um zu verstehen, wie das Label und das Textfeld auf dem Panel positioniert werden, schauen Sie sich die zwei folgenden Zeilen aus dem Programm an.

```
textfield1.setBounds(130,35,140,35);
...
label1.setBounds(10,35,120,35);
```

Mit der Methode `setBounds(int x, int y, int width, int height)` gibt jedes grafische Element seine Position und Größe auf dem Panel selber an. Dabei beginnt die X-Richtung in der linken oberen Ecke des Panels und verläuft von links nach rechts. Die Y-Richtung beginnt ebenfalls in der linken oberen Ecke und verläuft von oben nach unten. Damit hat der Nullpunkt in der linken oberen Ecke die Koordinaten X = 0 und Y = 0. Alle anderen Koordinaten sind positive Zahlen mit Werten größer als 0.

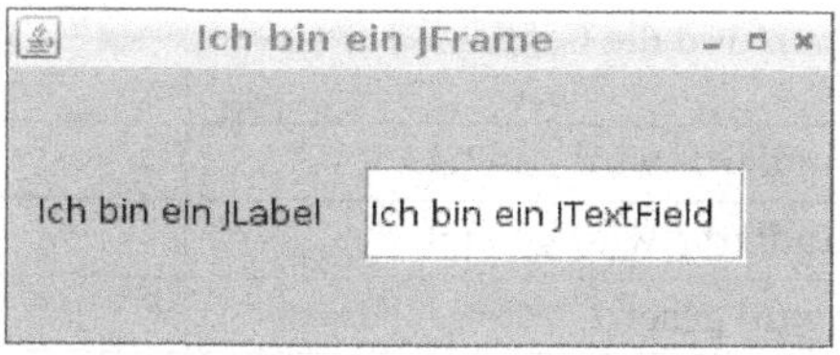

Abb. 7.1: Das Programm `DefaultFenster`

7.2 Swing-Komponenten

Alle grafischen Komponenten, die wir in den Projekten dieses Buches verwenden, stammen aus dem `javax.swing`-Package. Aus der Vielzahl der zur Verfügung stehenden Komponenten benötigen wir nur eine kleine Auswahl, die hier kurz vorgestellt wird.

Komponente	Erklärung
`JLabel`	Zeigt Text an. Der Text wird mit `setText` gesetzt.
`JButton`	Taster, über den ein Ereignis ausgelöst werden kann. Die Beschriftung wird mit `setText` gesetzt.
`JToggleButton`	Schalter, über den ein Ereignis ausgelöst werden kann. Die Beschriftung wird mit `setText` gesetzt.
`JTextField`	Eingabefeld für Text. Mit `getText` kann der durch den Benutzer eingegebene Text abgefragt werden.
`JPasswordField`	Eingabefeld für Kennwörter. Der eingegebene Text wird als * dargestellt. Mit `getText` kann der durch den Benutzer eingegebene Text abgefragt werden.
`JTextArea`	Mehrzeiliges Texteingabefeld. Mit `getText` kann der durch den Benutzer eingegebene Text abgefragt werden.
`JCheckBox`	Eingabe von boole'schen Werten. Wird als Häkchen angezeigt.
`JRadioButton`	Wird in einer Gruppe von auswählbaren Schaltern angezeigt. In einer Gruppe kann immer nur ein Schalter gesetzt sein.
`JComboBox`	Auswahlliste, die beim Aktivieren ausgeklappt wird
`JList`	Listendarstellung mit der Möglichkeit, mehrere Einträge gleichzeitig zu selektieren

Tabelle 7.1: Swing-Komponenten

Alle in der Tabelle aufgeführten Komponenten besitzen den gleichen Satz von Methoden, mit denen sie konfiguriert werden können. Die für uns wichtigsten davon werden in der folgenden Übersicht zusammengefasst und erklärt. Zu jeder Methode, die einen Wert setzt (`set...`), gibt es auch eine entsprechende Methode, die diesen Wert zurückgibt (`get...`). Wegen der besseren Übersicht sind in der Tabelle aber nur die Methoden zum Setzen der Attribute aufgelistet.

Methode	Erklärung
`setBounds(int x, int y, int width, int height)`	Setzt die Position und die Größe
`setBackground(Color bg)`	Die Hintergrundfarbe wird gesetzt.
`setForeground(Color fg)`	Die Vordergrundfarbe wird gesetzt.
`setFont(Font font)`	Die Schriftart wird gesetzt.
`setVisible(boolean aFlag)`	Die Komponente wird angezeigt, wenn `true` übergeben wird. Bei `false` wird sie nicht dargestellt.
`setText(String text)`	Setzt den anzuzeigenden Text. Gibt es nicht in den Komponenten `JComboBox` und `JList`, da dort Text in Listenform übergeben werden muss.

Tabelle 7.2: Methoden, die bei allen Swing-Komponenten gleich sind

Methode	Erklärung
`setEnabled(boolean aFlag)`	Wird hier `true` übergeben, ist die Komponente aktiv. Es kann zum Beispiel Text eingegeben oder ausgewählt werden.

Tabelle 7.2: Methoden, die bei allen Swing-Komponenten gleich sind (Forts.)

Für das Setzen der Schriftart wird die Klasse `Font` benötigt. Bei der Erzeugung einer `Font`-Instanz können Sie dem Konstruktor drei Parameter übergeben. Über den ersten Parameter geben Sie den Namen der Schrift an oder nutzen die folgenden Schriftart-Konstanten der Klasse `Font`: `DIALOG`, `DIALOG_INPUT`, `MONOSPACED`, `SANS_SERIF` oder `SERIF`. Mit dem zweiten Parameter können Sie festlegen, in welchem Stil die Schrift angezeigt werden soll. Die Klasse `Font` stellt hierzu die Konstanten `BOLD`, `ITALIC` und `PLAIN` bereit. Und über den dritten Parameter geben Sie die Schriftgröße in Punkt an.

```
Font schriftart = new Font(Font.SANS_SERIF ,Font.PLAIN,12)
```

Bisher habe ich Ihnen gezeigt, wie Sie grafische Komponenten in einem `JFrame` zur Anzeige bekommen und ganz grob die für uns wichtigsten Komponenten beschrieben. Im nächsten Schritt werde ich Ihnen zeigen, wie diese Komponenten angewendet werden können und wie Ereignisse verarbeitet werden.

7.3 Auf Ereignisse reagieren und Text verarbeiten

In einem ganz einfachen Beispiel werden wir auf ein Ereignis der `Jbutton`-Komponente reagieren. Und zwar soll der Text, den Sie in ein Textfeld eingetragen haben, nach dem Aktivieren eines Buttons in ein mehrzeiliges Textfeld eingetragen werden. Beim Wiederholen dieses Vorganges wird der Text zu dem bestehenden Text in dem mehrzeiligen Textfeld hinzugefügt und nicht überschrieben.

Damit der `JButton` auf ein Ereignis reagieren kann, stellt diese Komponente die Methode `addActionListener` bereit, der Sie eine Instanz der Klasse `ActionListener` übergeben müssen. Ein Listener besitzt die Fähigkeit, auf bestimmte Ereignisse zu horchen und daraufhin eine Aktion auszuführen. Um die Klasse `ActionListener` für unsere Zwecke nutzen zu können, müssen Sie eine Klasse schreiben, die `ActionListener` erweitert, und die Methode `actionPerformed` überschreiben. In dieser Methode steht dann in unserem Beispiel der Programmcode, um den Text zu kopieren und anzuzeigen. Da man aber in einer Anwendung nicht für jedes Ereignis und damit für jeden `ActionListener` eine eigene Klasse schreiben will, wird dies mit einer anonymen Klasse erzeugt. Wenn Sie sich den folgenden Auszug aus dem Programmbeispiel anschauen, werden Sie sehen, dass in der überschriebenen Methode `actionPerformed` nur die Methode `actionTextUebernehmen` aufgerufen wird und dieser eine Instanz `ActionEvent` übergeben wird.

```
JButton button1 = new Jbutton();
...
button1.addActionListener(new ActionListener() {
```

```
public void actionPerformed(ActionEvent evt) {
  actionTextUebernehmen(evt);
 }
});
...
private void actionTextUebernehmen (ActionEvent evt) {
  textarea1.append(textfield1.getText()+"\n");
}
```

In der Methode `actionTextUebernehmen` wird der Inhalt des Eingabefelds `textfield1` geholt und dem mehrzeiligen Textfeld `textarea1` mit der `append`-Methode übergeben. An den übergebenen Text wird immer ein Zeilenumbruch mit `"\n"` angefügt, damit der Text untereinander steht. Im Folgenden finden Sie das ganze Beispiel, in dem Sie sich die Kommentare mit anschauen sollten.

```
package raspi.projekte.kap0

import java.awt.*;
import java.awt.event.ActionEvent;
import java.awt.event.ActionListener;
import javax.swing.*;

public class EreignisseUndText extends JFrame {
    private JMenuBar menuBar;
    private JButton button1;
    private JTextArea textarea1;
    private JTextField textfield1;

    //Constructor
    public EreignisseUndText(){
        setTitle("Ereignisse und Text");
        setSize(323,246);
        //Panel erzeugen
        JPanel contentPane = new JPanel(null);
        contentPane.setPreferredSize(new Dimension(323,246));
        contentPane.setBackground(new Color(192,192,192));
        //Farben und Schrift definieren
        Color bg =  new Color(255,255,255);
        Color bgbu =  new Color(100,100,100);
        Color fg =  new Color(0,0,0);
        Font font = new Font(Font.SANS_SERIF,Font.PLAIN,12);
        //Button erzeugen
        button1 = new JButton();
```

```
        button1.setBounds(8,16,90,35);
        button1.setBackground(bgbu);
        button1.setForeground(fg);
        button1.setEnabled(true);
        button1.setFont(font);
        button1.setText("Übernehmen");
        button1.setVisible(true);
        //Dem Button wird ein Listener übergeben,
        //der auf Ereignisse horcht.
        button1.addActionListener(new ActionListener() {
                public void actionPerformed(ActionEvent evt) {
                    actionTextUebernehmen(evt);
                }
            });
        //Mehrzeiliges Textfeld erzeugen
        textarea1 = new JTextArea();
        textarea1.setBounds(8,58,285,164);
        textarea1.setBackground(bg);
        textarea1.setForeground(fg);
        textarea1.setEnabled(true);
        textarea1.setFont(font);
        textarea1.setText("");
        textarea1.setBorder(BorderFactory.createBevelBorder(1));
        textarea1.setVisible(true);
        //Textfeld erzeugen
        textfield1 = new JTextField();
        textfield1.setBounds(105,17,189,35);
        textfield1.setBackground(bg);
        textfield1.setForeground(fg);
        textfield1.setEnabled(true);
        textfield1.setFont(font);
        textfield1.setText("");
        textfield1.setVisible(true);
        //Alle Elemente dem Panel hinzufügen
        contentPane.add(button1);
        contentPane.add(textarea1);
        contentPane.add(textfield1);

        getContentPane().add(contentPane);
        setDefaultCloseOperation(JFrame.EXIT_ON_CLOSE);
        setLocationRelativeTo(null);
        pack();
```

```
        setVisible(true);
    }
    //Wenn der Button aktiviert wurde, wird der Text aus
    //textfield1 zu textarea1 hinzugefügt.
    private void actionTextUebernehmen (ActionEvent evt) {
        textarea1.append(textfield1.getText()+"\n");
    }

    public static void main(String[] args){
        javax.swing.SwingUtilities.invokeLater(new Runnable() {
                public void run() {
                    new EreignisseUndText();
                }
            });
    }
}
```

Script zum Starten der Anwendung

Script `kap07EreignisseUndText.sh`

Um zu sehen, wie das Programm auf dem Raspberry Pi dargestellt wird, schauen Sie sich Abbildung 7.2 an. Dort wurde nacheinander `Zeile 1`, `Zeile 2`, `Zeile 3` und `Zeile 4` in das Textfeld in der ersten Zeile eingegeben und nach jeder Eingabe der Button ÜBERNEHMEN aktiviert.

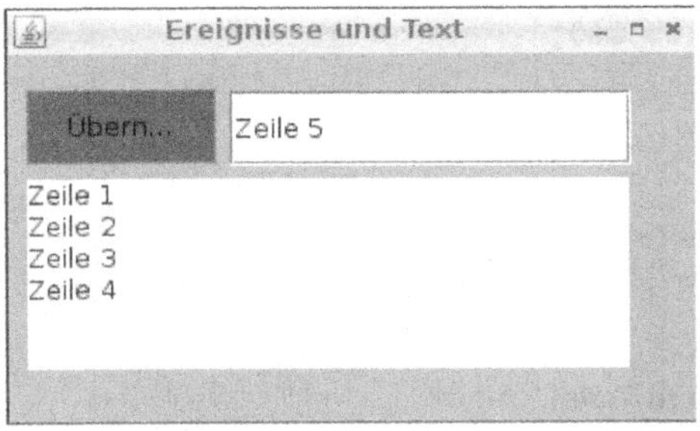

Abb. 7.2: Auf Ereignisse reagieren und Text verarbeiten

7.4 Auf Ereignisse in einer Auswahlliste reagieren

Als Nächstes werden wir eine Auswahlliste mit Werten füllen. Wenn einer dieser Werte vom Benutzer selektiert wird, soll dieser Wert in ein mehrzeiliges Textfeld geschrieben werden. Die Einträge werden auch hier angehängt und nicht überschrieben. Schauen Sie sich im nächsten Beispiel als Erstes die Konfiguration der `JComboBox` an. Diese wird mit Einträgen gefüllt, indem ein Array mit Zeichenketten dem Konstruktor übergeben wird. Jedes Element im Array wird später als Eintrag in der Auswahlliste angezeigt werden. Danach wird der Auswahlliste über die Methode `addActionListener` eine Instanz der Klasse `ActionListener` übergeben und sie ist somit in der Lage, auf das Selektieren eines Eintrags zu reagieren. Wie auch im vorherigen Beispiel wird die Klasse, die `ActionListener` erweitert, als anonyme Klasse implementiert. In der überschriebenen Methode `actionPerformed` wird nur die Methode `ActionTextUebernehmen` aufgerufen. In dieser wird dann mit `getSelectedItem()` der selektierte Eintrag an das Textfeld übergeben.

```
package raspi.projekte.kap07;
import java.awt.*;
import java.awt.event.ActionEvent;
import java.awt.event.ActionListener;
import javax.swing.*;

public class EreignisseUndAuswahlliste extends JFrame {
 private JMenuBar menuBar;
 private JComboBox<String[]> combobox1;
 private JTextArea textarea1;

 //Constructor
 @SuppressWarnings("unchecked")
 public EreignisseUndAuswahlliste(){
  setTitle("GUI_project");
  setSize(379,300);
  JPanel contentPane = new JPanel(null);
  contentPane.setPreferredSize(new Dimension(379,300));
  contentPane.setBackground(new Color(192,192,192));

  String[] wochentage = { "Montag", "Dienstag", "Mittwoch",
          "Donnerstag", "Freitag", "Samstag", "Sonntag" };
  combobox1 = new JComboBox(wochentage);
  combobox1.setBounds(19,17,150,35);
  combobox1.addActionListener(new ActionListener() {
  public void actionPerformed(ActionEvent evt) {
          ActionTextUebernehemen(evt);
   }
  });

  textarea1 = new JTextArea();
  textarea1.setBounds(23,55,150,100);

  contentPane.add(combobox1);
```

```
  contentPane.add(textarea1);
  getContentPane().add(contentPane);
  setDefaultCloseOperation(JFrame.EXIT_ON_CLOSE);
  setLocationRelativeTo(null);
  pack();
  setVisible(true);
 }

 private void ActionTextUebernehemen (ActionEvent evt) {
  textarea1.append(combobox1.getSelectedItem()+"\n");
 }

 public static void main(String[] args){
  javax.swing.SwingUtilities.invokeLater(new Runnable() {
    public void run() {new EreignisseUndAuswahlliste();}});
 }
}
```

Script zum Starten der Anwendung

Script `kap07EreignisseUndAuswahlliste.sh`

In Abbildung 7.3 sehen Sie, wie das Programm auf dem Raspberry Pi dargestellt wird. Es wurden nacheinander `Mittwoch` und `Freitag` in der Auswahlliste selektiert.

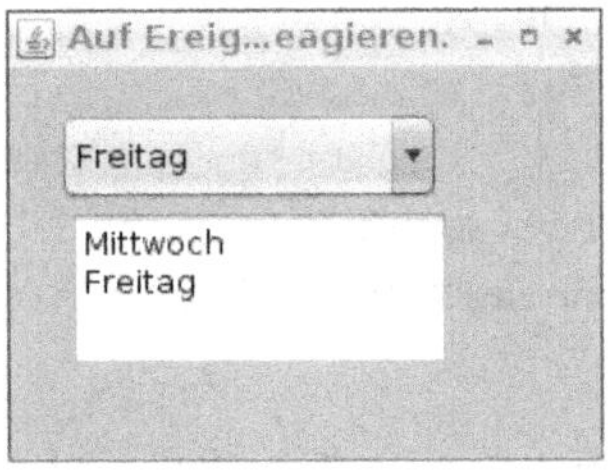

Abb. 7.3: Auf Ereignisse in einer Auswahlliste reagieren

7.5 Auf Ereignisse in Checkboxen und Radiobuttons reagieren

Mit Checkboxen können auf einer grafischen Oberfläche boolesche Werte angezeigt werden. Ist in der Checkbox das Häkchen gesetzt, entspricht dies dem Wert `true`. Ist das Häkchen nicht gesetzt, entspricht dies dem Wert `false`. Wenn Sie aus einer Menge von auszuwählenden Möglichkeiten immer nur einen Wert auswählen wollen, können Sie dies mit Radiobuttons realisieren. Hierbei werden die zusammenhängenden Radiobuttons zu einer Gruppe zusammengefasst. Diese Gruppe sorgt dann dafür, dass von allen Radiobuttons immer nur einer ausgewählt werden kann. Wird in einer Gruppe ein Radiobutton aktiviert, sorgt die Gruppe dafür, dass alle anderen Radiobuttons deaktiviert werden.

In dem nächsten Beispiel gibt es drei Checkboxen, die jeweils mit `Auto`, `Haus` und `Fahrrad` beschriftet sind. Da Checkboxen untereinander nicht verknüpft sind, ist jede beliebige Kombination dieser drei Attribute möglich. Außerdem gibt es eine Gruppe mit drei Radiobuttons, die jeweils mit `10`, `50` und `100` beschriftet sind. Von diesen drei Attributen kann dann immer nur eins ausgewählt werden. Das Beispiel ist so aufgebaut, dass bei jeder Änderung der entsprechende Wert in ein mehrzeiliges Textfeld geschrieben wird.

Bevor wir uns den Programmcode anschauen, sehen Sie sich Abbildung 7.4 an. Sie zeigt das Programm, bei dem nacheinander `Auto`, `Haus`, `Fahrrad`, `10`, `50`, `100` und dann wieder `Haus` aktiviert worden sind.

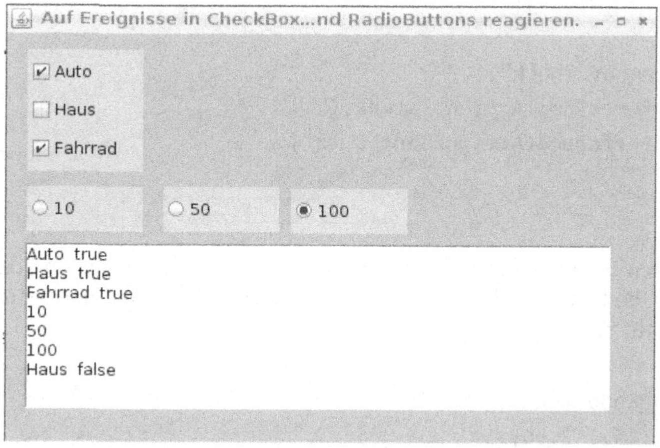

Abb. 7.4: Auf Ereignisse in Checkboxen und Radiobuttons reagieren

Da sich in den Beispielen bestimmte Programmteile immer wiederholen, wird für dieses Beispiel nur ein Programmauszug dargestellt.

In dem ersten Programmblock sehen Sie, wie die drei Checkboxen erzeugt werden. Wenn Sie sich die fett gedruckten Programmzeilen näher ansehen, werden Sie feststellen, dass für alle drei Checkboxen bei einem Ereignis die Methode `action` aufgerufen wird. Außerdem wird die Methode `setActionCommand` verwendet, die wir bisher noch nicht benutzt haben. Mit dieser Methode können Sie eine beliebige Zeichenkette an die Action-Methode übergeben. In unserem Fall wird hier immer der Wert `check` übergeben. Wozu wir dies brauchen, zeige ich Ihnen weiter unten, wo die Methode `action` vorgestellt wird.

```
checkbox1 = new JCheckBox();
checkbox1.setBounds(15,12,90,35);
...
checkbox1.setActionCommand("check");
checkbox1.addActionListener(new ActionListener() {
    public void actionPerformed(ActionEvent evt) {
```

```
        action(evt);
    }});
checkbox2 = new JCheckBox();
checkbox2.setBounds(15,42,90,35);
...
checkbox2.setActionCommand("check");
checkbox2.addActionListener(new ActionListener() {
    public void actionPerformed(ActionEvent evt) {
        action(evt);
    }});
checkbox3 = new JCheckBox();
checkbox3.setBounds(15,72,90,35);
...
checkbox3.setActionCommand("check");
checkbox3.addActionListener(new ActionListener() {
    public void actionPerformed(ActionEvent evt) {
        action(evt);
    }});
```

Nach den Checkboxen werden die Radiobuttons erzeugt und auch hier wird bei allen drei Radiobuttons immer die Methode `action` bei einem Ereignis aufgerufen. Außerdem wird das `ActionCommand` immer auf `radio` gesetzt.

```
radiobutton1 = new JRadioButton();
radiobutton1.setBounds(15,119,90,35);
...
radiobutton1.setActionCommand("radio");
radiobutton1.addActionListener(new ActionListener() {
    public void actionPerformed(ActionEvent evt) {
        action(evt);
    }});
radiobutton2 = new JRadioButton();
radiobutton2.setBounds(121,119,90,35);
...
radiobutton2.setActionCommand("radio");
radiobutton2.addActionListener(new ActionListener() {
    public void actionPerformed(ActionEvent evt) {
        action(evt);
    }});
radiobutton3 = new JRadioButton();
radiobutton3.setBounds(220,120,90,35);
...
```

```
radiobutton3.setActionCommand("radio");
radiobutton3.addActionListener(new ActionListener() {
    public void actionPerformed(ActionEvent evt) {
      action(evt);
    }});
```

Die drei Radiobuttons werden dann in eine `Buttongroup` aufgenommen, die dafür sorgt, dass sich die Radiobuttons gegenseitig auslösen und somit immer nur einer aktiviert sein kann.

```
ButtonGroup group = new ButtonGroup();
group.add(radiobutton1);
group.add(radiobutton2);
group.add(radiobutton3);
```

Dann noch das mehrzeilige Textfeld erzeugen und alle grafischen Komponenten dem `ContentPane` hinzufügen.

```
textarea1 = new JTextArea();
textarea1.setBounds(13,163,454,162);
...
contentPane.add(checkbox1);
contentPane.add(checkbox2);
contentPane.add(checkbox3);
contentPane.add(radiobutton1);
contentPane.add(radiobutton2);
contentPane.add(radiobutton3);
contentPane.add(textarea1);
```

Und zum Schluss fehlt noch die `action`-Methode, die von allen Komponenten gleichzeitig benutzt wird. Um die Ereignisse den einzelnen Komponenten zuordnen zu können, wird der Übergabeparameter `evt` vom Typ `ActionEvent` ausgewertet. Da bei allen Checkboxen und Radiobuttons das `ActionCommand` gesetzt wurde, hilft dies jetzt, um zwischen den Komponenten zu unterscheiden. In unserem Beispiel brauchen wir aber nur die Unterscheidung, ob es sich bei der Ereignis-Quelle um eine `JCheckBox` oder um einen `JRadioButton` handelt. Mit `evt.getActionCommand()` wird das `ActionCommand` abgefragt und geprüft, ob es sich um den String `"check"` handelt. Trifft dies zu, wird mit `evt.getSource()` das Objekt, das den Event ausgelöst hat, geholt.

Der Cast in einen `JCheckBox`-Typ muss sein, da hier ein `Object` zurückgegeben wird. Mit `getText()` und `isSelected()` wird dann der Text und die Information, ob die Checkbox aktiviert ist, abgefragt und dem mehrzeiligen Textfeld übergeben. Wenn das `ActionCommand` nicht `"check"` ist, kann es sich in unserem Beispiel nur noch um einen Radiobutton handeln. Hierbei wird mit `getText()` der Radiobutton abgefragt, der aktiviert wurde.

```
private void action (ActionEvent evt) {
  if(evt.getActionCommand().equals("check")){
      JCheckBox jCheckBox =  (JCheckBox) evt.getSource();
      String name = jCheckBox.getText();
      boolean sel = jCheckBox.isSelected();
      textarea1.append(name+"  "+sel+"\n");
 }else{
     JRadioButton jRadioButton =  (JRadioButton) evt.getSource();
     String name = jRadioButton.getText();
     textarea1.append(name+"\n");
 }
}
```

Dieses Beispiel hätte natürlich auch statt mit einer Action-Methode mit mehreren Methoden aufgebaut werden können. So kann man aber gut erkennen, wozu der Übergabeparameter der Action-Methode verwendet werden kann.

Den vollständigen Programmcode dieses Beispiels finden Sie in der Klasse `EreignisseCheckBoxRadioButtons` und er kann durch das folgende Script gestartet werden.

Script zum Starten der Anwendung

Script `kap07EreignisseCheckBoxRadioButtons.sh`

7.6 Auf Ereignisse in einer Liste reagieren

In dem letzten Beispiel wird eine Liste erzeugt, die mit den Wochentagen gefüllt wird. Außerdem soll die Liste mit Scroll-Balken versehen werden. Wird ein Eintrag aus der Liste selektiert, wird er in ein Textfeld geschrieben.

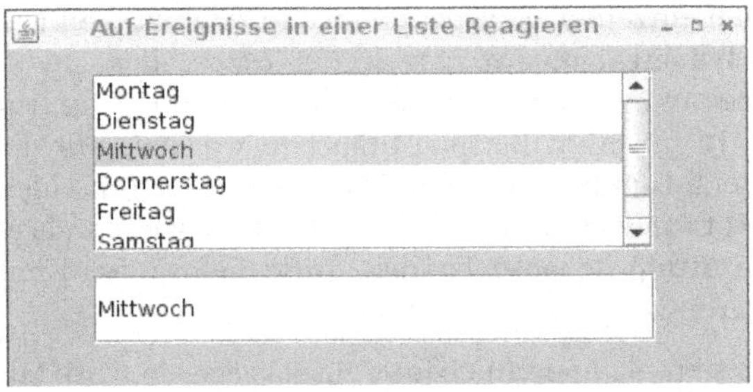

Abb. 7.5: Auf Ereignisse in einer Liste reagieren

Um eine Liste zu erzeugen, wird die `JList`-Klasse aus dem `javax.swing`-Package verwendet. Hierbei wird dem Konstruktor der `JList`-Klasse ein Array von Zeichenketten übergeben, die dann in der Liste angezeigt werden.

```
String[] wochentage = { "Montag", "Dienstag", "Mittwoch",
        "Donnerstag", "Freitag", "Samstag", "Sonntag" };
list1 = new JList(wochentage);
list1.setBackground(new Color(255,255,255));
list1.setForeground(new Color(0,0,0));
list1.setEnabled(true);
list1.setFont(new Font("sansserif",0,12));
list1.setVisible(true);
```

Eine `JList` kann verschiedene Darstellungsformen haben. So können die Einträge in der Liste auch in mehreren Spalten angezeigt werden. Außerdem besteht die Möglichkeit, die Liste so zu konfigurieren, dass einzelne Elemente, aber auch mehrere unabhängige Bereiche gleichzeitig selektiert werden können. Damit die selektierten Bereiche in einem `ActionListener` ausgewertet werden können, liefert die `JListe` dafür Listen von Indexbereichen zurück, die die selektierten Bereiche angeben. Da wir keine Mehrfachselektion für die Projekte in diesem Buch benötigen, konfigurieren wir die Liste so, dass immer nur ein einzelner Wert selektiert werden kann. Um die nötigen Einstellungen vornehmen zu können, erfragen wir von der Liste eine Instanz der Klasse `ListSelectionModel` mit der Methode `getSelectionModel()`. Über diese Instanz kann die Liste auf die gewünschte Selektionsmöglichkeit eingestellt werden. In unserem Falle wird dies über die Konstante `SINGLE_SELECTION` so eingestellt, dass immer nur ein Element ausgewählt werden kann. Dann muss der Liste noch ein `ActionListener` hinzugefügt werden. Hierfür muss eine Klasse geschrieben werden, die das `ListSelectionListener`-Interface implementiert. Diese Klasse habe ich `ListActionListener` genannt und sie wird weiter unten erläutert.

```
ListSelectionModel lsm = list1.getSelectionModel();
lsm.setSelectionMode(ListSelectionModel.SINGLE_SELECTION);
lsm.addListSelectionListener(new ListActionListener(textfield1,
 wochentage ));
```

Um ein grafisches Element mit Scroll-Balken zu versehen, benötigen wir die Klasse `JscrollPane`. Um ein `JscrollPane`-Objekt zu erzeugen, wird dem Konstruktor das grafische Objekt, das die Scroll-Balken erhalten soll, übergeben. Mit der schon bekannten Methode `setBounds` wird dann noch die Position und Größe der ScrollPanes eingestellt. Der ContentPane wird dann die Instanz von `JscrollPane` und nicht die Instanz von `JList` übergeben. In einer ScrollPane kann nicht nur eine `JList` mit Scroll-Balken liegen, sondern auch jedes andere grafische Element.

```
JScrollPane scrollPane = new JScrollPane(list1);
scrollPane.setBounds(48,14,314,100);
contentPane.add(scrollPane);
contentPane.add(textfield1);
```

Als Letztes schauen Sie sich noch die Listener-Klasse an. Diese implementiert das Interface `ListSelectionListener` mit der Methode `valueChanged`. Für unser Beispiel ist der Konstruktor der Klasse ListActionListener wichtig. Dort werden ein JTextField und ein String-Array übergeben. Das JTextField ist das Textfeld aus der Oberfläche, an das die ausgewählte Zeichenkette übergeben werden soll. Und das übergebene String-Array ist das Array, das an die JList übergeben wurde, und enthält die in JList angezeigten Einträge.

Wird ein Element aus der JList selektiert, so wird die Methode valueChanged aufgerufen. Aus dem Übergabeparamter vom Typ ListSelectionEvent kann mit der Methode getSource() das ListSelectionModel erfragt werden. Dies wurde bei der Konfiguration der JList benutzt, um die Liste auf SINGLE_SELECTION einzustellen, und es gibt für das entsprechende Selektionsverfahren die Indizes aus dem String-Array zurück, die in der Liste ausgewählt worden sind. Da bei SINGLE_SELECTION immer nur ein Element ausgewählt werden kann, brauchen Sie hier auch nur diesen einen Index zu erfragen. Dies wird mit der Methode getMinSelectionIndex erreicht. Mit dem zurückgegebenen Index wird das entsprechende Element aus dem String-Array wochentage geholt und an das Textfeld übergeben.

```
import javax.swing.event.*;
import javax.swing.*;

public class ListActionListener  implements ListSelectionListener
{
 private  JTextField textfield;
 private  String[] wochentage;
 public ListActionListener( JTextField textfield, String[]
                wochentage )
 {
    this.textfield = textfield;
    this.wochentage = wochentage;
 }
 public void valueChanged(ListSelectionEvent e) {
    ListSelectionModel lsm = (ListSelectionModel)e.getSource();
    textfield.setText(wochentage[lsm.getMinSelectionIndex()]);
 }
}
```

In diesem Beispiel wird der Listener durch eine eigene Klasse implementiert. Es wäre aber auch möglich, wie in den anderen Beispielen den Listener durch eine anonyme Klasse zu implementieren. Dies hat den Vorteil, dass keine Parameter übergeben werden müssen, da die anonyme Klasse Zugriff auf die Variablen der Hauptklasse hat. Außerdem haben Sie die Möglichkeit, statt über das ListSelectionModel den Listener direkt mit der Methode addListSelectionListener hinzuzufügen.

```
list1.addListSelectionListener(new ListSelectionListener() {
 public void valueChanged(ListSelectionEvent evt) {
            list1ValueChanged(evt);
```

```
  }
 });
```

Wenn Sie diese Variante implementieren wollen, müssen Sie noch beachten, dass in der `valueChanged`-Methode mit `getSource()` nicht `ListSelectionModel` zurückgegeben wird, sondern `JList`. So haben wir ja auch schon in den vorherigen Beispielen gearbeitet.

Script zum Starten der Anwendung

Script `kap07EreignisseUndListe.sh`

7.7 Noch etwas über Ereignisse

Für die Verarbeitung von Ereignissen in einer grafischen Oberfläche gilt ganz allgemein die Regel, dass die Methode, die ein Ereignis abarbeitet, dies in möglichst kurzer Zeit ausführen sollte. Es besteht sonst die Möglichkeit, dass die Oberfläche bei längeren Operationen einfriert. Der Grund dafür ist in der Verarbeitung der Ereignisse zu finden. Diese werden nacheinander in eine Warteschlange abgelegt und in einem eigenen `Thread` verarbeitet. Erst wenn alles abgearbeitet ist, wird die Oberfläche aktualisiert und der Benutzer kann weitere Ereignisse auslösen.

Um das Einfrieren der Oberfläche bei längeren Operationen zu umgehen, können Sie in einer Action-Methode einen `Thread` erzeugen und diesen an die Methode `invokeLater` der Klasse `SwingUtilities` übergeben. Die Methode `invokeLater` sorgt dann dafür, dass der übergebene Thread erst dann gestartet wird, wenn die Ereigniswarteschlange abgearbeitet wurde und die Oberfläche aktualisiert ist.

In einem kleinen Beispiel möchte ich Ihnen diesen Vorgang verdeutlichen. Durch Aktivieren eines Buttons soll der Text `"Textfeld wird direkt beschrieben."` in ein Textfeld geschrieben werden. Danach soll ein Thread gestartet werden, der 5 Sekunden pausiert und danach den Text im Textfeld mit `"Und nach 5 Sekunden überschrieben."` überschreibt. Da der Thread auch das Textfeld beschreibt, muss dieser an `invokeLater` übergeben werden. Hierdurch wird sichergestellt, dass die Änderungen am Textfeld erst dann durchgeführt werden, wenn alle Ereignisse abgearbeitet wurden und die Oberfläche aktualisiert ist.

```
private void actionButton (ActionEvent evt) {
 textfield1.setText("Textfeld wird direkt beschrieben.");
 SwingUtilities.invokeLater(new Runnable() {
   public void run() {
    try {
     Thread.sleep(5000);
    } catch (InterruptedException ex) {}
    textfield1.setText("Und nach 5 Sekunden überschrieben.");
   }
  });
}
```

Die Methode `invokeLater` sollten Sie immer dann verwenden, wenn Sie längere Operationen in einem `Thread` ablaufen lassen wollen und gleichzeitig Änderungen an der Oberfläche vornehmen. Konkurrierende Zugriffe auf Oberflächenelemente werden dadurch vermieden.

Script zum Starten der Anwendung

Script `kap07InvokeTest.sh`

Analoge Eingänge und Sensoren

Um analoge Signale verarbeiten zu können, benötigen Sie einen Analog-Digital-Wandler, auch ADC genannt. Mit diesem Wandler können dann Spannungswerte in entsprechende digitale Werte gewandelt werden. Da der Raspberry Pi keinen eigenen ADC besitzt, können Sie aus einer Vielzahl an ADCs auswählen. Stellt sich aber noch die Frage, wie Sie einen ADC an den Raspberry Pi anschließen können. Da der Raspberry Pi über einen SPI- und einen I^2C-Bus verfügt, können Sie einen ADC an einen der beiden Busse anschließen. Da es auf dem Gertboard den ADC MCP3002 gibt, der über den SPI-Bus Daten austauschen kann, zeige ich Ihnen, wie Sie mit diesem Baustein arbeiten können und wie er mit Java programmiert werden kann. Bevor Sie aber mit dem SPI-Bus arbeiten, sollten Sie seine grundlegende Arbeitsweise und die von ihm verwendeten Leitungen kennen.

Der SPI-Bus, und das gilt auch für den I^2C-Bus, ist nur für kurze Leitungen ausgelegt. Er besitzt keine Leitungstreiber für lange Leitungen und ist auch nicht vor Überspannung oder Übersprechen geschützt. Er ist deshalb nur zur Verwendung innerhalb einer Baugruppe gedacht.

Für die Kommunikation auf dem SPI-Bus ist immer ein Master zuständig, der mit einem oder mehreren Slaves kommunizieren kann. In unserem Fall ist der Raspberry Pi der Master und der MCP3002 der Slave.

Die Übertragung von Daten vom Master zum Slave geschieht über die MOSI-Leitung (Master Out Slave In). Für die Datenübertragung von einem Slave zum Master wird die MISO-Leitung (Master In Slave Out) benutzt. Die Übertragung der Daten verläuft in beide Richtungen synchron. Das bedeutet, dass die einzelnen Bits synchron zu einem festen Takt übertragen werden. Den Takt liefert der Master über die SCLK-Leitung (Serial Clock). Damit der Master gezielt einen Slave für die Kommunikation auswählen kann, benutzt er einen der sogenannten SS-Ausgänge (Slave-Select-Ausgang). An einen Master können demnach so viele Slaves angeschlossen werden, wie der Master Slave-Select-Ausgänge bereitstellt. Der Raspberry Pi stellt einen SPI-Baustein mit zwei Slave-Select-Ausgängen bereit. Das scheint auf den ersten Blick nicht viel zu sein, reicht aber für unsere Anwendungen vollkommen aus. So besitzt der ADC MCP3002 zwei Wandler und der MCP3008 sogar acht Wandler in einem Baustein. So hätten Sie durch den Einsatz von zwei MCP3008 insgesamt 16 analoge Eingänge zur Verfügung.

In Abbildung 8.1 können Sie sehen, wie der Master mit zwei Slaves verbunden wird. Die beiden Ausgänge SS0 und SS1 am Master sind die Slave-Select-Ausgänge, die jeweils mit einem Slave verbunden werden.

Wurde auf dem SPI-Bus ein Slave vom Master selektiert, können beide Bausteine miteinander kommunizieren. Der Master ist nun dafür verantwortlich, über den MOSI-Ausgang einen geeigneten Befehl zum angesprochenen Slave zu senden. Hat der Slave den Befehl erkannt, beginnt die Verarbeitung im Slave und teilt dem Master seine Antwort über seinen

MISO-Ausgang mit. Jeder Slave wertet Befehle, die über die MOSI-Leitung übertragen werden, nur aus, wenn sein SS-Eingang durch den Master aktiviert wurde.

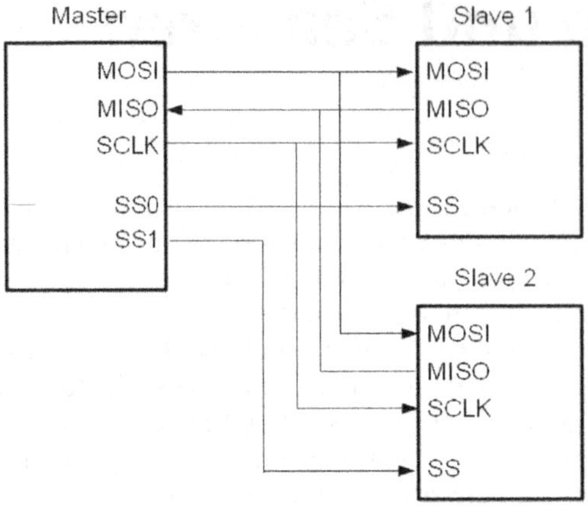

Abb. 8.1: Aufbau des SPI-Bus

Als Nächstes zeige ich Ihnen, wie Daten im Master und Slave verarbeitet werden. Stellen Sie sich dazu vor, dass der Master einen Befehl zum Slave absetzen will. Der Master legt dazu den Befehl in ein Schieberegister, aktiviert den Slave über den SS-Ausgang und danach wird der Inhalt des Schieberegisters durch den Taktgenerator des Masters über die MOSI-Leitung zum Slave gesendet. Im Slave werden die übertragenen Bits ebenfalls in ein Schieberegister geschoben. Dies erfolgt synchron durch den Taktgenerator des Masters, der dem Slave über die SCLK-Leitung zur Verfügung steht. Nachdem der Slave den Befehl entgegengenommen hat, beginnt die Verarbeitung im Slave. Im Falle eines ADC wird also mit der Ananlog-Digital-Wandlung begonnen und das Ergebnis in das Schieberegister des Slaves geschrieben. Der Inhalt dieses Schieberegisters wird dann taktsynchron über die MISO-Leitung des Slave an den Master übertragen und landet dort wieder im gleichen Schieberegister, in dem zuvor der Befehl vom Master hinterlegt worden ist. Master und Slave benutzen also jeweils nur ein Schieberegister für den Empfang und das Versenden von Daten. In Abbildung 8.2 habe ich dies schematisch dargestellt.

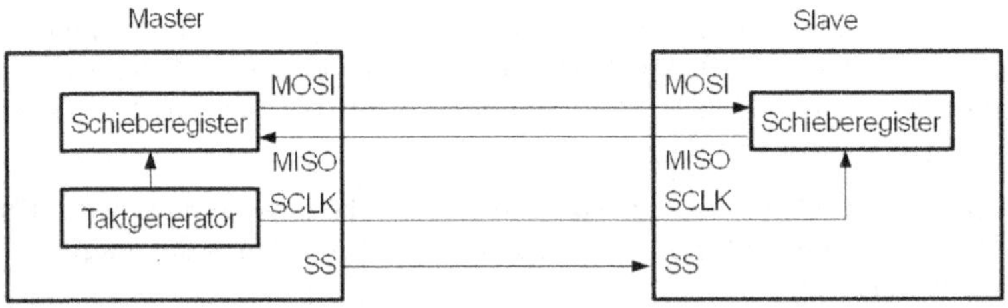

Abb. 8.2: Datenübertragung zwischen Master und Slave

Wie Sie später noch sehen werden, arbeitet ein Slave mit einer festen Wortlänge, die der Länge seines Schieberegisters entspricht und bei der Programmierung berücksichtigt werden muss.

8.1 Den MCP3002 an den Raspberry Pi anschließen

Der MCP3002 ist ein Analog-Digital-Wandler mit zwei Kanälen. Er besitzt die zwei Eingänge AD0 und AD1, an denen die zu wandelnden Spannungen angelegt werden. Auf welchem Kanal die Wandlung erfolgt, regelt der Master (Raspberry Pi) durch entsprechende Befehle, die über die MOSI-Leitung übertragen werden. Für einen einfachen Test habe ich auf beide analoge Eingänge des MCP3002 den Mittelabgriff eines Potenziometers gelegt. Schauen Sie sich dazu den Schaltplan in Abbildung 8.3 an.

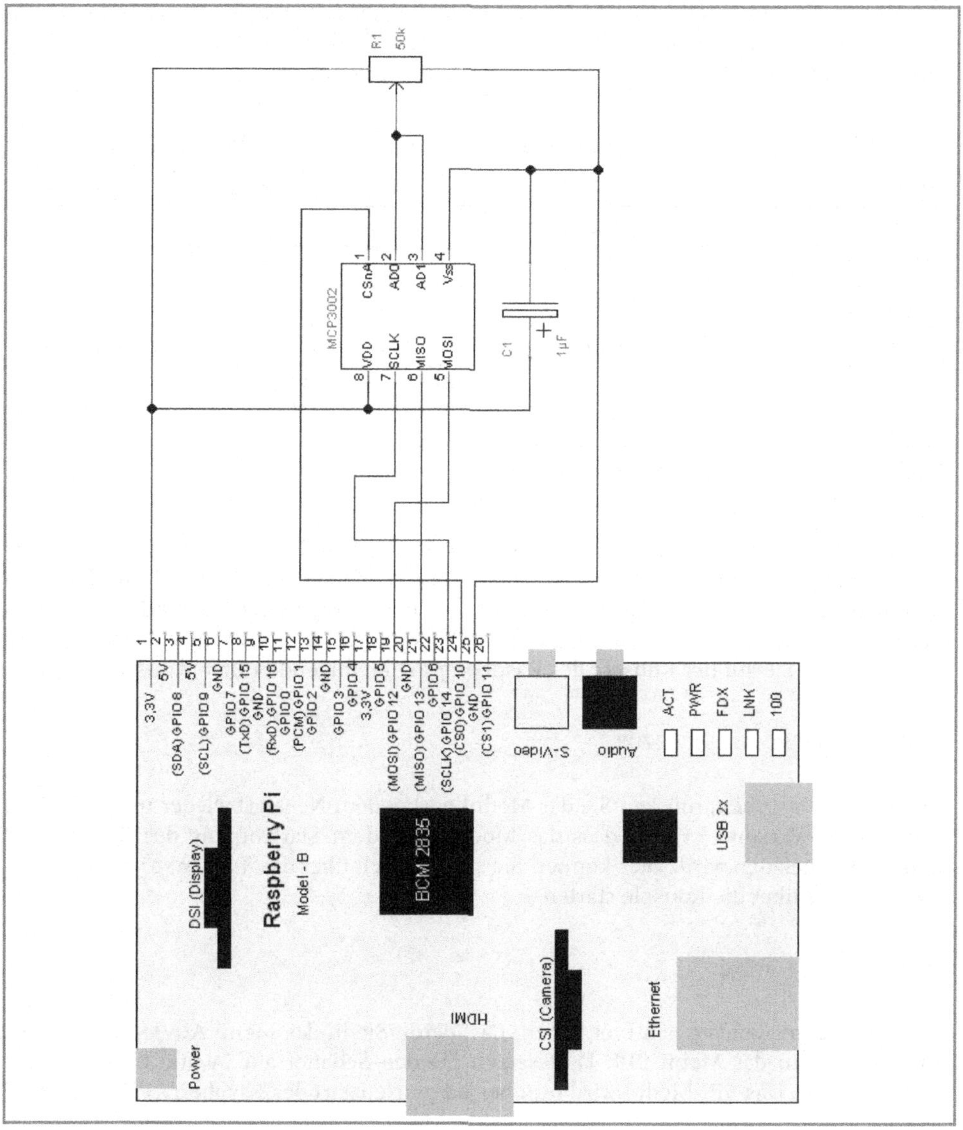

Abb. 8.3: Der MCP3002 wird an den Raspberry Pi angeschlossen.

Wenn Sie das Potenziometer wie in der Abbildung gezeigt direkt an den MCP 3002 anschließen, müssen Sie eine gewisse Ungenauigkeit in Kauf nehmen, weil an die zu messende Spannung am Eingang des ADC bestimmte Mindestanforderungen gestellt werden. So darf bei einer gewählten Busfrequenz von 1 MHz laut Datenblatt der Innenwiderstand der angeschlossenen Spannungsquelle nicht größer als 4 kΩ sein. Um dies in der gezeigten Schaltung zu realisieren, kann man einen Operationsverstärker als Verstärker zwischen Potenziometer und ADC schalten. Beispiele hierzu zeige ich Ihnen in den nächsten zwei Abschnitten.

Leider sind die Bezeichnungen von SPI-Geräten nicht normiert und so werden Sie in der technischen Dokumentation des MCP3002 nicht die hier verwendeten Bezeichnungen finden. Aus diesem Grunde habe ich in der folgenden Tabelle die Bezeichnungen am Raspberry Pi und am MCP3002 zu den hier verwendeten gegenübergestellt.

Bezeichnung	am Raspberry Pi (Master)	am MPC3002 (Slave)
MISO	MISO	D_{OUT}
MOSI	MOSI	D_{IN}
SS0/SS1(Master)	CS0/CS1	
SS(Slave)		CS/SHDN
SCLK	SCLK	CLK
AD0		CH0
AD1		CH1

Tabelle 8.1: Die Bezeichnungen für den SPI-Bus

Wenn Sie den MCP3002 an den Raspberry Pi angeschlossen haben, können Sie die nächsten Schritte durchführen, um den SPI-Bus-Master auf dem Raspberry Pi zu aktivieren. Hierzu müssen Sie zuerst das für den SPI-Bus notwendige Kernel-Modul laden. Ohne dieses Modul können Sie den SPI-Bus nicht verwenden. Am einfachsten laden Sie das Modul, indem Sie auf der Konsole des Raspberry Pi den folgenden Befehl ausführen.

```
sudo modprobe spi-bcm2708
```

Wenn Sie so vorgehen, müssen Sie das Modul nach jedem Neustart wieder manuell laden. Eine bessere Variante ist hier, dass das Modul bei jedem Startvorgang des Raspberry Pi automatisch geladen wird. Dies können Sie sehr einfach über das Tool `raspi-config` erledigen, das Sie über die Konsole starten.

```
sudo raspi-config
```

Wenn Sie `raspi-config` geöffnet haben, navigieren Sie in das Menü ADVANCED OPTIONS und von dort in das Menü SPI. Dort setzen Sie den Schalter auf JA und beenden dann `raspi-config`. Das SPI-Modul wird nun bei jedem Neustart des Raspberry Pi automatisch geladen.

Nachdem das Kernel-Modul geladen wurde, können Sie über den SPI-Bus mit dem ADC kommunizieren. In der Pi4J-Library finden Sie im Package `com.pi4j.wiringpi` die Klasse `Spi`, mit deren Hilfe Sie auf Geräte, die am SPI-Bus des Raspberry Pi angeschlossen sind, zugreifen können.

Mit der Methode `wiringPiSPISetup` initialisieren Sie den Bus und übergeben als ersten Parameter den Chip-Select-Wert. Die erlaubten Werte sind hier 0, wenn Sie den ADC mit dem CS0-Port, und 1, wenn Sie den ADC mit dem CS1-Port des Raspberry Pi verbunden haben. Mit dem zweiten Parameter stellen Sie dann die Taktfrequenz in Hertz für den SCLK-Ausgang des Raspberry Pi ein. Ob die Initialisierung funktioniert hat, können Sie mit dem Rückgabewert der Methode `wiringPiSPISetup` prüfen. Alle Werte, die kleiner oder gleich -1 sind, zeigen einen Fehler an.

Wenn die Initialisierung funktioniert hat, können Sie mit der Methode `wiringPiSPIDataRW` Daten zu einem SPI-Gerät senden und davon empfangen. Die Methode hat drei Parameter. Mit dem ersten Parameter geben Sie genau wie bei der Initialisierung den Chip-Select-Wert an. Mit dem zweiten Parameter übergeben Sie ein `byte`-Array, in das Befehle geschrieben werden und in dem nach der Ausführung von `wiringPiSPIDataRW` die Rückgabewerte stehen. Mit dem dritten Parameter geben Sie dann die Länge des Arrays an.

In unserem Buch-Projekt finden Sie im Package `raspi.hardware.spi` die Klasse `MCP3002`. Sie kennt die Befehle für den MCP3002 und bietet die Möglichkeit, über die Methoden `readChannel` und `readChannelInVolt` auf einfache Weise den ADC abzufragen.

In der Klasse `MCP3002` wollen wir uns als Erstes die Kommandos anschauen, die den MCP3002 dazu veranlassen, einen Spannungswert an seinem Eingang zu wandeln. Um den MCP3002 zu programmieren, benötigen Sie nur vier Bits, trotzdem ist das verwendete `byte`-Array aber zwei Bytes lang.

```
byte[] command = new byte[2];
```

Dies liegt ganz einfach daran, dass der ADC eine Auflösung von 10 Bit hat und der 10 Bit lange Rückgabewert nach der Ausführung in das gleiche Array passen muss. Schauen Sie sich aber zunächst die vier Konfigurationsbits an. Das erste Bit muss immer 1 sein und ist das Start-Bit. Mit dem zweiten Bit können Sie den Modus des MCP3002 einstellen. Ist dieses Bit auf 1 gesetzt, arbeitet der ADC im Single-Ended-Mode. Dies bedeutet, dass die beiden Kanäle des Wandlers unabhängig voneinander genutzt werden können. Ist das Bit dagegen auf 0 gesetzt, arbeitet der ADC im Pseudo-Differential-Mode. In diesem Modus bildet der ADC die Differenz zwischen beiden Eingangssignalen. Mit dem dritten Bit wählen Sie den Kanal aus, auf dem die Wandlung erfolgen soll und das den Rückgabewert bereitstellt. Und mit dem vierten Bit geben Sie dann noch an, ob das höherwertige Byte des Rückgabewerts als erstes Byte oder als zweites Byte übertragen werden soll. Die Klasse `MCP3002` nimmt Ihnen bei der Konfiguration der vier Bits einige Entscheidungen ab, da sie den Wandler immer im Single-Ended-Mode betreibt und immer zuerst das höherwertige Byte des gewandelten Wertes empfangen will. Wollen Sie nun den Kanal 0 ansprechen, sieht das Befehls-Byte wie folgt aus:

```
command[0] = (byte) 0b11010000;
```

Bei der Verwendung von Kanal 1 dann so:

```
command[0] = (byte) 0b1111_0000;
```

Nachdem der ADC den Rückgabewert übertragen hat, steht dieser in dem `byte`-Array. Der zehn Bit lange Rückgabewert ist in dem Array so aufgeteilt, dass in `command[0]` die drei höherwertigen Bits und in `command[1]` die sieben niederwertigen Bits stehen.

`command[0]`								`command[1]`							
					B9	B8	B7	B6	B5	B4	B3	B2	B1	B0	

Die drei Bits aus `command[0]` werden jetzt um sieben Stellen nach links verschoben und in einem `int`-Wert gespeichert.

`int intMSB = (command[0] << 7) & 0x380`															
						B9	B8	B7							

Die sieben Bits aus `command[1]` werden um eine Stelle nach rechts verschoben und ebenfalls in einem `int`-Wert gespeichert.

`int intLSB = (command[1] >> 1) & 0x7f`															
									B6	B5	B4	B3	B2	B1	B0

Zum Schluss werden nun beide `int`-Werte addiert und die freien Bits mit 0 maskiert.

`(intMSB + intLSB) & 0x3ff`															
0	0	0	0	0	0	B9	B8	B7	B6	B5	B4	B3	B2	B1	B0

Den vollständigen Programmcode der Klasse MCP3302 sollten Sie sich genau anschauen, da er den grundlegenden Ablauf bei einer Kommunikation zwischen dem Raspberry Pi und einem angeschlossenen SPI-Gerät zeigt.

```
package raspi.hardware.spi;
import com.pi4j.wiringpi.Spi;

public class MCP3002{
  public static final int CS0 = 0;
  public static final int CS1 = 1;
  public static final int CLOCK1M = 1000000;
  private int cs = 0;

  public MCP3002(int cs, int clock)
```

```
  {
    this.cs = cs;
    if (Spi.wiringPiSPISetup(cs, clock) <= -1) {
      System.out.println(
          "Fehler: SPI-Bus konnte nicht initialisiert werden!");
    }
  }
  public int readChannel(int channel){
    byte[] command = new byte[2];
    int value;
    if(channel == 0){
      command[0] = (byte) 0b1101_0000;
    }else{
      command[0] = (byte) 0b1111_0000;
    }
    command[1] = 0b00;
    Spi.wiringPiSPIDataRW(cs, command, 2);
        int intMSB = (command[0] << 7) & 0x380;
        int intLSB = (command[1] >> 1) & 0x7f;
        value = (intMSB + intLSB) & 0x3ff;
        return value;
    }
  }
  public double readChannelInVolt(int channel){
    double u = readChannel(channel);
    return (3.3d * u) / 1023.0d;
  }
}
```

Mit einem einfachen Beispiel können Sie die Arbeitsweise des MCP3002 testen.

```
package raspi.projekte.kap08;
import raspi.hardware.spi.MCP3002;

public class PotentiometerAuslesen{
  public static void main(String[] args) throws
           InterruptedException {
    MCP3002 mcp = new MCP3002(MCP3002.CS0, MCP3002.CLOCK1M);
    int int0 = 0;
    int int1 = 0;
    while(true){
      Thread.sleep(1000);
```

```
      int0 = mcp.readChannel(0);
      int1 = mcp.readChannel(1);
      System.out.printf("%1$s   %2$s %n",int0, int1);
    }
  }
}
```

Script zum Starten der Anwendung

Script `kap08PotentiometerAuslesen.sh`
beenden mit [Strg]+[C]

8.2 Temperaturmessung mit einem NTC-Widerstand

NTC-Widerstände verringern mit steigender Temperatur ihren Widerstandswert und können deshalb gut zur Temperaturmessung eingesetzt werden. Da der Zusammenhang zwischen der Temperatur und dem Widerstandswert nicht linear ist, zeige ich Ihnen, wie mit einem geeigneten Vorwiderstand und einem eingeschränkten Temperaturbereich eine ausreichende Linearität erzielt werden kann.

Ich möchte Ihnen hier für die Temperaturmessung den TS-NTC 103A vorstellen. Er besitzt laut Datenblatt die folgenden technischen Daten:

Präzisions-Temperatursensor TS-NTC 103A	
Messbereich	-60...+150 °C
Nenn-Widerstand bei 25°C R_{N25}	10 kΩ ±0,5 %
B-Wert	3976 K ±0,5 %
Ansprechzeit in Luft	15 s
max. Verlustleistung	6 mW

Tabelle 8.2: Die technischen Daten des Temperatursensors

Die folgenden Beschreibungen gelten nicht nur für den TS-NTC 103A, sondern für alle NTC-Widerstände. Wenn Sie für die angegebenen Beispiele einen anderen NTC-Widerstand einsetzen möchten, müssen Sie in den Rechnungen nur den entsprechenden B-Wert und den Nenn-Widerstand bei 25°C des verwendeten NTC-Widerstands einsetzen. Was die beiden Kennwerte bedeuten, erkläre ich in den folgenden Abschnitten.

8.2.1 Kennlinie linearisieren

NTC-Widerstände besitzen alle eine ähnliche Kennlinie, die man als Näherungsformel angeben kann. Die Sensor-spezifischen Werte sind hier der Nenn-Widerstand bei 25°C R_{N25} und der sogenannte B-Wert, der in Kelvin angegeben wird. Beide finden sich in der folgenden Formel wieder, die den temperaturabhängigen Widerstand R_T als Funktion von der Temperatur T wiedergibt.

$$R_T(T) = R_{N25} * \exp[B * (1/T - 1/T_N)]$$

Die Werte für R_{N25} und B entnehmen Sie den technischen Daten und setzen diese in die Formel ein. Beachten Sie aber bitte, dass die Temperaturen in Kelvin angegeben werden und deshalb umgerechnet werden müssen.

$$T = 273\ K + U$$

$$T_N = 273\ K + 25\ (°C) = 298\ K$$

$$R_T(U) = 10\ k\Omega * \exp[3976\ K * (1/(273\ K + U) - 1/(298\ K)]$$

Für einen Temperaturbereich von -10°C bis 50°C habe ich Ihnen die Kennlinie des TS-NTC 103A nach dieser Näherungsformel gezeichnet.

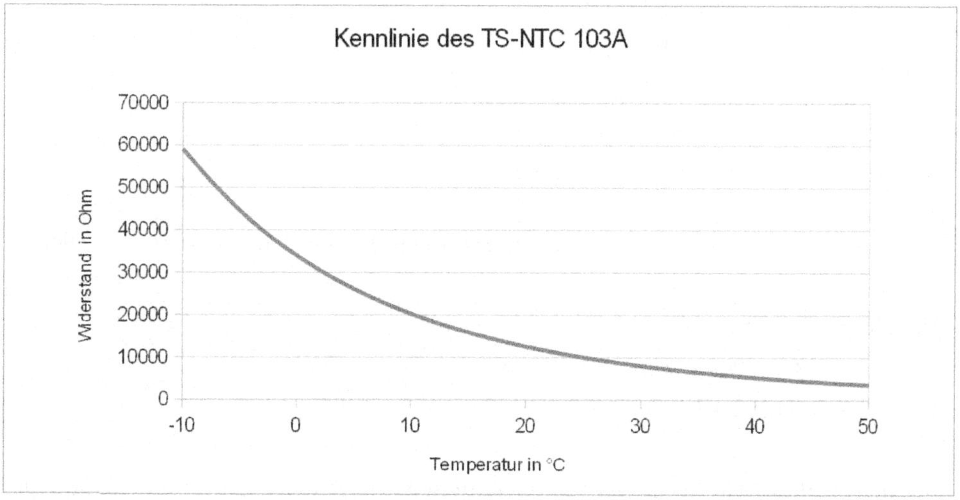

Abb. 8.4: Genäherte Kennlinie des TS-NTC 103A

Da die Kennlinie von NTC-Widerständen keinen linearen Zusammenhang zwischen der Temperaturänderung und der sich daraus ergebenen Widerstandsänderung hat, werden wir dies näherungsweise durch die richtige Wahl eines Vorwiderstands erreichen. Schauen Sie sich aber zunächst die mit der Näherungsformel ausgerechneten Widerstandswerte für drei Temperaturen in der folgenden Tabelle an. Die Differenz zwischen 0 °C und 20°C und zwischen 20°C und 40°C beträgt jeweils 20°C. Vergleichen Sie dagegen die Differenz zwischen R_u und R_m und zwischen R_m und R_o, so ergeben sich unterschiedliche Differenzen. Durch den richtigen Vorwiderstand können Sie aber für drei Stützpunkte die gleich große Spannungsänderung am NTC-Widerstand erreichen.

$\vartheta = 0\,°C$	$R_{ntc}=R_u = 33933{,}6\ \Omega$
$\vartheta = 20\,°C$	$R_{ntc}=R_m = 12556{,}9\ \Omega$
$\vartheta = 40\,°C$	$R_{ntc}=R_o = 5276{,}1\ \Omega$

Schauen Sie sich den Schaltplan in Abbildung 8.5 an. Dort bildet der Widerstand R_{vor} mit dem NTC-Widerstand einen Spannungsteiler. Die Spannung, die an R_{ntc} abfällt, lässt sich durch das Widerstandsverhältnis berechnen.

$$U_{ntc} = U_{ref} * R_{ntc} / (R_{ntc} + R_{vor})$$

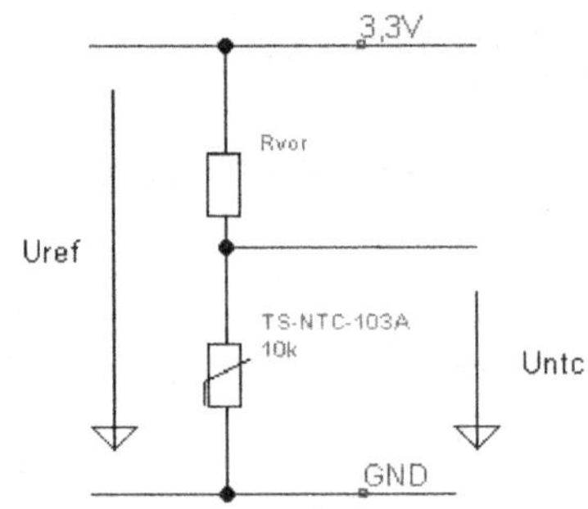

Abb. 8.5: NTC-Widerstand mit Vorwiderstand

Die Spannungsteiler-Formel können Sie jetzt für jede der drei Temperaturen aufstellen.

$$U_u = U_{ref} * R_u / (R_u + R_{vor})$$
$$U_m = U_{ref} * R_m / (R_m + R_{vor})$$
$$U_o = U_{ref} * R_o / (R_o + R_{vor})$$

Um die Nichtlinearität für die drei Temperaturen auszugleichen, gilt für die Spannungen U_{ntc} die folgende Bedingung.

$$U_m - U_u = U_o - U_m$$

Werden nun die drei Spannungsteiler-Formeln in die obige Gleichung eingesetzt und nach R_{vor} umgestellt, so erhalten Sie die folgende Gleichung.

$$R_{vor} = (R_m*(R_u+R_o)-2*R_u*R_o) / (R_u+R_o-2*R_m)$$

Es werden nun die Werte für R_u, R_m und R_o eingesetzt und der Vorwiederstand R_{vor} berechnet.

$R_{vor} = 9526\ \Omega$

Zur Probe können jetzt mit den drei Spannungsteiler-Formeln die Werte für U_u, U_m und U_o berechnet werden.

$U_u = 0\ °C$	$U_u = 3{,}3\ V * 33933{,}6\ \Omega\ /\ (\ 33933{,}6\ \Omega + 9526\ \Omega\ ) = 2{,}577\ V$
$U_m = 20\ °C$	$U_m = 3{,}3\ V * 12556{,}9\ \Omega\ /\ (\ 12556{,}9\ \Omega + 9526\ \Omega\ ) = 1{,}876\ V$
$U_o = 40\ °C$	$U_o = 3{,}3\ V * 5276{,}1\ \Omega\ /\ (\ 5276{,}1\ \Omega + 9526\ \Omega\ ) = 1{,}176\ V$

Und wie die Rechnung bestätigt, haben die drei Spannungswerte den gleichen Abstand untereinander. In dem Diagramm in Abbildung 8.6 können Sie sehen, dass der Spannungsverlauf zwischen 0°C und 40°C fast linear verläuft.

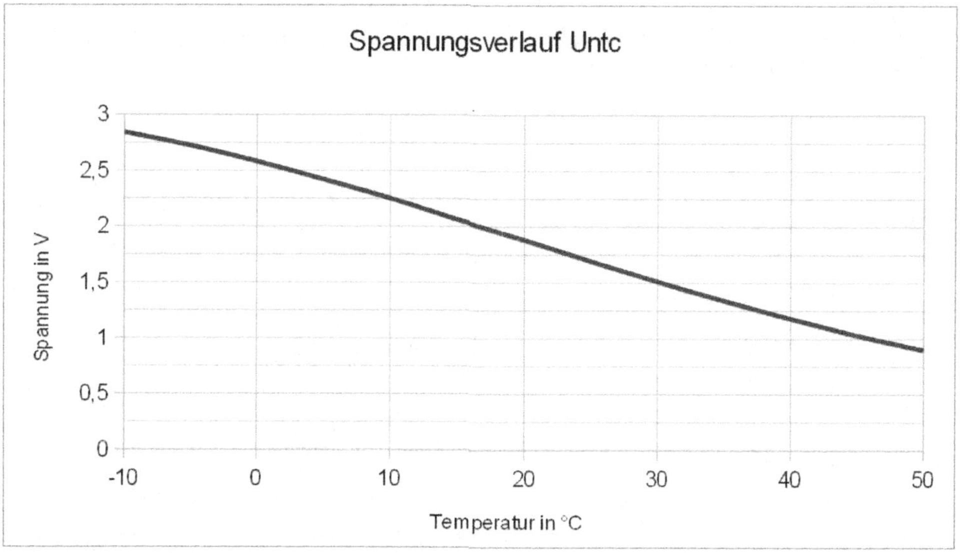

Abb. 8.6: Spannungsverlauf am TS-NTC 103A mit 9526-Ω-Vorwiderstand

Die Funktion für diese Kennlinie erhalten Sie, wenn die Näherungsformel für den NTC-Widerstand in die Spannungsteiler-Formel eingesetzt wird.

$$U_{ntc} = U_{ref} * R_{N25} * \exp[\ B * (1/T - 1/T_N)\ ]\ /\ (\ R_{N25} * \exp[B * (\ 1/T - 1/T_N\ )] + R_{vor})$$

8.2.2 Der passende Verstärker

Nach den oben beschriebenen Berechnungen haben wir jetzt zwar einen fast linearen Zusammenhang zwischen Temperatur und Spannung, leider können Sie den Spannungsteiler aus dem Widerstand R_{vor} und dem NTC-Widerstand aber nicht direkt an den ADC anschließen. Dieser benötigt nämlich eine Spannungsquelle mit einem kleinen Innenwiderstand. Dies ist notwendig, da in einem ADC eine Kapazität vorhanden ist, die vor der eigentlichen Analog-Digital-Wandlung vollständig geladen werden muss. Außerdem sollte man den kompletten Eingangsspannungsbereich des ADC nutzen, damit möglichst feine Temperaturabstufungen gemessen werden können. Es wird ein Verstärker benötigt, der die folgenden Eigenschaften besitzt:

- Der Verstärker muss einen hochohmigen Eingang besitzen, damit der Spannungsteiler aus R_{vor} und dem NTC-Widerstand nicht beeinflusst wird.
- Der Verstärker muss einen niederohmigen Ausgang haben.
- Die Spannungsänderung an dem NTC-Widerstand muss für den gewünschten Temperaturbereich von 0°C bis 40°C so weit verstärkt werden, dass der komplette Eingangsspannungsbereich des ADC von 0 V bis 3,3 V ausgenutzt wird.
- Der Eingangspegel muss so verschoben werden, dass die kleinste Spannung am NTC-Widerstand (bei 0°C) am Ausgang des Verstärkers auf 0 V liegt.

Diese Bedingungen erfüllt die Schaltung mit einem Operationsverstärker, die Sie in der Schaltung in Abbildung 8.7 finden.

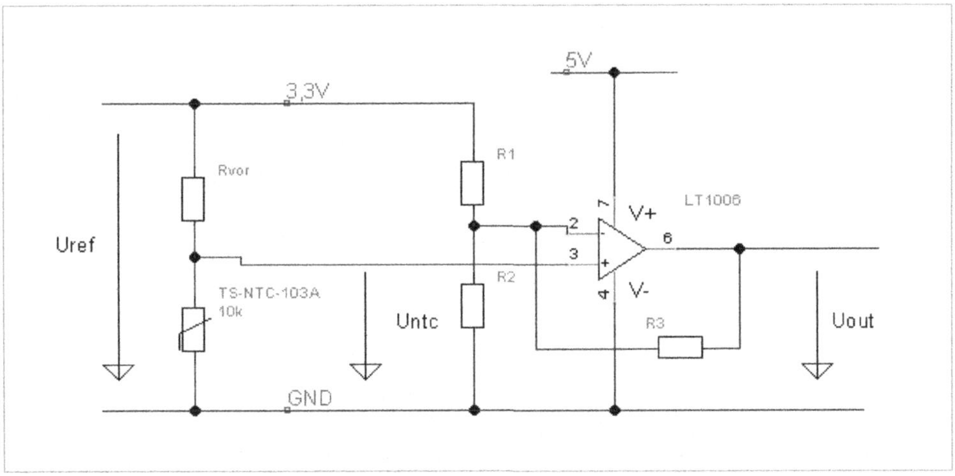

Abb. 8.7: Verstärker zur Anpassung an den ADC

Die Übertragungsgleichung des eingesetzten Verstärkers wird durch die Widerstände R_1, R_2, R_3 und durch die Spannung U_{ref} bestimmt.

$$U_{out} = U_{ntc} * (1 + R_3/R_1 + R_3/R_2) - U_{ref} * R_3/R_1$$

Der Term

$$(1+R_3/R_1+R_3/R_2) = A$$

ist für die Verstärkung der Spannung U_{ntc} zuständig. Und der Term

$$U_{ref} * R_3/R_1 = d$$

bestimmt die Verschiebung des Nullpunkts. Die Verstärkung eines Verstärkers kann auch ganz allgemein als Verhältnis zwischen der Ausgangsspannungsdifferenz zur Eingangsspannungsdifferenz bestimmt werden. Sie erhalten die Ausgangsspannungsdifferenz mit der Bedingung, dass die maximale Ausgangsspannung des Verstärkers 3,3 V und die minimale 0 V betragen soll. Die Eingangsspannungsdifferenz ergibt sich aus dem Spannungsabfall am NTC-Widerstand bei 0°C und 40°C.

$$A = (U_{outmax} - U_{outmin}) / (U_u - U_o) = (3{,}3\ V - 0\ V)/(2{,}577\ V - 1{,}176\ V) = 2{,}355$$

Der Nullpunkt muss jetzt so verschoben werden, dass bei der kleinsten Spannung U_{ntc}, die hier bei 40°C erreicht wird, am Ausgang der Pegel auf 0 V verschoben wird.

$$U_{out} = U_{ntc}*(1+R_3/R_1+R_3/R_2) - U_{ref} * R_3/R_1$$
$$U_{out} = U_{ntc} * A - U_{ref} * R_3/R_1 = U_{ntc} * A - d = 1{,}176\ V * 2{,}355 - d = 0\ V$$
$$d = 1{,}176\ V * 2{,}355 = 2{,}769\ V$$

Sie kennen jetzt die Verstärkung A und die Verschiebung des Nullpunkts d und können alle Widerstände berechnen. Den Widerstand R_1 wollen wir aber frei wählen und setzen diesen auf den gleichen Wert wie R_{vor}.

$$R_1 = R_{vor}=9526\ \Omega$$

Mit den folgenden Formeln lässt sich jetzt R_3 berechnen.

$$d = U_{ref} * R_3/R_1$$

$$R_3 = d * R_1 / Uref = 2{,}769\ V * 9526\ \Omega / 3{,}3\ V = 7993\ \Omega$$

Um jetzt noch R_2 berechnen zu können, verwenden wir aus der Übertragungsfunktion den Term, der die Verstärkung angibt.

$A = (1+R_3/R_1+R_3/R_2) = 2{,}355$

Diesen Term stellen Sie nun nach R_2 um.

$R_2 = R_3 / (A - 1 - R_3/R_1)$

$R_2 = 7993\ \Omega / (2.355 - 1 - 7993\ \Omega / 9526\ \Omega) = 15492\ \Omega$

Nachdem nun alle Widerstände bekannt sind, müssen diese aus einer Normwiderstandsreihe entnommen werden. Damit Sie möglichst genaue Ergebnisse erzielen, empfehle ich hier Präzisionswiderstände mit ±0,1% Toleranz einzusetzen. Diese Widerstände werden meist in E12- oder E24-Normreihe angeboten. Mit Widerständen aus der E96-Normreihe kommen Sie zwar näher an unsere Vorgaben heran, haben aber meist eine Toleranz von ±1%.

berechnete Widerstände	ausgewählte Widerstände (E12/E24-Normreihe)
R_{vor}=9526 Ω	R_{vor}= 9100 Ω
R_1 = 9526 Ω	R_1 = 9100 Ω
R_2 = 15492 Ω	R_2 = 15000 Ω
R_3 = 7993 Ω	R_3 = 8200 Ω

Tabelle 8.3: Gegenüberstellung der berechneten und gewählten Widerstände

Mit den ausgewählten Widerständen kann jetzt die Übertragungsfunktion neu berechnet werden.

$U_{out} = U_{ntc} * (1 + R_3/R_1 + R_3/R_2) - U_{ref} * R_3/R_1$

$U_{out} = U_{ntc} * (1 + 8200\ \Omega/9100\ \Omega + 8200\ \Omega/15000\ \Omega) - 3{,}3\ V * 8200\ \Omega/9100\ \Omega$

$U_{out} = U_{ntc} * 2{,}448 - 2{,}974\ V$

Wenn Sie jetzt in die Übertragungsgleichung die U_{ntc}-Werte für 0°C und für 40°C eintragen, erhalten Sie die größte und kleinste Spannung, die dann der Verstärker an seinem Ausgang bereitstellt.

U_u = 0 °C	$U_u = 3{,}3\ V * 33933{,}6\ \Omega / (33933{,}6\ \Omega + 9100\ \Omega) = 2{,}602\ V$
U_o = 40 °C	$U_o = 3{,}3\ V * 5276{,}1\ \Omega / (5276{,}1\ \Omega + 9100\ \Omega) = 1{,}211\ V$
U_u = 0 °C	$U_{outo} = 2{,}60\ V * 2{,}45 - 2{,}97\ V = 3{,}396\ V$
U_o = 40 °C	$U_{out40} = 1{,}21\ V * 2{,}45 - 2{,}97\ V = -0{,}0095\ V$

Mit diesen Werten kann jetzt die Ausgangsspannung als lineare Funktion von U_c in °C angegeben werden.

$U_{out}(\vartheta_c) = \vartheta_c * \text{Steigung} + \text{Nullpunktverschiebung}$

$U_{out}(\vartheta_c) = \vartheta_c * (U_{out0} - U_{out40}) / (\vartheta_u - \vartheta_o) + U_{out0}$

$U_{out}(\vartheta_c) = \vartheta_c * (3{,}4V - 0{,}006\ V) / (0°C - 40°C) + 3{,}4\ V$

$U_{out}(\vartheta_c) = - \vartheta_c * 0{,}085\ V/°C + 3{,}4\ V$

Um die Formel in einem Programm benutzen zu können, muss diese noch nach ϑ_c umgestellt werden.

Um genauere Ergebnisse zu erreichen, habe ich alle Berechnungen mit den gewählten Widerständen und ohne zu kürzen durchgeführt.

$\vartheta_c = (3{,}396\ V - U_{out}) * 11{,}747\ °C/V$

Die Auflösung des ADC bestimmt dann die Quantisierung der ausgegebenen Werte. Da wir den vollen Spannungsbereich am Eingang des MCP3002 durch den Operationsverstärker nutzen und der MCP3002 eine Auflösung von 10 Bit hat, kann die kleinste Schrittweite der Temperatur berechnet werden.

$\vartheta_{min} = (40\ °C - 0\ °C) / 2\hat{}10 = 40\ °C / 1024 = 0{,}04\ °C$

Wenn Sie also später den ADC auslesen, wird die Temperatur als kleinstmögliche Änderung den Wert 0,04 °C haben.

8.2.3 Die Schutzschaltung

Bisher wurde noch nicht behandelt, was denn geschieht, wenn der Temperaturbereich von 0 °C bis 40 °C verlassen wird, und wie reagiert der Verstärker an den theoretischen Grenzen der Ausgangsspannung von 0 V und 3,3 V?

Der verwendete Operationsverstärker LT1006 kann mit einer unsymmetrischen Spannungsversorgung betrieben werden. In unserer Schaltung habe ich hier die 5 V, die der Raspberry Pi an seinem GPIO-Port bereitstellt, verwendet. Der LT1006 kann bei dieser Spannungsversorgung und ohne Last eine Ausgangsspannung von 15 mV bis 4,4 V bereitstellen. Nähert sich die Temperatur der obereren Grenze von 40°C, bleibt immer eine Restspannung von 15 mV über, auch dann, wenn die Temperatur weit über die 40°C hinaus ansteigt.

Nähert sich die Temperatur der unteren Grenze von 0°C, kann der Operationsverstärker die zugeordnete Spannung von 3,3 V auch bereitstellen. Sinkt die Temperatur jedoch unter 0°C , kann der LT1006 eine Ausgangsspannung von bis zu 4,4 V liefern. Diese Spannung ist aber zu hoch für den angeschlossenen MCP3002. Aus diesem Grunde schalten wir hier einen Widerstand von 330 Ω vom Ausgang des Operationsverstärkers gegen Masse. Bei diesem Lastwiderstand steigt die Ausgangsspannung des Operationsverstärkers nur minimal über 3,3 V an.

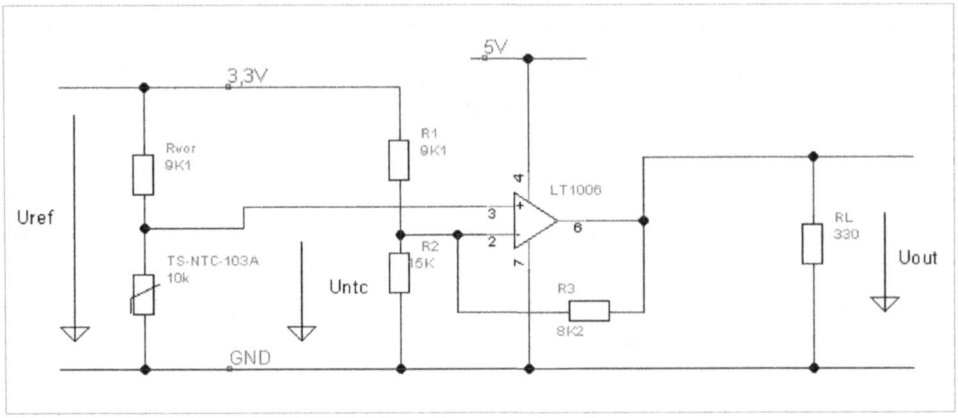

Abb. 8.8: Verstärker mit Schutzschaltung

Wenn Sie jetzt die kleinste Ausgangsspannung, die durch den gewählten Operationsverstärker bestimmt wird, und die größte Ausgangsspannung, die durch die Schutzschaltung bestimmt wird, in die errechnete Formel einsetzen, erhalten Sie die echten Temperaturgrenzen der Schaltung.

$$\vartheta_C = (3{,}396\ V - U_{out}) * 11{,}747\ °C/V$$

$$\vartheta_C = (3{,}396\ V - U_{out}) * 11{,}747\ °C/V = (3{,}396\ V - 15\ mV) * 11{,}747\ °C/V = 39{,}7°C$$

$$\vartheta_C = (3{,}396\ V - U_{out}) * 11{,}747\ °C/V = (3{,}396\ V - 3{,}3\ V) * 11{,}747\ °C/V = 1{,}1°C$$

In Abbildung 8.9 sehen Sie dann den kompletten Schaltplan mit dem Raspberry Pi.

Die Schaltung können Sie mit dem folgenden Testprogramm ausprobieren.

```
package raspi.projekte.kap08;
import raspi.hardware.spi.MCP3002;

public class TemperaturMessen{
  public static void main(String[] args) throws
                                     InterruptedException {
    MCP3002 mcp = new MCP3002(MCP3002.CS0, MCP3002.CLOCK1M);
    while(true){
      Thread.sleep(1000);
      double u = mcp.readChannelInVolt(0);
      double t = (3.396d - u) * 11.747d;
      System.out.printf("Temperatur: %1$4.2f °C %n",t);
    }
  }
}
```

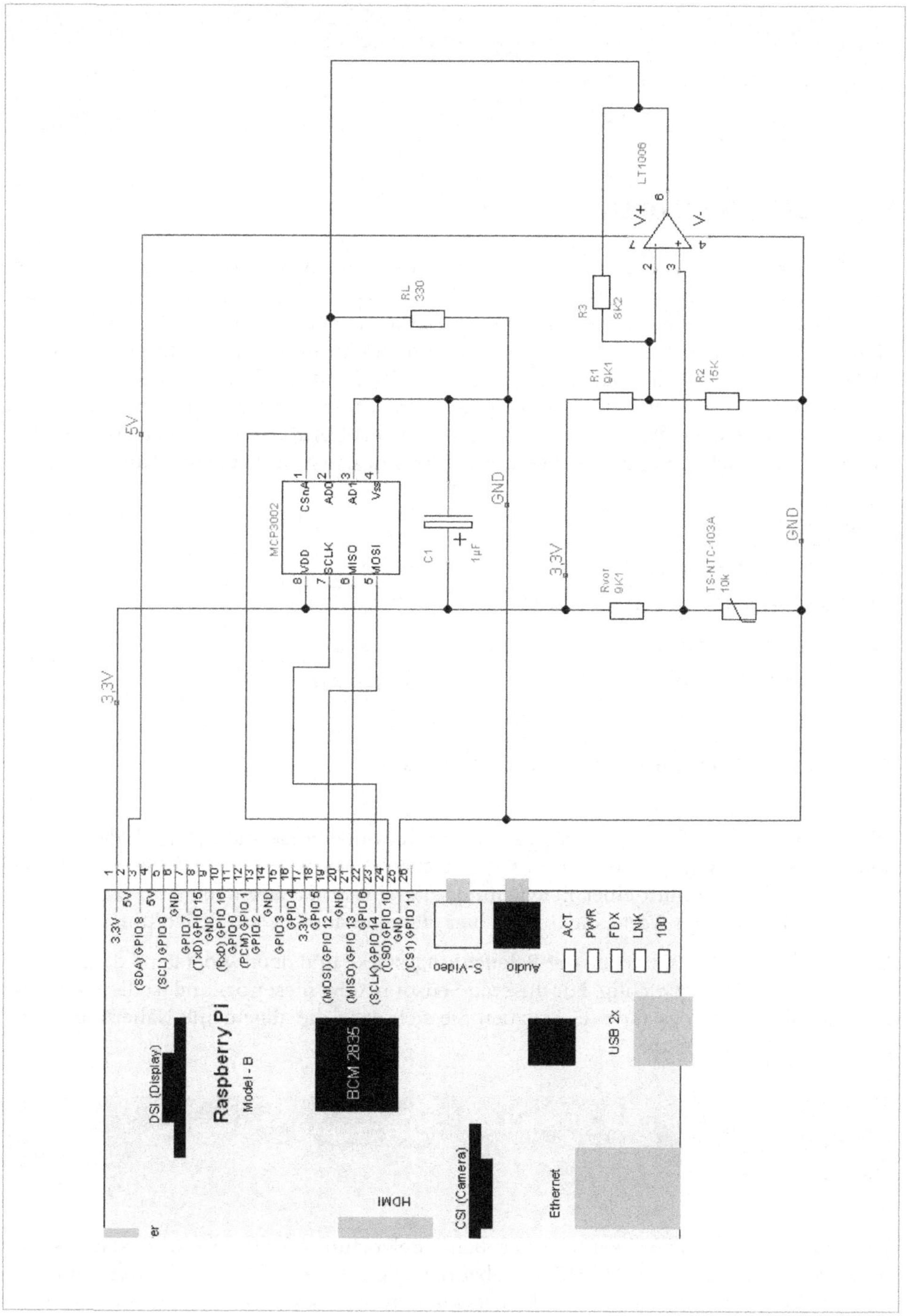

Abb. 8.9: Messschaltung für den NTC-Sensor TS-NTC 103A

Script zum Starten der Anwendung	
Script	`kap08TemperaturMessen.sh`
	beenden mit [Strg]+[C]

8.3 LDR-Sensoren

LDR-Sensoren sind Widerstände, die von der einfallenden Beleuchtungsstärke abhängig sind. Die Beleuchtungsstärke wird in Lux gemessen und wirkt so auf den LDR-Sensor, dass sein Widerstand bei steigender Beleuchtungsstärke kleiner wird. In den Datenblättern zu LDR-Sensoren findet man meist Widerstandswerte für bestimmte Beleuchtungsstärken. In der folgenden Tabelle sind die Widerstandswerte des Sensors B 9060 32 zu den Beleuchtungsstärken 10 lx und 100 lx angegeben. Bei dem Widerstandswert für 10 lx ist die Streuung des angegebenen Widerstandes mit 5..13 kΩ recht groß. Was schon vermuten lässt, dass man mit solchen Streuwerten kein Präzisionsmessinstrument bauen kann.

LDR-Sensor B 9060 32	
R_{10} Widerstand bei 10 Lux	5..13 kΩ
R_{100} Widerstand bei 100 Lux	2 kΩ
R_{01} Dunkelwiderstand nach 1 s	min. 100 kΩ
R_{05} Dunkelwiderstand nach 5 s	min. 300 kΩ
γ	0,7

Tabelle 8.4: Die technischen Daten des LDR-Sensors

Die Widerstandsangaben R_{01} und R_{05} sind Dunkelwiderstände, die sich nach dem Abdunkeln des Sensors nach 1 s und nach 5 s einstellen. Vorher wurde der Sensor meist über einen längeren Zeitraum einer Beleuchtungsstärke von beispielsweise 400 lx ausgesetzt. Dies sind dynamische Werte, die für uns hier erst einmal nicht von Bedeutung sind.

Um die Abhängigkeit zwischen der Beleuchtungsstärke und dem Widerstand darzustellen, ist der Gamma-Wert γ wichtig. Für unseren Sensor beträgt dieser 0,7 und ist die Potenz zur Basis der Beleuchtungsstärke E. Schauen Sie sich dazu die allgemeine Näherungsformel für einen LDR-Sensor an.

Näherungsformel für einen LDR-Sensor
$R_{ldr} = R_0 * E^{\wedge -\gamma}$

Über die Näherungsformel kann bei gegebener Beleuchtungsstärke der Widerstand berechnet werden. Hier fehlt zur Berechnung aber noch der Widerstand R_0, der jedoch im Datenblatt nicht direkt angegeben wird. Wir können ihn aber durch den im Datenblatt angegebenen Widerstand R_{100} berechnen, indem für $R_{ldr} = R_{100} = 2$ kΩ und für die Beleuchtungsstärke E = 100 lx eingesetzt wird und die Formel dann nach R_0 umgestellt wird.

$2\ k\Omega = Ro * 100\ lx\ \hat{}\ -0{,}7$

$R_0 = 2\ k\Omega\ /\ (100\ lx\ \hat{}\ -0{,}7)$

$R_0 = 50237\ \Omega$

Mit dem so berechneten Widerstand $R_{0,}$ kann man nun die Näherungsformel für den Sensor B 9060 32 angeben.

Näherungsformel für den LDR-Sensor B 9060 32

$R_{ldr} = 50237\ \Omega * E^{\hat{}-0{,}7}$

In dem Diagramm in Abbildung 8.10 habe ich einmal die berechneten Werte aus der Näherungsformel und zusätzlich die Werte der Kennlinie, die im Datenblatt angegeben ist, eingetragen. Die graue Linie, die eine exakte Gerade darstellt, wurde über die Näherungsformel berechnet und die schwarze, etwas gekrümmte Linie stammt aus dem Diagramm im Datenblatt.

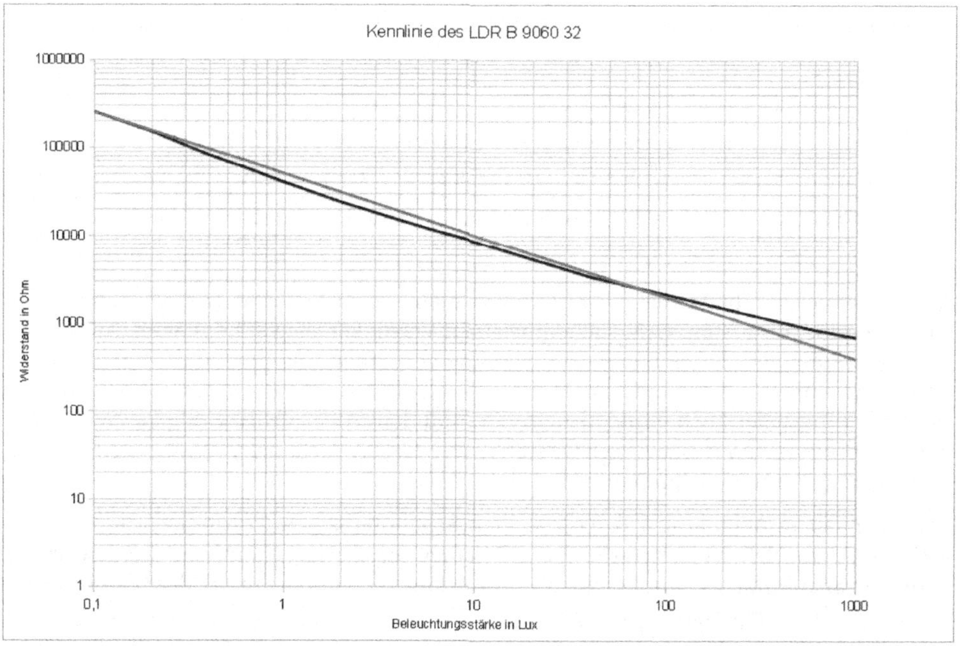

Abb. 8.10: Kennlinienvergleich zwischen der Näherungsformel und der Kennlinie aus dem Datenblatt

Wie Sie erkennen können, gibt es Bereiche, in denen sich beide Kennlinien fast decken. Zu höheren Beleuchtungsstärken hingegen streben beide Kennlinien auseinander.

Dass beide Kennlinien fast Geraden darstellen, liegt natürlich nur an der doppelt logarithmischen Darstellung. Bei einer linearen Darstellung ist die Kennlinie gar nicht mehr darzustellen. Zumindest nicht in einem so großen Beleuchtungsstärkebereich, der hier über vier Dekaden geht.

Da bei einer so starken Nichtlinearität eine Linearisierung durch einen Vorwiderstand nicht möglich ist, werden wir hier ein anderes Verfahren anwenden. Hierzu berechnen wir zunächst die Widerstände für den unteren, mittleren und oberen Beleuchtungsstärkebereich.

E_u = 0,1 lx	$R_{ldr} = R_u$ = 251781 Ω
E_m = 10 lx	$R_{ldr} = R_m$ = 10000 Ω
E_o = 1000 lx	$R_{ldr} = R_o$ = 399 Ω

Als Vorwiderstand für den LDR-Sensor bietet sich der Widerstand für die mittlere Beleuchtungsstärke an, die hier 10 lx beträgt.

$$R_{vor} = R_m = 10\ \text{k}\Omega$$

Mit dem gewählten Vorwiderstand kann jetzt für die drei Beleuchtungsstärken über die Spannungsteiler-Formel die jeweilige Spannung am LDR-Sensor berechnet werden.

$U_{ntc} = U_{ref} * R_{ldr}$ / ($R_{ldr} + R_{vor}$)	
E_u = 0,1 lx	U_u = 3,3 V * 251781 Ω / (251781 Ω + 10 kΩ) = 3,171 V
E_m = 10 lx	U_m = 3,3 V * 10 kΩ / (10 k Ω + 10 kΩ) = 1,65 V
E_o = 1000 lx	U_o = 3,3 V * 399 Ω / (399 Ω + 10 kΩ) = 0,126 V

Wenn Sie sich die berechneten Werte anschauen, sehen Sie, dass fast der ganze Spannungsbereich von 0 V bis 3,3 V auch ohne einen Verstärker ausgeschöpft wird. Aus diesem Grunde werden wir auf eine exakte Anpassung verzichten und greifen die Spannung am LDR-Sensor über einen Spannungsfolger ab. Dieser ist lediglich dazu da, um die Spannung am Spannungsteiler hochohmig abzugreifen und dem ADC niederohmig bereitzustellen. Da die Spannung am Ausgang des Operationsverstärkers nicht die 3,3 V übersteigen kann, ist hier keine Schutzschaltung erforderlich.

Da wir in der in Abbildung 8.11 dargestellten Schaltung keinen linearen Zusammenhang zwischen dem LDR-Widerstand und der Beleuchtungsstärke bekommen, werden wir die gelieferte Spannung bis zum LDR-Sensor zurückrechnen und dann mit der Näherungsformel die Beleuchtungsstärke berechnen.

Wie Sie der in Abbildung 8.11 gezeigten Schaltung entnehmen können, ist die Ausgangsspannung am Operationsverstärker gleich der Spannung am Sensor. Über diese Spannung lässt sich nun über die Spannungsteiler-Formel der Sensorwiderstand berechnen. Um an die Beleuchtungsstärke zu kommen, wird die Spannungsteiler-Formel nach R_{ldr} umgestellt.

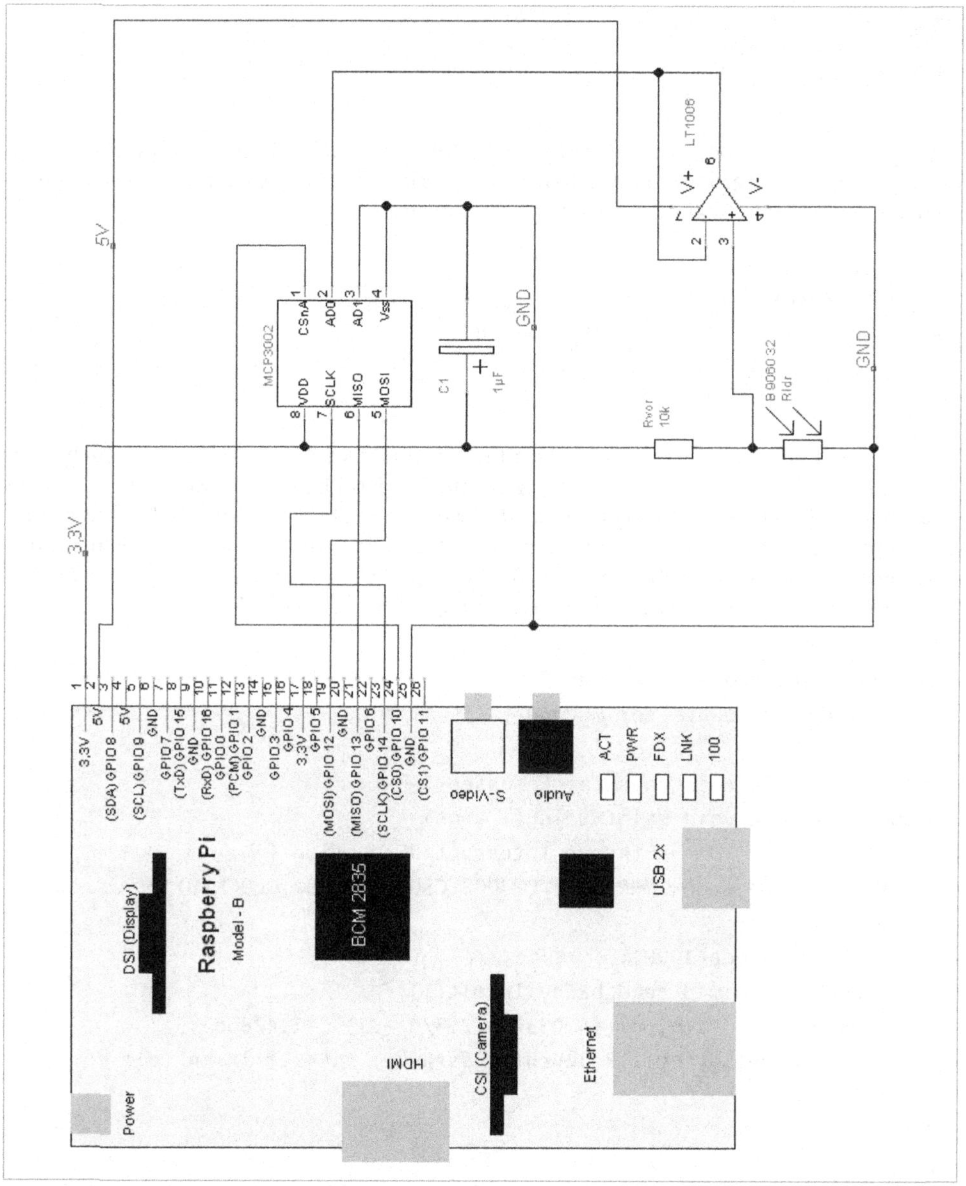

Abb. 8.11: Messschaltung für den LDR-Sensor B 9060 32

$$U_{AD0} = U_{ldr} = U_{ref} * R_{ldr} / (R_{ldr} + R_{vor})$$

$$R_{ldr} = R_{vor} (U_{ref} / U_{ldr} - 1)$$

Danach muss die Näherungsformel nach der Beleuchtungsstärke aufgelöst werden.

$$R_{ldr} = R_0 * E \hat{\ } {-\gamma}$$
$$E = (R_0 / R_{ldr}) \hat{\ } (1 / \gamma)$$

Und zum Schluss muss noch die umgestellte Spannungsteiler-Formel in die Näherungsformel eingesetzt werden. Sie erhalten dadurch die Beleuchtungsstärke in Abhängigkeit von der gemessenen Spannung U_{ldr} beziehungsweise U_{AD0}.

$$E = ((R_0 / R_{vor}) * (U_{ref} / U_{ldr} - 1)) \hat{\ } (1 / \gamma)$$
$$E = ((50237 \ \Omega / 10 \text{ k}\Omega) * (3{,}3 \text{ V} / U_{ldr} - 1)) \hat{\ } (1 / 0{,}7)$$
$$E = (5{,}0237 * (3{,}3 \text{ V} / U_{ldr} - 1)) \hat{\ } 1{,}4286$$

Die Umsetzung dieser Formel in ein Java-Programm ist sehr einfach, hat aber auch einen Nachteil. Die oben angegebene Näherungsformel für den LDR-Sensor weicht bei zu hohen und sehr niedrigen Beleuchtungsstärken stark von der realen Kennlinie ab. Und so werden die Gamma-Werte in den Datenblättern meist für einen eingeschränkten Beleuchtungsstärkebereich angegeben. Für den LDR B 9060 32 gilt der Gamma-Wert für den Bereich von 10 lx bis 100 lx. Dies sollten Sie je nach Einsatz des Sensors bedenken.

```
package raspi.projekte.kap08;
import raspi.hardware.spi.MCP3002;

public class BeleuchtungsstaerkeMessen{
  public static void main(String[] args)
                      throws InterruptedException {
    MCP3002 mcp = new MCP3002(MCP3002.CS0, MCP3002.CLOCK1M);
    while(true){
      Thread.sleep(1000);
      double u = mcp.readChannelInVolt(1);
      double e = Math.pow((5.0237d*(3.3/u - 1)), 1.4286d);
      System.out.printf("Beleuchtungsstärke: %1$4.2f lx %n",e);
    }
  }
}
```

Script zum Starten der Anwendung

Script `kap08BeleuchtungsstaerkeMessen.sh`

beenden mit [Strg]+[C]

8.4 Analoge Distanzsensoren

Die Firma Sharp bietet verschiedene Sensoren zur Abstandsmessung an. Diese Sensoren arbeiten alle nach dem Infrarotmessverfahren und sind für einen vorgegebenen Messbereich optimiert. Eine Auswahl von vier Sensoren habe ich in der folgenden Tabelle aufgelistet. Dort sehen Sie die Bezeichnung und die zugehörige Messdistanz. Außerdem habe ich in der letzten Spalte die Klassen aus dem Package `raspi.hardware` aufgelistet, mit der Sie die Sensordaten auswerten können.

Bezeichnung	Messdistanz	Klasse
GP2D120XJ00F	4 cm–30 cm	GP2Distance04To30
GP2Y0A21YK	10 cm–80 cm	GP2Distance10To80
GP2Y0A02YK0F	20 cm–150 cm	GP2Distance20To150
GP2Y0A710K0F	100 cm–550 cm	GP2Distance100To550

Tabelle 8.5: Analoge Distanzsensoren der Firma Sharp

Bevor ich Ihnen die Klassen erkläre, zeige ich Ihnen die grundlegende Arbeitsweise, die für alle der aufgelisteten Sensoren gleich ist.

Das hier vorgestellte Verfahren können Sie auch auf andere Distanzsensoren und auf alle Sensoren, die eine analoge Ausgangsspannung bereitstellen, anwenden. Voraussetzung sind aber Herstellerangaben, mit denen Sie Tabellen erstellen können, die für einen Messwert eine entsprechende Ausgangsspannung angeben. Solche Tabellen können Sie auch, wie hier gezeigt, aus Kennlinien ermitteln.

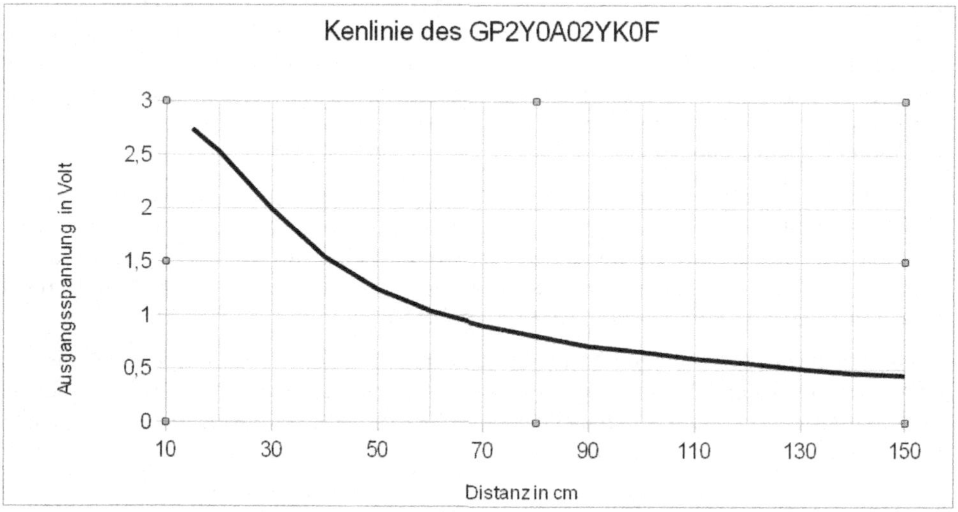

Abb. 8.12: Kennlinie des Distanzsensors GP2Y0A02YK0F von Sharp

Die hier vorgestellten Sensoren benötigen eine Spannungsversorgung im Bereich von 4,5 V bis 5,5 V und haben einen analogen Ausgang, an dem eine Spannung in Abhängigkeit von der gemessenen Distanz bereitgestellt wird. Da diese Spannung nicht größer als 3,3 V wird, können Sie die Sensoren direkt an den ADC MCP3002 anschließen. Als Beispiel habe ich die Ausgangsspannung des Sensors GP2Y0A02YK0F in Abhängigkeit von der gemessenen Distanz in dem Diagramm in Abbildung 8.12 dargestellt. Die Werte zur Darstellung der Kennlinie habe ich dem Datenblatt entnommen, die dort ebenfalls als Kennlinie dargestellt sind. Der Sensor liefert Spannungswerte zwischen 0,4 V und 2,7 V

Den recht einfachen Versuchsaufbau sehen Sie in Abbildung 8.13. Prinzipiell ist es auch hier möglich, einen Verstärker zwischen Sensor und ADC zu schalten, um für einen bestimmten Messbereich den vollen Messbereich des ADC zu nutzen. Darauf möchte ich aber an dieser Stelle verzichten.

Um aus der gemessenen Spannung die Distanz zu ermitteln, muss die Kennlinie des Sensors dem Programm bekannt sein. Da es für die Kennlinie keine Formel gibt, werden wir eine Tabelle erstellen, die die Ausgangsspannung des Sensors in Abhängigkeit von der gemessenen Distanz wiedergibt.

Neben den vier Klassen, die ich in der oben gezeigten Tabelle aufgelistet habe, zeige ich Ihnen zuerst die Klasse `SensorTables`, die Sie ebenfalls in dem Package `raspi.hardware` finden. Alle Sensorklassen erben von `SensorTables` die grundlegenden Funktionen zur Verarbeitung von Tabellendaten.

Wenn Sie sich die Klasse `SensorTables` anschauen, finden Sie die Deklaration des zweidimensionalen Arrays `interpolationValues`. In dieses Array werden alle abgeleiteten Klassen ihre speziellen Werte für den zu implementierenden Sensor eintragen.

Da eine Tabelle nur eine begrenzte Anzahl an Stützwerten enthalten kann, werden die meisten Spannungswerte, die der Sensor liefert, gar nicht in der Tabelle zu finden sein. Aus diesem Grunde gibt es die Methode `getInterpolation`, die in der Lage ist, einen Wert, der zwischen zwei Stützwerten liegt, linear zu interpolieren. Das bedeutet nichts anderes als die Verbindung zweier Werte aus der Tabelle durch eine Gerade, über die dann der Wert berechnet werden kann. Je stärker die Kennlinie gekrümmt ist, desto mehr Stützpunkte werden in der Tabelle benötigt. Sind zu wenige Stützpunkte vorhanden, wird das zurückgelieferte Ergebnis ungenau.

Der Methode `getValue` werden die vom ADC ermittelten Spannungswerte übergeben. Die Methode durchläuft die Tabelle mit den Stützpunkten und sucht für die übergebene Spannung die beiden Stützpunkte, die den gesuchten Wert einschließen. Mit den gefundenen Stützpunkten und dem übergebenen Spannungswert wird dann die Methode `getInterpolation` aufgerufen und der Stützwert interpoliert.

Bevor Werte vom ADC an die Methode `getValue` übergeben werden, können Sie mit `isValidValue` prüfen, ob dieser Wert gültig ist. Ist der übergebene Spannungswert kleiner als der kleinste Wert in der Stütztabelle oder größer als der größte Wert in der Stütztabelle, so liefert `isValidValue` *false* zurück.

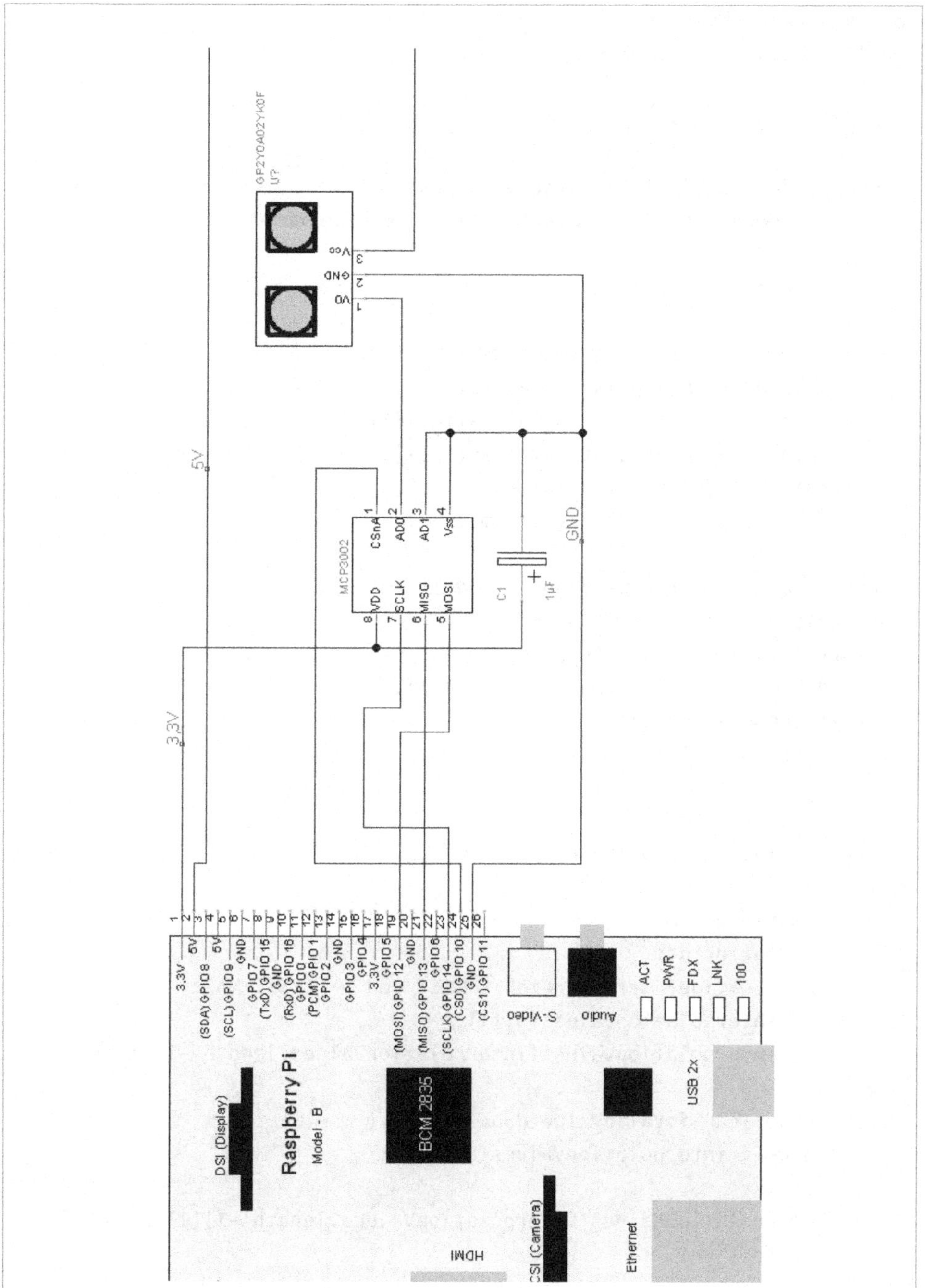

Abb. 8.13: Den Sensor mit dem Raspberry Pi verbinden

```
package raspi.hardware;
public class SensorTables
{
  public SensorTables(){
  }
  public double[][] interpolationValues;
  private double getInterpolation(int i, double node){
    if(i == 0){
      return 0d;
    }
    double d1 = interpolationValues[i-1][0];
    double d2 = interpolationValues[i][0];
    double u1 = interpolationValues[i-1][1];
    double u2 = interpolationValues[i][1];
    double m = (d2-d1)/(u2 -u1);
    return node * m + d1 - (u1 * m);
  }
  public double getValue(double pnode){
   double interpolationValue = 0d;
   for(int i = 0; i < interpolationValues.length; i++){
     double node = interpolationValues[i][1];
     if(pnode >= node){
       return getInterpolation(i, pnode);
     }
   }
   return interpolationValue;
  }
  public void getInfo(){
   System.out.printf(
          "Gültiger Wertebereich < %1$f und >= %2$f. %n",
          interpolationValues[0][1],
          interpolationValues[interpolationValues.length -1][1]);
  }
  public boolean isValidValue(double node){
    if(node < interpolationValues[0][1] &&
      node >=
      interpolationValues[interpolationValues.length -1][1]){
      return true;
    }
    return false;
  }
}
```

Die oben beschriebenen Methoden der Klasse SensorTables werden an die Sensorklassen vererbt, indem diese SensorTables erweitern. Wenn Sie sich die Klasse GP2-Distance20To150 anschauen, werden Sie feststellen, dass diese nur das zweidimensionale Array interpolationValues mit den Sensordaten füllt. Dies ist also die Stütztabelle, die durch die Methoden der Klasse SensorTables verarbeitet wird.

```
package raspi.hardware;
public class GP2Distance20To150 extends SensorTables
{
  public GP2Distance20To150(){
    interpolationValues = new double[15][2];
    //Stützwertetabelle
    interpolationValues[0][1] = 2.74d; // Spannung
    interpolationValues[0][0] = 15d;   // Länge
    interpolationValues[1][1] = 2.53d;
    interpolationValues[1][0] = 20d;
    interpolationValues[2][1] = 1.99d;
    interpolationValues[2][0] = 30d;
    interpolationValues[3][1] = 1.54d;
...
    interpolationValues[14][1] = 0.442d; // Spannung
    interpolationValues[14][0] = 150d;   // Länge
    }
}
```

Schauen Sie sich das nächste Programmbeispiel an, in dem die Klasse GP2Distance-20To150 benutzt wird, um die Sensordaten auszuwerten. Machen Sie sich noch mal bewusst, dass die Methoden readChannelInVolt und getValue von der Elternklasse SensorTables geerbt wurden.

```
package raspi.projekte.kap08;

import raspi.hardware.spi.MCP3002;
import raspi.hardware.GP2Distance20To150;

public class DistanzenMessen{
  public static void main(String[] args)
                  throws InterruptedException {
    MCP3002 mcp = new MCP3002(MCP3002.CS0, MCP3002.CLOCK1M);
    GP2Distance20To150 ds = new GP2Distance20To150();
    double distanz;
    while(true){
      Thread.sleep(1000);
```

```
      double u = mcp.readChannelInVolt(0);
      if(ds.isValidValue(u)){
        distanz = ds.getValue(u);
        System.out.printf("Distanz: %1$4.2f cm %n",distanz);
      }
    }
  }
}
```

Script zum Starten der Anwendung

Script `kap08DistanzenMessen.sh`
beenden mit Strg+C

Sie können für beliebige Sensoren, die Spannungswerte liefern, eigene Klassen erstellen, die von `SensorTables` erben und dort das zweidimensionale Array `interpolationValues` mit den entsprechenden Sensorwerten füllen. Beachten Sie aber dabei, dass die Stützwertetabelle immer mit der größten Spannung beginnt, da sonst die Klasse `SensorTables` die Stützwertetabelle nicht richtig verarbeiten kann.

```
interpolationValues[0][1] = ...d; // Spannung (größter Wert)
interpolationValues[0][0] = ...d;   // Einheit
...
interpolationValues[n][1] = ...d; // Spannung (kleinster Wert)
interpolationValues[n][0] = ...d;   // Einheit
```

Kapitel 9

Messwerte speichern

Damit Sie Messwerte speichern können, müssen Sie wissen, wie in Java auf Dateien und Verzeichnisse zugegriffen werden kann und wie Daten sauber formatiert werden können, damit beim Schreiben und Lesen keine Fehler entstehen. Außerdem werden Sie immer wieder in die Lage kommen, Messwerte in Listen-Objekte zu speichern, um diese dann weiter verarbeiten zu können. In den nächsten Abschnitten werde ich Ihnen dazu die wichtigsten Grundlagen zeigen. Danach werden wir einen Datenlogger schreiben, den Sie auch für Ihre eigenen Projekte verwenden können.

9.1 Auf Dateien und Verzeichnisse zugreifen

In diesem Abschnitt wollen wir Informationen über Dateien und Verzeichnisse erfragen und ich möchte textbasiertes Lesen und Schreiben von Dateien erläutern. Diese hier vorgestellten Klassen stellen nur eine kleine Auswahl von Möglichkeiten zur Verfügung, wie in Java lesend und schreibend auf das Dateisystem zugegriffen werden kann. Sie zeigen aber die grundlegende Vorgehensweise im Umgang mit Dateien.

9.1.1 Dateisystem

Als Erstes werfen wir einen Blick in das Dateisystem des Raspberry Pi. Hierzu benötigen wir die `File`-Klasse aus dem Package `java.io`.

```
import java.io.File;
```

Um ein `File`-Objekt zu erzeugen, wird dem Konstruktor der `File`-Klasse ein absoluter Pfad übergeben. Von dieser Stelle im Dateisystem können Sie mit der Methode `getParent()` das übergeordnete Verzeichnis und mit der Methode `listFiles()` die Dateien und Verzeichnisse des aktuellen Verzeichnisses erfragen. Die Methode `listFiles()` liefert als Ergebnis ein Array von `File`-Objekten zurück. Jedes dieser Objekte kann eine Datei, ein Verzeichnis oder eine versteckte Datei sein.

In dem nächsten Beispiel wird eine Instanz der Klasse `File` mit dem Pfad `/home/pi/JavaProgramme/JavaLernen/` erzeugt. Von dieser Stelle wird dann mit `getParent()` das übergeordnete Verzeichnis ausgegeben und dann die Datei- und Verzeichnisliste abgefragt. Die Liste von `File`-Objekten wird durchlaufen und je nach Typ wird eine Ausgabe erzeugt. Um zu erkennen, ob es sich um eine Datei oder ein Verzeichnis handelt, stellt die Klasse `File` die drei Methoden `isDirectory()`, `isFile()` und `isHidden()` zur Verfügung.

```
File file = new File("/home/pi/JavaProgramme/JavaLernen/");
System.out.println(file.getParent());///home/pi/JavaProgramme
```

```
File[] files =  file.listFiles();
for (int i=0; i < files.length; i++){
  if(files[i].isDirectory()){
    System.out.println("DIR: " + files[i].getName());
  }
  if(files[i].isFile()){
    System.out.println("FILE: " + files[i].getName());
  }
  if(files[i].isHidden()){
    System.out.println("HIDDEN: " + files[i].getName());
  }
}
```

In der nächsten Tabelle finden Sie noch eine Auswahl an Methoden, die die Klasse `File` ebenfalls bereitstellt.

Methode	Rückgabetyp	Beschreibung
`exists()`	`boolean`	Liefert `true`, wenn die Datei existiert.
`canRead()`	`boolean`	Liefert `true`, wenn die Datei lesbar ist.
`canWrite()`	`boolean`	Liefert `true`, wenn die Datei beschreibbar ist.
`createNew-File()`	`boolean`	Liefert `true`, wenn die Datei noch nicht existiert, und legt eine neue, leere Datei an. Wenn die Datei schon existiert, liefert sie `false`.
`delete()`	`boolean`	Löscht eine Datei oder ein Verzeichnis und liefert `true`, wenn das Löschen erfolgreich war.
`getFreeSpace()`	`long`	Freier Speicher in Byte in der aktuellen Partition

Tabelle 9.1: Die verschiedenen Dateisystem-Optionen

9.1.2 In eine Datei schreiben

Die Java-Bibliothek stellt eine Vielzahl an Möglichkeiten bereit, um auf Dateien lesend und schreibend zuzugreifen. Wir wollen uns an dieser Stelle aber nur mit dem Lesen und Schreiben von Textdateien beschäftigen. Außerdem sollen alle Zugriffe zeilenorientiert ausgeführt werden.

Damit Sie in eine Datei Textzeilen schreiben können, benötigen Sie die Klasse `BufferedWriter`. Wie der Name schon andeutet, wird hier nicht Byte für Byte weggeschrieben, sondern es existiert ein Buffer, der eine Zeichenkette entgegennehmen kann. Wenn Sie aber Text in eine Datei schreiben, sollten Sie vorher festlegen, mit welchem Zeichensatz dies ausgeführt werden soll. Hierzu verwenden wir die Klasse `StandardCharsets`, die Konstanten bereithält, um den Zeichensatz zu bestimmen. In den folgenden Beispielen wurde zum Lesen und Schreiben UTF-8 als Zeichensatz gewählt.

```
import java.io.BufferedWriter;
import java.nio.charset.StandardCharsets;
import java.nio.file.Files;
import java.nio.file.FileSystems;
import java.nio.file.FileSystem;
import java.nio.file.Path;
```

Damit eine Instanz von `BufferedWriter` erzeugt werden kann, benötigen wir noch die Klassen `Path`, `FileSystem` und `FileSystems`. Schauen Sie sich dazu die ersten vier Zeilen aus dem nächsten Beispiel an. Dort werden der Pfad und der Dateiname jeweils in einer Variablen gespeichert und über die Klasse `FileSystems` erhalten wir eine `FileSystem`-Instanz. Mit diesem Objekt sind wir dann in der Lage, eine Instanz von `Path` zu erzeugen.

Die Klasse `Files` stellt die statische Methode `newBufferedWriter` bereit, um einen `BufferedWriter` zu erzeugen. Hierzu übergeben wir der Methode die `Path`-Instanz und den gewünschten Zeichensatz. Mit dem so erzeugten `BufferedWriter` können wir die angegebene Datei erzeugen und beliebig Text anfügen. In unserem Beispiel verwenden wir zuerst die Methode `write`. Diese sorgt dafür, dass bereits existierender Inhalt überschrieben wird. Mit der Methode `append` kann Text angehängt werden, ohne dass bestehender Text überschrieben wird. Da beim Schreiben nicht automatisch ein Zeilenumbruch eingefügt wird, kann dies durch den Aufruf von `newLine()` erzeugt werden. Da beim Erzeugen des `BufferedWriter` und den Schreibvorgängen eine `IOException` ausgelöst werden kann, muss diese abgefangen werden.

Nachdem die Schreibvorgänge abgeschlossen worden sind, muss der `BufferedWriter` geschlossen werden. Damit dies auch im Fehlerfall ausgeführt wird, ist im Beispiel die Methode `close()` in den `finally`-Block gelegt worden.

```
String pfad = "/home/pi/JavaProgramme/JavaLernen/";
String datei = "test.txt";
FileSystem fileSystem = FileSystems.getDefault();
Path path = fileSystem.getPath(pfad, datei);
BufferedWriter writer = null;
try {
  writer = Files.newBufferedWriter(path, StandardCharsets.UTF_8);
  writer.write("Hier steht der Text");
  writer.newLine();
  writer.append("Und noch mehr Text");
} catch (IOException x) {
  System.err.format("IOException: %s%n", x);
}finally{
  if(writer != null){
    try{
      writer.close();
    }catch(IOException ex){
```

```
        System.err.format("IOException: %s%n", ex);
      }
    }
  }
}
```

In dem `finally`-Block wurde vor `writer.close()` noch geprüft, ob `writer` ungleich null ist. Dies muss hier getestet werden, da sich ja ein Fehler ereignen könnte, bevor das `writer`-Objekt erzeugt worden ist.

9.1.3 Aus einer Datei lesen

Um aus einer Datei zeilenweise Text zu lesen, benötigen wir fast die gleichen Klassen wie bei dem Schreibvorgang. Beim Lesen wird aber statt `BufferedWriter` die Klasse `BufferedReader` benötigt.

```
import java.io.BufferedReader;
import java.nio.charset.StandardCharsets;
import java.nio.file.Files;
import java.nio.file.FileSystems;
import java.nio.file.FileSystem;
import java.nio.file.Path;
```

Da wir in dem nächsten Beispiel aus der gleichen Klasse lesen wollen, die wir vorher beschrieben haben, sind die ersten vier Code-Zeilen zum Erzeugen der `Path`-Instanz mit dem vorherigen Beispiel identisch. Um ein `BufferedReader`-Objekt zu erzeugen, wird die statische Methode `newBufferedReader` der `Files`-Klasse aufgerufen. Mit der so erzeugten Instanz kann mit der Methode `readLine()` eine Zeile nach der anderen aus der Datei gelesen werden. In unserem Beispiel wurde dies mit einer `while`-Schleife umgesetzt, die abgebrochen wird, wenn `readLine()` keinen Text, sondern `null` zurückgibt. Beachten Sie bitte, dass beim Auslesen keine Zeilenumbrüche mit zurückgegeben werden. Da in unserem Beispiel der Dateiinhalt auf der Konsole ausgegeben wird, werden die Zeilenumbrüche durch die Methode `println` hinzugefügt.

```
String pfad = "/home/pi/JavaProgramme/JavaLernen/";
String datei = "test.txt";
FileSystem fileSystem = FileSystems.getDefault();
Path path = fileSystem.getPath(pfad, datei);
BufferedReader reader = null;
try {
  reader = Files.newBufferedReader(path, StandardCharsets.UTF_8);
  String line = null;
  while ((line = reader.readLine()) != null) {
    System.out.println(line);
```

```
    }
} catch (IOException x) {
    System.err.format("IOException: %s%n", x);
}finally{
    if(reader != null){
     try{
        reader.close();
     }catch(IOException ex){
        System.err.format("IOException: %s%n", ex);
     }
  }
}
```

Auch der `BufferedReader` muss nach dem Beenden des Lesevorgangs geschlossen werden. Dies wird hier genau wie im vorherigen Beispiel im `finally`-Block durchgeführt.

In beiden Beispielen wurde beim Schreiben und Lesen als Zeichensatz UTF-8 eingestellt. Dieser Zeichensatz ist der am weitesten verbreitete zum Codieren von Unicode-Zeichen. UTF-8 unterstützt in den ersten 128 Zeichen die gleichen Zeichen wie ASCII. UTF-8 hat für die Darstellung eines Zeichens keine feste Datenlänge, so werden Zeichen, die in den ASCII-Zeichensatz fallen, mit einem Byte gespeichert. Umlaute benötigen aber schon zwei Bytes und kyrillische Zeichen sogar vier Bytes pro Zeichen.

```
writer = Files.newBufferedWriter(path, StandardCharsets.UTF_8);
reader = Files.newBufferedReader(path, StandardCharsets.UTF_8);
```

Für das Lesen und Schreiben in Dateien ist es wichtig, dass bei beiden Vorgängen der gleiche Zeichensatz verwendet wird. Bei nicht kompatiblen Zeichensätzen kommt es sonst zu Fehlern.

9.2 Listen, Mengen und assoziative Speicher

Das Array als eine Form der Liste haben Sie schon kennengelernt. Ein Array hat aber den großen Nachteil, dass Sie beim Anlegen immer schon festlegen müssen, wie groß es sein muss. Die Java-Bibliothek bietet aber einige Klassen an, um Daten in Listenform zu speichern. Dabei wollen wir uns hier Listen, Mengen und assoziative Speicher anschauen.

Hinweis: Listen

Listen habe eine feste Ordnung (Reihenfolge) und bieten schnellen Zugriff über einen Index.

Die Klasse `ArrayList` implementiert das Interface `List` und erzeugt eine Liste.

```
import java.util.ArrayList;
import java.util.List;
```

Hinweis: Mengen

Bei Mengen ist die Reihenfolge nicht von Bedeutung. Mit ihr kann aber sehr schnell entschieden werden, ob sich ein Element in der Menge befindet. Die Klasse `HashSet` implementiert das Interface `Set` und erzeugt eine Menge.

```
import java.util.HashSet;
import java.util.Set;
```

Hinweis: Assoziativer Speicher

Assoziative Speicher werden immer dann benötigt, wenn Schlüssel-Werte-Paare benötigt werden. Über ein Hash-Verfahren kann zu einem Schlüssel sehr schnell der zugeordnete Wert ermittelt werden.

Die Klasse `HashMap` implementiert das Interface `Map` und erzeugt einen assoziativen Speicher.

```
import java.util.HashMap;
import java.util.Map;
```

9.2.1 Mit Listen arbeiten

Wie eine Liste erzeugt wird und wie ihr Werte zugeordnet werden, zeigt der nächste Programmausschnitt. Dort wird das `List`-Objekt `namen` angelegt und drei Zeichenketten über die Methode `add` eingeschrieben. Grundsätzlich kann eine Liste beliebige Objekte aufnehmen. So könnten Sie die Liste auch mit Instanzen von selber geschriebenen Klassen füllen. Die `String`-Objekte sind hier also nur ein Beispiel.

```
List<String> namen = new ArrayList<String>();// Liste anlegen
//Liste füllen
namen.add("Tom");
namen.add("Tina");
namen.add("Tanja");
```

Wenn Sie sich die erste Zeile anschauen, in der die Liste erzeugt wird, fällt das in spitze Klammern gesetzte Schlüsselwort `String` auf. Diese Angabe ist optional und zeigt an, was in der Liste gespeichert werden soll. An dieser Stelle kann natürlich auch jede andere Klasse oder ein Interface angegeben werden. Wenn Sie sich nicht auf einen bestimmten Typ festlegen wollen, können Sie auch `Object` als Typ angeben. Da `Object` die Mutter aller Klassen ist, kann mit dieser Deklaration jedes beliebige Objekt in der Liste gespeichert werden.

```
List<Object> namen = new ArrayList<Object>();// Liste anlegen
```

Nachdem die Liste gefüllt wurde, können Sie mit der Methode `get` auf die einzelnen Elemente darin zugreifen. Beachten Sie dabei, dass der Index mit 0 beginnt.

```
String strName = namen.get(0); // Tom
```

Mit isEmpty() können Sie prüfen, ob die Liste leer ist, und mit toArray() kann der Inhalt der Liste in ein Array gespeichert werden. Da das zurückgegebene Array vom Typ Object ist, muss es beim Auslesen in den entsprechenden Typ gewandelt werden.

```
boolean leer = namen.isEmpty();
Object[] objArray = namen.toArray();
String vorname = (String)objArray[0];
```

Es gibt auch die Möglichkeit, die Liste in einer Schleife zu durchlaufen und die einzelnen Elemente auszulesen. Dazu kann die Liste über die Methode iterator() ein Iterator-Objekt zurückgeben. Dieses Objekt stellt die Methode next() zur Verfügung, um aus der Liste ein Element auszulesen und von einem Element zum nächsten zu springen. Mit der Methode hasNext() wird geprüft, ob das Ende der Liste erreicht ist, sie liefert in diesem Falle false zurück.

```
Iterator it = namen.iterator();
while(it.hasNext()){
   String wert  = (String)it.next();
   System.out.println(wert);
}
```

Da die Methode next() den Typ Object zurückgibt, muss bei der Zuweisung durch einen Cast in den entsprechenden Typ gewandelt werden. Da in unserem Beispiel Zeichenketten in die Liste gelegt worden sind, muss hier nach String gewandelt werden.

9.2.2 Mit Mengen arbeiten

Eine Menge kann durch die Klasse HashSet erzeugt werden. Die Methoden der Klasse HashSet stimmen zum größten Teil mit den Methoden der Klasse ArrayList überein. Dies liegt daran, dass die Interfaces Set und List beide das Interface Collection erweitern, das die meisten Methoden deklariert. Zur Übersicht können Sie sich dies in Abbildung 9.1 anschauen.

Der wichtigste Unterschied zwischen List und Set besteht darin, dass Set keine spezifische Reihenfolge seiner Elemente besitzt und deshalb auch nicht die Methode get implementiert, die ein Element von einer bestimmten Position zurückliefert. Das nächste Beispiel zeigt, wie mit Mengen gearbeitet werden kann.

```
Set<String> namen = new HashSet<String>();
namen.add("Schmidt");
namen.add("Meier");
namen.add("Müller");

boolean gefunden = namen.contains("Meier"); //true
boolean leer = namen.isEmpty();              //false
Object[] objArray = namen.toArray();
String wert = (String)objArray[0];           // ?
```

```
Iterator it = namen.iterator();
while(it.hasNext()){
  String wert  = (String)it.next();
  System.out.println(wert);
}
```

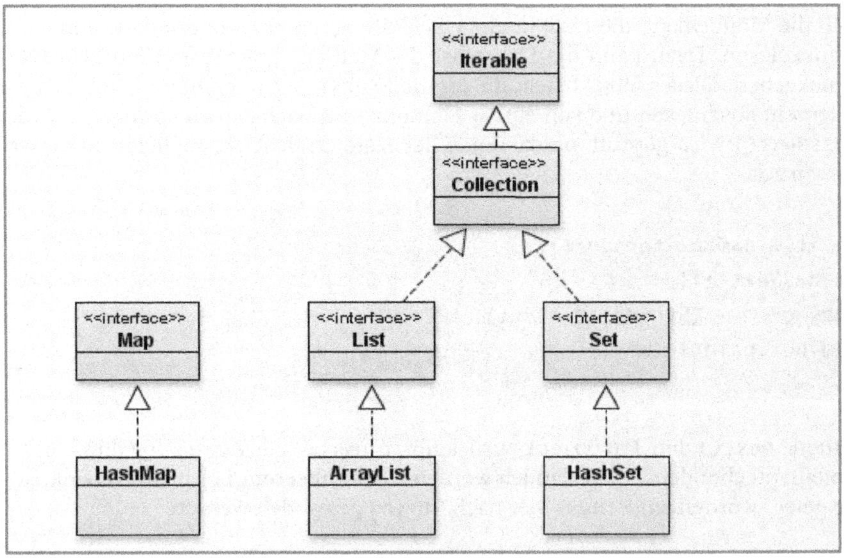

Abb. 9.1: Klassen-Übersicht für Listen, Mengen und assoziative Speicher

Wenn über ein Set iteriert wird, hat die Reihenfolge der ausgelesenen Elemente nichts mit der Reihenfolge des Einschreibens zu tun. Sie können also nicht vorhersagen, auf welcher Position welches Element liegt.

9.2.3 Arbeiten mit assoziativem Speicher

Um einen assoziativen Speicher zu erstellen, benötigen Sie die Klasse `HashMap`. Der erzeugten `Map` können dann über die Methode `put` Schlüssel-Werte-Paare hinzugefügt werden. Mit der Methode `get` wird ein Schlüssel übergeben und sie liefert den entsprechenden Wert zurück. In dem nächsten Beispiel werden als Schlüssel-Werte-Paare wieder Zeichenketten verwendet, was auch an der Deklaration `<String, String>` zu erkennen ist. In einer `Map` sind die Schlüssel immer eindeutig. Wird ein Schlüssel mehrfach verwendet, werden alte Werte überschrieben. Schauen Sie sich dazu im Beispiel den Schlüssel `K2` an. Dieser wurde zweimal verwendet. Es bleibt aber nur der letzte Wert erhalten.

```
Map<String, String> map = new HashMap<String, String>();
map.put("K1", "Hier steht Text");
map.put("K2", "Hoffentlich werde ich nicht überschrieben.");
```

```
map.put("K2", "Du findest mich unter K2.");
String wert = map.get("K2"); //"Du findest mich unter K2."
```

Auch in einer Map kann geprüft werden, ob sich ein Element im Speicher befindet. Da es hier aber Schlüssel und Werte gibt, kann getrennt auf Schlüssel und Werte abgefragt werden.

```
boolean keyb = map.containsKey("K1"); //true
boolean valueb = map.containsValue("Hier steht Text"); // true
```

Es besteht auch die Möglichkeit, eine Map in einer Schleife zu durchlaufen. Dies muss aber auch wieder getrennt für Schlüssel und Werte durchgeführt werden. Für die Schlüssel können Sie mit der Methode keySet ein Set von Schlüsseln erzeugen und mit der Methode values eine Collection von Werten. Schauen Sie sich zu Collection noch mal Abbildung 9.1 an. Dort sehen Sie, dass ein Set das Interface Collection erweitert. Das Interface Collection liegt auch in dem Package java.util und muss importiert werden.

```
Collection val = map.values();
Iterator it1 = val.iterator();
while(it1.hasNext()){
  String wert  = (String)it1.next();
  System.out.println(wert);
}
Set set =  map.keySet();
Iterator it2 = set.iterator();
while(it2.hasNext()){
  String wert  = (String)it2.next();
  System.out.println(wert);
}
```

Das Interface Map definiert das statische Objekt Entry, das Schlüssel-Werte-Paare aufnehmen kann. Um dies zu nutzen, kann über die Methode entrySet ein Set von Entry-Elementen erzeugt werden. Aus einem Entry-Element können dann mit getKey und getValue die Werte ausgelesen werden.

```
Set entSet = map.entrySet();
Iterator it3 = entSet.iterator();
while(it3.hasNext()){
  Map.Entry wert  = (Map.Entry)it3.next();
  String key = (String)wert.getKey();
  String value = (String)wert.getValue();
  System.out.println(key + " ->  " + value);
}
```

9.3 Zeichenketten formatieren

Die Java-Bibliothek stellt Methoden bereit, um jeden Datentyp in einer Zeichenkette mit einem bestimmten Format zu erzeugen. So können Sie zum Beispiel bei Fließkommazahlen eine Zeichenkette erzeugen lassen, die den Wert mit einer bestimmten Anzahl an Stellen hinter dem Komma darstellt. Es gibt also für jeden Datentyp eine Konvertierung in eine Zeichenkette und dann die gewünschte Formatierung, also eine spezielle Darstellungsform. Die Formatierungsmethoden sind so flexibel, dass beliebig viele Datentypen in eine Zeichenkette eingefügt werden können. Die statischen Methoden `String.format` und `System.out.printf` erzeugen eine formatierte Ausgabe. Bei `System.out.printf` wird aber keine Zeichenkette zurückgegeben, sondern direkt auf die Konsole geschrieben.

In einem ersten Beispiel soll die Temperatur für einen Wohnraum ausgegeben werden. Dabei sollen die Temperatur und der Name des Wohnraumes in einer Variablen definiert werden. Schauen Sie sich in dem Beispiel zunächst die Variablen `wohnraum` und `temp` an. Beide sollen in eine Zeichenkette eingebunden werden, die die Werte in einem verständlichen Satz ausgibt. Hierzu wird der Methode `printf` als erster Parameter eine Zeichenkette übergeben, die zwei Platzhalter für die Variablen `wohnraum` und `temp` enthält. Der zweite und dritte Parameter sind dann die Variablen `wohnraum` und `temp`. Die Liste von Parametern wird Argumentliste genannt und kann beliebig lang sein.

```
String wohnraum = "Wohnzimmer";
float temp  = 23.3456F;
System.out.printf("Die aktuelle Temperatur im %1$s beträgt %2$E°C .
%n", wohnraum, temp);
```

Die Ausgabe auf der Konsole sieht dann so aus:

```
Die aktuelle Temperatur im Wohnzimmer beträgt 2,334560E+01°C .
```

Schauen Sie sich in der Zeichenkette die Platzhalter `%1$s` und `%2$E` an. Diese werden Formatbezeichner genannt und sorgen dafür, dass an der Stelle in der Zeichenkette der formatierte Wert einer Variablen eingesetzt wird. Jeder Formatbezeichner beginnt immer mit einem %-Zeichen und kann Integer-Werte, Float-Werte, Zeitangaben oder Zeilenumbrüche formatieren. Der Zahlenwert vor dem $-Zeichen ordnet den Formatbezeichner dem Wert in der Argumentliste zu. So wird 1$ der Variablen `wohnraum` zugeordnet, weil sie der erste Parameter in der Argumentliste ist. 2$ wird der Variablen `temp` zugeordnet, weil sie an zweiter Stelle in der Argumentliste steht. In der folgenden Auflistung finden Sie Formatbezeichner für die verschiedenen Datentypen.

Formatbezeichner für Integer-Werte `byte`, `Byte`, `short`, `Short`, `int`, `Integer`, `long`, `Long`	
`%[index$][flags][breite]format`	
`index$`	Zuordnung zur Argumentliste

Tabelle 9.2: Formatbezeichner für Integer-Werte

Formatbezeichner für Integer-Werte byte, Byte, short, Short, int, Integer, long, Long	
flags	Darstellung Linksbündig: '-' Rechtsbündig: ohne flag Mit Vorzeichen: '+' Mit Nullen auffüllen: '0'
breite	Gibt die Mindestanzahl von ausgegebenen Zeichen an. Enthält der Wert weniger Zeichen, wird mit Leerzeichen aufgefüllt.
format	Dezimal: 'd' Oktal: 'o' Hexadezimal: 'x' oder 'X'

Tabelle 9.2: Formatbezeichner für Integer-Werte (Forts.)

Formatbezeichner für Float-Werte float, Float, double, Double	
%[index$][flags][breite][.genauigkeit]format	
index$	Zuordnung zur Argumentliste
flags	Darstellung Linksbündig: '-' Rechtsbündig: ohne flag Mit Vorzeichen: '+'
breite	Gibt die Mindestanzahl von ausgegebenen Zeichen an. Enthält der Wert weniger Zeichen, wird mit Leerzeichen aufgefüllt.
.genauigkeit	Gibt die Nachkommastellen an.
format	Dezimalschreibweise: 'f' Wissenschaftliche Schreibweise: 'E' oder 'e'

Tabelle 9.3: Formatbezeichner für Float-Werte

Formatbezeichner für Zeichenketten String	
%[index$][min][.max]format	
index$	Zuordnung zur Argumentliste
min	Gibt die minimale Anzahl von ausgegebenen Zeichen an.
.max	Gibt die maximale Anzahl von ausgegebenen Zeichen an.
format	Zeichenkette: 's'

Tabelle 9.4: Formatbezeichner für Zeichenketten

Formatbezeichner für Zeitangaben `Date, Calendar`	
`%[index$][flag]format`	
`index$`	Zuordnung zur Argumentliste
`flag`	Zeitangaben: '`t`' oder '`T`'
`format`	`H` 00–23 Stunden `I` 01– 12 Stunden `k` 0–23 Stunden `l` 1–12 Stunden `M` 00–59 Minuten `S` 00–60 Sekunden `L` 000–999 Millisekunden `p` am/pm `Z` Zeitzone als Text `s` Sekunden seit 01.01.1970, 00:00:00 `Q` Millisekunden seit 01.01.1970, 00:00:00 `B` Monat als Text (lang) `b` Monat als Text (kurz) `h` Monat als Text (kurz) `A` Wochentag als Text (lang) `a` Wochentag als Text (kurz) `C` Jahr/100 `Y` Jahr vierstellig `y` Jahr zweistellig `j` Tag im Jahr `m` Monat 01–13 `d` Tag im Monat 01–31 `e` Tag im Monat 1–31

Tabelle 9.5: Formatbezeichner für Zeitangaben

Formatbezeichner für den Zeilenumbruch
%n

Tabelle 9.6: Formatbezeichner für den Zeilenumbruch

Um die Formatbezeichner für die unterschiedlichen Datentypen besser verstehen zu können, finden Sie in der nächsten Tabelle ein paar Beispiele für jeden Datentyp. Aus Platzgründen wurden in der Tabelle immer nur die Übergabeparameter für die Methode `System.out.printf` beziehungsweise für `String.format` angegeben. In der Spalte daneben finden Sie die zugehörige Ausgabe und eine kurze Bemerkung.

`System.out.printf(...);`	Ausgabe	Bemerkung
`"%1$-4dX%2$4d", 23, 15`	`23   X   15`	4 Zeichen, 23 linksbündig, 15 rechtsbündig

Tabelle 9.7: Beispiele für formatierte Ausgaben

System.out.printf(...);	Ausgabe	Bemerkung
`"%1$-+4dX%2$+4d", 23, -15`	`+23 X -15`	wie oben, aber mit Vorzeichen
`"%1$04dX%2$04d", 23, 15`	`0023X0015`	mit Nullen auffüllen
`"%1$4o%1$4x", 23`	`  27  17`	Oktal, hexadezimal
`"%1$E %1$e", 123.456E+2`	`1,234560E+04` `1,234560e+04`	Float-Wert
`"X%1$10.1E", 123.456E+2`	`X    1,2E+04`	10 Zeichen, eine Stelle hinter dem Komma
`"%1$f", 123.456E+2`	`12345,600000`	Dezimalschreibweise
`"%1$2.4s", "1234567890"`	`1234`	Minimal 2, maximal 4 Zeichen
`"%1$tH:%1$tM",new Date()`	`22:28`	Stunden:Minuten
`"%1$tH:%1$tM:%1$tS ", new Date()`	`22:28:10`	Stunden:Minuten:Sekunden
`"%1$td.%1$tm.%1$tY",new Date()`	`16.07.2014`	Datum
`"%1$tA, der %1$te. %1$tB %1$tY",new Date()`	`Mittwoch, der 16. Juli 2014`	Datum

Tabelle 9.7: Beispiele für formatierte Ausgaben (Forts.)

Bei der Formatierung wird immer ein Sprachraum berücksichtigt. Da wir diesen bisher nicht explizit angegeben haben, wurde automatisch der Sprachraum gewählt, der gerade auf dem Raspberry Pi eingestellt ist. Sie können den Sprachraum aber auch durch die Klasse `Locale` setzen und so die Formatierung beeinflussen. Schauen Sie sich dazu das nächste Beispiel und die entsprechende Ausgabe an.

```
System.out.printf(Locale.GERMANY, "%1$tA, der %1$te. %1$tB %1$tY %n",new Date());
System.out.printf(Locale.ENGLISH, "%1$tA, der %1$te. %1$tB %1$tY %n",new Date());
System.out.printf(Locale.FRANCE, "%1$tA, der %1$te. %1$tB %1$tY n",new Date());
System.out.printf(Locale.GERMANY,"%1$f %n", 123.456E+2);
System.out.printf(Locale.ENGLISH,"%1$f %n", 123.456E+2);
```

```
Donnerstag, der 17. Juli 2014
Thursday, der 17. July 2014
jeudi, der 17. juillet 2014
12345,600000
12345.600000
```

9.4 Einen Datenlogger schreiben

Mit den Grundlagen aus den vorherigen Abschnitten werde ich Ihnen einen Datenlogger zeigen, der in der Lage ist, Messwerte mit einem Zeitstempel in einem Buffer vorzuhalten und diese bei Bedarf auch in eine Datei zu sichern.

Der Logger besitzt zwei unterschiedlichen Modi. In dem einen Modus ist nur der Buffer aktiv. Die Größe des Buffers wird dann nur eine bestimmte Anzahl an Datensätzen aufnehmen. Ist der Buffer auf seine maximale Größe angestiegen, so wird bei jedem neuen Datensatz der älteste Eintrag entfernt. Auf diese Weise erhält man einen Buffer, der Messwerte für einen begrenzten Zeitbereich aufnimmt. Die Anzahl der zulässigen Datensätze im Buffer wird in einer Variablen gespeichert, die ich `maxListLength` genannt habe.

In dem zweiten Modus werden die Messwerte immer zuerst in den Buffer geschrieben. Dieser kann dann Datensätze auch über den Vorgabewert in `maxListLength` aufnehmen. Durch einen Speicherbefehl werden dann immer so viele Datensätze aus dem Buffer in eine Datei geschrieben, dass der Buffer auf den Vorgabewert in `maxListLength` reduziert wird. Mit einem weiteren Speicherbefehl ist es außerdem möglich, den gesamten Buffer in eine Datei zu speichern.

Der Buffer ist eine `ArrayList`, die `SingleValue`-Objekte aufnehmen kann. Ein `SingleValue`-Objekt muss alle Attribute enthalten, damit ein Messwert mit seinem Datentyp, einem Zeitstempel und dem eigentlichen Messwert abgespeichert werden kann. Da der Logger aber Messwerte von verschiedenen Sensoren abspeichern kann, muss es auch noch ein weiteres Attribut geben, um die Messwerte verschiedenen Messreihen zuordnen zu können. Schauen Sie sich dazu weiter unten den Quelltext der Klasse `SingleValue` an. Sie besitzt die vier Variablen `cal`, `singleValue`, `valueType` und `info`.

Die Variable `cal` kann die Referenz einer `Calendar`-Instanz speichern und stellt den Zeitstempel des Messwertes dar. In `singleValue` wird der Messwert als Zeichenkette gespeichert. Und da durch das Abspeichern des Messwerts als Zeichenkette der ursprüngliche Datentyp verloren geht, wird dieser in `valueType` als `int`-Repräsentation abgelegt. Hierzu definiert die Klasse `SingleValue` 17 verschiedene `int`-Konstanten. So gibt es zum Beispiel für den Datentyp `Double` die Konstante `TYPE_DOUBLE` und für den einfachen (simple) Datentyp `double` die Konstante `STYPE_DOUBLE`. Schauen Sie sich dazu am besten alle Konstanten der Klasse `SingleValue` einmal an.

In der vierten Variablen `info` können Sie eine sechsstellige Zeichenkette ablegen, die den Messwert eindeutig einer Messreihe zuordnet.

Alle Variablen werden durch den Konstruktor gesetzt und können mit den `get`-Methoden ausgelesen werden.

```
package raspi.logger;
import java.util.Calendar;

public class SingleValue
{
  public static final int TYPE_BYTE = 0;
  public static final int TYPE_SHORT = 1;
  public static final int TYPE_INTEGER = 2;
  public static final int TYPE_LONG = 3;
  public static final int TYPE_DOUBLE = 4;
  public static final int TYPE_FLOAT = 5;
  public static final int STYPE_BYTE = 6;
```

```
  public static final int STYPE_SHORT = 7;
  public static final int STYPE_INTEGER = 8;
  public static final int STYPE_LONG = 9;
  public static final int STYPE_DOUBLE = 10;
  public static final int STYPE_FLOAT = 11;
  public static final int TYPE_STRING = 12;
  public static final int STYPE_CHAR = 13;
  public static final int TYPE_CHAR = 14;
  public static final int STYPE_BOOLEAN = 15;
  public static final int TYPE_BOOLEAN = 16;

  private Calendar cal;
  private String singleValue;
  private int valueType;
  private String info;
  public SingleValue(Calendar cal, String singleValue,
                     int valueType, String info)
  {
    this.cal = cal;
    this.singleValue = singleValue;
    this.valueType = valueType;
    this.info = info;
  }
  public Calendar getCal(){
    return this.cal;
  }
  public String getSingleValue(){
    return this.singleValue;
  }
  public int getValueType(){
    return this.valueType;
  }
  public String getInfo(){
    return this.info;
  }
}
```

Die Klasse `DataLogger` aus dem Package `raspi.logger` implementiert den Datenlogger. Die Konstruktoren legen fest, wo die Daten gespeichert werden und wie die Logdatei heißt. Außerdem werden für den Zeitstempel die Zeitzone und der Sprachraum festgelegt. Wenn Sie keinen Dateinamen und keinen Pfad angeben, bekommt die Logdatei den Namen `DefaultLogger.txt` und wird in das Benutzerverzeichnis gespeichert. Die Länge des Buffers wird ohne weitere Angaben auf 200 gesetzt und die Möglichkeit, Messwerte in die Logdatei zu speichern, ist erst einmal abgeschaltet und kann nach dem Erzeugen der `DataLogger`-Instanz über die Methode `enableFileLog` freigeschaltet und über `disableFileLog` gesperrt werden.

Um Messwerte dem Logger hinzuzufügen, besitzt die Klasse `DataLogger` für jeden einfachen Datentyp eine `add`-Methode, die neben dem Messwert noch den Parameter `info` besitzt. Über diesen Parameter muss eine sechsstellige Zeichenkette mitgegeben werden, um verschiedene Messreihen unterscheiden zu können.

Mit der Methode `store` werden so viele Datensätze aus dem Buffer gespeichert, bis die vorgegebene Länge `maxListLength` erreicht ist, und mit `storeFlush` wird der ganze Buffer gespeichert und geleert. Beide Methoden liefern die Anzahl der gespeicherten Datensätze als `int`-Wert zurück. Tritt beim Speichern ein Fehler auf, geben die Methoden -1 zurück. Einen Überblick zur Arbeitsweise des Loggers sehen Sie in Abbildung 9.2.

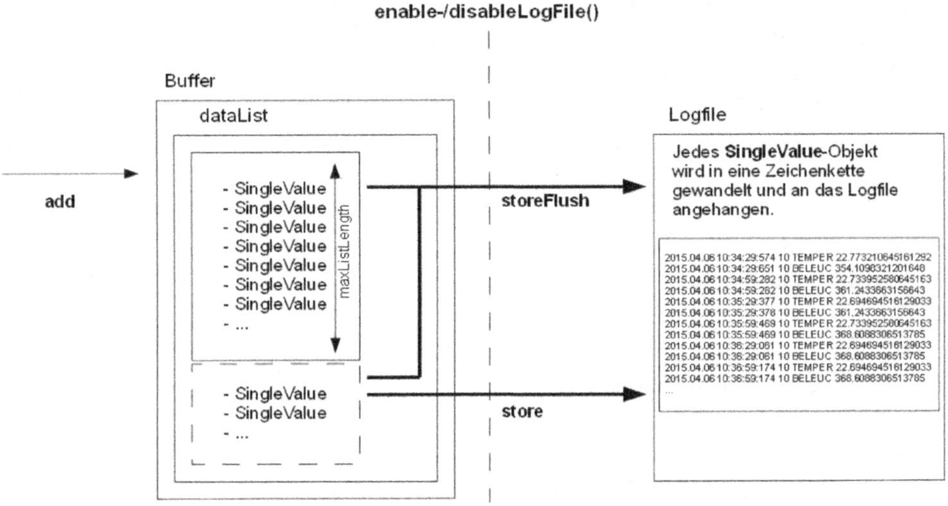

Abb. 9.2: Arbeitsweise der Klasse `DataLogger`

Das Format, in dem die Messwerte abgespeichert werden, definiert die Konstante `lineFormat`.

```
private static final String lineFormat =
"%1$tY.%1$tm.%1$td %1$tH:%1$tM:%1$tS:%1$tL %2$02d %3$6.6s %4$s%n";
```

Wenn Sie sich die Formatierungszeichenkette anschauen, erkennen Sie, dass der Zeitstempel nacheinander die Zeitangaben Jahr, Monat, Tag, Stunde, Minute, Sekunde und Millisekunden erzeugt. Nach dem Zeitstempel folgt dann die zweistellige Konstante, die den Datentyp, wie in der `SingleValue`-Klasse definiert, enthält. Danach folgt der sechsstellige Messreihenbezeichner und zum Schluss dann noch der eigentliche Messwert.

Die folgenden Einträge aus einer Logdatei machen die Struktur deutlich. Wie Sie erkennen können, gibt es die Messreihe `TEMPR` und `BELEUC`, deren Messwerte beide dem Datentyp 10

(STYPE_DOUBLE) entsprechen, was nach der Definition in der Klasse `SingleValue` einem `double`-Wert entspricht.

```
2015.04.06 10:34:29:574 10 TEMPER 22.773210645161292
2015.04.06 10:34:29:651 10 BELEUC 354.1098321201648
2015.04.06 10:34:59:282 10 TEMPER 22.733952580645163
2015.04.06 10:34:59:282 10 BELEUC 361.2433663156643
```

Mit der Methode `clearLogFile` können Sie alle Datensätze aus der Logdatei entfernen.

Wenn Sie Datensätze von dem Logger abfragen möchten, können Sie diese entweder aus dem Buffer oder aus der Logdatei erhalten. Nutzen Sie dazu die Methoden `getListFromFile` und `getListFromBuffer`. Beiden Methoden müssen Sie den Startzeitpunkt, den Stoppzeitpunkt und das sechsstellige Kürzel der gewünschten Messreihe übergeben und erhalten dann eine Liste von `SingleValue`-Objekten zurück.

Außerdem gibt es noch die beiden Methoden `getDiagramDatePointListFromFile` und `getDiagramDatePointListFromBuffer`, mit denen Sie auf die gleiche Weise wie mit `getListFromFile` und `getListFromBuffer` Datensätze abfragen können. Sie erhalten aber keine Liste von `SingleValue`-Objekten, sondern von `DiagramDatePoint`-Objekten zurück. Welche Struktur diese Objekte haben und wofür sie genutzt werden können, werde ich Ihnen im nächsten Kapitel erklären.

Wenn Sie sich den folgenden Quelltext der Klasse `DataLogger` anschauen, werden Sie einige Methodendeklarationen finden, die das Schlüsselwort `synchronized` enthalten. Methoden, die dieses Schlüsselwort enthalten, können nicht von anderen nebenläufigen Prozessen unterbrochen werden. Wie dies zu verstehen ist, werden Sie bei den nächsten Projekten erfahren.

```
package raspi.logger;
import java.util.List;
import java.util.Iterator;
import java.util.ArrayList;
import java.util.Calendar;
import java.util.TimeZone;
import java.util.Locale;
import java.util.Date;
import java.util.GregorianCalendar;
import java.nio.file.Files;
import java.nio.file.FileSystem;
import java.nio.file.FileSystems;
import java.nio.file.Path;
import java.nio.file.StandardOpenOption;
import java.nio.charset.StandardCharsets;
import java.io.BufferedWriter;
import java.io.BufferedReader;
```

```
import java.io.File;
import java.io.IOException;
import java.text.SimpleDateFormat;
import java.text.DateFormat;
import java.text.ParseException;
/**
* DataLogger
* Die Klasse DataLogger stellt einen Buffer bereit, in dem
* verschiedene Datentypen gespeichert werden können. Ist die
* Standardgröße des Buffers erreicht, so werden ältere Werte in
* die Logdatei gespeichert. Dieser Vorgang wird durch die Methode
* store() angestoßen.
*/
public class DataLogger
{
  private List<SingleValue> dataList =null;
  private Calendar cal = null;
  private TimeZone timeZone = null;
  private Locale locale = null;
  private long maxListLength = 0L;
  private String pathStr = null;
  private String fileStr = null;
  private FileSystem fileSystem = null;
  private Path path = null;
  private BufferedWriter writer = null;
  private BufferedReader reader = null;
  private boolean enable;
  private static final String lineFormat =
"%1$tY.%1$tm.%1$td %1$tH:%1$tM:%1$tS:%1$tL %2$02d %3$6.6s %4$s%n";
  private static final String dateFormatStr =
    "yyyy.MM.dd HH:mm:ss:SSS";
  private static final int lengthDateFormat = 23;
  private DateFormat dateFormat = null;

 /**
 * DataLogger Konstruktor<br>
 *
 * @param pathStr Speicherpfad der Logdatei
 * @param fileStr Name der Logdatei
 * @param maxListLength Standardlänge des Buffers
 * @param timeZone Zeitzone
 * @param locale Locale
```

```
*/
public DataLogger(
     String pathStr, String fileStr, long maxListLength,
     TimeZone timeZone, Locale locale) throws IOException
  {
    validateCreate(pathStr, fileStr, maxListLength);
    dataList = new ArrayList<SingleValue>();
    this.timeZone = timeZone;
    this.locale = locale;
  }
/**
* DataLogger Konstruktor<br>
* Die übergebenen Parameter setzen Pfad und Dateiname der
* Logdatei und die Standardlänge des Buffers.
* TimeZone = Europe/Berlin
* Local = Germany
*
* @param pathStr Speicherpfad der Logdatei
* @param fileStr Name der Logdatei
* @param maxListLength Standardlänge des Buffers
*/
  public DataLogger(String pathStr, String fileStr,
        long maxListLength) throws IOException
  {
    validateCreate(pathStr, fileStr, maxListLength);
    dataList = new ArrayList<SingleValue>();
    timeZone = TimeZone.getTimeZone("Europe/Berlin");
    locale = Locale.GERMANY;
  }
/**
* DataLogger Konstruktor<br>
* Setzt folgende Werte:
* TimeZone = Europe/Berlin
* Local = Germany
* Logdatei = DefaultLogger.txt
* Pfad = USER-DIR
* Standardlänge des Buffers = 200
*
*/
  public DataLogger() throws IOException
  {
    validateCreate(null, null, 0L);
```

```
    dataList = new ArrayList<SingleValue>();
    timeZone = TimeZone.getTimeZone("Europe/Berlin");
    locale = Locale.GERMANY;
  }
/**
* Methode validateCreate<br>
* Die in den Konstruktoren übergebenen Werte für den Pfad, den
* Dateinamen und die Standardlänge des Buffers werden validiert.
* Wird für die Pfadangabe pathStr kein Wert übergeben, so wird
* die Logdatei im USER-DIR angelegt. Wird für den Dateinamen
* fileStr kein Wert angegeben, so wird die Logdatei
* DefaultLogger.txt genannt. Und wenn der Parameter maxListLength
* einen Wert kleiner oder gleich 0 hat, wird dieser Wert auf 200
* gesetzt.
*
* @param pathStr Pfad der Logdatei
* @param fileStr Name der Logdatei
* @param maxListLength Standardlänge des Buffers
*/
  private void validateCreate(String pathStr, String fileStr,
       long maxListLength) throws IOException{
    if(pathStr == null || pathStr.isEmpty()){
     pathStr = System.getProperty("user.dir");
    }
    if(fileStr == null || fileStr.isEmpty()){
      fileStr = "DefaultLogger.txt";
    }
    String ls = System.getProperty("file.separator");
    if(!pathStr.endsWith(ls)){
      pathStr = pathStr + ls;
    }
    this.pathStr = pathStr;
    this.fileStr = fileStr;
    fileSystem = FileSystems.getDefault();
    path = fileSystem.getPath(pathStr, fileStr);
    File file = new File(pathStr + fileStr);
    if(!file.exists()){
      file.createNewFile();
    }
    if(maxListLength <= 0L){
      maxListLength = 200L;
    }
```

```
    this.maxListLength = maxListLength;
    enable = false;
    dateFormat = new SimpleDateFormat(dateFormatStr);
  }
/**
* Methode clearLogfile<br>
* Die Logdatei wird geleert. Die Methode gibt 1 zurück, wenn die
* Aktion erfolgreich war. Bei einem Fehler wird -1 zurückgegeben.
*
* @return Status 1 oder -1
*/
  public synchronized int clearLogfile(){
    int retVal = 1;
    try{
      File file = new File(pathStr + fileStr);
      if(file.exists()){
        file.delete();
      }
      file.createNewFile();
    }catch(IOException ex){
      return -1;
    }
    return retVal;
  }
/**
* Methode store<br>
* Die ältesten Werte werden aus dem Buffer entfernt und in
* die Logdatei geschrieben. Dabei werden so viele Werte
* gespeichert, bis der Buffer auf die Standardlänge reduziert
* ist.
*
* @return Gibt die Anzahl der gesicherten Werte zurück.
*/
  public synchronized int store(){
    int retVal = 0;
    int size = dataList.size();
    if(enable){
      if(size > maxListLength){
        try{
          writer = Files.newBufferedWriter(
                path,StandardCharsets.UTF_8,
                StandardOpenOption.APPEND);
```

```
        for(int i = 0; i < size - maxListLength; i++){
          SingleValue singleValue = dataList.remove(0);
          String line = getLine(singleValue);
          writer.append(line);
          retVal++;
        }
      }catch( IOException ex){
        retVal = -1;
      }finally{
        if(writer != null){
          try{
            writer.close();
          }catch( IOException ex){
            retVal = -1;
          }
        }
      }
    }
  }
  return retVal;
}
/**
* Methode storeFlush<br>
* Alle Werte aus dem Buffer werden in die Logdatei geschrieben
* und der Buffer geleert. Wenn das Schreiben in die Logdatei
* gesperrt wurde, bleibt der Aufruf ohne Wirkung. Ist während der
* Verarbeitung ein Fehler aufgetreten, gibt die Methode -1
* zurück.
*
* @return Gibt die Anzahl der gesicherten Werte zurück.
*/
 public synchronized int storeFlush(){
  int retVal = 0;
  int size = dataList.size();
  if(enable){
    try{
      writer = Files.newBufferedWriter(path,
          StandardCharsets.UTF_8, StandardOpenOption.APPEND);
      for(int i = 0; i < size; i++){
        SingleValue singleValue = dataList.remove(0);
        String line = getLine(singleValue);
        writer.append(line);
```

```
          retVal++;
        }
      } catch( IOException ex){
        retVal = -1;
      }finally{
        if(writer != null){
          try{
            writer.close();
          }catch( IOException ex){
            retVal = -1;
          }
        }
      }
    }
    return retVal;
  }
/**
* Methode getListFromFile<br>
* Aus der Logdatei werden die letzten Werte, die die Bezeichnung
* pinfo haben, gesucht und als Liste von SingleValue-Objekten
* zurückgegeben. Der Parameter seconds gibt die Anzahl an
* Sekunden an, die in die Vergangenheit gesucht wird.
*
* @param seconds Rückwärtiger Zeitbereich in Sekunden
* @param pinfo Bezeichnung für die zu suchenden Werte.
* @return Liste von SingleValue-Objekten.
*/
  public synchronized List<SingleValue> getListFromFile(
            Calendar start, Calendar stopp, String pinfo){
    List<SingleValue> list = new ArrayList<SingleValue>();
    Calendar cal = new GregorianCalendar(timeZone, locale);
    try{
      reader = Files.newBufferedReader(
                  path, StandardCharsets.UTF_8);
      String line = null;
      while ((line = reader.readLine()) != null) {
        Date date = dateFormat.parse(
                   line.substring(0, lengthDateFormat));
        cal.setTime(date);
        if(start.before(cal) && stopp.after(cal)){
          String info = line.substring(27,33);
          if(info.equals(pinfo)){
```

```
          String temp;
          if(line.substring(24,26).startsWith("0")){
            temp = line.substring(25,26);
          }else{
            temp = line.substring(24,26);
          }
          int type = Integer.parseInt(temp);
          String value = line.substring(34);
          SingleValue singleValue = new SingleValue(
                        cal, value ,type, info );
          list.add(singleValue);
        }
      }
    }
  }catch(IOException ex){
    list.clear();
  }catch(ParseException ex){
    list.clear();
  }finally{
    if(reader != null){
      try{
        reader.close();
      }catch(IOException ex){
        list.clear();
      }
    }
  }
  return list;
}
/**
* Methode DiagramDatePoint<br>
* Für den vorgegebenen Zeitbereich und die Bezeichnung wird eine
* Liste von SingleValue-Objekten in der Logdatei gesucht und
* zurückgegeben.
*
* @param start Startzeitpunkt der Suche
* @param stopp Stoppzeitpunkt der Suche
* @param pinfo Es werden nur Werte mit der Bezeichnung pinfo
* gesucht.
* @return Liste von DiagramDatePoint-Objekten.
*/
 public synchronized List<DiagramDatePoint>
```

```
            getDiagramDatePointListFromFile(
            Calendar start, Calendar stopp, String pinfo){
List<DiagramDatePoint> list =
            new ArrayList<DiagramDatePoint>();
Calendar cal = new GregorianCalendar(timeZone, locale);
try{
  reader =
      Files.newBufferedReader(path, StandardCharsets.UTF_8);
  String line = null;
  while ((line = reader.readLine()) != null) {
    Date date = dateFormat.parse(
               line.substring(0, lengthDateFormat));
    cal.setTimeInMillis(date.getTime());
    if(start.before(cal) && stopp.after(cal)){
      String info = line.substring(27,33);
      if(info.equals(pinfo)){
        String temp;
        if(line.substring(24,26).startsWith("0")){
          temp = line.substring(25,26);
        }else{
          temp = line.substring(24,26);
        }
        int type = Integer.parseInt(temp);
        String value = line.substring(34);
        double y = new Double(value);
        long x = cal.getTimeInMillis();
        list.add(new DiagramDatePoint(x,y));
      }
    }
  }
}catch(IOException ex){
  list.clear();
}catch(ParseException ex){
  list.clear();
}finally{
  if(reader != null){
    try{
      reader.close();
    }catch(IOException ex){
      list.clear();
    }
  }
```

```
    }
    return list;
  }
/**
* Method getLine<br>
* Eine formatierte Zeichenkette wird aus einem SingleValue-Objekt
* erzeugt und zurückgegeben.
*
* @param singleValue SingleValue-Objekt
* @return Formatierte Zeichenkette
*/
  private String getLine(SingleValue singleValue){
    return String.format(locale, lineFormat,
    singleValue.getCal(), singleValue.getValueType(),
    singleValue.getInfo(), singleValue.getSingleValue());
  }
/**
* Methode getListFromFile<br>
* Aus dem Buffer werden die letzten Werte, die die Bezeichnung
* pinfo haben, gesucht und als Liste von SingleValue-Objekten
* zurückgegeben. Der Parameter seconds gibt die Anzahl an
* Sekunden an, die in die Vergangenheit gesucht wird.
*
* @param seconds Rückwärtiger Zeitbereich in Sekunden
* @param pinfo Bezeichnung für die zu suchenden Werte.
* @return Liste von SingleValue-Objekten.
*/
  public synchronized List<SingleValue> getListFromBuffer(
              Calendar start, Calendar stopp, String pinfo){
    List<SingleValue> list = new ArrayList<SingleValue>();
    Calendar cal = new GregorianCalendar(timeZone, locale);
    Iterator it = dataList.iterator();
    while(it.hasNext()){
      SingleValue singleValue = (SingleValue)it.next();
      if(start.before(
              singleValue.getCal()) &&
              stopp.after(singleValue.getCal())){
        if(singleValue.getInfo() != null &&
              singleValue.getInfo().equals(pinfo)){
          list.add(singleValue);
        }
      }
```

```
    }
    return list;
  }
/**
* Methode getDiagramDatePointListFromBuffer<br>
* Aus dem Buffer werden die letzten Werte, die die Bezeichnung
* pinfo haben, gesucht und als Liste von DiagramDatePoint-
* Objekten zurückgegeben. Der Parameter seconds gibt die Anzahl
* an Sekunden an, die in die Vergangenheit gesucht wird.
*
* @param seconds Rückwärtiger Zeitbereich in Sekunden
* @param pinfo Bezeichnung für die zu suchenden Werte.
* @return Liste von DiagramDatePoint-Objekten.
*/
  public synchronized List<DiagramDatePoint>
     getDiagramDatePointListFromBuffer(
     Calendar start, Calendar stopp, String pinfo){
     List<DiagramDatePoint> list =
                      new ArrayList<DiagramDatePoint>();
     Calendar cal = new GregorianCalendar(timeZone, locale);
     Iterator it = dataList.iterator();
     while(it.hasNext()){
       SingleValue singleValue = (SingleValue)it.next();
       if(start.before(singleValue.getCal()) &&
                         stopp.after(singleValue.getCal())){
         if(singleValue.getInfo() != null &&
                        singleValue.getInfo().equals(pinfo)){
         double y = new Double(singleValue.getSingleValue());
         long x = singleValue.getCal().getTimeInMillis();
         list.add(new DiagramDatePoint(x,y));
       }
     }
   }
   return list;
  }
/**
* Methode add<br>
* Schreibt einen neuen Wert in den Buffer. Wenn vorher
* disableFileLog aufgerufen wurde, wächst der Buffer nicht über
* die eingestellte maximale Anzahl an Werten an.
*
* @param singleValue Neuer Wert für den Buffer
```

```
* @param valueType Typ des übergebenen Wertes
* @param info A Bezeichnung für den übergebenen Wert.
*/
  private synchronized void add(String singleValue,
                               int valueType, String info){
    Calendar cal = new GregorianCalendar(timeZone, locale);
    dataList.add(new SingleValue(cal, singleValue,
                                valueType, info));
    if(!enable){
      int size = dataList.size();
      if(size >= maxListLength){
        SingleValue temp = dataList.remove(0);
      }
    }
  }
/**
* Methode enableFileLog<br>
* Gibt das Schreiben in die Logdatei frei.
*/
  public void enableFileLog(){
    enable = true;
  }
/**
* Methode disableFileLog<br>
* Es wird nach dem Aufruf nicht mehr in die Logdatei geschrieben.
* Alle Werte bleiben im Buffer. Wird die maximale Größe des
* Buffers erreicht, wird bei jedem neu eingeschriebenen Wert der
* älteste Wert aus dem Buffer entfernt.
*
*/
  public void disableFileLog(){
    enable = false;
  }
  public void add(byte value, String info){
    add(Byte.toString(value), SingleValue.STYPE_BYTE, info);}
  public void add(Byte value, String info){
    add(value.toString(), SingleValue.TYPE_BYTE, info);}
  public void add(short value, String info){
    add(Short.toString(value), SingleValue.STYPE_SHORT, info);}
  public void add(Short value, String info){
    add(value.toString(), SingleValue.TYPE_SHORT, info);}
```

```
  public void add(int value, String info){
    add(Integer.toString(value),SingleValue.STYPE_INTEGER,info);}
  public void add(Integer value, String info){
    add(value.toString(), SingleValue.TYPE_INTEGER, info);}
  public void add(long value, String info){
    add(Long.toString(value), SingleValue.STYPE_LONG, info);}
  public void add(Long value, String info){
    add(value.toString(), SingleValue.TYPE_LONG, info);}
  public void add(double value, String info){
    add(Double.toString(value), SingleValue.STYPE_DOUBLE, info);}
  public void add(Double value, String info){
    add(value.toString(), SingleValue.TYPE_DOUBLE, info);}
  public void add(float value, String info){
    add(Float.toString(value), SingleValue.STYPE_FLOAT, info);}
  public void add(Float value, String info){
    add(value.toString(), SingleValue.TYPE_FLOAT, info);}
  public void add(char value, String info){
    add(Character.toString(value),SingleValue.STYPE_CHAR,info);}
  public void add(Character value, String info){
    add(value.toString(), SingleValue.TYPE_CHAR, info);}
  public void add(boolean value, String info){
    add(Boolean.toString(value),SingleValue.STYPE_BOOLEAN,info);}
  public void add(Boolean value, String info){
    add(value.toString(), SingleValue.TYPE_BOOLEAN, info);}
}
```

9.5 Temperatur und Beleuchtungsstärke loggen

In diesem Abschnitt zeige ich Ihnen, wie Sie die Klasse `DataLogger` einsetzen können. Dafür benötigen Sie zuerst einen Versuchsaufbau, damit analoge Messwerte erfasst werden können. Schauen Sie sich die Schaltung in Abbildung 9.3 an. Dort habe ich den ADC MCP3008 gewählt, um die analogen Spannungswerte der Temperaturmessung und der Beleuchtungsmessung abzutasten. Beide Messschaltungen kennen Sie schon aus Kapitel 8 über analoge Sensoren. Der einzige Unterschied besteht darin, dass jetzt beide Messschaltungen an dem MCP3008 statt an dem MCP3002 angeschlossen sind.

Die Klasse `DatenSpeicher` loggt die über den Port 1 und 5 des MCP3008 erfassten Spannungswerte mithilfe der Klasse `DataLogger`. Zur Bildung einer `DataLogger`-Instanz wird der parameterlose Konstruktor verwendet, wodurch die Standardwerte für Pfad und Dateiname genommen werden. Wenn Sie das weiter unten aufgeführte Start-Script `kap09-Datenspeicher.sh` aufrufen, wird die Logdatei in das gleiche Verzeichnis geschrieben, in dem auch das Script aufgerufen wird. Die Datei erhält dann den Standardnamen `Default-Logger.txt`.

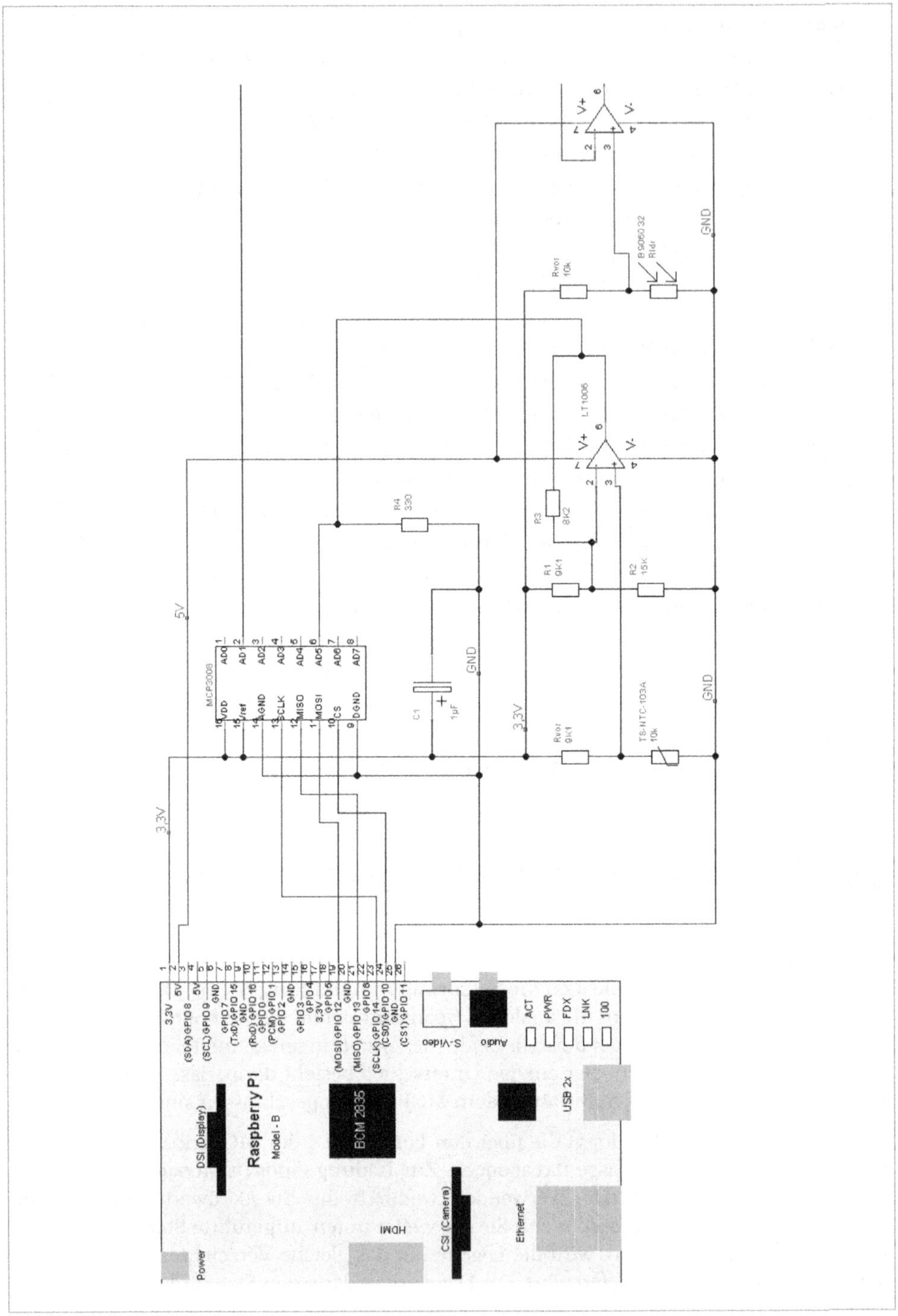

Abb. 9.3: Versuchsaufbau zur Temperatur- und Beleuchtungsmessung

Nach dem Erzeugen einer `DataLogger`-Instanz wird über die Methode `enableFileLog` das Loggen in die Datei freigegeben.

```
DataLogger log = new DataLogger();
log.enableFileLog();
```

Der Hauptteil des Programms besteht aus einer `while`-Schleife, die alle 30 Sekunden Messwerte mit der `add`-Methode in den Buffer schreibt.

```
log.add(temperatur, "TEMPERAT");
log.add(beleuchtungsstaerke, "BELEUCHT");
```

Und jede Stunde werden die Datensätze aus dem Buffer in die Logdatei geschrieben.

```
log.store();
```

Durch Betätigen der [↵]-Taste wird die Schleife abgebrochen und alle Datensätze werden aus dem Buffer in die Logdatei gespeichert.

```
log.storeFlush();
```

Das Zeitmanagement in der `while`-Schleife wird über die bekannten Methoden der Klassen `ScheduleService` und `ScheduleUtil` gesteuert. Mit `startPulseInSecundes` wird ein `command-String` erzeugt, der dann mit `scheduleCheckForLongTimeUse` geprüft wird.

```
if(ScheduleService.scheduleCheckForLongTimeUse(messen)){
...
   messen = ScheduleUtil.startPulseInSecundes(30, 500, 0);
...
```

Mit den oben gezeigten Übergabeparametern 30, 500 und 0 wird ein `command-String` erzeugt, der nach 30 s aktiviert wird, eine Dauer von 500 s und einen Puls von 0 s hat. Die Dauer spielt hierbei aber keine Rolle, da nach 30 s immer ein neuer `command`-String erzeugt wird. Und mit 0 s wird der Puls ausgeschaltet. Die Methode `startPulseInSecundes` wird also nur benutzt, um einen `command`-String zu erzeugen, der nach 30 s aktiv ist. Das gleiche Verfahren wird auch zum Speichern angewendet, nur dass das Intervall dort 3600 s beträgt.

```
speichern=ScheduleUtil.startPulseInSecundes(3600,500, 0);
```

Ich habe das Testprogramm 24 Stunden laufen lassen und eine Logdatei erhalten, die ungefähr 350 KB groß ist. Ein kleiner Auszug daraus sieht folgendermaßen aus.

```
2015.04.06 10:34:29:574 10 TEMPER 22.773210645161292
2015.04.06 10:34:29:651 10 BELEUC 354.1098321201648
2015.04.06 10:34:59:282 10 TEMPER 22.733952580645163
2015.04.06 10:34:59:282 10 BELEUC 361.2433663156643
2015.04.06 10:35:29:377 10 TEMPER 22.694694516129033
2015.04.06 10:35:29:378 10 BELEUC 361.2433663156643
2015.04.06 10:35:59:469 10 TEMPER 22.733952580645163
2015.04.06 10:35:59:469 10 BELEUC 368.6088306513785
2015.04.06 10:36:29:061 10 TEMPER 22.694694516129033
2015.04.06 10:36:29:061 10 BELEUC 368.6088306513785
2015.04.06 10:36:59:174 10 TEMPER 22.694694516129033
2015.04.06 10:36:59:174 10 BELEUC 368.6088306513785
2015.04.06 10:37:29:265 10 TEMPER 22.6554364516129
2015.04.06 10:37:29:265 10 BELEUC 376.2169194816207
2015.04.06 10:37:59:362 10 TEMPER 22.6554364516129
2015.04.06 10:37:59:362 10 BELEUC 376.2169194816207
...
```

Im nächsten Kapitel zeige ich Ihnen dann, wie Sie die gewonnenen Messwerte grafisch darstellen können.

Script zum Starten der Anwendung

Script `kap09Datenspeicher.sh`

beenden mit [↵]

```
package raspi.projekte.kap09;

import raspi.hardware.spi.MCP3008;
import raspi.schedule.*;
import raspi.logger.DataLogger;
import java.text.ParseException;
import java.io.IOException;

public class DatenSpeicher
{
  public static void main(String[] args) throws ParseException,
                          InterruptedException, IOException{
    MCP3008 mcp = new MCP3008(MCP3008.CS0, MCP3008.CLOCK1M);
    DataLogger log = new DataLogger();
    log.enableFileLog();
```

```
    String messen =ScheduleUtil.startPulseInSecundes(0,4,0);
    String speichern =ScheduleUtil.startPulseInSecundes(0,4,0);
    int c = 0;
    double spannungPort5 = 0;
    double spannungPort1 = 0;
    double temperatur = 0;
    double beleuchtungsstaerke = 0;
    while (c == 0) {
      if(ScheduleService.scheduleCheckForLongTimeUse(messen)){
        spannungPort5 = mcp.readChannelInVolt(5);
        spannungPort1 = mcp.readChannelInVolt(1);
        temperatur = -12.170d * (spannungPort5 - 3.239d);
        beleuchtungsstaerke = Math.pow(
                     (5.0237d*(3.3/spannungPort1 - 1)), 1.4286);
        log.add(temperatur, "TEMPERAT");
        log.add(beleuchtungsstaerke, "BELEUCHT");
        messen = ScheduleUtil.startPulseInSecundes(30, 500, 0);
      }
      if(ScheduleService.
                     scheduleCheckForLongTimeUse(speichern)){
        log.store();
        speichern=
                ScheduleUtil.startPulseInSecundes(3600, 500, 0);
      }
      Thread.sleep(500);
      c = System.in.available();
    }
    log.storeFlush();
  }
}
```

Kapitel 10

Messwertgrafiken mit Swing

Nachdem im vorherigen Kapitel Messwerte geloggt worden sind, liegt es nahe, die so gewonnenen Werte grafisch darzustellen. Da es in der Swing-Bibliothek keine Klasse gibt, die Diagramme zeichnet, werden wir eine eigene Komponente schreiben, die ein Koordinatensystem und Messpunkte zeichnen kann. Die X-Achse des Koordinatensystems soll `double`-Werte in linearer und logarithmischer Darstellung verarbeiten können. Außerdem sollen `long`-Werte als Zeitachse darzustellen sein. Auf der Y-Achse sollen `double`-Werte in linearer und logarithmischer Darstellung möglich sein. Und wichtig ist natürlich auch, dass diese Komponente einfach in verschiedene Projekte integriert werden kann.

10.1 Das Prinzip der Komponentenentwicklung

Die Swing-Bibliothek ist so aufgebaut, dass alle grafischen Elemente von der Klasse `JComponent` direkt oder indirekt erben und so die grundlegenden Methoden des Swing Frameworks erhalten. Je nach Komplexität der grafischen Komponente implementiert diese weitere spezielle Felder und Methoden. Die einfachste Implementierung hat die Komponente `JPanel`. Dies liegt einfach daran, dass sie nur eine strukturlose Fläche zeichnet und nur als Container für andere Komponenten verwendet wird. Und genau aus diesem Grunde wird `JPanel` als Elternklasse verwendet, um eigene Komponenten zu schreiben. Der eigenen Komponente stehen somit alle öffentlichen Methoden bereit, die auch `JPanel` besitzt. So bekommen Sie zum Beispiel Methoden zum Einstellen von Größe, Hintergrundfarbe, Textfarbe, Font und so weiter, ohne diese selber schreiben zu müssen.

Die Komponente, die wir schreiben wollen, habe ich `JDiagram` genannt und in das Package `raspi.logger` gelegt. `JDiagram` erweitert `JPanel`, überschreibt die Methoden `getPreferredSize` und `paintComponent` und besitzt einen parameterlosen Konstruktor. Schauen Sie sich dazu das folgende Grundgerüste der Klasse `JDiagram` an.

```
public class JDiagram extends JPanel {

  public JDiagram() {
    ...
  }
  public Dimension getPreferredSize() {
    return new Dimension(400,200);
  }
  protected void paintComponent(Graphics g) {
   super.paintComponent(g);
```

```
    ...
  }
}
```

Die bevorzugte Größe der Komponente legen Sie mit dem Überschreiben von `getPreferredSize` fest und sie sollte so gewählt werden, dass die Komponente mit den vorgegebenen Werten gut lesbar gezeichnet werden kann. Ich habe für `JDiagram` eine Breite von 400 Pixeln und eine Höhe von 200 Pixeln gewählt. Die bevorzugte Größe wird unter anderem von dem Swing Framework verwendet, um ein Fenster auf die bevorzugte Größe seiner Komponenten anzupassen.

Mit dem Überschreiben von `paintComponent` erhalten Sie mit dem übergebenen `Graphics`-Objekt die Möglichkeit, Zeichenoperationen durchzuführen. Bevor ich Ihnen dies zeige, sollten Sie sich den Aufruf von `super.paintComponent(g)` verdeutlichen. Mit diesem Aufruf wird `paintComponent` der Klasse `JPanel` ausgeführt und das hat den Sinn, die Komponente so zu zeichnen, wie Sie es von `JPanel` gewöhnt sind, also eine einfarbige Fläche mit der voreingestellten Hintergrundfarbe zu zeichnen. Auf dieser Grundlage können Sie dann eigene Zeichenoperationen durchführen.

Die Methode `paintComponent` wird immer aufgerufen, wenn eine Anwendung gestartet oder ein Anwendungsfenster neu gezeichnet werden muss. Dies passiert zum Beispiel immer dann, wenn Fenster in der Größe verändert werden oder andere Fenster die Anwendung verdecken und wieder sichtbar gemacht werden. Dies gilt natürlich nicht nur für die `JDiagram`-Komponente, sondern für alle grafischen Elemente in einer Swing-Anwendung.

Die Klasse `Graphics` stellt Methoden bereit, um Bilder, Text und geometrische Figuren zu zeichnen. Außerdem stellt sie Methoden bereit, um einen rechteckigen Bereich zu kopieren und rechteckige Clip-Bereiche zu definieren. Ein Clip-Bereich wird dazu verwendet, einen definierten Zeichenbereich festzulegen. Alle Zeichenoperationen, die über diesen Bereich hinausgehen, werden abgeschnitten.

Beim Zeichnen von Text und geometrischen Figuren geht man meist so vor, dass zuerst die gewünschte Zeichenfarbe eingestellt und danach die eigentliche Zeichenoperation ausgeführt wird. Im nächsten Programmausschnitt wird zuerst die Zeichenfarbe auf Schwarz gesetzt und danach eine Linie von der Koordinate (`xWertStart, yWertStart`) nach (`xWertStopp,yWertStopp`) gezeichnet.

```
g.setColor(Color.black);
g.drawLine(xWertStart, yWertStart, xWertStopp,yWertStopp);
```

Die Klasse `JDiagram` verwendet `drawLine`, um die X-Achse, Y-Achse und die Gitternetze zu zeichnen. Mit `drawString` wird die Beschriftung der Achsen und mit `fillRect` werden die Datenpunkte gezeichnet.

Bevor Sie sich aber die Methoden zum Zeichnen des Diagramms anschauen, sind noch ein paar Überlegungen zum Aufbau der Komponente nützlich. So macht es durchaus Sinn, sich zu überlegen, ob es in der Komponente nicht Methoden gibt, die auch außerhalb der Klasse `JDiagram` verwendet werden können, und Sie sich dadurch bei späteren Projekten Programmierarbeit ersparen und das Programm auch noch besser strukturiert wird.

Ich habe alle Berechnungen und Algorithmen, die zum Zeichnen des Diagramms benötigt werden, aber nicht die Klasse `Graphics` aufrufen, in eine eigene Klasse, die ich `ComputeDiagram` genannt habe, ausgelagert. `ComputeDiagram` kennt keine Zeichenmethoden und berechnet nur die Positionen, die später zum Zeichnen benötigt werden. Durch diese Aufteilung können Sie die Methoden der Klasse `ComputeDiagram` dazu verwenden, um zum Beispiel ein Diagramm in HTML 5 zu erzeugen, da es auch in HTML 5 Zeichenflächen gibt, die die gleiche Koordinatenverarbeitung haben wie die Swing-Klassen. In beiden Technologien beginnt der Koordinatenursprung (0,0) einer Zeichenfläche in der linken oberen Ecke und hat nach rechts aufsteigende X-Werte und nach unten aufsteigende Y-Werte.

10.2 Die Hilfsklasse ComputeDiagram

Um die Arbeitsweise der Klasse `ComputeDiagram` besser verstehen zu können, zeige ich Ihnen zuerst einen Überblick über die verwendeten Variablen und ihrer Funktion im Bezug auf das zu zeichnende Diagramm. Schauen Sie sich dazu Abbildung 10.1 an, dort sehen Sie die Grundstruktur des Diagramms.

Die Variablen `minYVal`, `maxYVal`, `minXVal` und `maxXVal` geben den kleinsten und größten Zahlenbereich auf der X- und der Y-Achse an. Die X/Y-Koordinaten für den Startpunkt und den Endpunkt der X- und Y-Achse werden in Instanzen der `Point`-Klasse gespeichert und heißen `yAxisStartPoint`, `yAxisStopPoint`, `xAxisStartPoint` und `xAxisStopPoint`. Die Point-Klasse ist ein einfacher Container, der X und Y als `double`-Werte speichert.

Da das Diagramm im Hintergrund ein Linienraster darstellen soll, das optional aus einem Haupt- und einem Nebenraster besteht, müssen Sie den Startpunkt des Rasters und die kleinen Abstände für das Nebenraster und die großen Abstände für das Hauptraster definieren. An dem Hauptraster wird dann die Achsenbeschriftung ausgerichtet. Das Nebenraster besteht nur aus Linien und hat keine Beschriftung.

Die Variable `xMinMainValue` gibt den ersten Hauptrasterwert auf der X-Achse an. Von diesem Punkt aus wird der nächste Nebenrasterwert mit `xSubGrid` definiert und der nächste Hauptrasterwert mit `xMainGrid`. Das Gleiche gilt auch für die Y-Achse.

Die Variablen `x`, `y`, `width` und `height` bestimmen die Position, die Breite und Höhe des Diagramms.

Schauen Sie sich weiter unten nun den ersten Teil der Klasse `ComputeDiagram` an. Dort finden Sie die zwei Konstruktoren und die Methoden zur Berechnung der Achsenlagen und die Berechnung von X/Y-Positionen für vorgegebene Koordinatenwerte.

Der erste Konstruktor wird benötigt, um auf beiden Achsen `double`-Werte darzustellen. Der zweite Konstruktor nimmt für die X-Achse `long`-Werte entgegen, damit diese als Zeitachse dargestellt werden. Da beide Konstruktoren gleich aufgebaut sind, werde ich Ihnen nur den ersten Konstruktor erklären.

Schauen Sie sich zuerst alle Übergabeparameter des Konstruktors an, diese finden Sie fast alle in Abbildung 10.1. Nur die Parameter `linearX`, `linearY` fehlen noch. Werden sie auf `true` gesetzt, werden die Achsen linear dargestellt. Für `false` wird die entsprechende Achse in logarithmischer Darstellung gezeichnet.

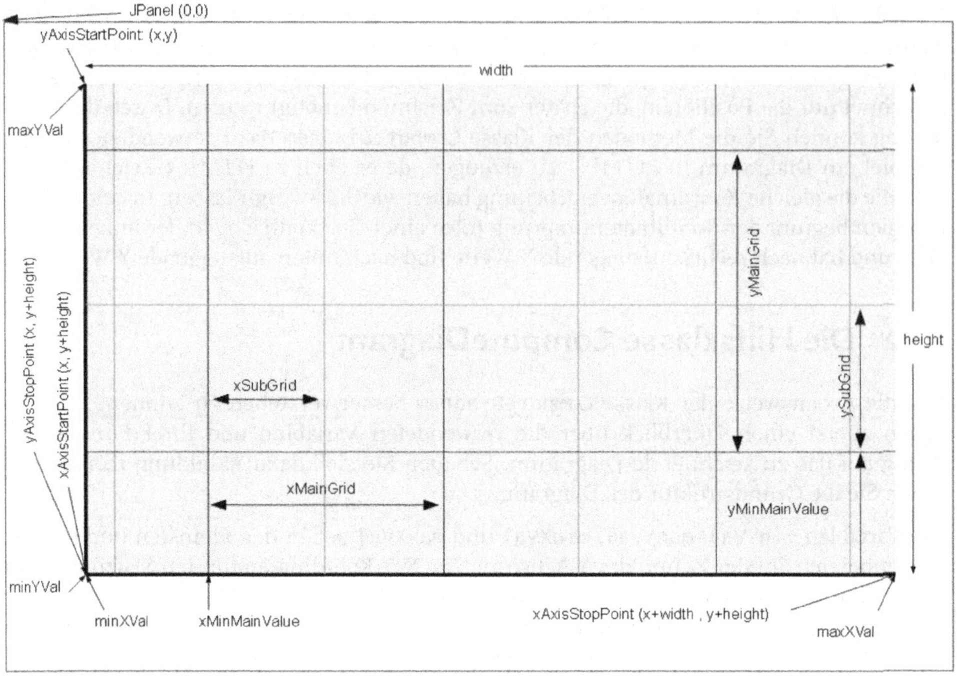

Abb. 10.1: Die Grundstruktur des Diagramms

```
package raspi.logger;
import java.util.List;
import java.util.ArrayList;
import java.awt.Rectangle;
import java.awt.Point;
public class ComputeDiagram
{
  private double yM,yD,xM,xD,minXVal,maxXVal;
  private long minXValD,maxXValD;
  private double minYValmaxYVal,yMinMainValue,yMainGrid;
  private double ySubGrid,xMinMainValue,xMainGrid,xSubGrid;
  private long xMinMainValueD,xMainGridD,xSubGridD;
  private boolean linearX,linearY;
  private Point xAxisStartPoint = null;
  private Point xAxisStopPoint = null;
  private Point yAxisStartPoint = null;
  private Point yAxisStopPoint = null;
  private List<Integer> ymainGridList = null;
  private List  ymainValueList = null;
  private List<Integer> ysubGridList = null;
```

```
private List<Integer> xmainGridList = null;
private List xmainValueList = null;
private List<Integer> xsubGridList = null;
private static final int DATEMODE = 0;
private static final int DEFAULTMODE = 1;
private static final int LOGARITHMODE = 2;
private int mode;
public ComputeDiagram(int x, int y , int width, int height,
        double minXVal, double maxXVal, double minYVal,
        double maxYVal, double yMinMainValue, double yMainGrid,
        double ySubGrid, boolean linearY,
        double xMinMainValue, double xMainGrid,
        double xSubGrid, boolean linearX)
{
  mode = DEFAULTMODE;
  createPoints(x, y , width, height);
  if(linearY){
    yM = -(yAxisStopPoint.getY() - yAxisStartPoint.getY())/
         (maxYVal - minYVal);
    yD = yAxisStopPoint.getY() - yM * minYVal;
  }else{
    yM = -(yAxisStopPoint.getY() - yAxisStartPoint.getY())/
         (Math.log10(maxYVal) - Math.log10(minYVal));
    yD = yAxisStopPoint.getY() - yM * Math.log10(minYVal);
  }
  if(linearX){
    xM = (xAxisStopPoint.getX() - xAxisStartPoint.getX())/
         (maxXVal - minXVal);
    xD = xAxisStopPoint.getX() - xM * maxXVal;
  }else{
    xM = (xAxisStopPoint.getX() - xAxisStartPoint.getX())/
         (Math.log10(maxXVal) - Math.log10(minXVal));
    xD = xAxisStopPoint.getX() - xM * Math.log10(maxXVal);
  }
  this.minXVal = minXVal;
  this.maxXVal = maxXVal;
  this.minYVal = minYVal;
  this.maxYVal = maxYVal;
  this.linearX = linearX;
  this.linearY = linearY;
  this.yMinMainValue = yMinMainValue;
  this.yMainGrid = yMainGrid;
```

```
    this.ySubGrid = ySubGrid ;
    this.xMinMainValue = xMinMainValue ;
    this.xMainGrid = xMainGrid;
    this.xSubGrid = xSubGrid;
    createYMainGrid();
    createYSubGrid();
    createXMainGrid();
    createXSubGrid();
  }
  public ComputeDiagram(int x, int y , int width, int height,
    long minXVal, long maxXVal, double minYVal, double maxYVal,
    double yMinMainValue, double yMainGrid, double ySubGrid,
    boolean linearY,
    long xMinMainValue, long xMainGrid, long xSubGrid)
    {
      mode = DATEMODE;
      createPoints(x, y , width, height);
      if(linearY){
       yM = -(yAxisStopPoint.getY() - yAxisStartPoint.getY())/
             (maxYVal - minYVal);
       yD = yAxisStopPoint.getY() - yM * minYVal;
    }else{
      yM = -(yAxisStopPoint.getY() - yAxisStartPoint.getY())/
            (Math.log10(maxYVal) - Math.log10(minYVal));
      yD = yAxisStopPoint.getY() - yM * Math.log10(minYVal);
    }
    xM = (xAxisStopPoint.getX() - xAxisStartPoint.getX())/
         (maxXVal - minXVal);
    xD = xAxisStopPoint.getX() - xM * maxXVal;
    this.minXValD = minXVal;
    this.maxXValD = maxXVal;
    this.minYVal = minYVal;
    this.maxYVal = maxYVal;
    this.linearX = true;
    this.linearY = linearY;
    this.yMinMainValue = yMinMainValue;
    this.yMainGrid = yMainGrid;
    this.ySubGrid = ySubGrid ;
    this.xMinMainValueD = xMinMainValue ;
    this.xMainGridD = xMainGrid;
    this.xSubGridD = xSubGrid;
    createYMainGrid();
```

```
    createYSubGrid();
    createXMainGridDate();
    createXSubGridDate();
  }
  private void createPoints(
                  int x, int y, int width, int height){
    xAxisStartPoint = new Point(x, y+height);
    xAxisStopPoint =  new Point(x+width, y+height);
    yAxisStartPoint = new Point(x, y);
    yAxisStopPoint =  new Point(x, y+height);
  }
  public int getYPosForValue(double value){
    if(linearY){
      return (int)(yM * value + yD);
    }
    return (int)(yM * Math.log10(value) + yD);
  }
  public int getXPosForValue(double value){
    if(linearX){
      return (int)(xM * value + xD);
    }
    return (int)(xM * Math.log10(value) + xD);
  }
  public int getXPosForValue(long value){
    return (int)(xM * value + xD);
  }
```

Im Konstruktor werden durch den Aufruf der Methode `createPoints` die Start- und Endpunkte der Achsen berechnet und in die `Point`-Objekte `xAxisStartPoint`, `xAxisStopPoint`, `yAxisStartPoint` und `yAxisStopPoint` gespeichert.

Wie in Abbildung 10.1 zu sehen ist, gehört zu dem kleinsten Wert `minYVal` auf der Y-Achse das `yAxisStopPoint`-Objekt und zu dem größten Wert `maxYVal` auf der Y-Achse das `yAxisStartPoint`-Objekt. Das Gleiche gilt auch für die X-Achse.

Für alles, was in dem Diagramm gezeichnet werden soll, müssen Sie eine Funktion haben, die einen X-Wert in eine X-Koordinate umrechnet und einen Y-Wert in eine Y-Koordinate. Es müssen also Funktionen gefunden werden, die für den darzustellenden Wertebereich die entsprechenden Koordinaten in Pixeln liefern. Um solche Funktionen zu schreiben, schauen Sie sich zuerst Abbildung 10.2 an. Dort sind in jeweils einem Diagramm für jede Achse der Zusammenhang zwischen dem darzustellenden Wertebereich und den Start- und Endpunkten der Achsen in Pixel dargestellt.

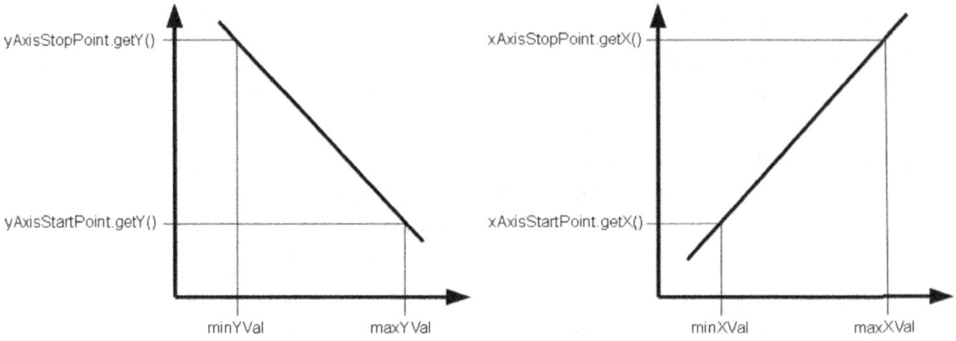

Abb. 10.2: Zusammenhang zwischen Achskoordinaten und Achswerten

Für den größten und den kleinsten Zahlenwert sind die Pixelwerte schon bekannt. Es fehlen jetzt nur noch die Werte dazwischen. Da die Zusammenhänge linear sind, muss für die X- und Y-Richtung jeweils eine Geradengleichung aufgestellt werden. Die beiden Kennwerte einer Geradengleichung bestehen aus der Steigung und der Nullpunktverschiebung. Die Berechnung der Steigung für das linke Diagramm sieht wie folgt aus:

```
yM = -(yAxisStopPoint.getY() - yAxisStartPoint.getY())/
     (maxYVal - minYVal);
```

Und die Nullpunktverschiebung berechnet sich aus `yM`, `minYVal` und `yAxisStopPoint.getY()`.

```
yD = yAxisStopPoint.getY() - yM * minYVal;
```

In beiden Konstruktoren finden Sie die entsprechenden Gleichungen auch für die X-Achse und für die logarithmische Darstellung. Alle Gleichungen berechnen aber immer nur die Steigung und die Nullpunktverschiebung. In den Methoden `getYPosForValue` und `getXPosForValue` werden diese Werte dann benutzt, um aus einem darzustellenden Wert die entsprechenden X- beziehungsweise Y-Werte zu berechnen. Die Methode `getXPosForValue` gibt es übrigens zweimal. Die erste Methode nimmt einen `double`-Wert entgegen und die zweite Methode einen `long`-Wert, der notwendig ist, wenn auf der X-Achse die Zeit dargestellt werden soll.

Schauen Sie sich nun den nächsten Teil der Klasse `ComputeDiagram` an. Dort finden Sie sechs private Methoden, die in den Konstruktoren aufgerufen werden und die Werte und Koordinaten für die Achsenbeschriftung und die Gitternetze berechnen. So erzeugt die Methode `createYMainGrid` die ArrayList `ymainValueList`, in der die Zahlenwerte für die Beschriftung der Y-Achse stehen, und die ArrayList `ymainGridList`, in der die Y-Positionen für das Hauptgitter und die Beschriftung stehen.

Die Methode `createYSubGrid` erzeugt die ArrayList `ysubGridList`, in der die Y-Positionen für das Nebengitter stehen. Die gleichen Methoden gibt es dann auch mit gleicher Funktionalität für die X-Achse. Diese bekommt aber noch die zwei zusätzlichen Methoden, `createXMainGridDate` und `createXSubGridDate`, die dann vom zweiten Konstruktor aufgerufen werden, um die X-Positionen für die Darstellung als Zeitachse zu berechnen.

```
private void createYMainGrid(){
  ymainGridList = new ArrayList<Integer>();
  ymainValueList = new ArrayList();
  if(linearY){
    for(double v=yMinMainValue; v<=maxYVal ; v=v+yMainGrid){
      ymainGridList.add(new Integer(getYPosForValue(v)));
      ymainValueList.add(v);
    }
  }else{
    for(double v=minYVal; v<=maxYVal ; v=v*10.0d){
      ymainGridList.add(new Integer(getYPosForValue(v)));
      ymainValueList.add(v);
    }
  }
}
private void createYSubGrid(){
  ysubGridList = new ArrayList<Integer>();
  if(linearY){
    for(double v=yMinMainValue; v>=minYVal ; v=v-ySubGrid){
      ysubGridList.add(new Integer(getYPosForValue(v)));
    }
    for(double v=yMinMainValue; v<=maxYVal ; v=v+ySubGrid){
      ysubGridList.add(new Integer(getYPosForValue(v)));
    }
  }else{
    for(double v = minYVal; v < maxYVal ; v = v * 10.0d){
      for(double s = 1; s <= 9 ; s++){
        ysubGridList.add(new Integer(getYPosForValue(v*s)));
      }
    }
  }
}
private void createXMainGrid(){
  xmainGridList = new ArrayList<Integer>();
  xmainValueList = new ArrayList();
  if(linearX){
    for(double v=xMinMainValue; v<=maxXVal ; v=v+xMainGrid){
      xmainGridList.add(new Integer(getXPosForValue(v)));
      xmainValueList.add(v);
    }
  }else{
    for(double v = minXVal; v <= maxXVal ; v = v * 10.0d){
```

```
        xmainGridList.add(new Integer(getXPosForValue(v)));
        xmainValueList.add(v);
      }
    }
  }
  private void createXSubGrid(){
    xsubGridList = new ArrayList<Integer>();
    if(linearX){
      for(double v=xMinMainValue; v>=minXVal ; v=v-xSubGrid){
        xsubGridList.add(new Integer(getXPosForValue(v)));
      }
      for(double v=xMinMainValue; v<=maxXVal ; v=v+xSubGrid){
        xsubGridList.add(new Integer(getXPosForValue(v)));
      }
    }else{
      for(double v = minXVal; v < maxXVal ; v = v * 10.0d){
        for(double s = 1; s <= 9 ; s++){
          xsubGridList.add(new Integer(getXPosForValue(v*s)));
        }
      }
    }
  }
  private void createXMainGridDate(){
    xmainGridList = new ArrayList<Integer>();
    xmainValueList = new ArrayList();
    for(long v=xMinMainValueD; v<=maxXValD; v=v+xMainGridD){
      xmainGridList.add(new Integer(getXPosForValue(v)));
      xmainValueList.add(v);
    }
  }
  private void createXSubGridDate(){
    xsubGridList = new ArrayList<Integer>();
    for(long v=xMinMainValueD; v>=minXValD; v=v-xSubGridD){
      xsubGridList.add(new Integer(getXPosForValue(v)));
    }
    for(long v=xMinMainValueD; v<=maxXValD; v=v+xSubGridD){
      xsubGridList.add(new Integer(getXPosForValue(v)));
    }
  }
```

Und zum Schluss stellt die Klasse `ComputeDiagram` die öffentlichen Methoden zum Auslesen der erzeugten ArrayListen für die Achsenbeschriftung und die erzeugten `Point`-Objekte für die Start- und Endpunkte der Achsen bereit.

```
  public List getMainGridYValues(){return ymainValueList;}
  public List getMainGridYPos(){return ymainGridList;}
  public List getSubGridYPos(){return ysubGridList;}
  public List getMainGridXValues(){return xmainValueList;}
  public List getMainGridXPos(){return xmainGridList;}
  public List getSubGridXPos(){return xsubGridList;}
  public Point getYAxisStartPoint(){return yAxisStartPoint;}
  public Point getYAxisStopPoint(){return yAxisStopPoint;}
  public Point getXAxisStartPoint(){return xAxisStartPoint;}
  public Point getXAxisStopPoint(){return xAxisStopPoint;}
}
```

10.3 Die Swing-Komponente JDiagram

Kommen wir nun zu der eigentlichen Swing-Komponente `JDiagram`. Die Klasse `JDiagram` ruft in ihrer Methode `paintComponent` eine Reihe von Hilfsmethoden auf, um Achsen, Gitter und Daten zu zeichnen. Die Klasse ist so aufgebaut, dass in ihrem parameterlosen Konstruktor ganz viele Werte voreingestellt werden. Die eigentliche Konfiguration wird dann durch entsprechende Methodenaufrufe durchgeführt. Wenn Sie sich im folgenden Programmteil den Konstruktor anschauen, werden Sie die Bedeutung einiger Variablen durch die Namensgebung erkennen. Diese werden aber auch noch in den Beschreibungen zu den Methoden erklärt werden.

```
public class JDiagram extends JPanel {
  private String xoutFormat, youtFormat;
  private TimeZone timeZone = null;
  private Locale locale = null;
  private int x, y, width, height;
  private static final int DATEMODEFORXAXIS = 0;
  private static final int DEFAULTMODEFORXAXIS = 1;
  private static final int LOGARITHMODEFORXAXIS = 2;
  private static final int DEFAULTMODEFORYAXIS = 3;
  private static final int LOGARITHMODEFORYAXIS = 4;
  private int modeXAxis, modeYAxis;
  private long minXValDate, maxXValDate, xMinMainValueDate;
  private long xMainGridDate, xSubGridDate;
  private double minXVal, maxXVal, minYVal, maxYVal;
  private double yMinMainValue, yMainGrid, ySubGrid;
  private boolean linearY,linearX;
  private double xMinMainValue, xMainGrid, xSubGrid;
  private boolean drawSubGridY, drawSubGridX, drawMainGridY;
  private boolean drawMainGridX;
```

```
private Color xMainGridColor, yMainGridColor;
private Color xSubGridColor, ySubGridColor, color;
private List<DiagramPoint> pointList;
private List<DiagramDatePoint> datePointList;
private Map dataMap, dataColorMap;

public static final long SECOND = 1000;
public static final long MINUTE = SECOND * 60;
public static final long HOUR = MINUTE * 60;
public static final long DAY = HOUR * 24;
private static final String COLOR = "1";
private static final String LIST = "2";

@SuppressWarnings("unchecked")
public JDiagram() {
  xoutFormat = "%1$s";
  youtFormat = "%1$s";
  linearX = true;
  linearY = true;
  drawSubGridY = true;
  drawSubGridX = true;
  drawMainGridY = true;
  drawMainGridX = true;
  minXVal = -100.0d;
  maxXVal = 100.0d;
  xMinMainValue = -100.0d;
  xMainGrid = 50.0d;
  xSubGrid = 10.0d;
  minYVal = -100.0d;
  maxYVal = 100.0d;
  yMinMainValue = -100.0d;
  yMainGrid = 50.0d;
  ySubGrid = 10.0d;
  modeXAxis = DEFAULTMODEFORXAXIS;
  modeYAxis = DEFAULTMODEFORYAXIS;
  timeZone = TimeZone.getTimeZone("Europe/Berlin");
  locale = Locale.GERMANY;
  setBorder(BorderFactory.createLineBorder(Color.black));
  xMainGridColor = Color.black;
  yMainGridColor = Color.black;
  xSubGridColor = Color.gray;
  ySubGridColor = Color.gray;
```

```
    x = 40;
    y = 40;
    width = 400;
    height = 200;
    pointList = new ArrayList();
    datePointList = new ArrayList();
    dataMap = new HashMap();
    dataColorMap = new HashMap();
  }
  public Dimension getPreferredSize() {
    return new Dimension(400,200);
  }
```

Mit der unten dargestellten Methode add können Sie die zu zeichnenden Daten übergeben. Da das Diagramm mehrere Kennlinien gleichzeitig darstellen kann, müssen Sie für jede Kennlinie einen Namen und die Farbe angegeben, in der die Datenpunkte gezeichnet werden sollen.

Die Liste mit den eigentlichen Daten darf entweder DiagramPoint- oder DiagramDatePoint-Objekte enthalten. Beide Objekttypen sind einfache Datencontainer, die für einen Datenpunkt den X- und Y-Wert speichern können. Der Unterschied zwischen beiden Klassen besteht nur darin, dass DiagramPoint für die X und Y double-Werte speichert und DiagramDatePoint für X einen long-Wert und für Y einen double-Wert. DiagramDatePoint wird also immer benutzt, wenn eine Zeitachse gezeichnet werden soll.

Die Methode add erzeugt eine Map, in der die Liste mit den Daten mit dem Schlüssel LIST und die Farbe mit dem Schlüssel COLOR gespeichert werden. Diese Map wird dann unter dem übergebenen Namen als Schlüssel in die Map dataMap gespeichert. Mit der Methode remove können Sie dann unter Angabe des Namens einzelne Kennlinien aus der Map dataMap entfernen.

```
  public void add(String name, Color colorData, List list){
   Map map = new HashMap();
   map.put(LIST, list);
   map.put(COLOR, colorData);
   dataMap.put(name, map);
  }
  public void remove(String name){
    dataMap.remove(name);
  }
```

Wenn das Diagramm mit einer voreingestellten Höhe und Breite gezeichnet werden soll, muss noch bestimmt werden, wie weit die X- und Y-Achsen vom Rand der Zeichenfläche positioniert werden sollen. Beide Achsen müssen dabei so viel Abstand zum Rand haben, dass die Achsenbeschriftung vollständig geschrieben werden kann. Hierzu wird über die Klasse FontMetrics die Länge der Achsenbeschriftung in Pixel berechnet. Als Vorgabewerte werden dabei der darzustellende Startwert und Endwert der Y-Achse herangezogen und von beiden wird die Länge in Pixel berechnet und verglichen. Dem größeren Wert werden dann noch 10 Pixel hinzugefügt und dies als Abstand von der linken Zeichenkante für die Y-Achse genommen.

Der Abstand zur oberen und unteren Zeichenkante wird immer durch die Schrifthöhe und zusätzlichen 10 Pixeln eingestellt.

Bei der Berechnung zum rechten Rand bin ich davon ausgegangen, dass im Extremfalle der oberste Zahlenwert auf der X-Achse ganz am Ende der Achse liegt und am Hauptgitter zentriert ausgerichtet ist. Der Abstand zum rechten Rand wird dann aus der halben Länge des letzten Wertes plus 10 Pixeln berechnet.

```
private void computeDimension(Graphics g){
  FontMetrics metrics = g.getFontMetrics();
  String outVal = String.format(locale, youtFormat, maxYVal);
  x = metrics.stringWidth(outVal);
  outVal = String.format(locale, youtFormat, minYVal);
  if(metrics.stringWidth(outVal) > x){
    x = metrics.stringWidth(outVal);
  }
  x = x + 10;
  y = 10 + metrics.getHeight();
  height = getHeight()-y-metrics.getHeight()-10;
  if(modeXAxis == DEFAULTMODEFORXAXIS ||
     modeXAxis == LOGARITHMODEFORXAXIS){
    outVal = String.format(locale, xoutFormat, maxXVal);
  }else{
    outVal = String.format(locale, xoutFormat, maxXValDate);
  }
  width = getWidth()-x-10-metrics.stringWidth(outVal)/2;
}
```

Die beiden Methoden `drawStringYPos` und `drawStringXPos` richten die Achsenbeschriftungen an den Hauptgitterlinien aus. Die an beide Methoden übergebenen X- und Y-Werte wurden durch die Klasse `ComputeDiagram` berechnet und liegen genau in den Achsen. Die Beschriftungen müssen deshalb so verschoben werden, dass sie links neben der Y-Achse und unterhalb der X-Achse liegen. Wie die Methode `drawString` Zeichenketten positioniert, können Sie sich in Abbildung 10.3 ansehen.

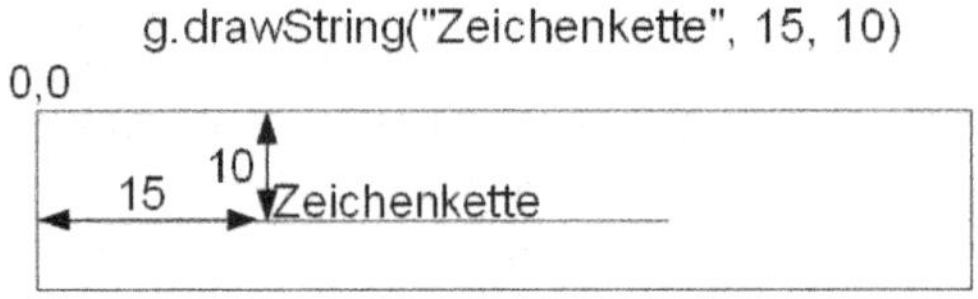

Abb. 10.3: Positionierung einer Zeichenkette mit `drawString`

Die Beschriftung an der Y-Achse wird rechtsbündig mit einem Abstand von 2 Pixeln links neben der Y-Achse ausgerichtet. Außerdem wird die Beschriftung um ein Drittel der Schrifthöhe nach unten verschoben. Hierdurch treffen die Gitterlinien etwa auf die Mitte der Beschriftung.

Die Beschriftung an der X-Achse wird zwei Pixel unterhalb und zentriert zur Gitterlinie ausgerichtet.

```
public static void drawStringYPos(Graphics g, String text,
                        int xRight, int yRight){
  FontMetrics  metrics = g.getFontMetrics();
  int hgt = metrics.getHeight();
  int strwidth = metrics.stringWidth(text);
  g.drawString(text,xRight-strwidth-2,yRight+hgt/3);
}
public static void drawStringXPos(Graphics g, String text,
                          int xTop, int yTop){
  FontMetrics  metrics = g.getFontMetrics();
  int hgt = metrics.getHeight();
  int strwidth = metrics.stringWidth(text);
  g.drawString(text,xTop-strwidth/2, yTop+2+hgt);
}
```

Mit der Methode `drawData` werden alle Datenpunkte gezeichnet, die mit der `add`-Methode übergeben wurden. Da alle Kennlinien in der `Map dataMap` gespeichert sind, wird diese durchlaufen und für jede Kennlinie die Zeichenfarbe ermittelt und die Liste mit den Datenpunkten durchlaufen und gezeichnet. Jeder Datenpunkt wird durch ein kleines Quadrat mit einer Kantenlänge von zwei Pixeln gezeichnet. Vor dem Ausführen der Zeichenoperation wird geprüft, ob der Datenpunkt als `DiagramPoint` oder als `DiagramDatePoint` vorliegt. Die Berechnung der Koordinaten wird dann durch die Methoden `getXPosForValue` und `getYPosForValue` durchgeführt. Beide Methoden stehen über die Instanz der Klasse `ComputeDiagram` zur Verfügung und kennen somit die genauen Abmessungen des Diagramms.

```
private void drawData(Graphics g,
              ComputeDiagram computeDiagram) {
  int xp =0;
  int yp = 0;
  DiagramPoint dp;
  DiagramDatePoint ddp;
  Set keySet = dataMap.keySet();
  Iterator it = keySet.iterator();
  while(it.hasNext()){
    Object key = it.next();
```

```
        dataColorMap = (Map)dataMap.get(key);
        List list = (List)dataColorMap.get(LIST);
        Color colorPoints = (Color)dataColorMap.get(COLOR);
        color = g.getColor();
        g.setColor(colorPoints);
        Iterator itData = list.iterator();
        while(itData.hasNext()){
          Object obj = itData.next();
          if(obj instanceof DiagramPoint){
            dp = (DiagramPoint)obj;
            xp = computeDiagram.getXPosForValue(dp.getX());
            yp = computeDiagram.getYPosForValue(dp.getY());
            if(dp.getX() <= maxXVal && dp.getX() >= minXVal &&
               dp.getY() <= maxYVal && dp.getY() >= minYVal){
              g.fillRect(xp, yp, 2, 2);
            }
          }
          if(obj instanceof DiagramDatePoint){
            ddp = (DiagramDatePoint)obj;
            xp = computeDiagram.getXPosForValue(ddp.getX());
            yp = computeDiagram.getYPosForValue(ddp.getY());
            Calendar cal = new GregorianCalendar();
            cal.setTimeInMillis(xp);
            if(ddp.getX()<=maxXValDate && ddp.getX()>=minXValDate
               && ddp.getY() <= maxYVal && ddp.getY() >= minYVal){
              g.fillRect(xp, yp, 2, 2);
            }
          }
        }
        g.setColor(color);
      }
    }
```

Als Nächstes folgen dann die privaten Methoden `drawYAxis`, `drawYMainGrid`, `drawYSubGrid`, `drawXAxis`, `drawXMainGrid` und `drawXSubGrid`, die die Achsen und Gitternetze zeichnen. Die zum Zeichnen notwendigen Koordinaten und Zahlenwerte für die Beschriftung stehen alle über die Instanz der Klasse `ComputeDiagram` zur Verfügung.

Wenn Sie sich die Methoden `drawYAxis` und `drawXAxis` anschauen, werden Sie sehen, dass die Zahlenwerte nicht direkt über `drawString` ausgegeben werden, sondern vorher durch `String.format` über einen vorgegebenen Formatstring formatiert werden. Hierdurch können Zahlenwerte fast beliebig formatiert dargestellt werden und zum Beispiel eine Einheit erhalten. Der Formatstring kann den öffentlichen Methoden übergeben werden, mit denen die Achsen konfiguriert werden.

```
private void drawYAxis(Graphics g,
            ComputeDiagram computeDiagram){
  List posList = computeDiagram.getMainGridYPos();
  List valueList = computeDiagram.getMainGridYValues();
  Point yAxisStartPoint = computeDiagram.getYAxisStartPoint();
  Point yAxisStopPoint = computeDiagram.getYAxisStopPoint();
  int x = (int)yAxisStartPoint.getX();
  Iterator it = valueList.iterator();
  int i = 0;
  g.drawLine((int)yAxisStartPoint.getX(),
      (int)yAxisStartPoint.getY(), (int)yAxisStopPoint.getX(),
      (int)yAxisStopPoint.getY());
  while(it.hasNext()){
    Double val = new Double((double)it.next());
    int y = ((Integer)posList.get(i)).intValue();
    String outVal = String.format(locale, youtFormat, val);
    drawStringYPos(g, outVal, x, y);
    i++;
  }
}
private void drawYMainGrid(Graphics g,
          ComputeDiagram computeDiagram){
  List posList = computeDiagram.getMainGridYPos();
  Point yAxisStartPoint = computeDiagram.getYAxisStartPoint();
  Point xAxisStopPoint = computeDiagram.getXAxisStopPoint();
  int xStart = (int)yAxisStartPoint.getX();
  int xStop = (int)xAxisStopPoint.getX();
  Iterator it = posList.iterator();
  while(it.hasNext()){
    Integer y = (Integer)it.next();
    g.drawLine(xStart,y,xStop,y);
  }
}
private void drawYSubGrid(Graphics g,
           ComputeDiagram computeDiagram){
  List posList = computeDiagram.getSubGridYPos();
  Point yAxisStartPoint = computeDiagram.getYAxisStartPoint();
  Point xAxisStopPoint = computeDiagram.getXAxisStopPoint();
  int xStart = (int)yAxisStartPoint.getX();
  int xStop = (int)xAxisStopPoint.getX();
  Iterator it = posList.iterator();
  while(it.hasNext()){
```

```
      Integer y = (Integer)it.next();
      g.drawLine(xStart,y,xStop,y);
    }
  }
  private void drawXAxis(Graphics g,
            ComputeDiagram computeDiagram){
    List posList = computeDiagram.getMainGridXPos();
    List valueList = computeDiagram.getMainGridXValues();
    Point xAxisStartPoint = computeDiagram.getXAxisStartPoint();
    Point xAxisStopPoint = computeDiagram.getXAxisStopPoint();
    int y = (int)xAxisStartPoint.getY();
    Iterator it = valueList.iterator();
    int i = 0;
    int x = 0;
    String outVal = "";
    g.drawLine((int)xAxisStartPoint.getX(),
        (int)xAxisStartPoint.getY(), (int)xAxisStopPoint.getX(),
        (int)xAxisStopPoint.getY());
    while(it.hasNext()){
      if(modeXAxis == DEFAULTMODEFORXAXIS ||
         modeXAxis == LOGARITHMODEFORXAXIS){
        Double val = new Double((double)it.next());
        x = ((Integer)posList.get(i)).intValue();
        outVal = String.format(locale, xoutFormat, val);
      }else{
        Long val = new Long((long)it.next());
        x = ((Integer)posList.get(i)).intValue();
        outVal = String.format(locale, xoutFormat, val);
      }
      drawStringXPos(g, outVal, x, y);
      i++;
    }
  }
  private void drawXMainGrid(Graphics g,
             ComputeDiagram computeDiagram){
    List posList = computeDiagram.getMainGridXPos();
    Point yAxisStartPoint = computeDiagram.getYAxisStartPoint();
    Point yAxisStopPoint = computeDiagram.getYAxisStopPoint();
    int yStart = (int)yAxisStartPoint.getY();
    int yStop = (int)yAxisStopPoint.getY();
    Iterator it = posList.iterator();
    while(it.hasNext()){
```

```
        Integer x = (Integer)it.next();
        g.drawLine(x,yStart,x,yStop);
      }
    }
    private void drawXSubGrid(Graphics g,
            ComputeDiagram computeDiagram){
      List posList = computeDiagram.getSubGridXPos();
      Point yAxisStartPoint = computeDiagram.getYAxisStartPoint();
      Point yAxisStopPoint = computeDiagram.getYAxisStopPoint();
      int yStart = (int)yAxisStartPoint.getY();
      int yStop = (int)yAxisStopPoint.getY();
      Iterator it = posList.iterator();
      while(it.hasNext()){
        Integer x = (Integer)it.next();
        g.drawLine(x,yStart,x,yStop);
      }
    }
```

Sie können die Farben der Gitterlinien getrennt für die X- und Y-Gitter einstellen. Benutzen Sie hierzu die vier folgenden Methoden. Die Farben für die Achsen sind immer gleich, da sie über die vererbte Methode `setColor` eingestellt werden.

```
    public void setXMainGridColor(Color gridColor){
      this.xMainGridColor = gridColor;}
    public void setYMainGridColor(Color gridColor){
      this.yMainGridColor = gridColor;}
    public void setXSubGridColor(Color gridColor){
      this.xSubGridColor = gridColor;}
    public void setYSubGridColor(Color gridColor){
     this.ySubGridColor = gridColor;}
```

Sie können die Gitterlinien aber auch ganz ausschalten.

```
    public void viewSubgridX(boolean visable){
      drawSubGridX = visable;}
    public void viewSubgridY(boolean visable){
      drawSubGridY = visable;}
    public void viewMaingridX(boolean visable){
      drawMainGridX = visable;}
    public void viewMaingridY(boolean visable){
      drawMainGridY = visable;}
```

Um die X-Achse zu konfigurieren, stehen Ihnen die drei Methoden `setXAxisLinear`, `setXAxisLogarithmic` und `setXAxisForDate` zur Verfügung. Je nachdem, ob die Achse linear, logarithmisch oder als Zeitachse dargestellt werden soll, müssen Sie die entsprechende Methode zum Konfigurieren wählen.

Bei allen drei Methoden geben Sie den darzustellenden Startwert und Endwert auf der X-Achse an. Für `setXAxisLinear` und `setXAxisForDate` müssen Sie dann noch den Startwert für das Hauptgitter, den Abstand der Hauptgitterlinien und den Abstand der Nebengitterlinien angeben. Außerdem nehmen beide Methoden über den Übergabeparameter `xoutFormat` einen Formatstring entgegen, mit dem Sie die Darstellung der Achsenbeschriftung einstellen können.

Mit den Methoden `setXAxisForDateOneDay` und `setXAxisForDateOneWeek` wird die X-Achse auch als Zeitachse dargestellt, nur dass hier schon typische Parameter voreingestellt sind und Ihnen ein wenig Konfiguration abgenommen wird. Beide Methoden rufen aber auch nur `setXAxisForDate` auf.

```
public void setXAxisLinear(double minXVal, double maxXVal,
                   double xMinMainValue, double xMainGrid,
                   double xSubGrid, String xoutFormat){
  modeXAxis = DEFAULTMODEFORXAXIS;
  linearX = true;
  if(xoutFormat == null || xoutFormat.isEmpty()){
    this.xoutFormat = "%1$s";
  }else{
    this.xoutFormat = xoutFormat;
  }
  this.xMainGrid = xMainGrid;
  this.xSubGrid = xSubGrid;
  this.minXVal = minXVal;
  this.maxXVal = maxXVal;
  this.xMinMainValue = xMinMainValue;
  this.xMainGrid = xMainGrid;
  this.xSubGrid = xSubGrid;
}
public void setXAxisLogarithmic(double minXVal,
                        double maxXVal, String xoutFormat){
  modeXAxis = LOGARITHMODEFORXAXIS;
  linearX = false;
  if(xoutFormat == null || xoutFormat.isEmpty()){
    this.xoutFormat = "%1$s";
  }else{
    this.xoutFormat = xoutFormat;
  }
  this.xMainGrid = xMainGrid;
```

```
    this.xSubGrid = xSubGrid;
    this.minXVal = minXVal;
    this.maxXVal = maxXVal;
  }
  public void setXAxisForDate(Calendar startcal,
                  Calendar stopcal, Calendar startgridcal,
             long xMainGrid, long xSubGrid, String xoutFormat){
    modeXAxis = DATEMODEFORXAXIS;
    linearX = true;
    if(xoutFormat == null || xoutFormat.isEmpty()){
      this.xoutFormat = "%1$s";
    }else{
      this.xoutFormat = xoutFormat;
    }
    this.minXValDate = startcal.getTimeInMillis();
    this.maxXValDate = stopcal.getTimeInMillis();
    this.xMinMainValueDate = startgridcal.getTimeInMillis();
    this.xMainGridDate = xMainGrid;
    this.xSubGridDate = xSubGrid;
  }
  public void setXAxisForDateOneDay(Calendar stopcal){
    modeXAxis = DATEMODEFORXAXIS;
    linearX = true;
    Calendar startcal = new GregorianCalendar(timeZone, locale);
    Calendar startGridCal = new GregorianCalendar(timeZone, locale);
    startcal.setTimeInMillis(stopcal.getTimeInMillis());
    startcal.add(Calendar.HOUR, -24);
    startGridCal.setTimeInMillis(stopcal.getTimeInMillis());
    startGridCal.add(Calendar.HOUR, -23);
    startGridCal.set(Calendar.MINUTE, 0);
    startGridCal.set(Calendar.SECOND, 0);
    startGridCal.set(Calendar.MILLISECOND, 0);
    setXAxisForDate(startcal, stopcal, startGridCal,
                    this.HOUR, this.MINUTE * 30, "%1$tH");
  }
  public void setXAxisForDateOneWeek(Calendar stopcal){
    modeXAxis = DATEMODEFORXAXIS;
    linearX = true;
    Calendar startcal = new GregorianCalendar(timeZone, locale);
    Calendar startGridCal = new GregorianCalendar(timeZone, locale);
    startcal.setTimeInMillis(stopcal.getTimeInMillis());
    startcal.add(Calendar.DAY_OF_MONTH, -7);
```

```
    startGridCal.setTimeInMillis(startcal.getTimeInMillis());
    startGridCal.set(Calendar.HOUR, 0);
    startGridCal.set(Calendar.MINUTE, 0);
    startGridCal.set(Calendar.SECOND, 0);
    startGridCal.set(Calendar.MILLISECOND, 0);
    setXAxisForDate(startcal, stopcal, startGridCal,
                    this.DAY, this.HOUR * 12, "%1$ta");
  }
```

Für die Konfiguration der Y-Achse stehen Ihnen die Methoden `setYAxisLinear` und `setYAxisLogarithmic` zur Verfügung, die genau so arbeiten wie die entsprechenden Methoden, mit denen Sie die X-Achse konfigurieren können.

```
public void setYAxisLinear(double minYVal, double maxYVal,
                    double yMinMainValue, double yMainGrid,
                    double ySubGrid, String youtFormat){
  modeYAxis = DEFAULTMODEFORYAXIS;
  linearY = true;
  if(youtFormat == null || youtFormat.isEmpty()){
    this.youtFormat = "%1$s";
  }else{
    this.youtFormat = youtFormat;
  }
  this.yMainGrid = yMainGrid;
  this.ySubGrid = ySubGrid;
  this.minYVal = minYVal;
  this.maxYVal = maxYVal;
  this.yMinMainValue = yMinMainValue;
  this.yMainGrid = yMainGrid;
  this.ySubGrid = ySubGrid;
}
public void setYAxisLogarithmic(double minYVal,
                    double maxYVal, String youtFormat){
  modeYAxis = LOGARITHMODEFORYAXIS;
  linearY = false;
  if(youtFormat == null || youtFormat.isEmpty()){
    this.youtFormat = "%1$s";
  }else{
    this.youtFormat = youtFormat;
  }
  this.yMainGrid = yMainGrid;
  this.ySubGrid = ySubGrid;
  this.minYVal = minYVal;
```

```
    this.maxYVal = maxYVal;
  }
```

Kommen wir zum Schluss zur Methode `paintComponent`. `paintComponent` ruft zuerst immer die Methode `computeDimension` auf, damit die Abmessungen und Positionen der Achsen berechnet werden. Je nachdem wie die X-Achse konfiguriert worden ist, wird der `ComputeDiagram`-Konstruktor zur Übernahme von Zeitwerten (`long`) oder `double`-Werten aufgerufen. Danach werden dann die Gitterlinien, die Achsen und zum Schluss die Daten gezeichnet.

Im nächsten Abschnitt können Sie dann an mehreren Beispielen sehen, wie `JDiagram` konfiguriert werden kann und wie es sich darstellt.

```
  @SuppressWarnings("unchecked")
  protected void paintComponent(Graphics g) {
    super.paintComponent(g);
    this.computeDimension(g);
    ComputeDiagram computeDiagram = null;
    if(modeXAxis == DATEMODEFORXAXIS) {
      computeDiagram = new ComputeDiagram(
              x, y, width, height,
              minXValDate, maxXValDate, minYVal, maxYVal,
              yMinMainValue, yMainGrid, ySubGrid, linearY,
              xMinMainValueDate, xMainGridDate, xSubGridDate);
    }else{
      computeDiagram = new ComputeDiagram(
              x, y, width, height,
              minXVal, maxXVal, minYVal, maxYVal,
              yMinMainValue, yMainGrid, ySubGrid, linearY,
              xMinMainValue, xMainGrid, xSubGrid, linearX);
    }
    color = g.getColor();
    if(drawSubGridY){
      g.setColor(ySubGridColor);
      drawYSubGrid(g, computeDiagram);
    }
    if(drawSubGridX){
      g.setColor(xSubGridColor);
      drawXSubGrid(g, computeDiagram);
    }
    if(drawMainGridX){
      g.setColor(xMainGridColor);
      drawXMainGrid(g, computeDiagram);
    }
```

```
    if(drawMainGridY){
      g.setColor(yMainGridColor);
      drawYMainGrid(g, computeDiagram);
    }
    g.setColor(color);
    drawYAxis(g, computeDiagram);
    drawXAxis(g, computeDiagram);
    drawData(g, computeDiagram);
  }
}
```

10.4 Diagramme in einer Swing-Anwendung anzeigen

Das Testprogramm `DiagrammTest1` ist eine Swing-Anwendung, die drei unterschiedlich konfigurierte Diagramme mit gleichem Dateninhalt darstellt. Die Ausgabe der Diagramme können Sie in Abbildung 10.4 sehen.

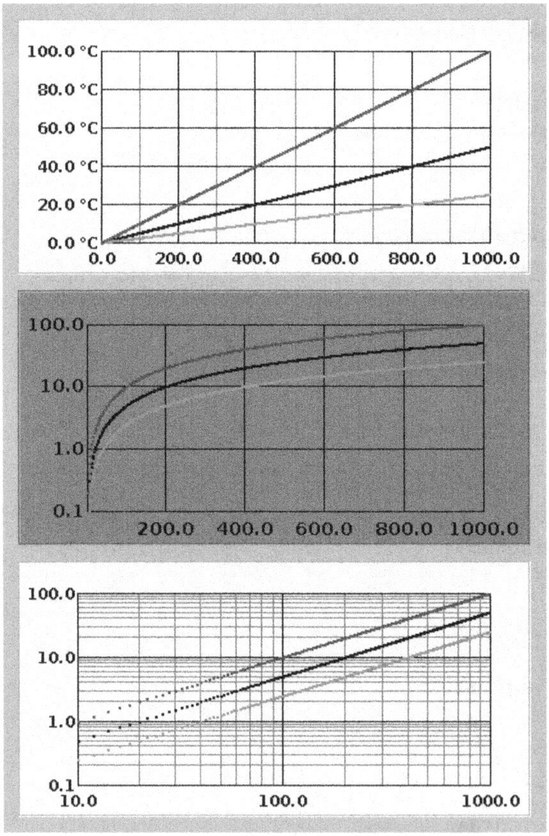

Abb. 10.4: Die Ausgabe des Testprogramms `DiagrammTest1`

Die Daten, die die Diagramme anzeigen, erzeugt die Anwendung in einer Schleife und sie stellt drei Geraden mit unterschiedlicher Steigung dar. Die Werte der drei Geraden werden als `DiagramPoint`-Objekte in den drei Array-Listen `testList1`, `testList2` und `testList3` gespeichert. Die Klasse `DiagramPoint` ist ein einfacher Datencontainer, der X/Y-Koordinaten als `double`-Werte speichern kann.

```
package raspi.logger;
public class DiagramPoint
{
    private double y, x;
    public DiagramPoint(double x, double y)
    {this.x = x; this.y = y;}
    public double getX(){  return x; }
    public double getY(){  return y; }
}
```

Aus dem weiter unten dargestellten Testprogramm `DiagrammTest1` schauen Sie sich zunächst die Zeilen an, in denen das Diagramm `diagram1` konfiguriert wird, und vergleichen Sie diese mit Abbildung 10.4, die die Ausgabe des Testprogramms zeigt. Die X-Achse des Diagramms hat eine lineare Darstellung und stellt Werte von 0 bis 1000 dar, was durch die ersten zwei Übergabeparameter der Methode `setXAxisLinear` eingestellt wird.

```
diagram1.setXAxisLinear(0d, 1000d, 0d, 200d, 100d, null);
```

Die folgenden drei Übergabeparameter bestimmen die Position der Haupt- und Nebengitter. Das Hauptgitter beginnt bei dem Wert 0 und wird dann in 200er-Schritten gezeichnet. Das Nebengitter wird ab Wert 0 in 100er-Schritten gezeichnet. Der letzte Übergabeparameter wurde auf `null` gesetzt, wodurch die Standardformatierung für die Zahlendarstellung eingestellt wird.

Auf der Y-Achse wird ein Wertebereich von 0°C bis 100°C dargestellt. Das Hauptgitter wird ab 0°C in 20°C-Schritten und das Nebengitter in 10°C-Schritten angezeigt. Die Darstellung der Maßeinheit Celsius wird durch den letzten Übergabeparameter der Methode `setYAxisLinear` erreicht. Dort wird in der Formatierungszeichenkette mit `%1$s` eine einfache Wandlung der `double`-Werte in eine Zeichenkette erzeugt. Und danach wird einfach die gewünschte Einheit angehängt.

Zum Abschalten des Nebengitters der Y-Achse rufen Sie `viewSubgridY(false)` auf.

```
diagram1.setYAxisLinear(0d, 100d, 0d, 20d, 10d, "%1$s °C");
diagram1.viewSubgridY(false);
```

Im zweiten Diagramm wird durch die Methode `setYAxisLogarithmic` die Y-Achse in logarithmischer Darstellung angezeigt und durch die Übergabe von `null` für den Formatierungsparameter werden die `double`-Werte ohne weitere Formatierungsangaben dargestellt.

```
diagram2.setYAxisLogarithmic(0.1d, 100d, null);
```

Im dritten Diagramm werden dann beide Achsen in logarithmischer Darstellung angezeigt. Verglichen Sie dies noch mal mit Abbildung 10.4.

```
diagram3.setXAxisLogarithmic(10d, 1000d, null);
diagram3.setYAxisLogarithmic(0.1d, 100d, null);
```

Script zum Starten der Anwendung

Script kap10DiagrammTest1.sh

```
package raspi.projekte.kap10;
import javax.swing.UIManager.LookAndFeelInfo;
import java.awt.*;
import javax.swing.*;
import java.util.List;
import java.util.ArrayList;
import raspi.logger.JDiagram;
import raspi.logger.DiagramPoint;
public class DiagrammTest1 extends JFrame {
  private JDiagram diagram1, diagram2, diagram3;
  private List testList1, testList2, testList3;
  @SuppressWarnings("unchecked")
  public DiagrammTest1(){
    setTitle("DiagrammTest1");
    setSize(424, 648);
    JPanel contentPane = new JPanel(null);
    contentPane.setPreferredSize(new Dimension(424,648));
    contentPane.setBackground(new Color(192,192,192));

    testList1 = new ArrayList();
    testList2 = new ArrayList();
    testList3 = new ArrayList();
    for(float i = 0; i < 1000; i = i + 2){
      testList1.add(new DiagramPoint(i, i/10));
      testList2.add(new DiagramPoint(i, i/20));
      testList3.add(new DiagramPoint(i, i/40));
    }
    diagram1 = getDiagram(12, Color.white,12);
    diagram1.setXAxisLinear(0d, 1000d, 0d, 200d, 100d, null);
    diagram1.setYAxisLinear(0d, 100d, 0d, 20d, 10d, "%1$s °C");
    diagram1.viewSubgridX(true);
    diagram1.viewSubgridY(false);
```

```
    diagram2 = getDiagram(224, Color.gray,14);
    diagram2.setXAxisLinear(0d, 1000d, 200d, 200d, 100d, null);
    diagram2.setYAxisLogarithmic(0.1d, 100d, null);
    diagram2.viewSubgridX(false);
    diagram2.viewSubgridY(false);
    diagram3 = getDiagram(436, Color.white,12);
    diagram3.setXAxisLogarithmic(10d, 1000d, null);
    diagram3.setYAxisLogarithmic(0.1d, 100d, null);
    diagram3.viewSubgridX(true);
    diagram3.viewSubgridY(true);

    contentPane.add(diagram1);
    contentPane.add(diagram2);
    contentPane.add(diagram3);
    getContentPane().add(contentPane);
    setDefaultCloseOperation(JFrame.EXIT_ON_CLOSE);
    setLocationRelativeTo(null);
    pack();
    setVisible(true);
  }
  private JDiagram getDiagram(int y,Color color,int fontHeight){
    JDiagram jDiagram = new JDiagram();
    jDiagram.setBorder(BorderFactory.createEtchedBorder(1));
    jDiagram.setBounds(12,y,400,200);
    jDiagram.setBackground(color);
    jDiagram.setForeground(new Color(0,0,0));
    jDiagram.setEnabled(true);
    jDiagram.setFont(new Font("sansserif",1,fontHeight));
    jDiagram.setVisible(true);
    jDiagram.add("test1",Color.red,testList1);
    jDiagram.add("test2",Color.black,testList2);
    jDiagram.add("test3",Color.green,testList3);
    return jDiagram;
  }
  public static void main(String[] args){
    javax.swing.SwingUtilities.invokeLater(new Runnable() {
        public void run() {new DiagrammTest1();}});
  }
}
```

10.5 Geloggte Messwerte anzeigen

Im vorherigen Kapitel haben wir die Beleuchtungsstärke und die Temperatur durch die Klasse DataLogger in eine Datei speichern lassen. Die weiter unten abgebildete Klasse

DiagrammTest2 benutzt jetzt DataLogger, um die Daten aus der Logdatei auszulesen. Mit der Methode getDiagramDatePointListFromFile, die die Klasse DataLogger bereitstellt, gibt man den gewünschten Startpunkt, Endpunkt und die Bezeichnung der Messreihe an, um eine Liste mit DatePoint-Objekten zu erhalten. Den Start- und Endpunkt habe ich so weit gewählt, dass alle Werte aus der Logdatei ausgelesen werden. Die Messwerte mit den Beleuchtungsstärken stehen dann in der Liste loggerListBeleucht und die Messwerte mit den Temperaturwerten in der Liste loggerListTemp.

Für jede Messreihe wird ein Diagramm gezeichnet, das auf der X-Achse einen Zeitbereich von 24 Stunden darstellt. Hierzu stellt JDiagram die Methode setXAxisForDateOneDay bereit, die als einzigen Parameter den Endpunkt auf der X-Achse benötigt. Diesen Endpunkt habe ich ermittelt, indem ich das letzte DatePoint-Objekt aus der Liste loggerList-Beleucht gelesen habe und damit die Endzeit der X-Achse gesetzt habe.

```
DiagramDatePoint diagramDatePoint = (DiagramDatePoint)
            loggerListBeleucht.get(loggerListBeleucht.size()-1);
calStopp.setTimeInMillis(diagramDatePoint.getX());
```

Beachten Sie bitte, dass Sie auch nur einen Bereich von 24 Stunden angezeigt bekommen, wenn Sie den Datenlogger auch mindestens so lange haben laufen lassen.

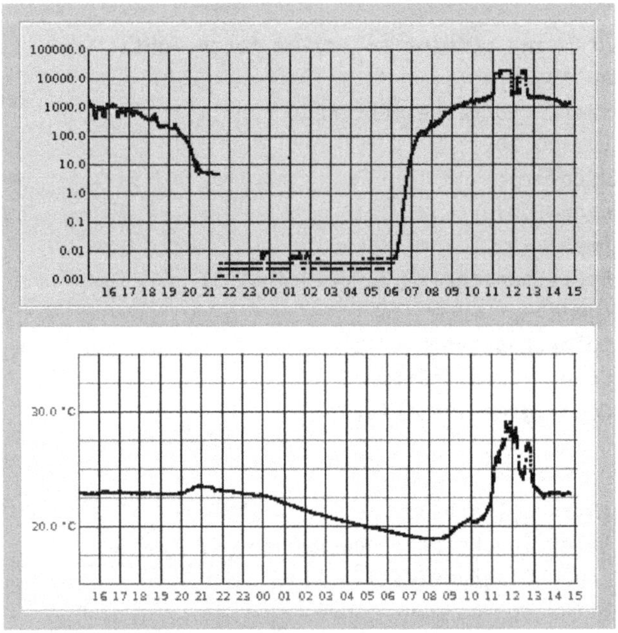

Abb. 10.5: Beleuchtungsstärke- und Temperaturverlauf über einen Zeitbereich von 24 Stunden

Script zum Starten der Anwendung

Script kap10DiagrammTest2.sh

```
package raspi.projekte.kap10;
import java.awt.*;
import javax.swing.*;
import java.util.GregorianCalendar;
import java.util.Calendar;
import java.util.List;
import java.util.ArrayList;
import java.io.IOException;
import raspi.logger.JDiagram;
import raspi.logger.DataLogger;
import raspi.logger.DiagramDatePoint;

public class DiagrammTest2 extends JFrame {
  private JDiagram diagram1;
  private JDiagram diagram2;
  private DataLogger dataLogger;

  @SuppressWarnings("unchecked")
  public DiagrammTest2(){
    setTitle("DiagrammTest2");
    setSize(424, 436);
    JPanel contentPane = new JPanel(null);
    contentPane.setPreferredSize(new Dimension(424,436));
    contentPane.setBackground(new Color(192,192,192));

    Calendar calStart = new GregorianCalendar();
    calStart.set(Calendar.YEAR, 2000);
    Calendar calStopp = new GregorianCalendar();
    calStopp.set(Calendar.YEAR, 3000);
    List<DiagramDatePoint> loggerListTemp = new ArrayList();
    List<DiagramDatePoint> loggerListBeleucht = new ArrayList();
    try{
      dataLogger = new DataLogger();
      loggerListTemp =dataLogger.getDiagramDatePointListFromFile(
                  calStart, calStopp, "TEMPER");
      loggerListBeleucht=dataLogger.getDiagramDatePointListFromFile(
                calStart, calStopp, "BELEUCHT");
    }catch(IOException ex){System.out.println(ex);}
    DiagramDatePoint diagramDatePoint =
                       (DiagramDatePoint)loggerListBeleucht.
                        get(loggerListBeleucht.size()-1);
    calStopp.setTimeInMillis(diagramDatePoint.getX());
```

```
    diagram1 = new JDiagram();
    diagram1.setBorder(BorderFactory.createEtchedBorder(1));
    diagram1.setBounds(12,12,400,200);
    diagram1.setBackground(new Color(214,217,223));
    diagram1.setForeground(new Color(0,0,0));
    diagram1.setEnabled(true);
    diagram1.setFont(new Font("sansserif",0,8));
    diagram1.setVisible(true);
    diagram1.setXAxisForDateOneDay(calStopp);
    diagram1.setYAxisLogarithmic(0.001d, 100000d, null);
    diagram1.viewSubgridX(false);
    diagram1.viewSubgridY(false);
    diagram1.add("Beleuchtung",Color.black,loggerListBeleucht);
    diagram2 = new JDiagram();
    diagram2.setBorder(BorderFactory.createEtchedBorder(1));
    diagram2.setBounds(12,224,400,200);
    diagram2.setBackground(new Color(255,255,255));
    diagram2.setForeground(new Color(255,0,0));
    diagram2.setEnabled(true);
    diagram2.setFont(new Font("sansserif",0,8));
    diagram2.setVisible(true);
    diagram2.setXAxisForDateOneDay(calStopp);
    diagram2.setYAxisLinear(15d, 35d, 20d, 10d, 2.5d, "%1$s °C");
    diagram2.viewSubgridX(false);
    diagram2.viewSubgridY(true);
    diagram2.add("Temperatur", Color.black, loggerListTemp);

    contentPane.add(diagram1);
    contentPane.add(diagram2);
    getContentPane().add(contentPane);
    setDefaultCloseOperation(JFrame.EXIT_ON_CLOSE);
    setLocationRelativeTo(null);
    pack();
    setVisible(true);
  }
  public static void main(String[] args){
    javax.swing.SwingUtilities.invokeLater(new Runnable() {
      public void run(){new DiagrammTest2();}});
  }
}
```

Kapitel 11

Threads und reguläre Ausdrücke

Threads sind nebenläufige Prozesse. Mit ihrer Hilfe können Sie eine parallele Programm-Verarbeitung realisieren. Sie können also Programmteile zur gleichen Zeit ausführen, wobei diese Programmteile nicht wirklich parallel abgearbeitet, sondern verzahnt durchlaufen werden. Dies können Sie sich so vorstellen, dass eine übergeordnete Instanz mehrere Threads kontrollieren kann und jedem einzelnen Thread eine gewisse Zeit zur Ausführung bereitstellt, diesen unterbricht und dann zum nächsten Thread wechselt. Diesem wird dann auch wieder eine gewisse Zeit zur Verfügung gestellt, bis auch er wieder unterbrochen und zum nächsten gewechselt wird. Für die meisten Anwendungsfälle reicht aber die Vorstellung der parallelen Programmverarbeitung auch aus.

Ein praktisches Beispiel für einen Thread ist die Anzeige einer Uhr auf einer grafischen Oberfläche. Die Uhrzeit könnte hier durch einen Thread in regelmäßigen Abständen abgefragt und auf der Oberfläche aktualisiert werden. Wenn dieser Thread regelmäßig unterbrochen wird, um andere Programmteile abzuarbeiten, wird die Uhrzeit trotzdem kontinuierlich aktualisiert werden. Dies liegt daran, dass der Wechsel und die bereitgestellte Ausführungszeit der Threads in viel kleineren Zeiteinheiten stattfindet als die sekündliche Aktualisierung der Uhrzeit.

11.1 Threads implementieren

Um einen Thread zu implementieren, können Sie eine Klasse schreiben, die das Interface `Runnable` implementiert und die Methode `run()` überschreibt. Im Methoden-Rumpf von `run()` steht der Programmteil, den der Thread ausführen soll. Diese Klasse übergeben Sie dem Konstruktor der Klasse `Thread`, um eine Instanz der Klasse `Thread` zu erzeugen. Das so erzeugte Thread-Objekt können Sie mit der Methode `start()` starten. Direkt nach dem Start wird die überschriebene Methode `run()` ausgeführt. Wenn `run()` vollständig abgearbeitet ist, wird der Thread beendet.

```
public class ThreadKlasse implements Runnable {
  @Override public void run (){
   ...
  }
}
```

```
Thread t1 = new Thread (new ThreadKlasse());
t1.start ();
```

In einem Thread können Sie den Programmfluss mit der Methode `sleep()` für eine definierte Zeit anhalten. Dazu wird `sleep()` die Wartezeit in Millisekunden übergeben. Die Programmausführung stoppt dann und wird nach der eingestellten Zeit wieder aufgenommen. Das Anhalten des Programmflusses hat keine Auswirkung auf andere Threads.

11.1.1 Threads anlegen und starten

Im nächsten Beispiel werden zwei Threads erzeugt, die eine Nachricht ausgeben. Der erste Thread gibt 5 Nachrichten im Sekundentakt aus. Der zweite Thread gibt 10 Nachrichten mit einem Takt von 0,5 Sekunden aus. Beachten Sie bitte, dass bei der Verwendung von `sleep()` immer `InterruptedException` abgefangen werden muss.

```
public class Nachricht1 implements Runnable {
 @Override public void run()   {
   for ( int i = 0; i < 5; i++ ){
    System.out.println("Ich melde mich jede Sekunde!");
    try{ Thread.sleep(1000); }catch(InterruptedException ex){}
   }
 }
}
```

```
public class Nachricht2 implements Runnable {
 @Override public void run()   {
   for ( int i = 0; i < 10; i++ ) {
     System.out.println("Und ich melde mich jede 0,5 Sekunden!");
     try{ Thread.sleep(500); }catch(InterruptedException ex){}
   }
 }
}
```

Um die beiden Klassen zu testen, benötigen wir jetzt noch eine Klasse, die die Threads instanziiert und startet.

```
public class TestNachricht
{
  public static void main(String[] args){
    Thread n1 = new Thread( new Nachricht1());
    Thread n2 = new Thread( new Nachricht2());
    n1.start();
    n2.start();
    System.out.println( "Das Hauptprogramm ist schon beendet." );
  }
}
```

Die Ausgabe sieht dann wie folgt aus.

```
Das Hauptprogramm ist schon beendet.
Ich melde mich jede Sekunde!
Und ich melde mich jede 0,5 Sekunden!
Und ich melde mich jede 0,5 Sekunden!
Ich melde mich jede Sekunde!
Und ich melde mich jede 0,5 Sekunden!
Und ich melde mich jede 0,5 Sekunden!
Ich melde mich jede Sekunde!
Und ich melde mich jede 0,5 Sekunden!
Und ich melde mich jede 0,5 Sekunden!
Ich melde mich jede Sekunde!
Und ich melde mich jede 0,5 Sekunden!
Und ich melde mich jede 0,5 Sekunden!
Ich melde mich jede Sekunde!
Und ich melde mich jede 0,5 Sekunden!
Und ich melde mich jede 0,5 Sekunden!
```

An der Ausgabe ist zu erkennen, dass der zweite Thread seine Nachrichten doppelt so schnell ausgibt wie der erste Thread. Und vielleicht verwundert Sie die erste Zeile der Ausgabe, die durch die Ausgabe `Das Hauptprogramm ist schon beendet` deutlich macht, dass das Testprogramm (`TestNachricht`) schon fertig ausgeführt wurde, die Threads aber noch weiter arbeiten. Dies müssen Sie besonders dann berücksichtigen, wenn Sie in den Threads Endlosschleifen programmieren, die auch dann noch weiterlaufen, wenn das Hauptprogramm schon beendet wurde.

Es gibt auch noch eine zweite Möglichkeit, einen Thread anzulegen. So können Sie eine Klasse schreiben, die einen Thread erweitert. Und genau wie im ersten Fall überschreiben Sie dort die Methode `run()`.

```
public class ThreadKlasse extends Thread
{
   @Override public void run()   {
     ...
   }
}
```

Das Erzeugen der Instanz sieht in diesem Falle so aus, dass die Instanz direkt von der Kindklasse gebildet wird.

```
Thread t = new ThreadKlasse();
t.start();
```

11.1.2 Threads beenden

Bis jetzt wurden die Threads dadurch beendet, dass in der Methode run() eine for-Schleife nach einer vorgegebenen Anzahl von Durchläufen beendet wurde. Es gibt aber auch die Möglichkeit, im Thread ein Flag abzufragen, das von außen gesetzt wird, und daraufhin den Thread abzubrechen. Das Abbrechen wird von außen durch die Methode interrupt() eingeleitet. Im Thread kann dies durch die Methode interrupted() abgefragt werden. Sie liefert so lange true zurück, bis von außen interrupt() aufgerufen wird. Schauen Sie sich dazu das nächste Code-Beispiel an. Hier wird eine while-Schleife so lange durchlaufen, bis interrupted() den Wert false liefert.

```
while(!Thread.interrupted()){
   try{
     Thread.sleep(4000); // Der Thread schläft
   }catch( InterruptedException e ){}
}
```

Wenn Sie sich in dem Beispiel die Methode sleep(4000) anschauen, so wird dort eine InterruptedException geworfen, die wir bis jetzt nicht berücksichtigt haben. Diese Exception wird immer dann erzeugt, wenn interrupt() von außen aufgerufen wird. Dies können wir zusätzlich für den Abbruch der while-Schleife nutzen, indem wir im catch-Block mit dem Schlüsselwort break die Schleife abbrechen. Die von außen erzeugte InterruptedException macht besonders dann Sinn, wenn mit sleep() lange Wartezeiten eingestellt werden. Ohne break im catch-Block würde die while-Schleife erst nach der Wartezeit abgebrochen, weil erst dann wieder mit interrupted() geprüft werden kann. In dem nächsten Beispiel können Sie sich dies anschauen.

```
public class Endlosnachricht implements Runnable {
 @Override public void run(){
   while(!Thread.interrupted()){
     System.out.println("Ich melde mich alle 0,5 Sekunden!");
     try{
       Thread.sleep(500);
     }catch( InterruptedException e )      {
       break;
     }
   }
 }
}
```

Im Testprogramm TestEndlosnachricht wird von dem oben dargestellten Thread Endlosnachricht eine Instanz erzeugt und mit t.start() wird der Thread gestartet. Nach einer Wartezeit von vier Sekunden wird t.interrupt() aufgerufen und somit der Thread zum Beenden gezwungen.

```
public class TestEndlosnachricht
{
  public static void main(String[] args){
   Thread t = new Thread(new Endlosnachricht());
   t.start();
   try{Thread.sleep( 4000 );
   }catch(InterruptedException e){}
   t.interrupt();
   //t.start(); würde zu einem Fehler führen;
  }
}
```

Verwechseln Sie bitte nicht die Methoden `interrupt` und `interrupted`. `interrupt` setzt das Flag zum Abbrechen des Threads und löst die `InterruptedException` aus. Die Methode `interrupted` prüft nur das Interrupted-Flag und liefert entweder `true` oder `false` zurück.

11.1.3 Daten teilen

Threads greifen wie jeder andere Programmcode auf Variablen und Ressourcen (z.B. Dateien) zu. Wenn dies mehrere Threads gleichzeitig tun und dazu nicht nur lesend, sondern auch schreibend zugreifen, führt dies oft zu unvorhergesehenen Problemen. Stellen Sie sich zum Beispiel vor, dass Sie die Variable `count` vom Typ `int` mit dem Operator ++ inkrementieren und danach mit dem Operator -- dekrementieren wollen. Da beide Operatoren keine atomare Aktion ausführen, kann ein anderer Thread diese Aktion unterbrechen. Unter atomar verstehen wir hier eine Aktion, die nur aus einem Schritt besteht. In Wirklichkeit steckt aber hinter ++ zum Beispiel das Kopieren des aktuellen Wertes, dann den Wert um eins erhöhen und zum Schluss den neuen Wert wieder der Variablen zuweisen. Zwischen diesen drei Aktionen könnte ein anderer Thread auf die gleiche Variable das -- ausführen. Ohne weitere Schutzmaßnahmen führt dies zu nicht mehr vorhersehbaren Ergebnissen.

Alle Variablen, die nicht `static` deklariert sind, gehören nur einer Thread-Instanz und können deshalb von anderen Threads nicht beeinflusst werden. Für solche Variablen brauchen Sie sich also keine Gedanken wegen konkurrierender Zugriffe zu machen. Wir wollen aber zuerst den problematischen Fall einer als `static` deklarierten Variablen mit schreibendem und lesendem Zugriff von zwei Thread-Instanzen betrachten. Schauen Sie sich dazu das nächste Beispiel an. Dort erweitert die Klasse `TestCounter` die `Thread`-Klasse und deklariert die `static`-Variable `count`. In der `run()`-Methode wird `count` jeweils in einer Schleife einhundert Mal inkrementiert und danach einhundert Mal dekrementiert. Wenn dies in nur einer Thread-Instanz durchgeführt wird, hat `count` wieder den Initialisierungswert 0. Nach den zwei `for`-Schleifen wird geprüft, ob `count` ungleich 0 ist, und der Zahlenwert auf der Konsole ausgegeben. Wenn alles korrekt abgearbeitet wird, darf an dieser Stelle nie eine Ausgabe erfolgen.

```
public class TestCounter extends Thread
{
  public static int count = 0;
  @Override
  public void run(){
    while (!Thread.interrupted()){
      for(int i = 0; i < 100; i++){
        count++;
      }
      for(int i = 0; i < 100; i++){
        count--;
      }
      if(count != 0)
        System.out.println(count);
    }
  }
  public static void main(String[] args){
    Thread t1 = new TestCounter();
    Thread t2 = new TestCounter();
    t1.start();
    t2.start();
    try{
      Thread.sleep( 1000 ); // 1 Sekunde warten
    }catch(InterruptedException e){}
    t1.interrupt();
    t2.interrupt();
  }
}
```

In der `main()`-Methode im obigen Beispiel werden zwei Instanzen der Klasse `TestCounter` erzeugt und gestartet. Danach wird eine Sekunde der `main`-Thread angehalten und dann werden beide Thread-Instanzen angehalten. Eine mögliche Ausgabe kann dann wie folgt aussehen:

```
14
60
18
18
18
20
14
50
```

```
21
...
```

Die beiden `for`-Schleifen wurden also nicht ordnungsgemäß hoch- und runtergezählt, sondern zu nicht vorhersehbaren Zeitpunkten immer wieder von dem jeweils anderen Thread unterbrochen. Um dieses Problem zu lösen, gibt es die Möglichkeit, die kritischen Programmstellen, in denen eine gemeinsam genutzte Variable verändert wird, vor konkurrierenden Zugriffen zu schützen. Der Schutz besteht drin, dass die Ausführung eines kritischen Bereiches von einem anderen Thread nicht ausgeführt werden kann, bis diese Stelle vollständig abgearbeitet wurde. Die konkurrierenden Zugriffe werden dann so lange in eine Warteposition gezwungen. Im kritischen Bereich erfolgt dann keine, wie bei Threads üblich, verzahnte, sondern eine serielle Abarbeitung.

Um einen kritischen Bereich zu markieren, wird das Schlüsselwort `synchronized` benutzt. Hierdurch kann ein Programmblock oder eine Methode vor konkurrierenden Zugriffen geschützt werden.

Hinweis: synchronized

Mit `synchronized` kann ein Programmblock oder eine Methode vor konkurrierenden Zugriffen geschützt werden.

Um die Verwendung von `synchronized` zu zeigen, wird das vorherige Beispiel so geändert, dass die beiden `for`-Schleifen in eine eigene Klasse mit dem Namen `Drive` untergebracht werden. Die `for`-Schleife, die die Variable hochzählt, steht in der Methode `incr1000()` und die `for`-Schleife, die die Variable runterzählt, steht in der Methode `decr1000()`. Außerdem wurde die Variable `count` auch in die Klasse `Drive` verlegt.

```
public class Drive{
  private int count = 0;
  Drive(){}
  public void incr1000(){
    for(int i = 0; i < 1000; i++){ count++; }
  }
  public void decr1000(){
    for(int i = 0; i < 1000; i++){ count--; }
  }
  public int getcount (){ return count; }
}
```

Die Thread-Klasse `TestCounter` wird so geändert, dass die Deklaration der Variablen `count` durch die Variable `dr` vom Typ `Drive` ersetzt wird. Eine Instanz der Klasse `Drive` kann über den Konstruktor übergeben werden. Außerdem wurden die beiden Schleifen in der `run()`-Methode durch die Aufrufe `incr1000()` und `decr1000()` ersetzt.

```
public class TestCounter extends Thread
{
  private Drive dr = null;
  //Die Klasse Drive kann übergeben werden.
  TestCounter(Drive dr){
    this.dr = dr;
  }
  @Override
  public void run(){
    String name = "";
    while(!Thread.interrupted()){
      dr.incr100();
      dr.decr100();
      name =  Thread.currentThread().getName();
      System.out.println(dr.getCount()+" " + name);
    }
  }

  public static void main(String[] args){
    Drive dr = new Drive();
    Thread t1 = new TestCounter(dr);
    Thread t2 = new TestCounter(dr);
    t1.start();
    t2.start();
    try{
      Thread.sleep( 1000 );
    }catch(InterruptedException e){}
    t1.interrupt();
    t2.interrupt();
  }
}
```

In der `main`-Methode wird eine Instanz der Klasse `Drive` erzeugt und an beide Konstruktoren der Threads `TestCounter` übergeben. Die Instanz `dr` der Klasse `Drive` enthält jetzt alle kritischen Bereiche, da in dieser Klasse von beiden Threads auf die Variable `count` zugegriffen wird.

Da bis jetzt die kritischen Bereiche immer noch nicht durch `synchronized` geschützt sind, wird es bei der Ausführung des Programms zu fehlerhaften Werten der Variablen `count` kommen. Ein Ausschnitt der Ausgabe könnte dann wie folgt aussehen:

```
0  Thread-13
0  Thread-14
```

```
480  Thread-13
54  Thread-14
480  Thread-13
480  Thread-13
```

Um zu verdeutlichen, welcher Thread die Ausgabe ausgeführt hat, wurde sein Name über den Befehl `Thread.currentThread().getName()` ausgegeben. Grundsätzlich verhält sich unser Testprogramm jetzt genau so wie das vorherige Beispiel mit der `static`-Variablen.

Um jetzt die kritischen Bereiche zu schützen, werden in der Klasse `Drive` allen Methodendeklarationen das Schlüsselwort `synchronized` hinzugefügt.

```
public class Drive
{
  private int ct = 0;
  Drive(){
  }
  public synchronized  int incr100(){
    for(int i = 0; i < 1000; i++){ ct++; }
    return ct;
  }
  public synchronized  int decr100(){
    for(int i = 0; i < 1000; i++){ ct--; }
    return ct;
  }
  public synchronized  int getCt(){ return ct; }
}
```

Durch `synchronized` können die Methoden der Klasse `Drive` nicht mehr durch einen konkurrierenden Thread unterbrochen werden und die Ausgabe zeigt keine falschen Werte mehr an.

```
0  Thread-15
0  Thread-15
0  Thread-15
0  Thread-15
0  Thread-15
0  Thread-16
0  Thread-16
0  Thread-16
0  Thread-16
```

Alternativ kann statt der einzelnen Methoden in der Klasse `Drive` auch ein Programmblock geschützt werden. Dazu können die `synchronized`-Befehle aus den Methodendeklarationen entfernt werden und stattdessen wird im Thread alles, was in der while-Schleife steht, mit einem synchronized-Block geschützt. Hierzu muss der zu schützende Bereich in geschweifte Klammern gesetzt werden. Vor der ersten Klammer steht dann synchronized mit der Referenz der Klasse Drive, die in runden Klammern eingefasst werden muss.

```
public void run(){
  String name = "";
  while(!Thread.interrupted()){
    synchronized(dr){// Beginn des geschützten Blocks
      dr.incr100();
      dr.decr100();
      name = Thread.currentThread().getName();
      System.out.println(dr.getCt() + " " + name);
    }// Ende des geschützten Blocks
  }
}
```

Für die Referenz, die hinter dem Schlüsselwort synchronized in Klammern angegeben werden muss, gibt es Folgendes zu beachten. Sie muss auf ein Objekt referenzieren, das in allen konkurrierenden Threads gleich ist. In unserem Fall ist dies die Instanz der Klasse Drive, die außerhalb der Threads erzeugt und dann an beide Thread-Instanzen übergeben worden ist. Ein eindeutiges Objekt ist hier wichtig, da die Laufzeitumgebung, die die Kontrolle auf den geschützten Bereich der Threads überwacht, an dieses Objekt die Verwaltung für den geschützten Block hängt. Sie können sich das auch als Tabelle vorstellen, in der festgehalten wird, dass der Block gerade von einem Thread bearbeitet wird. Trifft jetzt ein weiterer Thread ein, der gleichzeitig auf den Block zugreifen möchte, wird dieser in Wartestellung gebracht und bekommt einen Eintrag in die Tabelle. Mit allen weiteren Threads, die parallel auf den gleichen Block zugreifen wollen, wird gleichermaßen verfahren und sie werden in die Warteschlange eingereiht. Alle gewünschten Zugriffe auf den Block werden dann nacheinander abgearbeitet. Haben Sie versehentlich verschiedene Referenzen für einen Block angegeben, gibt es auch verschiedene Verwaltungstabellen, die nichts voneinander wissen und so fälschlicherweise Eintritt in einen geschützten Bereich gewähren. Diese Gedanken brauchen Sie sich nicht zu machen, wenn Sie mit synchronized eine ganze Methode schützen. Nur leider kann dieser Bereich zu groß ausfallen und Sie müssen doch auf einen Block zurückgreifen.

11.1.4 Auf das Ende warten

Bisher wurden Threads mit dem Befehl start() gestartet und mit interrupt() zum Beenden gezwungen. Da Threads in manchen Fällen noch Ressourcen freigeben müssen, ist es oft wichtig, genau zu wissen, wann der Thread seine Arbeit wirklich beendet hat. Dies können Sie mit dem Befehl join() realisieren, der den Programmfluss so lange anhält, bis der Thread beendet ist. Es gibt außerdem die Möglichkeit, der join()-Methode eine maximale Wartezeit in Millisekunden zu übergeben. Ist diese Zeit abgelaufen, wird der Programmfluss fortgesetzt, auch wenn der Thread noch nicht beendet wurde. Außerdem muss bei der join()-Methode genau wie bei der sleep()-Methode die InterruptedException abgefangen werden.

```
Thread t = new TestCounter(dr);
t.start();
try{
  Thread.sleep( 1000 );
}catch(InterruptedException e){}
t.interrupt();
try{
  t.join();//Warten, bis t seine Arbeiten beendet hat.
}catch(InterruptedException e){}
```

11.2 Reguläre Ausdrücke

Mit regulären Ausdrücken sind Sie in der Lage, Zeichenketten auf bestimmte Zeichenmuster hin zu durchsuchen. Dabei geht die Funktionalität weit über den reinen Zeichenkettenvergleich hinaus. Das grundsätzliche Verfahren besteht darin, dass ein Suchmuster definiert wird und mit seiner Hilfe beliebig viele Zeichenketten durchsucht werden können. Als Ergebnis erhalten Sie dann alle gefundenen Übereinstimmungen und ihre Position in der durchsuchten Zeichenkette. Das Suchmuster kann dabei auch Zeichenfolgen enthalten, die bestimmte Zeichengruppen und die Häufigkeit von Zeichen steuern können.

Um mit den benötigten Java-Klassen vertraut zu werden, soll ein erstes Beispiel nur einen reinen Vergleich von Zeichenketten enthalten. Aus dem Java-Package `java.util.regex` verwenden wir dazu die Klassen `Pattern` und `Matcher`. In dem folgenden Beispiel wird ein Zitat von Johann Wolfgang von Goethe genommen, das auf die Zeichenfolge `der` untersucht wird. Hierzu wird der statischen Methode `Pattern.compile` die zu suchende Zeichenfolge übergeben und wir erhalten als Ergebnis ein `Pattern`-Objekt. Dieses `Pattern`-Objekt stellt die Methode `matcher` bereit, der die zu durchsuchende Zeichenkette, in unserem Beispiel ist dies das Goethe-Zitat, übergeben wird. Über die Methode `matcher` erhalten Sie dann ein `Matcher`-Objekt, mit dem dann alle gefundenen Ergebnisse abgefragt werden können.

Die Liste der Suchergebnisse wird in unserem Beispiel in einer `while`-Schleife durchlaufen. Das Ende der Ergebnisliste wird in der Schleife durch die Methode `find` abgefragt, die so lange `true` liefert, bis das Ende der Ergebnisliste erreicht ist. In der Schleife wird dann mit der Methode `group` die gefundene Zeichenkette erfragt. Und mit `start` und `stop` kann noch die Position in der zu durchsuchenden Zeichenkette bestimmt werden.

```
import java.util.regex.Pattern;
import java.util.regex.Matcher;
public class Beispiel1{
  public static void main(String[] args){
    String suchmuster = "der";
    String text =
    "Halte immer an der Gegenwart fest. Jeder Zustand, " +
    "ja jeder Augenblick ist von unendlichem Wert, denn er " +
```

```
    "ist der Repräsentant einer ganzen Ewigkeit. " +
    "(Johann Wolfgang von Goethe)";

    Pattern pattern = Pattern.compile(suchmuster);
    Matcher matcher = pattern.matcher(text);//Vergleicher
    while (matcher.find()) {
      System.out.printf("Text gefunden: \"%s\" (%d,%d) %n",
      matcher.group(),matcher.start(),matcher.end());
    }
  }
}
```

Die formatierte Ausgabe aus dem obigen Beispiel sieht dann wie folgt aus:

```
Text gefunden:  "der" (15,18)
Text gefunden:  "der" (37,40)
Text gefunden:  "der" (55,58)
Text gefunden:  "der" (108,111)
```

Beachten Sie bitte, dass die Zählung der Start- und Stopp-Position immer mit dem Index 0 beginnt.

Bei der Definition der Zeichenfolge, die das Suchmuster enthält, müssen Sie beachten, dass bestimmte Zeichen nicht für eine Eins-zu-eins-Suche verwendet werden können, da sie steuernde Funktion in dem Suchmuster haben. Würde zum Beispiel das Suchmuster »der« durch ».« ersetzt, um alle Punkte im Text zu finden, bekämen Sie als Ausgabe alle Zeichen des Goethe-Zitats ausgegeben. Dies liegt ganz einfach daran, dass der Punkt für jedes beliebige zu suchende Zeichen steht und eben nicht nur für den Punkt. Um wirklich einen Punkt zu finden, muss das Punkt-Zeichen durch eine entsprechende Escape-Sequenz ersetzt werden. Dazu setzen Sie vor den Punkt einen Backslash. Wenn Sie sich in Abschnitt A.3.1 des Anhangs die Behandlung von Steuer- und Sonderzeichen in Zeichenketten anschauen, sehen Sie, dass der Backslash durch einen doppelten Backslash ersetzt werden muss, damit er als gültiges Zeichen erkannt wird. Und genau aus diesem Grunde müssen Sie dies auch bei allen regulären Ausdrücken berücksichtigen, die einen Backslash enthalten. Die richtige Escape-Sequenz für das Punktzeichen im Java-Quellcode ist demnach »\\.« und nicht »\.«. Das Gleiche gilt auch für die folgenden Zeichen, vor die ein doppelter Backslash gesetzt werden muss.

```
([{\^-=$!|]})?*+.
```

Wenn Sie ein Programm schreiben würden, bei dem Sie das Suchmuster nicht im Programmcode, sondern über die Tastatur eingeben, müssen Sie bei der Eingabe natürlich immer nur einen Backslash eingeben.

Hinweis

Wenn Sie in den folgenden Kapiteln das ein oder andere Beispiel ausprobieren wollen, können Sie das Programm aus diesem Kapitel nehmen und die Variablen `suchmuster` und `text` entsprechend verändern.

11.2.1 Zeichenklassen

In regulären Ausdrücken können Sie Zeichenklassen definieren, nach denen gesucht werden soll. Dazu setzen Sie die gewünschten Zeichen in eckige Klammern und als Ergebnis erhalten Sie eine Liste aller gefundenen Zeichen aus der Zeichenklasse. In der folgenden Tabelle finden Sie Beispiele mit Suchmustern und in der rechten Spalte eine kurze Erklärung.

Suchmuster	sucht nach ...
`[abc]`	a, b oder c
`[^abc]`	allen Zeichen außer nach a, b und c
`[a-zA-Z]`	allen Klein- und Großbuchstaben. Mit dem Minuszeichen können Sie Von-Bis-Bereiche angeben.
`[a-f[x-z]]`	a bis f oder x bis z (zwei getrennte Bereiche)
`[a-z&&[def]]`	d, e oder f (Intersektion)
`[a-z&&[^bc]]`	a bis z außer b und c
`[a-z&&[^m-p]]`	a bis z außer m bis p

Tabelle 11.1: Suchmuster

Um zu erkennen, welches Ergebnis sich aus einem Suchmuster und dem zu durchsuchenden Text ergibt, habe ich in der folgenden Tabelle ein paar praktische Beispiele zusammengestellt. Die Beispiele könnten Sie auch in das eingangs vorgestellte Programm einfügen und würden die mit der `while`-Schleife durchlaufende Ergebnisliste erhalten.

Suchmuster	Text, der durchsucht wird	Gefunden (Ergebnisliste: Ergebnisse durch Leerzeichen getrennt)
`"[26]"`	`"0123456789"`	`2 6`
`"[^26]"`	`"0123456789"`	`0 1 3 4 5 7 8 9`
`"[a-zA-Z]"`	`"0123Hallo456789"`	`H a l l o`
`"[a-f[v-z]]"`	`"cdehijxy"`	`c d e x y`
`"[a-f&&[^cde]]"`	`"abcdefghijk"`	`a b f`
`"Hallo[1-3]"`	`"01234Hallo45Hallo13Hallo2XYZ"`	`Hallo1 Hallo2`
`"Hallo[^2]"`	`"Hallo1Hallo2Hallo3"`	`Hallo1 Hallo3`

Tabelle 11.2: Beispiele zu Suchmustern

11.2.2 Vordefinierte Zeichenklassen

Damit Sie häufig wiederkehrende Zeichenklassen einfacher implementieren können, wurden ein paar Ausdrücke definiert, die einer Zeichenklasse entsprechen. Es spielt also keine Rolle, ob Sie aus der folgenden Tabelle den Ausdruck aus der linken oder rechten Spalte verwenden.

Ausdruck	entsprechende Zeichenklasse
.	[0-9a-zA-Z_\t \n \x0B\f \r...] jedem Zeichen
\d	[0-9]
\D	[^0-9]
\s	[\t \n \x0B \f \r] Whitespace
\S	[^\s]
\w	[a-zA-Z_0-9] Wortzeichen
\W	[^\w]

Tabelle 11.3: Vordefinierte Zeichenklassen

Beachten Sie nur bitte, dass Sie jeden Backslash doppelt angeben müssen, wenn der Suchausdruck im Programmcode definiert und nicht über die Konsole eingegeben wird.

11.2.3 Häufigkeit

Bei einem regulären Ausdruck haben Sie die Möglichkeit, anzugeben, wie oft ein Zeichen oder eine Zeichenklasse vorkommen darf, damit es gefunden wird. Prinzipiell geben Sie dazu hinter dem zu suchenden Zeichen die Häufigkeit an. Hierbei lassen sich verschiedene Varianten angeben, die in der folgenden Tabelle aufgelistet sind. Das X in der Tabelle steht dort für jedes andere Zeichen oder eine Zeichenklasse. Alle Suchmuster in der folgenden Tabelle sind gierig, das bedeutet, dass sie die längste mögliche Zeichenfolge abdecken.

Suchmuster (gierig)	sucht nach ...
X?	X, einmal oder überhaupt nicht
X*	X, null oder mehrere Male
X+	X, einmal oder mehrere Male
X{n}	X, genau n-mal
X{n,}	X, mindestens n-mal
X{n,m}	X, mindestens n-mal, höchstens jedoch m-mal

Tabelle 11.4: Häufigkeit mit gierigen Suchmustern

Schauen Sie sich das folgende Beispiel zu einem gierigen Suchmuster an. Wenn Sie in der Zeichenkette

```
"<td>Hallo </td><td>Welt</td>"
```

mit dem gierigen Suchmuster

```
<td>.*</td>
```

suchen, erhalten Sie die ganze Zeichenkette zurück. Also ein Ergebnis. Suchen Sie dagegen mit einem nicht gierigen Suchmuster, das Sie durch Anhängen eines ? erhalten, werden zwei Zeichenketten gefunden.

```
"<td>Hallo </td>" //Erstes Suchergebnis
"<td>Welt</td>"   //Zweites Suchergebnis
```

Alle nicht gierigen Ausdrücke sind in der nächsten Tabelle aufgeführt.

Suchmuster (nicht gierig)	sucht nach ...
`X??`	X, einmal oder überhaupt nicht
`X*?`	X, null oder mehrere Male
`X+?`	X, einmal oder mehrere Male
`X{n}?`	X, genau n-mal
`X{n,}?`	X, mindestens n-mal
`X{n,m}?`	X, mindestens n-mal, höchstens jedoch m-mal

Tabelle 11.5: Häufigkeit mit nicht gierigen Suchmustern

Wie leistungsstark die Angabe der Häufigkeit in Verbindung mit Zeichen und Zeichenklassen ist, zeigen die nächsten Beispiele. Dort wird zum Beispiel aus einem beliebigen Text eine IP-Adresse ausgelesen.

Das Suchmuster definiert hierzu jeweils vier Zahlenblöcke mit einer Länge von ein bis drei Stellen, die untereinander durch einen Punkt (`\\.`) getrennt sind. Oder aus einem Text können E-Mail-Adressen ausgelesen werden, die folgenden Aufbau besitzen:

mindestens 4 Wortzeichen	.	mindestens 4 Wortzeichen	@	mindestens 3 Wortzeichen	.de

Hierzu können Sie sich selber noch viele Beispiele überlegen, die dem gezeigten Prinzip folgen. Und an die vielen Backslashs gewöhnt man sich auch irgendwann. Ich möchte an dieser Stelle aber noch erwähnen, dass die hier vorgestellten Möglichkeiten nicht vollständig beschrieben sind. Für die Anwendungsfälle, wie sie in diesem Buch benötigt werden, reichen die vorgestellten Verfahren aber aus. Und wenn Sie doch mehr wissen wollen, verweise ich hier auf die Java-Dokumentation.

Suchmuster	Text, der durchsucht wird	Gefunden (Ergebnisliste: Ergebnisse durch Leerzeichen getrennt)
"[0-9]{2}"	"0123456789"	01 23 45 67 89
" [0-9]{1,3}\\. [0-9]{1,3}\\. [0-9]{1,3}\\. [0-9]{1,3} "	"Die IP-Adresse 192.168.0.100 wurde am 28.02.2013 einem PC zugewiesen"	192.168.0.100
	"Der Raspberry soll die IP-Adresse 192.168.0.21 bekommen."	192.168.0.21
"\\w{4,}\\. \\w{4,}@ \\w{3,} \\.de"	"Die E-Mail-Adresse ingo.muster@teledings.de habe ich schon lange."	ingo.muster@teledings.de

Tabelle 11.6: Beispiele mit Suchmustern

Kapitel 12

Füllstandsanzeige für eine Zisterne

In Abschnitt 8.4 über analoge Sensoren haben Sie die Abstandssensoren der Firma Sharp kennengelernt. Mit diesen Sensoren können Sie Abstände zu nicht transparenten Körpern messen. Da in diesem Projekt aber die Wasserstände in einer Zisterne gemessen werden sollen, ist es nicht möglich, diese Sensoren direkt gegen die Wasseroberfläche messen zu lassen. Als Lösung bietet sich hier die Messung gegen einen Schwimmer an, der in einem Rohr schwimmt. Über diese Messung können Sie dann bei bekannten Abmessungen und Geometrie der Zisterne die Füllmenge berechnen. Um dies zu verdeutlichen, schauen Sie sich Abbildung 12.1 an. Hier wurde der Sensor auf ein Kunststoffrohr montiert, das oben und unten mit einem Deckel verschlossen wurde. Als Rohr wurde ein Kanalgrundrohr (KG-Rohr) verwendet, das Sie in den meisten Baumärkten erwerben können.

Das KG-Rohr erhält unten ein oder mehrere Einströmöffnungen und oberhalb des Überlaufes eine Entlüftungsöffnung. Ein Schwimmer kann dann aus einem Stück Styropor zugeschnitten werden, an dem auf der Unterseite ein kleines Gewicht angebracht werden sollte. Dies ist eine Sicherheitsmaßnahme, damit der leichte Schwimmer beim Absinken des Wasserspiegels nicht im Rohr hängen bleibt. Das Rohr wird oben und unten mit einem Deckel verschlossen. In den oberen Deckel wird dann eine Öffnung gesägt, durch die der Sensor gegen den Schwimmer messen kann. Der Sensor selber wird mit der Treiberelektronik von oben auf den Deckel montiert. Beides müssen Sie dann in einem wasserdichten Gehäuse unterbringen. Die Durchführung des Sensors beziehungsweise der Optik bleibt eine kritische Stelle im Bezug auf Feuchtigkeit und sollte deshalb passgenau und eventuell mit etwas Silikon abgedichtet werden. Achten Sie aber bei der Montage darauf, dass Sie die Optik des Sensors nicht beschmutzen. Außerdem muss ein Feuchtraumkabel mit wasserdichter Kabeldurchführung verwendet werden.

Das vormontierte Rohr mit Sensor und Schwimmer können Sie dann in der Zisterne montieren. Hierbei müssen Sie darauf achten, dass das Rohr genau senkrecht steht und möglichst weit von dem Wassereinlauf entfernt montiert wird. Auch wenn nach außen alles wasserdicht montiert wurde, sollte Spritzwasser möglichst vermieden werden.

In diesem Projekt soll aber nicht nur der aktuelle Wasserstand, sondern auch eine Tages- und Jahresstatistik erstellt werden. Dafür ist es notwendig, dass das Programm, das die Füllstände ermittelt, dauernd läuft. Außerdem stelle ich ein Konzept vor, mit dem Sie auf die Füllstände von jedem beliebigen Computer in dem Netzwerk, in dem sich auch der Raspberry Pi befindet, zugreifen können. Um dies zu realisieren, wird das Projekt aus zwei voneinander unabhängigen Komponenten bestehen. Die eine Komponente ermittelt permanent die Füllstände und schreibt diese mithilfe der Klasse `DataLogger` aus dem Package `raspi.logger` in eine Datei und stellt die Inhalte im Netzwerk bereit. Die zweite Komponente greift über das Netzwerk auf die Daten zu und zeigt sie an.

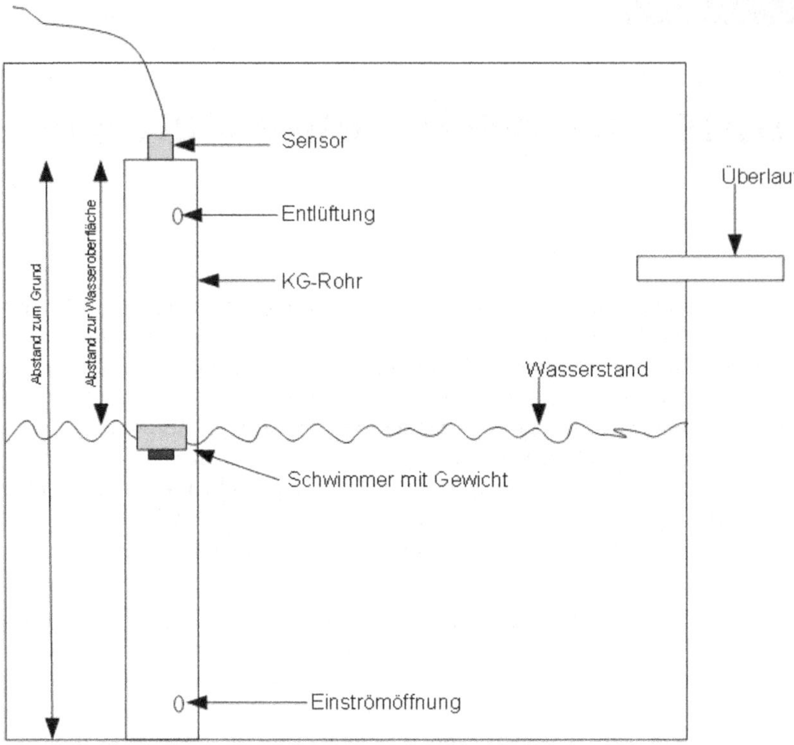

Abb. 12.1: Montage des Sensors in der Zisterne

Damit Sie Daten in einem Netzwerk bereitstellen können, bietet sich ein Webserver an, der über das HTTP-Protokoll die Daten zur Verfügung stellt. Hierfür finden Sie in der Java-Bibliothek im Package `com.sun.net.httpserver` die Klasse `HttpServer`, mit der Sie einen einfachen HTTP-Server aufbauen können. Dieser Server ist äußerst ressourcensparend und eignet sich deshalb sehr gut zum Einsatz auf einem Raspberry Pi. Bevor Sie sich aber Einzelheiten über diesen Server anschauen, zeige ich Ihnen im nächsten Abschnitt zuerst einmal die notwendige Schaltung.

12.1 Die Schaltung

Bei dem Entwurf der Schaltung bin ich davon ausgegangen, dass der Raspberry Pi nicht in die Zisterne eingebaut wird, sondern nur der Abstandssensor mit einem Leitungstreiber. Diesen müssen Sie dann über ein Kabel mit dem Raspberry Pi verbinden. Als Sensor habe ich mich für den GP2Y0A02YK0F der Firma Sharp entschieden. Dieser Sensor kann Abstände in einem Bereich von 20 cm bis zu 150 cm messen und stellt den gemessenen Abstand als analogen Spannungswert an seinem Ausgang zur Verfügung. Näheres finden Sie dazu in Kapitel 8 über analoge Eingänge und Sensoren.

Leider ist in der Dokumentation des Sensors nichts über die elektrischen Eigenschaften des Ausgangs zu finden. Aus diesem Grunde habe ich mich dazu entschieden, einen Operationsverstärker als Leitungstreiber einzusetzen. Schauen Sie sich dazu die Schaltung in Abbildung 12.2 an.

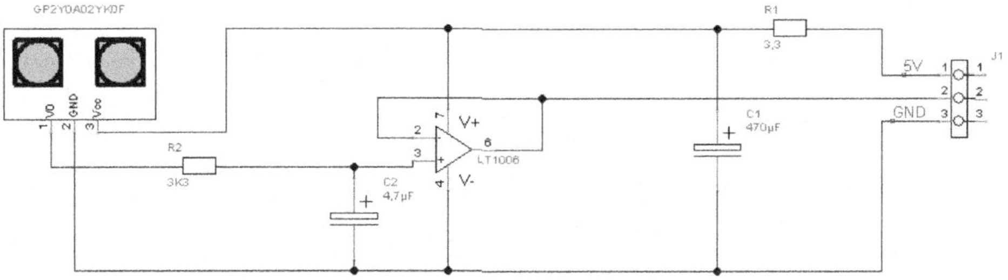

Abb. 12.2: Abstandsensor mit Treiberstufe

Der Operationsverstärker LT1006 wird hier als Impedanzwandler eingesetzt und nimmt das Ausgangssignal des Sensors über einen Tiefpass entgegen. Der Widerstand R2 und der Kondensator C2 bilden diesen Tiefpass, der das Ausgangssignal des Sensors filtern soll. Die untere Grenzfrequenz habe ich dabei auf 10 Hz gelegt.

$$fg = 1/(2*\pi*3{,}3k\Omega*4{,}7\mu F) = 10{,}3\ Hz$$

Im Datenblatt des Sensors ist der Stromverbrauch mit 33 mA angegeben. Dies ist aber ein Mittelwert. Da der Sensor zum Messen des Abstands periodisch eine Infrarotdiode ein- und ausschaltet, entstehen Stromspitzen, die um ein Vielfaches größer als die angegebenen 33 mA sind. Der Querwiderstand R1 und der Kondensator C1 sollen diese Stromspitzen abfangen und bilden ebenfalls einen Tiefpass. Dieser Tiefpass hat aber auch die Aufgabe, die 5-V-Spannungsversorgung zu glätten. Da der Raspberry Pi meistens über ein einfaches Schaltnetzteil betrieben wird, hat die 5-V-Versorgungsspannung hochfrequente Anteile, die sich bis auf die Ausgangsspannung des Sensors auswirken.

Über eine Schraubklemme können Sie dann ein dreipoliges Kabel an die Schaltung anschließen, das die Versorgungsspannung liefert und das Ausgangssignal des Sensors an den Raspberry Pi weiterleitet. Die Eingangsschaltung des Raspberry Pi sollten Sie ebenfalls mit einer Schraubklemme versehen, damit das Kabel dort sicher befestigt werden kann. Schauen Sie sich diese in Abbildung 12.3 an.

Um das analoge Ausgangssignal der Sensorschaltung zu digitalisieren, habe ich den schon bekannten ADC MCP3002 eingesetzt. Da der Eingang des ADC über ein Kabel mit der Sensorschaltung verbunden wird, muss der Eingang gegen statische Aufladung geschützt werden. Dafür sorgen zum einen die beiden Dioden D1 und D2 vom Typ 1N4148, die bei Spannungen von über 3,9 V und kleiner -0,6 V in den Durchlassbereich kommen. Außerdem wurde der Widerstand R1 vom Signaleingang nach Masse geführt und erfüllt dabei zwei Aufgaben. Zum einen sorgt er dafür, dass der Pegel, den der Sensortreiber mit dem Operationsverstärker LT 1006 erzeugt, nicht über 3,6 V ansteigen kann. Außerdem wird das Einkoppeln von Störsignalen auf Leitungen durch eine möglichst niederohmige Quelle und Senke reduziert.

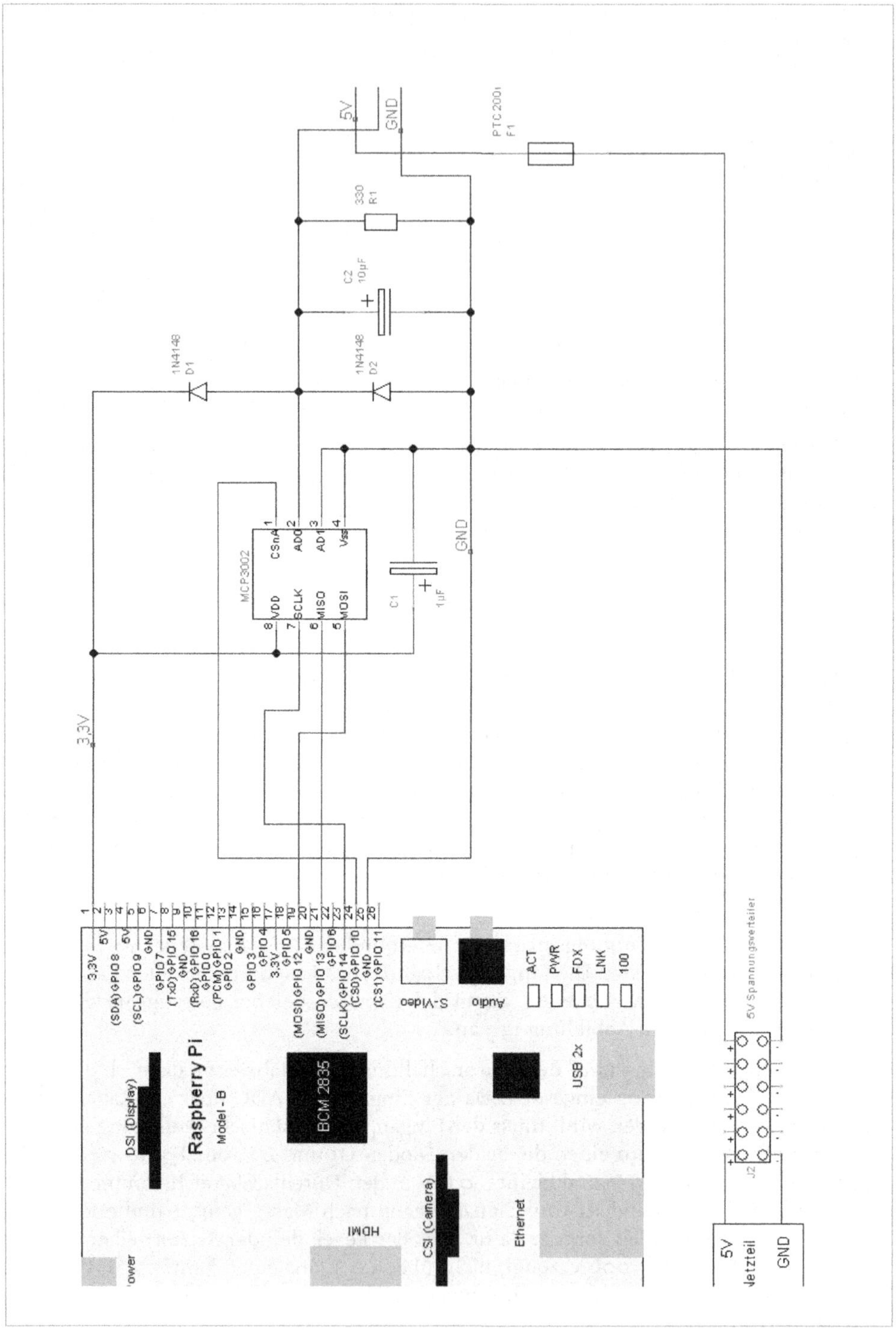

Abb. 12.3: Die Eingangsschaltung mit Raspberry Pi

Da die Spannungsversorgung der Sensorschaltung auch über die dreiadrige Leitung angeschlossen wird, habe ich diese nicht direkt von dem GPIO-Interface des Raspberry Pi, sondern über die schon vorgestellte Spannungsverteilung angeschlossen und diese mit einer Polysicherung von 200 mA versehen.

Und noch eine kurze Anmerkung zur Übertragung von analogen Signalen über Leitungen. Es gibt einen Industriestandard, der Sensorsignale bei langen Leitungen über sogenannte Stromschleifen überträgt. Hierbei kommt ein Spannungs-Strom-Wandler hinter dem Sensor zum Einsatz, der dafür sorgt, dass die analoge vom Sensor gelieferte Spannung in einen analogen Strom im Bereich von 4 mA bis 20 mA gewandelt wird. Auf der Empfangsseite wird dieser Strom über einen Widerstand geleitet, der so dimensioniert ist, dass dort die gewünschte Spannung für den angeschlossenen ADC abfällt. Durch dieses Verfahren werden Leitungseinflüsse stark reduziert. Der Nachteil für Hobbybastler besteht aber darin, dass der Schaltungsaufwand höher ist und die Spannungsversorgung für Quelle und Senke galvanisch voneinander getrennt sein müssen. Die hier vorgestellte Schaltung ist aber für diesen Anwendungsfall ein guter Kompromiss.

12.2 Der HTTP-Server stellt sich vor

Als Erstes zeige ich Ihnen an einem Beispiel, wie Sie auf ganz einfache Weise mit Java einen HTTP-Server programmieren können. Die Klasse `HttpServer` aus dem Package `com.sun.net.httpserver` stellt hierzu alle grundlegenden Funktionen bereit, die Sie zum Aufbau eines HTTP-Servers benötigen. Um einen Server, der auf dem Raspberry Pi läuft, ansprechen zu können, benötigen Sie die IP-Adresse des Raspberry Pi und den Port, auf den der Server horchen soll. Den Raspberry Pi konfigurieren Sie am besten so, dass er eine statische IP-Adresse hat. Wenn Sie dies noch nicht konfiguriert haben, schauen Sie sich dazu am besten das entsprechende Kapitel 2 am Anfang des Buches an.

Bei der Wahl des Ports müssen Sie nur darauf achten, dass der gewünschte Port nicht schon belegt ist. Für das erste Beispiel nehmen wir hier den Port 80, da dieser Port normalerweise für Webserver reserviert ist.

Zur Erzeugung einer `HttpServer`-Instanz wird die statische Methode `create` der Klasse `HttpServer` benutzt. Dieser wird beim Aufruf eine Instanz der Klasse `InetSocketAddress` mit Port-Nummer übergeben.

```
HttpServer server = HttpServer.create(
new InetSocketAddress(80), 0)
```

Sie haben die `HttpServer`-Instanz jetzt so vorbereitet, dass der Server über den Port 80 Anfragen entgegennehmen kann. Der Server besitzt aber noch keinen Kontext, den er auf Anfrage zurückgeben kann. Um dies zu realisieren, müssen Sie eine Klasse schreiben, die das Interface `HttpHandler` implementiert und die Methode `handle` überschreibt. In dem folgenden Beispiel habe ich diese Klasse `TestHttpHandler` genannt. `TestHttpHandler` erzeugt dann auf Anfrage die HTML-Ausgabe. Außerdem müssen Sie dann noch den Kontextpfad festlegen, über den Sie die `TestHttpHandler`-Instanz ansprechen wollen. Beides übergeben Sie der `HttpServer`-Instanz über die Methode `createContext`.

```
server.createContext("/test", new TestHttpHandler());
```

Das komplette Beispiel sehen Sie im folgenden Listing. Beachten Sie bitte, dass die Variable `server` als `final` deklariert wurde, hierdurch erspart man sich eine Endlosschleife, die auf das Programmende wartet. Das `server`-Objekt ist durch `final` so lange gültig, bis die Java-JVM beendet wird. Wenn Sie das Programm über ein Script starten, wird die Java-JVM durch [Strg]+[C] zurückgesetzt. Und wenn Sie das Programm in BlueJ laufen lassen, wird die Java-JVM über [Strg]+[Umschalt]+[R] zurückgesetzt.

```
package raspi.projekte.kap12;
import com.sun.net.httpserver.HttpServer;
import java.io.IOException;
import java.net.InetSocketAddress;
import java.net.UnknownHostException;

public class TestHttpServer{
  final HttpServer server;
  public TestHttpServer() throws Exception{
   server = HttpServer.create(new InetSocketAddress(80), 0);
   server.createContext("/test", new TestHttpHandler());
   System.out.printf("%n HTTP-Server ist gestartet.%n");
   server.start();
  }
  public static void main(String[] args) throws Exception {
   new TestHttpServer();
  }
}
```

Schauen Sie sich nun die Klasse `TestHttpHandler` an, die den Kontext erzeugen soll. Auf Anfrage soll der Server die HTML-Seite zurückgeben, die in dem folgenden String hinterlegt wird.

```
public static final String HTML =
"<HTML><HEADER></HEADER><BODY>Hallo, <br>hier antwortet der
                            Raspberry Pi!</BODY></HTML>";
```

Die Verarbeitung einer Anfrage wird in der Methode `handle` vorgenommen, die als Übergabeparameter ein `HttpExchange`-Objekt entgegennimmt. In diesem Objekt hinterlegt der Server alle Informationen, die zur Bearbeitung einer Anfrage notwendig sind. Wird die Anfrage zum Beispiel durch einen Webbrowser gestartet, braucht dieser Informationen darüber, um welchen Kontext es sich handelt. Da wir eine HTML-Seite zurückgeben wollen, lautet der Kontext `text/html` und wird in unserem Beispiel über das `HttpExchange`-Objekt in den `ResponseHeader` eingefügt.

```
httpExchange.getResponseHeaders().add(
"Content-type","text/html");
```

Dann wird die Länge des Kontextes mit einer OK-Meldung über den ResponseHeader an den Aufrufer gesendet.

```
httpExchange.sendResponseHeaders(
HttpURLConnection.HTTP_OK, response.length);
```

Und zu guter Letzt fehlt die Übertragung der HTML-Seite über einen OutputStream. Sehen Sie sich dies im folgenden Listing der Klasse TestHttpHandler an.

```
package raspi.projekte.kap12;

import com.sun.net.httpserver.Headers;
import com.sun.net.httpserver.HttpExchange;
import com.sun.net.httpserver.HttpHandler;
import java.io.IOException;
import java.io.OutputStream;
import java.net.HttpURLConnection;

public class TestHttpHandler implements HttpHandler{
  public static final String HTML =
   "<HTML><HEADER></HEADER><BODY>Hallo, <br>hier antwortet der
                           Raspberry Pi!</BODY></HTML>";
  public TestHttpHandler()throws Exception{}
  public void handle(HttpExchange httpExchange)
              throws IOException{
    try{
      httpExchange.getResponseHeaders().add(
              "Content-type", "text/html");
      byte[] response = HTML.getBytes();
      httpExchange.sendResponseHeaders(
              HttpURLConnection.HTTP_OK, response.length);
      OutputStream os = httpExchange.getResponseBody();
      os.write(response);
      os.close();
    }catch(IOException ex){
      System.out.println(ex.toString());
    }
  }
}
```

Wenn Sie jetzt die Klasse TestHttpServer starten, bekommen Sie die Meldung HTTP-Server ist gestartet.

Script zum Starten der Anwendung

Script	`kap12TestHttpServer.sh`
	beenden mit `Strg`+`C`

In meinem Netzwerk hatte der Raspberry Pi die IP-Adresse 192.168.0.121. Wenn Sie diese zusammen mit dem Kontextpfad als URL in einen Browser eingeben, erhalten Sie die Seite wie in Abbildung 12.4 zurück.

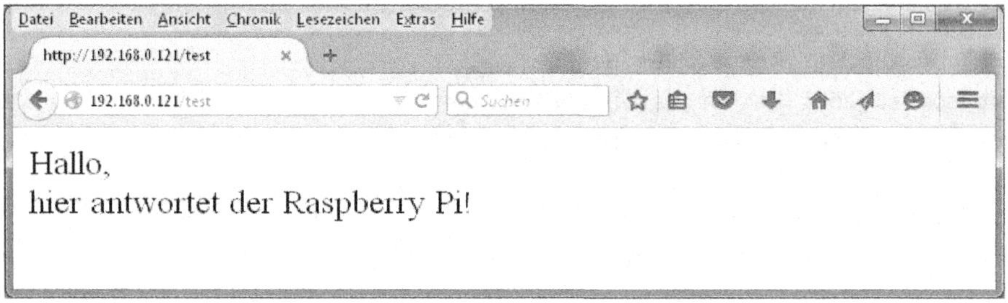

Abb. 12.4: Der Server wird von einem PC aus aufgerufen.

Wenn Sie den Browser auf dem Raspberry Pi aufrufen, um die Anfrage zu starten, können Sie statt der IP-Adresse auch `http://localhost/test` eingeben.

12.3 Den Webserver bauen

Nach dem ersten Test mit der Klasse `HttpServer` soll jetzt ein Server erstellt werden, der den Füllstand in einer Zisterne misst, speichert und auf Anfrage bereitstellt. Hierzu teilen wir die zu erledigenden Aufgaben auf vier Klassen auf. Die Aufgabe, die jede Klasse hierbei übernimmt, habe ich in der folgenden Tabelle zusammengefasst.

Klasse	Erklärung
`RaspiHttpServer`	Initialisierung und Start des HTTP-Servers
`HttpHandlerZisterne`	HTTP-Handler, der die Anfragen verarbeitet und die Daten bereitstellt
`Scheduler`	Steuert das regelmäßige Messen und Speichern der Füllstände
`Sensor`	Steuert den ADC und berechnet die Füllstände für eine vorgegebene Zisterne

Tabelle 12.1: Überblick über die verwendeten Klassen

12.3.1 Die Klasse RaspiHttpServer

Die Klasse `RaspiHttpServer` ist im Grunde genau so aufgebaut wie die Klasse `TestHttpServer` aus dem Testbeispiel. Da der Server aber die Aufgaben eines Webservices übernehmen soll, wurde der Port, auf den der Server horchen soll, auf 8080 eingestellt.

Der Kontextpfad, mit dem die Handler-Klasse `HttpHandlerZisterne` erreicht werden kann, ist auf `/daten` eingestellt. Falls Ihnen die Portnummer und der Kontextpfad nicht zusagen, können Sie sie im Startscript durch die Angabe von Kommandozeilenparametern überschreiben. Hierzu übergeben Sie als ersten Kommandozeilenparameter den Port und mit dem zweiten den Kontextpfad. Die Auswertung der Kommandozeilenparameter übernehmen die Methoden `contextRoot` und `serverPort`.

```
package raspi.projekte.kap12;

import com.sun.net.httpserver.HttpServer;
import java.io.IOException;
import java.net.InetAddress;
import java.net.InetSocketAddress;
import java.net.UnknownHostException;
import raspi.logger.DataLogger;

public class RaspiHttpServer{
  public static final int DEFAULT_PORT = 8080;
  public static final String DEFAULT_ROOT = "/daten";
  final HttpServer server;
  final String hostName;
  final String ctxRoot;
  final int port;

  public RaspiHttpServer(final String[] args) throws Exception{
    hostName = InetAddress.getLocalHost().getHostAddress();
    ctxRoot = contextRoot(args);
    port = serverPort(args);
    server = HttpServer.create(new InetSocketAddress(port),0);
    server.createContext(ctxRoot, new HttpHandlerZisterne());
    System.out.printf("%n HTTP-Server ist gestartet und unter
                      folgender URL zu erreichen.%n");
    System.out.println(
              "http://" + hostName + ":" + port + ctxRoot);
    server.start();
  }
  private static String contextRoot(final String[] args){
    String defRoot = DEFAULT_ROOT;
    final int laenge = args.length;
    if (laenge > 0){
      final String ctxRoot = args[0];
      defRoot = (
          ctxRoot.startsWith("/")) ? ctxRoot : "/" + ctxRoot;
```

```
    }
    return defRoot;
  }
  private static int serverPort(final String[] args){
    int port = DEFAULT_PORT;
    final int laenge = args.length;
    if (laenge > 1){
      port = Integer.parseInt(args[1]);
    }
    return port;
  }
  public static void main(String[] args) throws Exception {
    new RaspiHttpServer(args);
  }
}
```

12.3.2 Die Klasse HttpHandlerZisterne

Schauen Sie sich nun die Klasse `HttpHandlerZisterne` an, die die Anfragen an den Server verarbeitet und den entsprechenden Kontext zurückgibt.

Im Konstruktor dieser Klasse werden zuerst zwei `DataLogger`-Instanzen erzeugt. Die Instanz `loggerTag` dient als Tagespuffer und kann 730 Messwerte aufnehmen. In der Instanz `loggerJahr` wird einmal am Tag der höchste und der niedrigste Füllstand abgespeichert. Durch den Aufruf von `enableFileLog` können die gepufferten Werte in die Datei `LoggerZisterneJahr.txt` gespeichert werden.

```
loggerTag = new DataLogger(null,"LoggerZisterneTag.txt", 730);
loggerJahr = new DataLogger(null,"LoggerZisterneJahr.txt", 370);
loggerJahr.enableFileLog();
```

Außerdem wird im Konstruktor die Instanz der Klasse `Scheduler` erzeugt. Der Konstruktor der Klasse `Scheduler` nimmt die beiden Instanzen `loggerTag` und `loggerJahr` entgegen.

```
scheduler = new Scheduler(loggerTag, loggerJahr);
scheduler.start();
```

Die Klasse `Scheduler` erweitert die Klasse `Thread`, wodurch sie in einem eigenen Thread läuft. Gestartet wird dieser Thread durch den Aufruf `scheduler.start()`.

Durch die Erzeugung der beiden `DataLogger`-Instanzen in der Klasse `HttpHandlerZisterne` und die Übergabe an `scheduler` können `HttpHandlerZisterne` und der Thread `scheduler` auf die `DataLogger`-Objekte zugreifen. In `scheduler` werden die Daten in die `DataLogger` geschrieben und in `HttpHandlerZisterne` werden die Daten ausgelesen.

In der Methode `handle` werden, wie weiter oben schon beschrieben, die Anfragen an den Server verarbeitet und der entsprechende Kontext zurückgeliefert. Um diese Methode besser verstehen zu können, wollen wir zuerst einmal klären, welche Anfragen unser Server zulässt und wie der zurückgelieferte Kontext aussieht.

Wenn über das HTTP-Protokoll eine Anfrage an einen Server gestartet wird, kann HTTP dies beispielsweise mit den Befehlen GET, POST, PUT oder DELETE tun. Da wir aber über das HTTP-Protokoll keine Daten auf dem Server verändern wollen und unsere Anfragen an den Server auch über einen Browser erfragen wollen, wertet die Methode `handle` nur den HTTP-Befehl GET aus. Alle anderen Befehle werden ignoriert. Wenn Sie im Browser als URL

```
http://192.168.0.121/daten
```

eingeben, wird die Anfrage an den Server als GET-Befehl ausgeführt. Den verwendeten Befehl können Sie in der Methode `handle` über die Methode `httpExchange.getRequestMethod()` erfragen.

In einer URL können Sie auch Befehle an den Server mitgeben, um zum Beispiel seine gewünschte Antwort zu beeinflussen. Welche Befehle unser Server auswerten kann und mit welchen Daten er antwortet, habe ich in der folgenden Tabelle zusammengefasst. Beachten Sie bitte, dass Sie die IP-Adresse in der URL auf Ihr Netzwerk anpassen müssen.

`http://192.168.0.121/daten?Befehl=Tag`	Liefert alle Werte aus dem Tagespuffer.
`http://192.168.0.121/daten?Befehl=JahrMax`	Liefert die maximalen Tagesfüllstände der letzten 365 Tage.
`http://192.168.0.121/daten?Befehl=JahrMin`	Liefert die minimalen Tagesfüllstände der letzten 365 Tage.
`http://192.168.0.121/daten`	Liefert den aktuellen Füllstand.

Tabelle 12.2: Die URL mit den verschiedenen Parametern

Den Teil in der URL, der nach dem Fragezeichen folgt, nennt man auch Query und er kann über das `httpExchange`-Objekt ermittelt werden.

```
String query = httpExchange.getRequestURI().getRawQuery();
```

Um diese Query auszuwerten, habe ich die Hilfsklasse `ParameterUtil` geschrieben, die Sie in dem Package `raspi.webservice.ParameterUtil` finden. Durch den Aufruf `ParameterUtil.getParameters(httpExchange)` erhalten Sie eine `Map`, in der der Befehl und der zugehörige Parameter als Key-Value-Paar abgelegt sind.

Nachdem die Anfragen an den Server verarbeitet werden können, muss die entsprechende Antwort erzeugt werden. Da wir alle Anfragen auch über den Browser stellen wollen, muss als Antwort immer eine HTML-Seite zurückgegeben werden. Da alle Antworten die gleiche Datenstruktur haben, werde ich diese an dem Aufruf `Befehl=Tag` erklären. Wie Abbildung 12.5 darstellt, erhalten Sie als Antwort den abgesetzten Befehl und eine Tabelle, in der in der ersten Spalte die Zeitstempel und in der zweiten Spalte die entsprechenden Messwerte stehen.

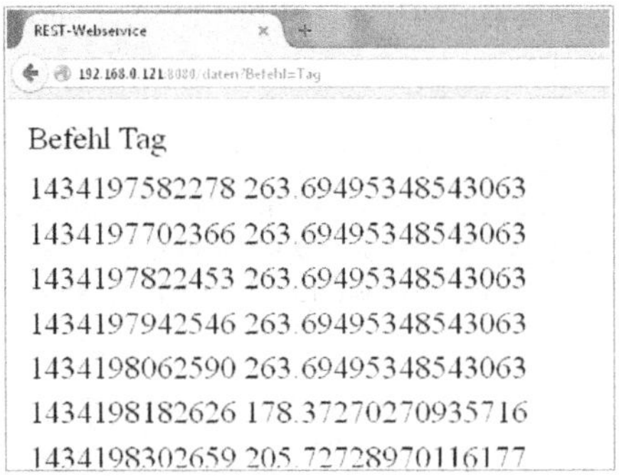

Abb. 12.5: Der Server wird mit `Befehl=Tag` abgefragt.

Wie dies in HTML aussieht, sehen Sie in dem folgenden Listing. Wie Sie dort sehen können, besteht die Seite aus zwei HTML-Tabellen. Die erste trägt den Namen HEADER und zeigt den Befehl an. Die zweite Tabelle trägt den Namen DATA und zeigt die Zeitstempel-/Messwerte-Paare.

```
<?xml version='1.0' encoding='UTF-8' ?>
<!DOCTYPE html PUBLIC "-//W3C//DTD XHTML 1.0 Transitional//EN"
"http://www.w3.org/TR/xhtml1/DTD/xhtml1-transitional.dtd">
<html>
  <head>
    <title>REST-Webservice</title>
    <meta http-equiv="Content-Type" content="text/html;
                                             charset=UTF-8"  />
  </head>
  <body>
    <table name="HEADER"  >
      <tr><td>Befehl</td><td>Tag</td></tr>
    </table>
    <table name="DATA"  >
     <tr><td>1434197582278</td><td>263.69495348543063</td></tr>
     <tr><td>1434197702366</td><td>263.69495348543063</td></tr>
     <tr><td>1434197822453</td><td>263.69495348543063</td></tr>
...
    </table>
  </body>
</html>
```

Um die HTML-Ausgabe zu erzeugen, verwenden wir die Methode `RestUtil` aus dem Package `raspi.webservice`. Dieser Methode werden drei Parameter übergeben. Der erste Parameter benötigt eine `Map`, die den Befehl enthält. Aus dem Inhalt dieser Map wird die HTML-Tabelle HEADER erzeugt. Der zweite Parameter benötigt eine Liste von `DiagramDatePoint`-Objekten und wird zum Erzeugen der HTML-Tabelle DATA verwendet.

Die Liste mit den `DiagramDatePoint`-Objekten erhalten Sie direkt aus den `DataLogger`-Instanzen über die Methoden

`getDiagramDatePointListFromBuffer`

und

`getDiagramDatePointListFromFile`.

Der letzte Parameter der Methode `createTablesFromDiagramDatePoint` nimmt ein `StringBuffer`-Objekt entgegen, in dem die HTML-Ausgabe gespeichert werden soll.

```
RestUtil.createTablesFromDiagramDatePoint(
  headerMap,
  loggerTag.getDiagramDatePointListFromBuffer(86400,
                                              Scheduler.TAG),
  responseStr);
```

Wenn Sie bei der Serveranfrage keinen oder einen unbekannten Befehl übergeben, gibt der Server den aktuellen Füllstand zurück. Wenn Sie sich diesen Link auf einem Handy oder Tablet speichern, können Sie in Ihrem Hausnetz sehr einfach den Füllstand abfragen.

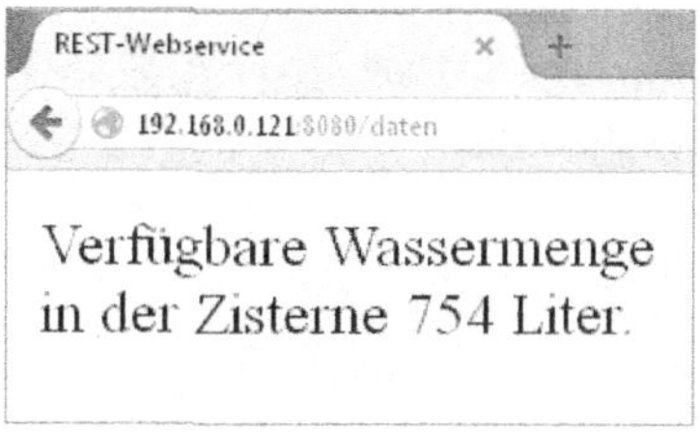

Abb. 12.6: Der Server wird ohne Befehl aufgerufen.

Für diese Ausgabe wird die `getCurrent`-Methode aufgerufen, die über `loggerTag.getDiagramDatePointListFromBuffer` den Puffer ausliest und aus der zurückgegebenen Liste nur den letzten Eintrag verwendet. Da nur ein Messwert zurückgegeben werden muss, wird dieser formatiert in der `headerMap` abgelegt und der Methode `createTablesFromDiagramDatePoint` übergeben.

```
RestUtil.
createTablesFromDiagramDatePoint(headerMap,null,responseStr);
```

Nachdem der Server die HTML-Ausgabe in dem StringBuffer `responseStr` abgelegt hat, wird die Methode `response` aufgerufen, um die Ausgabe an den Client zu senden.

Das folgende Listing zeigt die komplette Klasse `HttpHandlerZisterne`.

```
package raspi.projekte.kap12;
```

```
import com.sun.net.httpserver.Headers;
import com.sun.net.httpserver.HttpExchange;
import com.sun.net.httpserver.HttpHandler;
import java.io.IOException;
import java.io.OutputStream;
import java.net.HttpURLConnection;
import java.util.List;
import java.util.Map;
import java.util.HashMap;
import java.util.Calendar;
import java.util.GregorianCalendar;
import java.util.Locale;
import java.io.InputStreamReader;
import java.io.InputStream;
import java.io.BufferedReader;
import raspi.logger.DataLogger;
import raspi.logger.DiagramDatePoint;
import raspi.webservice.RestUtil;
import raspi.webservice.ParameterUtil;

public class HttpHandlerZisterne implements HttpHandler {
  final DataLogger loggerTag;
  final DataLogger loggerJahr;
  final Scheduler scheduler;
  public static final String BEFEHL = "Befehl";
  public static final String JAHRMAX = "JahrMax";
  public static final String JAHRMIN = "JahrMin";
  public static final String TAG = "Tag";

  public HttpHandlerZisterne()throws Exception{
    this.loggerTag = new DataLogger(null,
        "LoggerZisterneTag.txt", 730);
    this.loggerJahr = new DataLogger(null,
        "LoggerZisterneJahr.txt", 370);
    loggerJahr.enableFileLog();
    scheduler = new Scheduler(loggerTag, loggerJahr);
    scheduler.start();
  }
  @SuppressWarnings("unchecked")
  public void handle(HttpExchange httpExchange)
              throws IOException{
    final String requestMethod = httpExchange.getRequestMethod();
```

```
    final StringBuilder responseStr = new StringBuilder();
    Map headerMap = new HashMap();
    Calendar calStart = new GregorianCalendar();
    calStart.add(Calendar.DAY_OF_YEAR, -365);
    Calendar calStoppp = new GregorianCalendar();

    if(requestMethod.equalsIgnoreCase("GET")){
      final Map paraMap =
                 ParameterUtil.getParameters(httpExchange);
      if(paraMap != null && !paraMap.isEmpty()){
        String befehl = (String)paraMap.get(BEFEHL);
        if(befehl.equals(TAG)){
          headerMap.put(BEFEHL,TAG);
          RestUtil.createTablesFromDiagramDatePoint(headerMap,
                   loggerTag.getDiagramDatePointListFromBuffer(
                   86400, Scheduler.TAG),responseStr);
        }else if(befehl.equals(JAHRMAX)){
          headerMap.put(BEFEHL,JAHRMAX);
          RestUtil.createTablesFromDiagramDatePoint(headerMap,
                loggerJahr.getDiagramDatePointListFromFile(
                calStart, calStoppp, Scheduler.MAX),responseStr);
        }else if(befehl.equals(JAHRMIN)){
          headerMap.put(BEFEHL,JAHRMIN);
          RestUtil.createTablesFromDiagramDatePoint(headerMap,
                loggerJahr.getDiagramDatePointListFromFile(
                calStart, calStoppp, Scheduler.MIN),responseStr);
        }else{
          getCurrent(headerMap, responseStr);
        }
      }else{
        getCurrent(headerMap, responseStr);
      }
      response(responseStr, httpExchange );
    }
  }
  private void getCurrent(final Map headerMap,
                          final StringBuilder responseStr){
    List<DiagramDatePoint> listDatePoint;
    String out = "";
    listDatePoint = loggerTag.getDiagramDatePointListFromBuffer(
                    86400, Scheduler.TAG);
    if(listDatePoint.size() > 0){
```

```
        DiagramDatePoint diagramDatePoint = listDatePoint.get(
                                        listDatePoint.size()-1);
        out = String.format(Locale.GERMANY,
        "Verfügbare Wassermenge<br> in der Zisterne %1$.0f Liter.",
        diagramDatePoint.getY());
      }
      headerMap.put(out,"");
      RestUtil.createTablesFromDiagramDatePoint(headerMap,
                                           null, responseStr);
    }
    private void response(final StringBuilder responseStr,
                               final HttpExchange httpExchange ){
      try{
        httpExchange.getResponseHeaders().add(
                                  "Content-type", "text/html");
        String respStr = responseStr.toString();
        byte[] response = respStr.getBytes("UTF-8");
        httpExchange.sendResponseHeaders(
                    HttpURLConnection.HTTP_OK, response.length);
        final OutputStream os = httpExchange.getResponseBody();
        os.write(response);
        os.close();
      }catch(IOException ex){
        System.out.println(ex.toString());
      }
    }
  }
```

12.3.3 Die Klasse Scheduler

In dem Konstruktor der Klasse `HttpHandlerZisterne` wurde die Instanz der Klasse `Scheduler` erzeugt und an die beiden `DataLogger`-Objekte übergeben. In der `run`-Methode der Klasse `Scheduler` läuft eine Endlosschleife, die dafür sorgt, dass die Füllmenge alle zwei Minuten abgefragt wird und mit `loggerTag.add(fuellmenge, TAG)` in den Tagespuffer geschrieben wird. Außerdem wird der maximale und minimale Füllstand eines Tages berechnet und einmal in der Nacht mit

```
loggerJahr.add(max,MAX);
loggerJahr.add(min,MIN);
loggerJahr.storeFlush();
```

in die Jahresübersicht gespeichert.

Die zeitliche Steuerung in der Endlosschleife wird durch die bekannten Klassen `ScheduleService` und `ScheduleUtil` realisiert. Hierbei erzeugt `ScheduleUtil.startFromToAllDays` einen `command`-String, der jede Nacht von 00:00 Uhr bis 00:01 Uhr aktiv ist.

```
ScheduleUtil.startFromToAllDays("000000", "000100")
```

Für die Abfrage der Füllstände, die alle zwei Minuten erfolgt, erzeugt `ScheduleUtil.startInMinutes` einen entsprechenden `command`-String. Dieser `command`-String wird so eingestellt, dass er in zwei Minuten aktiv ist und zehn Minuten aktiv bleibt. Hierbei ist die Einstellung von zehn Minuten nur zweitrangig, da alle zwei Minuten immer wieder ein neuer `command`-String erzeugt wird. Diese Zeit muss nur so groß gewählt werden, dass sie größer als ein Durchlauf in der Endlosschleife ist.

```
ScheduleUtil.startInMinutes("2", "10")
```

Beachten Sie bitte, dass bei der Zeitsteuerung mit den Klassen `ScheduleService` und `ScheduleUtil` immer die aktuelle Zeit des Raspberry Pi abgefragt wird. Bevor der Server gestartet wird, sollte der Raspberry Pi die aktuelle Uhrzeit aus dem Internet geholt haben.

Das komplette Listing der `Scheduler`-Klasse sehen Sie in der folgenden Darstellung.

```
package raspi.projekte.kap12;

import raspi.logger.DataLogger;
import raspi.hardware.spi.MCP3008;
import raspi.schedule.*;
import java.text.ParseException;
import java.io.IOException;
import java.util.Date;

public class Scheduler extends Thread
{
  final DataLogger loggerTag;
  final DataLogger loggerJahr;
  private String messenTag;
  private String speichernLoggerJahr;
  public static final String TAG = "Tag";
  public static final String MAX = "   Max";
  public static final String MIN = "   Min";
  private double min = 3.3;
  private double max = 0.0;
  private double fuellmenge = 0;
  private Sensor sensor;
```

```
public Scheduler(DataLogger loggerTag, DataLogger loggerJahr){
  this.loggerTag = loggerTag;
  this.loggerJahr = loggerJahr;
  sensor = new Sensor();
}
@Override
public void run(){
  try{
    messenTag = ScheduleUtil.startInMinutes("0", "10");
    speichernLoggerJahr =
         ScheduleUtil.startFromToAllDays("000000", "000100");
    while(!Thread.interrupted()){
      try{
        if(ScheduleService.
                  scheduleCheckForLongTimeUse(messenTag)){
          fuellmenge = sensor.getFuellmenge();
          if(fuellmenge < min){
            min = fuellmenge;
          }
          if(fuellmenge > max){
            max = fuellmenge;
          }
          loggerTag.add(fuellmenge, TAG);
          messenTag = ScheduleUtil.startInMinutes("2", "10");
        }
        if(ScheduleService.
                scheduleCheckForDalyUse(speichernLoggerJahr)){
          loggerJahr.add(max,MAX);
          loggerJahr.add(min,MIN);
          loggerJahr.storeFlush();
          Thread.sleep(120000);
          min = 10000.0;
          max = 0.0;
        }
        Thread.sleep(10000); //10 Sekunden
      }catch(InterruptedException ex){
        loggerJahr.storeFlush();
        break;
      }
    }
  }catch(ParseException ex){
    loggerJahr.storeFlush();
```

```
        }
    }
}
```

12.3.4 Die Klasse Sensor

Die Klasse Sensor bildet die Schnittstelle zu dem Abstandssensor und berechnet die aktuelle Füllmenge in der Zisterne. Wenn Sie den Server für Ihre eigene Zisterne nutzen möchten, müssen Sie in dieser Klasse die Abmessungen und die Form der Zisterne anpassen. Zur Berechnung der Wasserhöhe in der Zisterne müssen Sie den Abstand vom Boden der Zisterne bis zum Sensor messen und diesen Wert in Meter der Konstanten FROM_GROUND_TO_SENSOR zuweisen. Bei dem hier verwendeten Beispiel beträgt er 1,5 m. Aus der gemessenen Distanz zwischen Sensor und Wasseroberfläche kann dann die Höhe des Wasserstandes ermittelt werden.

Um aus der Höhe des Wasserstandes die Füllmenge in Liter zu berechnen, wird die Hilfsklasse Tank aus dem Package raspi verwendet. Tank implementiert drei statische Methoden, die für unterschiedliche Tankformen die Füllmenge berechnen können.

getVolVertCyl	Berechnet die Füllmenge in Liter für einen vertikal stehenden Tank in Zylinderform.
getVolHorCyl	Berechnet die Füllmenge in Liter für einen horizontal liegenden Tank in Zylinderform.
getVolCUBOID	Berechnet die Füllmenge in Liter für einen quaderförmigen Tank.

Tabelle 12.3: Methoden zur Berechnung der Füllmenge

Für die in diesem Beispiel verwendete Zisterne, die die Form eines liegenden Zylinders hat, wird die Methode getVolHorCyl mit den geometrischen Daten und der aktuell vom Sensor ermittelten Distanz aufgerufen.

```
Tank.getVolHorCyl(l, RADIUS, LAENGE, FROM_GROUND_TO_SENSOR);
```

Die Klasse Sensor verwendet den ADC MCP3002 und misst die analoge Eingangsspannung am Kanal 0 des ADC.

```
package raspi.projekte.kap12;
import raspi.hardware.spi.MCP3002;
import raspi.hardware.GP2Distance20To150;
import raspi.Tank;

public class Sensor{
  MCP3002 adc;
  GP2Distance20To150 distanz;
  private static final double FROM_GROUND_TO_SENSOR = 1.5d;
```

```
  private static final double RADIUS = 0.65d;
  private static final double LAENGE = 2.1d;
  private double alt = 0.0d;
  public Sensor(){
    adc = new MCP3002(MCP3002.CS0, MCP3002.CLOCK1M);
    distanz = new GP2Distance20To150();
  }
  public double getFuellmenge(){
    double u = adc.readChannelInVolt(0);
    double l = distanz.getValue(u);
    if(l == 0.0d){
      l = alt;
    }
    alt = l;
    l = l/100d;
    double f = Tank.getVolHorCyl(l, RADIUS, LAENGE,
                                    FROM_GROUND_TO_SENSOR);
    return f;
  }
}
```

Script zum Starten der Anwendung

Script	`kap12RaspiHttpServer.sh`
	beenden mit Strg+C

12.4 Der Client

Nachdem der Server fehlerfrei läuft und wir die gemessenen Daten über den Browser abfragen können, fehlt jetzt noch ein Client, der den Server anfragen kann und die zurückgelieferten Werte grafisch darstellt. Hierzu soll eine Swing-Anwendung programmiert werden, die diese Aufgabe übernimmt.

Um die Anwendung möglichst übersichtlich zu gestalten, wird die Kommunikation mit dem Server in einer eigenen Klasse untergebracht. Der Swing-Anwendung bleiben damit die Kommunikationsdetails verborgen.

12.4.1 Die Klasse HttpClient

Die Klasse `HttpClient` übernimmt die Kommunikation mit dem Server. Den Verbindungsaufbau und den Empfang der Daten übernimmt aus der Klasse `HttpClient` die Methode **`request`**. Diese erzeugt zuerst ein URL-Objekt mit der Adresse und dem gewünschten Befehl.

```
URL url = new URL(urlStr+"?Befehl="+befehl);
```

In `urlStr` stehen das Protokoll, die Adresse und der Kontextpfad. Zusammen mit dem Befehl ergibt sich die URL so, wie Sie sie schon kennen, und sie kann für den Befehl `Tag` wie folgt aussehen.

```
http://192.168.0.121/daten?Befehl=Tag
```

Mit der so erzeugten URL kann dann eine Http-Verbindung aufgebaut werden. Hierzu wird eine Instanz der Klasse `HttpURLConnection` benötigt, die das URL-Objekt über die Methode `openConnection()` liefert.

```
HttpURLConnection conn=(HttpURLConnection) url.openConnection();
```

Da der Server ausschließlich Anfragen, die über den Http-Befehl GET gestellt werden, beantwortet, stellen wir dies ein und teilen ihm mit, dass die Antwort im `text/html`-Format erwartet wird.

```
conn.setRequestMethod("GET");
conn.setRequestProperty("Accept", "text/html");
```

Ist der Server mit allen eingestellten Parametern einverstanden, liefert er den Antwort-Code 200 zurück und es kann mit dem Streamen der angeforderten Daten begonnen werden.

Die empfangene Antwort steht dann in dem `StringBuilder`-Objekt `responseStr` und wird von der Methode `request` als Ergebnis zurückgegeben. Sehen Sie sich diese im weiter unten dargestellten Listing an.

Die Methode `executeCommand` nimmt als Übergabeparameter einen Befehl entgegen und übergibt ihn an die Methode `request`. In unserem Falle kennt der Server die drei Befehle `Tag`, `JahrMax` und `JahrMin`. Nach der Ausführung von `request` steht in dem `StringBuilder`-Objekt `htmlString` die Antwort des Servers, die, wie weiter oben beschrieben, aus einer HTML-Seite besteht, und eine Tabelle mit dem Namen HEADER und eine weitere Tabelle mit dem Namen DATA enthält.

Das `htmlStr`-Objekt muss nun geparst werden, um die Informationen aus der DATA-Tabelle in eine Liste von `DiagramDatePoint`-Objekten zu speichern. Das Parsen übernimmt die Hilfsklasse `RestUtil` mit der Methode `getDiagramDatePointList`.

Den vollständigen Programmcode der Klasse `HttpClient` finden Sie in dem folgenden Listing.

```
package raspi.projekte.kap12;

import java.io.BufferedReader;
import java.io.IOException;
```

```
import java.io.InputStreamReader;
import java.net.HttpURLConnection;
import java.net.MalformedURLException;
import java.net.URL;
import java.util.Map;
import java.util.List;
import java.util.Iterator;
import raspi.webservice.RestUtil;
import raspi.logger.DiagramDatePoint;

public class HttpClient
{
  private String urlStr;
  private List<DiagramDatePoint> listDatePoint;

  public HttpClient(String urlStr){
    this.urlStr = urlStr;
  }
  public List<DiagramDatePoint> getTag(){
    executeCommand("Tag");
    return getListDiagramDatePoint();
  }
  public List<DiagramDatePoint> getJahrMax(){
    executeCommand("JahrMax");
    return getListDiagramDatePoint();
  }
  public List<DiagramDatePoint> getJahrMin(){
    executeCommand("JahrMin");
    return getListDiagramDatePoint();
  }
  private void executeCommand(String befehl){
    StringBuilder htmlString = request(befehl);
    listDatePoint =
        RestUtil.getDiagramDatePointList(htmlString.toString());
  }
  private List<DiagramDatePoint> getListDiagramDatePoint(){
    return listDatePoint;
  }
  private StringBuilder request(String befehl){
    StringBuilder responseStr = new StringBuilder();
    try {
      URL url = new URL(urlStr+"?Befehl="+befehl);
```

```
        HttpURLConnection conn =
                         (HttpURLConnection) url.openConnection();
        conn.setRequestMethod("GET");
        conn.setRequestProperty("Accept", "text/html");
        if (conn.getResponseCode() != 200) {
          throw new RuntimeException("Failed : HTTP error code : "
                              + conn.getResponseCode());
        }else{
          BufferedReader br = new BufferedReader(
                 new InputStreamReader((conn.getInputStream())));
          String output;
          while ((output = br.readLine()) != null) {
            responseStr.append(output);
          }
          conn.disconnect();
        }
      } catch (MalformedURLException e) {
        e.printStackTrace();
      } catch (IOException e) {
        e.printStackTrace();
      }
      return responseStr;
    }
}
```

12.4.2 Die Swing-Anwendung

Die `Gui`-Klasse ist eine Swing-Anwendung, die sehr einfach aufgebaut ist. Sie besteht aus einem Fenster, in dem der aktuelle Füllstand der Zisterne und zwei Diagramme angezeigt werden. Das erste Diagramm zeigt die Füllstände der letzten 24 Stunden und das zweite Diagramm den maximalen und minimalen Füllstand für jeden Tag und dies für einen Zeitraum von einem Jahr. Die angezeigten Daten liefert die Klasse `HttpClient`. Ihr wird im Konstruktor die URL mit Kontextpfad übergeben. Die Methoden `getTag()`, `getJahrMax()` und `getJahrMin()` liefern dann jeweils eine Liste von `DiagramDatePoint`-Objekten zurück.

```
httpClient = new HttpClient("http://localhost:8080/daten");
listTag = httpClient.getTag();
listMax = httpClient.getJahrMax();
listMin = httpClient.getJahrMin();
```

Denken Sie bitte daran, dass `localhost` in der URL nur auf dem Raspberry Pi selber funktioniert. Wollen Sie von einem anderen Gerät im Netzwerk auf den Server zugreifen, müssen Sie stattdessen die IP-Adresse des Raspberry Pi angeben.

Da die Anwendung auch den aktuellen Füllstand anzeigt, wird dieser aus `listTag` gewonnen, indem aus der Liste der letzte Eintrag herausgeholt und als aktueller Füllstand angezeigt wird. Einen Screenshot der Anwendung sehen Sie in Abbildung 12.7.

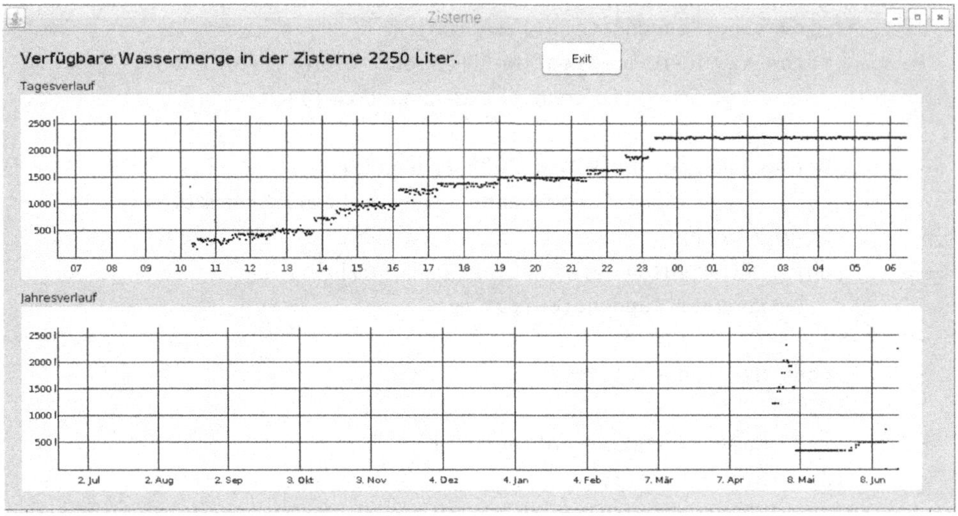

Abb. 12.7: Die Swing-Anwendung

Wenn Sie sich in dem Screenshot das untere Diagramm anschauen, werden Sie feststellen, dass dort als Gitterbeschriftung der Tag und der Monat angezeigt werden. Es wäre hier naheliegend, immer den ersten eines jeden Monats als Gitternetz zu zeichnen. Leider funktioniert dies mit der Klasse `JDiagram` aber nicht. Dies liegt daran, dass `JDiagram` nur Gitterlinien mit gleichen Abständen zeichnet. Da die Monate aber unterschiedlich lang sind, landet man bei jedem Monat auf einem anderen Tag. Schauen Sie sich dazu die Konfiguration der X-Achse des zweiten Diagramms an.

Für die Konfiguration der X-Achse werden zunächst drei `Calendar`-Instanzen für das Start-, End- und MainGrid-Datum des Diagramms benötigt, die hier die Namen `calStart`, `calStopp` und `calStartGrid` haben.

```
calStopp = new GregorianCalendar();
calStart = new GregorianCalendar();
calStartGrid = new GregorianCalendar();
```

Das Startdatum des Diagramms erhält man, indem vom aktuellen Datum 365 Tage subtrahiert werden.

```
calStart.add(Calendar.DAY_OF_YEAR, -365);
```

Für den Bezugspunkt der Gitterlinien auf der X-Achse kann zum Beispiel vom aktuellen Datum 300 Tage subtrahiert werden und dann auf den zweiten Tag im Monat gesprungen werden.

```
calStartGrid.add(Calendar.DAY_OF_YEAR, -300);
calStartGrid.set(Calendar.DAY_OF_MONTH, 2);
```

Es fehlt dann noch der Abstand der Gitterlinien. Diese sollen alle 31 Tage gezeichnet werden. Hierzu geben Sie den Tageswert in Sekunden mal 31 an. Für den Tageswert gibt es in der Klasse `JDiagram` eine Konstante, die Sie nutzen können.

```
diagram2.setXAxisForDate(calStart, calStopp, calStartGrid,
              JDiagram.DAY*31, JDiagram.DAY*31, "%1$te. %1$tb");
```

Den großen Exit-Button der Anwendung habe ich eingefügt, damit die Anwendung bequemer geschlossen werden kann, wenn Sie sie auf kleinen Anzeigegeräten laufen lassen. So können Sie zum Beispiel auf dem Raspberry Pi den TightVNC-Server und auf einem Tablet einen VNC-Viewer starten. Diesen gibt es unter anderem für das Android-Betriebssystem. Auf diese Weise haben Sie dann die Swing-Anwendung auch in Ihrem Heimnetzwerk zur Verfügung.

Der übrige Teil der Klasse `Gui` besteht nur noch aus der Konfiguration der Swing-Elemente. Das folgende Listing zeigt die komplette `Gui`-Klasse.

```
package raspi.projekte.kap12;

import javax.swing.UIManager.LookAndFeelInfo;
import java.awt.*;
import java.awt.event.ActionEvent;
import java.awt.event.ActionListener;
import javax.swing.border.Border;
import javax.swing.*;
import raspi.logger.JDiagram;
import raspi.logger.DiagramDatePoint;
import java.util.Calendar;
import java.util.GregorianCalendar;
import java.util.List;
import java.util.Locale;

public class Gui extends JFrame {
  private JLabel lTagesverlauf;
  private JLabel lTitel;
  private JLabel lJahresverlauf;
  private JDiagram diagram1;
  private JDiagram diagram2;
  private JButton bExit;
  private List listTag;
  private List listMax;
```

```
private List listMin;
private HttpClient httpClient;
private Calendar calStopp;
private Calendar calStart;
private Calendar calStartGrid;
private int yPos;
private int wDiag;

public Gui(){
  httpClient = new
            HttpClient("http://localhost:8080/daten");
  listTag = httpClient.getTag();
  listMax = httpClient.getJahrMax();
  listMin = httpClient.getJahrMin();
  double menge = 0.0d;
  if(listTag != null && listTag.size() > 0){
    menge = (
      (DiagramDatePoint)listTag.get(listTag.size()-1)).getY();
  }
  calStopp = new GregorianCalendar();
  calStart = new GregorianCalendar();
  calStartGrid = new GregorianCalendar();
  calStart.setTimeInMillis(calStopp.getTimeInMillis());
  calStartGrid.setTimeInMillis(calStopp.getTimeInMillis());
  calStart.add(Calendar.DAY_OF_YEAR, -365);
  calStartGrid.add(Calendar.DAY_OF_YEAR, -300);
  calStartGrid.set(Calendar.DAY_OF_MONTH, 2);
  this.setTitle("Zisterne");
  this.setSize(520,800);
  this.setLocation(0, 0);
  Color bgCol = new Color(214,217,223);
  Color bgColDia = new Color(255,255,255);
  Color fgCol = new Color(0,0,0);
  Font fontDiag = new Font(Font.DIALOG,Font.PLAIN,10);
  Font fontLabel = new Font(Font.DIALOG,Font.PLAIN,12);
  Font fontTitel = new Font(Font.DIALOG,Font.BOLD,16);
  JPanel contentPane = new JPanel(null);
  contentPane.setPreferredSize(new Dimension(1024,520));
  contentPane.setBackground(bgCol);
  yPos = 10;
  wDiag = 970;
```

```
    lTitel = new JLabel();
    lTitel.setBounds(20,yPos,550,40);
    lTitel.setBackground(bgCol);
    lTitel.setForeground(fgCol);
    lTitel.setFont(fontTitel);
    lTitel.setText(String.format(Locale.GERMANY,
         "Verfügbare Wassermenge in der Zisterne %1$.0f Liter.",
         menge));
    lTitel.setVisible(true);

    bExit = new JButton();
    bExit.setBounds(580,yPos,90,40);
    bExit.setBackground(bgCol);
    bExit.setForeground(fgCol);
    bExit.setEnabled(true);
    bExit.setFont(fontLabel);
    bExit.setText("Exit");
    bExit.setVisible(true);
    bExit.addActionListener(new ActionListener() {
      public void actionPerformed(ActionEvent evt) {
        System.exit(0);
      }
    });

    lTagesverlauf = new JLabel();
    lTagesverlauf.setBounds(20,yPos=yPos+40,200,20);
    lTagesverlauf.setBackground(bgCol);
    lTagesverlauf.setForeground(fgCol);
    lTagesverlauf.setFont(fontLabel);
    lTagesverlauf.setText("Tagesverlauf");
    lTagesverlauf.setVisible(true);

    diagram1 = new JDiagram();
    diagram1.setBorder(BorderFactory.createEmptyBorder());
    diagram1.setBounds(20,yPos=yPos+20,wDiag,200);
    diagram1.setBackground(bgColDia);
    diagram1.setForeground(fgCol);
    diagram1.setFont(fontDiag);
    diagram1.setVisible(true);
    diagram1.setXAxisForDateOneDay(calStopp);
    diagram1.setYAxisLinear(0.0d, 2650.0d, 500.0d,
                            500.0d, 250.0d, "%1$.0f l");
```

```
    diagram1.viewSubgridX(false);
    diagram1.viewSubgridY(false);
    diagram1.add("Tag", Color.black, listTag);

    lJahresverlauf = new JLabel();
    lJahresverlauf.setBounds(20,yPos=yPos+210,350,20);
    lJahresverlauf.setBackground(bgCol);
    lJahresverlauf.setForeground(fgCol);
    lJahresverlauf.setFont(fontLabel);
    lJahresverlauf.setText("Jahresverlauf");
    lJahresverlauf.setVisible(true);

    diagram2 = new JDiagram();
    diagram2.setBorder(BorderFactory.createEmptyBorder());
    diagram2.setBounds(20,yPos=yPos+20,wDiag,200);
    diagram2.setBackground(bgColDia);
    diagram2.setForeground(fgCol);
    diagram2.setFont(fontDiag);
    diagram2.setVisible(true);
    diagram2.setXAxisForDate(calStart, calStopp, calStartGrid,
              JDiagram.DAY*31, JDiagram.DAY*31, "%1$te. %1$tb");
    diagram2.setYAxisLinear(0.0d, 2650.0d, 500.0d,
                            500.0d, 250.0d, "%1$.0f l");
    diagram2.viewSubgridX(false);
    diagram2.viewSubgridY(false);
    diagram2.add("Min", Color.black, listMin);
    diagram2.add("Max", Color.black, listMax);

    contentPane.add(lTagesverlauf);
    contentPane.add(lTitel);
    contentPane.add(lJahresverlauf);
    contentPane.add(diagram1);
    contentPane.add(diagram2);
    contentPane.add(bExit);

    this.add(contentPane);
    this.setDefaultCloseOperation(JFrame.EXIT_ON_CLOSE);
    this.pack();
    this.setVisible(true);
  }
  public static void main(String[] args){
    System.setProperty("swing.defaultlaf",
```

```
            "com.sun.java.swing.plaf.nimbus.NimbusLookAndFeel");
    javax.swing.SwingUtilities.invokeLater(new Runnable() {
      public void run() {
        new Gui();}
    });
  }
}
```

Beachten Sie bitte beim Ausführen der Swing-Anwendung, dass der Zugriff auf den Server über localhost aufgerufen wird und dies nur funktioniert, wenn der Server und die Swing-Anwendung auf dem Raspberry Pi laufen. In der `Gui`-Klasse sollten Sie später die IP-Adresse des Raspberry Pi eintragen und die Klasse neu übersetzen lassen.

Script zum Starten der Anwendung

Script `kap12GUI.sh`

beenden mit [Strg]+[C]

Kapitel 13

Eine Heizungssteuerung

Mit den bisher entwickelten Komponenten, die Messwerte speichern und ihren zeitlichen Verlauf anzeigen, können Sie relativ einfach eine Raumtemperaturüberwachung mit grafischer Darstellung realisieren. Da Sie auch schon wissen, wie Relais angesteuert werden, können Sie eine sogenannte Zweipunktregelung aufbauen. Bei diesem Verfahren geben Sie die gewünschte Temperatur vor und schalten die Heizung oder den Heizkörper ein, wenn die gewünschte Temperatur unterschritten wird, und schalten wieder aus, wenn die Temperatur erreicht ist. Die gewünschte Temperatur wird aber nicht genau bei 20 °C ein- und ausgeschaltet, sondern es wird ein Temperaturbereich angegeben, bei dem ein- und ausgeschaltet werden soll. Dies wird auch als Hysterese bezeichnet und sie kann zum Beispiel in einem Bereich von 19,5°C und 20,5°C liegen. Fällt die Temperatur auf 19,5°C oder darunter, wird die Heizung eingeschaltet, und steigt sie auf 20,5°C oder darüber, wird die Heizung ausgeschaltet.

Die Hysterese verhindert das schnelle Ein- und Ausschalten der Heizung oder des Heizkörpers. Wird sie aber zu groß gewählt, schwankt die Temperatur auch in einem großen Bereich.

Die hier gezeigte Heizungssteuerung soll in der Lage sein, für jeden Tag in der Woche einen Zeitbereich für den Tag- und den Nachtbetrieb der Heizung einzustellen. Im Tagbetrieb wird dann zum Beispiel eine höhere Temperatur von 20°C und im Nachtbetrieb (Nachtabsenkung) eine niedrigere Temperatur von beispielsweise 16°C eingestellt. Zur Einstellung der Zeitbereiche nimmt die Heizungssteuerung den Zeitbereich für den Tagbetrieb entgegen. Außerhalb dieses Zeitbereichs wird dann immer in den Nachtbetrieb umgeschaltet.

Da der Temperaturverlauf angezeigt werden soll, können Sie damit die Vorlaufzeit ablesen, die die Heizung benötigt, um zum Beispiel morgens einen Raum von 16°C auf 20°C aufzuheizen. Benötigt die Heizung dazu zum Beispiel 30 Minuten und Sie wollen die 20°C um 7.00 Uhr haben, müssen Sie den Tagbetrieb schon um 6.30 Uhr einschalten.

13.1 Die Schaltung

Die Schaltung, die hier aufgebaut werden soll, übernimmt im Prinzip die gleiche Funktion wie ein Raumthermostat, das Sie an Ihrer Heizung angeschlossen haben. Wenn Sie sich aber nicht an Ihre Heizung herantrauen oder vielleicht auch nicht die ganze Heizung, sondern nur einen Heizkörper regeln wollen, können Sie dies auch mithilfe eines Stellantriebs umsetzen. Diese Stellantriebe sind eigentlich zur Steuerung von Fußbodenheizungen gedacht. Sie können sie aber auch anstelle eines Thermostatventils an einen Heizkörper schrauben.

Damit nicht noch ein zusätzlicher Trafo zum Einsatz kommen muss, habe ich hier einen Stellantrieb für 230 V Netzspannung verwendet, der stromlos geschlossen ist. Wenn Sie solch einen Stellantrieb auf das Heizkörperventil geschraubt haben und ihn nicht mit der Netzspannung verbinden, ist das Ventil geschlossen. Wird der Antrieb mit der Netzspannung verbunden, wird das Ventil langsam geöffnet.

Die genauen Angaben sollten Sie dem Datenblatt des Herstellers entnehmen, dessen Stellantrieb Sie einsetzen möchten. Die wichtigsten Eckdaten für die hier verwendete Schaltung sind der Netzspannungsbetrieb (230 V) und stromlos geschlossen.

Die Montage eines Stellantriebs ist recht einfach. Schauen Sie sich dazu Abbildung 13.1 an. Zuerst müssen Sie das Thermostatventil vom Eckventil des Heizkörpers abschrauben. Falls Sie einen Stellantrieb mit zusätzlichem Montagering haben, müssen Sie diesen zuerst auf das Eckventil schrauben und danach den Stellantrieb auf den Montagering drücken. Es gibt aber auch Stellantriebe, die keinen Montagering haben. In diesen Fällen wird der Stellantrieb direkt auf das Eckventil des Heizkörpers geschraubt.

Abb. 13.1: Montage eines Stellantriebs mit Montagering

Beachten Sie aber bitte, dass Sie bei dem hier verwendeten Stellantrieb und auch bei dem Ansteuern Ihrer Heizung immer mit 230 V arbeiten und Sie entsprechende Sicherheitsmaßnahmen zum Aufbau und Betrieb beachten müssen. Auf beides kann im Rahmen dieses Buches nicht eingegangen werden und es unterliegt Ihrer Sorgfaltspflicht.

Schauen Sie sich nun Abbildung 13.2 an. Zum Messen der Raumtemperatur habe ich hier den NTC-Widerstand TS-NTC 103A mit dem Messverstärker verwendet, wie er in Kapitel 8 zu analogen Sensoren aufgebaut wurde. Sie können natürlich auch andere NTC-Widerstände einsetzen und dann den Messverstärker entsprechend neu dimensionieren.

Als ADC habe ich den MCP3002 und zum Ansteuern eines Relais die Darlingtonstufe ULN2803A eingesetzt. Beide Komponenten finden Sie auch auf dem Gertboard und das erspart Ihnen einen eigenen Aufbau.

Zum Anschluss der Heizung oder eines Stellantriebs wird hier das Relais-Board der Firma SainSmart verwendet, dessen Funktion auch schon beschrieben wurde.

Im Schaltplan habe ich einmal einen Stellantrieb und alternativ eine Heizung eingezeichnet. Wenn Sie direkt eine Heizungstherme steuern wollen, müssen Sie sich unbedingt mit den Herstellerangaben vertraut machen, damit keine Schäden entstehen. Normalerweise ist der Anschluss aber recht simpel, da auch einfache Raumthermostate über eine Zweidrahtleitung mit der Heizung verbunden werden.

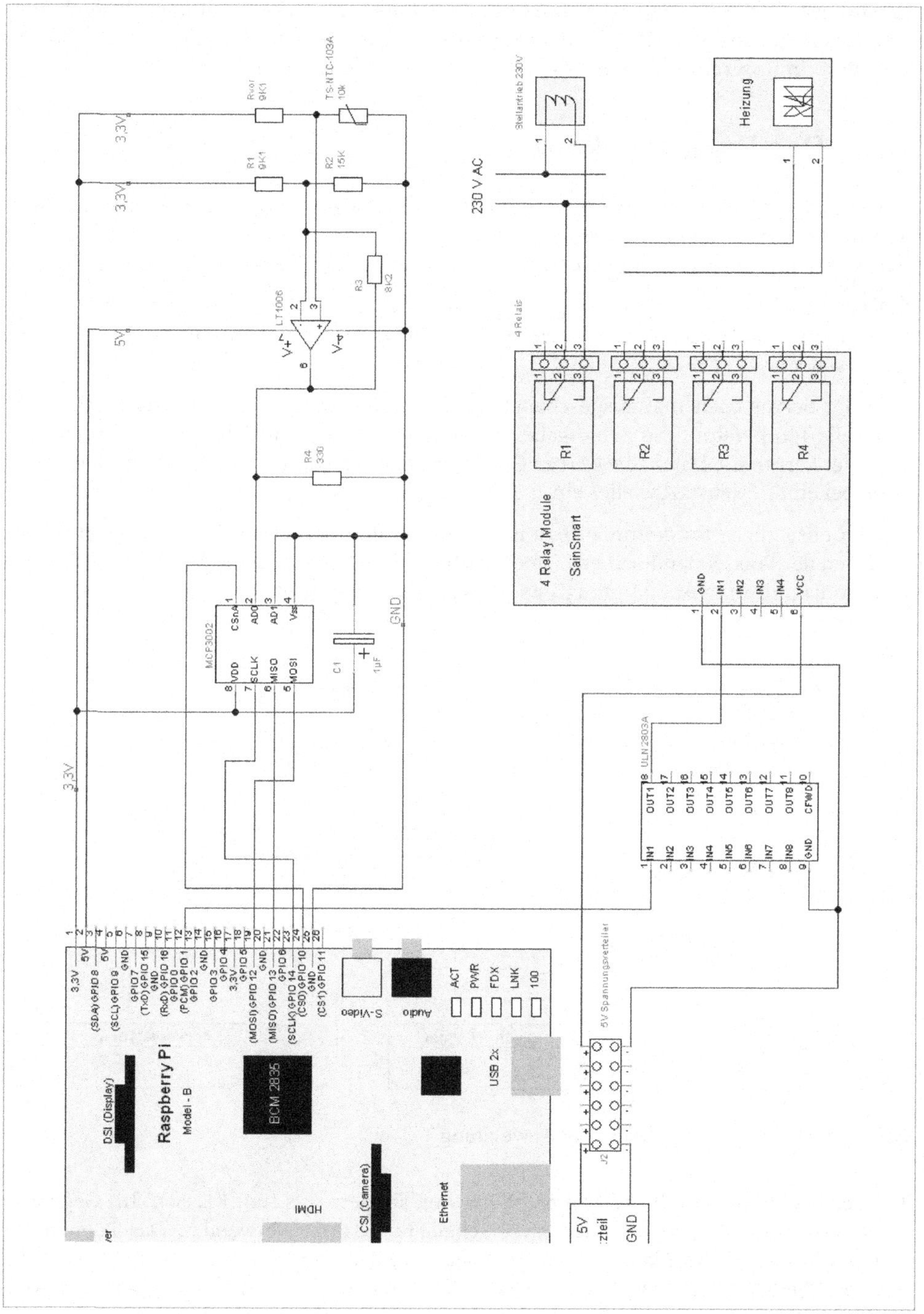

Abb. 13.2: Die Schaltung der Heizungssteuerung mit dem Raspberry Pi und dem Stellantrieb (alternativ: Heizung)

Es wird dabei keine zusätzliche Netzspannung benötigt. Einfache Heizungsanlagen benötigen nur einen einfachen Kontakt, der geschlossen wird, wenn das Raumthermostat Wärme anfordert. In unserem Fall wird dieser Kontakt durch ein Relais bereitgestellt.

13.2 Das Programmkonzept

Die Heizungssteuerung soll nach dem Client-Server-Konzept erstellt werden. Hierbei übernimmt der Server die Temperaturregelung und das Zeitmanagement für den Tag- und Nachtbetrieb. Außerdem wird er den Temperaturverlauf der letzten 24 Stunden vorhalten.

Der Client stellt den Temperaturverlauf grafisch dar und bietet die Möglichkeit, die Tag-/Nachttemperaturen und die Zeitbereiche für jeden Wochentag einzustellen und an den Server zu senden.

Falls der Server doch mal ausgeschaltet werden muss, wäre es sehr umständlich, wenn dabei alle Temperatur- und Zeitangaben verloren gehen würden. Aus diesem Grunde speichert der Server alle Daten, die er vom Client gesendet bekommt, in einer Datei ab und liest diese bei einem Neustart wieder ein.

Der grundsätzliche Programmaufbau ist genau mit dem zu vergleichen, wie wir ihn beim Auslesen der Wasserstände einer Zisterne aufgebaut haben. Schauen Sie sich zunächst das Klassendiagramm in Abbildung 13.3 an, so wie es BlueJ anzeigt.

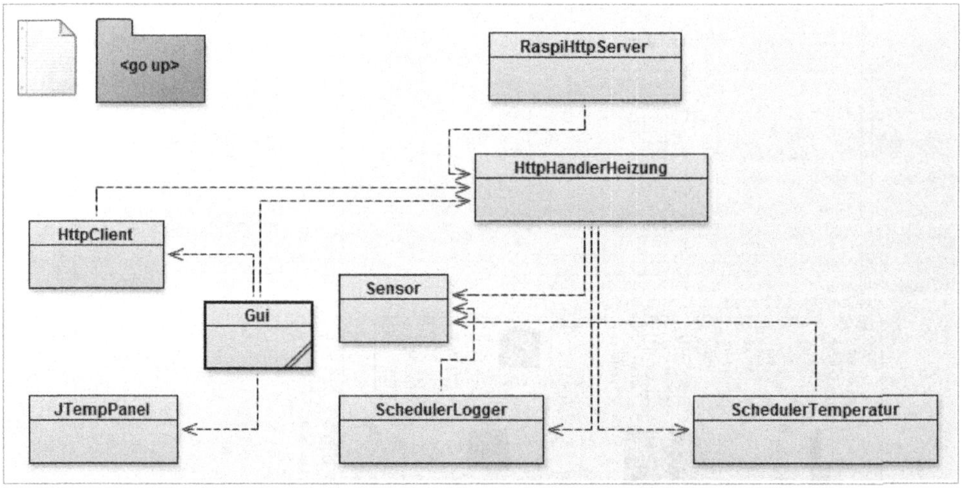

Abb. 13.3: Das Klassendiagramm der Anwendung

Die Serverseite besteht dieses Mal nicht aus vier, sondern aus fünf Klassen. Im Gegensatz zum vorherigen Projekt habe ich zwei `Scheduler`-Klassen verwendet. Das Loggen von Daten wird durch die Klasse `SchedulerLogger` und die eigentliche Regelung durch die Klasse `SchedulerTemperatur` umgesetzt. Hierdurch werden beide Aufgaben in jeweils einem eigenen Thread ausgeführt und laufen deshalb unabhängig voneinander.

Und auch der Client erhält dieses Mal eine weitere Klasse, die den Namen `JTempPanel` hat. In dieser Klasse werden einige grafische Elemente, die mehrfach angezeigt werden sollen, zusammengefasst. Hierdurch bleibt die Klasse `Gui` übersichtlicher.

Eine kurze Erklärung zu den einzelnen Klassen finden Sie in der folgenden Tabelle.

Klasse	Erklärung
`RaspiHttpServer`	Initialisierung und Start des HTTP-Servers
`HttpHandlerHeizung`	HTTP-Handler, der die Anfragen verarbeitet und die Daten bereitstellt
`SchedulerLogger`	Steuert das regelmäßige Messen und Speichern der Temperatur
`SchedulerTemperatur`	In dieser Klasse findet die Zweipunktregelung für den Tag- und Nachtbetrieb statt.
`Sensor`	Steuert den ADC und berechnet die Temperatur
`HttpClient`	Übernimmt Client-seitig die Kommunikation zwischen Client und Server
`Gui`	Swing-Anwendung
`JTempPanel`	In einem JPanel werden hier die Swing-Komponenten zum Eintrag der Von-/Bis-Zeiten für den Tagbetrieb zusammengefasst

Tabelle 13.1: Überblick über die verwendeten Klassen

13.2.1 Die Klasse RaspiHttpServer

Die Klasse `RaspiHttpServer` hat hier die gleiche Funktion wie im vorherigen Projekt. Ich habe hier nur die beiden Methoden `contextRoot` und `serverPort` in die Klasse `Server` im Package `raspi.webservice` abgelegt. Außerdem habe ich dem Konstruktor der Klasse neben der Argumentliste noch einen Übergabeparameter, über den Sie die Handler-Klasse übergeben können, hinzugefügt. Ich habe also nur etwas Programmcode versteckt, wodurch `RaspiHttpServer` noch übersichtlicher wird.

```
package raspi.projekte.kap13;

import raspi.webservice.Server;
import com.sun.net.httpserver.HttpHandler;
public class RaspiHttpServer
{
  public static void main(String[] args)throws Exception{
    new Server(args, new HttpHandlerHeizung());
  }
}
```

13.2.2 Die Klasse HttpHandlerHeizung

Die Klasse `HttpHandlerHeizung` nimmt die Anfragen, die der Client an den Server stellt, entgegen und sendet die entsprechende Antwort. Im Gegensatz zu der Klasse `HttpHandlerZisterne` aus dem vorherigen Projekt kann `HttpHandlerHeizung` auch einen HTTP-POST-Befehl verarbeiten. Diesen Befehl werden wir immer verwenden, wenn der Client auf dem Server Daten verändert. Werden nur Daten abgefragt, verwenden wir immer HTTP-GET.

Unser Server kennt zwei GET-Befehle, die in der folgenden Tabelle kurz erklärt und für eine Beispiel-IP-Adresse dargestellt sind.

Die GET-Befehle der Klasse `HttpHandlerHeizung`	
`http://192.168.0.121:8080/daten?Befehl=GetSchedule`	Liefert für jeden Wochentag das Zeitintervall für den Tagbetrieb und die Temperaturen für den Tag- und den Nachtbetrieb.
`http://192.168.0.121:8080/daten?Befehl=GetLogTag`	Liefert den Temperaturverlauf für die letzten 24 Stunden.

Tabelle 13.2: Die URL und ihre Parameter

Der wesentliche Unterschied zwischen einem GET- und einem POST-Befehl besteht darin, dass bei einem GET die zu übergebenden Parameter mit an die URL angehängt werden. Bei einem POST-Befehl, den der Client an den Server sendet, werden alle Informationen für den Server in den Body der HTTP-Nachricht geschrieben und müssen vom Server entsprechend ausgewertet werden. Wie die Informationen im Body strukturiert werden, können wir selber bestimmen. Wir verwenden hierzu aber wieder die Hilfsklasse `RestUtil` aus dem Package `raspi.webservice`. Diese kennen Sie auch schon aus dem vorherigen Projekt und sie kann Informationen in ein HTML-Format wandeln und auch wieder herauslesen.

Schauen Sie sich nun die Klasse `HttpHandlerHeizung` im Detail an, um die Kommunikation zwischen Client und Server zu verstehen. In dem ersten Ausschnitt geht es um die Deklaration von Variablen und Konstanten und das bedarf keiner weiteren Erklärung. Machen Sie sich aber die Bedeutung der Variablen `relais` bewusst, die vom Typ `GpioPinDigitalOutput` ist und den Zugriff auf den GPIO-Port 01 sicherstellt. Über diesen Port wird das Relais zum Steuern der Heizung angesprochen. Außerdem erweitert die Klasse `HttpHandlerHeizung` die Klasse `Handler` aus dem Package `raspi.webservice`. In dieser Klasse habe ich ein paar Hilfsmethoden für Handler-Klassen hinterlegt.

```
package raspi.projekte.kap13;

import com.sun.net.httpserver.Headers;
import com.sun.net.httpserver.HttpExchange;
import com.sun.net.httpserver.HttpHandler;
import java.io.IOException;
import java.io.OutputStream;
```

```
import java.net.HttpURLConnection;
import java.util.List;
import java.util.Iterator;
import java.util.ArrayList;
import java.util.Map;
import java.util.HashMap;
import java.util.Calendar;
import java.util.GregorianCalendar;
import java.util.Locale;
import java.io.InputStreamReader;
import java.io.InputStream;
import java.io.BufferedReader;
import raspi.logger.DataLogger;
import raspi.logger.DiagramDatePoint;
import raspi.webservice.RestUtil;
import raspi.webservice.ParameterUtil;
import raspi.webservice.Handler;
import raspi.webservice.DataStore;
import raspi.schedule.ScheduleUtil;
import com.pi4j.io.gpio.GpioPinDigitalOutput;
import com.pi4j.io.gpio.RaspiPin;
import com.pi4j.io.gpio.GpioFactory;
import com.pi4j.io.gpio.GpioController;
import com.pi4j.io.gpio.PinState;
import com.pi4j.io.gpio.PinPullResistance;

public class HttpHandlerHeizung extends Handler
                        implements HttpHandler{
  final DataLogger loggerTag;
  final DataStore dataStore;
  final SchedulerLogger schedulerLogger;
  final SchedulerTemperatur schedulerTemperatur;
  final GpioController gpio = GpioFactory.getInstance();
  final GpioPinDigitalOutput relais =
             gpio.provisionDigitalOutputPin(RaspiPin.GPIO_01);
  final Sensor sensor;

  public static final String BEFEHL = "Befehl";
  public static final String GETSCHEDULE = "GetSchedule";
  public static final String GETLOGTAG = "GetLogTag";
  public static final String POSTSCHEDULE = "PostSchedule";
  public static final String TEMPTAG = "TemperaturTag";
```

```
public static final String TEMPNACHT = "TemperaturNacht";
public static final String GPIOPORT = "GPIO_Port";
public static final String GPIO01 = "GPIO_01";
public static final String ERROR = "Error";
public static final String TEMPERATUR = "Temp";

private Double tagTemp;
private Double nachtTemp;
private Map headerMap = new HashMap();
private Map dataMap = new HashMap();
```

Im Konstruktor von `HttpHandlerHeizung` wird zuerst eine `DataStore`-Instanz erzeugt. Die Klasse `DataStore` ist in der Lage, Daten, wie sie die Klasse `RestUtil` bereitstellt, in eine Datei zu speichern. Die Daten werden also in zwei HTML-Tabellen gespeichert, von denen eine den Namen HEADER und die andere den Namen DATA trägt.

Der erste Parameter des `DataStore`-Konstruktors gibt den Pfad und der zweite Parameter den Namen der Datei an, in die die Daten gespeichert werden sollen. Da der Pfad hier nicht angegeben wird, speichert `DataStore` die Datei ins USER-Verzeichnis. Also die Stelle, von der unser Programm aufgerufen wird.

Nach der Erzeugung der Instanz wird versucht, die HEADER-Tabelle auszulesen, die die Tag- und Nachttemperatur enthält. Werden diese Werte nicht gefunden, werden hier die Standardwerte 20°C und 16°C gesetzt.

Danach werden die Instanzen der Klassen `Sensor`, `DataLogger`, `SchedulerLogger` und `SchedulerTemperatur` erzeugt. Da es sich bei den Klassen `SchedulerLogger` und `SchedulerTemperatur` um Threads handelt, erfolgt der Start der Threads über den Methodenaufruf `start`.

Für die Instanz der Klasse `SchedulerTemperatur` wird dann noch versucht, gespeicherte Zeitintervalle zu übergeben. Diese liefert `DataStore` als Liste und sie wird der `SchedulerTemperatur`-Instanz übergeben. Wenn keine Daten gefunden wurden, wird eine Liste erzeugt und ein `commandString` in die Liste gelegt, der für alle Tage der Woche von 00:00:00 Uhr bis 23:59:59 Uhr aktiv ist.

```
public HttpHandlerHeizung()throws Exception{
  dataStore = new DataStore(null,"DataStoreHeizung.html");
  headerMap =  dataStore.readHeader();
  String tagStr    = (String)headerMap.get(TEMPTAG);
  String nachtStr  = (String)headerMap.get(TEMPNACHT);
  if(tagStr == null || tagStr.isEmpty()){
    tagStr = "20.0";
  }
  if(nachtStr == null || nachtStr.isEmpty()){
    nachtStr = "16.0";
  }
```

```
    tagTemp   = new Double(tagStr);
    nachtTemp = new Double(nachtStr);
    loggerTag = new DataLogger(null,"LoggerHeizungTag.txt", 730);
    relais.setShutdownOptions(true,
                    PinState.LOW, PinPullResistance.OFF);
    sensor = new Sensor();
    schedulerLogger = new SchedulerLogger(
                    120000,  sensor, loggerTag, TEMPERATUR);
    List listLogger = new ArrayList();
    listLogger.add(ScheduleUtil.allwaysOn());
    schedulerLogger.setCommandStringList(listLogger);
    schedulerLogger.start();
    schedulerTemperatur = new SchedulerTemperatur(
                              60000,  sensor, relais);
    List listTemp = dataStore.readList();
    if (listTemp == null || listTemp.isEmpty()){
      listTemp = new ArrayList();
      listTemp.add(ScheduleUtil.allwaysOn());
    }
    schedulerTemperatur.start();
    schedulerTemperatur.setTagNacht(tagTemp, nachtTemp);
    schedulerTemperatur.setCommandStringList(listTemp);
  }
```

Nach dem Konstruktor folgt dann die Methode `handle`, die die Anfragen des Clients verarbeitet. Schauen wir uns zunächst den oberen Teil der Methode an, der die Anfragen, die über ein GET gestellt werden, verarbeitet.

Wenn es sich bei dem Befehl um `GetLogTag` handelt, sollen die Temperaturen der letzten 24 Stunden zurückgeliefert werden. Diese Antwort wird durch die Methode `RestUtil.createTablesFromDiagramDatePoint` erzeugt und benötigt drei Parameter. Der erste Parameter ist eine `Map`, in die der Befehl, mit dem der Client angefragt hat, eingefügt wird. In unserem Falle ist dies `GetLogTag`. Als zweiten Parameter wird eine Liste von `DiagramDatePoint`-Objekten übergeben, die durch die `DataLogger`-Instanz `loggerTag` geliefert wird. Und als dritten Parameter wird dann noch das `StringBuilder`-Objekt `responseStr` übergeben, in dem die HTML-Antwort, die `RestUtil.createTablesFromDiagramDatePoint` erzeugt hat, zurückgegeben wird.

Wenn der Client den Befehl `GetSchedule` sendet, wird die Methode `createScheduleResponse` aufgerufen. Diese werde ich Ihnen dann weiter unten erklären.

```
  @SuppressWarnings("unchecked")
  public void handle(HttpExchange httpExchange)
                                throws IOException{
    final StringBuilder responseStr = new StringBuilder();
```

```
String befehlStr;
String portStr;
String tagStr;
String nachtStr;
boolean ok = false;
List<String> list = null;

if(isGet(httpExchange)){
  final Map paraMap =
          ParameterUtil.getParameters(httpExchange);
  if(paraMap != null && !paraMap.isEmpty()){
    befehlStr = (String)paraMap.get(BEFEHL);
    if(befehlStr.equals(GETLOGTAG)){
      headerMap.put(BEFEHL,GETLOGTAG);
      RestUtil.createTablesFromDiagramDatePoint(headerMap,
            loggerTag.GetDiagramDatePointListFromBuffer(
            86400, TEMPERATUR),
            responseStr);
    }else if(befehlStr.equals(GETSCHEDULE)){
      createScheduleResponse(responseStr);
    }
  }
```

Schauen Sie sich nun die Verarbeitung des HTTP-POST-Befehls an. Mit einem POST sollen alle Zeitintervalle und die Tag- und Nachttemperaturen zum Server übertragen werden. Hierfür muss der Client mit der Klasse `RestUtil` wieder einen HTML-String mit diesen Informationen erzeugen. Da der vom Client erzeugte HTML-String bei einem POST-Befehl im Body der HTTP-Anfrage übertragen wird, muss der HTML-String mit der Methode `getBody` vom Client gestreamt werden. Die Methoden `getBody` und `response`, die beide Daten vom und zum Client übertragen, sind in der Klasse `Handler` implementiert. Das ist die Elternklasse von `HttpHandlerHeizung`.

Aus dem von der Methode `getBody` gelieferten `StringBuilder`-Objekt wird zuerst mit `RestUtil.getHeaderMap` eine Map zurückgegeben, die die Tagtemperatur, die Nachttemperatur, den Befehl und den Port, an dem das Relais angeschlossen ist, enthält. Und erst wenn diese Informationen verfügbar sind, wird mit `RestUtil.getList` die Liste mit den Zeitintervallen aus dem `StringBuilder`-Objekt gelesen. Wenn alles ohne Fehler erkannt wurde, werden die Liste mit den Zeitintervallen, die Tagtemperatur und die Nachttemperatur an `schedulerTemperatur` übergeben.

Bei fehlerfreier Verarbeitung erzeugt der Server mit der Methode `createScheduleResponse` die Antwort für den Client. Diese Antwort wurde genau so auch schon bei dem Befehl `GetSchedule` erzeugt und sie enthält die eingestellten Temperaturen und Zeitintervalle.

Wenn dem Server Informationen zur richtigen Verarbeitung der Temperaturen und Zeitintervalle fehlen, wird die Antwort für den Client nicht durch `createScheduleResponse`, sondern durch `createErrorResponse` erzeugt und dann gesendet. Welche Fehler ausgewertet werden, entnehmen Sie dem Listing.

Zum Schluss sendet die Methode **response** die erzeugten Antworten zum Client, und wenn keine Fehler aufgetreten sind, werden dann noch mit **dataStore.storeHeaderMapAndList** alle Zeitintervalle und Tag-/Nachttemperaturen in eine Datei gespeichert.

```
    }else if(isPost(httpExchange)){
    ok = false;
    try{
      final StringBuilder strBuilder = getBody(httpExchange);
      headerMap = RestUtil.getHeaderMap(strBuilder.toString());
      if(headerMap != null){
        befehlStr = (String)headerMap.get(BEFEHL);
        portStr   = (String)headerMap.get(GPIOPORT);
        tagStr    = (String)headerMap.get(TEMPTAG);
        nachtStr  = (String)headerMap.get(TEMPNACHT);
        if(befehlStr != null && befehlStr.equals(POSTSCHEDULE) &&
                portStr != null && portStr.equals(GPIO01) &&
                tagStr != null && nachtStr != null){
          tagTemp   = new Double(tagStr);
          nachtTemp = new Double(nachtStr);
          list = RestUtil.getList(strBuilder.toString());
          if(list != null && !list.isEmpty()){
            schedulerTemperatur.setTagNacht(tagTemp, nachtTemp);
            schedulerTemperatur.setCommandStringList(list);
            createScheduleResponse(responseStr);
            ok = true;
          }else{
            createErrorResponse("Keine Zeitsteuerung gefunden!",
                    responseStr);
          }
        }else{
          createErrorResponse(
            "Es wurden nicht alle notwendigen Felder gesetzt!",
            responseStr);
          }
        }else{
          createErrorResponse(
                "Keine Header-Tabelle gefunden!",responseStr);
        }
        RestUtil.createTablesFromMap(headerMap, null,
                responseStr);
      }catch(NullPointerException ex){
        createErrorResponse(
            "Allgemeiner Fehler im Datenformat!",responseStr);
```

```
      }
      catch(NumberFormatException ex){
        createErrorResponse(
             "Temperatur im falschen Format!",responseStr);
      }
    }
    response(responseStr, httpExchange );
    if(ok){
      dataStore.storeHeaderMapAndList(headerMap, list);
    }
  }
```

Für die Fehlerantwort werden der Methode `createErrorResponse` der gewünschte Fehlertext und ein `StringBuilder`-Objekt, in das die Antwort geschrieben wird, übergeben. Das Erzeugen der Antwort wird wieder durch die Klasse `RestUtil` vorgenommen, die in diesem Falle eine HTML-Seite erzeugt, die nur die HEADER-Tabelle enthält.

```
  private void createErrorResponse(String info,
    final StringBuilder responseStr){
    headerMap = new HashMap();
    headerMap.put(ERROR, info);
    RestUtil.createTablesFromMap(headerMap,
      null, responseStr);
  }
```

Mit der Methode `createScheduleResponse` wird eine HTML-Antwort erzeugt, die die Tag-/Nachttemperaturen und die Zeitintervalle enthält. Hierzu werden die Zeitintervalle aus dem Objekt `schedulerTemperatur` mit der Methode erfragt und in `dataList` gespeichert. Die Temperaturen werden ebenfalls von `schedulerTemperatur` mit `getTag` und `getNacht` erfragt und in `headerMap` abgelegt. In die gleiche Map werden dann noch der Befehl `GetSchedule` und der Portstring `GPIO_01` abgelegt. Die Methode `RestUtil.createTablesFromList` erzeugt dann aus `headerMap` und `dataList` die HTML-Antwort und schreibt diese in das Objekt `responseStr`.

```
  private void createScheduleResponse(
                final StringBuilder responseStr){
    headerMap = new HashMap();
    List<String> dataList =
               schedulerTemperatur.getCommandStringList();
    headerMap.put(BEFEHL,GETSCHEDULE);
    headerMap.put(TEMPTAG,
              Double.toString(schedulerTemperatur.getTag()));
    headerMap.put(TEMPNACHT,
              Double.toString(schedulerTemperatur.getNacht()));
```

```
    headerMap.put(GPIOPORT, "GPIO_01");
    RestUtil.createTablesFromList(headerMap, dataList,
                responseStr);
  }
}
```

13.2.3 Die Klasse Scheduler

Die beiden Klassen `SchedulerLogger` und `SchedulerTemperatur` erweitern die Klasse `Scheduler` aus dem Package `raspi.scheduler`. Damit Sie die Funktionsweise dieser beiden Klassen verstehen, zeige ich Ihnen zuerst den Aufbau der Klasse `Scheduler`.

`Scheduler` übernimmt die grundlegenden Aufgaben, um in bestimmten zeitlichen Abständen Aufgaben abzuarbeiten. Die zu erledigenden Aufgaben kennt `Scheduler` selber nicht, stellt aber drei verschiedene Methodenrümpfe zur Verfügung, in denen eine von `Scheduler` abgeleitete Klasse die zu erledigenden Aufgaben implementiert. Die drei Methoden, die von der abgeleiteten Klasse überschrieben werden, sind `executeActive`, `executePassive` und `executeDisable`. Die Methoden `executeActive` und `executePassive` werden durch eine Liste von `commandString`-Objekten gesteuert, die an `Scheduler` übergeben wird. Ist in dieser Liste mindestens ein `commandString`-Objekt aktiv, so wird `executeActive` aufgerufen. Wenn gerade kein `commandString`-Objekt aktiv ist, wird `executePassive` aufgerufen. Wenn `setEnabled(false)` aufgerufen wird, setzt die Verarbeitung der `commandString`-Objekte aus und es wird zyklisch immer wieder `executeDisable` aufgerufen.

Um die zeitlichen Abstände einzustellen, an denen die drei `execute`-Methoden aufgerufen werden, wird dem Konstruktor der Klasse `Schedule` ein `long`-Wert übergeben, der die Zeit in Millisekunden angibt. Im Konstruktor wird dieser Wert geprüft und auf 1000 hochgesetzt, falls er kleiner als 1000 sein sollte.

```
package raspi.schedule;

import raspi.schedule.ScheduleService;
import raspi.logger.DataLogger;
import java.util.List;
import java.util.ArrayList;
import java.util.Iterator;
import java.text.ParseException;

public class Scheduler extends Thread
{
  List<String> list;
  boolean enabled;
  long loop;

  public Scheduler(long loop){
    if(loop > 1000){
```

```
        this.loop = loop;
      }else{
        this.loop = 1000;
      }
      enabled = true;
      list = new ArrayList<String>();
    }
    public synchronized void setCommandStringList(
                                  List<String> list){
      this.list = list;
    }
    public synchronized List<String> getCommandStringList(){
      return this.list;
    }
    public synchronized void setEnabled(boolean enabled){
      this.enabled = enabled;
    }
```

Da es sich bei der Klasse `Scheduler` um eine Erweiterung der Klasse `Thread` handelt, muss diese die Methode `run` implementieren. In dieser Methode läuft eine Endlosschleife, die in dem eingestellten Abstand die Methode `execute` aufruft.

```
    @Override
    public void run(){
      while(!Thread.interrupted()){
        try{
          execute();
          Thread.sleep(loop);
        }catch(InterruptedException ex){
          break;
        }
      }
    }
```

In `execute` wird die Liste der `commandString`-Objekte abgearbeitet und entsprechend `executeActive` oder `executePassive` aufgerufen. Wenn die Variable `enabled` durch den Aufruf `setEnabled(false)` auf `false` gesetzt wurde, setzt die `commandString`-Verarbeitung aus und es wird `executeDisabled` aufgerufen.

```
    private synchronized void execute(){
      if(enabled){
        boolean act = false;
        boolean error = false;
```

```
        if(list != null && !list.isEmpty()){
          Iterator<String> it = list.iterator();
          while(it.hasNext()){
            String commandString = it.next();
            try{
              if(ScheduleService.scheduleCheckForDalyUse(
                              commandString)){
                act = true;
              }
            }catch(ParseException ex){
              error = true;;
            }
          }
          if(!error){
            if(act){executeActive();}
            else{executePassive();}
          }
        }
      }else{
        executeDisabled();
      }
    }
```

Zum Schluss implementiert `Scheduler` dann noch die drei `execute`-Methoden, die durch die abgeleiteten Klassen überschrieben werden müssen.

```
  public synchronized void executeActive(){
  }
  public synchronized void executePassive(){
  }
  public synchronized void executeDisabled(){
  }
}
```

Wenn Sie sich in dem oben dargestellten Listing die Deklaration der Methoden anschauen, werden Sie feststellen, dass alle Methoden als `synchronized` deklariert worden sind und der Inhalt dieser Methoden somit nicht durch andere Threads unterbrochen werden kann. Beachten Sie aber dabei, dass sich `synchronized` nur auf den Programmcode innerhalb der geschützten Methode bezieht. Wird innerhalb dieser Methode eine andere Methode aufgerufen, ist dieser Inhalt nicht mehr geschützt, es sei denn, dass alle aufgerufenen Methoden ebenfalls durch `synchronized` geschützt sind.

Die Klasse SchedulerLogger

Die Klasse `SchedulerLogger` erweitert die Klasse `Scheduler` und soll alle 120 Sekunden den aktuellen Temperaturwert in die Instanz `loggerTag` speichern. Schauen Sie sich dazu noch mal die Initialisierung der `SchedulerLogger`-Instanz an, so wie sie im Konstruktor der Klasse `HttpHandlerHeizung` implementiert ist. Mit dem ersten Parameter des Konstruktors wird das Zeitintervall angegeben, mit der die `execute`-Methoden der Klasse `Scheduler` aufgerufen werden.

```
schedulerLogger = new SchedulerLogger(
                    120000, sensor, loggerTag, TEMPERATUR);
...
schedulerLogger.setCommandStringList(listLogger);
schedulerLogger.start();
```

Im Konstruktor der Klasse `SchedulerLogger` wird das Zeitintervall, das mit dem Parameter `loop` übergeben wird, an den Konstruktor der Elternklasse `Scheduler` übergeben. Der Aufruf des Konstruktors der Elternklasse wird durch `super(loop)` realisiert. Schauen Sie sich dazu das folgende Listing der Klasse `SchedulerLogger` an.

Die Klasse `SchedulerLogger` überschreibt die beiden Methoden `executeActive` und `executePassive`. In beiden Methoden wird dem Objekt `dataLogger` die aktuelle Temperatur übergeben.

Die Entscheidung darüber, ob die Methode `executeActive` oder `executePassive` aufgerufen wird, steuert die übergebene Liste mit `commandString`-Objekten.

```
package raspi.projekte.kap13;

import raspi.schedule.Scheduler;
import raspi.logger.DataLogger;
public class SchedulerLogger extends Scheduler
{
  private DataLogger dataLogger;
  private Sensor sensor;
  private String info;
  public SchedulerLogger(long loop, Sensor sensor,
                      DataLogger dataLogger, String info){
    super(loop);
    this.dataLogger = dataLogger;
    this.sensor = sensor;
    this.info = info;
  }
  @Override
  public synchronized void executeActive(){
    dataLogger.add(sensor.getTemperatur(), info);
```

```
    }
    @Override
    public synchronized void executePassive(){
      dataLogger.add(sensor.getTemperatur(), info);
    }
}
```

Die Klasse SchedulerTemperatur

Die Klasse `SchedulerTemperatur` realisiert die Zweipunktregelung der Heizung, die mit einem Zeitintervall von 60 Sekunden arbeitet. In dieser Klasse wird also die aktuelle Temperatur erfragt und das Relais angesteuert.

Die Liste der `commandString`-Objekte, die an `SchedulerTemperatur` übergeben werden, kommen direkt von dem Client und bestimmen somit die Zeiträume für die aktiven und passiven Intervalle. Immer wenn `executeActive` aufgerufen wird, befindet sich die Steuerung im Tagbetrieb, und wenn `executePassive` aufgerufen wird, im Nachtbetrieb. Schauen Sie sich dazu im Listing die Implementierung der Methoden `executeActive` und `executePassive` an, um die Regelung zu verstehen. Beachten Sie besonders die Verwendung der Variablen `tempDiv`, durch die die sogenannte Hysterese realisiert wird.

Mit der Methode `getTemperatur` können Sie die aktuelle Temperatur erfragen. Zuvor muss die Temperatur aber mit der Methode `readTemperatur` berechnet werden.

```
package raspi.projekte.kap13;

import raspi.schedule.Scheduler;
import com.pi4j.io.gpio.GpioPinDigitalOutput;
public class SchedulerTemperatur extends Scheduler{
  private double tempTag;
  private double tempNacht;
  private double tempDiv;
  private Sensor sensor;
  private GpioPinDigitalOutput relais;
  public SchedulerTemperatur(long loop, Sensor sensor,
                                GpioPinDigitalOutput relais)
  {
    super(loop);
    this.sensor = sensor;
    tempTag = 20.0d;
    tempNacht = 16.0d;
    tempDiv = 0.5d;
    this.relais = relais;
  }
  public synchronized void setTagNacht(double tempTag,
                              double tempNacht){
```

```
    this.tempTag = tempTag;
    this.tempNacht = tempNacht;
  }
  public synchronized double getTag(){
    return tempTag;
  }
  public synchronized double getNacht(){
    return tempNacht;
  }
  @Override
  public synchronized void executeActive(){
    sensor.readTemperatur();
    if(sensor.getTemperatur() > (tempTag+tempDiv)){
      relais.low();
    }
    if(sensor.getTemperatur() < (tempTag-tempDiv)){
      relais.high();
    }
  }
  @Override
  public synchronized void executePassive(){
    sensor.readTemperatur();
    if(sensor.getTemperatur() > (tempNacht+tempDiv)){
      relais.low();
    }
    if(sensor.getTemperatur() < (tempNacht-tempDiv)){
      relais.high();
    }
  }
  @Override
  public synchronized void executeDisabled(){
    sensor.readTemperatur();
    relais.low();
  }
}
```

13.2.4 Die Klasse Sensor

Die Klasse `Sensor` ist wohl die einfachste Klasse in diesem Projekt und liest über den ADC MCP3002 die aktuellen Spannungswerte aus Kanal 0 aus und berechnet daraus die Temperatur. Außerdem dient diese Klasse auch als Daten-Container, der von den beiden Threads `schedulerLogger` und `schedulerTemperatur` benutzt wird.

Schauen Sie sich zunächst die Methode `getTemperatur` an. Sie liefert nur den Inhalt der Variablen `temperatur` zurück. Diese Methode wird von den beiden Threads `SchedulerLogger` und `SchedulerTemperatur` aufgerufen.

Die Methode `readTemperatur` wird nur durch den Thread `SchedulerTemperatur` aufgerufen und liest mit `readChannelInVolt` die Spannung des ADC. Danach wird die Temperatur berechnet und der Wert in die Variable `temperatur` geschrieben.

```
package raspi.projekte.kap13;

import raspi.hardware.spi.MCP3002;
import raspi.hardware.GP2Distance20To150;
import raspi.Tank;

public class Sensor
{
  private MCP3002 adc;
  private double temperatur;
  public Sensor(){
    adc = new MCP3002(MCP3002.CS0, MCP3002.CLOCK1M);
    readTemperatur();
  }
  public synchronized double getTemperatur(){
    return temperatur;
  }
  public synchronized void readTemperatur(){
    double u = adc.readChannelInVolt(0);
    temperatur = (3.396-u)*11.747;
  }
}
```

Der Methode `readTemperatur` sollten Sie besondere Beachtung schenken. Sollten Sie zum Beispiel auf die Idee kommen, die Heizungssteuerung so zu erweitern, dass Sie damit mehrere Heizkörper regeln wollen, so müssen Sie mit `readChannelInVolt` mehrere Kanäle am ADC abfragen. Dies würde ich dann auch immer nur in einem Thread umsetzen. So könnten Sie zum Beispiel in `readTemperatur` auch den zweiten Kanal abfragen und die berechnete Temperatur in eine zweite Variable (`temperatur1`) schreiben, die dann auch über eine eigene Methode (`getTemperatur1`) abgefragt werden kann. Hierdurch gewährleisten Sie, dass ein ADC auch immer nur durch einen zentralen Zugriff angesprochen wird.

Script zum Starten der Anwendung

Script `kap13RaspiHttpServer.sh`

beenden mit Strg+C

13.3 Der Client

Der Client für dieses Projekt ist eine Swing-Anwendung, die über die Klasse `HttpClient` mit dem Server kommuniziert. Da es auf der Oberfläche der Anwendung einige Zeilenstrukturen gibt, die sich wiederholen, wurde eine verallgemeinerte Struktur in einem `JPanel` zusammengefasst und in die Klasse `JTempPanel` ausgelagert. In `JTempPanel` liegen die Eingabefelder für die Von- und Bis-Zeit eines Tages und die entsprechende Beschriftung der Felder.

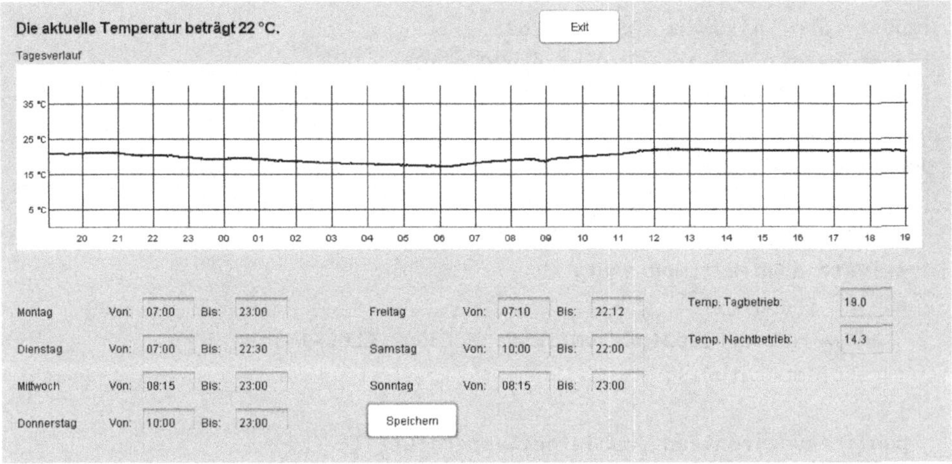

Abb. 13.4: Client der Heizungssteuerung

Diese Kombination von Feldern kann in der Swing-Anwendung als eine Komponente eingefügt werden, die entsprechend parametrisiert ist. Neben der reinen Zusammenfassung von Swing-Komponenten wird in dieser Klasse aber auch eine Eingabe-Validierung durchgeführt. Außerdem kann sie aus den eingegebenen Daten einen `commandString` erzeugen.

13.3.1 Die Klasse HttpClient

Der Client übernimmt die Kommunikation mit dem Server und realisiert das Abfragen und Versenden von Daten über das HTTP-Protokoll. Da die Methoden `requestGet` und `requestPost` auch in anderen Projekten benutzt werden können, habe ich diese Methoden in der Klasse `Client` im Package `raspi.webservice` ausgelagert. Die Methode `requestGet` erfragt Daten vom Server über den GET-Befehl und wurde so auch schon in dem vorherigen Projekt eingesetzt. Da die Verwendung des POST-Befehls neu ist, wollen wir ihn uns näher anschauen. Die Methode `requestPost` sendet aber nicht nur Daten zum Server, sondern nimmt auch die Antwort entgegen.

In dem folgenden Programmausschnitt der `requestPost`-Methode wird zuerst der übergebene HTML-String in ein UTF-8-Byte-Array gewandelt und dann eine Http-Verbindung mit dem POST-Befehl aufgebaut.

```
public StringBuilder requestPost(String htmlString){
  StringBuilder responseStr = new StringBuilder();
  try {
    byte[] response = htmlString.getBytes("UTF-8");
    URL url = new URL(urlStr);
    HttpURLConnection conn = (HttpURLConnection)
                                url.openConnection();
    conn.setDoOutput(true);
    conn.setRequestMethod("POST");
    conn.setRequestProperty("Accept", "text/html");
```

Das Byte-Array wird dann über einen `OutputStream` zum Server übertragen. Den Stream bekommt man dabei über die Instanz der `HttpURLConnection` mit der Methode `getOutputStream`.

```
    OutputStream out = conn.getOutputStream();
    out.write(response);
    out.flush();
```

Wenn der Server nach der Übertragung mit dem `ResponseCode 200` antwortet, wird die Antwort des Servers über einen `InputStream` zum Client übertragen. Hier erhält man den `InputStream` über eine Instanz der Klasse `HttpURLConnection` mit der Methode `getInputStream`. Nach der Erzeugung eines `BufferedReader` können die Daten, die der Server an den Client übertragen hat, zeilenweise eingelesen werden.

Jede gelesene Zeile wird einem `StringBuilder`-Objekt hinzugefügt und bildet so den Rückgabewert der Methode.

```
    if (conn.getResponseCode() != 200) {
      throw new RuntimeException("HTTP Fehler: Error - "
                  + conn.getResponseCode());
    }else{

      BufferedReader br = new BufferedReader(
              new InputStreamReader(conn.getInputStream()));
      String output;
      while ((output = br.readLine()) != null) {
        responseStr.append(output);
      }
      conn.disconnect();
    }
  }catch (MalformedURLException e) {
    e.printStackTrace();
  } catch (IOException e) {
```

```
    e.printStackTrace();
  }
  return responseStr;
}
```

Schauen Sie sich nun die Klasse `HttpClient` aus dem Projekt an, die der Client für die Kommunikation mit dem Server nutzt. Mit den beiden Methoden `executeGetLogTag` und `executeGetSchedule` dieser Klasse werden die reinen Abfragen an den Server gestellt, ohne dass Daten auf dem Server geändert werden.

Die Methode `executeGetLogTag` sendet den Befehl `GetLogTag` an den Server und speichert die Antwort in das private Objekt `listDatePoint`. In `listDatePoint` stehen dann die Temperaturwerte der letzten 24 Stunden.

Die Methode `executeGetSchedule` sendet den Befehl `GetSchedule` an den Server und speichert die Antwort in die privaten Objekte `headerMap` und `listString`. In `headerMap` stehen dann die aktuelle Tag- und Nachttemperatur. Und in `listString` die Zeitintervalle in Form von `commandString`-Objekten.

```
package raspi.projekte.kap13;

import java.io.BufferedReader;
import java.io.IOException;
import java.io.InputStreamReader;
import java.net.HttpURLConnection;
import java.net.MalformedURLException;
import java.net.URL;
import java.util.Map;
import java.util.Set;
import java.util.Map.Entry;
import java.util.HashMap;
import java.util.List;
import java.util.ArrayList;
import java.util.Iterator;
import raspi.webservice.RestUtil;
import raspi.webservice.Client;
import raspi.logger.DiagramDatePoint;

public class HttpClient extends Client{
  private List<DiagramDatePoint> listDatePoint;
  private Map<String, String> headerMap;
  private List<String> listString;

  public HttpClient(String urlStr){
    super(urlStr);
```

```
    }
    public void executeGetLogTag(){
      StringBuilder htmlString =
                            requestGet(HttpHandlerHeizung.GETLOGTAG);
      listDatePoint =
           RestUtil.getDiagramDatePointList(htmlString.toString());
    }
    public void executeGetSchedule(){
      String htmlString =
             requestGet(HttpHandlerHeizung.GETSCHEDULE).toString();
         headerMap = RestUtil.getHeaderMap(htmlString);
         listString = RestUtil.getList(htmlString);
    }
```

Mit den Methoden getDiagramDatePoints, getListStrings und getHeaderMap können die privaten Objekte ausgelesen werden.

```
    public List<DiagramDatePoint> getDiagramDatePoints(){
      return listDatePoint;
    }
    public List<String> getListStrings(){
      return listString;
    }
    public Map<String, String> getHeaderMap(){
      return headerMap;
    }
```

Zum Schluss bleibt dann noch die Methode executePostSchedule. Mit dieser Methode werden die Tagtemperatur, Nachttemperatur und die Zeitintervalle zum Server übertragen. Als Antwort erfolgt vom Server ein Echo der gesendeten Daten. Der Server schickt also die gleichen Daten als Antwort an den Client zurück.

```
    public void executePostSchedule(Double tempTag,
                         Double tempNacht, List<String> datalist){
      Map<String, String> headerMap1 = new HashMap();
      StringBuilder htmlString = new StringBuilder();
      headerMap1.put(HttpHandlerHeizung.BEFEHL,
                                 HttpHandlerHeizung.POSTSCHEDULE);
      headerMap1.put(HttpHandlerHeizung.TEMPTAG,
                                 tempTag.toString());
      headerMap1.put(HttpHandlerHeizung.TEMPNACHT,
                                 tempNacht.toString());
      headerMap1.put(HttpHandlerHeizung.GPIOPORT,
```

```
                              HttpHandlerHeizung.GPIO01);
    //Die erzeugten Daten werden als HTML-Struktur in htmlString
    //geschrieben.
    RestUtil.createTablesFromList(headerMap1, datalist,
                                                htmlString);
    //requestPost sendet htmlString und gibt die Antwort an
    //htmlStringResponse zurück.
    String htmlStringResponse =
                  requestPost(htmlString.toString()).toString();
    headerMap = RestUtil.getHeaderMap(htmlStringResponse);
    listString = RestUtil.getList(htmlStringResponse);
  }
}
```

13.3.2 Die Klasse JTempPanel

In der Klasse `JTempPanel` werden die beiden Eingabefelder für die Von- und Bis-Zeit und ihre Beschriftung zusammengefasst. Alle angezeigten Swing-Komponenten wurden dazu in ein `JPanel` gelegt. `JTempPanel` erweitert also die Klasse `JPanel` und legt alle Komponenten in den eigenen Kontext.

Dem Konstruktor der Klasse `JTempPanel` muss ein `LayoutManager` und eine Zeichenkette, durch die auf dem `JPanel` der Wochentag angezeigt wird, übergeben werden. Mit der Methode `super(layout)` wird der `LayoutManager` an den Konstruktor der Elternklasse übergeben. Danach erfolgt im Konstruktor nur noch die Initialisierung der anzuzeigenden Komponenten.

```
package raspi.projekte.kap13;

import java.awt.*;
import javax.swing.*;
import java.text.DateFormat;
import java.text.SimpleDateFormat;
import java.text.ParseException;
import java.util.Date;
import raspi.schedule.ScheduleUtil;

public class JTempPanel extends JPanel {
  private JLabel jLDay;
  private JLabel jLBis;
  private JLabel jLVon;
  private JTextField jTFBis;
  private JTextField jTFVon;
  public static DateFormat timeFormat =
```

```
                                    new SimpleDateFormat("HH:mm");
  public JTempPanel(LayoutManager layout, String titel){
    super(layout);
    setSize(500,400);

    Font fontLabel = new Font(Font.DIALOG,Font.PLAIN,12);
    Color fgCol = new Color(0,0,0);
    Color bgCol = new Color(214,217,223);

    jLDay = new JLabel();
    jLDay.setBounds(0,10,90,35);
    jLDay.setBackground(bgCol);
    jLDay.setForeground(fgCol);
    jLDay.setEnabled(true);
    jLDay.setFont(fontLabel);
    jLDay.setText(titel);
    jLDay.setVisible(true);

    jLVon = new JLabel();
    jLVon.setBounds(100,10,40,35);
    jLVon.setBackground(bgCol);
    jLVon.setForeground(fgCol);
    jLVon.setEnabled(true);
    jLVon.setFont(fontLabel);
    jLVon.setText("Von:");
    jLVon.setVisible(true);

    jTFVon = new JTextField();
    jTFVon.setBounds(135,10,60,35);
    jTFVon.setBackground(bgCol);
    jTFVon.setForeground(fgCol);
    jTFVon.setEnabled(true);
    jTFVon.setFont(fontLabel);
    jTFVon.setText("10:00");
    jTFVon.setVisible(true);

    jLBis = new JLabel();
    jLBis.setBounds(200,10,40,35);
    jLBis.setBackground(bgCol);
    jLBis.setForeground(fgCol);
    jLBis.setEnabled(true);
    jLBis.setFont(fontLabel);
```

```
    jLBis.setText("Bis:");
    jLBis.setVisible(true);

    jTFBis = new JTextField();
    jTFBis.setBounds(235,10,60,35);
    jTFBis.setBackground(bgCol);
    jTFBis.setForeground(fgCol);
    jTFBis.setEnabled(true);
    jTFBis.setFont(fontLabel);
    jTFBis.setText("23:30");
    jTFBis.setVisible(true);

    this.add(jLDay);
    this.add(jLBis);
    this.add(jLVon);
    this.add(jTFBis);
    this.add(jTFVon);
  }
```

Wenn Sie im Client Änderungen speichern, werden die Daten zum Server übertragen und der Server antwortet mit den gleichen Daten. Neben den Temperaturen wird dann auch das Zeitintervall für jeden Wochentag als `commandString` an den Client gesendet. Mit der Methode `setTimeInterval` wird dieses Intervall dann direkt in die Eingabefelder geschrieben. Hierdurch haben Sie die direkte Kontrolle über die verarbeiteten Daten. Steht nach dem Speichern in den Von-/Bis-Feldern etwas anderes als der vorher eingetragene Wert, hat bei der Übertragung etwas nicht einwandfrei funktioniert.

```
  public void setTimeInterval(String command){
    jTFVon.setText(ScheduleUtil.getFromTime(command));
    jTFBis.setText(ScheduleUtil.getToTime(command));
  }
```

Mit der Methode `getCommandString` wird aus den Eingabefeldern ein `commandString` erzeugt und zurückgegeben. Mit dem Parameter `days` wird der Teil eines `commandString` übergeben, der die entsprechenden Wochentage aktiviert. Dies sehen wir uns aber beim Aufruf der Methode `getCommandString` in der Klasse `Gui` an.

```
  public String getCommandString(String days){
    String retVal = "";
    try{
      StringBuilder startTime =  new StringBuilder();
      startTime.append(jTFVon.getText().substring(0,2));
      startTime.append(jTFVon.getText().substring(3,5));
```

```
      startTime.append("00");
      StringBuilder stopTime =  new StringBuilder();
      stopTime.append(jTFBis.getText().substring(0,2));
      stopTime.append(jTFBis.getText().substring(3,5));
      stopTime.append("00");
      retVal = ScheduleUtil.startFromTo(startTime.toString(),
                                  stopTime.toString(), days);
    }catch(ParseException pex){
      return "";
    }
    return retVal;
  }
```

Zum Schluss stellt `JTempPanel` dann noch zwei Methoden zur Validierung der eingegebenen Daten bereit.

```
  public String getPanelText(){
    return String.format(
   "Falsches Format oder Intervall: %n%1$s: Von: %2$s Bis: %3$s",
    jLDay.getText(), jTFVon.getText(), jTFBis.getText());
  }
  public boolean isValid(){
    boolean retVal = true;
    Date dVon = new Date();
    Date dBis = new Date();
    try{
      if(jTFVon != null){
        String wert =   jTFVon.getText();
        if(wert != null && !wert.isEmpty()){
          dVon = timeFormat.parse(wert);
        }
      }
      if(jTFBis != null){
        String wert =   jTFBis.getText();
        if(wert != null && !wert.isEmpty()){
          dBis = timeFormat.parse(wert);
          }
        }
      }catch(ParseException pex){
        retVal = false;
      }
      if(!dVon.before(dBis)){
```

```
        return false;
      }
      return retVal;
  }
}
```

13.3.3 Die Klasse Gui

Die Klasse Gui stellt die eigentliche Swing-Anwendung dar und besitzt nicht allzu viel Verarbeitungslogik. Diese wurde ja in die Klassen HttpClient und JTempPanel ausgelagert.

Um zu sehen, welche Komponenten auf der Oberfläche zur Verfügung stehen, schauen Sie sich den ersten Teil der Klasse Gui an. Hier finden Sie die Deklaration der folgenden Swing-Komponenten: JLabel, JTextField, JButton, JTempPanel und JDiagram. Von der Komponente JTempPanel werden sieben Objekte deklariert. Nämlich für jeden Wochentag eine.

```
package raspi.projekte.kap13;

import javax.swing.UIManager.LookAndFeelInfo;
import java.awt.*;
import java.awt.event.ActionEvent;
import java.awt.event.ActionListener;
import javax.swing.border.Border;
import javax.swing.*;
import raspi.logger.JDiagram;
import raspi.logger.DiagramDatePoint;
import raspi.schedule.ScheduleUtil;
import java.util.Calendar;
import java.util.GregorianCalendar;
import java.util.List;
import java.util.Map;
import java.util.ArrayList;
import java.util.List;
import java.util.Iterator;
import java.util.Locale;

public class Gui extends JFrame {
  private JLabel lTagesverlauf;
  private JLabel lTitel;
  private JLabel lTempTag;
  private JLabel lTempNacht;
  private JTextField jTFTag;
  private JTextField jTFNacht;
  private JDiagram diagram1;
```

```
private JTempPanel tempPanelMo;
private JTempPanel tempPanelDi;
private JTempPanel tempPanelMi;
private JTempPanel tempPanelDo;
private JTempPanel tempPanelFr;
private JTempPanel tempPanelSa;
private JTempPanel tempPanelSo;
private JButton bExit;
private JButton bSend;
private List listTag;
private HttpClient httpClient;
private Calendar calStopp;
private int yPos;
private int yPosTempTag;
private int yPosTempNacht;
private int wDiag;
private int wTempPanel;
```

Beim Start der Anwendung sollen alle eingestellten Zeitintervalle, Temperaturen und die grafische Darstellung des Temperaturverlaufs mit Daten gefüllt werden. Hierzu fordert der Client im Konstruktor der `Gui`-Klasse vom Server mit den Methoden `httpClient.executeGetLogTag()` und `httpClient.executeGetSchedule()` die gewünschten Daten an. Beachten Sie bitte, dass in der URL `localhost` keine konkrete IP-Adresse eingetragen wurde. Der Client kann also erst von einem entfernten Rechner auf den Server zugreifen, wenn Sie hier die IP-Adresse des Raspberry Pi eintragen.

```
public Gui(){
  httpClient = new HttpClient("http://localhost:8080/daten");
  httpClient.executeGetLogTag();
  List<DiagramDatePoint> listTag =
                        httpClient.getDiagramDatePoints();
  httpClient.executeGetSchedule();
  List<String> listSchedule = httpClient.getListStrings();
  Map<String,String> headerMap = httpClient.getHeaderMap();
  double temperatur = 0.0d;
  if(listTag != null && listTag.size() > 0){
    temperatur = ((DiagramDatePoint)listTag.get(
               listTag.size()-1)).getY();
  }
```

Nachdem die Daten vom Server an den Client übertragen worden sind, werden alle Swing-Komponenten initialisiert und die Methode `setValues` aufgerufen, wodurch die übertragenen Daten in die Komponenten geschrieben und damit angezeigt werden können.

```
    calStopp = new GregorianCalendar();
    this.setTitle("Heizungssteuerung");
    this.setSize(520,800);
    this.setLocation(0, 0);
    Color bgCol = new Color(214,217,223);
    Color bgColDia = new Color(255,255,255);
    Color fgCol = new Color(0,0,0);
    Font fontDiag = new Font(Font.DIALOG,Font.PLAIN,10);
    Font fontLabel = new Font(Font.DIALOG,Font.PLAIN,12);
    Font fontTitel = new Font(Font.DIALOG,Font.BOLD,16);

    JPanel contentPane = new JPanel(null);
    contentPane.setPreferredSize(new Dimension(1024,520));
    contentPane.setBackground(bgCol);
    yPos = 10;
    wDiag = 970;
    wTempPanel = 300;

    lTitel = new JLabel();
    lTitel.setBounds(20,yPos,550,40);
    lTitel.setBackground(bgCol);
    lTitel.setForeground(fgCol);
    lTitel.setFont(fontTitel);
    lTitel.setText(String.format(Locale.GERMANY,
                  "Die aktuelle Temperatur beträgt %1$.0f °C.",
                  temperatur));
    lTitel.setVisible(true);

    bExit = new JButton();
    bExit.setBounds(580,yPos,90,40);
    bExit.setBackground(bgCol);
    bExit.setForeground(fgCol);
    bExit.setEnabled(true);
    bExit.setFont(fontLabel);
    bExit.setText("Exit");
    bExit.setVisible(true);
    bExit.addActionListener(new ActionListener() {
      public void actionPerformed(ActionEvent evt) {
          System.exit(0);
      }
    });
```

```
lTagesverlauf = new JLabel();
lTagesverlauf.setBounds(20,yPos=yPos+40,200,20);
lTagesverlauf.setBackground(bgCol);
lTagesverlauf.setForeground(fgCol);
lTagesverlauf.setFont(fontLabel);
lTagesverlauf.setText("Tagesverlauf");
lTagesverlauf.setVisible(true);

diagram1 = new JDiagram();
diagram1.setBorder(BorderFactory.createEmptyBorder());
diagram1.setBounds(20,yPos=yPos+20,wDiag,200);
diagram1.setBackground(bgColDia);
diagram1.setForeground(fgCol);
diagram1.setFont(fontDiag);
 diagram1.setVisible(true);
 diagram1.setXAxisForDateOneDay(calStopp);
 diagram1.setYAxisLinear(
                0.0d, 40.0d, 5.0d, 10.0d, 5.0d, "%1$.0f °C");
diagram1.viewSubgridX(false);
diagram1.viewSubgridY(false);
diagram1.add("Tag", Color.black, listTag);

tempPanelMo = new JTempPanel(null,"Montag");
tempPanelMo.setBounds(20,yPos= yPos + 240,wTempPanel,35);
tempPanelFr = new JTempPanel(null,"Freitag");
tempPanelFr.setBounds(400,yPos,wTempPanel,35);
yPosTempTag = yPos;
tempPanelDi = new JTempPanel(null,"Dienstag");
tempPanelDi.setBounds(20,yPos= yPos + 40,wTempPanel,35);
tempPanelSa = new JTempPanel(null,"Samstag");
tempPanelSa.setBounds(400,yPos,wTempPanel,35);
yPosTempNacht = yPos;
tempPanelMi = new JTempPanel(null,"Mittwoch");
tempPanelMi.setBounds(20,yPos= yPos + 40,wTempPanel,35);
tempPanelSo = new JTempPanel(null,"Sonntag");
tempPanelSo.setBounds(400,yPos,wTempPanel,35);
tempPanelDo = new JTempPanel(null,"Donnerstag");
tempPanelDo.setBounds(20,yPos= yPos + 40,wTempPanel,35);

bSend = new JButton();
bSend.setBounds(395,yPos = yPos + 5,100,40);
bSend.setBackground(bgCol);
```

```
    bSend.setForeground(fgCol);
    bSend.setEnabled(true);
    bSend.setFont(fontLabel);
    bSend.setText("Speichern");
    bSend.setVisible(true);
    bSend.addActionListener(new ActionListener() {
      public void actionPerformed(ActionEvent evt) {
        validateAndSend(evt);
      }
    });

    lTempTag = new JLabel();
    lTempTag.setBounds(740,yPosTempTag,150,35);
    lTempTag.setBackground(bgCol);
    lTempTag.setForeground(fgCol);
    lTempTag.setEnabled(true);
    lTempTag.setFont(fontLabel);
    lTempTag.setText("Temp. Tagbetrieb:");
    lTempTag.setVisible(true);

    jTFTag = new JTextField();
    jTFTag.setBounds(900,yPosTempTag,60,35);
    jTFTag.setBackground(bgCol);
    jTFTag.setForeground(fgCol);
    jTFTag.setEnabled(true);
    jTFTag.setFont(fontLabel);
    jTFTag.setText("20,0");
    jTFTag.setVisible(true);

    lTempNacht = new JLabel();
    lTempNacht.setBounds(740,yPosTempNacht,150,35);
    lTempNacht.setBackground(bgCol);
    lTempNacht.setForeground(fgCol);
    lTempNacht.setEnabled(true);
    lTempNacht.setFont(fontLabel);
    lTempNacht.setText("Temp. Nachtbetrieb:");
    lTempNacht.setVisible(true);

    jTFNacht = new JTextField();
    jTFNacht.setBounds(900,yPosTempNacht,60,35);
    jTFNacht.setBackground(bgCol);
    jTFNacht.setForeground(fgCol);
```

```
    jTFNacht.setEnabled(true);
    jTFNacht.setFont(fontLabel);
    jTFNacht.setText("17,0");
    jTFNacht.setVisible(true);

    contentPane.add(lTagesverlauf);
    contentPane.add(lTitel);
    contentPane.add(diagram1);
    contentPane.add(bExit);
    contentPane.add(tempPanelMo);
    contentPane.add(tempPanelDi);
    contentPane.add(tempPanelMi);
    contentPane.add(tempPanelDo);
    contentPane.add(tempPanelFr);
    contentPane.add(tempPanelSa);
    contentPane.add(tempPanelSo);
    contentPane.add(bSend);
    contentPane.add(jTFTag);
    contentPane.add(jTFNacht);
    contentPane.add(lTempTag);
    contentPane.add(lTempNacht);

    this.add(contentPane);
    this.setDefaultCloseOperation(JFrame.EXIT_ON_CLOSE);
    this.pack();
    this.setVisible(true);

    setValues( headerMap, listSchedule);
  }
```

Beim Anklicken des `JButtons` `bSend` wird die Action-Methode `validateAndSend` aufgerufen, wodurch alle Eingabefelder auf der Oberfläche validiert und dann zum Server übertragen werden sollen.

In der Methode `validateAndSend` wird nacheinander für jede `JTempPanel`-Instanz zur Validierung die Methode `validate` aufgerufen. Bei erfolgreicher Validierung gibt diese Methode `true` zurück und es wird mit `getCommandString` für den entsprechenden Wochentag der `commandString` erfragt und in eine Liste geschrieben. Nachdem so alle Zeitintervalle validiert worden sind, werden mit `validateTemp` die beiden Textfelder für die Tag- und die Nachttemperatur validiert.

```
  private void validateAndSend(ActionEvent evt){
    List<String> list = new ArrayList();
    boolean ok = true;
```

```
if(validate(tempPanelMo)){
  list.add(tempPanelMo.getCommandString("1000000"));
}else{ ok = false; }
if(validate(tempPanelDi)){
  list.add(tempPanelDi.getCommandString("0100000"));
}else{ ok = false; }
if(validate(tempPanelMi)){
  list.add(tempPanelMi.getCommandString("0010000"));
}else{ ok = false; }
if(validate(tempPanelDo)){
  list.add(tempPanelDo.getCommandString("0001000"));
}else{ ok = false; }
  if(validate(tempPanelFr)){
    list.add(tempPanelFr.getCommandString("0000100"));
  }else{ ok = false; }
if(validate(tempPanelSa)){
  list.add(tempPanelSa.getCommandString("0000010"));
}else{ ok = false; }
if(validate(tempPanelSo)){
  list.add(tempPanelSo.getCommandString("0000001"));
}else{ ok = false; }
if(!validateTemp(jTFTag)){ ok = false; }
if(!validateTemp(jTFNacht)){ ok = false; }
```

Wenn es keinen Fehler bei der Validierung der Daten gegeben hat, werden zuerst aus den Eingabefeldern für die Tag- und Nachttemperatur `Double`-Objekte erzeugt. Da wir es aber gewohnt sind, Kommazahlen mit einem Komma und nicht mit einem Punkt zu schreiben, werden Kommas durch einen Punkt ersetzt und der Wert dann in ein `Double`-Objekt gewandelt. Mit `executePostSchedule` werden dann die Temperaturen und die Liste mit den Zeitintervallen zum Server gesendet.

```
if(ok){
  Double tag = new Double(jTFTag.getText().
                             replace(",", "."));
  Double nacht = new Double(jTFNacht.getText().
                             replace(",", "."));
  httpClient.executePostSchedule(tag, nacht, list);
```

Die vom Server empfangenen Daten werden in `headerMap` und `retList` gespeichert. Wenn in `headerMap` keine Fehlermeldung steht, werden die empfangenen Daten mit `setValues` in die Oberfläche geschrieben und eine Meldung ausgegeben.

Die Ausgabe der Meldung erfolgt über die `JoptionPane.showMessageDialog`-Komponente und ist ein ganz einfacher Ausgabedialog. Dieser einfache Dialog benötigt vier Parameter.

Der erste Parameter gibt die Komponente an, an die der Dialog gebunden werden soll. In unserem Falle soll diese Komponente das Hauptfenster des Clients sein und wird deshalb auf `this` gesetzt. Mit dem zweiten Parameter wird der anzuzeigende Text und mit dem dritten Parameter der Titel des Dialogfensters übergeben. Mit dem vierten Parameter wird die Anzeige festgelegt, die hier mit `PLAIN_MESSAGE` nur Text anzeigt.

```
      Map<String,String> headerMap = httpClient.getHeaderMap();
      List<String> retList = httpClient.getListStrings();
      if(headerMap.get(HttpHandlerHeizung.ERROR) == null){
        setValues( headerMap, retList);
        JOptionPane.showMessageDialog(this,
              "Daten wurden erfolgreich übertragen.", "",
        JOptionPane.PLAIN_MESSAGE);
      }
    }
  }
```

Wie oben schon erwähnt, schreibt die Methode `setValues` die an sie übergebenen Daten in die Oberfläche. Hierzu liest sie aus dem Übergabeparameter `headerMap` die Tag- und Nachttemperatur und schreibt diese in `jTFTag` und `jTFNacht`.

Aus der übergebenen Liste `retList` werden in einer Schleife die `commandString`-Objekte ausgelesen und mithilfe der Klasse `ScheduleUtil` wird geprüft, für welchen Wochentag das aktuelle `commandString`-Objekt bestimmt ist; sie schreibt dieses dann in die entsprechende `JTempPanel`-Instanz.

```
  private void setValues( Map<String, String> headerMap,
                                    List<String> retList){
    Double tag = new
             Double(headerMap.get(HttpHandlerHeizung.TEMPTAG));
    jTFTag.setText(tag.toString());
    Double nacht = new
           Double(headerMap.get(HttpHandlerHeizung.TEMPNACHT));
    jTFNacht.setText(nacht.toString());
    Iterator<String> it = retList.iterator();
    while(it.hasNext()){
      String command = it.next();
      if(ScheduleUtil.isMonday(command)){
        tempPanelMo.setTimeInterval(command);
      }
      if(ScheduleUtil.isTuesday(command)){
        tempPanelDi.setTimeInterval(command);
      }
      if(ScheduleUtil.isWednesday(command)){
```

```
        tempPanelMi.setTimeInterval(command);
      }
      if(ScheduleUtil.isThursday(command)){
        tempPanelDo.setTimeInterval(command);
      }
      if(ScheduleUtil.isFriday(command)){
        tempPanelFr.setTimeInterval(command);
      }
      if(ScheduleUtil.isSaturday(command)){
        tempPanelSa.setTimeInterval(command);
      }
      if(ScheduleUtil.isSunday(command)){
        tempPanelSo.setTimeInterval(command);
      }
    }
  }
```

Mit `validateTemp` wird ein Eingabefeld auf eine Kommazahl hin validiert. Die Validierung erfolgt durch das Erzeugen eines `Double`-Objekts. Tritt dabei eine `NumberFormatException` auf, wird eine Fehlermeldung ausgegeben und die Methode gibt den Wert `false` zurück.

```
  private boolean validateTemp(JTextField textField){
    boolean retVal = true;
    try{
      Double temp = new Double(textField.getText().
                                     replace(",", "."));
    }catch(NumberFormatException nex){
      JOptionPane.showMessageDialog(this, "Formatfehler: " +
              textField.getText(), "Fehler Temperaturangabe!",
              JOptionPane.PLAIN_MESSAGE);
      retVal = false;
    }
    return retVal;
  }
```

Die Methode `validate` ruft die Validierung von `JTempPanel` auf und gibt im Fehlerfall eine Meldung aus, die durch die Komponente `JTempPanel` erzeugt wird.

```
  private boolean validate(JTempPanel tempPanel){
    if(!tempPanel.isValid()){
     JOptionPane.showMessageDialog(this,
                  tempPanel.getPanelText(), "Fehler!",
```

```
                        JOptionPane.PLAIN_MESSAGE);
      return false;
    }
    return true;
  }

  public static void main(String[] args){
    System.setProperty("swing.defaultlaf",
            "com.sun.java.swing.plaf.nimbus.NimbusLookAndFeel");
    javax.swing.SwingUtilities.invokeLater(new Runnable() {
         public void run() {new Gui(); }});
  }
}
```

Script zum Starten der Anwendung

Script `kap13Gui.sh`

Kapitel 14

Eine Zeitschaltuhr

Wie Sie aus früheren Kapiteln schon wissen, kann man mit dem Raspberry Pi sehr einfach Relais über die GPIO-Ports ansteuern. Und wenn Sie den Raspberry Pi schon in Ihrem Heimnetzwerk integriert haben, können Sie eine Zeitschaltuhr bauen, die Sie von fast jedem Gerät in Ihrem Netzwerk einstellen können. Wenn dann alles praxistauglich in einem Gehäuse untergebracht wird und Sie den Raspberry Pi von einem Tablet oder PC ansprechen können, werden Sie bestimmt einige sinnvolle Anwendungen für die Zeitschaltuhr finden.

14.1 Die Schaltung

Da es eine ganze Reihe von Relais-Boards gibt, die mehr als nur ein Relais besitzen, soll hier die Möglichkeit geschaffen werden, von einer Swing-Anwendung aus mehrere GPIO-Ports einzustellen. Außerdem sollen die Schaltung und das Programm möglichst einfach auf größere Relais-Boards als das hier verwendete erweitert werden können.

Wenn Sie sich die Schaltung in Abbildung 14.1 anschauen, sehen Sie, dass das SainSmart-Relais-Board über die Darlingtonstufe ULN2803A angesteuert wird. Da der ULN2803A acht Darlington-Arrays besitzt, können Sie auch ein Relais-Board mit 8 Relais ansteuern. Reicht das immer noch nicht aus, nehmen Sie noch einen ULN2803A dazu. Und wenn der Raspberry Pi Modell B für Sie zu wenige GPIO-Ports hat, können Sie immer noch auf das Modell B+ oder den Raspberry Pi 2 Modell B wechseln. Auch wenn Sie bei diesen Modellen mehr Ports zur Verfügung haben, bleiben das Schaltungsprinzip und die Programmlogik gleich.

14.2 Das Programmkonzept

Die Zeitschaltuhr besteht wieder aus einem Client und einem Server. Der Server hat nun die Aufgabe, für jeden GPIO-Port und somit für jedes anzusteuernde Relais eine Instanz der Klasse `SchedulerPort` zu erzeugen und zu starten. Er kann immer für einen Port eine Liste von `commandString`-Objekten entgegennehmen und an die entsprechende Instanz der `SchedulerPort`-Klasse weitergeben. Außerdem kann er für einen Port die Liste mit den `commandString`-Objekten von der `SchedulerPort`-Klasse erfragen und an den Client senden.

Klasse	Erklärung
`RaspiHttpServer`	Initialisierung und Start des HTTP-Servers
`HttpHandlerZeitschaltuhr`	HTTP-Handler, der die Anfragen verarbeitet und die empfangenen Daten an die Scheduler-Klassen übergibt oder ausliest und an den Client sendet
`SchedulerPort`	Verarbeitet die Listen mit den Zeitintervallen und steuert damit das Ein- und Ausschalten der Relais

Tabelle 14.1: Übersicht über die verwendeten Server-Klassen

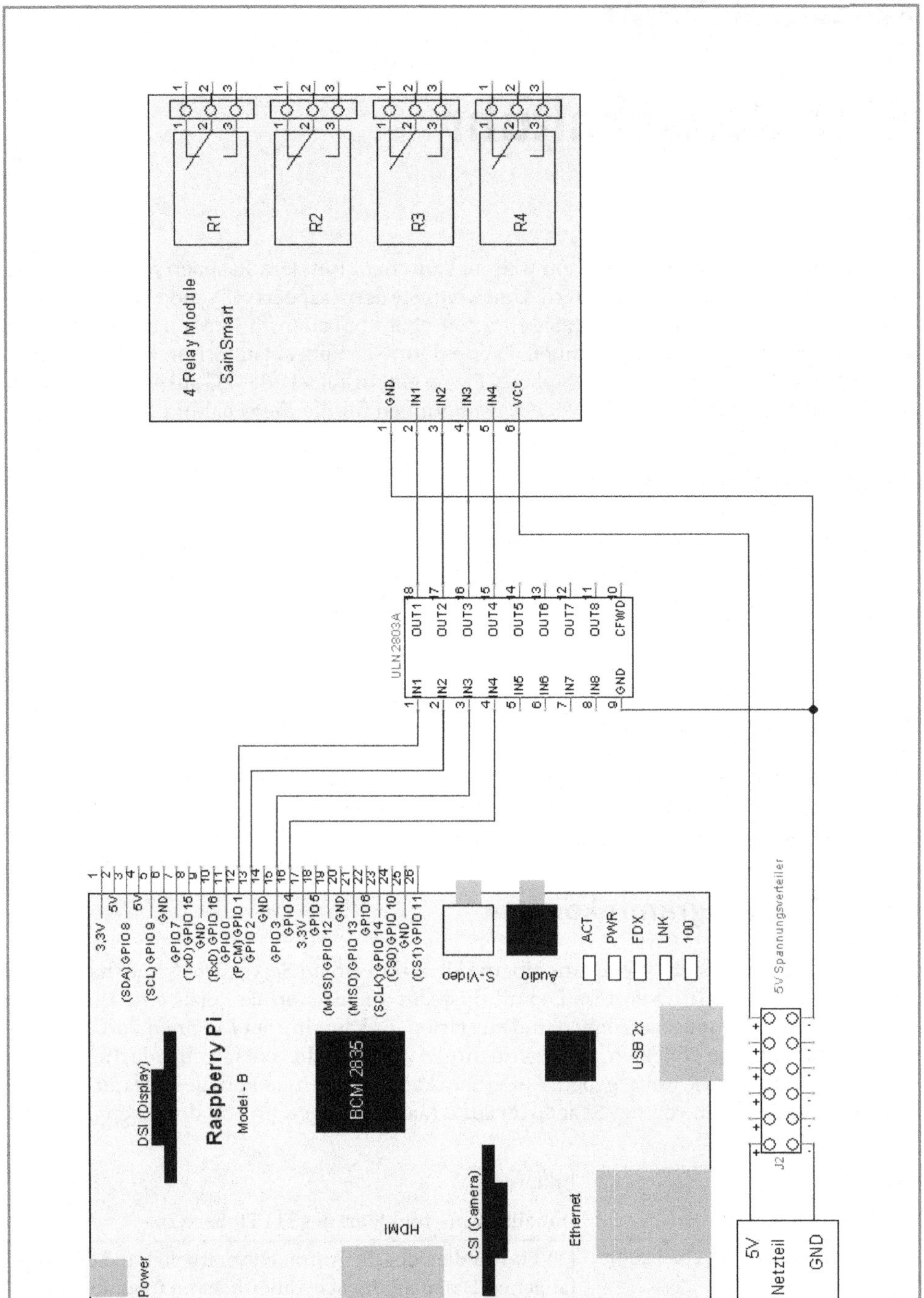

Abb. 14.1: Die Zeitschaltuhr mit vier Relais

Wenn Sie sich noch mal den Client der Heizungssteuerung anschauen, so konnten Sie dort für jeden Tag ein Zeitintervall angeben. Dies reicht meist auch für eine Heizungssteuerung aus. Für die Zeitschaltuhr wollen wir hier aber noch einen Schritt weitergehen. So soll es möglich sein, für jeden Tag beliebig viele Zeitintervalle abzulegen. Außerdem soll sich die Oberfläche des Clients nicht ändern, auch wenn Sie die Anzahl der anzusteuernden Ports erweitern möchten. Aus diesem Grunde werden alle verfügbaren Ports in einer Auswahlliste angezeigt, die beliebig erweitert werden kann.

Eine weitere Verbesserung des Clients besteht darin, dass bei seinem Starten eine Property-Datei ausgelesen wird. In dieser Datei können Sie für jeden Port einen sprechenden Namen hinterlegen. Dieser Name wird dann in der Auswahlliste für die Ports angezeigt. Außerdem können Sie in dieser Datei die IP-Adresse, den Port und den Kontextpfad des Servers eintragen. Diese Parameter wurden im vorherigen Projekt noch im Quellcode hinterlegt. Der Zugriff auf die Property-Datei wird durch die Klasse `ZeitschaltuhrProperties` bereitgestellt. Einen ersten Überblick über die Klassen des Clients habe ich in der folgenden Tabelle dargestellt.

Klasse	Erklärung
`GuiUtil`	Hilfsklasse zur Formatierung und Umwandlung von Zeichenketten
`ZeitschaltuhrProperties`	Liest und setzt Attribute der Anwendung aus einer Datei
`HttpClient`	Übernimmt clientseitig die Kommunikation zwischen Client und Server
`Gui`	Swing-Anwendung

Tabelle 14.2: Übersicht über die verwendeten Client-Klassen

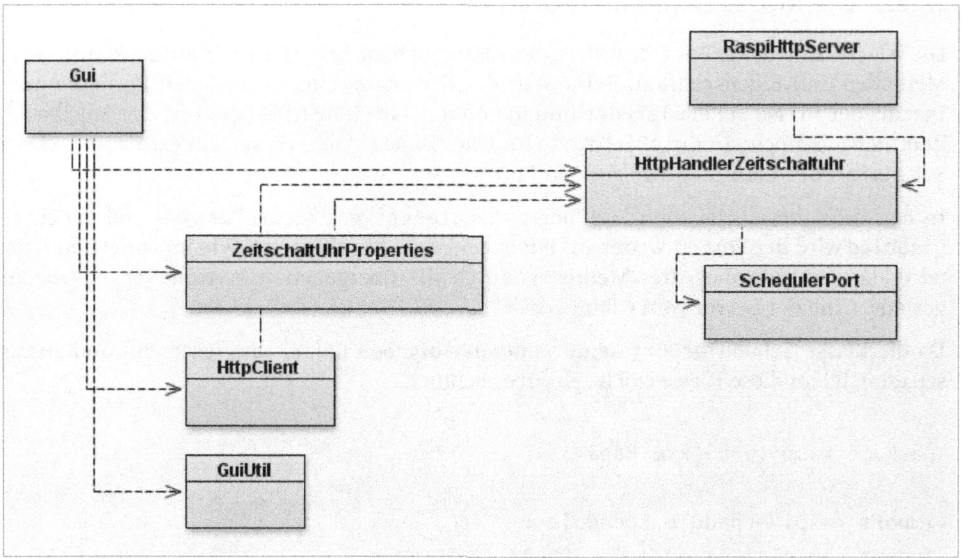

Abb. 14.2: Das Klassendiagramm der Anwendung

Wenn Sie sich die Klassen der Zeitschaltuhr im Klassendiagramm in Abbildung 14.2 anschauen, sehen Sie, dass es zwischen einigen Klassen des Clients und des Servers Abhängigkeiten gibt, die im Diagramm durch gestrichelte Linien dargestellt werden. Diese beruhen aber nur darauf, dass in der Klasse `HttpHandlerZeitschaltuhr` Konstanten definiert und in einigen Client-Klassen benutzt werden. Ansonsten handelt es sich um zwei vollkommen voneinander getrennte Anwendungen, die Sie auf verschiedenen Rechnern laufen lassen können. Den Server natürlich nur auf einem Raspberry Pi.

14.2.1 Die Klasse RaspiHttpServer

Die Klasse `RaspiHttpServer` ist die Startklasse des Servers und erzeugt eine Instanz der Klasse `Server`, der im Konstruktor ein `HttpHandlerZeitschaltuhr`-Objekt übergeben wird. Die Änderung des Kontextpfads und der Portnummer können wie bei den beiden vorherigen Projekten durch die Kommandozeilenparameter im Startscript vorgenommen werden.

```
package raspi.projekte.kap14;

import raspi.webservice.Server;
public class RaspiHttpServer
{
  public static void main(String[] args)throws Exception{
    new Server(args, new HttpHandlerZeitschaltuhr());
  }
}
```

14.2.2 Die Klasse SchedulerPort

Die Klasse `SchedulerPort` erweitert die Klasse `Scheduler` und übernimmt somit deren Methoden und Eigenschaften. Beim Start des Servers erzeugt er für jeden Port eine neue Instanz der Klasse `SchedulerPort` und übergibt ihr im Konstruktor neben der Angabe des Zeitintervalls noch ein `GpioPinDigitalOutput`-Objekt. Über dieses Objekt hat die Klasse `SchedulerPort` dann Zugriffe auf den Port.

In den drei überschriebenen Methoden `executeActive`, `executePassive` und `executeDisabled` wird der Port entweder auf High- oder Low-Pegel gesetzt. Wie im vorletzten Kapitel erklärt, werden dies drei Methoden durch die übergebenen `commandString`-Objekte gesteuert, die der Server vom Client erhält.

Da die Klasse `SchedulerPort` keine weiteren Aufgaben hat, als die Ports ein- und auszuschalten, bleibt diese Klasse auch sehr übersichtlich.

```
package raspi.projekte.kap14;

import raspi.schedule.Scheduler;
import com.pi4j.io.gpio.GpioPinDigitalOutput;
```

```
public class SchedulerPort extends Scheduler{
  private GpioPinDigitalOutput port;

  public SchedulerPort(long loop,GpioPinDigitalOutput port){
    super(loop);
    this.port = port;
  }
  @Override
  public synchronized void executeActive(){
    port.high();
  }
  @Override
  public synchronized void executePassive(){
    port.low();
  }
  @Override
  public synchronized void executeDisabled(){
    port.low();
  }
}
```

14.2.3 Die Klasse HttpHandlerZeitschaltuhr

Auf der Serverseite fehlt jetzt nur noch die Klasse `HttpHandlerZeitschaltuhr`, die einen GET- und einen POST-Befehl verarbeiten kann. Mit dem GET-Befehl kann für einen Port die Liste der `commandString`-Objekte abgefragt werden und mit dem POST-Befehl kann so eine Liste für einen Port übergeben werden.

Für die Beispieladresse `localhost` ist in der nächsten Tabelle der GET-Befehl mit allen möglichen Übergabeparametern dargestellt.

Die GET-Befehle der Klasse `HttpHandlerZeitschaltuhr`	
`http://localhost:8080/daten?Befehl=GPIO_01`	Liefert für den Port GPIO 01 die Liste mit den Zeitintervallen.
Dem Parameter `Befehl` können die Ports `GPIO_01`, `GPIO_02`, `GPIO_03` oder `GPIO_04` mitgegeben werden.	

Tabelle 14.3: Parameterbeschreibung der URL

Sehen Sie sich nun die ganze Klasse `HttpHandlerZeitschaltuhr` an.

Im Deklarationsteil der Klasse sehen Sie, dass für jeden Port ein `DataStore`-, `SchedulerPort`- und `GpioPinDigitalOutput`-Objekt angelegt wird. Danach werden eine Reihe von Konstanten definiert, die auch von dem Client genutzt werden.

```
package raspi.projekte.kap14;

import com.sun.net.httpserver.Headers;
import com.sun.net.httpserver.HttpExchange;
import com.sun.net.httpserver.HttpHandler;
import java.io.IOException;
import java.util.List;
import java.util.Iterator;
import java.util.ArrayList;
import java.util.Map;
import java.util.HashMap;
import java.util.Calendar;
import raspi.webservice.RestUtil;
import raspi.webservice.ParameterUtil;
import raspi.webservice.Handler;
import raspi.webservice.DataStore;
import raspi.schedule.ScheduleUtil;

import com.pi4j.io.gpio.GpioPinDigitalOutput;
import com.pi4j.io.gpio.RaspiPin;
import com.pi4j.io.gpio.GpioFactory;
import com.pi4j.io.gpio.GpioController;
import com.pi4j.io.gpio.PinState;
import com.pi4j.io.gpio.PinPullResistance;

public class HttpHandlerZeitschaltuhr extends Handler implements
HttpHandler
{

  final DataStore dataStore1;
  final DataStore dataStore2;
  final DataStore dataStore3;
  final DataStore dataStore4;
  final SchedulerPort schedulerPort1;
  final SchedulerPort schedulerPort2;
  final SchedulerPort schedulerPort3;
  final SchedulerPort schedulerPort4;
  final GpioController gpio = GpioFactory.getInstance();
  final GpioPinDigitalOutput relais1 =
              gpio.provisionDigitalOutputPin(RaspiPin.GPIO_01);
  final GpioPinDigitalOutput relais2 =
```

```
            gpio.provisionDigitalOutputPin(RaspiPin.GPIO_02);
final GpioPinDigitalOutput relais3 =
            gpio.provisionDigitalOutputPin(RaspiPin.GPIO_03);
final GpioPinDigitalOutput relais4 =
            gpio.provisionDigitalOutputPin(RaspiPin.GPIO_04);

public static final String BEFEHL = "Befehl";
public static final String GETSCHEDULE = "GetSchedule";
public static final String POSTSCHEDULE = "PostSchedule";
public static final String GPIOPORT = "GPIO_Port";
public static final String GPIO01 = "GPIO_01";
public static final String GPIO02 = "GPIO_02";
public static final String GPIO03 = "GPIO_03";
public static final String GPIO04 = "GPIO_04";
public static final String ERROR = "Error";

private Map headerMap = new HashMap();
private Map dataMap = new HashMap();
```

Im Konstruktor der Klasse `HttpHandlerZeitschaltuhr` werden zuerst die `Shutdown-Options` für die vier Ports definiert. Beim Beenden des Servers werden demnach alle Ports auf Low-Pegel gesetzt und die Pull-up-Widerstände abgeschaltet. Danach wird für jeden Port ein `DataStore`-Objekt angelegt, in dem die Listen mit den `commandString`-Objekten gespeichert werden. Damit bleiben alle Zeitintervalle auch nach dem Abschalten des Servers erhalten.

Für jeden Port wird eine Instanz der Klasse `SchedulerPort` erzeugt. Hierzu werden den Konstruktoren der Klasse `SchedulerPort` jeweils ein Intervall von 10000 ms und ein `GpioPinDigitalOutput`-Objekt übergeben. Für jeden Port wird demnach alle 10 s die Liste mit den `commandString`-Objekten durchgearbeitet und bestimmt, ob der Port gerade ein- oder ausgeschaltet werden soll.

Damit beim Start des Servers die für jeden Port abgespeicherten Zeitintervalle ausgelesen werden, wird die Methode `initScheduler` für jeden Port aufgerufen. In dieser Methode wird nun für jeden Port das zugehörige `DataStore`-Objekt abgefragt. Wenn schon eine Liste mit `commandString`-Objekten gespeichert wurde, wird diese Liste dem `SchedulerPort`-Objekt übergeben. Wurde keine Liste gefunden, wird `schedulerPort.setEnabled(false)` ausgeführt. Hierdurch wird im `SchedulerPort`-Objekt immer nur die Methode `executeDisabled` aufgerufen und damit bleibt der Port auf Low-Pegel. Dieser Zustand ändert sich erst dann, wenn der Client für diesen Port eine Liste mit Zeitintervallen sendet.

Mit dem Aufruf `schedulerPort.start()` wird der Thread dann gestartet. Für jeden Port läuft das Zeitmanagement also in einem eigenen Thread.

```
public HttpHandlerZeitschaltuhr()throws Exception{
  relais1.setShutdownOptions(true, PinState.LOW,
                                        PinPullResistance.OFF);
  relais2.setShutdownOptions(true, PinState.LOW,
                                        PinPullResistance.OFF);
  relais3.setShutdownOptions(true, PinState.LOW,
                                        PinPullResistance.OFF);
  relais4.setShutdownOptions(true, PinState.LOW,
                                        PinPullResistance.OFF);

  dataStore1 = new DataStore(null,
                                    "DataStoreZeitschaltuhr1.html");
  dataStore2 = new DataStore(null,
                                    "DataStoreZeitschaltuhr2.html");
  dataStore3 = new DataStore(null,
                                     "DataStoreZeitschaltuhr3.html");
  dataStore4 = new DataStore(null,
                                     "DataStoreZeitschaltuhr4.html");

  schedulerPort1 = new SchedulerPort(10000, relais1);
  schedulerPort2 = new SchedulerPort(10000, relais2);
  schedulerPort3 = new SchedulerPort(10000, relais3);
  schedulerPort4 = new SchedulerPort(10000, relais4);

  initScheduler(schedulerPort1, dataStore1, relais1);
  initScheduler(schedulerPort2, dataStore2, relais2);
  initScheduler(schedulerPort3, dataStore3, relais3);
  initScheduler(schedulerPort4, dataStore4, relais4);
}

private void initScheduler(SchedulerPort schedulerPort,
          DataStore dataStore, GpioPinDigitalOutput relais ){
  List list = dataStore.readList();
  if (list == null || list.isEmpty()){
    list = new ArrayList();
    schedulerPort.setEnabled(false);
  }
  schedulerPort.start();
  schedulerPort.setCommandStringList(list);
}
```

Als Nächstes schauen Sie sich die Methode `handle` an, die die Anfragen des Clients bearbeitet. Wenn ein GET-Befehl erkannt wird, liest die Methode `ParameterUtil.getParame-`

`ters` die Übergabeparameter aus und speichert diese in die Map `paraMap`. Aus dieser Map wird dann der übergebene Port ausgelesen und für den gefundenen Port die Methode `createScheduleResponse` aufgerufen. Hierdurch erzeugt der Server die Liste mit den `commandString`-Objekten für den angefragten Port, die dann später an den Client gesendet werden.

Wird ein ungültiger Port übergeben, ruft der Server `createErrorResponse("Unbekannter Port.",responseStr)` auf, wodurch eine Fehlermeldung an den Client erzeugt wird.

Die Methode `createScheduleResponse` und `createErrorResponse` werde ich weiter unten noch erklären.

```
@SuppressWarnings("unchecked")
public void handle(HttpExchange httpExchange) throws
                                            IOException{
  final StringBuilder responseStr = new StringBuilder();
  String befehlStr;
  String portStr;
  String tagStr;
  String nachtStr;
  boolean ok = false;
  List<String> list = null;

  befehlStr = "";
  portStr = "";
  if(isGet(httpExchange)){
    final Map paraMap =
                ParameterUtil.getParameters(httpExchange);
    if(paraMap != null && !paraMap.isEmpty()){
      befehlStr = (String)paraMap.get(BEFEHL);
      if(befehlStr.equals(GPIO01)){
        createScheduleResponse(responseStr,
                              schedulerPort1 ,GPIO01);
      }else if(befehlStr.equals(GPIO02)){
        createScheduleResponse(responseStr,
                              schedulerPort2 ,GPIO02);
      }else if(befehlStr.equals(GPIO03)){
        createScheduleResponse(responseStr,
                              schedulerPort3 ,GPIO03);
      }else if(befehlStr.equals(GPIO04)){
        createScheduleResponse(responseStr,
                              schedulerPort4 ,GPIO04);
      }else{
        createErrorResponse("Unbekannter Port.",responseStr);
```

```
      }
    }
```

Im nächsten Programmausschnitt wird der POST-Befehl verarbeitet.

Da der Client bei diesem Befehl die Daten im Body des Http-Protokolls überträgt, werden diese mit `getBody(httpExchange)` ausgelesen. Da es sich bei den gesendeten Daten wieder um eine HTML-Seite handelt, die eine Tabelle mit dem Namen HEADER und eine Tabelle mit dem Namen DATEN besitzt, wird mit `RestUtil.getHeaderMap` zuerst die HEADER-Tabelle ausgelesen. In dieser Tabelle hat der Client unter dem Schlüssel `GPIOPORT` den Portnamen und unter dem Schlüssel `BEFEHL` den Wert `POSTSCHEDULE` abgelegt. Wenn beide Parameter gefunden wurden, liest die Methode `RestUtil.getList` die DATEN-Tabelle aus der empfangenen HTML-Seite aus. In dieser Tabelle hat der Client alle Zeitintervalle für den aktuellen Port hinterlegt.

Schauen wir uns zuerst den Fall an, dass die Liste mit den Zeitintervallen nicht leer ist. Es wird dann mit `portStr.equals` ermittelt, für welchen Port die Liste sein soll. Dann wird diese Liste der entsprechenden `SchedulerPort`-Instanz übergeben und `schedulerPortX.setEnabled(true)` ausgeführt.

Mit der Methode `createScheduleResponse` erzeugt der Server dann die gleichen Informationen, die der Client gesendet hat und die später als Echo an den Client zurückgesendet werden. Wurde ein Port nicht gefunden, erzeugt der Server mit `createErrorResponse` eine Fehlermeldung für den Client.

```
    }else if(isPost(httpExchange)){
      ok = false;
      try{
        final StringBuilder strBuilder = getBody(httpExchange);
        headerMap = RestUtil.getHeaderMap(strBuilder.toString());
        if(headerMap != null){
          befehlStr = (String)headerMap.get(BEFEHL);
          portStr   = (String)headerMap.get(GPIOPORT);
          if(befehlStr != null && befehlStr.equals(POSTSCHEDULE)
                                && portStr != null){
            list = RestUtil.getList(strBuilder.toString());
            if(list != null && !list.isEmpty()){
              if(portStr.equals(GPIO01)){
                schedulerPort1.setCommandStringList(list);
                schedulerPort1.setEnabled(true);
                createScheduleResponse(
                           responseStr,schedulerPort1 ,GPIO01);
                ok = true;
              }else if(portStr.equals(GPIO02)){
                schedulerPort2.setCommandStringList(list);
                schedulerPort2.setEnabled(true);
```

```
        createScheduleResponse(responseStr,
                                  schedulerPort2 ,GPIO02);
        ok = true;
      }else if(portStr.equals(GPIO03)){
        schedulerPort3.setCommandStringList(list);
        schedulerPort3.setEnabled(true);
        createScheduleResponse(responseStr,
                                 schedulerPort3 ,GPIO03);
        ok = true;
      }else if(portStr.equals(GPIO04)){
        schedulerPort4.setCommandStringList(list);
        schedulerPort4.setEnabled(true);
        createScheduleResponse(responseStr,
                                 schedulerPort4 ,GPIO04);
        ok = true;
      }else{
        createErrorResponse("Unbekannter Port.",
                                       responseStr);
      }
```

Ist die von dem Client übertragene Liste leer, so wird für den angesprochenen Port die Methode `schedulerPortX.setEnabled(false)` aufgerufen. Hierdurch bleibt der Port immer auf Low-Pegel.

```
    }else{
      if(portStr.equals(GPIO01)){
        schedulerPort1.setEnabled(false);
        ok = true;
      }else if(portStr.equals(GPIO02)){
        schedulerPort2.setEnabled(false);
        ok = true;
      }else if(portStr.equals(GPIO03)){
        schedulerPort3.setEnabled(false);
        ok = true;
      }else if(portStr.equals(GPIO04)){
        schedulerPort4.setEnabled(false);
        ok = true;
      }else{
        createErrorResponse("Unbekannter Port.",
                                       responseStr);
      }
      createErrorResponse(
```

```
                                "Keine Zeitsteuerung gefunden. Port
                                 abgeschaltet.",responseStr);
            }
          }else{
            createErrorResponse(
            "Es wurden nicht alle notwendigen Felder gesetzt."
            ,responseStr);
            }
          }else{
            createErrorResponse(
                   "Keine Header-Tabelle gefunden.",responseStr);
          }
        }catch(NullPointerException ex){
          createErrorResponse(
             "Allgemeiner Fehler im Datenformat. ",responseStr);
        }
      }
```

Zum Schluss wird dann mit der Methode `response` der Inhalt aus `responseStr` zum Client gesendet, und wenn kein Fehler aufgetreten ist, wird die Liste mit den `commandString`-Objekten der `DataStore`-Instanz zum Speichern übergeben.

```
      response(responseStr, httpExchange );
      if(ok){
        if(portStr.equals(GPIO01)){
          dataStore1.storeHeaderMapAndList(null, list);
        }else if(portStr.equals(GPIO02)){
          dataStore2.storeHeaderMapAndList(null, list);
        }else if(portStr.equals(GPIO03)){
          dataStore3.storeHeaderMapAndList(null, list);
        }else if(portStr.equals(GPIO04)){
        dataStore4.storeHeaderMapAndList(null, list);
      }
    }
  }
```

In der Klasse `HttpHandlerZeitschaltuhr` befinden sich noch die beiden Methoden `createErrorResponse` und `createScheduleResponse`, die beide eine Antwort für den Client erzeugen können und aus der Methode `handle` aufgerufen werden.

In `createErrorResponse` wird der übergebene Parameter `info`, in dem die Fehlermeldung steht, unter dem Schlüssel `ERROR` in einer Map abgelegt und der Methode `createTablesFromMap` übergeben. Dort wird dann die HTML-Antwort erzeugt und in `responseStr` abgelegt. Diese Antwort besteht dann aus einer HTML-Seite, die eine Tabelle mit dem Namen HEADER enthält.

```
private void createErrorResponse(String info,
                                  final StringBuilder responseStr){
  headerMap = new HashMap();
  headerMap.put(ERROR, info);
  RestUtil.createTablesFromMap(headerMap, null, responseStr);
}
```

Die Methode `createScheduleResponse` erzeugt ebenfalls eine HTML-Seite als Antwort für den Client. Sie erzeugt aber mit `createTablesFromList` eine HTML-Seite mit der Tabelle HEADER, die den Namen des angesprochenen Ports, und der Tabelle DATEN, die die Liste mit den `commandString`-Objekten enthält.

```
private void createScheduleResponse(final StringBuilder
       responseStr, SchedulerPort schedulerPort, String gpio){
  headerMap = new HashMap();
  headerMap.put(BEFEHL,gpio);
  List<String> dataList = schedulerPort.getCommandStringList();
  RestUtil.createTablesFromList(headerMap, dataList,
                                           responseStr);
}
```

Script zum Starten der Anwendung

Script `kap14RaspiHttpServer.sh`

beenden mit [Strg]+[C]

14.3 Der Client

Der Client ist eine Swing-Anwendung, die über das HTTP-Protokoll mit dem Server kommuniziert. Bevor Sie sich die Klassen dazu im Detail anschauen, zeige ich Ihnen die Oberfläche und deren Funktionalität. Schauen Sie sich dazu Abbildung 14.3 an.

Mit der Auswahlliste STECKDOSE wählen Sie den Port aus, zu dem Sie die Zeitintervalle anzeigen oder bearbeiten wollen. Um ein neues Zeitintervall zu definieren, benötigen Sie die Auswahlliste WOCHENTAG und die beiden Eingabefelder VON und BIS.

In Abbildung 14.4 wurde zum Anlegen eines Zeitintervalls in der Auswahlliste STECKDOSE der Wert `Steckdose 4` und aus der Auswahlliste WOCHENTAG der `Donnerstag` ausgewählt. Da die Steckdose 4 donnerstags immer von 07:00 Uhr bis 09:05 Uhr eingeschaltet werden soll, wurden die Zeiten in die VON- und BIS-Felder eingetragen und anschließend der Button ANLEGEN betätigt. Das neue Zeitintervall erscheint dann in der Liste.

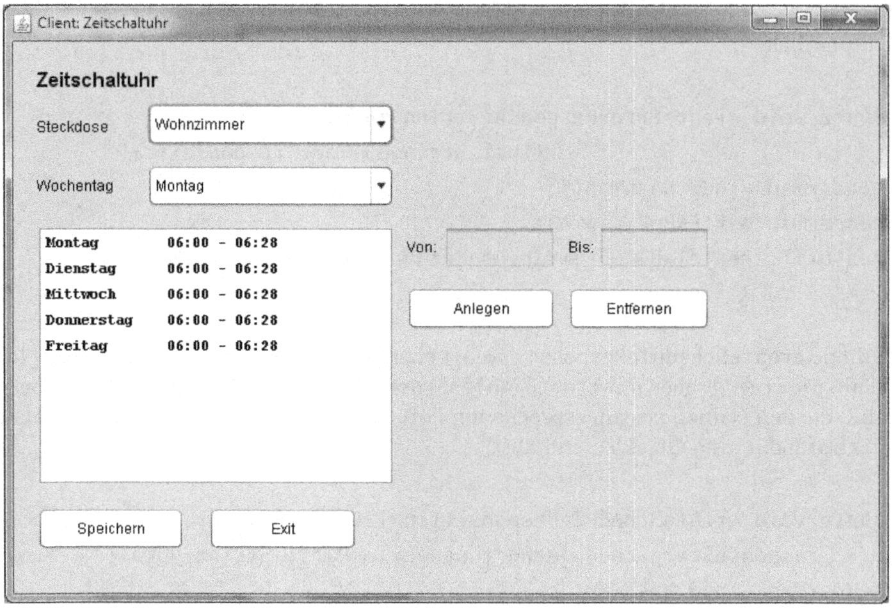

Abb. 14.3: Die Anwendung zum Einstellen der Zeitschaltuhr

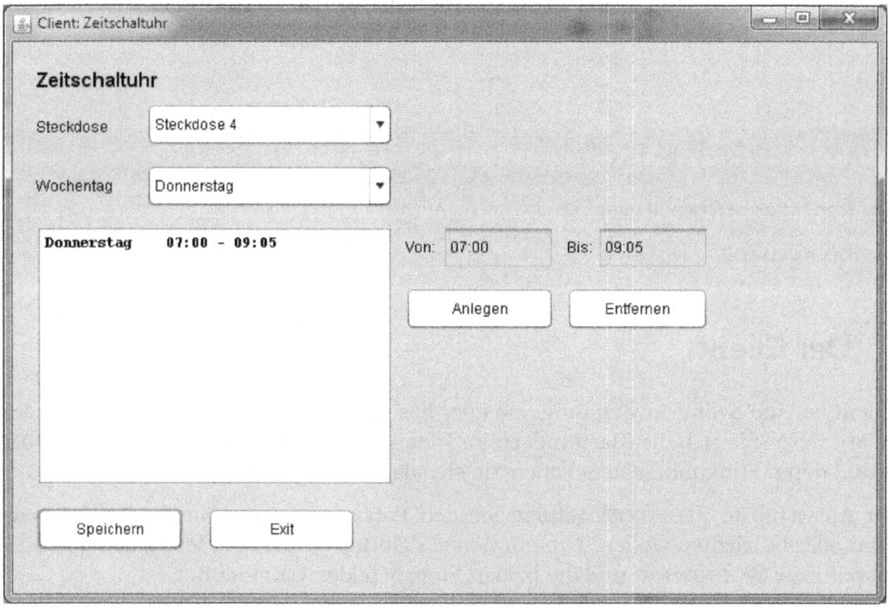

Abb. 14.4: Für die Steckdose 4 wurde ein Zeitintervall angelegt.

Auf diese Weise können Sie für jede Steckdose beziehungsweise jeden Port beliebig viele Zeitintervalle anlegen.

Damit die angezeigten Intervalle zum Server übertragen werden, müssen Sie den Button SPEICHERN betätigen und erhalten nach erfolgreicher Übertragung die Bestätigung `Daten wurden erfolgreich übertragen` angezeigt.

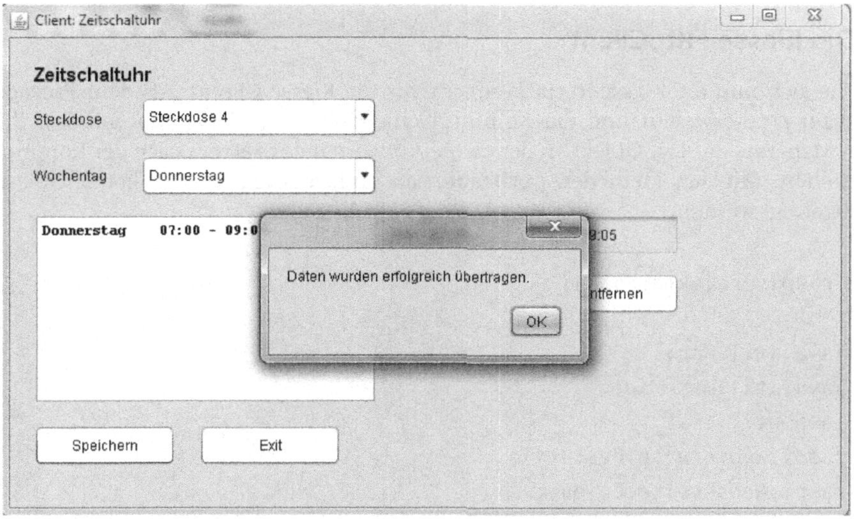

Abb. 14.5: Der Dialog bei erfolgreicher Datenübertragung

Um ein Zeitintervall zu löschen, selektieren Sie es in der Liste und betätigen den Button ENTFERNEN. Das Intervall wird damit aus der Liste entfernt. Damit dies dem Server mitgeteilt wird, betätigen Sie wieder den Button SPEICHERN und erhalten bei erfolgreicher Übertragung eine entsprechende Meldung zurück.

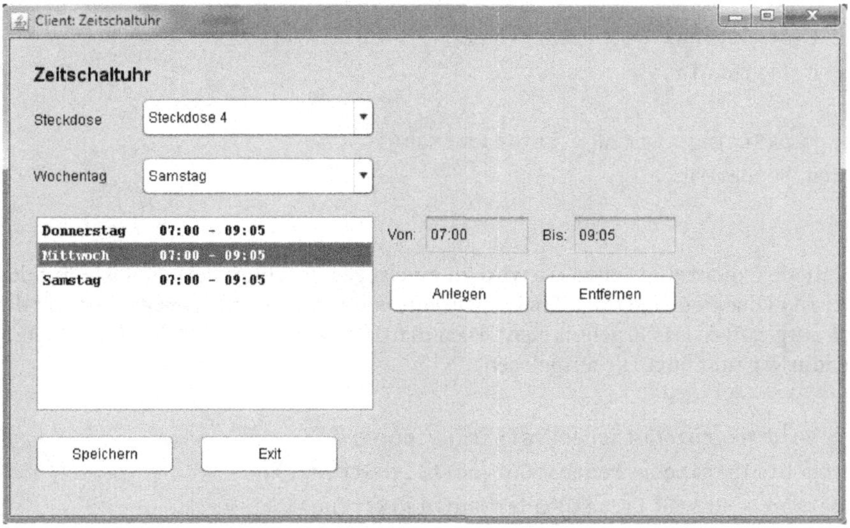

Abb. 14.6: Ein Zeitintervall wird selektiert, damit es gelöscht werden kann.

Die Kommunikation mit dem Server wird immer angestoßen, wenn Sie in der Auswahlliste STECKDOSE einen anderen Wert auswählen oder wenn Sie den Button SPEICHERN aktivieren. Die Kommunikation mit dem Server läuft dabei so schnell, dass Sie keine Wartezeiten wahrnehmen.

14.3.1 Die Klasse HttpClient

Schauen Sie sich nun die Klasse `HttpClient` an, die die Klasse `Client` aus dem Package `raspi.webservice` erweitert und die Kommunikation mit dem Server übernimmt. Sie besitzt ein Map- und ein List-Objekt, in denen die Antworten des Servers nach der Kommunikation stehen. Mit den Methoden `getHeaderMap` und `getListStrings` können diese Objekte abgefragt werden.

```
package raspi.projekte.kap14;

import java.util.Map;
import java.util.HashMap;
import java.util.List;
import raspi.webservice.RestUtil;
import raspi.webservice.Client;

public class HttpClient extends Client{
  private Map<String, String> headerMap;
  private List<String> listString;

  public HttpClient(String urlStr){
    super(urlStr);
  }
  public List<String> getListStrings(){
    return listString;
  }
  public Map<String, String> getHeaderMap(){
    return headerMap;
  }
```

Mit der Methode `executeGetSchedule` wird zu einem gewünschten Port die Liste mit den `commandString`-Objekten abgefragt. Hierzu wird die vererbte Methode `requestGet` mit der Portangabe aufgerufen. Das Ergebnis steht dann in `htmlString` und wird durch die Methoden `getHeaderMap` und `getList` ausgelesen.

```
  public void executeGetSchedule(String port){
    String htmlString = requestGet(port).toString();
    headerMap = RestUtil.getHeaderMap(htmlString);
```

```
        listString = RestUtil.getList(htmlString);
    }
```

Um eine Liste mit commandString-Objekten zum Server zu senden, wird die Methode executePostSchedule aufgerufen. Ihr übergibt man dazu den Port und die Liste mit den Zeitintervallen. Die Portangabe wird unter dem Schlüssel HttpHandlerZeitschaltuhr.GPIOPORT in der Map headerMap1 abgelegt. Außerdem wird in dieser Map auch unter dem Schlüssel HttpHandlerZeitschaltuhr.BEFEHL der Wert HttpHandlerZeitschaltuhr.POSTSCHEDULE hinterlegt.

Die Methode createTablesFromList erzeugt aus headerMap1 und der Liste mit den Zeitintervallen eine HTML-Seite, die wieder zwei Tabellen enthält und in htmlString zurückgegeben wird.

Mit requestPost aus der Elternklasse wird die HTML-Seite zum Server gesendet und erhält als Echo die gleichen Daten vom Server zurück. Die zurückgelieferten Daten werden in der Anwendung angezeigt und zeigen somit die richtige Verarbeitung der Daten an.

```
    public void executePostSchedule(String port,
                                    List<String> datalist){
        Map<String, String> headerMap1 =
                              new HashMap<String, String>();
        StringBuilder htmlString = new StringBuilder();
        headerMap1.put(HttpHandlerZeitschaltuhr.BEFEHL,
                        HttpHandlerZeitschaltuhr.POSTSCHEDULE);
        headerMap1.put(HttpHandlerZeitschaltuhr.GPIOPORT, port);
        RestUtil.createTablesFromList(headerMap1, datalist,
                                                htmlString);
        String htmlStringResponse =
                    requestPost(htmlString.toString()).toString();
        headerMap = RestUtil.getHeaderMap(htmlStringResponse);
        listString = RestUtil.getList(htmlStringResponse);
    }
}
```

14.3.2 Die Klasse ZeitschaltuhrProperties

Damit in einer Anwendung Eigenschaften nicht fest im Programmcode hinterlegt werden müssen, bedient man sich gerne der Property-Dateien. Dort sind Schlüssel/Werte-Paare hinterlegt, die beim Start der Anwendung eingelesen werden. Es besteht auch die Möglichkeit, dass aus der Anwendung heraus in diese Dateien geschrieben wird, um zum Beispiel vom Benutzer veränderte Einstellungen zu speichern.

Wir wollen an dieser Stelle aber nur einen Mechanismus nutzen, bei dem im Programmcode sogenannte Standardwerte vorgegeben werden und mit diesen Werten beim ersten Start der Anwendung eine Property-Datei automatisch angelegt wird. Die so erzeugte Datei kann dann manuell mit den gewünschten Werten geändert werden.

Damit Sie diesen Mechanismus möglichst einfach in eigene Anwendungen integrieren können, habe ich in der Klasse `PropertyService` aus dem Package `raspi.files` den Zugriff und die Erzeugung von Property-Dateien hinterlegt. Damit Sie diese nutzen können, müssen Sie eine Klasse schreiben, die die Klasse `PropertyService` erweitert. In unserem Fall ist das die Klasse `ZeitschaltUhrProperties`, die einen Konstruktor hat, über den der Name der Property-Datei übergeben wird und an den Konstruktor der Elternklasse weitergeleitet wird. Dann muss die Klasse noch die Methode `setDefaultProperties` überschreiben und mit dem Methodenparameter `Properties` die gewünschten Standardwerte als Schlüssel/Werte-Paare definieren. Schauen Sie sich dazu die Aufrufe der Methode `setProperty` im Programmlisting der Klasse `ZeitschaltuhrProperties` an. Dieser Methode wird als erster Parameter der Schlüssel und als zweiter Parameter der Wert übergeben. Die so eingestellten Standardwerte können Sie nach dem ersten Aufruf der Anwendung in der Property-Datei überschreiben.

```
package raspi.projekte.kap14;

import raspi.files.PropertyService;
import java.util.Properties;

public class ZeitschaltUhrProperties extends PropertyService{
  public ZeitschaltUhrProperties(String name){
    super(name);
  }
  @Override
  public void setDefaultProperties(Properties props){
    props.setProperty(HttpHandlerZeitschaltuhr.GPIO01,
                                                "Steckdose 1");
    props.setProperty(HttpHandlerZeitschaltuhr.GPIO02,
                                                "Steckdose 2");
    props.setProperty(HttpHandlerZeitschaltuhr.GPIO03,
                                                "Steckdose 3");
    props.setProperty(HttpHandlerZeitschaltuhr.GPIO04,
                                                "Steckdose 4");
    props.setProperty("IP", "localhost");
    props.setProperty("Port", "8080");
    props.setProperty("Root", "daten");
  }
}
```

14.3.3 Die Klasse GuiUtil

Die Klasse `GuiUtil` ist eine Hilfsklasse und beinhaltet einen Teil der Programmlogik, wie er in der Klasse `Gui` verwendet wird. Sie hat nur die Aufgabe, die Klasse `Gui` etwas übersichtlicher zu gestalten. Sie definiert zum Beispiel das Array, das die Wochentage definiert, und konvertiert Zeitintervalle, wie sie in der Anwendung angezeigt werden, in `commandString`-Objekte.

Schauen Sie sich im folgenden Listing den Konstruktor mit seinen Übergabeparametern an. Dort werden die Eingabefelder für die Von- und die Bis-Zeit und die Auswahlliste für die Wochentage übergeben.

```
package raspi.projekte.kap14;

import raspi.schedule.ScheduleUtil;
import javax.swing.*;
import java.text.ParseException;
import java.awt.*;

public class GuiUtil{
  private String von;
  private String bis;
  private String tag;
  private String commandString;
  private String view;
  private JTextField tBis;
  private JTextField tVon;
  private JComboBox cbTag;

  public static final String[] wochentage =
                {"Montag","Dienstag","Mittwoch","Donnerstag",
                 "Freitag","Samstag","Sonntag"};
  public static final String ausgabeFormat =
                              "%1$-14.14s%2$-6.6s- %3$-6.6s";
  public GuiUtil(JTextField tVon, JTextField tBis,
                                            JComboBox cbTag){
    this.tVon = tVon;
    this.tBis = tBis;
    this.cbTag = cbTag;
  }
  public void setVon(String von){
    this.von = von;
  }
  public String getVon(){
    return von;
  }
  public void setBis(String bis){
    this.bis = bis;
```

```
  }
  public void setTag(String tag){
    this.tag = tag;
  }
  public String getBis(){
    return bis;
}
```

Wenn Sie sich in Abbildung 14.6 den Screenshot der Anwendung anschauen, sehen Sie, dass die Zeitintervalle in einer `JList` angezeigt werden. In dieser Liste steht für ein Intervall immer der Wochentag, die Von-Zeit, ein Bindestrich und die Bis-Zeit. Wird in der Anwendung nun der SPEICHERN-Button aktiviert, wird diese Liste ausgelesen und muss in eine Liste von `commandString`-Objekten umgewandelt werden. Diese Umwandlung wird durch die Methode `getCommandString` vorgenommen. Um diese Arbeitsweise zu verstehen, muss man den Aufbau der `commandString`-Objekte kennen. Diesen habe ich zu Anfang des Buches in Kapitel 5 zu Datum und Uhrzeit erklärt.

Ein an die Methode `getCommandString` übergebenes Listenelement wird zuerst auf den Wochentag hin untersucht. Dabei wird der Anfang der übergebenen Zeichenkette mit den Einträgen des Arrays `wochentage` verglichen. Wurde dann der entsprechende Wochentag gefunden, wird in `days` eine Zeichenkette geschrieben, die im `commandString` dem gefundenen Wochentag entspricht. Für einen Montag wäre dies zum Beispiel die Zeichenkette 1000000.

Anschließend wird aus dem Parameter `listElement` die Von- und Bis-Zeit extrahiert. Der Methode `ScheduleUtil.startFromTo` werden dann die Von- und die Bis-Zeit sowie der Wochentag übergeben und sie erstellt daraus einen gültigen `commandString`.

```
public static String getCommandString(String listElement){
  String retVal = "";
  String days = "";
  if(listElement.startsWith(wochentage[0])){
    days = "1000000";
  }else if(listElement.startsWith(wochentage[1])){
    days = "0100000";
  }else if(listElement.startsWith(wochentage[2])){
    days = "0010000";
  }else if(listElement.startsWith(wochentage[3])){
    days = "0001000";
  }else if(listElement.startsWith(wochentage[4])){
    days = "0000100";
  }else if(listElement.startsWith(wochentage[5])){
    days = "0000010";
  }else if(listElement.startsWith(wochentage[6])){
    days = "0000001";
  }
```

```
    try{
      StringBuilder startTime =  new StringBuilder();
      startTime.append(listElement.substring(14,16));
      startTime.append(listElement.substring(17,19));
      startTime.append("00");
      StringBuilder stopTime =  new StringBuilder();
      stopTime.append(listElement.substring(22,24));
      stopTime.append(listElement.substring(25,27));
      stopTime.append("00");
      retVal = ScheduleUtil.startFromTo(startTime.toString(),
                                      stopTime.toString(), days);
    }catch(ParseException pex){
      return "";
    }
    return retVal;
  }
```

Die Methode `getListElement` erzeugt aus den Benutzereingaben eine definierte Ausgabe für die `JList` und wird immer aufgerufen, wenn Sie in der Anwendung den Button ANLEGEN betätigen. Hierfür benutzt sie die Konstante `ausgabeFormat`, die dafür sorgt, dass die Von- und Bis-Zeit immer an der gleichen Position stehen. Dies ist wichtig, da sonst die Methode `getCommandString` die Einträge aus der Liste nicht richtig verarbeiten kann.

```
  public String getListElement(){
    String tag =  (String)cbTag.getSelectedItem();
    String von = tVon.getText();
    String bis = tBis.getText();
    return String.format(ausgabeFormat, tag, von, bis );
  }
```

Die Methode `getListElement` ist überladen und es gibt sie auch mit einem Übergabeparameter, der ein `commandString`-Objekt entgegennimmt. Diese Variante von `getListElement` wird immer benötigt, wenn der Server eine Liste mit `commandString`-Objekten liefert und diese in der `JList` angezeigt werden sollen. Dies passiert beim Starten der Anwendung und immer, wenn in der Auswahlliste STECKDOSEN eine neue Auswahl getroffen wird.

```
  public static String getListElement(String commandString){
    String tag = "";
    if(ScheduleUtil.isMonday(commandString)){
      tag = wochentage[0];
    }else if(ScheduleUtil.isTuesday(commandString)){
      tag = wochentage[1];
```

```
    }else if(ScheduleUtil.isWednesday(commandString)){
      tag = wochentage[2];
    }else if(ScheduleUtil.isThursday(commandString)){
      tag = wochentage[3];
    }else if(ScheduleUtil.isFriday(commandString)){
      tag = wochentage[4];
    }else if(ScheduleUtil.isSaturday(commandString)){
      tag = wochentage[5];
    }else if(ScheduleUtil.isSunday(commandString)){
      tag = wochentage[6];
    }
    String von = ScheduleUtil.getFromTime(commandString);
    String bis = ScheduleUtil.getToTime(commandString);
    return String.format(ausgabeFormat, tag, von, bis );
  }
```

Da es in dieser Anwendung schon 14 Swing-Komponenten gibt, die positioniert und initialisiert werden müssen, habe ich die Methode `init` geschrieben, um diese Aufgaben zusammenzufassen. Hierdurch verkürzt sich der Programmcode in der Klasse `Gui` und wird übersichtlicher.

```
  public static void init(JComponent jc, int x, int y, int w,
                          int h, Font font, Color fc, Color bc){
    jc.setBounds(x, y, w, h);
    jc.setEnabled(true);
    jc.setVisible(true);
    jc.setFont(font);
    jc.setForeground(fc);
    jc.setBackground(bc);
  }
}
```

14.3.4 Die Klasse Gui

Kommen wir nun zur Swing-Anwendung, die durch die Klasse `Gui` realisiert wird. Für den ersten Überblick schauen Sie sich zuerst den Deklarationsteil der Klasse an. Dort sehen Sie, welche Swing-Komponenten eingesetzt werden.

```
package raspi.projekte.kap14;

import javax.swing.UIManager.LookAndFeelInfo;
import java.awt.*;
import java.awt.event.ActionEvent;
```

```
import java.awt.event.ActionListener;
import javax.swing.*;
import raspi.schedule.ScheduleUtil;
import raspi.gui.ComboBoxService;
import raspi.gui.Validator;
import raspi.files.PropertyService;
import java.util.Properties;
import java.util.List;
import java.util.Map;
import java.util.ArrayList;
import java.util.List;
import java.util.Iterator;

public class Gui extends JFrame {
  private JLabel lTitel;
  private JLabel lAuswahPort;
  private JLabel lTag;
  private JLabel lVon;
  private JLabel lBis;
  private JTextField tBis;
  private JTextField tVon;
  private JButton bExit;
  private JButton bSend;
  private JButton bAnleg;
  private JButton bEntf;
  private JComboBox cbPort;
  private JComboBox cbTag;
  private JList lCommand;
  private JScrollPane scrollPane;
  private DefaultListModel model;
  private List listTag;
  private HttpClient httpClient;
  private GuiUtil guiUtil;
  private ComboBoxService cbService;
  private String gpio;
  private String gpio01;
  private String gpio02;
  private String gpio03;
  private String gpio04;
  private String ip;
  private String port;
  private String root;
```

```
private List<String> listSchedule;
private Map<String, String> headerMap;
```

Da einiges an Programmlogik in andere Klassen ausgelagert wurde, befindet sich der meiste Programmcode im Konstruktor der Klasse `Gui`, den wir uns als Nächstes anschauen wollen.

In der Klasse `ZeitschaltUhrProperties` wurden die wichtigsten Parameter für die Anwendung definiert und Standardwerte zugewiesen. Diese müssen beim Start der Anwendung ausgelesen werden. Hierzu wird zuerst eine Instanz dieser Klasse erzeugt und dabei der Name der Property-Datei festgelegt. Die erzeugte Datei liegt dabei immer im Pfad `user.dir`. Also an der Stelle, von wo unser Programm aufgerufen wurde. Wenn Sie die Anwendung zum ersten Mal starten, wird die Datei `Zeitschaltuhr.properties` mit den Standardwerten erzeugt.

Mit der Methode `getProperty` wird dann durch Übergabe des entsprechenden Schlüssels der zugehörige Wert zurückgegeben und er steht damit der Anwendung zur Verfügung.

```
@SuppressWarnings("unchecked")
public Gui(){
  ZeitschaltUhrProperties pService =
      new ZeitschaltUhrProperties("Zeitschaltuhr.properties");
  Properties props = pService.getProperties();
  gpio01 = props.getProperty(HttpHandlerZeitschaltuhr.GPIO01);
  gpio02 = props.getProperty(HttpHandlerZeitschaltuhr.GPIO02);
  gpio03 = props.getProperty(HttpHandlerZeitschaltuhr.GPIO03);
  gpio04 = props.getProperty(HttpHandlerZeitschaltuhr.GPIO04);
  ip = props.getProperty("IP");
  port = props.getProperty("Port");
  root = props.getProperty("Root");
```

Wenn Sie sich noch mal in Abbildung 14.6 den Screenshot der Anwendung anschauen, sehen Sie in der Auswahlliste STECKDOSEN zum Beispiel den Eintrag STECKDOSE 4. Dieser angezeigte Wert muss aber noch mit dem anzusteuernden Port verbunden werden. Aus diesem Grund muss noch irgendwo eine Zuordnung zwischen dem Anzeigewert und dem Verarbeitungswert stattfinden. Hierzu finden Sie im Package `raspi.gui` die Klasse `ComboBoxService`. Von dieser Klasse wird eine Instanz erzeugt und dann mit der Methode `addItem` der Verarbeitungswert und der zugehörige Anzeigewert übergeben.

In unserem Fall wurden als Verarbeitungswerte die Konstanten aus der Klasse `HttpHandlerZeitschaltuhr` und als Anzeigewerte die aus der Property-Datei gelesenen Einträge verwendet. Diese stehen in den Variablen `gpio01`, `gpio02`, `gpio03` und `gpio04`.

```
  cbService = new ComboBoxService();
  cbService.addItem(HttpHandlerZeitschaltuhr.GPIO01,gpio01);
  cbService.addItem(HttpHandlerZeitschaltuhr.GPIO02,gpio02);
  cbService.addItem(HttpHandlerZeitschaltuhr.GPIO03,gpio03);
  cbService.addItem(HttpHandlerZeitschaltuhr.GPIO04,gpio04);
```

Für die Erzeugung einer `HttpClient`-Instanz werden die aus der Property-Datei eingelesenen Werte für die IP-Adresse, den Port und den Kontextpfad benutzt. Mit der Methode `requestServer` wird dann für den Port GPIO_01 die Liste mit den Zeitintervallen abgefragt. Die Anwendung wird also immer mit den Werten für den Port 1 geöffnet.

```
gpio = HttpHandlerZeitschaltuhr.GPIO01;
httpClient = new HttpClient(
                 "http://" + ip + ":" + port + "/" + root);
requestServer(gpio);
```

Im folgenden Programmauszug folgt dann die Initialisierung der Swing-Komponenten `JLabel`, `JTextField` und der `JComboBox`, die die Wochentage anzeigt. Hierfür wird die schon erläuterte Methode `GuiUtil.init` genutzt.

```
this.setTitle("Client: Zeitschaltuhr");
this.setSize(800,500);
this.setLocation(0, 0);
Color bgCol = new Color(214,217,223);
Color bgColList = new Color(255,255,255);
Color fgCol = new Color(0,0,0);
Font fontDiag = new Font(Font.DIALOG,Font.PLAIN,10);
Font fontLabel = new Font(Font.DIALOG,Font.PLAIN,12);
Font fontTitel = new Font(Font.DIALOG,Font.BOLD,16);
Font fontList = new Font(Font.MONOSPACED,Font.BOLD,12);

JPanel contentPane = new JPanel(null);
contentPane.setPreferredSize(new Dimension(700,450));
contentPane.setBackground(bgCol);

lTitel = new JLabel();
GuiUtil.init(lTitel,20,10,160,40, fontTitel, fgCol, bgCol);
lTitel.setText("Zeitschaltuhr");

lTag = new JLabel();
GuiUtil.init(lTag,20,100,90,35, fontLabel, fgCol, bgCol);
lTag.setText("Wochentag");

lVon = new JLabel();
GuiUtil.init(lVon,320,150,40,35, fontLabel, fgCol, bgCol);
lVon.setText("Von:");

tVon = new JTextField();
GuiUtil.init(tVon,350,150,90,35, fontLabel, fgCol, bgCol);
```

```
tVon.setText("");

lBis = new JLabel();
GuiUtil.init(lBis,450,150,40,35, fontLabel, fgCol, bgCol);
lBis.setText("Bis:");

tBis = new JTextField();
GuiUtil.init(tBis,475,150,90,35, fontLabel, fgCol, bgCol);
tBis.setText("");

lAuswahPort = new JLabel();
GuiUtil.init(lAuswahPort,20,52,90,35, fontLabel,
                                    fgCol, bgCol);
lAuswahPort.setText("Steckdose");

cbTag = new JComboBox(GuiUtil.wochentage);
GuiUtil.init(cbTag,110,100,200,35, fontLabel, fgCol, bgCol);
```

Zur Initialisierung der Auswahlliste STECKDOSEN wird aus ComboBoxService mit getItems die Liste der Anzeigewerte geholt und an den Konstruktor der Klasse JComboBox übergeben. Mit setSelectedItem wird festgelegt, dass die Auswahlliste beim Öffnen der Anwendung mit dem Anzeigewert zu Port 1 dargestellt wird.

Der ActionListener der Auswahlliste fragt das ausgewählte Item der Auswahlliste ab und ermittelt über die Klasse ComboBoxService den zugehörigen Verarbeitungswert mit dem Aufruf cbService.getKey(item). Mit requestServer wird dann für den ausgewählten Port die Liste der Zeitintervalle vom Server erfragt und mit dem Aufruf von setValues werden die erfragten Werte in die Liste, die die Zeitintervalle anzeigt, geladen.

```
cbPort = new JcomboBox(cbService.getItems());
cbPort.setSelectedItem(gpio01);
GuiUtil.init(cbPort,110,50,200,35, fontLabel, fgCol, bgCol);
cbPort.addActionListener(new ActionListener() {
  public void actionPerformed(ActionEvent evt) {
    String item = (String)cbPort.getSelectedItem();
    gpio = cbService.getKey(item);
    requestServer(gpio);
    setValues();
  }
});
```

Im nächsten Programmausschnitt wird zuerst eine Instanz der Klasse GuiUtil erzeugt. Dabei werden dem Konstruktor die Eingabekomponenten der Von-Zeit, Bis-Zeit und der Auswahlliste für die Wochentage übergeben. Diese benötigt die Klasse GuiUtil, weil sie für die Ausführung der Methoden `getListElement` den direkten Zugriff auf die Eingabekomponenten benötigt.

Danach wird die Liste für die Zeitintervalle initialisiert und einer `JScrollPane` übergeben. Hierdurch können beliebig viele Intervalle in der Liste angezeigt werden. Die Scroll-Balken erscheinen aber erst dann, wenn die Anzahl der Einträge in der Liste so groß ist, dass sie nicht mehr ganz dargestellt werden können.

Da zur Laufzeit in die `JList` Werte hinzugefügt und daraus herausgenommen werden sollen, muss der `JList`-Instanz ein Modell übergeben werden, das diese Funktionalität bereitstellt. Die Java-Bibliothek definiert verschiedene Modelle, um den Zugriff auf die Listenelemente in einer `JList` zu realisieren. Hierbei unterscheiden sich die verschiedenen Modelle nur darin, wie tief in die Daten eingegriffen werden kann. Für das reine Hinzufügen und Entfernen von Elementen reicht das `DefaultListModel`.

Die erzeugte Instanz des `DefaultListModel` wird hier durch die Referenz `model` gehalten und mit `lCommand.setModel(model)` an die Instanz der `JList` übergeben. Über `model` können dann Elemente hinzugefügt und entfernt werden.

```
guiUtil = new GuiUtil(tVon, tBis, cbTag);

lCommand = new JList();
model = new DefaultListModel();
GuiUtil.init(lCommand,0,0,290,200, fontList,
   fgCol, bgColList);
lCommand.setModel(model);
scrollPane = new JScrollPane(lCommand);
scrollPane.setBounds(20,150,290,212);
```

Der Button EXIT wird initialisiert und erhält einen `ActionListener`, der die Anwendung mit `System.exit(0)` beendet.

```
bExit = new JButton();
GuiUtil.init(bExit,160,380,120,35, fontLabel, fgCol, bgCol);
bExit.setText("Exit");
bExit.addActionListener(new ActionListener() {
  public void actionPerformed(ActionEvent evt) {
    System.exit(0);
  }
});
```

Das Anlegen eines neuen Zeitintervalls wird durch den Button ANLEGEN angestoßen. Er validiert mit der Methode `isValidFormat()` die Eingabedaten und legt mit dem Aufruf `model.addElement(guiUtil.getListElement())` über das `DefaultListModel` ein neues Element in der `JList` an.

Die Methode `isValidFormat()` werden ich Ihnen weiter unten noch erklären.

```
    bAnleg = new JButton();
    GuiUtil.init(bAnleg ,320,200,120,35, fontLabel,fgCol,bgCol);
    bAnleg.setText("Anlegen");
    bAnleg.addActionListener(new ActionListener() {
      public void actionPerformed(ActionEvent evt) {
        if(isValidFormat()){
          model.addElement(guiUtil.getListElement());
        }
      }
    });
```

Mit dem Button ENTFERNEN können Sie ein Element aus der `JList` entfernen. Hierzu wird das selektierte Element mit `getSelectedIndex` erfragt und mit dem zurückgelieferten Index über `model.remove(index)` aus der Liste entfernt.

```
  bEntf = new JButton();
  GuiUtil.init(bEntf ,450,200,115,35, fontLabel, fgCol, bgCol);
  bEntf.setText("Entfernen");
  bEntf.addActionListener(new ActionListener() {
    public void actionPerformed(ActionEvent evt) {
      int index = lCommand.getSelectedIndex();
      if(index >= 0){
        model.remove(index);
      }
    }
  });
```

Um Änderungen zu speichern, wird der Button SPEICHERN genutzt. Er ruft in seinem `ActionListener` nur die Methode `send` auf, die wir uns weiter unten noch anschauen.

```
  bSend = new JButton();
  GuiUtil.init(bSend ,20,380,120,35, fontLabel, fgCol, bgCol);
  bSend.setText("Speichern");
  bSend.addActionListener(new ActionListener() {
    public void actionPerformed(ActionEvent evt) {
      send(evt);
    }
  });
```

Zum Schluss erfolgt im Konstruktor der Klasse `Gui` dann noch die Übergabe aller Swing-Komponenten an den `contentPane`. Außerdem wird noch `setValues` aufgerufen, damit beim Start der Anwendung die für den Port 1 vom Server geholten Daten auch direkt angezeigt werden.

```
    contentPane.add(lTitel);
    contentPane.add(bExit);
    contentPane.add(lAuswahPort);
    contentPane.add(cbPort);
    contentPane.add(lTag);
    contentPane.add(cbTag);
    contentPane.add(lVon);
    contentPane.add(tVon);
    contentPane.add(lBis);
    contentPane.add(tBis);
    contentPane.add(bAnleg);
    contentPane.add(scrollPane);
    contentPane.add(bEntf);
    contentPane.add(bSend);

    this.add(contentPane);
    this.setDefaultCloseOperation(JFrame.EXIT_ON_CLOSE);
    this.pack();
    this.setVisible(true);
    setValues();
  }
```

Die Action-Methode `send`, die durch den `ActionListener` des Buttons SPEICHERN aufgerufen wird, sendet alle Zeitintervalle aus der `JList` zum Server. Hierzu werden alle Elemente der Liste über `model.toArray()` in ein Array gespeichert. Dieses Array wird dann in einer Schleife durchlaufen und jedes Element wird mit `GuiUtil.getCommandString` in einen `commandString` gewandelt und in `list` abgespeichert. Diese Liste wird dann mit dem aktuellen Port durch den Aufruf `httpClient.executePostSchedule` zum Server übertragen.

Die Antwort des Servers steht dann in `headerMap` und `listSchedule`. Wenn in `headerMap` kein Fehler eingetragen wurde, wird die erfolgreiche Verarbeitung in einem Dialog angezeigt und mit `setValues` werden die vom Server zurückgegebenen Werte in der `JList` eingetragen. Im Fehlerfall zeigt ein Dialog die Fehlermeldung des Servers an.

```
  @SuppressWarnings("unchecked")
  private void send(ActionEvent evt){
    List<String> list = new ArrayList();
    Map<String, String> headerMap;
    Object[] commands = model.toArray();
    for(int i = 0; i < commands.length; i++){
      String listElement = (String)commands[i];
      String commandString =
                    GuiUtil.getCommandString(listElement);
```

```
      list.add(commandString);
    }
    String selectedItem =  (String)cbPort.getSelectedItem();
    httpClient.executePostSchedule(
                        cbService.getKey(selectedItem), list);
    headerMap = httpClient.getHeaderMap();
    listSchedule = httpClient.getListStrings();
    if(headerMap.get(HttpHandlerZeitschaltuhr.ERROR) == null){

      if(listSchedule != null && !listSchedule.isEmpty()){
        setValues();
        JOptionPane.showMessageDialog(this,
                  "Daten wurden erfolgreich übertragen.", "",
                  JOptionPane.PLAIN_MESSAGE);
      }
    }else{
      String infoServer = headerMap.get(
                          HttpHandlerZeitschaltuhr.ERROR);
      JOptionPane.showMessageDialog(this,
      infoServer, "Info Server!",
      JOptionPane.PLAIN_MESSAGE);
    }
  }
```

Die Methode `requestServer` wird im Konstruktor der Methode `Gui` aufgerufen und wenn in der Auswahlliste STECKDOSEN ein neuer Wert selektiert wurde. Durch den Aufruf wird für einen Port die Liste der Zeitintervalle abgefragt. Die Liste der Zeitintervalle steht dann über `listSchedule` zur Verfügung.

```
  private void requestServer(String gpio){
    httpClient.executeGetSchedule(gpio);
    listSchedule = httpClient.getListStrings();
    headerMap = httpClient.getHeaderMap();
  }
```

Die Methode `setValues` liest über `listSchedule` die Liste der Zeitintervalle aus und wandelt mit `getListElement` die einzelnen Elemente der Liste in die Listenansicht um. Jedes gewandelte Element wird mit `model.addElement` der `JList` hinzugefügt.

```
  @SuppressWarnings("unchecked")
  private void setValues(){
    model.clear();
    Iterator<String> it = listSchedule.iterator();
```

```
    while(it.hasNext()){
      String commandString = it.next();
      model.addElement(GuiUtil.getListElement(commandString));
    }
  }
```

Die Methode `isValidFormat` ruft `Validator.validateShortTimeInterval` aus dem Package `raspi.gui` auf. Diese Methode prüft für die beiden übergebenen `JTextfield`-Objekte das Eingabeformat, das im Format HH:mm vorliegen muss. Außerdem wird geprüft, ob die Zeitangabe im ersten `JTextfield` vor der zweiten liegt.

Im Fehlerfall wird eine Fehlermeldung über einen Dialog ausgegeben.

```
  public boolean isValidFormat(){
    boolean retVal = true;
    if(!Validator.validateShortTimeInterval(tVon, tBis)){
      retVal = false;
      JOptionPane.showMessageDialog(this,
                "Format- oder Zeitfehler in der Von-/Bis-Zeit!",
                "Fehler!",
                JOptionPane.PLAIN_MESSAGE);
    }
    return retVal;
  }
```

Ganz zum Schluss wird dann in der `main`-Methode eine Instanz der Klasse `Gui` erzeugt, damit startet die Anwendung.

```
  public static void main(String[] args){
    System.setProperty("swing.defaultlaf",
            "com.sun.java.swing.plaf.nimbus.NimbusLookAndFeel");
    javax.swing.SwingUtilities.invokeLater(new Runnable() {
      public void run() {
        new Gui();
      }
    });
  }
}
```

Script zum Starten der Anwendung

Script `kap14Gui.sh`

14.4 Einen Autostart für den Server einrichten

In einigen Fällen ist es sinnvoll, wenn eine Anwendung beim Hochfahren des Raspberry Pi automatisch gestartet wird. So macht es durchaus Sinn, dass man Server, so wie sie in den letzten drei Projekten vorgestellt worden sind, mit in den Autostart aufnimmt.

Sie können das Script `rc.local` nutzen, das gegen Ende des Boot-Vorgangs ausgeführt wird, um zum Beispiel die Klasse `RaspiHttpServer` automatisch zu starten. Navigieren Sie hierzu in das Verzeichnis `/etc` und öffnen Sie dort die Datei `rc.local` mit dem Editor `nano`. Führen Sie alle Änderungen an der Datei als `root` aus, indem Sie `sudo` vor den Aufruf des Editors setzen.

```
sudo nano rc.local
```

In der Datei `rc.local` fügen Sie vor dem Befehl `exit 0` dann den Start der Java-Klasse ein, der aus zwei Schritten besteht. Im ersten Schritt navigieren Sie in das Verzeichnis, in dem sich das Package `raspi` befindet.

```
cd /home/pi/JavaProgramme/Projekte/Raspberry_Pi_und_Java
```

Im zweiten Schritt wird dann die Klasse `RaspiHttpServer` gestartet.

```
sudo java -cp  .:classes:/opt/pi4j/lib/'*'
                          raspi.projekte.kap14.RaspiHttpServer
```

Speichern Sie die Änderungen mit [Strg]+[X], [J] und [↵] und testen Sie dann das Script.

```
. rc.local
```

Erst wenn das Script fehlerfrei läuft, sollten Sie den Raspberry Pi rebooten. Um zu prüfen, ob der Server läuft, starten Sie den Client der Zeitschaltuhr, und wenn die Konsole keine Fehlermeldung zeigt, hat alles funktioniert und Sie können im Client Änderungen speichern.

In Abbildung 14.7 ist die geänderte Datei `rc.local` dargestellt.

Wenn Sie der Schaltung noch einen Taster hinzufügen und mit einem Listener das Betätigen des Tasters kontrollieren, können Sie damit den Server herunterfahren. Die Grundlagen dafür haben Sie in Kapitel 6 über digitale Sensoren bereits kennengelernt.

Außerdem wurde in Abschnitt 6.2 über zwei Taster der VNC-Server gestartet und beendet. Diese Funktionalität lässt sich sehr einfach mit den Klassen `VNCStartListener` und `VNCStopListener` aus dem Package `raspi.listener` in bestehende Projekte einbauen und sie ist gerade dann sinnvoll, wenn Sie den Raspberry nicht mehr mit Tastatur und Bildschirm verbunden haben.

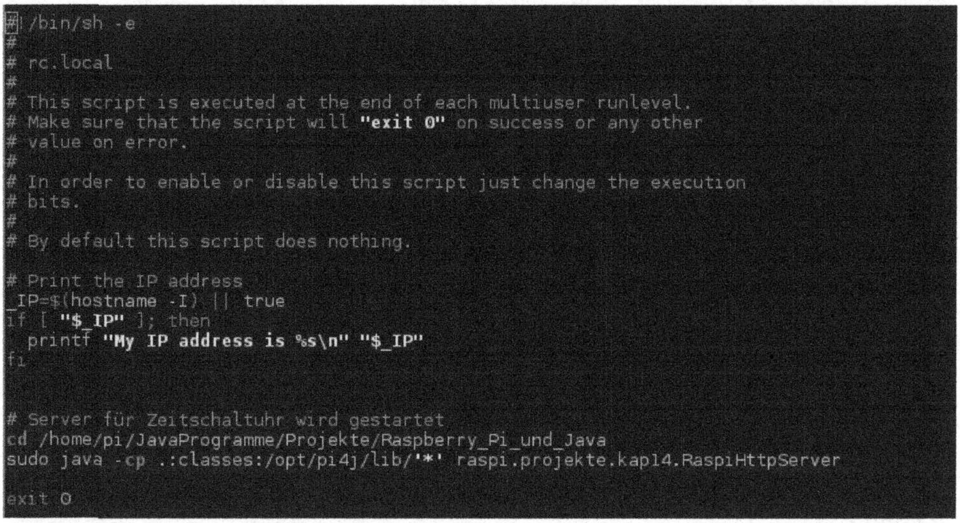

```
#!/bin/sh -e
#
# rc.local
#
# This script is executed at the end of each multiuser runlevel.
# Make sure that the script will "exit 0" on success or any other
# value on error.
#
# In order to enable or disable this script just change the execution
# bits.
#
# By default this script does nothing.

# Print the IP address
_IP=$(hostname -I) || true
if [ "$_IP" ]; then
  printf "My IP address is %s\n" "$_IP"
fi


# Server für Zeitschaltuhr wird gestartet
cd /home/pi/JavaProgramme/Projekte/Raspberry_Pi_und_Java
sudo java -cp .:classes:/opt/pi4j/lib/'*' raspi.projekte.kap14.RaspiHttpServer

exit 0
```

Abb. 14.7: Die Datei `rc.local`

Wenn Sie diese Erweiterung nicht vornehmen wollen, können Sie den Server auch mit dem folgenden Befehl beenden.

```
sudo killall java
```

Beachten Sie dabei aber, dass damit alle Java-Programme beendet werden.

14.5 Hinweise zum Betrieb des Servers

Wenn Sie selber die Funktionalität der hier vorgestellten Server erweitern möchten, sollten Sie Folgendes bedenken. Zur Kommunikation zwischen Client und Server wurden HTML-Seiten zwischen beiden Seiten ausgetauscht. Um diese HTML-Seiten zu erstellen und auszulesen, kam die Klasse `RestUtil` zum Einsatz. Damit das Auslesen der HTML-Seiten richtig funktioniert, dürfen hier nur genau definierte Zeichen übertragen werden. Die folgende Tabelle zeigt Ihnen die gültigen Zeichen.

Beschreibung	Zeichen
Wortzeichen	0–9 a–z A–Z _ Leerzeichen
Umlaute und ß	ä ö ü Ä Ö Ü ß
Rechenzeichen	+ - * / %
Satzzeichen	! ? , . ; :
Whitespaces	

Tabelle 14.4: Tabelle der gültigen Zeichen

Findet der Parser Zeichen, die nicht in der oben dargestellten Tabelle enthalten sind, wird aus der übertragenen HTML-Seite nichts zurückgegeben. Dies sollten Sie besonders dann beachten, wenn Sie freien Text für Fehlermeldungen versenden.

14.6 Eine Desktop-Verknüpfung erstellen

Wenn Sie den Client über den VNC-Server starten wollen, ist es sehr hilfreich, wenn Sie den Aufruf über eine Desktop-Verknüpfung ausführen können.

Um eine Verknüpfung zu erstellen, navigieren Sie in das Verzeichnis `/home/pi/Desktop` und erstellen dort eine Datei mit der Endung `desktop`.

```
nano ServerZeitschaltuhr.desktop
```

Tippen Sie danach den folgenden Text ein und speichern Sie dann die Datei.

```
[Desktop Entry]
Encoding=UTF-8
Version=1.0
Name=Server Zeitschaltuhr
Comment=Hier schreiben Sie einen Kommentar hinein.
Categories=Application;Development;
Exec=lxterminal -t "Server der Zeitschaltuhr"
          --working-directory=
        /home/pi/JavaProgramme/Projekte/Raspberry_Pi_und_Java/
-e sudo java -cp .:classes:/opt/pi4j/lib/'*'
                        raspi.projekte.kap14.RaspiHttpServer
Icon=bluej
Terminal=false
Type=Application
```

Hinter dem Tag `Exec` steht der Aufruf der Klasse `RaspiHttpServer` aus dem Package `raspi.projekte.kap14`. Um das Java-Programm zu starten, wird hier ein `lxterminal` mit den folgenden Parametern geöffnet:

`-t`	Titel des Terminalfensters
`--working-directory`	Arbeitsverzeichnis der Anwendung
`-e`	Befehl

Achten Sie bitte darauf, dass alles, was Sie hinter dem Tag `Exec` eingeben, in einer Zeile stehen muss.

Wenn Sie für die Desktop-Verknüpfung noch ein aussagekräftiges Bild haben, können Sie dies mit Pfadangabe hinter dem Tag `Icon` eintragen.

E-Mail-Alarm

E-Mails von dem Raspberry Pi aus zu senden oder an den Raspberry Pi zu schicken, macht gerade durch die Nähe zur Hardware seinen Reiz aus. So können Sie beispielsweise Sensoren oder Ereignisse abfragen und die Resultate von dem Raspberry Pi aus auf Ihr Handy übertragen. Sie können aber auch eine E-Mail an den Raspberry Pi senden und damit bestimmte Aktionen auslösen oder Einstellungen vornehmen.

In dem folgenden Projekt zeige ich Ihnen, wie Sie mit dem Bewegungsmelder HC-SR501 eine ganz einfache Raumüberwachung realisieren können, die eine Alarmmeldung via E-Mail an ein beliebiges Postfach sendet. Außerdem soll es möglich sein, die kleine Alarmanlage über eine E-Mail zu aktivieren beziehungsweise zu deaktivieren. Dieses Projekt soll hier auch nur ein Beispiel für die Vielzahl der möglichen Anwendungen sein und dient als Grundstein für Ihre eigenen Projekte.

Grundsätzlich gibt es zwei verschiedene Möglichkeiten, E-Mails von dem Raspberry Pi aus zu senden und zu empfangen. Die erste Möglichkeit besteht darin, dass Sie auf dem Raspberry Pi einen SMTP- und POP3-Server installieren. Der SMTP-Server ist dann für das Senden und der POP3-Server für den Empfang von E-Mails zuständig. Die zweite sehr einfache Möglichkeit besteht darin, dass Sie einen SMTP- und POP3-Server von einem E-Mail-Provider aus dem Internet nutzen, was wir hier auch tun wollen. Hier bieten sich besonders die kostenlosen Dienste von WEB.DE, Gmail, Freenet, GMX oder anderen Anbietern an. Ich habe für die Raumüberwachung WEB.DE eingesetzt, damit der Raspberry Pi E-Mails empfangen und senden kann. Sie können aber auch jeden anderen Anbieter nehmen.

Da die Klassen für die Kommunikation mit POP3- und SMTP-Servern nicht in der Standard-Java-Bibliothek enthalten sind, müssen Sie sich die notwendige Bibliothek zunächst herunterladen und der Entwicklungsumgebung bekannt machen. Wenn Sie sich das komplette Projekt zu diesem Buch heruntergeladen und installiert haben, finden Sie in dem Verzeichnis

```
~/JavaProgramme/Projekte/Raspberry_Pi_und_Java/lib/JavaMail
```

die benötigte Bibliothek `javax.mail.jar`. Damit BlueJ diese Bibliothek nutzen kann, öffnen Sie in BlueJ den Dialog PREFERENCES, den Sie über den Menüpunkt TOOLS erreichen, und fügen dort die Bibliothek `javax.mail.jar` hinzu. Danach starten Sie BlueJ neu, damit die neue Bibliothek verwendet werden kann.

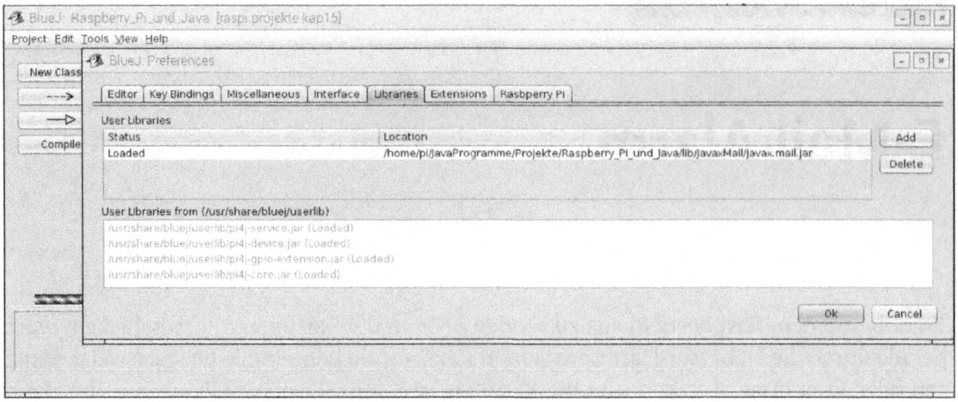

Abb. 15.1: `javax.mail.jar` wird in BlueJ eingebunden.

Die hier installierte Version ist die 1.5.4. Sie können, wenn eine aktuellere Version der Bibliothek verfügbar ist, diese auch direkt von der Seite

```
https://java.net/projects/javamail/pages/Home
```

über den Raspberry-Pi-Browser herunterladen und wie oben beschrieben in BlueJ einbinden. Die ältere Version müssen Sie dann vorher im Dialog PREFERENCES über den DELETE-BUTTON entfernen.

15.1 Das Package raspi.mail

Damit Sie die E-Mail-Funktionalität in Ihren eigenen Projekten einfach einsetzen können, habe ich in dem Package `raspi.mail` die wichtigsten Funktionen zum Übertragen und Empfangen von E-Mails hinterlegt. Diese werden wir dann für die Raumüberwachung einsetzen.

15.1.1 Die Klasse MailService

Zunächst zeige ich Ihnen die Klasse `MailService` und erkläre Ihnen daran die grundlegenden Techniken zur Verarbeitung von E-Mails.

Die erste Methode der Klasse `MailService`, die wir uns anschauen wollen, ist `getTLSSession` und wird benötigt, damit Sie sich auf einem SMTP-Server anmelden können. Das Kürzel TLS im Namen der Methode steht für Transport Layer Security und deutet auf das verwendete Protokoll hin, das zur Übertragung der E-Mail-Inhalte genutzt werden soll. Da E-Mails im Klartext übertragen werden, ist es wichtig, die Inhalte durch eine Verschlüsselung zu schützen. Das Verschlüsselungsprotokoll TLS wird von allen E-Mail-Providern unterstützt und wird meist auch als Sicherheitsstandard vorausgesetzt.

Schauen Sie sich im folgenden Listing die Erzeugung einer Mail-Session über TLS an. Hierzu werden zuerst bestimmte Eigenschaften (`Properties`) gesetzt, die bestimmen, mit welchem Server und nach welchem Verfahren die Session aufgebaut werden soll. In unserem Beispiel wird bestimmt, dass es eine Authentifizierung gibt und dass die Übertragung über TLS erfolgt. Außerdem werden die Serveradresse und der Port gesetzt.

Mit dem Aufruf `Session.getInstance` wird dann ein Session-Objekt erzeugt. Hierzu werden der Methode `getInstance` die gesetzten `Properties` und die abstrakte Klasse `Authenticator` übergeben. In dieser Klasse muss die Methode `getPasswordAuthentication` implementiert werden, die für den Anmeldevorgang ein `PasswordAuthentication`-Objekt mit dem Benutzernamen und dem Kennwort liefert. In diesem Beispiel wurde die Klasse `Authenticator` als innere anonyme Klasse implementiert, wodurch keine zusätzliche Java-Klasse notwendig ist.

Nachdem ein Session-Objekt für den SMTP-Server erzeugt worden ist, wird mit `debug=true` und dem Aufruf `session.setDebug(debug)` der Debug-Modus eingeschaltet. Dies würde ich Ihnen immer empfehlen, wenn es bei der Verarbeitung von E-Mails Schwierigkeiten gibt.

Das hier erzeugte Session-Objekt wird in allen weiteren Methoden benutzt, um über einen SMTP-Server E-Mails zu versenden. Beim Zugriff auf einen POP3-Server erfolgt der Aufbau der Session geringfügig anders und wird weiter unten beschrieben.

```
package raspi.mail;

import javax.mail.*;
import javax.mail.internet.*;
import javax.activation.*;
import java.util.Properties;
import java.util.Date;
import java.util.List;
import java.util.Iterator;
import java.util.ArrayList;
import java.io.IOException;

public class MailService
{
  public static Session getTLSSession(String port, String host,
                  final String username, final String password,
                  boolean debug){
    Properties props = new Properties();
    props.put("mail.smtp.auth", "true");
    props.put("mail.smtp.starttls.enable", "true");
    props.put("mail.smtp.host", host);
    props.put("mail.smtp.port", port);

    Session session = Session.getInstance(props,
      new javax.mail.Authenticator() {
        protected PasswordAuthentication
```

```
                              getPasswordAuthentication() {
          return new PasswordAuthentication(username, password);
        }
      });
      session.setDebug(debug);
      return session;
    }
```

Die einfachste E-Mail besteht nur aus Text und hat keine Dateianhänge. Um eine solche E-Mail zu senden, wird ein sogenanntes `MimeMessage`-Objekt benötigt. Zu seiner Erzeugung wird dem Konstruktor der `MimeMessage` ein Session-Objekt übergeben. Der so erzeugten Instanz muss dann noch mitgeteilt werden, von wem die E-Mail kommt und an wen sie gesendet werden soll. Außerdem benötigt sie noch die Betreffzeile und den eigentlichen E-Mail-Text. Die Betreffzeile wird mit `setSubject` und der E-Mail-Text mit `setText` erzeugt. Mit der Erzeugung einer `MimeMessage` hat aber noch keine Übertragung an den SMTP-Server stattgefunden, dies erfolgt weiter unten.

```
public static Message getMimeMessage(Session session,
                   String from, String to, String subject,
                   String text){
  Message message = null;
  try {
    message = new MimeMessage(session);
    message.setFrom(new InternetAddress(from));
    message.setRecipients(Message.RecipientType.TO,
                               InternetAddress.parse(to));
    message.setSubject(subject);
    message.setText(text);
  }catch(MessagingException e){
    throw new RuntimeException(e);
  }
  return message;
}
```

Wenn Sie neben einfachem E-Mail-Text auch noch Dateien an die E-Mail anhängen wollen, funktioniert dies mit einer `MimeMessage` alleine nicht. Schauen Sie sich dazu Abbildung 15.1 an. Dort bildet die `MimeMessage` den Container für alle Inhalte. Wobei die `MimeMessage` selber den Sender, den Empfänger und die Betreffzeile aufnimmt. Der E-Mail-Text und alle Dateien, die mit versendet werden sollen, werden in einem separaten `MimeBodyPart`-Objekt gespeichert. Alle `MimeBodyPart`-Objekte werden dann in einem `MimeMultiPart`-Objekt gespeichert, das dann mit in der `MimeMessage` abgelegt wird.

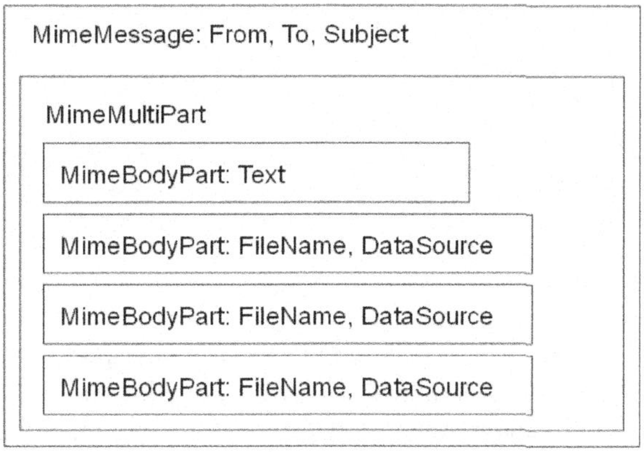

Abb. 15.2: Aufbau einer MimeMessage mit Dateianhängen

Die Methode `getMultipartMessage` erzeugt eine `MimeMessage`. Dabei nimmt sie ein String-Array entgegen, in dem alle zu versendenden Dateien mit Pfadangabe übergeben werden. In einer `for`-Schleife wird dann für jede Datei ein `MimeBodyPart`-Objekt erzeugt und dem `MimeMultipart` hinzugefügt.

```
public static Message getMultipartMessage(Session session,
                   String from, String to, String subject,
                   String text, String[] files){
  Message message = null;
  BodyPart messageBodyPart = null;
  Multipart multipart = null;
  try {
    message = new MimeMessage(session);
    message.setFrom(new InternetAddress(from));
    message.setRecipients(Message.RecipientType.TO,
                               InternetAddress.parse(to));
    message.setSubject(subject);
    messageBodyPart = new MimeBodyPart();
    messageBodyPart.setText(text);
    multipart = new MimeMultipart();
    multipart.addBodyPart(messageBodyPart);
    for(int i = 0; i < files.length; i++){
      messageBodyPart = new MimeBodyPart();
      String filename = files[i];
      DataSource source = new FileDataSource(filename);
      messageBodyPart.setDataHandler(
                                new DataHandler(source));
      messageBodyPart.setFileName(filename);
```

```
        multipart.addBodyPart(messageBodyPart);
      }
      message.setContent(multipart);
    }catch(MessagingException e) {
      throw new RuntimeException(e);
    }
    return message;
  }
```

Um die erzeugte `MimeMessage` an den SMTP-Server zu senden, wird die `Message` an ein `Transport`-Objekt übergeben, das dann die eigentliche Übertragung vornimmt. Die Methoden `sendMimeMessageWithTLS` und `sendMultipartMessageWithTLS` erzeugen mit den oben beschriebenen Methoden eine Session und dann die entsprechende `MimeMessage`. Anschließend wird die Message mit `Transport.send(message)` verschickt.

```
  public static void sendMimeMessageWithTLS(String port,
              String host, final String username,
              final String password, String from, String to,
              String subject, String text, boolean debug){
    try{
      Session session = getTLSSession(port, host, username,
                                     password, debug);
      Message message = getMimeMessage(session, from, to,
                                     subject, text);
      Transport.send(message);
    }catch(MessagingException e) {
      throw new RuntimeException(e);
    }
  }
  public static void sendMultipartMessageWithTLS(String port,
              String host, final String username,
              final String password, String from, String to,
              String subject, String text,
              String[] files, boolean debug){
    try{
      Session session = getTLSSession(port, host, username,
                                     password, debug);
      Message message = getMultipartMessage(session, from, to,
                                 subject, text, files);
      Transport.send(message);
    }catch(MessagingException e){
      throw new RuntimeException(e);
```

```
        }
    }
```

Bisher haben Sie zwei verschiedene Typen von E-Mails kennengelernt, die an einen SMTP-Server gesendet werden sollen. In beiden Fällen wurden Message-Objekte erzeugt und versendet. Wenn Sie nun E-Mails von einem POP3-Server empfangen wollen, bekommen Sie auch Message-Objekte zurückgegeben, die Sie dann auswerten müssen. Bevor ich Ihnen zeige, wie Sie auf einen POP3-Server zugreifen, zeige ich Ihnen die Methode getMailsFromMessages, die ein Array von Message-Objekten entgegennimmt und eine Liste mit EMail-Objekten zurückliefert. Die Klasse EMail erkläre ich noch weiter unten. Es handelt sich dabei um eine einfache Container-Klasse.

Wenn Sie sich im folgenden Listing die Übergabeparameter der Methode getMailsFromMessages anschauen, fallen noch die Parameter filter und delete auf. Über den Parameter filter können Sie eine Zeichenkette übergeben, mit der Sie festlegen, welche E-Mails Sie von dem POP3-Server mit in die Liste von E-Mail-Objekten aufgenommen haben wollen. Hierbei wird der Filter auf die Betreffzeile der E-Mails angewendet. Es werden also nur E-Mails übernommen, deren Betreffzeile mit dem Inhalt des Übergabeparameters filter übereinstimmen.

Mit dem Parameter delete können Sie dann noch festlegen, ob die E-Mails, die durch den Filter gelaufen sind, auf dem POP3-Server gelöscht werden sollen.

Die Methode getMailsFromMessages hat eine Einschränkung. Auch wenn eine Message einen MimeMultiPart enthält, wird aus diesem nur der E-Mail-Text gelesen. Dateianhänge werden also nicht gespeichert.

Schauen Sie sich getMailsFromMessages aber nun etwas genauer an. In einer for-Schleife wird das Array mit den Message-Objekten durchlaufen. Als Erstes wird dann die Liste der Absender mit message.getFrom und die Betreffzeile mit message.getSubject abgefragt. Wenn die Betreffzeile mit dem Parameter filter übereinstimmt, wird als Nächstes aus der Liste der Absender nur der erste Eintrag gespeichert. Bei unserer Anwendung wird es sowieso immer nur einen Absender geben.

Mit dem Aufruf message.getContentType wird dann der Typ des Contents abgefragt. Handelt es sich um einen Multipart-Content, so wird nur der erste MimeBodyPart ausgelesen. Bei diesem handelt es sich dann um den E-Mail-Text. Alle anderen werden ignoriert. Bei einer einfachen MimeMessage entspricht der Content dann direkt dem E-Mail-Text.

Anschließend werden dann noch die Beschreibung, das Sendedatum und die Message-Nummer ausgelesen und zusammen mit dem E-Mail-Text, dem Absender und der Betreffzeile in einem neuen EMail-Objekt abgelegt und der Liste hinzugefügt. Wenn dann der Parameter delete auf true gesetzt ist, wird die Message mit message.setFlag(Flags.Flag.DELETED, true) zum Löschen markiert.

```
    public static List<EMail> getMailsFromMessages(
                            Message[] messages, String filter,
                            boolean delte){
      List<EMail> mails = new ArrayList<EMail>();
      try{
```

```
        for (int i = 0; i < messages.length; i++) {
          Message message = messages[i];
          Address[] fromAddress = message.getFrom();
          String subject = message.getSubject();
          if(subject.matches(filter)){
            String from = "";
            if(fromAddress.length > 0){
              from = fromAddress[0].toString();
            }
            String contentType = message.getContentType();
            String text = "";
            if(contentType.startsWith("multipart")){
              Multipart content =
                                  (Multipart)message.getContent();
              BodyPart body = content.getBodyPart(0);
              text = body.getContent().toString();
            }else{
              text = message.getContent().toString();
            }
            String description = message.getDescription();
            int messageNumber = message.getMessageNumber();
            Date receivedDate = message.getSentDate();
            mails.add(new EMail(subject, from, text,
                      contentType, description, messageNumber,
                      receivedDate ));
            if(delte){
              message.setFlag(Flags.Flag.DELETED, true);
            }
          }
        }
      }catch (MessagingException e) {
        e.printStackTrace();
      }catch (IOException e) {
        e.printStackTrace();
      }
      return mails;
    }
```

Schauen Sie sich im nächsten Listing an, wie Sie einen POP3-Server ansprechen und E-Mails abfragen können. Wie bei dem SMTP-Server müssen Sie zuerst einige Eigenschaften (`Properties`) setzen. Auch in diesem Fall wird TLS eingeschaltet, damit die E-Mails verschlüsselt übertragen werden.

Die Erzeugung der Session ist etwas anders als bei dem SMTP-Server, da hier Benutzer und Kennwort anders übergeben werden. Vor der Authentifizierung wird zuerst mit `session.getStore("pop3s")` ein `Store`-Objekt erzeugt. Diesem Objekt werden dann Benutzer und Kennwort übergeben.

Da ein E-Mail-Postfach aus mehreren Ordnern bestehen kann, müssen Sie zuerst festlegen, aus welchem Ordner die E-Mails gelesen werden sollen. Wenn Ihr Postfach nicht weiter konfiguriert worden ist, landen alle E-Mails im Ordner `INBOX`. Wenn Sie diesen Ordner öffnen wollen, müssen Sie zuerst bestimmen, ob Sie nur lesend oder auch schreibend auf die E-Mails zugreifen wollen. Schreibend heißt aber in unserem Falle, dass E-Mails gelöscht werden können. Dies regelt der Übergabeparameter `delete`, der den Ordner entweder mit `Folder.READ_ONLY` oder mit `Folder.READ_WRITE` öffnet.

Die E-Mails werden jetzt mit dem Aufruf `folder.getMessages()` aus dem Ordner ausgelesen und an die oben beschriebene Methode `getMailsFromMessages` übergeben. Diese Methode nimmt auch den `delete`-Parameter entgegen und kennzeichnet, wie oben beschrieben, alle E-Mails, die den Filter passieren, mit `Flags.Flag.DELETED`.

Nachdem jetzt die gewünschten E-Mails aus dem Postfach gelesen worden sind, müssen Sie den Ordner wieder schließen. Beim Schließen werden dann alle zum Löschen gekennzeichneten E-Mails gelöscht. Damit dies auch durchgeführt wird, müssen Sie den Ordner mit `folder.close(true)` schließen. Wenn keine Änderungen an dem Ordner durchgeführt werden sollen, müssen Sie mit `folder.close(false)` schließen.

```
public static List<EMail> getEMailsPop3TLS(String port,
                        String host, final String username,
                        final String password, String filter,
                        boolean delete, boolean debug){
  List<EMail> mails = new ArrayList<EMail>();
  Message[] messages = {};
  Properties props = new Properties();
  props.put("mail.store.protocol", "pop3");
  props.put("mail.pop3s.starttls.enable", "true");
  props.put("mail.pop3s.host", host);
  props.put("mail.pop3s.port", port);
  try{
    Session session = Session.getDefaultInstance(props);
    session.setDebug(debug);
    Store store = session.getStore("pop3s");
    store.connect(host, username, password);
    Folder folder = store.getFolder("INBOX");
    if(delete){
      folder.open(Folder.READ_WRITE);
    }else{
      folder.open(Folder.READ_ONLY);
    }
```

```
        messages = folder.getMessages();
        mails = getMailsFromMessages(messages, filter, delete);
        if(delete){
          folder.close(true);
        }else{
          folder.close(false);
        }
        store.close();
      }catch(NoSuchProviderException e) {
        e.printStackTrace();
      }catch(MessagingException e) {
        e.printStackTrace();
      }
      return mails;
    }

}
```

15.1.2 Die Klasse EMail

Die Klasse `EMail` ist ein einfacher Container, in dem die für uns wichtigsten Informationen einer E-Mail gespeichert werden. In der Methode `getMailsFromMessages` wird für jede aus dem Postfach gelesene E-Mail eine Instanz dieser Klasse erzeugt.

```
package raspi.mail;

import java.util.Date;

public class EMail
{
  private String subject;
  private String from;
  private String text;
  private String contentType;
  private String description;
  private int messageNumber;
  private Date receivedDate;

  public EMail(String subject, String from, String text,
          String contentType, String description,
          int messageNumber, Date receivedDate){
    this.subject = subject;
```

```
    this.from = from;
    this.text = text;
    this.contentType = contentType;
    this.description = description;
    this.messageNumber = messageNumber;
    this.receivedDate = receivedDate;
  }

  public String getSubject(){
    return subject;
  }
  public String getFrom(){
    return from;
  }
  public String getText(){
    return text;
  }
  public String getCcontentType(){
    return contentType;
  }
  public String getDescription(){
    return description;
  }
  public int getMessageNumber(){
    return messageNumber;
  }
  public Date getReceivedDate(){
    return receivedDate;
  }
}
```

15.2 Das Projekt

Um die Funktionen der Alarmanlage einfacher darzustellen, schauen Sie sich den Schaltplan in Abbildung 15.3 an. Dort ist zuerst einmal der Bewegungsmelder HC-SR501, dessen Ausgang an den GPIO 04 gelegt wird. Wie in Kapitel 6 über digitale Sensoren schon beschrieben, benötigt der Bewegungsmelder eine Versorgungsspannung von 5 V, liefert aber an seinem Ausgang 3,3 V und kann deshalb direkt an den Port des Raspberry Pi angeschlossen werden. Der GPIO 04 wird in unserem Programm mit einem Listener überwacht und erzeugt die Alarm-E-Mail, wenn eine Bewegung erkannt wurde.

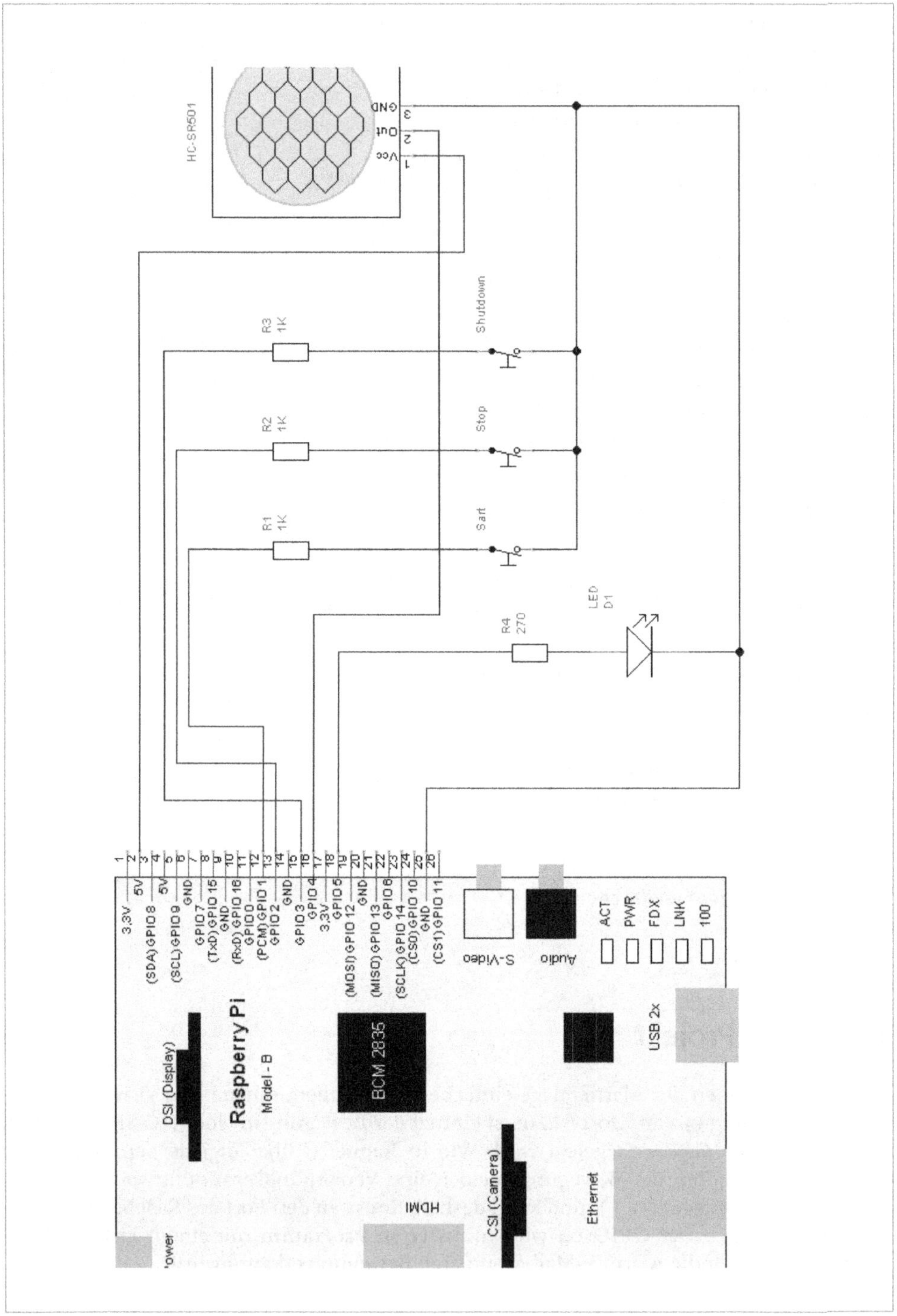

Abb. 15.3: Schaltplan der Alarmanlage

Mit dem Taster, der mit START gekennzeichnet ist, wird die Alarmanlage aktiviert. Nach einem kurzen Tastendruck blinkt die LED eine gewisse Zeit und zeigt damit an, dass die Alarmanlage aktiviert wird. Solange die LED blinkt, können Sie den Raum noch verlassen, ohne dass ein Alarm ausgelöst wird. Die Dauer, die die LED blinkt, kann über eine Property-Datei eingestellt werden.

Der Stopp-Taster deaktiviert die Alarmanlage. Er ist aber eigentlich überflüssig, da ja sowieso ein Alarm ausgelöst wird, wenn Sie den Raum betreten. Ich habe ihn aber trotzdem mit aufgenommen, da dieses Projekt die Basis für andere Projekte darstellen soll. Würden Sie zum Beispiel statt des Bewegungsmelders einen Temperatursensor über einen Schmitt-Trigger mit dem Raspberry Pi verbinden, könnte dieser ab einer bestimmten Temperatur auf High-Pegel schalten und dadurch einen Temperaturalarm auslösen. In solch einem Anwendungsfall macht der Stopp-Taster dann wieder Sinn.

Der dritte Taster mit der Beschriftung SHUTDOWN soll das Programm beenden und den Raspberry Pi ausschalten. Dies ist eine optionale Funktion, die Sie nutzen können, um den Raspberry Pi einfach auszuschalten, ohne dass Sie sich über das Netzwerk mit dem Raspberry Pi verbinden müssen. Zusammen mit dieser Funktion macht es Sinn, dass dieses Programm zum Autostart in die Datei `rc.local` eingetragen wird. Der Start der Alarmanlage erfolgt dann beim Einschalten der Spannungsversorgung und das Ausschalten durch Betätigen des Shutdown-Tasters, wenn dieser für mindestens drei Sekunden betätigt wird.

Kommen wir nun zum Programm, das aus vier Klassen besteht und in dem Klassendiagramm in Abbildung 15.4 dargestellt ist. Das Hauptprogramm läuft in der Klasse `Alarm` und ist eine reine Konsolenanwendung und besitzt keine grafische Oberfläche.

Die Klasse `AlarmProperties` enthält alle Standardwerte für die zu erzeugende Property-Datei. Wie Sie später sehen werden, gibt es bei diesem recht einfachen Programm doch einige Parameter, die Sie einstellen müssen.

Mit der Klasse `Shutdown` wird der Listener realisiert, der auf den Shutdown-Taster horcht und den Raspberry Pi ausschalten soll.

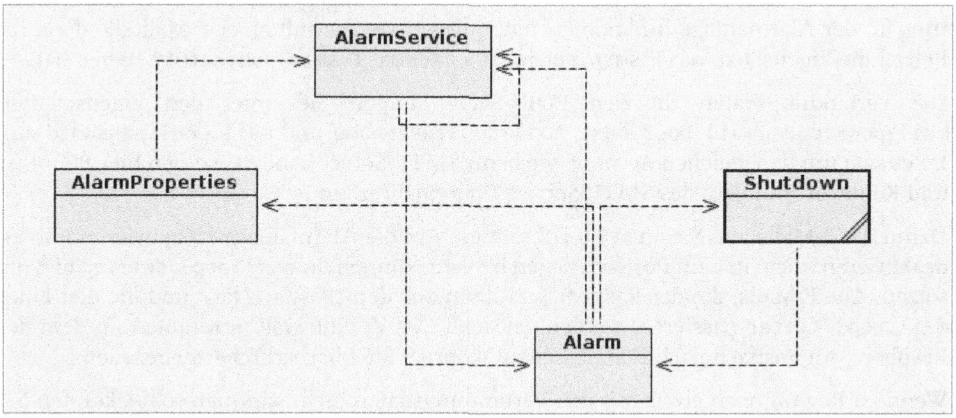

Abb. 15.4: Das Klassendiagramm

Die Klasse `AlarmService` stellt die Verbindung zu der oben beschriebenen Klasse `MailService` aus dem Package `raspi.mail` dar. Diese Klasse hat nur den Sinn, die E-Mail-Kommunikation zu kapseln und dadurch im Hauptprogramm möglichst einfache Aufrufe zu erzeugen und übersichtlicher zu machen.

15.2.1 Die Klasse AlarmProperties

In der Klasse `AlarmProperties` werden alle Standardwerte für die Alarmanlage gesetzt. Sie ist genauso wie im vorherigen Kapitel aufgebaut. Sie müssen die Anwendung also einmal starten, damit die Property-Datei mit den vorgegebenen Werten angelegt wird, und sofort wieder beenden. Die so erzeugte Property-Datei können Sie dann bearbeiten und beim nächsten Programmstart werden die aktuellen Werte eingelesen.

Schauen Sie sich nun die einzelnen Einträge an. Zum Verbindungsaufbau an dem SMTP-Server werden die Eigenschaften `mail.smtp.port`, `mail.smtp.host`, `mail.smtp.username` und `mail.smtp.password` benötigt. Wie Sie an dem zugewiesenen Wert für `mail.smtp.host` erkennen können, habe ich hier den SMTP-Server von WEB.DE eingetragen. Es versteht sich von selbst, dass Sie zuerst einen E-Mail-Account bei WEB.DE anlegen müssen und die hier benötigten Anmeldedaten eintragen. Die E-Mail-Adresse, die Sie bei WEB.DE angelegt haben, tragen Sie dann unter `mail.smtp.from` ein.

Die E-Mail-Adresse, an die die Alarmmeldung gesendet werden soll, wird unter `mail.smtp.to` eingetragen. Die Betreffzeile und den E-Mail-Text geben Sie unter `mail.smtp.subject` und `mail.smtp.text` ein. Beim Erzeugen der Alarm-E-Mail wird hinter dem E-Mail-Text dann noch ein Zeitstempel gesetzt.

Sie können die Alarmanlage entweder über Taster aktivieren und deaktivieren oder Sie senden eine E-Mail an die WEB.DE-Adresse, um dies durchzuführen. Welche Betreffzeile und E-Mail-Text eine E-Mail haben muss, damit die Alarmanlage aktiviert oder deaktiviert wird, legen Sie mit den Eigenschaften `mail.message.on`, `mail.message.off` und `mail.pop3.filter` fest. Zum Aktivieren habe ich hier den E-Mail-Text `On` und zum Deaktivieren den E-Mail-Text `Off` gewählt. Für beide E-Mails muss im Betreff dann der Eintrag aus `mail.pop3.filter` stehen, der hier mit `Alarm` angegeben wurde. Wenn die Änderung an der Alarmanlage funktioniert hat, quittiert sie das mit einer E-Mail, die dann im Betreff die Eigenschaft `mail.smtp.subjectOn` oder `mail.smtp.subjectOff` stehen hat.

Die Verbindungsdaten für den POP3-Server tragen Sie unter den Eigenschaften `mail.pop3.port`, `mail.pop3.host`, `mail.pop3.username` und `mail.pop3.password` ein. Da es sich um den gleichen Account wie beim SMTP-Server handelt, werden hier Benutzer und Kennwort mit dem des SMTP-Servers übereinstimmen.

Damit die E-Mails, die Sie an WEB.DE senden, um die Alarmanlage zu aktivieren und zu deaktivieren, nicht in dem Postfach liegen bleiben, können Sie `mail.pop3.delete` auf `true` setzen. Alle E-Mails, die der Raspberry Pi dann aus dem Postfach liest und die den Filter `mail.pop3.filter` passieren, werden gelöscht. Das Zeitintervall in Minuten, in dem der Raspberry im Postfach nach E-Mails schaut, können Sie über `mailcheck` einstellen.

Wenn zu Beginn noch etwas mit den Verbindungsdaten nicht stimmen sollte, können Sie mit `mail.smtp.debug` und `mail.pop3.debug` Debug-Informationen auf der Konsole ausgeben lassen.

Und zum Schluss können Sie über `beforeStart` festlegen, wie viele Minuten die LED blinken soll, bis die Alarmanlage aktiviert wird.

```
package raspi.projekte.kap15;

import raspi.files.PropertyService;
import java.util.Properties;

public class AlarmProperties extends PropertyService
{
  public AlarmProperties(String name){
    super(name);
  }
  @Override
  public void setDefaultProperties(Properties props){
    props.setProperty("mail.smtp.port","587");
    props.setProperty("mail.smtp.host","smtp.web.de");
    props.setProperty("mail.smtp.username","****");
    props.setProperty("mail.smtp.password","****");
    props.setProperty("mail.smtp.from","xxxx@web.de");
    props.setProperty("mail.smtp.to","xxxx@xxxx.xx");
    props.setProperty("mail.smtp.subject","!!!Alarm!!!");
    props.setProperty("mail.smtp.subjectOn",
                               "!!!Alarm eingeschaltet!!!");
    props.setProperty("mail.smtp.subjectOff",
                               "!!!Alarm ausgeschaltet!!!");
    props.setProperty("mail.smtp.text",
                             "Es wurde ein Alarm ausgelöst.");
    props.setProperty("mail.smtp.debug","false");
    props.setProperty("mail.pop3.port","995");
    props.setProperty("mail.pop3.host","pop.web.de");
    props.setProperty("mail.pop3.username","*****");
    props.setProperty("mail.pop3.password","*****");
    props.setProperty("mail.pop3.filter","Alarm");
    props.setProperty("mail.pop3.delete","true");
    props.setProperty("mail.pop3.debug","false");
    props.setProperty("mail.message.on","On");
    props.setProperty("mail.message.off","Off");
    props.setProperty("mailcheck","20");
    props.setProperty("beforeStart","2");
  }
}
```

15.3 Die Klasse AlarmService

Die Klasse `AlarmService` stellt die direkte Verbindung zur Klasse `MailService` aus dem Package `raspi.mail` dar und besitzt fünf statische Methoden, um E-Mails zu versenden oder zu empfangen. Alle Methoden bekommen als Parameter eine Instanz der Klasse `Properties` übergeben und lesen so direkt die Eigenschaften der Property-Datei aus.

Schauen Sie sich zuerst die Methode `sendMessageAlarmOn` an. Sie wird immer aufgerufen, wenn die Alarmanlage über eine E-Mail aktiviert worden ist, und ist als Quittierung gedacht.

Als E-Mail-Text wird hier nur der formatierte Zeitstempel gesendet.

```
package raspi.projekte.kap15;

import raspi.mail.MailService;
import raspi.mail.EMail;
import java.util.Properties;
import java.util.List;
import java.util.Iterator;
import java.util.Date;

public class AlarmService{

  public static void sendMessageAlarmOn(Properties props){
    MailService.sendMimeMessageWithTLS(
    props.getProperty("mail.smtp.port"),
    props.getProperty("mail.smtp.host"),
    props.getProperty("mail.smtp.username"),
    props.getProperty("mail.smtp.password"),
    props.getProperty("mail.smtp.from"),
    props.getProperty("mail.smtp.to"),
    props.getProperty("mail.smtp.subjectOn"),
    String.format(
      "%1$s%n%2$td.%2$tm.%2$tY %2$tH:%2$tM:%2$tS","",new Date()),
    (new Boolean(props.getProperty(
                        "mail.smtp.debug"))).booleanValue());
  }
```

Mit der Methode `sendMessageAlarmOff` wird quittiert, dass die Alarmanlage deaktiviert wurde. Wie die Methode `sendMessageAlarmOn` ruft sie nur `MailService.sendMimeMessageWithTLS` mit den entsprechenden Parametern auf.

```
public static void sendMessageAlarmOff(Properties props){
  MailService.sendMimeMessageWithTLS(
  props.getProperty("mail.smtp.port"),
  props.getProperty("mail.smtp.host"),
  props.getProperty("mail.smtp.username"),
  props.getProperty("mail.smtp.password"),
  props.getProperty("mail.smtp.from"),
  props.getProperty("mail.smtp.to"),
  props.getProperty("mail.smtp.subjectOff"),
  String.format(
  "%1$s%n%2$td.%2$tm.%2$tY %2$tH:%2$tM:%2$tS","", new Date()),
  (new Boolean(rops.getProperty(
                          "mail.smtp.debug"))).booleanValue());
}
```

Die Alarmmeldung wird mit `sendMessage` verschickt. Der E-Mail-Text besteht hier aus dem Inhalt der Eigenschaft `mail.smtp.text` und einem Zeitstempel.

```
public static void sendMessage(Properties props){
  MailService.sendMimeMessageWithTLS(
  props.getProperty("mail.smtp.port"),
  props.getProperty("mail.smtp.host"),
  props.getProperty("mail.smtp.username"),
  props.getProperty("mail.smtp.password"),
  props.getProperty("mail.smtp.from"),
  props.getProperty("mail.smtp.to"),
  props.getProperty("mail.smtp.subject"),
  String.format("%1$s%n%2$td.%2$tm.%2$tY %2$tH:%2$tM:%2$tS",
  props.getProperty("mail.smtp.text"), new Date()),
  (new Boolean(props.getProperty(
                      "mail.smtp.debug"))).booleanValue());
}
```

Mit `getMessages` wird der POP3-Server nach neuen E-Mails abgefragt, die die Alarmanlage entweder aktivieren oder deaktivieren sollen. Es werden aber nur die E-Mails zurückgegeben, deren Betreffzeile mit dem Inhalt von `mail.pop3.filter` übereinstimmen.

```
public static List<EMail> getMessages(Properties props){
  return MailService.getEMailsPop3TLS(
    props.getProperty("mail.pop3.port"),
    props.getProperty("mail.pop3.host"),
    props.getProperty("mail.pop3.username"),
```

```
        props.getProperty("mail.pop3.password"),
        props.getProperty("mail.pop3.filter"),
        (new Boolean(props.getProperty(
                        "mail.pop3.delete"))).booleanValue(),
        (new Boolean(props.getProperty(
                        "mail.pop3.debug"))).booleanValue());
  }
```

Die Methode `isAlarmOnOff` fragt den POP3-Server nach empfangenen E-Mails ab und wertet diese aus. Das Holen der E-Mails erfolgt durch die weiter oben schon beschriebene Methode `getMessages`, die eine Liste von `EMail`-Objekten zurückgibt. Normalerweise dürfte die zurückgegebene Liste nur einen Eintrag enthalten, da ja alle relevanten E-Mails nach dem Abholen direkt gelöscht werden. Wenn aber mehrere E-Mails vor dem Ausführen dieser Methode gesendet worden sind oder die Eigenschaft `mail.pop3.delete` auf `false` gesetzt wurde, wird in einer `for`-Schleife nach der letzten gesendeten E-Mail gesucht.

In der gefundenen E-Mail wird der E-Mail-Text untersucht. Falls sich die Alarmanlage im Zustand `Alarm.ALARMSLEEP` befindet, wird geprüft, ob der Text zum Aktivieren der Alarmanlage gefunden wurde. Dieser steht in der Eigenschaft `mail.message.on`. Stimmen beide Texte überein, wird mit `sendMessageAlarmOn` die Quittierungs-E-Mail gesendet. Befindet sich die Alarmanlage im Modus `Alarm.ALARMACTIVE`, wird geprüft, ob der Text aus der Eigenschaft `mail.message.off` gesendet wurde; bei Übereinstimmung wird die Quittierungs-E-Mail mit `sendMessageAlarmOff` gesendet.

Wenn Sie sich den regulären Ausdruck zum Vergleich des E-Mail-Textes anschauen, werden Sie sehen, dass nicht auf Gleichheit getestet wird, sondern dass vor und hinter dem gesendeten Text beliebig viele der folgenden Zeichen stehen dürfen: Carriage Return, Form Feed, Tabulator, New Line und Wortzeichen. Hierdurch wird die Verarbeitung gegenüber nicht sichtbaren und versehentlich eingefügten Zeichen robuster. Außerdem steht hinter dem gesendeten Text oft ein New Line und Carriage Return, auch wenn Sie dies nicht selber eingegeben haben.

```
  public static boolean isAlarmOnOff(Properties props,
                                                int loop ){
    boolean change = false;
    Date date = null;
    String text = "";
    List<EMail> list = getMessages(props);
    if(list != null && !list.isEmpty()){
      for(Iterator<EMail> it = list.iterator(); it.hasNext();){
        EMail email = it.next();
        if(date == null){
          text = email.getText();
          date = email.getReceivedDate();
        }
        if(date.before(email.getReceivedDate())){
```

```
        date = email.getReceivedDate();
        text = email.getText();
      }
    }
    if(loop == Alarm.ALARMSLEEP &&
                        text.matches("[\r\f\t\n.]*" +
                        props.getProperty("mail.message.on") +
                        "[\r\f\t\n.]*")){
      change = true;
      sendMessageAlarmOn(props);
    }
    if(loop == Alarm.ALARMACTIVE &&
                       text.matches("[\r\f\t\n.]*" +
                       props.getProperty("mail.message.off") +
                       "[\r\f\t\n.]*")){
      change = true;
      sendMessageAlarmOff(props);
    }
  }
  return change;
 }
}
```

15.4 Die Klasse Shutdown

Um das Hauptprogramm zu beenden und den Raspberry Pi abzuschalten, erweitern Sie die Klasse `ShutdownListener` aus dem Package `raspi.listener` und überschreiben die Methode `beforeShutdown`. Da in der Startklasse `Alarm` eine Endlosschleife läuft, deren Abbruchbedingung durch die Variable `busy` bestimmt wird, sollte diese vor dem Abschalten des Raspberry Pi auf `false` gesetzt werden, damit zuerst unser Programm beendet und dann erst der Raspberry Pi abgeschaltet wird. Dies wird in `beforeShutdown` ausgeführt. Alles andere ist in der Elternklasse `ShutdownListener` versteckt.

```
package raspi.projekte.kap15;

import raspi.listener.ShutdownListener;
public class Shutdown extends ShutdownListener{
  public Shutdown(Object obj){
    super(obj);
  }
  @Override
  public void beforeShutdown(Object obj){
    Boolean busy = (Boolean)obj;
```

```
    busy = false;
  }
}
```

15.5 Die Klasse Alarm

Kommen wir nun zu der Hauptklasse `Alarm`. Da die meiste Funktionalität in den schon beschriebenen Klassen untergebracht ist, brauchen Sie sich jetzt nur noch um die Ablauflogik zu kümmern. Die Klasse `Alarm` besteht im Wesentlichen aus einer Endlosschleife, die je nach Ereignis zwischen den verschiedenen Zuständen des Programms wechselt. Schauen Sie sich dazu erst einmal die vier Konstanten `ALARMSLEEP`, `ALARMSTART`, `ALARMWAIT` und `ALARMACTIVE` an, die die verschiedenen Zustände repräsentieren.

Wenn das Programm gestartet wird, befindet sich die Alarmanlage im Zustand `ALARMSLEEP`, in dem sie auf Ereignisse wartet, die sie aktivieren. Hierzu gehört entweder das Betätigen des Start-Tasters oder das Senden einer entsprechenden E-Mail. Wurde eines dieser Ereignisse festgestellt, wird sofort in den Zustand `ALARMSTART` gewechselt. Hier wird die Zeit eingestellt, die die LED blinken soll, und dann schaltet sie direkt in den Zustand `ALARMWAIT`, in dem sie die eingestellte Zeit verharrt. Nach Ablauf dieser Zeit ist die Alarmanlage dann aktiv und wartet auf eine Bewegung, die dazu führt, dass eine Alarm-Meldung gesendet wird. Danach wird sofort wieder in den Zustand `ALARMSLEEP` gewechselt. Nach einem Alarm wird also immer in den Zustand `ALARMSLEEP` gewechselt, wodurch verhindert wird, dass Sie mit Alarmmeldungen überschüttet werden, wenn der Sensor mehrere Bewegungen feststellt.

```
package raspi.projekte.kap15;
import raspi.schedule.*;
import raspi.mail.MailService;
import com.pi4j.io.gpio.*;
import com.pi4j.io.gpio.event.*;
import java.text.ParseException;
import java.util.Properties;

public class Alarm{
  static String commandBeforStart = null;
  static String commandMailCheck = null;
  static String beforeStart = "";
  static String mailCheck = "";
  static Properties props;

  public static final int ALARMSLEEP = 0;
  public static final int ALARMSTART = 1;
  public static final int ALARMWAIT = 2;
  public static final int ALARMACTIVE = 3;
  public static  int loop = ALARMSLEEP;
```

```
public static boolean alarm = false;
public static Boolean busy = true;
```

Der Shutdown-Listener wurde in einer eigenen Klasse definiert. Alle anderen Listener befinden sich in der Hauptklasse und verarbeiten die Aktivitäten des Start-Tasters, Stopp-Tasters und des Bewegungsmelders und sind innere Klassen.

Der Bewegungsmelder wird durch die innere Klasse BewegungListener verarbeitet. Schauen Sie sich dazu das folgende Listing an. Zuerst wird geprüft, ob sich die Alarmanlage im Zustand ALARMACTIVE befindet und der Pegel am GPIO-Port im Zustand High ist. Trifft dies zu, wird zuerst die Variable loop der Endlosschleife, die die verschiedenen Zustände speichert, auf ALARMSLEEP eingestellt. Danach wird die Zeit festgelegt, nach der der POP3-Server nach eventuell empfangenen E-Mails abgefragt wird. Und zum Schluss wird dann noch die Alarmmeldung mit AlarmService.sendMessage gesendet.

```
public static class BewegungListener
                              implements GpioPinListenerDigital {
  @Override
  public void handleGpioPinDigitalStateChangeEvent(
                          GpioPinDigitalStateChangeEvent event) {
    GpioPin pin = event.getPin();
    PinState state = event.getState();
    if(state.isHigh() && loop == ALARMACTIVE){
      loop = ALARMSLEEP;
      commandMailCheck =
                      ScheduleUtil.activeForMinutes(mailCheck);
      AlarmService.sendMessage(props);
    }
  }
}
```

Die beiden inneren Klassen AlarmStartListener und AlarmStopListener verarbeiten die Start-Taste und Stopp-Taste. Beide machen nichts anderes, als die Alarmanlage entweder in den Zustand ALARMSTART oder ALARMSLEEP zu versetzen.

```
public static class AlarmStartListener
                              implements GpioPinListenerDigital {
  @Override
  public void handleGpioPinDigitalStateChangeEvent(
                          GpioPinDigitalStateChangeEvent event) {
    GpioPin pin = event.getPin();
    PinState state = event.getState();
    if(state.isHigh()){
      loop = ALARMSTART;
```

```
      }
    }
  }
  public static class AlarmStopListener
                            implements GpioPinListenerDigital {
    @Override
    public void handleGpioPinDigitalStateChangeEvent(
                        GpioPinDigitalStateChangeEvent event) {
      GpioPin pin = event.getPin();
      PinState state = event.getState();
      if(state.isHigh()){
        loop = ALARMSLEEP;
      }
    }
  }
```

In der main-Methode wird zuerst eine Instanz der Klasse AlarmProperties erzeugt, damit auf die Property-Datei Alarm.properties zugegriffen werden kann. Danach werden die benötigten GPIO-Ports deklariert und die Listener aktiviert.

```
  public static void main(String[] args) throws
                           InterruptedException, ParseException{
    AlarmProperties pService =
                         new AlarmProperties("Alarm.properties");
    props = pService.getProperties();
    beforeStart = props.getProperty("beforeStart").trim();
    mailCheck = props.getProperty("mailcheck").trim();
    final GpioController gpio = GpioFactory.getInstance();
    final GpioPinDigitalInput alarmStart =
                gpio.provisionDigitalInputPin(RaspiPin.GPIO_01,
                                  PinPullResistance.PULL_UP);
    final GpioPinDigitalInput alarmStop =
                gpio.provisionDigitalInputPin(RaspiPin.GPIO_02,
                                  PinPullResistance.PULL_UP);
    final GpioPinDigitalInput shutdown =
                gpio.provisionDigitalInputPin(RaspiPin.GPIO_03,
                                  PinPullResistance.PULL_UP);
    final GpioPinDigitalInput bewegungsmelder =
                gpio.provisionDigitalInputPin(RaspiPin.GPIO_04,
                                  PinPullResistance.PULL_UP);
    final GpioPinDigitalOutput led =
               gpio.provisionDigitalOutputPin(RaspiPin.GPIO_05);
```

```
    led.setShutdownOptions(true, PinState.LOW,
                                        PinPullResistance.OFF);
    Shutdown shutdownListener = new Shutdown(busy);
    shutdown.addListener(shutdownListener);
    bewegungsmelder.addListener(new BewegungListener());
    alarmStart.addListener(new AlarmStartListener());
    alarmStop.addListener(new AlarmStopListener());
```

Bevor es in die Endlosschleife geht, wird die Alarmanlage in den Anfangszustand ALARMSLEEP versetzt und mit `ScheduleUtil.activeForMinutes(mailCheck)` wird die Zeit in Minuten eingestellt, bis das nächste Mal der POP3-Server abgefragt wird.

Die Endlosschleife bleibt so lange aktiv, bis die Variable `busy` auf `false` gesetzt wird. Dies geschieht in dem Shutdown-Listener und wurde weiter oben schon beschrieben.

Schauen wir uns nun die vier Zustände der Alarmanlage an. Im Zustand ALARMSLEEP wird mit `scheduleCheckForLongTimeUse(commandMailCheck)` immer wieder geprüft, ob der POP3-Server abgefragt werden soll. Ist die Wartezeit abgelaufen, wird mit `AlarmService.isAlarmOnOff` nach einer E-Mail geschaut, die die Alarmanlage aktiviert. Wurde eine Aktivierungs-E-Mail gefunden, wird der ALARMSTART-Zustand eingestellt. Egal, ob eine E-Mail gefunden wurde, es wird immer wieder die Wartezeit neu eingestellt, bis der POP3-Server das nächste Mal abgefragt werden soll.

Im Zustand ALARMSTART wird mit `activeForMinutes(beforeStart)` die Zeit bestimmt, die die LED blinken soll, und dann der nächste Zustand ALARMWAIT eingestellt. Das Ein- und Ausschalten der LED erfolgt mit der Methode `led.toggle`, die den Port abwechselnd in den High- und Low-Zustand schaltet. Die LED blinkt dann im Rhythmus von einer Sekunde, da die Endlosschleife immer mit `Thread.sleep(1000)` angehalten wird.

Ist dann der Zustand ALARMACTIVE erreicht, wird auch hier geprüft, ob die Wartezeit für die Abfrage des POP3-Server abgelaufen ist. Die Abfrage des Servers erfolgt auch hier mit `AlarmService.isAlarmOnOff` und schaltet, wenn eine E-Mail zum Deaktivieren der Alarmanlage empfangen wurde, in den Zustand ALARMSLEEP zurück.

```
      loop = ALARMSLEEP;
      commandMailCheck =
                      ScheduleUtil.activeForMinutes(mailCheck);
      while(busy){
        switch (loop){
          case ALARMSLEEP:{
          if(!ScheduleService.scheduleCheckForLongTimeUse(
                                           commandMailCheck)){
            if(AlarmService.isAlarmOnOff(props, loop )){
              loop = ALARMSTART;
            }
            commandMailCheck =
            ScheduleUtil.activeForMinutes(mailCheck);
```

```
          }
          break;
        }
        case ALARMSTART:{
          commandBeforStart =
                    ScheduleUtil.activeForMinutes(beforeStart);
          led.toggle();
          loop = ALARMWAIT;
          break;
        }
        case ALARMWAIT:{
          led.toggle();
          if(!ScheduleService.scheduleCheckForLongTimeUse(
                                              commandBeforStart)){
            loop = ALARMACTIVE;
            led.low();
          }
          break;
        }
        case ALARMACTIVE:{
          if(!ScheduleService.scheduleCheckForLongTimeUse(
                                              commandMailCheck)){
            if(AlarmService.isAlarmOnOff(props, loop )){
              loop = ALARMSLEEP;
            }
            commandMailCheck = ScheduleUtil.activeForMinutes(
                                                     mailCheck);

          }//if
          break;
        }//switch
      }
      Thread.sleep(1000);
    }//while
  }//main
}
```

Bevor Sie das Programm starten, sollten Sie noch ein paar Dinge beachten. Bei WEB.DE war es zum Beispiel so, dass die E-Mails zum Aktivieren und Deaktivieren der Alarmanlage von WEB.DE als Spam-Mail eingestuft worden sind und diese in den Spam-Ordner verschoben wurden. Hierdurch wurden diese E-Mails von dem Programm nicht mehr gefunden. Um dieses Verhalten aufzuheben, können Sie eine Mail aus dem Spam-Ordner selektieren und über einen Menüpunkt bestimmen, dass diese E-Mail nicht mehr als Spam eingeordnet werden soll.

Bei anderen E-Mail-Providern können sich eventuell andere Probleme ergeben, so kann es durchaus vorkommen, dass Sie POP3 explizit aktivieren müssen, da die Webportale davon ausgehen, dass Sie Ihre E-Mails über das Portal abrufen und senden. Bei Problemen empfehle ich Ihnen, hier unbedingt den Debug-Modus in der Property-Datei einzuschalten.

Wenn der Raspberry Pi die E-Mails über Gmail senden und empfangen soll, müssen Sie sogar in den Sicherheitseinstellungen Ihres Gmail-Accounts die Nutzung von weniger sicheren Apps aktivieren. Google reicht hier das TLS-Protokoll nicht aus.

15.6 Autostart

Da wir den Raspberry Pi über den Shutdown-Taster der Alarmanlage hinunterfahren können, ist ein automatischer Start beim Hochfahren sinnvoll, da Sie die kleine Alarmanlage so durch Anlegen der Spannungsversorgung und Drücken des Start-Tasters aktivieren können. Sie brauchen also keine weiteren Komponenten zur Bedienung.

Um die Alarmanlage dem Autostart hinzuzufügen, tragen Sie die folgenden beiden Zeilen in die `rc.local` im Verzeichnis `/etc` ein.

```
cd /home/pi/JavaProgramme/Projekte/Raspberry_Pi_und_Java
sudo java -cp .:classes:/opt/pi4j/lib/'*':/home/pi/
                    JavaProgramme/Projekte/Raspberry_Pi_und_Java/
                    lib/JavaxMail/'*' raspi.projekte.kap15.Alarm
```

Hinweis

Beachten Sie bitte, dass der zweite Befehl in einer Zeile stehen muss, auch wenn dieser hier darstellungsbedingt auf drei Zeilen umbrochen wurde.

Die Bearbeitung der `rc.local` erfolgt wieder über den nano-Eeditor.

```
$ cd /etc
$ sudo nano rc.local
```

Zur Verdeutlichung können Sie sich Abbildung 15.5 anschauen. Dort sehen Sie auch, dass Sie die beiden Einträge vor dem `exit 0` eintragen müssen.

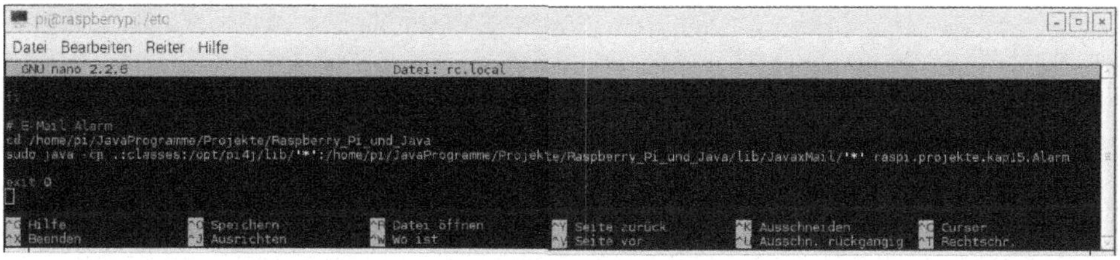

Abb. 15.5: Der Eintrag in die `rc.local` mit dem nano-Editor

Da die `rc.local` ein Shellscript ist, können Sie die vorgenommenen Einträge durch direktes Ausführen auf der Kommandozeile testen.

```
$ cd /etc
$ . rc.local
```

Script zum Starten der Anwendung

Script `kap15Alarm.sh`

beenden mit [Strg]+[C] oder ausschalten mit dem Shutdown-Taster

Der I²C-Bus

Der Raspberry Pi ist mit einem I²C-Bus ausgestattet und bietet so die Möglichkeit, auf eine Vielzahl der unterschiedlichsten Sensoren und I/O-Geräte zuzugreifen. Wie auch der SPI-Bus ist der I²C-Bus zum Ansteuern von Geräten mit kurzen Leitungszuführungen ausgelegt. Er hat aber gegenüber dem SPI-Bus den großen Vorteil, dass Sie an einen Bus bis zu 127 Geräte anschließen können. Also viel mehr, als für die meisten Projekte benötigt werden. Außerdem kommt er, wenn man von der Masse und Spannungsversorgung absieht, mit nur zwei Leitungen aus.

Der I²C-Bus arbeitet nach dem Master/Slave-Prinzip. Wobei der Master die Kontrolle auf dem Bus hat und entscheidet, mit welchem Gerät (Slave) er Daten austauschen möchte. In unserem Fall wird der Master immer durch den I²C-Bus des Raspberry Pi gestellt. In Abbildung 16.1 können Sie die Grundstruktur eines I²C-Bus mit dem Raspberry Pi als Master sehen.

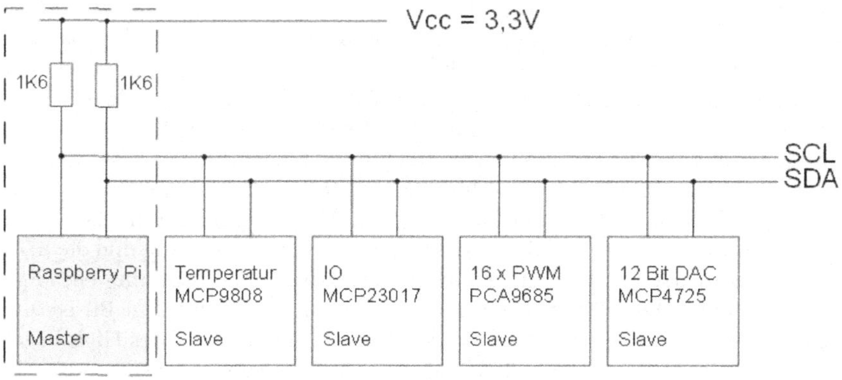

Abb. 16.1: Der I²C-Bus mit dem Raspberry Pi als Master

Wie in Abbildung 16.1 zu sehen ist, werden alle Geräte, die an dem Bus angeschlossen sind, über die beiden Leitungen SCL und SDA miteinander verbunden. Hierbei ist die SCL-Leitung die Taktleitung und die SDA-Leitung die Datenleitung. Beide Leitungen sind jeweils über einen Pull-up-Widerstand an die positive Spannungsversorgung angeschlossen. Je nach angeschlossenem Gerät liegen diese Widerstände zwischen 1 KΩ und 10 KΩ. In unserem Fall sind die beiden Widerstände mit 1,6 KΩ vorgegeben, da sie bereits auf dem Raspberry Pi installiert sind. Deshalb sehen Sie in Abbildung 16.1 auch die gestrichelte Linie um den I²C-Bus des Raspberry Pi und um die Pull-up-Widerstände.

Die Pull-up-Widerstände werden benötigt, da alle Geräte an dem I²C-Bus für die SCL- und SDA-Leitung je nach Technologie jeweils einen Open-Collector- oder Open-Drain-Ausgang besitzen. Wenn man von Bipolartransistoren an den Ausgängen ausgeht, sitzt an jedem Ausgang ein Transistor, dessen Collector nach außen geführt ist und mit der jeweiligen Bus-Leitung über den Pull-up-Widerstand mit 3,3 V verbunden ist. Der Emitter des Transistors ist im Gerät mit der Masse verbunden. Aus diesem Aufbau ergibt sich eine sogenannte Wired-AND-Schaltung, was bedeutet, dass sich alle Ausgangs-Transistoren der angeschlossenen Geräte im Sperrbetrieb befinden müssen, damit auf der Bus-Leitung ein High-Pegel erzeugt werden kann. Wird nur ein Ausgangs-Transistor durchgeschaltet, sinkt der Pegel auf der Leitung auf Low-Pegel, der ca. 0,4 V beträgt. Bei Geräten, die Sie an den Bus des Raspberry Pi anschließen, müssen Sie unbedingt darauf achten, dass diese auch mit einer Spannung von 3,3 V arbeiten.

Es ist möglich, dass es an einem I^2C-Bus auch mehrere Master gibt, die abwechselnd die Kontrolle über den Bus übernehmen. Ich werde Ihnen hier aber nur die Konstellation mit einem Master vorstellen.

Solange der Master nicht mit einem anderen Gerät kommuniziert, werden auf dem Bus keine Impulse gesendet und beide Leitungen haben High-Pegel. Sie liegen also beide auf 3,3 V. Erst wenn der Master mit einem Gerät kommunizieren möchte, erzeugt er auf der SCL-Leitung die Taktimpulse und legt synchron zu diesem Takt die Daten auf der SDA-Leitung. Um zu verstehen, wie das Datenprotokoll des I^2C-Bus aufgebaut ist, zeige ich Ihnen als Erstes alle Befehle des Datenprotokolls.

Die Einleitung einer Datenübertragung beginnt immer mit einem Start- und das Beenden der Übertragung immer mit einem Stopp-Befehl. Der Start-Befehl wird dadurch erzeugt, dass die SDA-Leitung vom Master von High-Pegel nach Low-Pegel gezogen wird, die SCL-Leitung während dieser Zeit aber auf High-Pegel bleibt. Bei dem Stopp-Befehl verhält sich die SDA-Leitung genau umgekehrt. Sie wechselt hier von Low-Pegel nach High-Pegel, während die SCL-Leitung konstant auf High-Pegel liegt. Diese beiden Befehle bilden bei der Übertragung eine Ausnahme, da sich hierbei der Pegel der SDA-Leitung ändert, während die SCL-Leitung auf High-Pegel liegt. Bei allen anderen Befehlen und Daten ist die Information nur gültig, wenn sich während des High-Pegels auf der SCL-Leitung der Pegel auf der SDA-Leitung nicht ändert. Schauen Sie sich dazu Abbildung 16.2 mit den beiden Befehlen an. Zwischen dem Start- und Stopp-Befehl pulsiert die SCL-Leitung und die SDA-Leitung stellt in diesem Bereich während des High-Pegels auf der SCL-Leitung ein High- oder Low-Pegel auf der SDA-Leitung bereit und übergibt so Bit für Bit. Ein Bit ist aber immer nur dann gültig, wenn sich der Pegel auf der SDA-Leitung während des High-Pegels auf der SCL-Leitung nicht ändert. In Abbildung 16.2 sehen Sie über dem Kästchen BIT den Impuls auf der SCL-Leitung und darunter einen Pegelverlauf auf der SDA-Leitung. Im Diagramm sind mögliche Pegel für High- und Low-Zustände auf der SDA-Leitung übereinander gezeichnet. Dies soll nur symbolisieren, dass hier beide Zustände möglich sind.

Nachdem der Master mit dem Start-Befehl die Kommunikation eingeleitet hat, folgt anschließend eine 7 Bit lange Adresse, womit der Master einen Slave adressiert. Aus diesen 7 Bit resultiert auch die maximale Anzahl von 127 Slave-Geräten an einem I^2C-Bus. Es gibt aber mittlerweile auch eine erweiterte Spezifikation, mit der mehr Geräte angeschlossen werden können. Diese möchte ich hier aber nicht vorstellen. Das dann folgende achte Bit gibt an, ob der Master in den Slave schreiben oder lesen möchte. Mit einer 1 (High-Pegel) gibt der Master an, dass er lesen, und mit einer 0 (Low-Pegel) gibt er an, dass er schreiben möchte. Wenn der Slave die 8 Bit empfangen hat, quittiert er dies mit dem ACK-Befehl (Acknowledge), indem er die SDA-Leitung nach dem Schreib-/Lese-Bit auf Low-Pegel zieht. Dadurch weiß der Master, dass die Übertragung funktioniert hat, und kann weitere Daten oder Befehle übertragen. Das Erzeugen des ACK-Befehls wird immer durch den Empfänger ausgeführt, egal ob der Empfänger der Slave oder der Master ist.

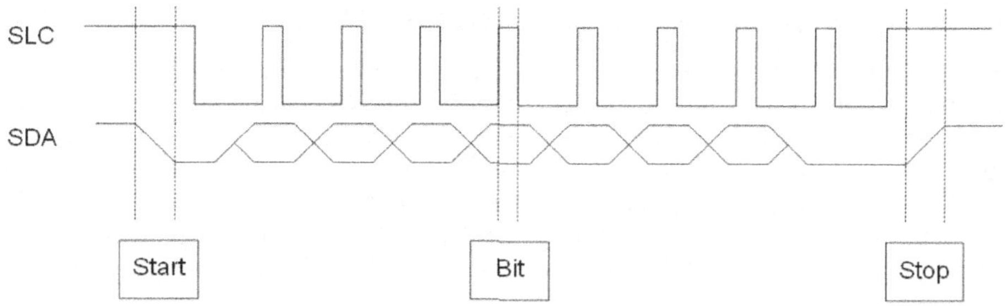

Abb. 16.2: Der Start- und Stopp-Befehl

In Abbildung 16.3 ist zu sehen, wie der Master einen Slave mit der Adresse 0011011 = 27 adressiert und durch Setzen des Schreib-/Lese-Bits auf 1 dem Slave mitteilt, dass er Daten lesen möchte. Der Slave reagiert daraufhin mit dem ACK-Befehl und signalisiert dem Master, dass 8 Bits gelesen werden konnten.

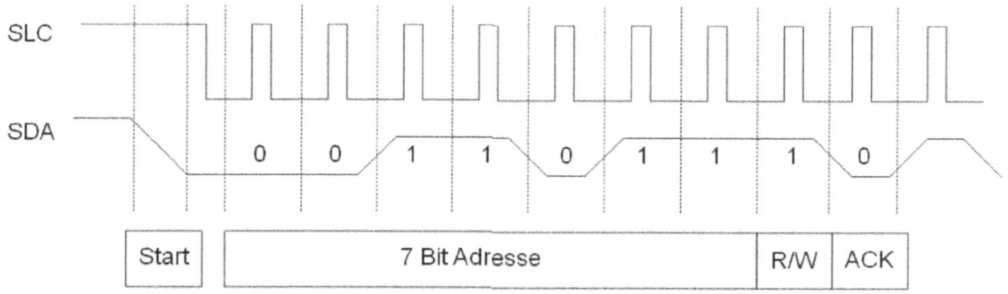

Abb. 16.3: Adressierung eines Slave durch den Master

Es gibt aber auch die Fälle, in denen der Master eine 7-Bit-Adresse auf den Bus legt, die aber nicht existiert. Es kann somit kein Slave die SDA-Leitung auf Low-Pegel ziehen und die SDA-Leitung bleibt auf High-Pegel. Der so erzeugte Pegel nach dem achten Bit wird NACK (Not Acknowledge) genannt. Also keine Bestätigung. Der Master muss auf den NACK-Befehl entsprechend reagieren und die weitere Übertragung abbrechen. Ein NACK wird aber nicht nur bei einer falschen Adresse, sondern auch immer dann erzeugt, wenn der Slave nicht direkt reagieren kann, weil er zum Beispiel noch Daten aus vorherigen Übertragungen verarbeiten muss. Oder wenn im Master die Taktgeschwindigkeit zu hoch für den Slave gewählt worden ist.

Es ist grundsätzlich immer so, dass der Master auswählt, mit welchem Slave er reden möchte. Der Master bestimmt auch immer, ob er von einem Slave lesen oder darauf schreiben möchte. Außerdem muss das empfangende Gerät nach 8 Bit den Empfang mit einem ACK quittieren.

Die Adresse eines Slave-Geräts besteht meist aus zwei Teilen. Hierbei sind die höherwertigen Bits der Adresse oft vorgegeben und können nicht verändert werden. Die niederwertigen Bits können dagegen durch Anlegen von High- und Low-Pegeln an den dafür vorgesehenen Eingängen des ICs frei gewählt werden. Es gibt aber auch I²C-Geräte, bei denen die Adresse über Befehle verändert werden kann.

Viele I²C-Geräte arbeiten mit Registern, in die Daten geschrieben oder aus denen Daten gelesen werden können. Ganz einfache Geräte besitzen nur ein Register, das direkt angesprochen werden kann. Sobald ein Gerät aber mehr als ein Register besitzt, muss ihm zuerst mitgeteilt werden, in welches Register geschrieben oder aus welchem Register gelesen werden soll. Anhand von Beispielen zeige ich Ihnen, welche Möglichkeiten es dazu gibt. Zur besseren Übersicht stelle ich die Übertragung der einzelnen Bits aber nicht mehr als Pegeldiagramm, sondern in Blöcken dar, die die einzelnen Befehle und Daten darstellen.

Symbol	Erklärung
START	Start-Befehl (Master)
STOP	Stopp-Befehl (Master)
ACK	Quittierung (Acknowledge; Master oder Slave)
NACK	Keine Quittierung. Wird auch vom Master erzeugt, wenn er die gewünschte Anzahl von Bytes gelesen hat (Not Acknowledge; Master oder Slave).
7BitAdr	Lese-Bit (Master)
W	Schreib-Bit (Master)
7BitAdr	7 Bit lange Slave-Adresse (Master)
8BitDat	8 Bit langes Daten-Byte (Master oder Slave)
8BitReg	8 Bit lange Registeradresse (Master) Hiermit wird meist angegeben, in welches Register geschrieben werden soll. Wie dieses Byte interpretiert wird, liegt am Slave.
	Hintergrundfarbe, wenn der Befehl durch den Slave erzeugt wird.
	Hintergrundfarbe, wenn der Befehl durch den Master erzeugt wird.

Tabelle 16.1: Befehle und Daten auf dem I²C-Bus

Als Erstes sehen Sie die Befehlsfolge für das Schreiben eines Bytes vom Master in ein Slave-Gerät. Hierbei erzeugt nur der Slave das ACK zur Quittierung der Daten.

START	7BitAdr	W	8BitDat	ACK	STOP

Zur Übertragung von beliebig vielen 8-Bit-Daten werden die Daten hintereinander auf den Bus gelegt. Der Slave quittiert nach jedem Byte. In dem folgenden Beispiel werden drei

Byte an den Slave gesendet. Dies wird zum Beispiel bei I^2C-Geräten benutzt, die einen ein Byte großen Registerzeiger haben und wo die Register selber zwei Byte lang sind. Das erste Byte gibt somit an, auf welches Register gezeigt werden soll, und die beiden folgenden Bytes enthalten den Inhalt des Registers.

START	7BitAdr	W	8BitDat	ACK	8BitDat	ACK	8BitDat	ACK	STOP	

Kommen wir nun zum Lesen eines Bytes vom Slave. Diese Operation wird meist bei ganz einfachen Geräten ausgeführt, bei denen vorher nicht bestimmt werden muss, aus welchem Register die Daten gelesen werden sollen. In diesem Fall signalisiert der Master nach dem Erhalt der Daten mit einem NACK-Befehl, dass er keine weiteren Daten mehr entgegennehmen möchte.

START	7BitAdr	R	8BitDat	NACK	STOP

Hat das I^2C-Gerät mehrere Register, muss der Master zuerst den Registerzeiger auf das gewünschte Register stellen. Er führt also zuerst eine Schreiboperation durch und liest danach das gewünschte Register aus. Da in einer Befehlsfolge nicht so einfach zwischen dem Lesen und Schreiben gewechselt werden kann, muss hier zuerst der Slave zum Schreiben adressiert und der Registerzeiger gesetzt werden. Im zweiten Schritt wird der Slave zum Lesen adressiert und der Master liest das voreingestellte Register aus. Zwischen diesen beiden Aktionen wird aber vom Master kein Stopp-Befehl gesendet, sondern es wird direkt der zweite Start-Befehl mit Adresse und dem Lese-Bit übertragen. Man nennt dies auch einen Restart. Es folgen also zwei oder mehrere Start-Befehle hintereinander, ohne dass dazwischen ein Stopp-Befehl gesendet wurde. Auch hier signalisiert der Master nach dem letzten empfangenen Byte durch den NACK-Befehl, dass keine weiteren Daten entgegengenommen werden.

START	7BitAdr	W	8BitDat	ACK	START	7BitAdr	R	8BitDat	ACK
8BitDat	NACK	STOP							

16.1 Den I^2C-Bus einrichten

Damit Sie den I^2C-Bus auf dem Raspberry Pi nutzen können, müssen Sie die entsprechenden Kernel-Module laden. Diese sind zwar schon im Rasbian-Image enthalten, müssen aber noch entsprechend gestartet werden.

Der einfachste Weg, den I^2C-Bus zu aktivieren, ist über das Konfigurationswerkzeug `raspi-config`.

```
$ sudo raspi-config
```

In `raspi-config` navigieren Sie in den Punkt 8 Advanced Options und von dort aus in den Menüpunkt A7 I^2C. Dort werden Sie zuerst gefragt, ob Sie den I^2C-Bus freigeben möchten und ob die Treiber beim Starten des Raspberry Pi automatisch geladen werden sollen. Nachdem Sie beides freigegeben haben, beenden Sie `raspi-config` und booten den Raspberry Pi neu. Falls der Weg über `raspi-config` bei Ihrem Image nicht funktioniert, zeige ich Ihnen auch, wie Sie die notwendigen Änderungen manuell durchführen können. Hierzu müssen Sie drei Dateien editieren.

Beginnen Sie mit der Datei `modules` im Verzeichnis `/etc`. In diese Datei werden die Kernel-Module eingegeben, die beim Start des Raspberry Pi automatisch gestartet werden sollen. Öffnen Sie hierzu `modules` mit dem `nano`-Editor und `root`-Rechten.

```
$ cd /etc
$ sudo nano modules
```

In `modules` müssen Sie die beiden folgenden Zeilen eintragen.

```
i2c-bcm2708
i2c-dev
```

Es kann aber auch sein, dass beide Zeilen schon existieren, aber mit # auskommentiert sind. In diesem Fall löschen Sie das Kommentarzeichen # am Anfang der Zeile. Speichern Sie die Änderungen dann mit [Strg]+[X], [Y] und [↵].

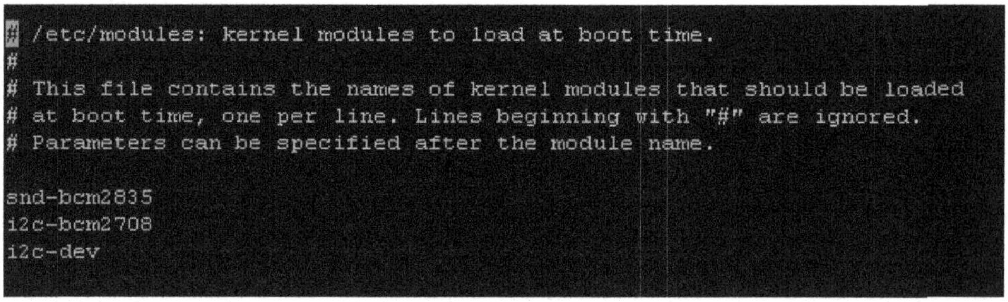

Abb. 16.4: Die Datei `/etc/modules` editieren

Anschließend editieren Sie die Datei `raspi-blacklist.conf` aus dem Verzeichnis `/etc/modprobe.d`. Je nach Image-Version kann es auch sein, dass diese Datei nicht existiert. In diesem Fall brauchen Sie hier dann auch keine Änderungen vorzunehmen.

```
$ cd /etc/modprobe.d
$ sudo nano raspi-blacklist.conf
```

Wenn diese Datei vorhanden ist und Sie dort den Eintrag `blacklist i2c-bcm2708` finden, kommentieren Sie die Zeile mit # aus. Es kann aber auch sein, dass diese Datei leer ist. Sie brauchen dann nichts einzutragen.

Alle Module, die in dieser Datei aufgeführt sind und **nicht** auskommentiert sind, werden **nicht** geladen.

```
#blacklist i2c-bcm2708
```

Wenn Sie im Verzeichnis /boot die Datei config.txt finden, müssen Sie diese auch editieren. Öffnen Sie die Datei wieder mit nano und root-Rechten.

```
$ cd /boot
$ sudo nano config.txt
```

In der config.txt können Sie Parameter für den I²C-Bus setzen. Die folgende Zeile muss aktiviert werden, indem Sie das # vor der Zeile entfernen.

```
dtparam=i2c_arm=on
```

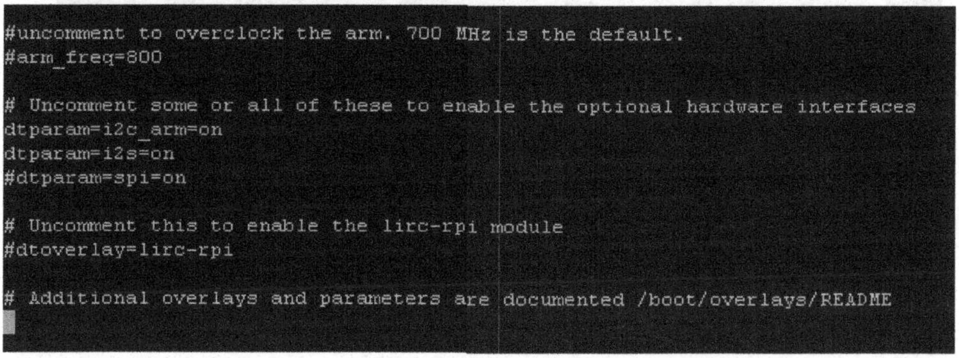

```
#uncomment to overclock the arm. 700 MHz is the default.
#arm_freq=800

# Uncomment some or all of these to enable the optional hardware interfaces
dtparam=i2c_arm=on
dtparam=i2s=on
#dtparam=spi=on

# Uncomment this to enable the lirc-rpi module
#dtoverlay=lirc-rpi

# Additional overlays and parameters are documented /boot/overlays/README
```

Abb. 16.5: Die Datei /boot/config.txt editieren

Nachdem Sie alle Änderungen vorgenommen haben, booten Sie den Raspberry Pi.

```
$ sudo reboot
```

Ich empfehle Ihnen, die i2c-tools zu installieren, da diese Tools gute Dienste bei der Fehlersuche leisten. Geben Sie dazu die folgende Zeile ein.

```
$ sudo apt-get install i2c-tools
```

Nach der Installation können Sie zum Beispiel mit dem Befehl i2cdetect alle I²C-Geräte anzeigen lassen, die Sie an den Raspberry Pi angeschlossen haben.

```
$ i2cdetect -y 1
```

Beachten Sie bitte, dass sich auf dem Raspberry Pi zwei I²C-Busse befinden. Auf den Pins 3 und 5 ist der Bus 1 aufgelegt. Nur bei Boards der Modelle A und B mit der Revision 1 liegt auf diesen Pins der Bus 0.

Wenn Sie ein I^{2}C-Gerät an den Raspberry Pi angeschlossen haben und mit

```
$ i2cdetect -y 1
```

kein Gerät angezeigt bekommen, könnte es sein, dass Sie ein Board der Revision 1 haben. Sie sollten dann mit

```
$ i2cdetect -y 0
```

mehr Erfolg haben.

In Abbildung 16.6 sehen Sie, dass auf dem I^{2}C-Bus 1 ein Gerät mit der Adresse hexadezimal 18 angeschlossen ist.

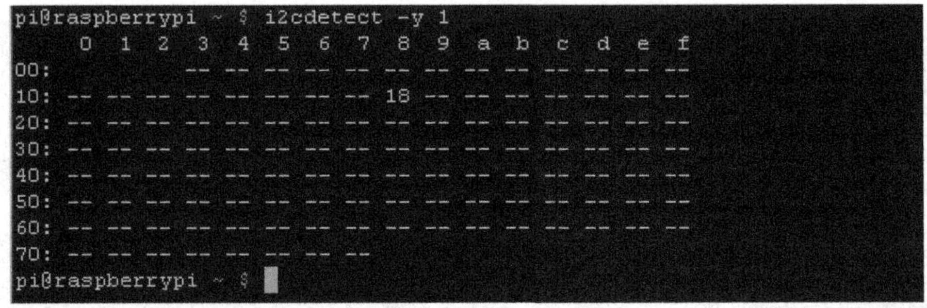

Abb. 16.6: Die Ausgabe von `i2cdetect`

16.2 Den I^{2}C-Bus mit Pi4j steuern

Schauen Sie sich nun an, wie Sie den I^{2}C-Bus mit der Java-Bibliothek Pi4J steuern können. Alle erforderlichen Klassen, die Sie für die Ansteuerung von I^{2}C-Geräten benötigen, liegen in dem Package `com.pi4j.io.i2c`.

Um eine Geräteinstanz zu erhalten, müssen Sie über die statische Methode `I2CFactory.getInstance` eine Instanz der Klasse `I2CBusImpl`, die das Interface `I2CBus` implementiert, erzeugen. Mit der Konstanten `BUS_0` oder `BUS_1` können Sie bestimmen, welchen Bus des Raspberry Pi Sie verwenden. Wie im letzten Abschnitt beschrieben, liegt außer bei Revision-1-Boards der Modelle A und B der Bus 1 auf der 26- beziehungsweise 40-poligen Steckerleiste.

```
I2CBus bus1 = I2CFactory.getInstance(I2CBus.BUS_1);
```

Da an einem I^{2}C-Bus mehrere Slave-Geräte hängen können, müssen Sie über die Adresse des Geräts eine `I2CDevice`-Instanz erzeugen. Achten Sie aber darauf, dass das `I2CDevice` als final deklariert wird.

```
public final I2CDevice dev;
dev = bus1.getDevice(0x18);
```

Über die so erzeugte Instanz können Sie dann lesend und schreibend auf das Gerät zugreifen. Mit dem folgenden Befehl schreiben Sie zum Beispiel auf das Gerät mit der hexadezimalen Adresse 18 den Byte-Wert `16 = 0b0001_0000` auf das Gerät.

```
dev.write(0b0001_0000);
```

Die Pi4J-Bibliothek stellt vier Methoden zum Schreiben und vier Methoden zum Lesen bereit. Alle Methoden erzeugen im Fehlerfall eine `IOException`, die Sie bei der Verwendung der Methoden abfangen müssen. In der folgenden Tabelle habe ich alle Methoden mit einer kurzen Erklärung aufgelistet.

`write(byte b);` Schreibt einen Byte-Wert. START 7BitAdr W 8BitDat ACK STOP
`write(byte[] buffer, int offset, int size);` Schreibt die mit `size` angegebene Anzahl Bytes aus dem Array `buffer` ab der Position `offset` zum Gerät. Der Index für `offset` beginnt bei 0. START 7BitAdr W 8BitDat ACK 8BitDat ACK ··· STOP
`write(int reg, byte b);` Schreibt einen Byte-Wert in das Register `reg`. START 7BitAdr W 8BitReg ACK 8BitDat ACK STOP
`write(int reg, byte[] buffer, int offset, int size);` Schreibt in das Register `reg` die mit `size` angegebene Anzahl Bytes aus dem Array `buffer` ab der Position `offset` zum Gerät. Der Index für `offset` beginnt bei 0. START 7BitAdr W 8BitReg ACK 8BitDat ACK 8BitDat ACK 8BitDat ··· ACK STOP
`int read();` Liest einen Byte-Wert von dem I²C-Gerät. Der Rückgabewert liegt zwischen 0 und 255. Im Fehlerfall wird ein negativer Wert zurückgegeben. START 7BitAdr R 8BitDat NACK STOP
`int read(byte[] buffer, int offset, int size);` Liest die mit `size` angegebene Anzahl Bytes und schreibt diese ab der Position `offset` in das Array `buffer`. Die Methode gibt die Anzahl der gelesenen Bytes zurück. START 7BitAdr R 8BitDat ACK 8BitDat ACK ··· NACK STOP

Tabelle 16.2: I²C-Methoden der Pi4J-Bibliothek

`int read(int reg);` Liest einen Byte-Wert aus dem Register `reg` von dem I^2C-Gerät. Der Rückgabewert liegt zwischen 0 und 255. Im Fehlerfall wird ein negativer Wert zurückgegeben. START 7BitAdr W 8BitReg ACK START 7BitAdr R 8BitDat NACK STOP
`int read(int reg, byte[] buffer, int offset, int size);` Liest aus dem Register `reg` die mit `size` angegebene Anzahl Bytes und schreibt diese ab der Position `offset` in das Array `buffer`. Die Methode gibt die Anzahl der gelesenen Bytes zurück. START 7BitAdr W 8BitReg ACK START 7BitAdr R 8BitDat ACK 8BitDat ACK ··· STOP
`int read(byte[] writeBuffer, int writeOffset, int writeSize, byte[] readBuffer, int readOffset, int readSize);` Diese Methode schreibt und liest die angegebene Anzahl an Bytes zum und von einem I^2C-Gerät. START 7BitAdr R 8BitDat ACK 8BitDat ACK ··· 8BitDat NACK STOP START 7BitAdr W 8BitDat ACK 8BitDat ACK ··· 8BitDat ACK STOP

Tabelle 16.2: I^2C-Methoden der Pi4J-Bibliothek (Forts.)

Machen Sie sich noch mal bewusst, dass bei allen `read`-Methoden, die aus einem bestimmten Register eines I^2C-Geräts lesen, vorher eine Schreiboperation erfolgt, die die Registeradresse zum I^2C-Gerät sendet.

16.3 Eine Hilfsklasse für I^2C-Geräte

In dem Package `raspi.hardware.i2c` habe ich die Klasse `I2C` angelegt, die eine ganze Reihe von Methoden bereitstellt, die Ihnen den Umgang mit I^2C-Geräten erleichtern soll. Sie finden dort keinen Quellcode für bestimmte Geräte, sondern Schreib- und Leseoperationen, die in der Lage sind, einzelne Bits in einem Gerät zu verändern. Die Klasse ist dafür gedacht, dass von ihr Klassen abgeleitet werden, die ein bestimmtes I^2C-Gerät implementieren sollen.

Schauen Sie sich nun die Klasse `I2C` an. Dem Konstruktor wird ein `I2CDevice`-Objekt übergeben. Dies wird benötigt, damit auf das I^2C-Gerät geschrieben und daraus gelesen werden kann.

```
package raspi.hardware.i2c;
```

```
import  com.pi4j.io.i2c.*;
import  java.io.IOException;

public class I2C{
  public final I2CDevice dev;
  public I2C(final I2CDevice dev){
    this.dev = dev;
  }
```

Die Methode `setBit` setzt in dem übergebenen Wert `reg` an einer bestimmten Position das Bit auf den Wert, der durch `level` übergeben wurde. Der Wert von `level` darf hier nur den Wert 1 oder 0 haben. Die Position wird durch eine Bitmaske vorgegeben.

Ein Beispiel soll dies verdeutlichen. Wenn `reg` den Wert `0b0001_0000` hat und das sechste Bit von `reg` auch auf 1 gesetzt werden soll, muss die Bitmaske den Wert `0b0010_0000` haben. Es müssen also alle Bits, außer dem zu ändernden Bit, auf 0 stehen. Mit `level` = 1 wird dann noch angegeben, dass das sechste Bit auf 1 gesetzt werden soll. Der Rückgabewert ist dann `0b0011_0000`.

Die Methode `getBit` hat genau die entgegengesetzte Funktion. Sie gibt als Rückgabewert den Bitwert von `reg` an der durch `bitpos` definierten Stelle zurück. Möchten Sie den Bitwert von `reg` an der dritten Stelle bekommen, so muss `bitpos` den Wert `0b0000_0100` haben. `getBit` gibt nur die Werte 0 und 1 zurück.

```
    public int setBit(int reg, int bitpos, int level){
      if(level == 0){
        reg =  reg & (~bitpos);
      }else if(level == 1){
        reg =  reg | bitpos;
      }
      return reg;
    }
    public int getBit(int reg, int bitpos){
      if( (reg | bitpos) == reg){
        return 1;
      }else{
        return 0;
      }
    }
```

Die Methode `isBit` funktioniert wie `getBit` und `setBit`. Sie gibt den Wert `true` zurück, wenn das vorgegebene Bit in `reg` gesetzt ist.

```
    public boolean isBit(int reg, int bitpos){
      int val = getBit(reg, bitpos);
```

```
    if(val == 1){
      return true;
    }else{
      return false;
    }
  }
```

Mit read lesen Sie aus dem Register reg eines I²C-Geräts einen Byte-Wert. Der zurückgegebene Wert liegt zwischen 0 und 255. Ein negativer Rückgabewert zeigt einen Lesefehler an. Mit der Methode write schreiben Sie in das Register reg eines I²C-Geräts den Wert val. Die Methode gibt 1 zurück, wenn der Schreibvorgang erfolgreich war. Im Fehlerfall wird -1 zurückgegeben.

```
  public int read(int reg){
    try{
      return dev.read(reg);
    }catch(IOException ex){
      System.out.println(
              "Lesefehler von I2C-Gerät aus Register: " + reg);
      System.out.println(ex.toString());
      return -1;
    }
  }
  public int write(int reg, byte val){
    try{
      dev.write(reg, val);
      return 1;
    }catch(IOException ex){
      System.out.println(
              "Schreibfehler nach I2C-Gerät nach Register: "
               + reg + " und Wert: " + val);
      System.out.println(ex.toString());
      return -1;
    }
  }
```

Mit der Methode readArray lesen Sie aus dem Register reg eines I²C-Geräts die Anzahl Bytes, die durch size vorgegeben ist. Die gelesenen Werte werden in das übergebene Byte-Array array geschrieben. Dieses Byte-Array ist auch der Rückgabewert der Methode.

Mit writeArray schreiben Sie in das Register reg eines I²C-Geräts die durch size vorgegebene Anzahl Bytes. Die Byte-Werte kommen aus dem übergebenen Array und werden ab dem Index 0 übergeben.

```
public byte[] readArray(int reg, byte[] array, int size ){
  try{
    int count = dev.read(reg, array, 0, size);
    if(count == size){
      return array;
    }else{
      System.out.println("Lesefehler! Es wurden nicht so
        viele Bytes zurückgegeben, wie angefordert wurden!");
      System.out.println( count + " <> " + size);
      return array;
    }
  }catch(IOException ex){
    System.out.println("Lesefehler von I2C-Gerät aus
                                     Register: " + reg);
    System.out.println(ex.toString());
    array[0] = 0;
    return array;
  }
}
public int writeArray(int reg, byte[] array, int size ){
  try{
    dev.write(reg, array, 0, size);
    return 1;
  }catch(IOException ex){
    System.out.println("Schreibfehler nach I2C-Gerät nach
                                     Register: " + reg);
      System.out.println(ex.toString());
    return -1;
  }
}
```

`readPin` liest das Register `reg` eines I²C-Geräts und gibt den Bitwert, der durch die Bitmaske `bitpos` vorgegeben wird, zurück. Im Fehlerfall wird -1 zurückgegeben.

Die Methoden `isHigh` und `isLow` funktionieren ähnlich, sie geben aber `true` oder `false` zurück, statt 1 und 0.

```
public int readPin(int reg, int bitpos){
  int regVal;
  regVal = read(reg);
    if(regVal != -1){
        return getBit(regVal, bitpos);
```

```
        }else{
            return -1;
        }
    }

    public boolean isHigh(int reg, int bitpos){
      int val = readPin(reg, bitpos);
      if(val == 1){
      return true;
    }else if(val == 0){
      return false;
    }
    return false;
  }
    public boolean isLow(int reg, int bitpos){
        if(isHigh(reg, bitpos)){
            return false;
        }
        return true;
    }
```

Die Methode `configPin` ist überladen. Sie liest von dem I²C-Gerät das Register `reg` und ändert an der Stelle `bitpos` den Bitwert auf `level` und schreibt die Daten wieder in das Register `reg` des I²C-Geräts. Die zweite Variante von `configPin` holt den Inhalt des Registers `regRead`, manipuliert das gewünschte Bit und schreibt das Ergebnis in das Register `regWrite`.

Die Methode `configPinToggle` arbeitet wie `configPin`, invertiert aber das gewünschte Bit. Alle drei Methoden geben den Schreibstatus als Rückgabewert zurück, der 1 ist, wenn das Schreiben funktioniert hat, und -1 im Fehlerfall.

```
    public int configPin(int reg, int level, int bitpos){
      int regVal = read(reg);
      if(regVal != -1){
        regVal = setBit(regVal, bitpos, level);
        return write(reg, (byte)regVal);
      }else{
        return -1;
      }
    }
    public int configPin(int regRead, int regWrite, int level,
                                                    int bitpos){
      int regVal = read(regRead);
```

```
    if(regVal != -1){
      regVal = setBit(regVal, bitpos, level);
      return write(regWrite, (byte)regVal);
    }else{
      return -1;
    }
  }
  public int configPinToggle(int regRead, int regWrite,
                                                   int bitpos){
      int regVal = read(regRead);
      if(regVal != -1){
          if(getBit(regVal, bitpos)== 1){
              regVal = setBit(regVal, bitpos, 0);
          }else{
              regVal = setBit(regVal, bitpos, 1);
          }
          return write(regWrite, (byte)regVal);
      }else{
          return -1;
      }
  }
```

Die Klasse I2C können Sie selber erweitern. Sie sollten aber darauf achten, dass Sie keinen geräteabhängigen Funktionen implementieren, da diese in den abgeleiteten Klassen erfolgen.

16.4 Der Temperatursensor MCP9808

Nach den ersten Vorbereitungen soll nun die Implementierung für ein I²C-Gerät erfolgen. Ich habe dafür den Temperatursensor MCP9808 gewählt, da dieser Sensor neben dem einfachen Abfragen der Umgebungstemperatur noch weitere Funktionen bereithält. Dazu zählt zum Beispiel der Alert-Ausgang des Sensors, mit dem der Sensor selber auf einen Temperaturbereich eingestellt werden kann und mit dem er beim Verlassen dieses Bereiches an seinem Alert-Ausgang einen Pegelwechsel durchführt. Legt man diesen Ausgang auf einen Pin am GPIO-Port des Raspberry Pi, kann man diesen Pegelwechsel mit einem GPIO-Listener auswerten.

Da der MCP9808 in einem SMD-Gehäuse untergebracht ist, fällt der Testaufbau auf einem Steckbrett eher kompliziert aus. Aus diesem Grunde habe ich den MCP9808 bei der Firma Adafruit erworben, die den Sensor fertig verlötet auf einer kleinen Platine anbietet. In Abbildung 16.7 sehen Sie den Testaufbau mit dem Raspberry Pi und dem Sensor-Board auf einem Steckbrett.

Abb. 16.7: Der Temperatursensor MCP9808 und der Raspberry Pi

In Abbildung 16.8 sehen Sie den Schaltplan, der zeigt, wie das Board an den Raspberry Pi angeschlossen wird. Es ist zu erkennen, dass sich noch fünf Widerstände auf dem Board befinden, deren Funktion ich kurz erläutern möchte.

Die Widerstände R1 und R2 sind Pull-up-Widerstände, die auf jedem I²C-Bus vorhanden sein müssen. In Verbindung mit dem Raspberry Pi werden diese Widerstände aber nicht mehr benötigt, da auf ihm schon zwei 1,6-kΩ-Pull-up-Widerstände untergebracht sind. Die Widerstände liegen also parallel und bilden jeweils einen Gesamt-Widerstand von 1,38 kΩ.

$$10\ \text{k}\Omega_{\text{SensorBoard}} \parallel 1{,}6\ \text{k}\Omega_{\text{RaspberryPi}} = 1{,}38\ \text{k}\Omega$$

Da die Pull-up-Widerstände an einem I²C-Bus im Bereich von 1 kΩ bis 10 kΩ liegen sollten, ist der Wert von 1,38 kΩ akzeptabel.

An den Eingängen A0, A1 und A2 des MCP9808 liegen Pull-down-Widerstände, die ohne eine äußere Beschaltung alle drei Eingänge auf Low-Pegel ziehen. Die Pegel an diesen Eingängen bestimmen den niederwertigen Teil der 7 Bit langen I²C-Bus-Adresse des Sensors. Liegen die Eingänge A0, A1 und A2 auf Low-Pegel, so hat der Sensor die Adresse 24, was einem hexadezimalen Wert von 18 entspricht. Liegen alle Eingänge auf High-Pegel, so hat der Sensor die Adresse 31 beziehungsweise hexadezimal 1F. Durch die Belegung der drei Eingänge kann der Sensor also Adressen von 24 bis einschließlich 31 haben. Somit können Sie acht Temperatursensoren, denen Sie allen eine andere Adresse zugewiesen haben, an den Bus anschließen.

A6	A5	A4	A3	**A2**	**A1**	**A0**
64	32	16	8	4	2	1
0	0	1	1	x	x	x

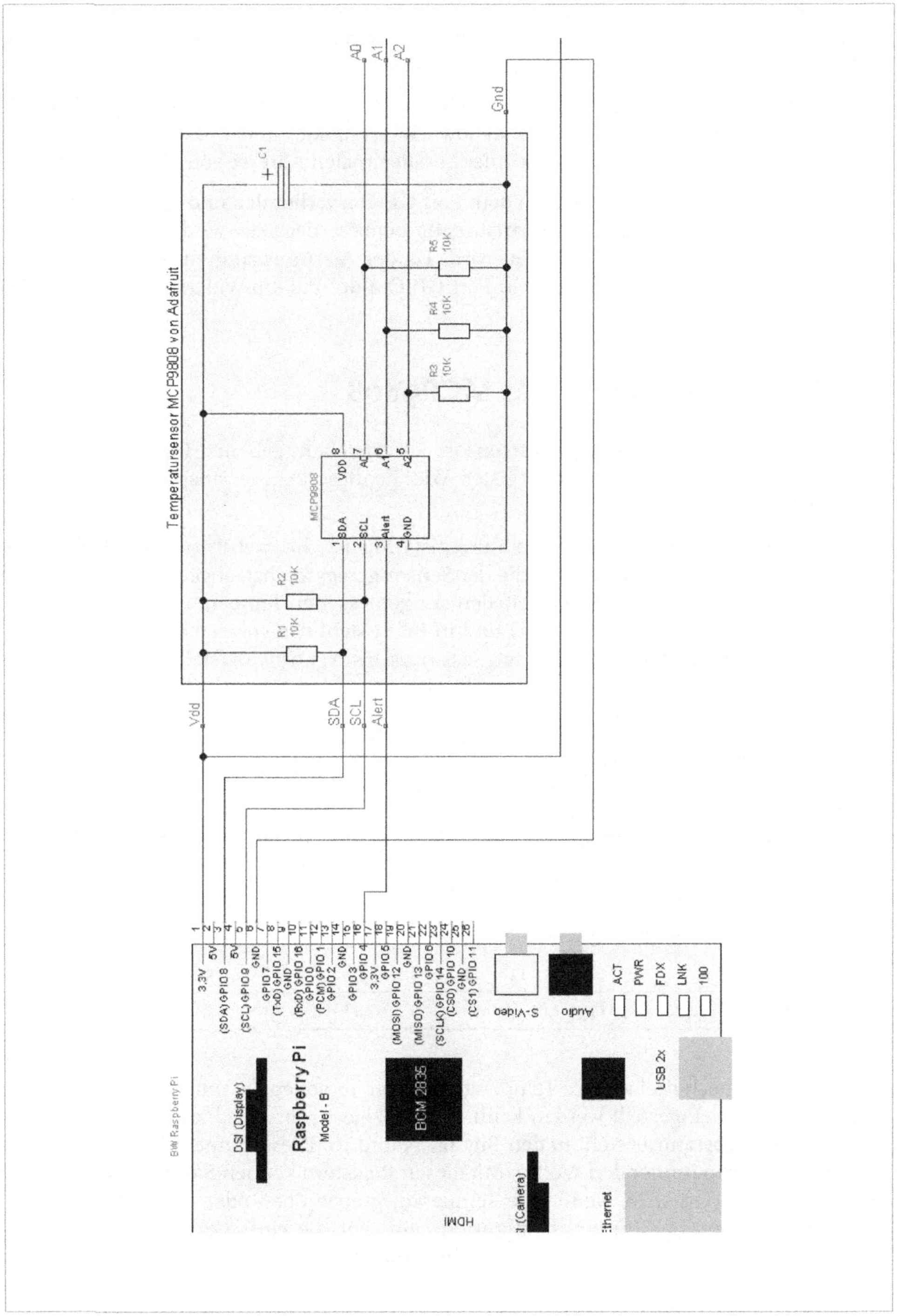

Abb. 16.8: Das Board MCP9808 von Adafruit an den Raspberry Pi anschließen

Immer, wenn Sie mehrere Geräte an dem I^2C-Bus angeschlossen haben, müssen Sie darauf achten, dass es keine Kollision mit Adressen gibt. Dies gilt natürlich auch dann, wenn Sie unterschiedliche Geräte an einem Bus angeschlossen haben.

Im Schaltplan sehen Sie, dass der Eingang A1 an 3,3 V gelegt wurde. Die beiden anderen Eingänge A0 und A2 liegen über die Pull-down-Widerstände auf 0 V. Daraus ergibt sich für den Sensor die Adresse 0011010, was einer hexadezimalen Adresse von 1A entspricht.

Der Alert-Ausgang des Sensors ist mit dem Port GPIO 4 verbunden und hat nichts mit dem I^2C-Bus zu tun. Er wird hier als Alarmausgang benutzt, der aktiv wird, wenn ein voreingestellter Temperaturbereich verlassen wird. Da der Alert-Ausgang ein Open-Drain-Ausgang ist, muss im Raspberry Pi für den Port GPIO 4 der Pull-up-Widerstand eingeschaltet werden.

16.5 Die Arbeitsweise des MCP9808

Um die Arbeitsweise des Temperatursensors zu verstehen, gebe ich Ihnen zuerst einen Überblick über die verschiedenen Register. Wie Sie diese Register ansprechen, werde ich Ihnen danach erklären.

Beginnen wir zuerst mit dem Temperaturregister. Es ist ein zwei Byte langes Register, in dem die Umgebungstemperatur T_A, die der Sensor gemessen hat, abgelegt wird. Die Bits 1 bis 4 repräsentieren die Nachkommastellen der gemessenen Temperatur. In den Bits 5 bis 12 stehen die Stellen vor dem Komma und in Bit 13 steht das Vorzeichen der Temperatur. Damit lässt sich ein Zahlenbereich von -255,9375 bis 255,9375 darstellen. Der maximale Temperaturbereich des Sensors umfasst allerdings nur den Temperaturbereich von -40°C bis 125°C.

Das Bit 14 wird gesetzt, wenn die Umgebungstemperatur (T_A) eine untere Temperaturgrenze (T_{Lower}) unterschritten hat. Diese Grenze wird in einem eigenen Register hinterlegt. Bit 15 und Bit 16 werden gesetzt, wenn eine obere Temperaturgrenze (T_{Upper}) oder eine kritische Temperatur (T_{Crit}) überschritten wird. Auch diese Grenzen werden in eigenen Registern hinterlegt.

Register T_A für die Umgebungstemperatur (0x05)															
16	15	14	13	12	11	10	9	8	7	6	5	4	3	2	1
T_A>=T_{Crit}	T_A>T_{Upper}	T_A<T_{Lower}	+/-	2^7	2^6	2^5	2^4	2^3	2^2	2^1	2^0	2^{-1}	2^{-2}	2^{-3}	2^{-4}

Der Sensor hat noch drei weitere Temperaturregister, in denen die untere, obere und kritische Temperatur eingestellt werden kann. Der einzige Unterschied zum Register für die Umgebungstemperatur besteht in den Bits 14, 15 und 16. Diese können nicht beschrieben werden und haben immer den Wert 0. Mit diesen Registern können Sie den Alert-Ausgang steuern, der aktiviert wird, wenn eine Temperaturgrenze über- oder unterschritten wird. Diese Funktion muss natürlich konfiguriert sein. Für die einfache Abfrage der Umgebungstemperatur werden diese Register nicht benötigt.

Register T_{Upper} für die obere Temperaturgrenze (0x02)															
16	15	14	13	12	11	10	9	8	7	6	5	4	3	2	1
0	0	0	+/-	2^7	2^6	2^5	2^4	2^3	2^2	2^1	2^0	2^{-1}	2^{-2}	2^{-3}	2^{-4}
Register T_{Lower} für die untere Temperaturgrenze (0x03)															
16	15	14	13	12	11	10	9	8	7	6	5	4	3	2	1
0	0	0	+/-	2^7	2^6	2^5	2^4	2^3	2^2	2^1	2^0	2^{-1}	2^{-2}	2^{-3}	2^{-4}
Register T_{Crit} für die kritische Temperatur (0x04)															
16	15	14	13	12	11	10	9	8	7	6	5	4	3	2	1
0	0	0	+/-	2^7	2^6	2^5	2^4	2^3	2^2	2^1	2^0	2^{-1}	2^{-2}	2^{-3}	2^{-4}

Mit dem Resolution-Register können Sie einstellen, mit welcher Auflösung die Temperatur ermittelt werden soll. Dieses Register ist ein Byte lang, von dem aber nur die Bits 1 und 2 verwendet werden. Die folgende Tabelle zeigt die möglichen Werte und die damit verbundene Messdauer. Also die Zeit, die der Sensor benötigt, bis er eine Messung mit der angegebenen Genauigkeit durchgeführt hat.

Resolution-Register (0x8)			
Bit 2	Bit1	Auflösung	Messdauer
0	0	0,5°C	30 ms
0	1	0,25°C	65 ms
1	0	0,125°C	130 ms
1	1	0,0625°C	250 ms

Zum Schluss fehlt dann noch das zwei Byte lange Konfigurationsregister, mit dem Sie das Verhalten des Sensors steuern. Die oberen fünf Bits in diesem Register werden nicht genutzt und liefern beim Lesen immer den Wert 0 zurück. Ich werde Ihnen hier nur einen Überblick über diese Register geben. Die Verwendung wird dann an Beispielen erklärt. Außerdem wollen wir hier nicht jedes Teil der Konfiguration testen, sondern nur so weit, wie es in Verbindung mit dem Raspberry Pi sinnvoll ist. Für eine vollständige Beschreibung empfehle ich das Datenblatt des Sensors.

Konfigurationsregister (0x01)		
Bit	Bezeichnung	Erklärung
1	Alert Output Mode	Alert-Ausgang als (0)Comparator- oder (1) Interrupt-Ausgang konfigurieren.
2	Alert Output Polarity	Ausgang ist (1)High- oder (0)Low-Aktiv
3	Alert Output Select	Mit 1 reagiert der Ausgang nur auf $T_A > T_{Crit}$. Mit 0 auf alle Temperaturgrenzen.

Tabelle 16.3: Die Konfigurationsregister des Sensors

Konfigurationsregister (0x01)		
4	Alert Output Control	Ausgang aktiv (1) oder inaktiv (0)
5	Alert Output Status	Erfragt den Status des Alert-Ausgangs.
6	Interrupt Clear	Setzt den Alert-Ausgang zurück, wenn das Bit gesetzt wird.
7	Window Lock	Mit 1 kann das Register T_{Upper} und T_{Lower} nicht mehr beschrieben werden.
8	Crit Lock	Mit 1 kann das Register T_{crit} nicht mehr beschrieben werden.
9	Shutdown Mode	Mit 1 wird der Sensor in den Low-Power-Mode versetzt.
10	Hysteresis	Hysterese für Temperaturgrenzen: 00 = 0°C; 01 = 1,5°C; 10 = 3,0°C; 11 = 6,0°Creg
11	Hysteresis	

Tabelle 16.3: Die Konfigurationsregister des Sensors (Forts.)

Der MCP9808 kann im Prinzip in zwei verschiedenen Modi betrieben werden. Sie können ihn so konfigurieren, dass der Alert-Ausgang nicht aktiv ist. Wenn Sie dann wissen wollen, ob eine bestimmte Temperaturgrenze über- oder unterschritten wurde, lesen Sie das Register, in dem die Umgebungstemperatur T_A steht, aus und werten die oberen drei Bits aus. In diesem Modus müssen Sie dann selber in regelmäßigen Abständen den Sensor auslesen. Sie könnten sich die Temperaturgrenzen statt im Sensor natürlich auch im Raspberry Pi merken und den Sensor nur zum Ermitteln der Umgebungstemperatur benutzen.

Im Interrupt- beziehungsweise Komparator-Modus ist der Alert-Ausgang aktiviert und der Sensor meldet das Über- oder Unterschreiten einer Temperaturgrenze. Das Alert-Ereignis würden Sie dann auf dem Raspberry Pi durch einen Listener abfangen.

16.6 Die Klasse MCP9808

Wenn Sie I²C-Geräte für Ihre Projekte einsetzen wollen, sind der Zugriff über Registeradressen und die Manipulation von einzelnen Bits sehr mühsam. Sie sollten deshalb die gesamten Schreib- und Leseoperationen in eine eigene Klasse kapseln. Außerdem sollten alle Registeradressen und Bitmanipulationen in dieser Klasse versteckt werden, damit die Steuerung und Konfiguration des Sensors nur noch durch Methodenaufruf erfolgt. In der Klasse `MCP9808`, die von der Klasse `I2C` abgeleitet ist, sind diese Aufgaben umgesetzt.

Im Folgenden stelle ich Ihnen die einzelnen Methoden der Klasse `MCP9808` vor, damit Sie darüber die Arbeitsweise des Sensors kennenlernen. Wenn Sie sich das Programm-Listing der Klasse `MCP9808` anschauen, finden Sie als Erstes eine ganze Reihe von Konstanten-Deklarationen. Der erste Block der Konstanten definiert die Registernamen mit ihren hexadezimalen Adressen. Mit diesen Adressen wird später der Registerzeiger eingestellt, damit in das ausgewählte Register geschrieben oder daraus gelesen werden kann.

Die nächsten zwei Blöcke mit Konstanten-Deklarationen enthalten keine gerätespezifischen Werte, sie dienen bei der Verwendung der Klasse nur zur Selektion von Auflösung und Hysterese. Die Kommentare hinter den Deklarationen zeigen die zugehörigen Werte an.

Im letzten Block sind alle benötigten Masken für das Konfigurationsregister deklariert, mit denen die einzelnen Bits im Register selektiert werden.

```
package raspi.hardware.i2c;

import com.pi4j.io.i2c.*;
import java.io.IOException;

public class MCP9808 extends I2C{
  public static final int CONFIG = 0x01;//Konfigurationsregister
  public static final int TUPPER = 0x02;//obere Grenze Alarmtemp.
  public static final int TLOWER = 0x03;//untere Grenze Alarmt.
  public static final int TCRIT  = 0x04;//kritische Temperatur
  public static final int TEMPER = 0x05;//Umgebungstemperatur
  public static final int RESOL  = 0x08;//Aufösung

  public static final int RES05     = 0x0;//Auflösung 0,5°C
  public static final int RES025    = 0x1;//Auflösung 0,25°C
  public static final int RES0125   = 0x2;//Auflösung 0,125°C
  public static final int RES00625 = 0x3;//Auflösung 0,0625°C

  public static final int HYST00 = 0x0; // Hysterese = 0°C
  public static final int HYST15 = 0x1; // Hysterese = 1,5°C
  public static final int HYST30 = 0x2; // Hysterese = 3,0°C
  public static final int HYST60 = 0x3; // Hysterese = 6,0°C

  public static final int AlertOutputModeBit= 0b0000_0001;
  public static final int AlertOutputPolarityBit =0b0000_0010;
  public static final int AlertOutputSelectBit = 0b0000_0100;
  public static final int AlertOutputControlBit = 0b0000_1000;
  public static final int AlertOutputStatusBit = 0b0001_0000;
  public static final int InterruptClearBit = 0b0010_0000;
  public static final int WindowLockBit = 0b0100_0000;
  public static final int TCritLockBit = 0b1000_0000;
  public static final int ShutdownModeBit = 0b0000_0001;
```

Dem Konstruktor der Klasse wird eine `I2CDevice`-Instanz übergeben und er leitet diese an die Elternklasse `I2C` weiter. Alle Klassen, die I²C erweitern, müssen `I2CDevice` an die Elternklasse übergeben, da dort die Referenz deklariert ist.

```
  public MCP9808(final I2CDevice dev){
    super(dev);
  }
```

Der MCP9808 speichert alle Temperaturen in zwei Byte großen Registern ab. Das Format, in dem die Temperaturen abgelegt sind, habe ich im vorherigen Abschnitt gezeigt und Sie sollten ihn sich anschauen, wenn Sie den folgenden Programmausschnitt nachvollziehen wollen.

Die Methode `convertTemp` nimmt ein zwei Byte großes Array entgegen und wandelt die darin gespeicherte Temperatur in einen `double`-Wert, der einer Temperatur in °C entspricht.

Die Methode `convertTempToReg` hat die entgegengesetzte Aufgabe. Sie nimmt einen Temperaturwert in °C als `double`-Wert entgegen und speichert ihn in dem für den Sensor geeigneten Format ab. Vor der Konvertierung des `double`-Werts wird auf den maximalen Temperaturbereich geprüft. Ist der übergebene Wert größer als 125, wird er auf den Maximalwert reduziert. Wenn der Wert kleiner als -40 ist, wird er auf den Minimalwert erhöht.

```
public double convertTemp(byte[] reg){
  double nachkomma     = (reg[1] & (byte)0x0F)/16d;
  double vorkommaLow   = (double)((reg[1] & 0xF0) >> 4);
  double vorkommaHigh  = (double)((reg[0] & 0x0F) << 4);
  double temp = vorkommaHigh + vorkommaLow + nachkomma;
  double sign = 1.0;
  if((reg[0] & 0b10000) == 0b10000){
    sign = -1.0;Z
  }
  return temp * sign;
}
public static byte[] convertTempToReg(double value){
  byte[] reg = {(byte)0,(byte)0};
  int sign = 0b0001_0000;
  boolean pos = true;
  if(value < -40.0d){
    value = -40.0d;
  }
  if(value > 125.0d){
    value = 125.0d;
  }
  if(value < 0.0d){
    value = -value;
    pos = false;
  }
  int h = (int)value;
  reg[0] = (byte)((h >> 4) & 0x0F);
  reg[1] = (byte)((h << 4) & 0xF0);
  int nachkomma = (int)((value % h) * 16d) ;
  reg[1] =  (byte)((reg[1] | nachkomma) & 0xFF);
```

```
    if(!pos){
      reg[0] =  (byte)(reg[0] | sign);
    }
    return reg;
  }
```

Die wohl wichtigste Methode ist getAmbientTemp, mit der Sie die gemessene Umgebungstemperatur erfragen können. Sie liest mit readArray das Register TEMPER aus und speichert den zwei Byte langen Wert in temp. Mit convertTemp wird dieser dann wie oben beschrieben in einen double-Wert konvertiert.

Die Methode readArray wird aus der Elternklasse geerbt.

```
  public double getAmbientTemp(){
    byte[] temp = {0,0};
    readArray(TEMPER, temp, 2);
    return convertTemp(temp);
  }
```

Die drei nächsten Methoden prüfen die drei oberen Bits aus dem Register, das die Umgebungstemperatur T_A speichert. Diese Bits signalisieren, ob der eingestellte Temperaturbereich verlassen oder die kritische Temperatur überschritten wurde. Bei jedem Methodenaufruf wird der aktuelle Wert aus dem Register für die Umgebungstemperatur erfragt.

Die Bedeutung der drei Bits ist im vorherigen Abschnitt beschrieben.

```
  public boolean isAmbientGreaterEqualCrit(){
    byte[] temp = {0,0};
    readArray(TEMPER, temp, 2);
    return (temp[0] & 0b1000_0000) == 0b1000_0000;
  }
  public boolean isAmbientGreaterUpperBoundary(){
    byte[] temp = {0,0};
    readArray(TEMPER, temp, 2);
    return (temp[0] & 0b0100_0000) == 0b0100_0000;
  }
  public boolean isAmbientLessLowerBoundary(){
    byte[] temp = {0,0};
    readArray(TEMPER, temp, 2);
    return (temp[0] & 0b0010_0000) == 0b0010_0000;
  }
```

Die Register für den oberen und unteren Temperaturbereich sowie das Register für die kritische Temperatur sind alle zwei Byte lang und können mit den folgenden Methoden beschrieben und ausgelesen werden. Die Werte in diesen Registern werden vom Sensor mit der gemessenen Umgebungstemperatur verglichen und die entsprechenden oberen drei Bits aus dem Temperaturregister geändert.

```
public double getCritTemp(){
  byte[] temp = {0,0};
  readArray(TCRIT, temp, 2);
  return convertTemp(temp);
}
public int setCritTemp(double dTemp){
  byte[] temp = {0,0};
  temp = convertTempToReg(dTemp);
  return writeArray(TCRIT, temp,2);
}
public double getUpperTemp(){
  byte[] temp = {0,0};
  readArray(TUPPER, temp, 2);
  return convertTemp(temp);
}
public int setUpperTemp(double dTemp){
  byte[] temp = {0,0};
  temp = convertTempToReg(dTemp);
  return writeArray(TUPPER, temp,2);
}
public double getLowerTemp(){
  byte[] temp = {0,0};
  readArray(TLOWER, temp, 2);
  return convertTemp(temp);
}
public int setLowerTemp(double dTemp){
  byte[] temp = {0,0};
  temp = convertTempToReg(dTemp);
  return writeArray(TLOWER, temp,2);
}
```

Die Methode `configComparatorMode` aktiviert den Alert-Ausgang des Sensors und setzt den Sensor in den Komparator-Modus. Wenn Sie den Übergabeparameter `alertOnlyCrit` auf `true` setzen, reagiert der Sensor nur auf das Überschreiten der voreingestellten kritischen Temperatur. Mit `alertOnlyCrit` gleich `false` reagiert der Sensor auf das Verlassen des oberen und unteren Temperaturbereichs.

Da der Alert-Ausgang ein Open-Drain-Ausgang ist, müssen Sie am Raspberry Pi an dem entsprechenden Eingangsport den Pull-up-Widerstand einschalten. Wenn Sie dann den Übergabeparameter `activeHigh` auf `true` setzen, bleibt der Pegel am Alert-Ausgang so lange auf Low-Pegel, wie der zulässige Temperaturbereich nicht verlassen wird.

```
public int configComparatorMode(boolean activeHigh,
                                boolean alertOnlyCrit){
  byte[] config = {0,0};
  readArray(CONFIG, config, 2);
  int conf = config[1];//Bit 1...8
  conf = setBit(conf, AlertOutputControlBit, 1);
  conf = setBit(conf, AlertOutputModeBit, 0);
  if(activeHigh){
    conf = setBit(conf, AlertOutputPolarityBit, 1);
  }else{
    conf = setBit(conf, AlertOutputPolarityBit, 0);
  }
  if(alertOnlyCrit){
    conf = setBit(conf, AlertOutputSelectBit, 1);
  }else{
    conf = setBit(conf, AlertOutputSelectBit, 0);
  }
  config[1] = (byte)conf;
  return writeArray(CONFIG, config, 2);
}
```

Mit der Methode `alertOutputDisable` deaktivieren Sie den Alert-Ausgang und mit `isAlertOutputStatus` können Sie den Status des Alert-Ausgangs erfragen.

```
public int alertOutputDisable(){
  byte[] config = {0,0};
  readArray(CONFIG, config, 2);
  int conf = config[1];//Bit 1...8
  conf = setBit(conf, AlertOutputControlBit, 0);
  config[1] = (byte)conf;
  return writeArray(CONFIG, config, 2);
}
public boolean isAlertOutputStatus(){
  byte[] config = {0,0};
  readArray(CONFIG, config, 2);
  int conf = config[1];
  if(isHigh(conf, AlertOutputStatusBit)){
    return true;
  }
  return false;
}
```

Für alle Temperaturgrenzen können Sie eine Hysterese angeben. Wobei sich die obere Grenze der Hysterese durch die eingestellte Grenztemperatur und die untere Grenze der Hysterese durch die Grenztemperatur minus dem Hysteresewert berechnet. Den Hysteresewert stellen Sie mit der Methode `setHysteresis` ein und er ist dann für alle Temperaturgrenzen gleich. Als Übergabeparameter für `hyst` dienen die folgende Konstanten:

- `MCP9808.HYST00` Hysterese = 0°C
- `MCP9808.HYST15` Hysterese = 1,5°C
- `MCP9808.HYST30` Hysterese = 3,0°C
- `MCP9808.HYST60` Hysterese = 6,0°C

```
public int setHysteresis(int hyst){
  byte[] config = {0,0};
  readArray(CONFIG, config, 2);
  int conf = config[0];
  switch(hyst){
    case HYST00:{  //Hysterese = 0°C
    conf = setBit(conf, 0b0000_0010, 0);
    conf = setBit(conf, 0b0000_0100, 0);
    break;
  }
    case HYST15:{  //Hysterese = 1,5°C
      conf = setBit(conf, 0b0000_0010, 1);
      conf = setBit(conf, 0b0000_0100, 0);
      break;
    }
    case HYST30:{  //Hysterese = 3,0°C
      conf = setBit(conf, 0b0000_0010, 0);
      conf = setBit(conf, 0b0000_0100, 1);
      break;
    }
    case HYST60:{  //Hysterese = 6,0°C
      conf = setBit(conf, 0b0000_0010, 1);
      conf = setBit(conf, 0b0000_0100, 1);
      break;
    }
    default:{
      return -1;
    }
  }
  config[0] = (byte)conf;
  return writeArray(CONFIG, config, 2);
}
```

Die Auflösung für die Temperaturmessung können Sie mit `setResultion` einstellen. Verwenden Sie als Übergabeparameter hierzu die aufgeführten Konstanten:

- MCP9808.RES05 Auflösung 0,5°C
- MCP9808.RES025 Auflösung 0,25°C
- MCP9808.RES0125 Auflösung 0,125°C
- MCP9808.RES00625 Auflösung 0,0625°C

```
public int setResultion(int res){
  int conf = read(RESOL);
  switch(res){
    case RES05:{  //Auflösung = 0,5°C
      conf = setBit(conf, 0b0000_0001, 0);
      conf = setBit(conf, 0b0000_0010, 0);
      break;
    }
    case RES025:{  //Auflösung = 0,25°C
      conf = setBit(conf, 0b0000_0001, 1);
      conf = setBit(conf, 0b0000_0010, 0);
      break;
    }
    case RES0125:{  //Auflösung = 0,125°C
      conf = setBit(conf, 0b0000_0001, 0);
      conf = setBit(conf, 0b0000_0010, 1);
      break;
    }
    case RES00625:{  //Auflösung = 0,0625°C
      conf = setBit(conf, 0b0000_0001, 1);
      conf = setBit(conf, 0b0000_0010, 1);
      break;
    }
    default:{
      return -1;
    }
  }
  return write(RESOL, (byte)conf);
}
```

Wenn Sie den Sensor in den Schlafmodus versetzen wollen, können Sie dies mit `setShutdownMode` tun. In diesem Modus verbraucht der Sensor sehr wenig Energie und misst keine Temperatur mehr. Alle Registerwerte bleiben aber erhalten. Mit `setActiveMode` erwecken Sie den Sensor wieder zum Leben und die Umgebungstemperatur kann wieder erfragt werden.

Mit der Methode reset werden alle Bits des Konfigurationsregisters auf Defaultwerte zurückgesetzt.

```
public int setShutdownMode(){
  byte[] config = {0,0};
  readArray(CONFIG, config, 2);
  int conf = config[0];
  config[0] = (byte)setBit(conf, ShutdownModeBit, 1);
  return writeArray(CONFIG, config, 2);
}
public int setActiveMode(){
  byte[] config = {0,0};
  readArray(CONFIG, config, 2);
  int conf = config[0];
  config[0] = (byte)setBit(conf, ShutdownModeBit, 0);
  return writeArray(CONFIG, config, 2);
}
public int reset(){
  byte[] config = {0,0};
  return writeArray(CONFIG, config, 2);
}
```

16.7 Den Sensor testen

Mit zwei kleinen Testprogrammen soll der Sensor getestet werden. Anhand der Tests werden die Methoden der Klasse MCP9808 getestet, sie sollen Ihnen aber auch den Umgang mit dem Sensor und den Gebrauch der Klasse MCP9808 zeigen.

Sehen Sie sich zuerst die Klasse MCP9808Test an, die die grundlegenden Lese- und Schreiboperationen testet. Der Alert-Ausgang des Sensors wird hier noch nicht benutzt.

So wie in Abbildung 16.8 weiter oben zu sehen ist, hat der Sensor die hexadezimale Adresse 1A erhalten und wird in dem Testprogramm durch die Konstante ADDRESS repräsentiert. Bei dem hier verwendeten Raspberry Pi liegen auf den Pins 3 und 5 der Stiftleiste die I²C-Bus-Leitungen SDA1 und SCL1. Es wird also der BUS 1 des Raspberry Pi verwendet, was im Programm durch den Aufruf I2CFactory.getInstance(I2CBus.BUS_1) erreicht wird und eine I2CBus-Instanz liefert. Über diese Instanz erhalten Sie mit getDevice(ADDRESS) ein I2CDevice-Object, das den Zugriff auf den Sensor ermöglicht. Damit Sie die Klasse MCP9808 nutzen können, wird von ihr eine Instanz erzeugt, der im Konstruktor das I2CDevice-Objekt übergeben wird.

Der erste Zugriff auf den Sensor erfolgt durch den Aufruf testI2C.reset() und dieser sorgt dafür, dass das Konfigurationsregister auf seine Defaultwerte gesetzt wird. Dies ist eine reine Vorsichtsmaßnahme, die Sie immer treffen sollten, solange Sie mit dem Sensor experimentieren. Wenn Sie den Sensor mit einem Programm angesteuert haben und das Programm beenden, bleiben die letzten Einstellungen erhalten und ändern sich erst, wenn Sie den Raspberry Pi und damit den Sensor ausschalten.

```
package raspi.projekte.kap16;

import com.pi4j.io.i2c.*;
import raspi.hardware.i2c.MCP9808;
import java.io.IOException;
import com.pi4j.io.gpio.*;
import com.pi4j.io.gpio.event.*;

public class MCP9808Test{
  public static final int ADDRESS = 0x1A; // Adresse
  public static final String  LINE = "-----------------";
  public static final String  TESTLINE =
                                "%1$s Test: %2$s %3$s %n";
  public static final String  TEMPOUT   = "%1$f°C%n";
  public static I2CBus bus1;
  public static MCP9808 testI2C;
  public static int delay = 300;

  public static void main(String[] args) throws IOException,
                                       InterruptedException{
    bus1 = I2CFactory.getInstance(I2CBus.BUS_1);
    testI2C = new MCP9808(bus1.getDevice(ADDRESS));
    testI2C.reset();
```

Für einen ersten Test erfragen wir über `getAmbientTemp()` die aktuelle Umgebungstemperatur ab, die der Sensor gemessen hat.

```
    System.out.printf(TESTLINE, LINE, "Umgebungstemperatur",
                                                     LINE);
    System.out.printf(TEMPOUT, testI2C.getAmbientTemp());
```

Mit `setResultion` werden dann die möglichen Auflösungen eingestellt und danach wird die Temperatur abgefragt.

```
    System.out.printf(TESTLINE, LINE, "Auflösung", LINE);
    testI2C.setResultion(MCP9808.RES05);
    Thread.sleep(delay);  // Wandlung in 30ms
    System.out.printf(TEMPOUT, testI2C.getAmbientTemp());
    testI2C.setResultion(MCP9808.RES025);
    Thread.sleep(delay);  // Wandlung in 65ms
    System.out.printf(TEMPOUT, testI2C.getAmbientTemp());
    testI2C.setResultion(MCP9808.RES0125);
```

```
Thread.sleep(delay); // Wandlung in 130ms
System.out.printf(TEMPOUT, testI2C.getAmbientTemp());
testI2C.setResultion(MCP9808.RES00625);
Thread.sleep(delay); // Wandlung in 250ms
System.out.printf(TEMPOUT, testI2C.getAmbientTemp());
```

Als Nächstes wird geprüft, ob das Setzen der unteren Temperaturgrenze mit `setLowerTemp` funktioniert und sich der aktuelle Status durch `isAmbientLessLowerBoundary` ermitteln lässt. Hierzu wird zuerst die aktuelle Temperatur ermittelt und dann mit `setLowerTemp` die untere Temperaturgrenze auf einen um 4°C höheren und dann um 4°C niedrigeren Wert als die gemessene Temperatur gesetzt. Beide Grenzen werden mit `isAmbientLessLowerBoundary` geprüft.

```
System.out.printf(TESTLINE, LINE,
                        "Unterer Temperaturgrenzwert", LINE);
double temp = testI2C.getAmbientTemp();
testI2C.setLowerTemp(temp + 4.0d);
Thread.sleep(delay);
boolean boundaryCheck = testI2C.isAmbientLessLowerBoundary();
Thread.sleep(delay);
System.out.printf(
 "Unterer Wert unterschritten true = %1$b%n", boundaryCheck);
testI2C.setLowerTemp(temp - 4.0d);
Thread.sleep(delay);
boundaryCheck = testI2C.isAmbientLessLowerBoundary();
Thread.sleep(delay);
System.out.printf(
 "Unterer Wert unterschritten false = %1$b%n",boundaryCheck);
```

Das gleiche Verfahren wie bei der unteren Temperaturgrenze wird auch für die obere Temperaturgrenze und die kritische Temperatur durchgeführt. Es wird dann mit `setUpperTemp` und `isAmbientGreaterUpperBoundary` und mit `setCritTemp` und `isAmbientGreaterEqualCrit` geprüft.

```
System.out.printf(TESTLINE, LINE,
                         "Oberer Temperaturgrenzwert", LINE);
temp = testI2C.getAmbientTemp();
testI2C.setUpperTemp(temp - 4.0d);
Thread.sleep(delay);
boundaryCheck = testI2C.isAmbientGreaterUpperBoundary();
Thread.sleep(delay);
System.out.printf(
  "Oberer Wert überschritten true = %1$b%n",boundaryCheck);
```

```
    testI2C.setUpperTemp(temp + 4.0d);
    Thread.sleep(delay);
    boundaryCheck = testI2C.isAmbientGreaterUpperBoundary();
    Thread.sleep(delay);
    System.out.printf(
     "Oberer Wert überschritten false = %1$b%n",boundaryCheck);
    System.out.printf(TESTLINE, LINE,
                                   "Kritische Temperatur", LINE);
    temp = testI2C.getAmbientTemp();
    testI2C.setCritTemp(temp - 4.0d);
    Thread.sleep(delay);
    boundaryCheck = testI2C.isAmbientGreaterEqualCrit();
    Thread.sleep(delay);
    System.out.printf(
           "Kritische Temperatur überschritten true = %1$b%n",
                                               boundaryCheck);
    testI2C.setCritTemp(temp + 4.0d);
    Thread.sleep(delay);
    boundaryCheck = testI2C.isAmbientGreaterEqualCrit();
    Thread.sleep(delay);
    System.out.printf(
          "Kritische Temperatur überschritten false = %1$b%n",
                                               boundaryCheck);
```

Mit `setCritTemp`, `setUpperTemp` und `setLowerTemp` werden die Temperaturgrenzen zum Sensor gesendet. Mit `getCritTemp`, `getUpperTemp` und `getLowerTemp` werden die Werte ausgelesen und verglichen.

```
    System.out.printf(TESTLINE, LINE,
                          "Grenzwerte schreiben und lesen", LINE);
    testI2C.setCritTemp(31.0d);
    testI2C.setUpperTemp(25.5d);
    testI2C.setLowerTemp(20.0d);
    System.out.printf(
                    "Kritische Temperatur 31.0°C =  %1$f °C%n",
                                        testI2C.getCritTemp());
    System.out.printf(
                    "Obere Grenztemperatur 25.5°C = %1$f °C%n",
                                       testI2C.getUpperTemp());
    System.out.printf(
                   "Untere Grenztemperatur 20.0°C = %1$f °C%n",
                                       testI2C.getLowerTemp());
```

Zum Schluss wird geprüft, ob die eingestellte Hysterese auch tatsächlich umgesetzt wird. Hierzu wird die Hysterese auf 3,0°C eingestellt und die kritische Temperatur auf 4°C höher als die Umgebungstemperatur. Zum Testen müssen Sie den Sensor dann durch Berühren mit dem Finger um mindestens 4°C erwärmen. Wird die kritische Temperatur erreicht, wird eine Ausgabe auf die Konsole ausgegeben und Sie nehmen den Finger vom Sensor weg, damit sich dieser wieder abkühlen kann. Ist die Sensortemperatur dann um den Hysteresewert von 3°C abgesunken, erfolgt wieder eine Ausgabe und die tatsächlich gemessene Hysterese wird angezeigt.

Das Programm wartet an zwei Stellen in einer Schleife auf das Überschreiten und Unterschreiten der kritischen Temperatur. Beides wird mit `isAmbientGreaterEqualCrit` geprüft und beinhaltet die gesetzte Hysterese.

```
System.out.printf(TESTLINE, LINE,
                  "Hysterese für Grenztemperaturen", LINE);
testI2C.setHysteresis(MCP9808.HYST30);
double t1 =  testI2C.getAmbientTemp();
testI2C.setCritTemp(t1+4.0d);
System.out.printf("Umgebungstemperatur = %1$f °C%n",t1);
System.out.printf(
       "Oberer Wert für kritische Temperatur  = %1$f °C%n",
                                               t1+4.0d);
System.out.printf(
      "Unterer Wert für kritische Temperatur  = %1$f °C%n",
                                          t1+4.0d-3.0d);
System.out.printf("Eingestellte Hysterese = %1$f °C%n",3.0d);
System.out.println("Sensor mit Finger erwärmen!");
byte[] confArray = {9,9};
confArray = testI2C.readArray(0x01, confArray, 2);
System.out.println(Integer.toBinaryString(confArray[1])+
                 "-" +Integer.toBinaryString(confArray[0]));
while(!testI2C.isAmbientGreaterEqualCrit()){
  Thread.sleep(250);
}
t1 = testI2C.getAmbientTemp();
System.out.println("Die kritische Temperatur von " +
                            t1 + "°C wurde erreicht!");
while(testI2C.isAmbientGreaterEqualCrit()){
  Thread.sleep(250);
}
double t2 =  testI2C.getAmbientTemp();
System.out.println("Die kritische Temperatur von " +
                       t2 + "°C wurde unterschritten!");
System.out.printf("Hysterese = %1$f °C%n",t1-t2);
```

```
    System.out.printf(TESTLINE, LINE, "Beendet", LINE);
  }
}
```

Die Ausgabe des Testprogramms sieht ähnlich aus wie in Abbildung 16.9. Beachten Sie bitte, dass bei den Angaben zur Auflösung nicht zwangsweise verschiedene Werte ausgegeben werden müssen. Was allerdings nicht passieren darf, ist zum Beispiel, dass bei einer eingestellten Auflösung von 0,5°C ein Wert von 20,125°C ausgegeben wird. Also eine feinere Auflösung, als eingestellt wurde.

Bei dem letzten Test müssen Sie den Sensor mit dem Finger erwärmen. Dies funktioniert aber nicht ganz so gut, wenn der Sensor direkter Sonneneinstrahlung ausgesetzt ist. In diesem Fall könnte die Körpertemperatur zum Erwärmen nicht ausreichen.

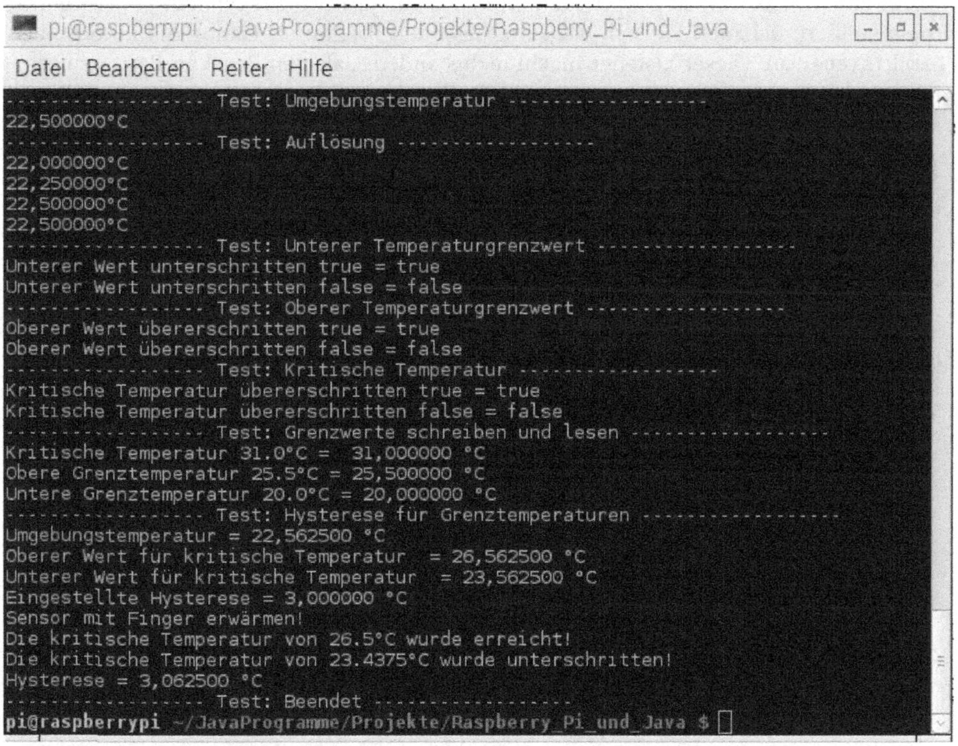

Abb. 16.9: Ausgabe des Testprogramms MCP9808Test

Wenn Sie sich das Testprogramm noch mal anschauen, finden Sie zwei Stellen, an denen in einer `while`-Schleife das Erreichen der kritischen Temperatur abgewartet wird. Sie benötigen also keinen weiteren Port des Raspberry Pi, um dieses Ereignis über eine zusätzliche Alert-Leitung abzufangen. Dies kann von Vorteil sein, wenn Sie Ports auch noch für andere Aufgaben benötigen.

Script zum Starten der Anwendung

Script `kap16MCP9808Test.sh`

16.8 Den Sensor im Komparator-Modus testen

Im Testprogramm `MCP9808Comparator` soll der Alert-Ausgang des Sensors genutzt werden, um das Überschreiten der kritischen Temperatur abzufangen. Sie können auf gleiche Weise natürlich statt der kritischen Temperatur auch das Verlassen des Temperaturbereichs abfangen.

Um auf den Pegelwechsel am Port 4 des Raspberry Pi zu reagieren, müssen Sie einen Listener für diesen Port implementieren. Dies setzen wir in schon bekannter Weise um, indem eine innere Klasse geschrieben wird, die das `GpioPinListenerDigital`-Interface implementiert. Schauen Sie sich dazu im folgenden Programm-Listing die innere Klasse `TempListener` an. Dieser Listener macht nichts anderes, als den Pegel an Port 4 zu ermitteln und mit der aktuellen Temperatur auf der Konsole auszugeben.

```
package raspi.projekte.kap16;

import  com.pi4j.io.i2c.*;
import  raspi.hardware.i2c.MCP9808;
import  java.io.IOException;
import com.pi4j.io.gpio.*;
import com.pi4j.io.gpio.event.*;
public class MCP9808Comparator{
  public static final int ADDRESS = 0x1A; // Adresse
  public static final String  LINE = "-----------------";
  public static final String  TESTLINE =
                                      "%1$s Test: %2$s %3$s %n";
  public static final String  TEMPOUT  = "%1$f°C%n";
  public static I2CBus bus1;
  public static MCP9808 testI2C;

  static boolean ok = false;

  public static class TempListener implements
                                         GpioPinListenerDigital {
    @Override
    public void handleGpioPinDigitalStateChangeEvent(
                         GpioPinDigitalStateChangeEvent event) {
      GpioPin pin = event.getPin();
      PinState state = event.getState();
```

```
      if(state.isHigh()){
        System.out.printf(
                "Eingangsspannung = 3,3 V Temperatur = %1$f°C%n",
                 testI2C.getAmbientTemp());
        ok = true;
      }else{
        System.out.printf(
                 "Eingangsspannung = 0 V Temperatur = %1$f°C%n",
                 testI2C.getAmbientTemp());
      }
    }
  }
```

Im Hauptprogramm wird der Sensor initialisiert und seine Auflösung auf 0,5°C eingestellt. Danach wird mit `configComparatorMode(true, true)` der Komparator-Modus eingestellt. Mit dem ersten Übergabeparameter der Methode `configComparatorMode` wird bestimmt, dass der Alert-Ausgang high-aktiv ist. Mit dem zweiten Parameter geben Sie an, dass nur das Überschreiten der kritischen Temperatur einen Alarm auslösen soll. Danach wird die Umgebungstemperatur erfragt und die kritische Temperatur um 3°C höher eingestellt als die Umgebungstemperatur. Die Hysterese wird mit `setHysteresis(MCP9808.HYST15)` auf 1,5°C eingestellt.

Nachdem der Sensor eingestellt ist, wird Port 4 konfiguriert und eine Instanz der Listener-Klasse erzeugt und dem Port zugewiesen. Dann beginnt der eigentliche Test, in dem der Sensor zweimal erwärmt wird.

In diesem Fall gibt es auch zwei `while`-Schleifen, die darauf warten, bis die kritische Temperatur erreicht ist. Nur dass die Abbruchbedingung der Schleifen durch die Variable `ok` im Listener gesetzt wird.

```
  public static void main(String[] args) throws IOException,
                                          InterruptedException{
    bus1 = I2CFactory.getInstance(I2CBus.BUS_1);
    testI2C = new MCP9808(bus1.getDevice(ADDRESS));
    testI2C.reset();
    testI2C.setResultion(MCP9808.RES05);
    Thread.sleep(300);
    testI2C.configComparatorMode(true, true);
    Thread.sleep(300);
    double t1 =  testI2C.getAmbientTemp();
    testI2C.setCritTemp(t1+3.0d);
    testI2C.setHysteresis(MCP9808.HYST15);

    System.out.printf(TESTLINE, LINE, "Modus Comparator", LINE);
    System.out.printf(
```

```
                                "Kritische Temperatur %1$f °C%n",
                                       testI2C.getCritTemp());
    final GpioController gpio = GpioFactory.getInstance();
    final GpioPinDigitalInput alert =
                                   gpio.provisionDigitalInputPin(
                          RaspiPin.GPIO_04,PinPullResistance.PULL_UP);
    alert.addListener(new TempListener());
    System.out.println("Hysterese = 1,5°C");
    System.out.print("Temperatur = ");
    System.out.printf(TEMPOUT, t1);
    System.out.println("Sensor mit Finger erwärmen!");
    while(!ok){
      Thread.sleep(1000);
    }
    ok = false;
    System.out.println("Sensor abkühlen lassen (10sec)!");
    Thread.sleep(10000);
    System.out.println("Sensor mit Finger erwärmen!");
    while(!ok){
      Thread.sleep(1000);
    }
    ok = false;
    System.out.println("Sensor abkühlen lassen (10sec)!");
    Thread.sleep(10000);
    gpio.shutdown();
    System.out.printf(TESTLINE, LINE, "Beendet", LINE);
  }
}
```

Die Ausgabe des Tests sehen Sie in Abbildung 16.10. Dort wurde eine Umgebungstemperatur von 22°C ermittelt und die kritische Temperatur auf 25°C gesetzt. Nachdem der Sensor auf 25°C erwärmt wurde, erzeugt der Alert-Ausgang am GPIO 4 des Raspberry Pi High-Pegel. Das bedeutet aber, dass der Ausgangstransistor des Alert-Ausgangs, der als Open-Drain ausgeführt ist, sperrt und der Pegel über den Pull-up des GPIO 4 auf High-Pegel gezogen wird. Nach dem Abkühlen des Sensors auf die vorgegebene Hysterese von 1,5°C schaltet der Ausgangstransistor des Alert-Ausgangs durch und zieht die Spannung am GPIO 4 auf Low-Pegel.

Der Listener gibt jede Pegeländerung am GPIO 4 auf der Konsole aus. Dabei misst er die aktuelle Umgebungstemperatur und gibt sie zusammen mit einer Pegelangabe aus. Die Spannungsangaben sind natürlich nur symbolisch zu verstehen, da der High-Pegel immer kleiner als 3,3 V und der Low-Pegel immer höher als 0 V liegt.

Die Umschaltung auf Low-Pegel am GPIO 4 müsste bei einer kritischen Temperatur von 25°C und einer Hysterese von 1,5°C streng genommen bei einer Temperatur von 23,5°C erfolgen. Dass der gemessene Wert hier 23°C angibt, liegt an der internen Verarbeitung im Sensor, deren Temperaturmessung auch einer gewissen Streuung unterliegt. Wenn Sie im Testprogramm die Auflösung der Temperaturmessung von 0,5°C auf 0,0625°C ändern, stimmt der eingestellte Hysteresewert mit den gemessenen Temperaturen schon viel genauer überein.

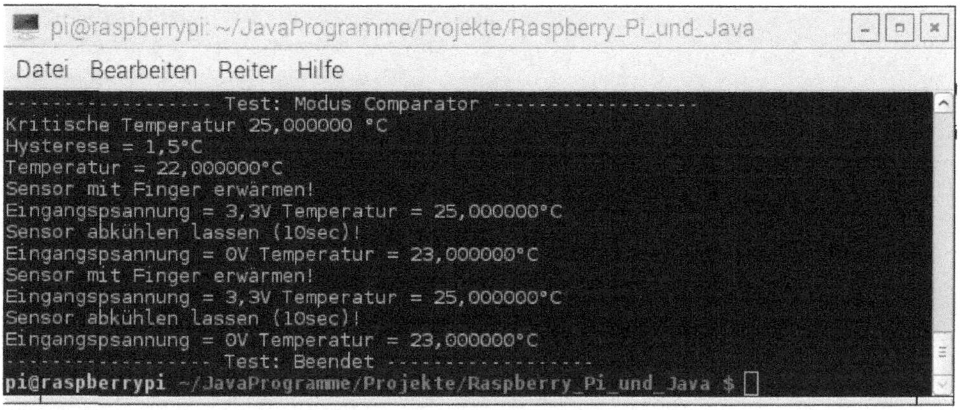

Abb. 16.10: Die Ausgabe des Testprogramms MCP9808Comparator

Script zum Starten der Anwendung

Script `kap16MCP9808Comparator.sh`

Die serielle Schnittstelle RS232

Sie haben bisher den SPI-Bus und den I^2C-Bus kennengelernt. Die Gemeinsamkeit beider Busse besteht darin, dass sie nur für kurze Zuleitungen ausgelegt sind und die Daten synchron übertragen werden. Die Schnittstelle RS232, die der Raspberry Pi ebenfalls bereitstellt, überträgt die Daten asynchron, was bedeutet, dass die einzelnen Bits eine genau definierte Länge besitzen und keine zusätzliche Taktleitung erforderlich ist. Außerdem ist die RS232 dafür ausgelegt, dass sie Geräte über eine längere Distanz hin ansprechen kann. Wie lang die Leitung zwischen zwei zu kommunizierenden Geräten konkret sein darf, oder anders ausgedrückt, wie lang die einzelnen Bits sind, die übertragen werden, hängt von der eingestellten Übertragungsgeschwindigkeit ab. Der Nachteil gegenüber einem Bussystem liegt in der Direktverbindung. Über eine RS232-Schnittstelle kommunizieren also immer nur zwei Geräte miteinander.

Die Übertragungsgeschwindigkeit wird in Baud angegeben, das gibt den Kehrwert der Bitbreite in Sekunden an. Ist zum Beispiel eine Baudrate von 9600 Bit/s eingestellt, dann entspricht dies einer Bitlänge von 104,2 µs.

$$(1 / 9600)\ \text{s} = 104{,}2\ \mu\text{s}$$

Die RS232 ist im Raspberry Pi so konfiguriert, dass sie mit einer Baudrate von 115200 Bit/s arbeitet, was einer Bitbreite von 8,76 µs entspricht. Wie Sie aber später noch sehen werden, kann die Baudrate geändert und auf das anzusteuernde Gerät angepasst werden.

Wird für die Übertragung eine Leitung mit einem geringen kapazitiven Belag von höchstens 55 pF/m vorausgesetzt, so können die folgenden Leitungslängen in Abhängigkeit von der Baudrate eingesetzt werden.

Baudrate	maximale Leitungslänge
2400	900 m
4800	300 m
9600	150 m
19200	15 m
57600	5 m
115200	weniger als 2 m

Tabelle 17.1: Die Leitungslänge in Abhängigkeit von der Baudrate

Damit diese Leitungslängen erreicht werden können, müssen auf der Übertragungsleitung die Spannungspegel angehoben werden. Typische Werte liegen hier zwischen ±8 V und ±15 V. Da diese Pegel nicht von dem Raspberry Pi erzeugt und schon gar nicht verarbeitet werden können, müssen Sie zwischen dem Raspberry Pi und der Übertragungsleitung einen Leitungstreiber schalten. Dieser setzt für die Sendeleitung die Pegel 0 V/3,3 V auf zum Beispiel ±8 V um und für die Empfangsleitung reduziert er die Pegel von ±8 V auf 0 V/3,3 V. Außerdem können diese Leitungstreiber Überspannungen abfangen. Bei den für die RS232 zur Verfügung stehenden Leitungstreibern müssen Sie beachten, dass es Treiberbausteine für die Anpassung an 3,3 V und 5 V gibt. Für den Raspberry Pi setzen wir hier für die Anpassung an 3,3 V den MAX3232 der Firma Maxim ein. Für die Anpassung an 5 V, die später zum Ansteuern eines 5V-Sensors benötigt wird, nehmen wir den MAX232.

Die RS232 ist Full-duplex-fähig und besitzt für das Senden und das Empfangen eine eigene Leitung. Es existiert auch immer ein separater Sende- und Empfangspuffer. Wenn Sie also Daten verschicken wollen, können Sie zeitgleich auf der anderen Leitung Daten empfangen. Die Umsetzung der Daten in einen asynchronen seriellen Datenstrom übernimmt der sogenannte UART (Universal Asynchronous Receiver Transmitter), der ist auf dem Raspberry Pi in dem SoC BCM2835 beziehungsweise in dem SoC BCM2836 (Modell 2) untergebracht.

Die Sendeleitung wird hier immer mit TxD (Transmitter) und die Empfangsleitung mit RxD (Receiver) bezeichnet und sie liegen bei allen Raspberry-Pi-Modellen auf den Pins 8 (TxD) und 10 (RxD). Der Aufbau einer RS232-Strecke mit dem Raspberry Pi und einem beliebigen anderen RS232-fähigen Gerät ist in Abbildung 17.1 zu sehen. Für die Verbindung benötigen Sie nur drei Leitungen. Wichtig bei der Verkabelung ist, dass die TxD-Ausgänge immer auf RxD-Eingänge gelegt werden müssen. Die eingezeichneten Leitungspegel hängen hier von den verwendeten Treiberbausteinen ab und können bei anderen Geräten bis zu ±15 V betragen.

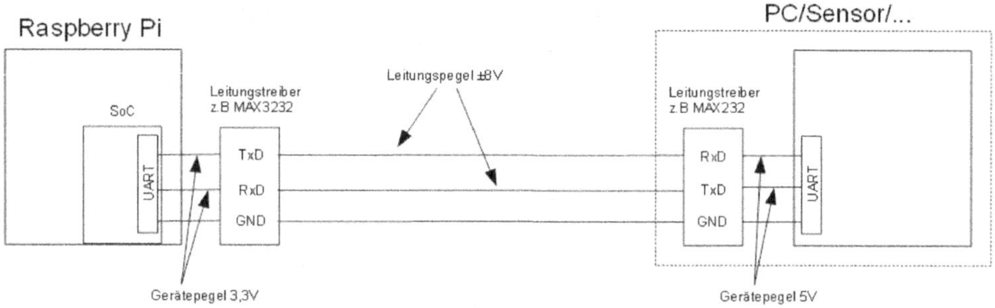

Abb. 17.1: Schematische Übersicht einer RS232-Strecke mit dem Raspberry Pi

Da Sie nun den prinzipiellen Aufbau einer RS232-Verbindung kennen, zeige ich Ihnen als Nächstes, wie der serielle Datenstrom aussieht und welche Konfigurationsmöglichkeiten es bei einem UART-Baustein gibt. Einen Parameter zur Konfiguration der Schnittstelle haben Sie bereits kennengelernt, und zwar die Baudrate, die die Übertragungsgeschwindigkeit beziehungsweise die Länge eines Datenbits bestimmt.

Jedes übertragene Datenmuster beginnt immer mit einem oder mehreren Startbits und endet immer mit einem oder mehreren Stoppbits. Dabei wird ein Startbit immer durch das

Verlassen des Ruhepegels und das Stoppbit durch Erzeugen des Ruhepegels erreicht. Wenn also keine Daten übertragen werden, liegt der Pegel auf der Leitung auf High-Pegel und entspricht dem Ruhe-Pegel. Ein Startbit wird nun dadurch erzeugt, dass der Leitungspegel von High- auf Low-Pegel wechselt und in diesem Zustand für die Dauer von ein oder zwei Bitlängen verharrt, je nachdem, ob ein oder zwei Startbits konfiguriert wurden. Nachdem ein Datenwort übertragen wurde, wird der Leitungspegel für mindestens eine Bitlänge auf High-Pegel gesetzt und erzeugt dadurch ein Stoppbit. Wenn zwei Stoppbits konfiguriert wurden, verbleibt die Leitung mindestens die doppelte Zeit im High-Pegel, bevor das nächste Datenwort mit einem Startbit eingeleitet wird.

Damit das Stoppbit erkannt wird, muss der Empfänger die Wortlänge kennen, die zwischen 5 und 9 Bit lang sein kann. In Abbildung 17.2 sehen Sie die Übertragung von zwei 8-Bit-Datenwörtern mit jeweils einem Start- und einem Stoppbit. Der Abstand zwischen den beiden Datenwörtern ist eigentlich zu lang und nach dem Stoppbit des ersten Datenworts sollte der Pegel direkt auf Low wechseln, um das nächste Startbit zu kennzeichnen. Die Stoppbits sind hier aber nur als Mindestlänge zu verstehen, bis das nächste Startbit kommt. Der Abstand der einzelnen Datenwörter ist in der RS232-Spezifikation nicht geregelt und ist letztlich auch Sache der Anwendung. Der konfigurierte Mindestabstand wird durch den UART gesteuert, wann das nächste Datenwort aber in den Ausgangspuffer des UART gelegt wird, ist Sache der Anwendung.

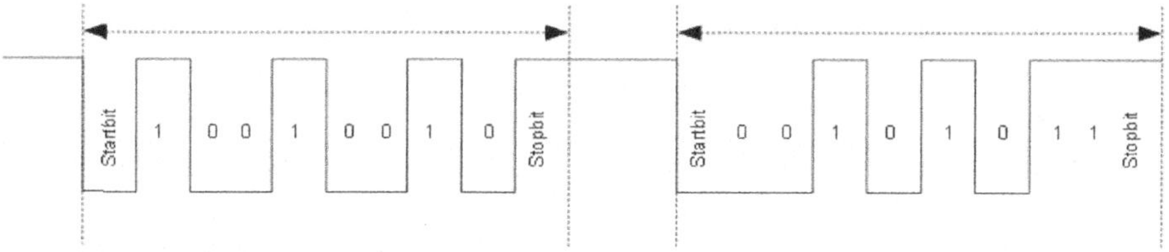

Abb. 17.2: Datenstrom von zwei 8 Bit langen Datenwörtern mit jeweils einem Start- und einem Stoppbit

Um Übertragungsfehler zu erkennen, kann der UART vor dem Stoppbit noch ein zusätzliches Paritätsbit einfügen. Die Parität lässt sich dann auf gerade (even) oder ungerade (odd) einstellen. Bei gerader Parität wird das Datenwort so durch das Paritätsbit ergänzt, dass die Anzahl der gesetzten Bit gerade ist. Bei ungerader Parität wird das Datenwort so ergänzt, dass die Anzahl der gesetzten Bits ungerade ist. Die Erzeugung und Auswertung der Parität übernimmt der UART und er muss eventuelle Übertragungsfehler an die Anwendung weiterleiten. Ob ein Paritätsbit eingefügt wird, muss durch die Konfiguration des UART bestimmt werden und ist optional.

So wie die Kommunikation über die RS232 bisher beschrieben wurde, wird kein Handshake eingesetzt. Das bedeutet, dass der Sender die Daten nur so schnell hintereinander senden darf, wie der Empfänger diese auch verarbeiten kann. Es gibt aber auch UARTs, die ein Software- und Hardware-Handshake bereitstellen. Bei einem Software-Handshake wird ein Statuswort zum Sender geschickt und zeigt ihm dadurch an, dass die Schnittstelle frei ist und Daten gesendet werden können. Mit dem Datenwort X_{on} = 0x11 wird signalisiert, dass Daten gesendet werden können, und mit X_{off} = 0x13, dass der Empfänger noch nicht bereit ist. Der Nachteil bei diesem Verfahren besteht darin, dass die beiden Datenwörter X_{on} und X_{off} nicht in den Nutzdaten enthalten sein dürfen. Wenn man diesen Nachteil umgehen will, kann man ein Hardware-Handshake einsetzen, bei dem für jede Übertragungsleitung eine zusätzliche Leitung bereitgestellt wird, die den Status signalisiert. Beide Verfahren können durch den UART umgesetzt werden. Im Raspberry Pi und in vielen Controllern werden diese Verfahren aber nicht durch den UART bereitgestellt und müssten bei Bedarf durch die Anwendung umgesetzt werden.

17.1 Die Schnittstelle konfigurieren

Die RS232-Schnittstelle im Raspberry Pi ist so konfiguriert, dass sie die Funktion eines Terminals übernimmt. Würden Sie zum Beispiel den Raspberry Pi über den Leitungstreiber MAX3232 mit einem PC verbinden und auf dem PC ein Terminalprogramm starten, so könnten Sie über dieses Programm so arbeiten, wie Sie es in der Konsole auf dem Raspberry Pi oder über PuTTY mit SSH gewöhnt sind. Aber genau so soll die Schnittstelle nicht genutzt werden, da wir nicht durch händische Eingabe mit anderen Geräten kommunizieren wollen, sondern über eine Java-Anwendung. Der Raspberry Pi muss also so umkonfiguriert werden, dass die Terminal-Funktion abgeschaltet wird. Hierzu müssen Sie zwei Dateien editieren.

Navigieren Sie in das Verzeichnis `/boot` und öffnen Sie dort mit dem `nano`-Editor und `root`-Rechten die Datei `cmdline.txt`

```
$ cd /boot
$ sudo nano cmdline.txt
```

In der Datei `cmdline.txt` steht eine Befehlszeile, aus der Sie den Eintrag `console=ttyAMA0,115200` entfernen.

```
dwc_otg.lpm_enable=0 console=ttyAMA0,115200 console=tty1
root=/dev/mmcblk0p2 rootfstype=ext4 elevator=deadline rootwait
```

Achten Sie darauf, dass nach dem Editieren alles wieder in einer Zeile steht, auch wenn dies hier umbrochen dargestellt wird.

```
dwc_otg.lpm_enable=0 console=tty1
root=/dev/mmcblk0p2 rootfstype=ext4 elevator=deadline rootwait
```

Speichern und schließen Sie dann den Editor mit [Strg]+[X], [Y] und [↵].

Wechseln Sie dann in das Verzeichnis `/etc` und öffnen Sie die Datei `inittab` mit `root`-Rechten.

```
$ cd /etc
$ sudo nano inittab
```

Suchen Sie in dieser Datei die Zeile `T0:23:respawn:/sbin/getty -L ttyAMA0 115200 vt100` und kommentieren Sie sie mit einem # aus.

```
...
#Spawn a getty on Raspberry Pi serial line
#T0:23:respawn:/sbin/getty -L ttyAMA0 115200 vt100
```

Speichern und schließen Sie dann den Editor mit [Strg]+[X], [Y] und [↵]. Damit die Änderungen wirksam werden, starten Sie den Raspberry Pi durch.

```
$ sudo reboot
```

Nach dem Neustart kann jetzt mit der Pi4J-Bibliothek auf die RS232 zugegriffen werden.

17.2 Mit Pi4J die serielle Schnittstelle steuern

Nachdem der Raspberry Pi so konfiguriert worden ist, dass die RS232 nicht mehr als Betriebssystem-Konsole arbeitet, können Sie mit der Pi4J-Bibliothek auf den UART zugreifen. Alle notwendigen Klassen finden Sie dazu im Package `com.pi4j.io.serial`. Der erste Schritt zum Ansteuern des UART besteht im Erzeugen einer `Serial`-Instanz. Diese bekommen Sie durch die statische Methode `createInstance` der Klasse `SerialFactory`.

```
import com.pi4j.io.serial.Serial;
import com.pi4j.io.serial.SerialFactory;
...
private final Serial serial;
...
serial = SerialFactory.createInstance();
```

Über die so erzeugte Instanz können Sie die Schnittstelle über die Methode `open` öffnen. Mit der Konstanten `Serial.DEFAULT_COM_PORT` erhalten Sie den Gerätenamen für die RS232-Schnittstelle, die auf der 26- beziehungsweise 40-poligen Steckerleiste des Raspberry Pi zur Verfügung steht, und er wird der Methode `open` übergeben.

Die einzige Konfiguration, die Ihnen beim Öffnen der Schnittstelle zur Verfügung steht, ist die Einstellung der Baudrate.

```
import com.pi4j.io.serial.Serial;
import com.pi4j.io.serial.SerialPortException;

    try {
      serial.open(Serial.DEFAULT_COM_PORT, 9600);
    }
    catch(SerialPortException ex){
```

```
    ex.printStackTrace();
}
```

Die Wortlänge, das Parity-Bit und die Anzahl der Stopp- und Startbits können Sie über die Pi4J-Bibliothek nicht beeinflussen. Die Einstellungen, wie Sie sie in der nächsten Tabelle finden, müssen erst einmal so verwendet werden.

Standardeinstellungen der RS232-Schnittstelle	
Wortlänge	8 Bit
Parity-Bit	kein Parity-Bit
Stopp-Bit	1
Start-Bit	1

Tabelle 17.2: Standardeinstellung der RS232

Nachdem die Schnittstelle geöffnet worden ist, können Sie Daten in den Sendepuffer schreiben und aus dem Empfangspuffer lesen. Welche Methoden Ihnen zum Senden von Daten zur Verfügung stehen, habe ich in der folgenden Tabelle zusammengefasst.

Methoden zum Beschreiben des Sendepuffers	
`write(byte data)`	Ein `byte` schreiben
`write(byte[] data)`	Ein `byte`-Array schreiben
`write(char data)`	Ein `char` schreiben
`write(char[] data)`	Ein `char`-Array schreiben
`write(String data)`	Zeichenkette schreiben
`write(String data, String... args)`	Formatierte Zeichenkette schreiben
`writeln(String data)`	Eine Textzeile schreiben
`writeln(String data, String... args)`	Eine formatierte Textzeile schreiben

Tabelle 17.3: Methoden zum Beschreiben des Sendepuffers

Um empfangene Zeichen aus dem Empfangspuffer zu lesen, stehen Ihnen zwei grundsätzliche Verfahren zur Verfügung. So können Sie ein `char` mit der Methode `read` aus dem Puffer lesen.

```
char wert = serial.read();
```

Wenn Sie mit der Methode `read` arbeiten, müssen Sie sie periodisch aufrufen, um alle Daten aus dem Empfangspuffer zu lesen. Mit der Methode `availableBytes` können Sie vor dem Lesen erfragen, wie viele Bytes sich noch im Puffer befinden.

Die zweite Variante zum Auslesen des Puffers besteht in der Implementierung eines `SerialDataListener`-Listeners, der die Methode `dataReceived` überschreibt. Die empfangenen Daten können Sie dann über eine SerialDataEvent-Instanz erfragen, die der überschriebenen Methode dataReceived als Parameter übergeben wird.

```
serial.addListener(new SerialDataListener(){
  @Override
  public void dataReceived(SerialDataEvent event){
    String wert = event.getData();
  }
});
```

Über die SerialDataEvent-Instanz können Sie dann alle Zeichen, die im Empfangspuffer stehen, über die Methode getData erfragen.

Wenn Sie die serielle Schnittstelle nicht mehr benötigen, sollten Sie sie schließen und den Thread, der durch die Übergabe des Listeners gestartet worden ist, beenden.

```
serial.close();    // Schnittstelle schließen
serial.shutdown(); // Thread beenden
```

Wenn Sie die Schnittstelle selber programmieren und in der BlueJ-Entwicklungsumgebung arbeiten, aber kein shutdown in Ihrer Anwendung ausführen, läuft der Thread, der die Daten aus dem Empfangspuffer des UART liest, weiter. Hierdurch können Sie bei einem erneuten Start Ihrer Anwendung keine Daten mehr empfangen. Falls Sie diesen Programmfehler erzeugt habe, können Sie die Java-Virtual-Machine durch [Strg]+[⇧]+[R] zurücksetzen. Hierdurch werden alle laufenden Threads beendet.

17.3 Der Ultraschall-Entfernungssensor SRF02

Der Ultraschall-Entfernungssensor SRF02 besitzt einen UART und kann somit über den Raspberry Pi gesteuert werden. Er ist sehr einfach zu programmieren und eignet sich deshalb gut für erste Tests. Der mögliche Entfernungsbereich liegt bei diesem Sensor zwischen 15 Zentimetern und 6 Metern.

Durch die Möglichkeit, diesen Sensor über eine lange Zuleitung anzusprechen, ergeben sich einige sinnvolle Anwendungen. So können Sie zum Beispiel den Infrarot-Sensor aus dem Projekt, in dem die Wasserstände in einer Zisterne gemessen wurden, durch den SRF02 ersetzen und müssen dadurch den Raspberry Pi nicht mehr in unmittelbarer Nähe zur Zisterne betreiben und können ihn an eine sichere Stelle im Haus verlegen. Außerdem können Sie mit einem Ultraschall-Sensor direkt gegen eine Wasseroberfläche messen. Ein Schwimmer, wie er bei der Infrarot-Messung benötigt wird, entfällt.

Der Sensor bietet zwei Möglichkeiten, um ihn anzusprechen. So können Sie durch externe Beschaltung bestimmen, ob Sie über die RS232 oder über den I²C-Bus mit ihm kommunizieren wollen. Schauen Sie sich dazu Abbildung 17.3 an. Dort sehen Sie den Sensor mit seinen fünf Anschlüssen. Wird der Mode-Eingang auf Masse gelegt, arbeitet der Sensor über RS232. Legen Sie den Mode-Eingang auf 5 V, so arbeitet der Sensor im I²C-Modus.

Abb. 17.3: Die Anschlüsse des SRF02

Wir wollen uns an dieser Stelle nur mit dem RS232-Modus des Sensors beschäftigen. Da die Ansteuerung über I^2C mit genau den gleichen Befehlen wie über RS232 ausgeführt wird, können Sie bei Bedarf die später vorgestellte Treiberklasse als Grundlage für eine I^2C-Implementierung nutzen.

Die für dieses Kapitel wichtigsten Daten des SRF02 habe ich in der folgenden Tabelle zusammengefasst.

Versorgungsspannung	5 V
Stromaufnahme	4 mA
Reichweite	15 cm bis 6 m
Schnittstelle	RS232 (TTL) und I^2C-Bus
RS232 Baudrate	9600
RS232 Start-Bit	1
RS232 Stopp-Bit	2
RS232 Parity-Bit	kein Parity-Bit
RS232 Wortlänge	8 Bit

Tabelle 17.4: Die technischen Daten des Sensors

Wenn Sie sich die Parameter der RS232-Schnittstelle anschauen und mit denen des Raspberry Pi vergleichen, werden Sie feststellen, dass nur die Anzahl der Stoppbits von den Standardeinstellungen des Raspberry Pi abweicht. Wie Sie später sehen werden, kann das zweite Stoppbit aber durch die Anwendung erzeugt werden.

Da der Sensor keinen Leitungstreiber besitzt und mit einer Spannungsversorgung von 5 V arbeitet, soll hier ein MAX232 als Treiber eingesetzt werden. Die komplette Schaltung mit Raspberry Pi, Sensor und den Leitungstreibern MAX3232 und MAX232 sehen Sie in Abbildung 17.4.

Um den Raspberry Pi zu schützen, habe ich die Versorgungsspannung des SRF02 und MAX232 über den 5V-Spannungsverteiler und nicht direkt über den Raspberry Pi angeschlossen.

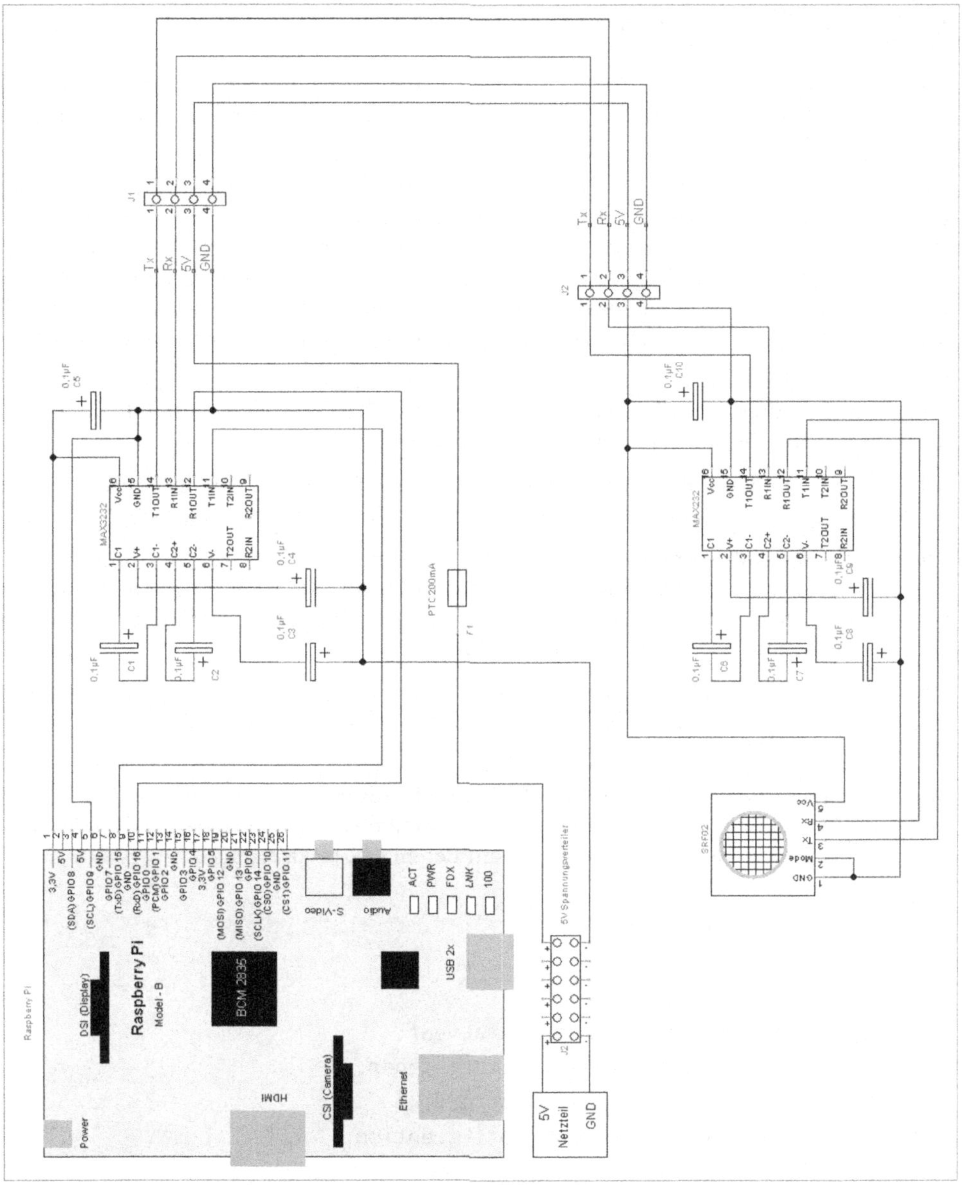

Abb. 17.4: Den Sensor über die Leitungstreiber mit dem Raspberry Pi verbinden

Zwischen den Stiftleisten J1 und J2 im Schaltplan können Sie bei der hier verwendeten Baudrate eine Leitung von bis zu 150 m Länge anschließen. Diese Maximallänge erreichen Sie aber nur (wie oben beschrieben) bei einem Kabel mit geringem kapazitiven Belag. Außerdem darf der Spannungsabfall auf der Leitung nur so gering sein, dass der Sensor und der MAX232 noch arbeiten können. Gegebenenfalls müssen Sie dann eine eigene Spannungsversorgung hinzufügen, die nicht über die lange Leitung geführt wird.

17.4 Die Klasse SRF02

Die Klasse SRF02 aus dem Package raspi.hardware.rs232 übernimmt die Ansteuerung des Sensors SRF02. Um die Funktionsweise des Sensors zu verstehen, erkläre ich jede Methode der Klasse.

Die Klasse SRF02 setzt nicht die ganze Funktionalität des Sensors um. Hierzu gehört zum Beispiel die Synchronisierung mehrerer Sensoren. Dabei kann ein Sensor einen Ultraschall-Impuls ausgeben, ohne eine Messung durchzuführen. Andere Sensoren können dann diesen Impuls empfangen, ohne selber einen Ultraschall-Impuls zu erzeugen. Es wird also ein Messimpuls für mehrere Sensoren genutzt. Diese Funktionalität lässt sich besser mit dem I²C-Bus umsetzen, da dort mehrere Geräte angeschlossen werden können.

Im Grunde ist die Ansteuerung des Sensors sehr einfach. Um eine Entfernung zu messen, setzen Sie die Adresse des Sensors und danach einen Befehl ab und warten dann, bis das Messergebnis im Empfangspuffer angekommen ist.

Sehen Sie sich in dem folgenden Programmausschnitt die Deklaration der Konstanten an. Diese Konstanten geben die Befehle wieder, die in der Klasse benutzt werden.

Die Befehle, die mit START_MEASURE_ beginnen, leiten eine manuelle Messung ein. Das Ergebnis der Messung wird dann mit dem Befehl GET_DISTANCE abgefragt. Die Endungen der START_MEASURE-Befehle bestimmen, in welcher Einheit das Messergebnis hinterlegt wird. Mögliche Einheiten sind hier cm, Zoll und µs.

Die START_AUTO_MEASURE-Befehle leiten eine automatische Messung ein. Automatisch bedeutet hier, dass der Sensor das Ergebnis direkt sendet, nachdem die Messung fertig ist. Der Befehl GET_DISTANCE wird hierbei nicht benötigt.

Mit den Befehlen CHANGEID1 bis CHANGEID3 kann die Adresse des Sensors geändert werden und mit MIN_DISTANCE wird die kürzeste zu messende Entfernung abgefragt. Da der Sensor eine Firmware besitzt, wird diese mit dem Befehl FIRMWARE erfragt.

```
package raspi.hardware.rs232;

import com.pi4j.io.serial.Serial;
import com.pi4j.io.serial.SerialDataEvent;
import com.pi4j.io.serial.SerialDataListener;
import com.pi4j.io.serial.SerialFactory;
import com.pi4j.io.serial.SerialPortException;

public class SRF02{
  private final Serial serial;
  public static final int START_MEASURE_INCHES          = 0x50;
  public static final int START_MEASURE_CM              = 0x51;
  public static final int START_MEASURE_MSECOND         = 0x52;
  public static final int GET_DISTANCE                  = 0x5E;
  public static final int START_AUTO_MEASURE_INCHES     = 0x53;
```

```
public static final int START_AUTO_MEASURE_CM          = 0x54;
public static final int START_AUTO_MEASURE_MSECOND     = 0x55;
private static final int CHANGEID1                     = 0xA0;
private static final int CHANGEID2                     = 0xAA;
private static final int CHANGEID3                     = 0xA5;
private static final int FIRMWARE                      = 0x5D;
private static final int MIN_DISTANCE                  = 0x5F;

private int distance;
private String buffer;
```

Im Konstruktor der Klasse SRF02 wird die Schnittstelle geöffnet und eine anonyme Listener-Klasse erzeugt und mit `addListener` an die Instanz der Klasse `Serial` übergeben.

Mit der Methode `setBuffer` wird der String-Variablen `buffer` der Inhalt des Empfangspuffers übergeben und mit `getInt` wird der Inhalt der Variablen `buffer` in einen `int`-Wert konvertiert und in `distance` gespeichert. Wenn von dem Sensor eine Messung erfragt wird, steht in `distance` das Ergebnis in der angeforderten Einheit.

```
public SRF02(){
  serial = SerialFactory.createInstance();
  try {
    serial.open(Serial.DEFAULT_COM_PORT, 9600);
  }
  catch(IllegalStateException ex){
    ex.printStackTrace();
  }
  serial.addListener(new SerialDataListener() {
    @Override
    public void dataReceived(SerialDataEvent event) {
      setBuffer(event.getData());
      distance = getInt(getBuffer());
    }
  });
}
```

Der Sensor gibt das Messergebnis in zwei Byte zurück und repräsentiert einen ganzzahligen Wert. Diese beiden Bytes werden in der Methode `getInt` zu einem `int`-Wert zusammengefügt und zurückgegeben.

```
public int getInt(String value){
  char[] ca = value.toCharArray();
  if(ca.length == 2){
```

```
        int msb = ca[0];
        int lsb = ca[1];
        msb = (msb << 8) & 0xFF00;
        return msb + lsb;
      }
      return 0;
    }
```

Da hinter jedem Listener letztendlich ein `Thread` steht, der auf bestimmte Ereignisse pollt, müssen gemeinsam verwendete Variablen geschützt werden. Dies geschieht für die String-Variable `buffer` in den Methoden `setBuffer` und `getBuffer`, die beide als `synchronized` deklariert wurden.

Für die Variable `distance`, die ebenfalls im Listener gesetzt wird, ist dies nicht notwendig, da die Zuweisung an eine `int`-Variable atomar ist und nicht von einem Thread unterbrochen werden kann.

```
    private synchronized void setBuffer(String value){
      buffer = value;
    }
    private synchronized String getBuffer(){
      return buffer;
    }
```

Damit bei den weiteren Methoden auf einfache Weise eine Programmpause eingelegt werden kann, ohne dass `InterruptedException` abgefangen werden muss, habe ich dies in eine eigene Methode gelegt.

```
    public int wait(int time){
      try{
        Thread.sleep(time);
      }catch(InterruptedException ex){
        return -1;
      }
      return 1;
    }
```

Mit der Methode `getDistanceManually` wird durch das manuelle Verfahren eine Messung angefordert. Über den Parameter `address` wird die Adresse des Sensors übergeben, die ab Werk auf 0x00 eingestellt ist. Die gewünschte Einheit, in der das Messergebnis zurückgegeben werden soll, wird über den Parameter `manuallyCommand` übergeben. Die möglichen Werte für `manuallyCommand` sind die Konstanten `START_MEASURE_INCHES`, `START_MEASURE_CM` und `START_MEASURE_MSECOND`.

Wie ich weiter oben schon angedeutet habe, muss vor jedem Befehl, der an den Sensor geschickt wird, immer die Adresse des Sensors gestellt werden. Schauen Sie sich dies im folgenden Programmausschnitt an.

Zwischen dem Anfordern einer Messung und dem Abholen des Messergebnisses wurde im Programm mit `wait(70)` eine Pause von 70 ms eingefügt, diese Zeit benötigt der Sensor, um das Ergebnis bereitzustellen, und wurde dem Datenblatt entnommen. Außerdem wurde immer nach dem Senden der Adresse eine Pause von 1 ms eingefügt. Diese Unterbrechung habe ich eingefügt, da der Sensor laut Datenblatt 2 Stoppbits erwartet, bevor das nächste Datenwort übertragen wird. Da wir dies aber nicht über Pi4J einstellen können, habe ich es durch eine Pause im Programmablauf erzwungen. Die 1 ms ist viel größer als die Länge eines Stoppbits, was dem Sensor aber nichts macht.

Da die angeforderten Daten asynchron verarbeitet werden, muss in einer Schleife darauf gewartet werden, bis das gewünschte Ergebnis im Empfangspuffer des UART vorliegt. Hierzu wird die Variable `distance` auf -1 gesetzt und so lange abgefragt, bis der Wert durch den Listener überschrieben worden ist. Falls bei der Übertragung mal etwas nicht funktionieren sollte, wird die Schleife nach 2 s abgebrochen und als Ergebnis -1 zurückgegeben.

```
public int getDistanceManually(int address,
                                        int manuallyCommand){
  distance = -1;
  int val = -1;
  int count = 0;
  serial.write((byte) address);
  wait(1);
  serial.write((byte) manuallyCommand);
  wait(70);
  serial.write((byte) address);
  wait(1);
  serial.write((byte) GET_DISTANCE);
  while((val == -1) && count < 20){
    val = distance;
    wait(100);
    count++;
  }
  distance = -1;
  return val;
}
```

Die Methode `getDistanceAuto` arbeitet ähnlich wie die Methode `getDistanceManually`, nur dass hier die Befehle `START_AUTO_MEASURE_INCHES`, `START_AUTO_MEASURE_CM` und `START_AUTO_MEASURE_MSECOND` übergeben werden können. Das Abfragen des Messergebnisses durch `GET_DISTANCE` und die Wartezeit von 70 ms sind dabei nicht notwendig, da der Sensor das Ergebnis dann überträgt, wenn die Messung beendet wurde.

```
public int getDistanceAuto(int address, int autoCommand){
  distance = -1;
  int val = -1;
  int count = 0;
  serial.write((byte) address);
  wait(1);
  serial.write((byte) autoCommand);
  while((val == -1) && count < 20){
    val = distance;
    wait(100);
    count++;
  }
   distance = -1;
   return val;
}
```

Die folgenden sechs Methoden habe ich implementiert, damit die Abfrage der Distanz noch einfacher wird. Wenn Sie immer nur mit der voreingestellten Adresse 0x00 arbeiten wollen, können Sie auch den Übergabeparameter `address` durch die feste Adresse 0x00 ersetzen.

```
public int getDistanceAutoCM(int address){
  return getDistanceAuto(address, START_AUTO_MEASURE_CM);
}
public int getDistanceAutoInches(int address){
 return getDistanceAuto(address, START_AUTO_MEASURE_INCHES);
}
public int getDistanceAutoMSecond(int address){
 return getDistanceAuto(address, START_AUTO_MEASURE_MSECOND);
}
public int getDistanceCM(int address){
  return getDistanceManually(address, START_MEASURE_CM);
}
public int getDistanceInches(int address){
  return getDistanceManually(address, START_MEASURE_INCHES);
}
public int getDistanceMSecond(int address){
  return getDistanceManually(address, START_MEASURE_MSECOND);
}
```

Der Sensor SRF02 kann unterschiedliche Firmware-Versionen enthalten. Um die Version des Sensors zu erfragen, muss der Befehl `FIRMWARE` zum Sensor gesendet werden. Als Antwort wird ein Byte zurückgegeben, das aus der Variablen `buffer` ausgelesen wird. Hat der

Sensor zum Beispiel die Firmware-Version 6, so wird dieser Wert als 0x06 zurückgegeben. Dieser Wert wird zuerst in ein lesbares Zeichen konvertiert und von der Methode `getFirmware` zurückgegeben.

```
public String getFirmware(int address){
  setBuffer("");
  String val = "";
  int count = 0;
  serial.write((byte) address);
  wait(1);
  serial.write((byte) FIRMWARE);
  while((val == "") && count < 10){
  wait(1000);
    val = getBuffer();
    count++;
  }
  setBuffer("");
  if(val != null && !val.isEmpty()){
    byte[] firmware = val.getBytes();
    if(firmware.length > 0){
      return String.format("%1$s", firmware[0]);
    }
  }
  return "";
}
```

Die Methode `flush` erzwingt die Übertragung aller im Puffer stehenden Werte und leert diesen. Und mit den Methoden `close` und `shutdown` wird die Schnittstelle geschlossen und der Thread, der den UART zyklisch abfragt, beendet.

```
public void flush(){
  serial.flush();
}
public void close(){
  serial.close();
}
public void shutdown(){
  serial.shutdown();
}
```

Da die kürzeste Distanz, die der Sensor gerade noch messen kann, variiert, können Sie den aktuellen Wert mit `getMinDistance` erfragen.

```
public int getMinDistance(int address){
  distance = -1;
  int val = -1;
  int count = 0;
  serial.write((byte) address);
  wait(1);
  serial.write((byte) MIN_DISTANCE);
  while((val == -1) && count < 10){
    val = distance;
    wait(1000);
    count++;
  }
  distance = -1;
  return val;
}
```

Mit der Methode `setAddress` können Sie die Adresse des Sensors ändern, die ab Werk auf den Wert 0x00 eingestellt ist. Gültige Werte liegen hier von 0x00 bis einschließlich 0x0F.

Falls Sie mit dieser Methode experimentiert haben und nicht mehr wissen, welche Adresse Sie dem Sensor zugewiesen haben, können Sie dies beim Einschalten des Sensors durch das Blinken der LED, die sich auf seiner Rückseite befindet, entschlüsseln. Diese blinkt beim Einschalten einmal lang und danach so oft kurz, wie die Adresse des Sensors ist. Wenn die Adresse zum Beispiel auf 0x05 eingestellt ist, wird die LED einmal lang und 5-mal kurz blinken.

Die Änderung der Adresse macht aber eigentlich nur Sinn, wenn Sie den Sensor im I²C-Modus betreiben oder statt der hier vorgestellten RS232-Treiber diese durch RS485-Treiber ersetzen. Diese Treiber lassen auch mehrere Geräte auf einer Leitung zu.

```
public void setAddress(int addressOld, int addressNew){
  serial.write((byte) addressOld);
  wait(1);
  serial.write((byte) CHANGEID1);
  wait(1);
  serial.write((byte) addressOld);
  wait(1);
  serial.write((byte) CHANGEID2);
  wait(1);
  serial.write((byte) addressOld);
  wait(1);
  serial.write((byte) CHANGEID3);
  wait(1);
  serial.write((byte) addressOld);
  wait(1);
```

```
    serial.write((byte) addressNew);
  }
}
```

17.5 Entfernungsmessung

Mit der Klasse `Entfernungsmessung` können Sie die grundlegenden Messungen des Sensors für alle verfügbaren Maßeinheiten testen. Sie gibt Ihnen zuerst die Firmware-Version des Sensors aus und testet dann in einer Schleife für die Maßeinheiten cm, Zoll und µs den Sensor. Der Test wird zuerst mit der Methode `getDistanceAuto` und danach mit der Methode `getDistanceManually` durchgeführt.

```
pi@raspberrypi ~/JavaProgramme/Projekte/Raspberry_Pi_und_Java $ . kap17Entfern
gsmessung.sh
Firmware-Version 6
Messung im Modus: AUTO
0) 142 cm 55 Zoll 8243 µs
1) 142 cm 55 Zoll 8243 µs
2) 142 cm 55 Zoll 8243 µs
3) 142 cm 55 Zoll 8243 µs
4) 142 cm 55 Zoll 8243 µs
Messung im Modus: Manuell
0) 142 cm 55 Zoll 8243 µs
1) 142 cm 55 Zoll 8243 µs
2) 142 cm 55 Zoll 8243 µs
3) 142 cm 55 Zoll 8243 µs
4) 142 cm 55 Zoll 8243 µs
pi@raspberrypi ~/JavaProgramme/Projekte/Raspberry_Pi_und_Java $
```

Abb. 17.5: Ausgabe der Klasse `Entfernungsmessung`

Wenn Sie die Distanz von Sensor und Messobjekt während des Tests nicht verändern, werden Sie an der Ausgabe sehen können, dass die Messergebnisse kaum streuen, also viel bessere Ergebnisse liefern als in Kapitel 6 über digitale Sensoren mit dem Sensor HC-SR04.

```
package raspi.projekte.kap17;

import raspi.hardware.rs232.SRF02;

public class Entfernungsmessung{
  private static long distance1 = 0;
  private static long distance2 = 0;
  private static long distance3 = 0;
  private static long wait = 10;

  public static void main(String[] args)
                                    throws InterruptedException{
    SRF02 srf02 = new SRF02();
```

```
    System.out.printf("Firmware-Version %1$s %n",
                                             srf02.getFirmware(0x00));
    Thread.sleep(wait);
    distance1 = srf02.getDistanceAuto(0x00,
                                        SRF02.START_AUTO_MEASURE_CM);
    Thread.sleep(wait);
    System.out.println("Messung im Modus: AUTO");
    for(int i =  0; i < 5; i++){
      distance1 = srf02.getDistanceAuto(0x00,
                                        SRF02.START_AUTO_MEASURE_CM);
      Thread.sleep(wait);
      distance2 = srf02.getDistanceAuto(0x00,
                                    SRF02.START_AUTO_MEASURE_INCHES);
      Thread.sleep(wait);
      distance3 = srf02.getDistanceAuto(0x00,
                                    SRF02.START_AUTO_MEASURE_MSECOND);
      System.out.printf("%4$d) %1$d cm %2$d Zoll %3$d µs %n",
                              distance1, distance2, distance3, i);
      Thread.sleep(wait);
    }
    System.out.println("Messung im Modus: Manuell");
    for(int i =  0; i < 5; i++){
      distance1 = srf02.getDistanceManually(0x00,
                                           SRF02.START_MEASURE_CM);
      Thread.sleep(wait);
      distance2 = srf02.getDistanceManually(0x00,
                                        SRF02.START_MEASURE_INCHES);
      Thread.sleep(wait);
      distance3 = srf02.getDistanceManually(0x00,
                                       SRF02.START_MEASURE_MSECOND);
      System.out.printf("%4$d) %1$d cm %2$d Zoll %3$d µs %n",
                             distance1, distance2, distance3, i);
      Thread.sleep(wait);
    }
    srf02.close();
    srf02.shutdown();
  }
}
```

Script zum Starten der Anwendung

Script `kap17Entfernungsmessung.sh`

17.6 Kurze Distanzen

Um die kürzeste zu messende Distanz zu ermitteln, wird in der Klasse `KleinsteEntfernung` die Methode `getMinDistance` benutzt. Wenn Sie sich das folgende Programm-Listing anschauen, werden Sie sehen, dass vor dem Aufruf der Methode `getMinDistance` eine Entfernungsmessung durchgeführt wird. Diese Messung wird für eine bestimmte Maßeinheit ausgeführt und bestimmt damit, in welcher Einheit die kleinste zu messende Entfernung zurückgegeben wird.

```
package raspi.projekte.kap17;

import raspi.hardware.rs232.SRF02;

public class KleinsteEntfernung{
  private static long wait = 10;

  public static void main(String[] args)
                                 throws InterruptedException{
    SRF02 srf02 = new SRF02();
    System.out.printf("Firmware-Version %1$s %n",
                                   srf02.getFirmware(0x00));
    Thread.sleep(wait);
    srf02.getDistanceAutoCM(0x00);
    Thread.sleep(wait);
    for(int i =  0; i < 3; i++){
      Thread.sleep(wait);
     System.out.printf("%2$d) Kleinste zu messende Distanz
                %1$s cm %n", srf02.getMinDistance(0x00),i);
    }
    Thread.sleep(wait);
    srf02.getDistanceAutoInches(0x00);
    Thread.sleep(wait);
    for(int i =  0; i < 3; i++){
      Thread.sleep(300);
      System.out.printf("%2$d) Kleinste zu messende Distanz
              %1$s Zoll %n", srf02.getMinDistance(0x00),i);
    }
    Thread.sleep(wait);
    srf02.getDistanceAutoMSecond(0x00);
    Thread.sleep(wait);
    for(int i =  0; i < 3; i++){
      Thread.sleep(wait);
```

```
      System.out.printf("%2$d) Kleinste zu messende Distanz
                     %1$s µs %n", srf02.getMinDistance(0x00),i);
    }
    srf02.close();
    srf02.shutdown();
  }
}
```

Wenn man sich die Ausgabe in Abbildung 17.6 anschaut, könnte man vermuten, dass bei einer Angabe von 3 Zoll ein Zentimeter-Wert von 8 cm und nicht 9 cm ausgegeben werden muss.

3 Zoll * 2,54 cm/Zoll = 7,62 cm → gerundet 8 cm

Diese scheinbare Ungenauigkeit liegt einfach daran, dass alle Ausgabewerte gerundet sind und hinter der 3-Zoll-Ausgabe auch der Wert 3,4 Zoll stehen kann, was einen Zentimeter-Wert von 8,64 cm ergibt und wodurch die 9 cm wieder stimmen.

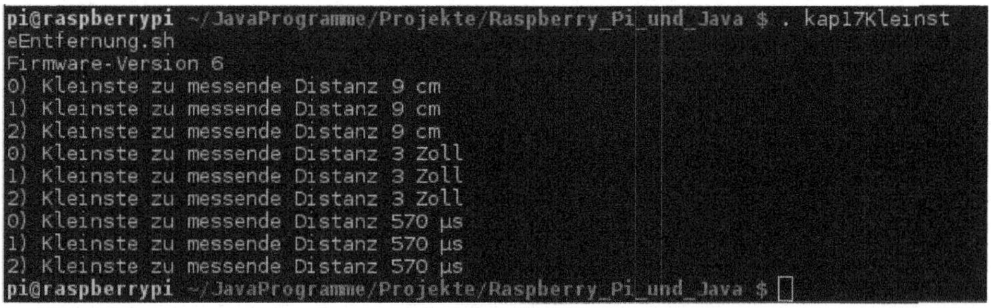

Abb. 17.6: Die Ausgabe der Klasse `KleinsteEntfernung`

Script zum Starten der Anwendung

Script `kap17KleinsteEntfernung.sh`

17.7 Die Sensoradresse ändern

Mit dem letzten Test wird die Adresse des Sensors von 0x00 auf 0x01 geändert. Der Sensor wird dann mit der neuen Adresse angesprochen und führt in einer Schleife Distanzmessungen durch. Danach wird die Adresse wieder auf 0x00 geändert und eine weitere Messreihe durchgeführt.

```
package raspi.projekte.kap17;
```

```
import raspi.hardware.rs232.SRF02;

public class Adresse{
  private static long distance1 = 0;
  private static long wait = 10;

  public static void main(String[] args)
                                    throws InterruptedException{
    SRF02 srf02 = new SRF02();
    System.out.printf("Firmware-Version %1$s %n",
                                       srf02.getFirmware(0x00));
    Thread.sleep(wait);
    System.out.println("Sensoradresse auf 0x01 ändern!");
    srf02.setAddress(0x00, 0x01);
    Thread.sleep(wait);
    System.out.println(
                  "Sensor wird mit Adresse 0x01 angesprochen!");
    for(int i =  0; i < 5; i++){
      distance1 = srf02.getDistanceAuto(0x01,
                                  SRF02.START_AUTO_MEASURE_CM);
      Thread.sleep(wait);
      System.out.printf("%2$d) %1$d cm %n", distance1, i);
      Thread.sleep(wait);
    }
    Thread.sleep(wait);
    System.out.println("Sensoradresse auf 0x00 ändern!");
    srf02.setAddress(0x01, 0x00);
    Thread.sleep(wait);
    System.out.println(
                  "Sensor wird mit Adresse 0x00 angesprochen!");
    for(int i =  0; i < 5; i++){
      distance1 = srf02.getDistanceAuto(0x00,
                                    SRF02.START_AUTO_MEASURE_CM);
      Thread.sleep(wait);
      System.out.printf("%2$d) %1$d cm %n", distance1, i);
      Thread.sleep(wait);
    }
    srf02.close();
    srf02.shutdown();
  }
}
```

Die Ausgabe kann dann wie in Abbildung 17.7 aussehen.

```
pi@raspberrypi ~/JavaProgramme/Projekte/Raspberry_Pi_und_Java $ . kap17Adresse.s
h
Firmware-Version 6
Sensoradresse auf 0x01 ändern!
Sensor wird mit Adresse 0x01 angesprochen!
0) 141 cm
1) 141 cm
2) 141 cm
3) 141 cm
4) 141 cm
Sensoradresse auf 0x00 ändern!
Sensor wird mit Adresse 0x00 angesprochen!
0) 141 cm
1) 141 cm
2) 141 cm
3) 141 cm
4) 141 cm
pi@raspberrypi ~/JavaProgramme/Projekte/Raspberry_Pi_und_Java $
```

Abb. 17.7: Die Ausgabe der Klasse `Adresse`

Script zum Starten der Anwendung

Script `kap17Adresse.sh`

Textausgabe mit LCD-Displays

Für die einfache Ausgabe von Textinformationen bieten sich ein- oder mehrzeilige LCD-Displays an. Die Ansteuerung dieser Displays erfolgt meist über einen 4 oder 8 Bit breiten Datenbus. Es gibt aber auch Module, die sich über den I²C-Bus, den SPI-Bus oder die RS232-Schnittstelle ansteuern lassen. Da diese Module aber meist teurer sind, zeige ich Ihnen in diesem Kapitel die weitverbreiteten Displays mit dem 4 beziehungsweise 8 Bit breiten Datenbus.

Für die Ansteuerung eines Displays ist wichtig zu wissen, mit welchem Display-Controller das Modul arbeitet. Die folgende Beschreibung bezieht sich dabei auf den Controller HD44780 oder den kompatiblen Typ ST7066. Wenn Sie also die nachfolgenden Versuche nachbauen möchten, achten Sie beim Kauf des Displays auf den richtigen Controller. Ich habe hier ein zweizeiliges Display mit 8 Zeichen pro Zeile eingesetzt, das von der Firma ELECTRONIC ASSEMBLY hergestellt wird. Sie können aber auch eines der folgenden Typen wählen.

Verschiedene Displaytypen (Zeilen x Zeichen)												
1x8	1x16	1x20	1x40	2x8	2x12	2x16	2x20	2x24	2x40	4x16	4x20	4x40

Bevor Sie ein Display mit dem Raspberry Pi verbinden, müssen Sie einiges beachten. Da wir das Display direkt mit den GPIO-Ports des Raspberry Pi verbinden, müssen wir darauf achten, dass an den Ports nicht mehr als 3,3 V anliegen dürfen. Da die hier vorgestellten Module und auch die anderer Hersteller mit einer Versorgungsspannung von 5 V arbeiten und auch an den Ausgängen diesen Spannungswert bereitstellen, müssten die Displays eigentlich über einen Pegelwandler mit dem Raspberry Pi verbunden werden. Da ich Ihnen diese zusätzliche Hardware ersparen möchte, zeige ich Ihnen, wie Sie trotzdem mit einem 5-V-Modul arbeiten können. Dazu müssen Sie aber zuerst einmal die grundsätzliche Arbeitsweise eines LCD-Moduls verstehen.

Um mit dem Modul zu kommunizieren, wird das gewünschte Datenwort auf den Datenbus des Displays gelegt. Dies bedeutet, dass die Pegel der Datenleitungen gesetzt werden. Damit das Modul dieses Datenwort entgegennimmt, wird auf den sogenannten `Enable`-Pin des Moduls ein Impuls gelegt. Hierbei muss der Raspberry Pi diesen Pin auf High-Pegel und wieder auf Low-Pegel schalten. Bei der fallenden Flanke wird dann das Datenwort von dem Modul übernommen. Um jetzt mehrere Datenwörter hintereinander zu übertragen, gibt es zwei grundsätzliche Methoden. Bei der ersten Methode müssen Sie wissen, wie lange das Modul zur Verarbeitung des übertragenen Datenworts benötigt. Diese Zeit muss dann gewartet werden, bis das nächste Datenwort übertragen wird. Bei der zweiten Methode wird vom Display das Busy-Flag abgefragt. Wenn dieses Flag Low-Pegel aufweist, kann das nächste Datenwort übertragen werden. Und genau diese Abfrage dürfen wir nicht durchführen, da das Modul dann an einem Ausgang für einen High-Pegel 5 V bereitstellt und dafür sorgen würde, dass der entsprechende Eingang am Raspberry Pi überlastet wäre. Aus diesem Grunde werden hier nur Daten zum Display übertragen, aber keine Daten entgegengenommen. Wenn wir also am Raspberry Pi mit einem 5-V-Modul arbeiten, dürfen die Daten immer nur zum Modul gesendet werden.

Da über den Pegel an dem R/W-Pin des Displays gesteuert wird, ob Daten geschrieben oder gelesen werden, können wir durch einen festen Pegel an diesem Pin verhindern, dass die Datenleitungen des Displays als Ausgänge arbeiten. In unserem Fall muss an dem R/W-Pin immer 0 V liegen.

Hinweise

An dem R/W-Pin des Displays müssen immer 0 V liegen, damit es keinen Port als Ausgang schaltet. Der Ausgangspegel von 5 V würde den Raspberry Pi sonst zerstören.

Wenn der Raspberry Pi einen GPIO-Port auf High-Pegel setzt, liegt dort eine Spannung von ca. 3,3 V vor, die aber ausreicht, um auch in der 5V-Logik des Displays einen High-Pegel zu erzeugen.

Um die unterschiedlichen Leitungen zum Ansteuern des Displays besser verstehen zu können, schauen Sie sich Abbildung 18.1 an. Dort sind die Leitungen D0 bis D7 des Displays mit den GPIO-Ports GPIO0 bis GPIO7 des Raspberry Pi verbunden und bilden den 8 Bit breiten Datenbus.

Der GPIO-Port GPIO11 ist mit dem Enable-Eingang (E) des Displays verbunden. Wie oben schon erwähnt, muss der Raspberry Pi an diesem Eingang einen Impuls erzeugen, der dafür sorgt, dass das Display das Datenwort, das durch die Pegel an den Eingängen D0 bis D7 bereitgestellt wird, übernimmt.

Über den Eingang RS wird gesteuert, ob das angelegte Datenwort in das Befehlsregister oder in das Datenregister geschrieben wird. Die Abkürzung RS steht hierbei für Register Select.

Der Spannungsteiler mit dem Widerstand R1 und dem Potenziometer R2 erzeugt am Eingang VEE des Displays eine Spannung, mit der Sie den Kontrast des Displays einstellen können. Bevor Sie die Schaltung wie im Schaltplan aufbauen, sollten Sie im Datenblatt Ihres Displays die Anschlussbelegung mit denen im Schaltplan vergleichen und gegebenenfalls anpassen.

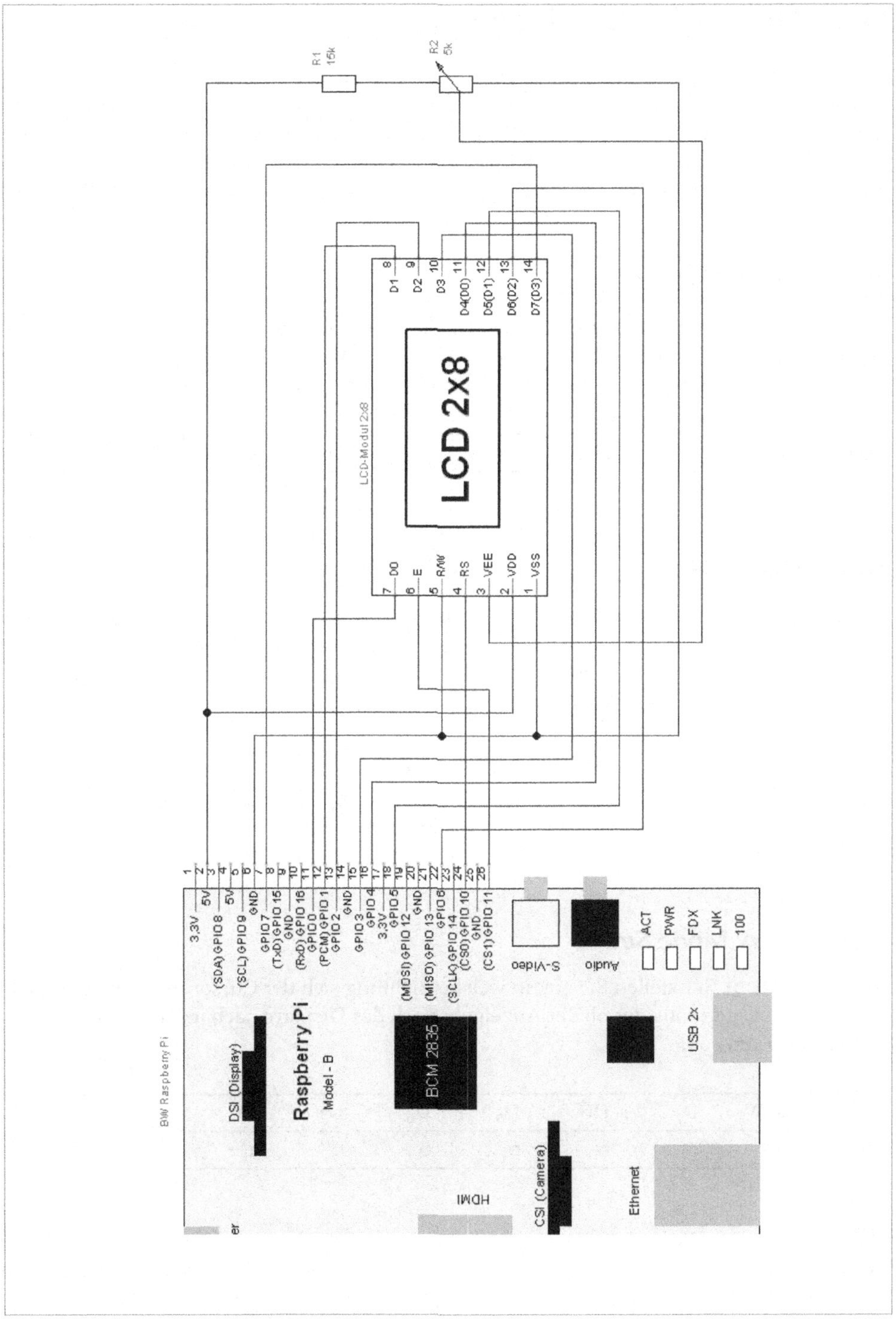

Abb. 18.1: Das LCD-Display an den Raspberry Pi anschließen

18.1 Der Befehlssatz des HD 44780

Der Controller HD44780, der in dem Display verbaut ist, kennt zehn verschiedene Befehle. Davon werden sechs Befehle dazu verwendet, das Display zu konfigurieren und die Schreibposition einzustellen. Diese Befehle stelle ich Ihnen zuerst vor und zeige für jeden Befehl die benötigten Pegel an den Eingängen D0 bis D7, dem RS-Pin und dem R/W-Pin. Da der R/W-Pin immer auf Low-Pegel liegen muss, habe ich diesen nur der Vollständigkeit halber mit aufgeführt.

18.1.1 Clear Display

Mit dem Befehl CLEAR DISPLAY wird das Display gelöscht und der Cursor im Display auf seine Heimatposition gestellt. Dies entspricht einer Anzeigeadresse von 0x00. Was die Anzeigeadresse genauer besagt, erkläre ich Ihnen weiter unten.

RS	R/W	D7	D6	D5	D4	D3	D2	D1	D0
0	0	0	0	0	0	0	0	0	1

18.1.2 Cursor Home

Der Befehl CURSOR HOME setzt den Cursor auf seine Heimatposition und setzt alle Schiebeoperationen zurück. Wenn eine Schiebeoperation ausgeführt wurde, steht die Startadresse 0x00 nicht mehr in der linken oberen Ecke des Displays, sondern wurde entweder nach links oder nach rechts verschoben.

RS	R/W	D7	D6	D5	D4	D3	D2	D1	D0
0	0	0	0	0	0	0	0	1	*

* beliebiger Pegel

18.1.3 Entry Mode Set

Mit ENTRY MODE SET stellen Sie ein, in welche Richtung sich der Cursor nach einer Schreiboperation bewegen soll oder ob der Anzeigebereich des Displays nach jedem Schreiben verschoben werden soll.

RS	R/W	D7	D6	D5	D4	D3	D2	D1	D0
0	0	0	0	0	0	0	1	I/D	S

I/D

Wenn I/D auf 1 gesetzt wird, schiebt sich der Cursor oder das Display um eine Position nach rechts. Mit I/D gleich 0 wird nach links geschoben.

S

Mit S gleich 0 wird beim Schreiben der Cursor verschoben. Setzen Sie dagegen S auf 1, so wird der ganze Displayinhalt verschoben. Es entsteht so der Eindruck, dass der Cursor auf einer festen Position bleibt und der eingegebene Text nach links oder rechts läuft.

18.1.4 Display On/Off Control

Um das Display ein- oder auszuschalten und den Cursor zu verändern, können Sie den Befehl DISPLAY ON/OFF CONTROL verwenden.

RS	R/W	D7	D6	D5	D4	D3	D2	D1	D0
0	0	0	0	0	0	1	D	C	B

D

Mit D gleich 0 schalten Sie die Anzeige aus und mit D gleich 1 wieder ein. Hierbei bleibt der Inhalt des Displays unverändert.

C

Mit C können Sie einstellen, ob der Cursor angezeigt werden soll oder nicht.

B

Die Darstellung des Cursors wird über B eingestellt. Ist dieses Bit auf 1 gesetzt, so blinkt der Cursor als Block und mit B gleich 0 wird der Cursor als Linie dargestellt, die nicht blinkt.

18.1.5 Cursor / Display Shift

Mit dem nächsten Befehl können Sie den Cursor oder das Display bewegen, ohne dass der Inhalt des Displays verändert wird.

RS	R/W	D7	D6	D5	D4	D3	D2	D1	D0
0	0	0	0	0	1	S/C	R/L	*	*

* beliebiger Pegel

S/C

Ist S/C auf 1 gesetzt, wird die gesamte Anzeige um eine Stelle verschoben. Ist S/C auf 0 gesetzt, wird der Cursor verschoben.

R/L

R/L gibt die Bewegungsrichtung des Displays beziehungsweise des Cursors an. Ist das Bit auf 1 gesetzt, wird nach rechts geschoben, und mit 0 wird nach links geschoben.

18.1.6 Function Set

Der Befehl FUNCTION SET wird zur Initialisierung des Displays benötigt und wird meist vor dem ersten Gebrauch des Displays ausgeführt.

RS	R/W	D7	D6	D5	D4	D3	D2	D1	D0
0	0	0	0	1	DL	N	F	*	*

* beliebiger Pegel

DL

Mit DL können Sie die Wortbreite des Datenbus auf 4 oder 8 Bit einstellen. Mit DL gleich 1 werden die Eingänge D0 bis D7 zur Übertragung der Befehle benutzt. Wollen Sie das Display nur über einen 4 Bit breiten Datenbus betreiben, so müssen Sie DL auf 0 setzen. Zur Datenübertragung werden dann nur noch die Eingänge D4 bis D7 benötigt. Die 8 Bit langen Datenwörter werden in zwei 4 Bit lange Daten aufgeteilt und nacheinander übertragen, wobei zuerst das höherwertige Nibble und dann das niederwertige Nibble übertragen werden muss.

N

Je nach verwendetem Display müssen Sie angeben, ob es eine oder mehrere Zeilen darstellen kann. Für mehrzeilige Displays setzen Sie N auf 1 und für einzeilige auf 0.

F

Ob ein einzelnes Zeichen mit 5x10 Dots oder 5x8 Dots dargestellt wird, müssen Sie mit F einstellen. Für 5x10 setzen Sie F auf 1 und für 5x8 auf 0.

18.1.7 RAM Address Set und Data write

Jede Zeichenposition entspricht einer Adresse im DD RAM (Display Data RAM). Um ein Zeichen darzustellen, müssen Sie den Adresszeiger auf eine RAM-Adresse stellen. Das nächste übertragene Zeichen wird dann an diese Stelle in den DD RAM geschrieben und somit angezeigt. Die Einstellung der RAM-Adresse erfolgt über den folgenden Befehl.

RS	R/W	D7	D6	D5	D4	D3	D2	D1	D0
0	0	1	7 Bit lange DD-RAM-Adresse						

Die Übertragung eines Zeichens wird in der nächsten Tabelle dargestellt.

RS	R/W	D7	D6	D5	D4	D3	D2	D1	D0
1	0	8 Bit-Zeichen							

Beachten Sie, dass zur Übertragung eines Zeichens das RS-Bit auf 1 gestellt werden muss. Zeichenwerte von 0x20 bis 0x7D entsprechen dem ASCII-Zeichensatz. Alle weiteren Zeichen bis 0xFF entnehmen Sie bitte der Dokumentation Ihres Displays.

Welcher DD-RAM-Adresse eine Zeilen- und Spaltenposition im Display entspricht, können Sie in der nächsten Tabelle sehen.

Displaytyp	Von-Bis-Adresse für jede Zeile			
	1. Zeile	2. Zeile	3. Zeile	4. Zeile
1x8	0x00-0x07			
1x16	0x00-0x0F			
1x20	0x00-0x13			
1x40	0x00-0x27			
2x8	0x00-0x07	0x40-0x47		
2x12	0x00-0x0B	0x40-0x4B		
2x16	0x00-0x0F	0x40-0x4F		
2x20	0x00-0x13	0x40-0x53		
2x24	0x00-0x17	0x40-0x57		
2x40	0x00-0x27	0x40-0x67		
4x16	0x00-0x0F	0x40-0x4F	0x10-0x1F	0x50-0x5F
4x20	0x00-0x13	0x40-0x53	0x14-0x27	0x54-0x67

Bei dem hier verwendeten Display mit 2x8 Zeichen entspricht das erste Zeichen in der ersten Reihe der Adresse 0x00. Das achte Zeichen in der ersten Reihe hat somit die Adresse 0x07. In der zweiten Reihe beginnt die Adresse mit 0x40 und endet mit 0x47.

Die Displays haben aber auch noch einen Schattenbereich. Es gibt also Adressen, die ohne eine Schiebeoperation nicht sichtbar sind. Insgesamt gibt es immer 80 Zeichen, die sich auf den sichtbaren und nicht sichtbaren Bereich aufteilen. Bei einem Display mit 1x8 Zeichen sind immer acht Zeichen sichtbar und 72 Zeichen im Schattenbereich. Bei einem Display mit 2x8 Zeichen teilen sich die 80 Zeichen auf zwei Zeilen auf. Somit hat jede Zeile 8 sichtbare und 32 nicht sichtbare Zeichen.

Durch eine Schiebeoperation werden Zeichen aus dem Schattenbereich sichtbar und andere Zeichen fallen in den Schattenbereich. In der oben gezeigten Tabelle beziehen sich die Adressen nur auf den sichtbaren Bereich, ohne dass eine Schiebeoperation durchgeführt worden ist.

Die folgende Tabelle zeigt die DD-RAM-Adressen für ein Display mit 1x8 Zeichen und einen um drei Zeichen nach rechts verschobenen Anzeigebereich. Die Adresse des ersten Zeichens ist demnach 0x03. Übrigens ist links von der Adresse das 80. Zeichen mit der Adresse 0x4F. Wenn kontinuierliche Schiebeoperationen durchgeführt werden, können Sie dadurch eine Laufschrift mit maximal 80 Zeichen realisieren.

Schatten							Anzeigebereich								Schatten		
4C	4D	4E	4F	00	01	02	**03**	**04**	**05**	**06**	**07**	**08**	**09**	**0A**	0B	0C	0D

In der nächsten Tabelle ist die gleiche Verschiebung, aber mit einem Display mit 2x8 Zeichen dargestellt. Da bei diesem Display für jede Reihe acht Zeichen sichtbar sind und für jede Reihe ein Zeichenvorrat von 40 Zeichen zur Verfügung steht, können Sie mit einem solchen Display eine Laufschrift mit maximal 40 Zeichen realisieren.

Schatten							Anzeigebereich										Schatten
24	25	26	27	00	01	02	**03**	**04**	**05**	**06**	**07**	**08**	**09**	**0A**	0B	0C	0D
64	65	66	67	40	41	42	**43**	**44**	**45**	**46**	**47**	**48**	**49**	**4A**	4B	4C	4D

18.1.8 CG RAM Address Set

Mit dem CG RAM (Char. Generator RAM) haben Sie die Möglichkeit, acht eigene Zeichen zu erzeugen und im CG RAM abzulegen. Die genaue Beschreibung dazu finden Sie in der Dokumentation.

18.1.9 Und noch zwei Lesebefehle

Da wir ohne eine Pegelanpassung von 5 V nach 3,3 V keine Leseoperation durchführen dürfen, erwähne ich die beiden Befehle nur der Vollständigkeit halber.

Mit CG RAM / DD RAM DATA READ können Sie Zeichen, die Sie zuvor in das RAM geschrieben haben, wieder aus dem RAM auslesen. Da wir uns dies in der Java-Anwendung merken können, hat dieser Befehl keine allzu große Bedeutung.

RS	R/W	D7	D6	D5	D4	D3	D2	D1	D0
1	1	8 Bit-Zeichen							

Mit BUSY FLAG / ADDRESS READ können Sie abfragen, ob der Display-Controller für die nächste Datenübergabe bereit ist, und bekommen auch den aktuellen Wert des Adresszeigers übergeben.

RS	R/W	D7	D6	D5	D4	D3	D2	D1	D0
0	1	BF	Adresszeiger						

18.2 Die Initialisierung des Displays

Die Initialisierung des Displays ist recht einfach und in der Dokumention des Controllers beschrieben. In der Displaydokumentation finden Sie darüber wahrscheinlich keine ausreichende Erklärung.

Bei der Initialisierung müssen Sie sich zuerst entscheiden, ob Sie das Display im 4-Bit- oder 8-Bit-Modus betreiben wollen und ob das Display ein Zeichen mit 5x10 Dots oder 5x8 Dots darstellt. Außerdem geben Sie an, ob es sich um ein einzeiliges oder mehrzeiliges Display handelt.

Schauen Sie sich zuerst die Initialisierung für den 8-Bit-Modus an. Als Beispiel nehmen wir dazu das hier verwendete Display mit 2x8 Zeichen und einer Zeichendarstellung von 5x8 Dots an. Die Initialisierung wird durch viermaliges Senden des `Function Set`-Befehls durchgeführt. Dabei müssen zwischen den Befehlen Pausen eingehalten werden, die in der Dokumentation beschrieben sind. Schauen Sie sich dazu die folgende Tabelle an.

RS	R/W	D7	D6	D5	D4	D3	D2	D1	D0
0	0	0	0	1	1(DL)	*	*	*	*
Länger als 4,1ms warten									
0	0	0	0	1	1(DL)	*	*	*	*
Länger als 100 µs warten									
0	0	0	0	1	1(DL)	*	*	*	*
Länger als 40 µs warten									
0	0	0	0	1	1(DL)	1(N)	0(F)	*	*

* beliebiger Wert

Die Initialisierung für den 4-Bit-Modus ist etwas aufwendiger. Zuerst wird dreimal das obere Nibbel des `Function Set`-Befehls gesendet. Hierbei ist aber das DL-Bit wie für den 8-Bit-Modus auf 1 gesetzt. Danach wird einmal das obere Nibbel des `Function Set`-Befehls, aber mit dem DL-Bit gleich 0 gesendet, was dem 4-Bit-Modus entspricht. Danach ist der 4-Bit-Modus eingestellt und der `Function Set`-Befehl wird dann vollständig gesendet. Zuerst das obere Nibbel des Befehls und dann das untere Nibbel. Ab diesem Zeitpunkt müssen alle Befehle, die 8 Bit lang sind, in zwei Nibbel aufgeteilt werden, wobei immer zuerst das obere Nibbel übertragen wird.

RS	R/W	D7	D6	D5	D4
0	0	0	0	1	1(DL)
Länger als 4,1 ms warten					
0	0	0	0	1	1(DL)
Länger als 100 µs warten					
0	0	0	0	1	1(DL)
Länger als 40 µs warten					
0	0	0	0	1	0(DL)
Länger als 40 µs warten					
0	0	0	0	1	0(DL)
Länger als 40 µs warten					
0	0	1 (N)	0 (F)	*	*

* beliebiger Wert

18.3 Das Programmkonzept

Der einfachste Weg, um das Display anzusteuern, wäre die Implementierung einer Treiberklasse, die alle Aufgaben zum Setzen der Raspberry-Pi-Ausgänge übernimmt und alle Befehle des Displays kennt. Da der direkte Anschluss des Displays an den Raspberry Pi nicht der einzige Weg ist, um beide Komponenten zu verbinden, möchte ich Ihnen einen etwas anderen Weg zeigen.

Schauen Sie sich das in Abbildung 18.2 dargestellte Klassendiagramm an. Die Klasse `DisplayHD44780` kennt alle Befehle des Displays und regelt die Initialisierung und den Ablauf zum Ansteuern des Displays. Diese Klasse kennt aber keine GPIO-Pins. Sie ist von der Hardware des Raspberry Pi vollkommen unabhängig.

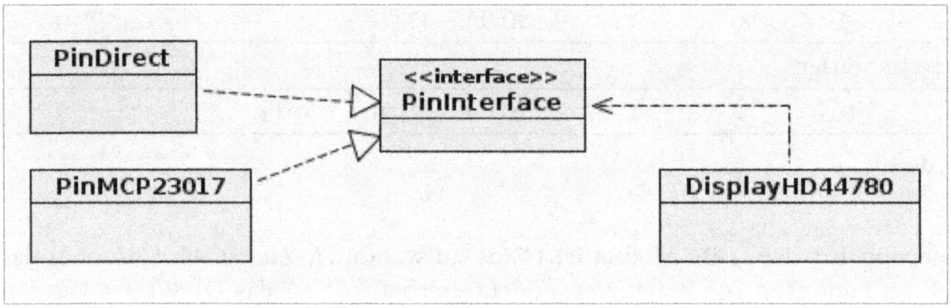

Abb. 18.2: Das Klassendiagramm

Wenn Daten vom Raspberry Pi zum Display übertragen werden sollen, benutzt die Klasse `DisplayHD44780` ausschließlich die vorgegebenen Methoden des Interface `PinInterface`. Die Klasse `PinDirect` implementiert das Interface `PinInterface` und führt die Ansteuerung der GPIO-Pins durch.

Die Klasse `PinMCP23017` implementiert ebenfalls das Interface `PinInterface`. Sie steuert das Display aber nicht über die GPIO-Pins des Raspberry Pi, sondern steuert das Display über den I²C-Bus des I/O-Expanders MCP23017. Wie dieser mit dem Raspberry Pi und dem Display verbunden wird, zeige ich Ihnen später. Wichtig ist hier nur, zu verstehen, dass Sie das Display über Komponenten ansteuern, die die Klasse `DisplayHD44780` nicht kennt.

Schauen Sie sich nun zuerst einmal das Interface `PinInterface` an. Die Methoden `setDataLSB`, `setDataMSB` und `setData` müssen in den Klassen `PinDirect` und `PinMCP23017` dafür sorgen, dass das gewünschte Datenwort an den Eingängen des Displays zur Verfügung steht.

Mit den Methoden `enableCommand`, `setRS` und `setEnable` werden die Eingänge RS und Enable des Displays kontrolliert. Wenn Sie ein Programm, das das Display benutzt, beenden, werden mit dem Aufruf von `shutdown` Hardware-Ressourcen freigegeben.

Über die Methoden `is8BitMode`, `is5x10Mode` und `isMultilineMode` kann die Klasse `DisplayHD44780` erfragen, wie das Display initialisiert werden soll und ob ein Datenwort im 8-Bit-Modus mit `setData` oder im 4-Bit-Modus mit den Methoden `setDataMSB` und `setDataLSB` übertragen werden soll.

```
package raspi.hardware.lcd;

public interface PinInterface{
  public void setDataLSB(int value);
  public void setDataMSB(int value);
  public void setData(int value);
  public void enableCommand();
  public void setRS(boolean value);
  public void setEnable(boolean value);
  public void shutdown();
  public boolean is8BitMode();
  public boolean is5x10Mode();
  public boolean isMultilineMode();
}
```

18.4 Die Klasse DisplayHD44780

Die Klasse `DisplayHD44780` ist die Treiberklasse für das Display. Sie kennt alle Befehle, die am Anfang dieses Kapitels vorgestellt worden sind. Wenn Sie sich von der Klasse den ersten Programmausschnitt anschauen, werden Sie einige Konstanten sehen, die in der Bit-Struktur den Display-Befehlen entsprechen. Andere sind nur als Maske zu sehen, um bestimmte Bits in Befehlen zu maskieren, damit diese gesetzt oder gelöscht werden können.

```
package raspi.hardware.lcd;

public class DisplayHD44780{
  public static final int MODE8BIT        = 0b0011_0000;
  public static final int MODE4BIT        = 0b0010_0000;
  public static final int INIT4BIT1       = 0b0011;
  public static final int INIT4BIT2       = 0b0010;
  public static final int MODEMULT        = 0b0000_1000;
  public static final int MODEF510        = 0b0000_0100;

  public static final int DISPLAY_CLEAR   = 0b0000_0001;
  public static final int DISPLAY_HOME    = 0b0000_0010;

  public static final int ENTRYMODE       = 0b0000_0100;
  public static final int AUTOINCREMENT   = 0b0000_0010;
  public static final int MOVEDISPLAY     = 0b0000_0001;

  public static final int DISPLAY         = 0b0000_1000;
```

```
public static final int DISPLAY_ON       = 0b0000_0100;
public static final int CURSOR_BLOCK     = 0b0000_0001;
public static final int CURSOR_ON        = 0b0000_0010;

public static final int SHIFT            = 0b0001_0000;
public static final int SHIFT_DISPLAY    = 0b0000_1000;
public static final int SHIFT_RIGHT      = 0b0000_0100;

public static final int DDRAM_ADDRESS    = 0x80;
private boolean eightBits = true;
private PinInterface pinInterface;
private int displaycontrol;
private int shiftcontrol;
private int entrycontrol;
```

Der Konstruktor der Klasse `DisplayHD44780` nimmt als Parameter das `PinInterface` entgegen, wodurch der Zugriff auf das Display möglich ist. Damit mit dem Display überhaupt kommuniziert werden kann, wird die Busbreite erfragt und dann das Display auf den 4-Bit- oder 8-Bit-Modus eingestellt. Die Übertragung von Befehlen zum Display wird mit der Methode `sendCmd` durchgeführt, die ich weiter hinten noch erläutern werde. Die Einstellung auf die richtige Busbreite funktioniert hier genau so, wie im Anfang des Kapitels gezeigt wurde. Der einzige Unterschied besteht aber in den Wartezeiten zwischen den Befehlen. Hier war ich etwas großzügiger, als es die Dokumentation vorgibt. So habe ich als kleinste Wartezeit zwischen zwei Befehlen nicht 40 µs, sondern 1ms gewählt. Da die ersten Versuche meistens auf einem Steckbrett durchgeführt werden und dort die Verbindungsleitungen schon mal etwas länger ausfallen können, gibt die größere Wartezeit den Bussignalen mehr Zeit zum Einschwingen.

Nach der Initialisierung des Displays wird die Auflösung eines Zeichens eingestellt und auf einzeiliges oder mehrzeiliges Display geschaltet. Diese Einstellungen sind vom gewählten Display abhängig und werden nur im Konstruktor eingestellt.

Danach wird der Inhalt des Displays mit `displayClear` gelöscht und der Eingabemodus so eingestellt, dass der Cursor nach jedem eingegebenen Zeichen um eine Position weiterrückt. Zum Schluss wird dann mit `sendCmd(displaycontrol)` das Display eingeschaltet.

```
public DisplayHD44780(PinInterface pinInterface){
  this.pinInterface = pinInterface;
  this.pinInterface.setRS(false);
  this.pinInterface.setEnable(false);
  displaycontrol = DISPLAY | DISPLAY_ON;
  shiftcontrol = SHIFT;
  entrycontrol = ENTRYMODE | AUTOINCREMENT;
  int mode = MODE8BIT;
  if(pinInterface.is8BitMode()){
    sendCmd(MODE8BIT);
```

```
      waitms(8);
      sendCmd(MODE8BIT);
      waitms(1);
      sendCmd(MODE8BIT);
      waitms(1);
      mode = MODE8BIT;
    }else{
      pinInterface.setDataMSB(INIT4BIT1);
      waitms(8);
      pinInterface.setDataMSB(INIT4BIT1);
      waitms(1);
      pinInterface.setDataMSB(INIT4BIT1);
      waitms(1);
      pinInterface.setDataMSB(INIT4BIT2);
      waitms(1);
      mode = MODE4BIT;
    }
    if(pinInterface.is5x10Mode()){
      mode = mode | MODEF510;
    }
    if(pinInterface.isMultilineMode()){
      mode = mode | MODEMULT;
    }
    sendCmd(mode);
    waitms(1);
    displayClear();
    sendCmd(entrycontrol);
    waitms(1);
    sendCmd(displaycontrol);
    waitms(1);
  }
```

Mit der Methode `waitms` werden die Wartezeiten zwischen zwei Befehlen eingefügt.

```
  public void waitms(int millis){
    try{
      Thread.sleep(millis);
    }catch(InterruptedException ex){}
  }
```

Bei der Übertragung von Daten zum Display muss zwischen dem 8-Bit- und 4-Bit-Modus unterschieden werden. Im 8-Bit-Modus wird das zu übertragende Byte der Methode `set-`

Data, die über das pinInterface zur Verfügung gestellt wird, übertragen. Im 4-Bit-Modus werden zuerst die oberen vier Bit des Datenworts übertragen, was durch die Methode setDataMSB erreicht wird. Danach werden dann mit setDataLSB die unteren vier Bit übertragen.

Immer wenn ein Datenwort oder Nibbel auf den Bus gelegt wird, muss danach ein Impuls auf der Enable-Leitung erzeugt werden, damit das Display die Daten übernehmen kann. Dieser Impuls wird durch den Aufruf der Methode enableCommand ausgelöst.

Mit der Methode send können also Daten im 4- und 8-Bit-Modus gesendet werden. Die Methode sendCmd ruft send auf und ist für die Übertragung von Befehlen geeignet, da sie vor dem Senden die RS-Leitung auf Low-Pegel setzt.

```
private void send(int data){
  if(pinInterface.is8BitMode()){
    pinInterface.setData(data);
    waitms(1);
    pinInterface.enableCommand();
  }else{
    pinInterface.setDataMSB(data);
    waitms(1);
    pinInterface.enableCommand();
    waitms(1);
    pinInterface.setDataLSB(data);
    waitms(1);
    pinInterface.enableCommand();
    waitms(1);
  }
}
private void sendCmd(int command){
  pinInterface.setRS(false);
  waitms(2);
  send(command);
}
```

Die folgenden Methoden senden Befehle zum Display und benutzen dazu sendCmd. Sie können dazu verwendet werden, um das Eingabeverhalten zu steuern, das Display zu löschen oder zu bewegen (Shift). Sie setzen exakt die am Anfang beschriebenen Displaybefehle um.

```
public void displayHome(){
  sendCmd(DISPLAY_HOME);
  waitms(2);
}
```

```
public void displayClear(){
  sendCmd(DISPLAY_CLEAR);
  waitms(4);
}
public void cursorBlock(){
  displaycontrol = displaycontrol | CURSOR_BLOCK;
  sendCmd(displaycontrol);
  waitms(2);
}
public void cursorLine(){
  displaycontrol = displaycontrol & ~CURSOR_BLOCK;
  sendCmd(displaycontrol);
  waitms(2);
}
public void cursorOn(){
  displaycontrol = displaycontrol | CURSOR_ON;
  sendCmd(displaycontrol);
  waitms(2);
}
public void cursorOff(){
  displaycontrol = displaycontrol & ~CURSOR_ON;
  sendCmd(displaycontrol);
  waitms(2);
}
public void displayOn(){
  displaycontrol = displaycontrol | DISPLAY_ON;
  sendCmd(displaycontrol);
  waitms(2);
}
public void displayOff(){
  displaycontrol = displaycontrol & ~DISPLAY_ON;
  sendCmd(displaycontrol);
  waitms(2);
}
public void shiftDisplay(){
  shiftcontrol = shiftcontrol | SHIFT_DISPLAY;
  sendCmd(shiftcontrol);
  waitms(1);
}
public void shiftCorsor(){
  shiftcontrol = shiftcontrol & ~SHIFT_DISPLAY;
  sendCmd(shiftcontrol);
```

```
    waitms(1);
  }
  public void setShiftRight(){
    shiftcontrol = shiftcontrol | SHIFT_RIGHT;
  }
  public void setShiftLeft(){
    shiftcontrol = shiftcontrol & ~SHIFT_RIGHT;
  }
  public void setAutoIncrement(){
    entrycontrol = entrycontrol | AUTOINCREMENT;
    sendCmd(entrycontrol);
    waitms(1);
  }
  public void setAutoDecrement(){
    entrycontrol = entrycontrol & ~AUTOINCREMENT;
    sendCmd(entrycontrol);
    waitms(1);
  }
  public void setAutomoveDisplay(){
    entrycontrol = entrycontrol | MOVEDISPLAY;
    sendCmd(entrycontrol);
    waitms(1);
  }
  public void setAutomoveCursor(){
    entrycontrol = entrycontrol & ~MOVEDISPLAY;
    sendCmd(entrycontrol);
    waitms(1);
  }
```

Um ein Zeichen an eine bestimmte DD-RAM-Adresse zu schreiben, können Sie entweder den Befehl `setCursorPos(int col, int row)` oder `setCursorPos(int start)` verwenden. Hierbei ist es egal, ob eine Adresse im aktuell sichtbaren Adressbereich oder im Schattenbereich liegt.

Wenn Sie `setCursorPos(int start)` verwenden, geben Sie als Übergabeparameter direkt die DD-RAM-Adresse an. Möchten Sie zum Beispiel bei einem zweizeiligen Display ein Zeichen in der zweiten Reihe an die dritte Stelle schreiben, müssen Sie für `start` den Wert `0x43` übergeben. Die Position stimmt natürlich nur, wenn der Anzeigebereich nicht bewegt (Shift) wurde.

Mit `setCursorPos(int col, int row)` geben Sie einfach die Zeile und Spalte an, in die das Zeichen geschrieben werden soll. Die Zählung von Reihe und Spalte beginnt hier bei 0. Für die erste Zeile und erste Spalte müssen Sie demnach für `col` eine 0 und für `row` eine 0 übergeben.

Diese Methode können Sie aber nicht für ein Display mit 4x16 Zeichen verwenden. Dies liegt daran, dass bei einem Display mit 4x16 Zeichen die dritte Reihe bei 0x10 und die vierte bei 0x50 beginnt. Bei einem Display mit 4x20 Zeichen beginnt die dritte Reihe bei 0x14 und die vierte bei 0x54. Es gibt also unterschiedliche Startadressen, die in dem Array `ddramRowAdresses` hinterlegt sind. Ich habe mich dabei für die Adressen 0x14 und 0x54 und nicht für 0x10 und 0x50 entschieden.

Wenn Sie ein Display mit 4x16 Zeichen verwenden möchten, nehmen Sie zum Positionieren des Cursors die Methode `setCursorPos(int start)`.

```
public void setCursorPos(int col, int row){
  int[] ddramRowAdresses = {0x00,0x40,0x14,0x54};
  int startRow = DDRAM_ADDRESS | ddramRowAdresses[row];
  sendCmd(startRow + col);
}
public void setCursorPos(int start){
  sendCmd(start | DDRAM_ADDRESS);
}
```

Ein einzelnes `char`-Zeichen können Sie mit `writeChar` in das DD RAM schreiben. Für eine Zeichenkette nehmen Sie `writeString`.

```
public void writeChar(char c){
  pinInterface.setRS(true);
  waitms(1);
  send((int)c);
}
public void writeString(String str){
  char[] chars = str.toCharArray();
  for(int i = 0; i < chars.length;i++){
    writeChar(chars[i]);
  }
}
```

Und zum Schluss bleibt noch die Methode `shutdown`, mit der Hardware-Ressourcen freigegeben werden können.

```
public void shutdown(){
   pinInterface.shutdown();
}
```

18.5 Die Klasse PinDirect

Die Klasse `PinDirect` implementiert das Interface `PinInterface` und realisiert die Anbindung an die verwendete Hardware. Da sie für das Steuern eines Displays über die GPIO-

Pins des Raspberry Pi vorgesehen ist, setzt sie das Verwalten und Steuern der GPIO-Ausgänge um.

Schauen Sie sich im folgenden Programmausschnitt den Konstruktor an. Dort können Sie mit den ersten drei Übergabeparametern die Displayeigenschaften angeben.

Über den Parameter `mode8Bit` geben Sie an, ob Sie das Display im 4- oder 8-Bit-Modus betreiben möchten. Wenn Sie `true` übergeben, nutzen Sie die Datenleitungen D0 bis D7 des Displays und müssen entsprechend viele GPIO-Pins des Raspberry Pi reservieren. Mit `false` betreiben Sie das Display im 4-Bit-Modus und benötigen nur die Display-Eingänge D4 bis D7.

Der Dokumentation des Displays entnehmen Sie die Zeichenauflösung. Geben Sie für `mode5x10 true` ein, so wird der Controller in dem Display auf 5x10 Zeichen-Darstellung eingestellt und mit `false` auf 5x8.

Wenn das verwendete Display nur eine Zeile darstellen kann, übergeben Sie mit `modeMultiline false` und bei mehrzeiligen Displays `true`.

Welche GPIO-Pins Sie für die Ansteuerung des Displays verwenden möchten, können Sie frei wählen. Mit den Parametern `rsPin` und `enablePin` übergeben Sie Pin-Objekte, die Sie zum Ansteuern des RS- und Enable-Eingangs verwenden wollen.

Die Zuordnung der GPIO-Pins zum Datenbus des Displays übergeben Sie mit dem Pin-Array `dataPins`. Dieses Array darf entweder 4 oder 8 Pin-Objekte enthalten. Das erste Pin-Objekt in dem Array wird im 8-Bit-Modus dem Display-Eingang D0 zugeordnet. Im 4-Bit-Modus wird das erste Pin-Objekt aus dem Array dem Dateneingang D4 zugeordnet.

Alle übergebenen Pin-Objekte werden im Konstruktor zu `GpioPinDigitalOutput`-Objekten konfiguriert. Die Pins für den Datenbus werden dazu entweder in das `GpioPinDigitalOutput`-Array `gpios8` oder `gpios4` abgelegt.

```
package raspi.hardware.lcd;

import com.pi4j.io.gpio.*;
public class PinDirect implements PinInterface{
  final GpioController gpio;
  final GpioPinDigitalOutput[] gpios8 = {null, null,null,null,
                                         null,null,null,null};
  final GpioPinDigitalOutput[] gpios4 = {null, null,null,null};
  final GpioPinDigitalOutput rs;
  final GpioPinDigitalOutput enable;

  private boolean mode8Bit;
  private boolean mode5x10;
  private boolean modeMultiline;

  public PinDirect(boolean mode8Bit, boolean mode5x10,
                   boolean modeMultiline, Pin rsPin,
                   Pin enablePin, Pin[] dataPins){
```

```
    gpio = GpioFactory.getInstance();
    this.mode8Bit = mode8Bit;
    this.mode5x10 = mode5x10;
    this.modeMultiline = modeMultiline;
    if(mode8Bit){
      for(int i = 0; i < 8; i++){
        gpios8[i] =  gpio.provisionDigitalOutputPin(
                                 dataPins[i], PinState.LOW);
        gpios8[i].setShutdownOptions(
                     true, PinState.LOW, PinPullResistance.OFF);
      }
    }else{
      for(int i = 0; i < 4; i++){
        gpios4[i] = gpio.provisionDigitalOutputPin(
                                  dataPins[i],PinState.LOW);
        gpios4[i].setShutdownOptions(
                     true, PinState.LOW, PinPullResistance.OFF);
      }
    }
    this.rs = gpio.provisionDigitalOutputPin(
                                      rsPin, PinState.LOW);
    this.rs.setShutdownOptions(
                     true, PinState.LOW, PinPullResistance.OFF);
    this.enable = gpio.provisionDigitalOutputPin(
                                  enablePin, PinState.LOW);
    this.enable.setShutdownOptions(
                     true, PinState.LOW, PinPullResistance.OFF);
  }
```

Wenn ein Datenbyte zum Display übertragen soll, muss für jedes Bit im Datenbyte abgefragt werden, ob dies 0 oder 1 ist. Für jeden einzelnen Zustand wird dann der zugeordnete GPIO-Pin gesetzt. Im 4-Bit-Modus werden immer zuerst die oberen und dann die unteren 4 Bit übertragen, was durch die Methoden `setDataMSB` und `setDataLSB` durchgesetzt wird.

```
  @Override
  public void setDataMSB(int value){
    int msb = (value >> 4) & 0x0F;
    int v = msb;
    for(int i = 0; i< 4 ; i++){
      gpios4[i].setState((msb & 0x01) == 0x01);
      msb = msb >> 1;
    }
  }
```

```
public void setDataLSB(int value){
  int lsb = value & 0x0F;
  int v = lsb;
  for(int i = 0; i< 4 ; i++){
    gpios4[i].setState((lsb & 0x01) == 0x01);
    lsb = lsb >> 1;
  }
}
```

Die Übertragung eines Datenbytes im 8-Bit-Modus verläuft analog zu dem im 4-Bit-Modus, es werden dabei aber direkt alle 8 Bit auf den Bus gelegt.

```
@Override
public void setData(int value){
  int v = value;
  for(int i = 0; i< 8 ; i++){
    if((value & 0x01) == 0x01){
      gpios8[i].setState(true);
    } else{
      gpios8[i].setState(false);
    }
    value = value >> 1;
  }
}
```

Die Methode `enableCommand` erzeugt einen 50 µs langen Impuls auf der Enable-Leitung, wodurch die Daten auf dem Datenbus vom Display übernommen werden.

```
@Override
public void enableCommand(){
  try{
    enable.setState(true);
    Thread.sleep(0, 50000);
    enable.setState(false);
    Thread.sleep(0, 50000);
  }catch(InterruptedException ex){}
}
```

Mit `setRS` und `setEnable` werden die RS- und Enable-Leitungen geschaltet. Bei beiden Methoden erzeugt ein `true` einen High- und ein `false` einen Low-Pegel.

```
@Override
public void setRS(boolean value){
```

```
    rs.setState(value);
  }
  @Override
  public void setEnable(boolean value){
    enable.setState(value);
  }
```

Die über den Konstruktor angegebenen Eigenschaften des Displays und der Übertragungsmodus können mit den folgenden Methoden abgefragt werden.

```
  @Override
  public boolean is8BitMode(){
    return mode8Bit;
  }
  @Override
  public boolean is5x10Mode(){
    return mode5x10;
  }
  @Override
  public boolean isMultilineMode(){
    return modeMultiline;
  }
```

Alle im Konstruktor eingestellten `ShutdownOptions` werden durch die Methode `shutdown` umgesetzt.

```
  @Override
  public void shutdown(){
    gpio.shutdown();
  }
}
```

18.6 Das Display testen

Kommen wir nun zum praktischen Teil dieses Kapitels. Wenn Sie wie im Schaltplan aus Abbildung 18.1 das Display mit dem Raspberry Pi verbunden haben, können Sie einen ersten Test ausführen. Da insgesamt vier Testanwendungen vorbereitet sind, zeige ich Ihnen zuerst, wie sie aufgebaut sind. Der eigentliche Test wird durch die Hilfsklasse `TestDisplay` ausgeführt und wird bei allen vier Tests benutzt. Schauen Sie sich das Klassendiagramm in Abbildung 18.3 an.

Die Anwendungen `Test8Bit` und `Test4Bit` führen den Test bei direkter Verbindung des Displays mit den GPIO-Pins des Raspberry Pi durch. Also genau so wie im Schaltplan angegeben.

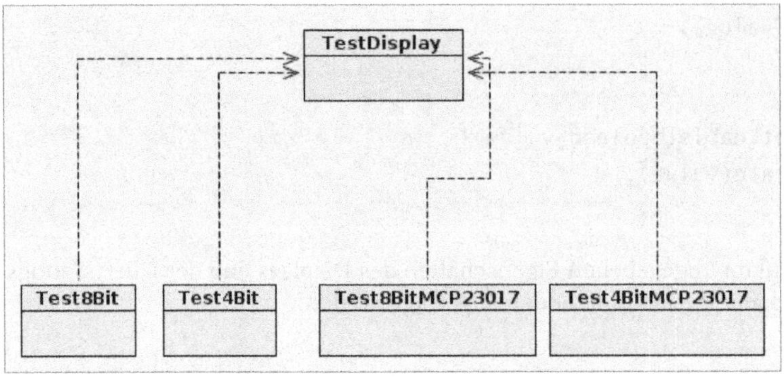

Abb. 18.3: Das Klassendiagramm für die Display-Tests

Mit den Anwendungen `Test8BitMCP23017` und `Test4BitMCP23017` muss das Display über den MCP23017 verbunden werden. Die Kommunikation läuft dann über den I²C-Bus des Raspberry Pi. Diese Variante werde ich Ihnen weiter unten erläutern.

18.6.1 Die Klasse Test8Bit

Die Klasse `Test8Bit` ist sehr einfach aufgebaut. Sie erzeugt zuerst eine Instanz der Klasse `PinDirect`. Schauen Sie sich dazu alle Parameter des Konstruktors an und vergleichen Sie dies mit dem Schaltplan.

Im zweiten Schritt wird das so erzeugte Objekt dem Konstruktor der Klasse `DisplayHD44780` übergeben. Mit der `DisplayHD44780`-Instanz stehen nun alle Methoden zum Steuern des Displays zur Verfügung. Der eigentliche Test wird dann durch den Aufruf `TestDisplay.test(display)` ausgeführt.

```
package raspi.projekte.kap18;

import com.pi4j.io.gpio.*;
import raspi.hardware.lcd.DisplayHD44780;
import raspi.hardware.lcd.PinDirect;
import raspi.hardware.lcd.PinInterface;

public class Test8Bit{
  GpioController gpio = GpioFactory.getInstance();
  public static void main(String[] args){
    Pin[] dataPins = {
           RaspiPin.GPIO_00, RaspiPin.GPIO_01, RaspiPin.GPIO_02,
           RaspiPin.GPIO_03, RaspiPin.GPIO_04, RaspiPin.GPIO_05,
           RaspiPin.GPIO_06, RaspiPin.GPIO_07};
    PinInterface pinDirect = new PinDirect(true, false, true,
                  RaspiPin.GPIO_10, RaspiPin.GPIO_11, dataPins );
```

```
    DisplayHD44780 display  = new DisplayHD44780(pinDirect);
    TestDisplay.test(display);
  }
}
```

Script zum Starten der Anwendung

Script `kap18Test8Bit.sh`

18.6.2 Die Klasse Test4Bit

Die Klasse `Test4Bit` ist fast identisch mit `Test8Bit`, nur dass in dem Konstruktor der Klasse `PinDirect` der 4-Bit-Modus konfiguriert wurde und an `dataPins` nur noch die GPIO-Pins 4 bis 7 übergeben werden. Die Display-Leitungen D0 bis D3 können entfernt und auf Masse gelegt werden.

Bevor Sie den Test im 4-Bit-Modus durchführen, muss ich leider auf eine Schwierigkeit aufmerksam machen. Laut Dokumentation soll im 4-Bit-Modus immer das Busy-Flag abgefragt werden. Mit diesem Flag signalisiert der Controller, wann er mit der Befehlsverarbeitung fertig ist und wieder Daten entgegennehmen kann. Wie weiter oben schon erwähnt, muss dann aber ein zusätzlicher Pegelumsetzer zwischen dem Display und dem Raspberry Pi eingefügt werden.

Wenn Sie den Test durchführen, werden Sie feststellen, dass beim ersten Start das Display die Daten nicht richtig anzeigt. Bei weiteren Versuchen arbeitet das Display dann aber einwandfrei. Es scheint also beim ersten Umschalten auf den 4-Bit-Modus Schwierigkeiten zu geben, wenn das Busy-Flag nicht abgefragt wird. Wenn Sie dennoch im 4-Bit-Modus arbeiten wollen, müssen Sie entweder mit dem Umschaltfehler leben oder Sie erweitern die Schaltung und die Klasse `PinDirect` so, dass in der Methode `enableCommand` das Busy-Flag abgefragt wird, und warten dort auf die Freigabe. Außerdem müssen Sie im Programm dann den R/W-Pin des Displays steuern. Diesen haben wir ja bisher auf Masse gelegt.

```
package raspi.projekte.kap18;

import com.pi4j.io.gpio.*;
import raspi.hardware.lcd.DisplayHD44780;
import raspi.hardware.lcd.PinDirect;
import raspi.hardware.lcd.PinInterface;

public class Test4Bit{
  GpioController gpio = GpioFactory.getInstance();
  public static void main(String[] args){
    Pin[] dataPins = {RaspiPin.GPIO_04, RaspiPin.GPIO_05,
                      RaspiPin.GPIO_06, RaspiPin.GPIO_07};
    PinInterface pinDirect = new PinDirect(false, false,
          true, RaspiPin.GPIO_10, RaspiPin.GPIO_11, dataPins );
```

```
    DisplayHD44780 display  = new DisplayHD44780(pinDirect);
    TestDisplay.test(display);
  }
}
```

Script zum Starten der Anwendung

Script kap18Test4Bit.sh

18.6.3 Die Klasse TestDisplay

Schauen Sie sich nun an, wie der eigentliche Test aufgebaut ist. Die ganze Steuerung des Displays läuft hier über die Instanz der Klasse `DisplayHD44780`.

Zuerst wird mit `displayOn` die Display-Anzeige eingeschaltet. Danach folgen dann vier Blöcke, in denen die Cursor-Methoden und das Schreiben und Positionieren von Zeichenketten getestet werden.

Als Nächstes wird der Anzeige- und Schattenbereich des Displays getestet, indem in beide Zeilen ein Text geschrieben wird, der länger als der Anzeigebereich ist. Es wird dann die Bewegungsrichtung des Displays mit `setShiftLeft` auf links eingestellt und danach 40-mal eine Displaybewegung mit `shiftDisplay` ausgeführt. Anschließend wird die Bewegungsrichtung mit `setShiftRight` auf Rechtsbewegung umgestellt und das Display wieder in die Ausgangsposition bewegt.

```
package raspi.projekte.kap18;

import raspi.hardware.lcd.DisplayHD44780;
public class TestDisplay{
  public static void test(DisplayHD44780 disp){
    disp.displayOn();

    disp.displayClear();
    disp.cursorBlock();
    disp.writeString("Cursor");
    disp.setCursorPos(0, 1);
    disp.writeString("Block");
    disp.waitms(2000);

    disp.displayClear();
    disp.cursorLine();
    disp.cursorOn();
    disp.writeString("Cursor");
    disp.setCursorPos(0, 1);
    disp.writeString("Line");
```

```
    disp.waitms(2000);

    disp.displayClear();
    disp.cursorOff();
    disp.writeString("Cursor");
    disp.setCursorPos(0, 1);
    disp.writeString("aus");
    disp.waitms(2000);

    disp.displayClear();
    disp.cursorOn();
    disp.writeString("Cursor");
    disp.setCursorPos(0, 1);
    disp.writeString("an");
    disp.waitms(2000);

    disp.cursorOff();
    disp.displayHome();
    disp.writeString("1. Zeile mit einem sehr langen Text!");
    disp.setCursorPos(0, 1);
    disp.writeString("2. Zeile mit einem sehr langen Text!");

    disp.setShiftLeft();
    for(int i = 0; i < 40; i++){
      disp.shiftDisplay();
      disp.waitms(100);
    }
    disp.setShiftRight();
    for(int i = 0; i < 40; i++){
      disp.shiftDisplay();
      disp.waitms(100);
    }
  }
}
```

18.7 Das Display über den MCP23017 ansteuern

Um noch weniger GPIO-Pins als im 4-Bit-Modus auf dem Raspberry Pi zu belegen, zeige ich Ihnen, wie Sie das Display über den IO-Expander MCP23017 mit dem Raspberry Pi verbinden können. Der MCP23017 wird über den I²C-Bus angesteuert und besitzt die zwei 8 Bit breiten Ports A und B. Der Port A soll dazu verwendet werden, um die Display-Eingänge D0 bis D7 zu steuern. Von dem Port B wird der Pin GPB0 zum Steuern des RS-Eingangs und der Pin GPB1 zum Steuern des Enable-Eingangs genutzt.

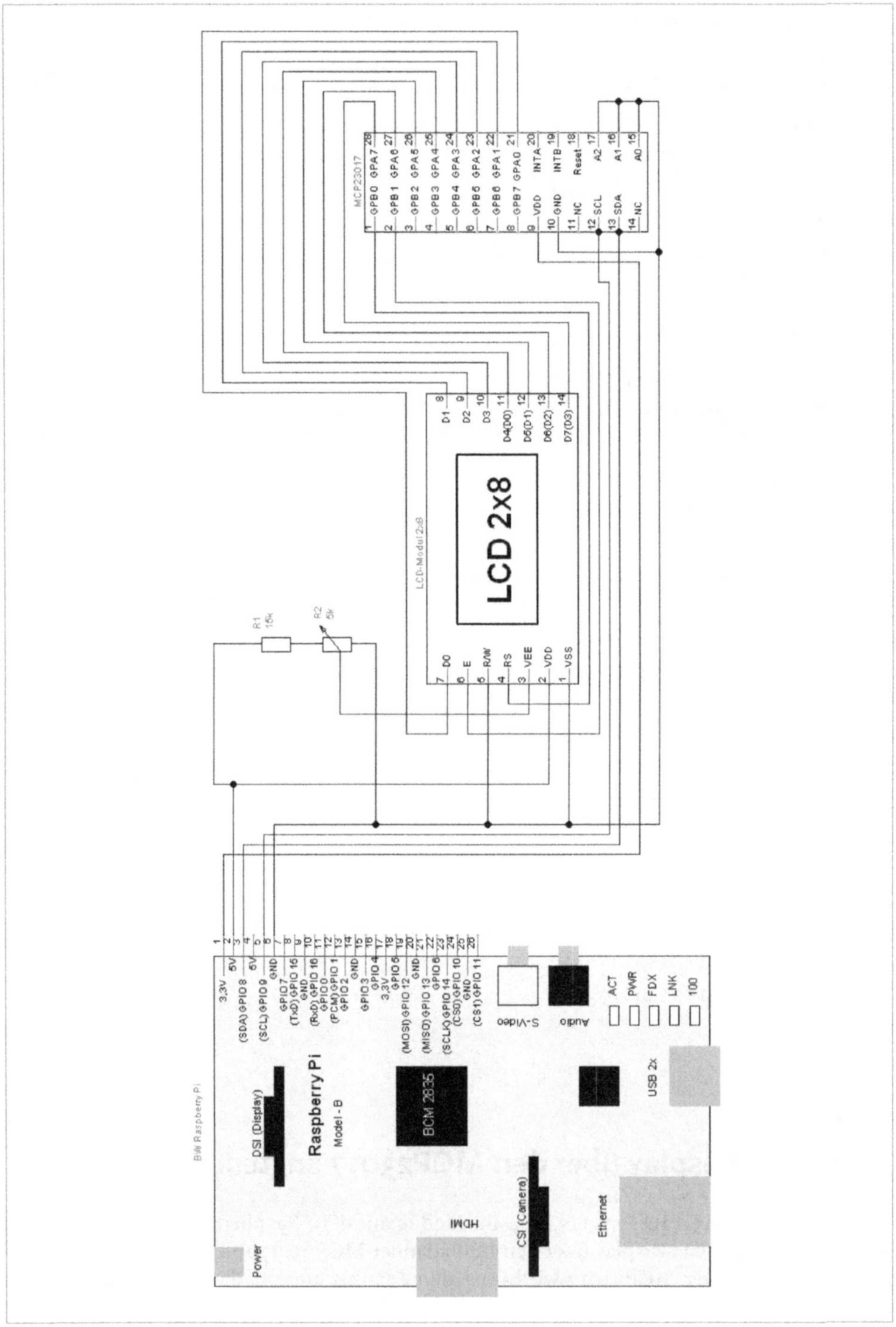

Abb. 18.4: Das Display über den MCP23017 mit dem Raspberry Pi verbinden

Über die Eingänge A0, A1 und A2 des MCP23017 können Sie den niederwertigen Teil der I²C-Bus-Adresse einstellen. Ich habe diese Eingänge auf Masse gelegt und erhalte damit eine Adresse von 0x20. Der mögliche Adressbereich kann aber von 0x20 bis 0x27 eingestellt werden.

Die Verbindung zum Raspberry Pi erfolgt dann nur noch über die SDA- und SCL-Leitung. Schauen Sie sich dazu den Schaltplan in Abbildung 18.4 an.

18.7.1 Die Klasse PinMCP23017

Die Klasse `PinMCP23017` muss die gleiche Funktionalität erfüllen wie die Geschwisterklasse `PinDirect`. Sie steuert das Display nicht über die GPIO-Pins des Raspberry Pi, sondern über den MCP23017. Da eine vollständige Behandlung des MCP23017 das Kapitel sprengen würde, zeige ich Ihnen hier nur die wichtigsten Methoden zum einfachen Ansteuern der Ports.

Die Treiberklasse `MCP23017` für den MCP23017 finden Sie im Package `raspi.hardware.i2c`. Aus dieser Klasse benötigen wir hier die Methode `setOutPort`, mit der ein Pin als Ausgang konfiguriert wird. Hierzu geben Sie im ersten Parameter den Port und im zweiten Parameter den Pin an. Also zum Beispiel Port A und Pin 1. Die zweite Methode, die benötigt wird, setzt den Pegel an dem gewünschten Pin und heißt `setPin`. Sie nimmt als ersten Parameter den Port entgegen. Der zweite Parameter bestimmt den Ausgangspegel, der mit `true` oder `false` angegeben werden muss. Der letzte Parameter bestimmt dann, welcher Pin gesetzt werden soll.

Schauen Sie sich aber nun den Konstruktor der Klasse `PinMCP23017` an. Dieser ist im Grunde genau so aufgebaut wie in der Klasse `PinDirect`. Die ersten drei Parameter bestimmen hier den Modus und die Display-Eigenschaften. Danach folgt dann die Festlegung der Pins für die RS- und Enable-Leitung. Für beide Pins müssen Sie über einen zusätzlichen Parameter den Port angeben, auf dem sich dieser Pin befindet. Danach wird das Array mit den Pins für den Datenbus und die Angabe des Ports übergeben.

Eine Einschränkung hat diese Klasse aber. Die Ausgänge für den Datenbus müssen nämlich alle auf dem gleichen Port des MC23017 liegen. Dieser Port wird mit dem Übergabeparameter `portData` festgelegt.

Mit dem letzten Parameter des Konstruktors wird eine Instanz der Klasse `MCP23017` übergeben, wodurch der Zugriff auf den MCP23017 möglich wird.

```
package raspi.hardware.lcd;

import raspi.hardware.i2c.MCP23017;
public class PinMCP23017 implements PinInterface{
  private int[] pins8 = {0,0,0,0,0,0,0,0};
  private int[] pins4 = {0,0,0,0};
  private int rs;
  private int enable;
  private int portData;
  private int portRS;
```

```
private int portEnable;
private boolean mode8Bit;
private boolean mode5x10;
private boolean modeMultiline;
private MCP23017 mcp23017;

public PinMCP23017(boolean mode8Bit, boolean mode5x10,
              boolean modeMultiline, int rsPin, int portRS,
              int enablePin, int portEnable, int[] dataPins,
                             int portData, MCP23017 mcp23017){
  this.mcp23017 = mcp23017;
  this.mode8Bit = mode8Bit;
  this.mode5x10 = mode5x10;
  this.modeMultiline = modeMultiline;
  if(mode8Bit){
    for(int i = 0; i < 8; i++){
      pins8[i] = dataPins[i];
      mcp23017.setOutPort(portData, dataPins[i]);
    }
  }else{
    for(int i = 0; i < 4; i++){
      pins4[i]  =  dataPins[i];
      mcp23017.setOutPort(portData, dataPins[i]);
    }
  }
  this.portData = portData;
  this.rs = rsPin;
  this.portRS = portRS;
  mcp23017.setOutPort(portRS, rsPin);
  this.enable = enablePin;
  this.portEnable = portEnable;
  mcp23017.setOutPort(portEnable, enablePin);
}
```

Die drei Methoden `setDataMSB`, `setDataLSB` und `setData` arbeiten wie in der Klasse `PinDirect`, nur dass zum Setzen der Ausgänge die Methode `setPin` verwendet wird.

```
@Override
public void setDataMSB(int value){
  int msb = (value >> 4) & 0x0F;
  int v = msb;
  for(int i = 0; i< 4 ; i++){
```

```
      mcp23017.setPin(portData, (msb & 0x01), pins4[i]);
      msb = msb >> 1;
    }
  }
  @Override
  public void setDataLSB(int value){
    int lsb = value & 0x0F;
    int v = lsb;
    for(int i = 0; i< 4 ; i++){
      mcp23017.setPin(portData, (lsb & 0x01), pins4[i]);
      lsb = lsb >> 1;
    }
  }
  @Override
  public void setData(int value){
    int v = value;
    for(int i = 0; i< 8 ; i++){
      mcp23017.setPin(portData, (value & 0x01), pins8[i]);
      value = value >> 1;
    }
  }
```

Auch die Methoden zum Steuern der RS- und Enable-Leitung arbeiten wie in der Geschwisterklasse `PinDirect`.

```
  @Override
  public void enableCommand(){
    try{
      mcp23017.setPin(portEnable, 1, enable);
      Thread.sleep(0, 50000);
      mcp23017.setPin(portEnable, 0, enable);
      Thread.sleep(0, 50000);
    }catch(InterruptedException ex){}
  }
  @Override
  public void setRS(boolean value){
    if(value){
      mcp23017.setPin(portRS, 1, rs);
    }else{
      mcp23017.setPin(portRS, 0, rs);
    }
  }
```

```
    @Override
    public void setEnable(boolean value){
      if(value){
        mcp23017.setPin(portEnable, 1, enable);
      }else{
        mcp23017.setPin(portEnable, 0, enable);
      }
    }
```

Zu dem letzten Teil des Programmausschnitts möchte ich nur noch etwas zur Methode shutdown ausführen. Wenn Sie sich den Methodenrumpf zu shutdown ansehen, werden Sie feststellen, dass dieser leer ist. Die Methode beendet nicht das I²C-Gerät, da die Instanz der Klasse MCP23017 außerhalb von PinMCP23017 auch für andere Zwecke benötigt werden könnte. So könnten Sie die noch freien Ports des MCP23017 für andere Aufgaben in einer Anwendung nutzen. Das Schließen des I²C-Geräts sollte deshalb an anderer Stelle durchgeführt werden.

```
    @Override
    public boolean is8BitMode(){
      return mode8Bit;
    }
    @Override
    public boolean is5x10Mode(){
      return mode5x10;
    }
    @Override
    public boolean isMultilineMode(){
      return modeMultiline;
    }
    @Override
    public void shutdown(){
    }
}
```

18.7.2 Die Klasse Test8BitMCP23017

Mit der Klasse Test8BitMCP23017 können Sie das Display im 8-Bit-Modus über den MCP23017 testen. In der Testklasse muss zuerst der Zugriff auf den I²C-Bus des Raspberry Pi sichergestellt werden. Hierzu wird ein I2CBus-Objekt erzeugt und unter der Angabe der Bus-Adresse ein I2C-Gerät erstellt, das dem Konstruktor der Klasse MCP23017 übergeben wird. Die Grundlagen hierzu finden Sie in Kapitel 16 über den I²C-Bus.

Alle Port- und Pin-Angaben, die für die Identifizierung der Ausgänge notwendig sind, werden in der Klasse MCP23017 definiert. Schauen Sie sich dazu die Deklaration des Arrays dataPins und die Übergabeparameter des Konstruktors PinMCP23017 an. Lassen Sie sich bei der Angabe der Pins nicht dadurch verwirren, dass die Pin-Zählung nicht bei 0, sondern bei 1 beginnt. Dies ist anders als bei den GPIO-Pins des Raspberry Pi. Vergleichen Sie auch die Pin-Bezeichnung im Schaltplan, dort beginnen die ersten Pins mit GPA0 und GPB0, was in der Definition der Treiberklasse der Pinbezeichnung MCP23017.PIN1 entspricht.

```
package raspi.projekte.kap18;

import  com.pi4j.io.i2c.*;
import  java.io.IOException;
import raspi.hardware.i2c.MCP23017;
import raspi.hardware.lcd.DisplayHD44780;
import raspi.hardware.lcd.PinMCP23017;
import raspi.hardware.lcd.PinInterface;

public class Test8BitMCP23017
  public static final int ADDRESS = 0x20;
  public static void main(String[] args)
                       throws IOException, InterruptedException{
    I2CBus bus1 = I2CFactory.getInstance(I2CBus.BUS_1);
    MCP23017 mcp23017 = new MCP23017(bus1.getDevice(ADDRESS));
    int[] dataPins = {
                  MCP23017.PIN1, MCP23017.PIN2, MCP23017.PIN3,
                  MCP23017.PIN4, MCP23017.PIN5, MCP23017.PIN6,
                                 MCP23017.PIN7, MCP23017.PIN8};
    PinInterface pinMCP23017 = new PinMCP23017(true, false,
             true, MCP23017.PIN1, MCP23017.PORTB, MCP23017.PIN2,
             MCP23017.PORTB,dataPins, MCP23017.PORTA, mcp23017 );

    DisplayHD44780 display  = new DisplayHD44780(pinMCP23017);
    TestDisplay.test(display);
  }
}
```

Script zum Starten der Anwendung

Script kap18Test8BitMCP23017.sh

18.7.3 Die Klasse Test4BitMCP23017

Wenn Sie das Display mit der Klasse Test4BitMCP23017 testen wollen, können Sie die Datenleitungen D0 bis D3 am Display entfernen. Hier tritt natürlich der gleiche Umschaltfehler wie im Test Test4Bit auf.

```
package raspi.projekte.kap18;

import  com.pi4j.io.i2c.*;
import  java.io.IOException;
import raspi.hardware.i2c.MCP23017;
import raspi.hardware.lcd.DisplayHD44780;
import raspi.hardware.lcd.PinMCP23017;
import raspi.hardware.lcd.PinInterface;

public class Test4BitMCP23017{
  public static final int ADDRESS = 0x20;
  public static void main(String[] args)
                      throws IOException, InterruptedException{
    I2CBus bus1 = I2CFactory.getInstance(I2CBus.BUS_1);
    MCP23017 mcp23017 = new MCP23017(bus1.getDevice(ADDRESS));

    int[] dataPins = {MCP23017.PIN5, MCP23017.PIN6,
                                  MCP23017.PIN7, MCP23017.PIN8};
    PinInterface pinMCP23017 = new PinMCP23017(
                                          false, false, true,
                     MCP23017.PIN1, MCP23017.PORTB, MCP23017.PIN2,
            MCP23017.PORTB, dataPins, MCP23017.PORTA, mcp23017 );

    DisplayHD44780 display  = new DisplayHD44780(pinMCP23017);
    TestDisplay.test(display);
  }
}
```

Script zum Starten der Anwendung

Script `kap18Test4BitMCP23017.sh`

Anhang A

Java

Die Programmiersprache Java ist eine objektorientierte Hochsprache. Sie ist sehr robust und wird auch in sicherheitskritischen Bereichen eingesetzt. Java arbeitet plattformunabhängig und ist portierbar. Sie können z.B. auf einem Windows-PC Java-Programme schreiben und kompilieren und diese auf dem Raspberry Pi laufen lassen, ohne neu kompilieren zu müssen. Java-Programme werden als einfache Textdateien geschrieben und mit der Endung `.java` abgespeichert. Diese Dateien werden dann in Byte-Code kompiliert und haben die Endung `.class`. Die kompilierten Dateien enthalten keinen nativen Programmcode und müssen mit dem Java-Launcher ausgeführt werden. Der Byte-Code ist die Maschinensprache der Java-Virtual-Machine und läuft in einer virtuellen Instanz. Die übersetzten Klassen sind auf den Betriebssystemen Microsoft Windows, Solaris OS, Linux und Mac OS lauffähig. Für jedes der unterstützten Betriebssysteme gibt es die passende Java-Virtual-Machine und sie stellt die Verbindung zum Betriebssystem dar.

A.1 Der erste Programmcode

Um Ihr erstes Java-Programm zu schreiben, öffnen Sie entweder über PuTTY oder über das LXTerminal die Linux-Konsole (Shell). Legen Sie dann in Ihrem Home-Verzeichnis das Verzeichnis `JavaProgramme` mit dem Unterverzeichnis `JavaLernen` an. Navigieren Sie dann nach `JavaLernen` und erzeugen Sie mit `nano` eine neue Datei mit dem Namen `MyFirstProg.java`.

```
$ mkdir JavaProgramme
$ cd JavaProgramme
$ mkdir JavaLernen
$ cd JavaLernen
$ nano MyFirstProg.java
```

Geben Sie den folgenden Text in `nano` ein und speichern Sie ihn ab. Achten Sie dabei bitte auf Groß- und Kleinschreibung.

```
/**
* Diese einfache Anwendung gibt die Zeichenkette
* "Hallo Raspberry Pi" aus.
*/
class MyFirstProg {
   public static void main(String[] args){
```

```
        //Zeichenkette ausgeben
        System.out.println("Hallo Raspberry Pi");
    }
}
```

Nachdem Sie die Datei gespeichert haben, müssen Sie das Programm kompilieren. Hierfür müssen Sie den Java-Compiler `javac` mit dem Dateinamen als Parameter aufrufen.

```
$ javac MyFirstProg.java
```

Nach erfolgreicher Kompilierung befindet sich jetzt die Datei `MyFirstProg.class` im aktuellen Verzeichnis.

```
$ ls -l
-rw-r-r-- 1 pi pi 434 Apr   6 10:39 MyFirstProg.class
-rw-r-r-- 1 pi pi 222 Apr   6 10:37 MyFirstProg.java
```

Um das Programm zu starten, rufen Sie den Java-Launcher mit dem Klassennamen als Parameter auf. Die Dateiendung `class` dürfen Sie nicht mit angeben, da der Java-Launcher den Klassennamen und nicht den Dateinamen benötigt. Und wenn alles richtig funktioniert hat, gibt das Programm die Zeichenkette `Hallo Raspberry Pi` aus.

```
$ java MyFirstProg
Hallo Raspberry Pi
```

Schauen Sie sich das Programm jetzt etwas genauer an, um zu verstehen, wie ein Java-Programm prinzipiell aufgebaut ist. Jedes Programm besitzt eine Methode mit dem Namen `main`, sie stellt den Einstiegspunkt eines Programms dar.

```
public static void main (String[] args){
...
}
```

Damit die `main`-Methode gestartet werden kann, muss sie als `public` (öffentlich) und `static` deklariert werden. Das Schlüsselwort `void` zeigt an, dass `main` keinen Wert zurückgibt. Der Übergabeparameter `args` ist ein Array von Zeichenketten, das mit Kommandozeilenparametern gefüllt wird. Sehen Sie sich dazu den folgenden Programmaufruf einmal an.

```
$ java MyFirstProg param1 param2 param3
```

Alle Angaben hinter `MyFirstProg` sind Kommandozeilenparameter und werden in der gleichen Reihenfolge in das `args-Array` geschrieben, wie sie auf der Kommandozeile angegeben sind. `MyFirstProg` wertet dies nicht aus.

Alles, was zwischen den beiden geschweiften Klammern steht, ist der eigentliche Programmcode. Wenn dieser abgearbeitet ist, endet auch das Programm. In unserem Beispiel wird hier nur eine Zeichenkette ausgegeben.

```
//Zeichenkette ausgeben
System.out.println ("Hallo Raspberry Pi");
```

Mit dem Semikolon endet der ausführbare Programmcode und mit // beginnt ein Kommentar, der keinen Einfluss auf die Programmausführung hat. Mit // eingeleitete Kommentare beziehen sich immer auf eine Zeile. Sie können aber auch Kommentare mit /* einleiten und mit */ abschließen. Der Text, der dazwischen steht, wird als Kommentar interpretiert, auch dann, wenn er sich über mehrere Zeilen erstreckt.

Die äußere Klammer des Programmcodes bildet die Klassendefinition, über die das Programm gestartet wird.

```
class MyFirstProg {
...
}
```

Wie Sie weiter oben sehen können, übergibt man dem Java-Launcher nicht `main`, sondern nur den Klassennamen. In der angegebenen Klasse wird dann nach `main` gesucht und ausgeführt.

In Java muss der Name der Klasse immer mit dem Dateinamen übereinstimmen. Dies hat den Vorteil, dass Sie am Dateinamen direkt erkennen können, welche Klasse in der Datei implementiert wurde.

Wenn es beim Kompilieren und Ausführen zu Fehlern kommt, kann dies bedeuten, dass die Verzeichnisse, in denen Java installiert wurde, nicht im Suchpfad der Shell liegen. Dies können Sie aber mit dem folgenden Befehl prüfen.

```
$ java -version
```

Kommt es hierbei zu dem Fehler COMMAND NOT FOUND, müssen Sie den Java-Launcher und -Compiler über die Pfadangabe aufrufen. Suchen Sie dazu mit dem Befehl `find` das Installationsverzeichnis von Java und starten Sie dann den Java-Launcher.

```
$ sudo find / -type f -name java
...
/user/lib/jvm/jdk-7-oracle-armhf/bin/java
$ /user/lib/jvm/jdk-7-oracle-armhf/bin/java MyFirstProg
```

Wenn dies auch nicht funktioniert, ist Java nicht auf Ihrem Raspberry Pi installiert. Um dies nachzuholen, suchen Sie im Raspbian-Repository unter JAVA7 oder JAVA8 nach einem Installationspaket und holen Sie die Installation nach.

```
$ apt-cache search java7
...
oracle-java7-jdk - ...
$ sudo apt-get install oracle-java7-jdk
```

Nach erfolgreicher Installation versuchen Sie mit `java -version` zu testen, ob alles geklappt hat.

Wenn Sie beim Kompilieren von `MyFirstProg.java` Compiler-Fehler angezeigt bekommen, haben Sie sich bestimmt bei dem Eintippen des Quellcodes verschrieben. Achten Sie hierbei besonders auf Groß- und Kleinschreibung.

A.2 Java-Konzepte

Java ist eine objektorientierte Programmiersprache, bei der man neben der reinen Befehlssyntax auch das Konzept von Objekten verstanden haben muss. Daher werde ich Ihnen vorab die grundlegenden Strukturen und Begriffe erklären.

A.2.1 Objekte

Ein Java-Objekt ist eine Software-Sammlung, die einen Bezug zur realen Welt widerspiegeln soll. Das Objekt besitzt dabei Eigenschaften und ein spezielles Verhalten, die das Objekt aus der realen Welt möglichst gut beschreiben soll. Nehmen Sie z.B. das Objekt Auto, dem wir ein paar Eigenschaften zuordnen wollen.

Eigenschaften des Objekts Auto:

Farbe, Anzahl der Gänge, Größe, Baujahr, Besitzer

Verhalten des Objekts Auto

Geschwindigkeitsänderung, Betätigung der Bremse, hupen, Lenkrad einschlagen, Licht einschalten

Versuchen Sie, den Objekten, die Sie umgeben, Eigenschaften und Verhalten zuzuordnen. Fragen Sie einfach, welche Eigenschaft hat das Objekt und was kann es für Aktionen ausführen. Transportiert man ein Objekt aus der realen Welt in ein Software-Objekt, so werden die Eigenschaften in Variablen gespeichert und das Verhalten durch Methoden bzw. Funktionen umgesetzt. Sie können auch Daten und Algorithmen in einem Objekt so kapseln, dass sie eine logische Einheit bilden. Dadurch lassen sich Objekte mehrfach verwenden und können an andere Entwickler weitergegeben werden. Bei den verwendeten Methoden kann man festlegen, welche öffentlich sind und welche nur zur privaten, also internen Nutzung bestimmt sind. Dadurch wird das Objekt von außen gesehen übersichtlicher, da sich der Entwickler nur mit den öffentlichen Methoden beschäftigen muss.

A.2.2 Klassen und Instanzen

In der realen Welt gibt es viele unterschiedliche Objekte des gleichen Typs. So hat z.B. das Objekt Auto viele verschiedenen Ausprägungen. Autos gibt ja von verschiedenen Herstellern und diese haben wiederum unterschiedliche Typen und Ausstattungen. Es sind aber alles Autos. Eine Klasse stellt einen Prototyp des Objekts Auto dar. Sie besitzt alle Variablen, um Eigenschaften zu speichern, und hat alle Methoden, die das Verhalten eines Objekts beschreiben. Die speziellen Eigenschaften wie z.B. Farbe, Hersteller, Besitzer und so weiter existieren in der Klasse noch nicht. Erst wenn eine Instanz einer Klasse erzeugt wird, können auch die Eigenschaften gesetzt werden. Um dies zu verdeutlichen, schreiben Sie eine ganz einfache Java-Klasse mit dem Namen `PKW` und dem Dateinamen `PKW.java`. Lassen Sie die Datei `PKW.java` dann mit `javac` kompilieren.

```
class PKW{
 String farbe = "";
 String hersteller = "";
 float beschleunigung = 0;
 float dauer_derbeschleunigung  = 0;
 float geschwindigkeit = 0;

 void setFarbe(String pfarbe){
  farbe = pfarbe;
 }
 void setHersteller(String phersteller){
  hersteller = phersteller;
 }
 void setBeschleunigen(float pdauer, float beschleunigung){
  geschwindigkeit = geschwindigkeit + (pdauer * beschleunigung);
 }

 void getInfo(){
  System.out.println("Der "+ farbe + " " + hersteller + " fährt mit
einer Geschwindigkeit von " + geschwindigkeit + " m/s.");
 }
}
```

Jetzt benötigen Sie noch eine Klasse mit einer `main`-Methode, in der dann Instanzen der Klasse `PKW` erzeugt werden. In dem folgenden Beispiel wurden zwei Instanzen mit dem Namen `auto1` und `auto2` erzeugt und mit den entsprechenden Methoden die Eigenschaften gespeichert. Man spricht bei einer Instanz dann auch von einem Objekt.

Auch wenn Sie die Java-Syntax noch nicht kennen, zeigen beide Klassen, wie die Begriffe Eigenschaft, Verhalten, Klasse, Instanz und Objekt zu verstehen sind. Schauen Sie sich dazu auch die Kommentare im Quellcode an.

```
class PKWTest {
 public static void main(String[] args){
    PKW auto1 = new PKW(); // neue Instanz auto1
    PKW auto2 = new PKW(); // neue Instanz auto2
    // Eigenschaften für Objekt auto1 werden gesetzt.
    auto1.setFarbe("rote");
    auto1.setHersteller("VW");
    auto1.setBeschleunigen(10, 5);
    // Eigenschaften für Objekt auto2 werden gesetzt.
    auto2.setFarbe("blaue");
    auto2.setHersteller("Mercedes");
    auto2.setBeschleunigen(10, 3);
    // Die Methode getInfo liefert das Bewegungsverhalten
    // der Objekte.
    auto1.getInfo();
    auto2.getInfo();
  }
}
```

Nachdem Sie das Programm kompiliert und gestartet haben, bekommen Sie das folgende Ergebnis ausgegeben.

```
$ javac PKWTest.java
$ java PKWTest
Der rote Golf fährt mit einer Geschwindigkeit von 50.0 m/s.
Der blaue Mercedes fährt mit einer Geschwindigkeit von 30.0 m/s.
```

A.2.3 Vererbung

Im vorherigen Abschnitt habe ich die Klasse PKW vorgestellt und ihre Eigenschaften und Methoden (Verhalten) definiert. Wenn Sie noch weitere Klassen brauchen, die keine PKWs, aber andere Fahrzeuge darstellen sollen, werden Sie feststellen, dass es Eigenschaften und Methoden gibt, die es auch bei anderen Fahrzeugen gibt. Eine Klasse Fahrrad hat z.B. auch die Eigenschaft Farbe und Hersteller. Es wird also für alle Fahrzeuge Gemeinsamkeiten geben. Diese Gemeinsamkeiten können Sie auch in einer eigenen Klasse hinterlegen und an andere Klassen vererben. Im nächsten Beispiel definieren wir die Klasse Fahrzeug, die Eigenschaften und Methoden definiert, die bei allen Fahrzeugen gleich sind.

```
class Fahrzeug {
   String farbe ="";
   String hersteller = "";

   void setFarbe (String pfarbe){
      farbe = pfarbe;
```

```
    }

    void setHersteller (String phersteller){
        hersteller = phersteller;
    }
}
```

Schauen Sie sich jetzt im nächsten Beispiel die Klasse `PKW` an. In ihr steht hinter dem Klassennamen das Schlüsselwort `extends` und `Fahrzeug`. Damit geben Sie an, dass `PKW` die Klasse `Fahrzeug` erweitert oder, anders ausgedrückt, von ihr erbt. Für alle Klassen, die Gemeinsamkeiten von der Klasse `Fahrzeug` erben sollen, können Sie dies mit `extends Fahrzeug` definieren.

```
class PKW extends Fahrzeug{
    String fensterheber = "";
    void setFensterheber (String pfensterheber){
      fensterheber = pfensterheber;
    }
}

class Fahrrad extends Fahrzeug{
    String dynamo = "";
    void setDynamo (String pdynamo){
        dynamo = pdynamo;
    }
}
```

Wenn Sie jetzt eine Instanz von `PKW` und `Fahrrad` erzeugen, stehen beiden Objekten auch die Eigenschaften und Methoden der Klasse `Fahrzeug` zur Verfügung. Schauen Sie sich dazu den folgenden Programmausschnitt an.

```
...
    Fahrrad fahrrad = new Fahrrad (); // neue Instanz
    PKW pkw = PKW ();                 // neue Instanz

    fahrrad.setDynamo ("Nabendynamo");
    fahrrad.setHersteller("NSU");    // von Fahrzeug geerbt
    fahrrad.setFarbe ("rot");        // von Fahrzeug geerbt

    pkw.setFensterheber ("elektrisch");
    pkw.setHersteller("NSU");        // von Fahrzeug geerbt
    pkw.setFarbe ("rot");            // von Fahrzeug geerbt
...
```

A.2.4 Interface

Um ein Interface zu erklären, nehmen wir wieder ein Objekt aus der realen Welt. Stellen Sie sich z.B. eine Fotokamera vor, an der Sie die Belichtung und Blende einstellen und den Auslöser betätigen können. Die Kamera ist das Objekt und über die Bedienelemente kommunizieren Sie mit dem Objekt. Sie stellen z.B. Blende und Belichtung ein und drücken den Auslöser. Man kann auch sagen, dass Sie über das Bedieninterface mit der Kamera kommunizieren. Genau so können Sie eine Java-Klasse definieren, die ein Interface darstellt, über das Sie mit einem Objekt kommunizieren können. Das Interface ist eine Klasse, die Methoden mit leeren Methodenkörpern bereitstellt. Wie das genau zu verstehen ist, sehen Sie in der folgenden Interface-Definition. Das Interface `Draw` definiert die Methoden `paint` und `setColor`. Die Verarbeitung, die in diesen Methoden stattfindet, ist für das Interface nicht von Bedeutung.

```
interface Draw {
   void paint ();
   void setColor (String color);
}
```

Damit eine Klasse das Interface `Draw` implementieren kann, wird das Schlüsselwort `implememts` und `Draw` hinter dem Klassennamen angegeben. Als Beispiel habe ich die Klassen `Kreis` und `Dreieck` gewählt. Sie sollen eine geometrische Form in einer vorgegebenen Farbe zeichnen.

```
class Dreieck implements Draw {
   void paint (){
      // Hier steht der Programmcode für paint.
   }
   void setColor (String color){
      // Hier steht der Programmcode für setColor.
   }
}

class  Kreis implements Draw {
   void paint (){
      // Hier steht der Programmcode für paint.
   }
   void setColor (String color){
      // Hier steht der Programmcode für setColor.
   }
}
```

Die Klassen `Kreis` und `Dreieck` implementieren beide das Interface `Draw`, müssen also Methoden, die das Interface definiert, bereitstellen. Die Klassen dürfen natürlich auch

Methoden enthalten, die nicht über das Interface vorgegeben sind. Um den praktischen Nutzen verstehen zu können, sehen Sie sich das nächste Beispiel an.

```
class Test{
...
   void zeichnen (Draw figur){
     figur.paint (); // Über das Interface Draw wird paint

                            // aufgerufen.
   }
...
   public void main (String args []){
      Dreieck dreieck = new Dreieck (); // neue Instanz
      Kreis kreis     = new Kreis ();   // neue Instanz

      dreieck.setColor ("rot");         // Farbe setzen
      kreis.setColor ("blau");          // Farbe setzen

      zeichnen (dreieck);  // dreieck an zeichnen übergeben
      zeichnen (kreis);    // kreis   an zeichnen übergeben
   }
}
```

In dem Programmausschnitt der Klasse `Test` werden in der `main`-Methode Instanzen der Klassen `Kreis` und `Dreieck` gebildet. Für beide Objekte wird die Farbe gesetzt und `dreieck` und `kreis` an die Methode `zeichnen` übergeben. Wenn Sie sich den Methodenkopf von `zeichnen` ansehen, werden Sie feststellen, dass als Typ des Übergabeparameters das Interface `Draw` genommen wurde. `Draw` wird hier als Kommunikations-Interface benutzt, um mit den Objekten `kreis` und `dreieck` kommunizieren zu können.

Das Interface wird natürlich nicht nur als Typ für Übergabeparameter verwendet, sondern wird überall dort eingesetzt, wo Sie auf gleiche Weise auf unterschiedliche Objekte zugreifen müssen. So können Sie sich auch Listen mit unterschiedlichen Objekten vorstellen, die alle das gleiche Interface implementieren. Beim Abarbeiten der Liste kommunizieren Sie dann über das Interface mit den Objekten.

A.2.5 Package

Am Anfang dieses Kapitels haben Sie auf dem Raspberry Pi ein Verzeichnis `JavaProgramme` mit dem Unterverzeichnis `JavaLernen` angelegt. Wenn Sie viele Java-Klassen schreiben und alle in das Verzeichnis `JavaLernen` ablegen, werden Sie bald den Überblick verlieren und versuchen, durch Verzeichnisstrukturen Ordnung zu schaffen. Alle Klassen, die logisch zusammengehören, werden Sie in ein Verzeichnis legen. Und übergeordnete Klassen werden im Verzeichnisbaum weiter oben liegen. Dieses strukturierte Vorgehen, um Klassen in eine Verzeichnisstruktur zu bringen, hat sich Java zu eigen gemacht und

Verzeichnisse als Package bezeichnet. Wenn wir in Java also von Package reden, ist damit eine Struktur gemeint, in der Klassen liegen.

A.3 Java-Grundlagen

A.3.1 Variable

Wie Sie weiter oben schon gesehen haben, werden die Eigenschaften von Objekten in Variablen gespeichert. Durch den Typ einer Variablen wird bestimmt, wie Informationen gespeichert und damit auch weiterverarbeitet werden können. So können ganze Zahlen in andere Typen gespeichert werden als Fließkommazahlen oder Text. Zu dem Typ einer Variablen gehört auch noch ihr Geltungsbereich.

Instanzvariable

Instanzvariablen werden für jede Instanz separat angelegt. So wurde in der Klasse `PKW` die String-Variable `hersteller` deklariert und sie konnte für jede erzeugte Instanz gesetzt werden, ohne dass eine andere Instanz dadurch beeinflusst wurde. Der Instanz `auto1` wurde der Hersteller `VW` und der Instanz `auto2` der Hersteller `Mercedes` zugeordnet.

```
class PKWTest {
public static void main(String[] args){
    PKW auto1 = new PKW(); // neue Instanz auto1
    PKW auto2 = new PKW(); // neue Instanz auto2
    ...
    auto1.setHersteller("VW");
    auto2.setHersteller("Mercedes");
   ...
}
```

Klassenvariable

Bei einer Klassenvariablen gilt der gesetzte Wert für alle gebildeten Instanzen. Sie hat ihren Geltungsbereich also nicht in der Instanz, sondern in der Klasse. Um eine Klassenvariable zu erzeugen, wird das Schlüsselwort `static` vor den Typ gesetzt.

```
static String name;
```

Würde in der Klasse `PKW` eine Klassenvariable existieren, könnten Sie diese in der Instanz `auto1` setzen und sie wäre dann mit dem gleichen Wert in der Instanz `auto2` verfügbar.

Parameter

In der Klasse `Fahrzeug` wurde die Methode `setFarbe` mit dem Übergabeparameter `pfarbe` definiert. Die Gültigkeit dieses Parameters endet mit dem Beenden der Methode `setFarbe` und er ist damit nur temporär verfügbar. Aus diesem Grunde wurde der Parameter `pfarbe` auch an die Instanzvariable `farbe` übergeben.

```
String farbe ="";
...
void setFarbe (String pfarbe){
   farbe = pfarbe;
}
...
```

Lokale Variable

Variable, die in Methoden deklariert werden, sind immer lokal. Das heißt, dass ihre Gültigkeit mit dem Beenden der Methode erlischt. Es wird also kein Schlüsselwort benötigt, um eine Variable als lokal zu kennzeichnen, die Position innerhalb der Methode reicht aus. In dem nächsten Beispiel wurden die beiden Integer-Variablen `hoehe` und `breite` deklariert und sie können in der Methode `setWert` verwendet werden.

```
...
void setWert(){
   int breite;    //lokale Variable
   int hoehe;     //lokale Variable
   ...
} // hier endet die Gültigkeit von breite und hoehe
```

Die verschiedenen Datentypen

Java kennt acht verschiedene Datentypen, die Sie zur Deklaration von Variablen verwenden können. Man spricht hier auch von primitiven Datentypen, die in der Java-Sprache integriert sind. Später werden Sie auch komplexe Datentypen kennenlernen, die in speziellen Klassen definiert werden. Eine Übersicht der verschiedenen Typen mit Wertebereich und Initialisierungswert habe ich in der folgenden Tabelle zusammengefasst. In der Spalte mit den Code-Beispielen können Sie sehen, wie den verschiedenen Datentypen Werte zugeordnet werden. Beachten Sie bitte, dass bei den ganzzahligen Datentypen Werte auch in hexadezimaler oder binärer Schreibweise angegeben werden können.

Datentyp	Wertebereich	Initialisierungswert	Beispiel-Code für die Zuweisung von Werten
byte	-128..127	0	`byte b1 = 75; byte b2 = -26;`
short	-32768..32767	0	`short distanz = 15047;` `short schulden = -13456;`

int	$-2^{32}..2^{32}-1$	0	`int gewinn = 357000;`
			`int verluste = -125459;`
			`int hexVal = 0x2D;`
			`int binVal = 0b011010110;`

long	$-2^{63}..2^{63}-1$	0L	`long entfer =2345676879887L;` `long wert = -5528663492834692L;`

Tabelle A.1: Die verschiedenen Datentypen

Datentyp	Wertebereich	Initialisierungswert	Beispiel-Code für die Zuweisung von Werten

float	32-Bit-Fließkomma	0.0f	`// 3,1415`
			`float  pi = 3.1415f;`
			`// -4567,456`
			`float messung = -4567.456f;`
			`// 23,34 * 10`^{5}
			`float wert = 23.34E5;`
			`// -1234,56 * 10`$^{-2}$
			`float wert2 = -1234.56E-2;`

double	64-Bit-Fließkomma	0.0d	`// -34,534`
			`double wert1 = -34.534d;`
			`// -1234,56 * 10`$^{-2}$
			`double wert = -1234.56E-2;`

boolean	true / false	false	`boolean feiertag = false;` `boolean fehler = true;`

char	16-Bit-Unicode-Zeichen
	0..65535
	('\u0000'..'\uffff')
		'\u0000'	`char tasteC = 'C';`
			`char wert = 'k';`
			`char wert2 = '\u12AF';`

Tabelle A.1: Die verschiedenen Datentypen (Forts.)

Vielleicht haben Sie bisher bei den Datentypen die Aufnahme von Zeichenketten vermisst. Um Zeichenketten zu verarbeiten, wird in Java die Klasse `String` verwendet. Obwohl diese nicht zu den einfachen Datentypen gehört, will ich Ihnen diese Klasse hier vorstellen. Die Zuweisung von Werten erfolgt genauso wie bei den bisher vorgestellten Datentypen.

```
String name = "Schmidt";
String vorname = "Peter";
```

Genau wie bei `char` können Sie in einer Zeichenkette einzelne Zeichen in der Unicode-Darstellung angeben. Dies müssen Sie immer dann machen, wenn Sie Zeichen benötigen, die nicht auf der Tastatur zu finden sind. Zum Nachschlagen benötigen Sie dann eine Unicode-Tabelle, in der Sie das gewünschte Zeichen mit dem entsprechenden Unicode suchen.

```
String name = "Vere\u12faklimaro";
```

Java unterstützt auch die Verarbeitung von Steuer- und Sonderzeichen in einer Zeichenkette und bei dem `char`-Datentyp. Diese werden dann als sogenannte Escape-Sequenz dargestellt.

Escape-Sequenz	Beschreibung	Code-Beispiel
`\b`	Backspace	`String textleile = "Text\b\b";`
`\t`	Tab	`String wert = "\t1. Tabulator\t2. Tabulator";`
`\n`	Line Feed	`//Zeilenumbrüche werden meist mit Line-` `//Feed und Carriage-Return umgesetzt.` `String wert = "1. Zeile\n\r2.Zeile";`
`\r`	Carriage Return	
`\f`	Form Feed	`String seiten = "1. Seite\f2. Seite";`
`\"`	Doppelte Anführungszeichen	`String wert = "Der Datentyp \"int\" kann für ...";`
`\'`	Einfache Anführungszeichen	`String wert = "Der Datentyp \'int\' kann für ...";`
`\\`	Backslash	`String pfad = "c:\\Benutzer\\Programme\\";`

Tabelle A.2: Escape-Sequenzen

Namenskonvention bei Variablen

Wenn Sie Namen für Variablen vergeben, sollten Sie sich an bestimmte Konventionen halten, die im Java-Umfeld üblich sind. Diese Konventionen dienen dazu, Programmcode zu vereinheitlichen und ihn für andere leichter lesbar zu machen. Die folgenden Regeln geben diese Konventionen wieder:

1. Jede Variable sollte mit einem kleinen Buchstaben beginnen.
2. Wenn der Variablenname aus mehreren Wörtern besteht, werden alle Wörter zusammengeschrieben und der erste Buchstabe eines Wortes sollte immer großgeschrieben werden. Nur der erste Buchstabe des ersten Wortes wird kleingeschrieben. Beispiele für Variablennamen: `laengeInfofeld`, `xKoordinateDreieck`
3. Ganze Wörter machen den Programmcode lesbarer als kryptische Abkürzungen.
4. Die folgenden Zeichen können Sie verwenden: a–z, A–Z,0–9 und »_«.
5. Bei Konstanten werden alle Buchstaben großgeschrieben. `static final String PFAD_ABLAGE = "Benutzer\\ablage\\";`

A.3.2 Arrays

Bisher hatten alle Beispielobjekte einzelne Variablen, um Eigenschaften eines Objekts zu speichern. Es kommt aber auch sehr oft vor, dass Informationen wie in einer Liste gespeichert werden. Stellen Sie sich dazu z.B. den Temperaturverlauf über mehrere Stunden in einem beliebigen Raum vor. Würden Sie jetzt alle fünf Minuten die Temperatur messen und abspeichern, müssten Sie für eine Stunde schon zwölf Variablen anlegen. Viel einfacher können Sie dies mit einem Array lösen. Wollen Sie z.B. zwölf Werte des Datentyps `float` ablegen, so definieren Sie ein `float`-Array der Größe 12. Um Werte in dem Array zu speichern und auszulesen, können Sie über einen Index auf die einzelnen Elemente des Arrays zugreifen. Beachten Sie dabei bitte, dass der Index immer bei 0 beginnt. In unserem

Beispiel würde der Index also von 0 bis 11 laufen. Schauen Sie sich das nächste Beispiel an, um zu sehen, wie ein Array erzeugt wird und wie Sie dort Werte speichern können.

```
class TestArray{
    // Es wird ein Array vom Typ float angelegt.
    float[] temperaturArray;
    // Es wird für 12 float-Werte Speicher bereitgestellt.
    temperaturArray = new float[12];
    // Die 12 Felder des Arrays werden mit den Temperaturwerten
    // gefüllt. Das erste Element hat immer den Index 0.
    temperaturArray[0] = 19.5f; // Das erste Element wird gesetzt.
    temperaturArray[1] = 19.7f;
    temperaturArray[2] = 20.0f;
    temperaturArray[3] = 20.4f;
    temperaturArray[4] = 20.5f;
    temperaturArray[5] = 20.8f;
    temperaturArray[6] = 20.9f;
    temperaturArray[7] = 20.7f;
    temperaturArray[8] = 20.5f;
    temperaturArray[9] = 20.5f;
    temperaturArray[10] = 19.9f;
    temperaturArray[11] = 19.7f;
}
```

Genauso, wie Sie die Felder des Arrays gefüllt haben, können Sie die Werte auch aus dem Array auslesen.

```
float temperatur =  temperaturArray[5];
System.out.println("Wert an der 6. Position: " temperatur);
```

Oft wird die Länge, also die Anzahl der Elemente in einem Array, benötigt. Die können Sie mit der Methode `length` abfragen, die das Array selber zur Verfügung stellt.

```
int laengeDesArrays =  temperaturArray.length;
```

Das Package `java.util.Arrays` stellt einige nützliche Methoden zur Array-Verarbeitung bereit. So können Sie mit `sort()` den Inhalt des Arrays in aufsteigender Reihenfolge sortieren lassen und so die kleinste und größte Temperatur ermitteln.

```
sort(temperaturArray);
float minTemp = temperaturArray[0];
float maxTemp = temperaturArray[temperaturArray.length - 1];
```

```
System.out.println("Niedrigste Temperatur: " + minTemp);
System.out.println("Höchste Temperatur: " + maxTemp);
```

Wie Sie auf Packages und deren Methoden zugreifen können, werde ich später behandeln. Dass in unserem Beispiel ein `float`-Array erzeugt wurde, ist nur beispielhaft. Grundsätzlich können Sie in einem Array alle in Java zur Verfügung stehenden Datentypen und darüber hinaus auch beliebige Objekte speichern.

Java stellt für das Initialisieren des Arrays ein weiteres Verfahren bereit. Dabei können Sie alle Werte durch Komma getrennt zwischen geschweifte Klammern setzen.

```
float[]  temperaturArray = {
    19.5f, 19.7f, 20.0f, 20.4f, 20.5f, 20.8f,
    20.9f, 20.7f, 20.5f, 20.0f, 19.9f, 19.7f};
```

Für das programmatische Setzen von Werten ist diese Variante nicht geeignet. Die Temperaturwerte aus unserem Beispiel würden in einem realen Programm zyklisch abgefragt und nacheinander in das Array geschrieben werden. Die letzte Variante eignet sich für statische Werte, die in ein Array eingetragen werden sollen.

Bisher wurden nur eindimensionale Arrays betrachtet. Es ist aber auch möglich, mehrdimensionale Arrays anzulegen. Dies können Sie einfach dadurch erreichen, dass Sie beim Anlegen des Arrays so viele eckige Klammerpaare angeben, wie Sie Dimensionen haben wollen. Im Falle von Temperaturwerten, die Sie in ein zweidimensionales Array speichern, können Sie sich dies als ein Temperaturprofil über eine Fläche vorstellen.

```
float[][] temperaturverteilungArray;
temperaturverteilungArray = new float[5][5];
temperaturverteilungArray[0][0] = 19.5f; //Fläche oben links
temperaturverteilungArray[0][1] = 19.2f;
...
temperaturverteilungArray[4][3] = 20.3f;
temperaturverteilungArray[4][4] = 20.1f; //Fläche unten rechts
```

A.3.3 Operatoren

Operatoren können Sie benutzen, um Inhalte von Variablen zu verändern oder zu vergleichen. Einen Operator haben Sie auch schon in den vorherigen Kapiteln kennengelernt, ohne dass es Ihnen vielleicht bewusst war, dass Sie einen Operator verwenden. Ich meine hier das =-Zeichen, mit dem Sie einer Variablen einen Wert zuweisen können. Von allen Operatoren, die Java bereitstellt, werden Sie wahrscheinlich einige sehr oft benutzen und andere weniger oder überhaupt nicht. In der folgenden Tabelle habe ich alle Java-Operatoren mit einem kurzen Beispiel erklärt. Wenn Sie nicht nur lesen wollen, sondern die Beispiele selber nachprogrammieren und verändern wollen, erzeugen Sie eine Klasse und lassen Sie sich die Ergebnisse mit `System.out.println(wert)` ausgeben.

```
class TestOperatoren {
   public static void main(String[] args){
     //Hier können Sie den Beispiel-Code einfügen.
     ...
     System.out.println(wert);
   }
}
```

In der Beispielklasse ersetzen Sie die Zeile »...« durch den Beispielcode, den Sie testen möchten.

Operator	Beispiel-Programm
Zuweisungsoperator	
=	float wert = 23.4f;
Arithmetische Operatoren (für alle ganzzahligen und Fließkommadatentypen)	
+	int werte1 = 23 + 5; int wert = wert1 + 7; // wert = 35
-	int werte1 = 23 - 5; int wert = wert1 - 7; // wert = 11
*	float wert1 = 12.7f; float wert = wert1 * 3.5f // wert = 44,45
/	double wert1 = 43.5d; double wert = 230.4d / wert1; // wert = 5,296551724

%	int wert = 20 % 3 // wert = 2;
	// Der ganzzahlige Rest wird ermittelt:
	// 20 / 3 = 6 Rest 2

Unäre Operatoren	
+	int wert = +20; // für positive Zahlen (Vorzeichen)
-	int wert = -20; // für negative Zahlen, negiert einen Wert

++	int wert = 20;
	++wert; // wert = 21
	// Der Wert der Zahl wird um eins erhöht.

--	int wert = 20;
	--wert; // wert = 19
	// Der Wert der Zahl wird um eins verringert.

!	boolean wert1 = true;
	boolean wert = !wert1; // wert ist false
	// negiert einen logischen Ausdruck

Tabelle A.3: Die Operatoren

<table>
<tr><th>Operator</th><th>Beispiel-Programm</th></tr>
<tr><td colspan="2">Vergleichende Operatoren</td></tr>
<tr><td>==</td><td>int wert = 35;
// Nur für wert = 35 wird eine Ausgabe erzeugt.
if(wert == 35){
   System.out.println(wert); //Ausgabe
}</td></tr>
<tr><td>!=</td><td>int wert = 30;
//Für alle Werte außer 35 wird eine Ausgabe
//erzeugt.
if(wert != 35){
   System.out.println(wert); //Ausgabe
}</td></tr>
<tr><td>></td><td>int wert = 36;
// Ausgabe für Werte größer 35
if(wert > 35){
   System.out.println(wert); //Ausgabe
}</td></tr>
<tr><td><</td><td>int wert = 34;
// Ausgabe für Werte kleiner 35
if(wert < 35){
   System.out.println(wert); //Ausgabe
}</td></tr>
<tr><td>>=</td><td>int wert = 35;
// Ausgabe für Werte größer oder gleich 35
if(wert >= 35){
   System.out.println(wert); //Ausgabe
}</td></tr>
<tr><td><=</td><td>int wert = 35;
// Ausgabe für Werte kleiner oder gleich 35
if(wert <= 35){
   System.out.println(wert); //Ausgabe
}</td></tr>
<tr><td colspan="2">Bedingte Operatoren</td></tr>
<tr><td>&&</td><td>int wert1 = 35;
boolean wert2 = true;
// Ausgabe für wenn wert1 = 35 und wert2 = true
if((wert1 == 35) && (wert2 == true)){
   System.out.println(wert); //Ausgabe
}</td></tr>
<tr><td>||</td><td>int wert1 = 35;
float wert2 = 2.35f;
// Ausgabe, wenn wert1 = 7 oder wert2 = 2.35f
if((wert1 == 7) || (wert2 == 2.35f)){
   System.out.println(wert); //Ausgabe
}</td></tr>
</table>

Tabelle A.3: Die Operatoren (Forts.)

Operator	Beispiel-Programm

instanceof	`Fahrzeug fahrrad = new Fahrrad (); // neue Instanz`
	`Fahrzeug pkw =  new PKW ();     // neue Instanz`
	`if(fahrrad instanceof Fahrrad){`
	`  System.out.println("Instanz Fahrrad"); //Ausgabe`
	`}`
	`if(pkw instanceof PKW){`
	`  System.out.println("Instanz PKW"); //Ausgabe`
	`}`

?:	`boolean bedingung = true;`
	`float temp1 = 24.5f;`
	`float temp2 = 27.0f;`
	`float wert;`
	`// Wenn bedingung = true, wird temp1 an wert übergeben`
	`// Wenn bedingung = false, wird temp2 an wert übergeben`
	`wert =  bedingung ? temp1 : temp2;`

Tabelle A.3: Die Operatoren (Forts.)

Bei den bisherigen Beispielen wurden die Operatoren in sehr einfachen Ausdrücken verwendet. Es handelte sich meist um eine einzige Zuweisung oder Manipulation eines Wertes. Sie können in Java aber auch beliebig komplexe Ausdrücke mit mehreren Operatoren verwenden. Werden in einem Ausdruck z.B. mehrere arithmetische Operatoren benutzt, so wird Punktrechnung vor Strichrechnung berücksichtigt. Java kennt also die Reihenfolge von Operatoren.

120 - 23 * x

Damit der Programmcode aber besser zu lesen ist, sollten Sie die Reihenfolge der Abarbeitung durch das Setzen vom Klammern selber bestimmen.

120 - (23 * x)

Wenn Sie einer Variablen einen Wert zuweisen, spricht man von einem Statement, das immer mit einem Semikolon abgeschlossen wird.

Y = 120 - (23 * x);

Auch der Aufruf von Methoden, das Erzeugen von Objekten und der Gebrauch der Operatoren -- und ++ werden als Statement bezeichnet und mit einem Semikolon abgeschlossen.

```
//Statements
PKW pkw = new PKW();    // Objekt erzeugen
count++;                // Variable inkrementieren
setWert();              // Methode aufrufen
Y = 120 - (23 * x);     // Wert zuweisen
```

A.3.4 Programmfluss

Den Programmfluss können Sie durch verschiedene Kontrollstrukturen beeinflussen. Mit `if` und `switch` können Sie verzweigen und mit `for`, `while` und `do-while` Schleifen realisieren. Die einfachste Verzweigung besteht nur aus einem `if` und einem in Klammern gesetzten Ausdruck, der `true` oder `false` ergeben muss. Liefert der Ausdruck `true` zurück, wird das Statement hinter dem `if` ausgeführt, ansonsten wird es übersprungen.

```
if(x > 10) // Der Ausdruck liefert true oder false.
  Y = 20; // Statement wird ausgeführt, wenn x > 10 ist.
```

Wenn mehrere Statements ausgeführt werden sollen, müssen Sie diese in geschweifte Klammern einschließen. Alles, was in diesen Klammern steht, wird auch als Block bezeichnet. Damit ein einheitliches Bild Ihres Programmcodes entsteht, empfehle ich Ihnen, auch dann geschweifte Klammern zu verwenden, wenn nur ein Statement ausgeführt werden soll.

```
if(x > 10){// Der Ausdruck liefert true oder false.
   Y = 20; // Block wird ausgeführt, wenn x > 10 ist.
   t = 0;
}
```

Einen alternativen Programmfluss, der ausgeführt wird, wenn der Ausdruck des `if`-Statements `false` ergibt, erreichen Sie durch Anfügen von `else`.

```
if(x > 10){
   Y = 20; // Block wird ausgeführt, wenn x > 10 ist.
   t = 0;
}else{
   Y = 0; // Alternativer Block, der ausgeführt wird,
          // wenn x > 10 false liefert.
}
```

Müssen Sie noch mehrere Unterscheidungen treffen, so können Sie dies mit `else-if`-Strukturen erreichen.

```
if(x < 0){
   y = -10;
}else if((x >= 0) && (x < 20)){
   y = 0;
}else if((x >= 20) && (x < 100)){
   y = 10;
}else{
   y = 20;
}
```

Das Schreiben von `else-if`-Strukturen können Sie durch ein `switch` vereinfachen, wenn die `if`-Ausdrücke auf Gleichheit abgefragt werden.

```
int wert = 7;
String pfad;
switch (wert) {
   case  1: pfad = "/home/pi/doku/"; // für wert = 1
            break;
   case  4: pfad = "/home/pi/src/";  // für wert = 4
            break;
   case  7: pfad = "/home/pi/java/"; // für wert = 7
            break;
   default: pfad = "/home/pi/temp/"; // für alle anderen Werte
            break;
}
```

Wird für die Variable `wert` ein passendes `case` gefunden, wird zu diesem Statement verzweigt. Ein `case`-Block muss mit `break` beendet werden, damit das `switch` verlassen wird. Wenn ein `case`-Block nicht mit einem `break` abschließt, läuft das Programm in den nächsten `case` hinein. Wird kein passendes `case` gefunden, verzweigt das Programm in den `default`-Block. Sie können den `default`-Block auch weglassen, wenn ohne passendes `case` kein Statement ausgeführt werden soll. Schauen Sie sich dazu das nächste Beispiel an. Hier wird für `wert = 1` der `pfad` auf `"/home/pi/doku/"` gesetzt. Für `wert = 4` auf `"/pi/doku/"` und für `wert = 7` auf `"/doku/"`. Für alle anderen Werte bleibt `pfad` auf `"/"`. Übrigens kann ab der Java-Version 7 und höher der `switch`-Wert auch String-Variablen verarbeiten.

```
int wert = 7;
String pfad = "/";
switch (wert) {
   case  1: pfad = pfad + "home/"; // für wert = 1 /home/pi/doku/
   case  4: pfad = pfad + "pi/";   // für wert = 4 /pi/doku/
   case  7: pfad = pfad + "doku/"; // für wert = 7 /doku/
            break;
   default: break; // für alle anderen Werte /
}
```

Als Nächstes zeige ich Ihnen, wie Sie Schleifen erzeugen können. Da Schleifen oft benutzt werden, um Listen oder Arrays auszulesen, erzeugen wir uns zunächst ein Array von Temperaturwerten und speichern die Anzahl der Array-Elemente in der Variablen `laengeDesArrays`.

```
float[]  temperaturArray = {
     19.5f, 19.7f, 20.0f, 20.4f, 20.5f, 20.8f,
    20.9f, 20.7f, 20.5f, 20.0f, 19.9f, 19.7f};
int laengeDesArrays =  temperaturArray.length;
```

Dieses Array wollen wir mit einer while-Schleife auslesen und die Werte auf der Konsole anzeigen. Eine while-Schleife wird so lange ausgeführt, wie der Ausdruck in runden Klammern hinter dem while den Wert true liefert. In unserem Beispiel ist das der Ausdruck count <= laengeDesArrays - 1. Die Schleifenvariable count wird bei jedem Durchlauf um 1 erhöht und mit der Länge des Arrays verglichen. Da der Index von Arrays mit 0 beginnt, muss count mit 0 initialisiert werden und bei count > 11 die Schleife abgebrochen werden.

```
int count = 0;
while(count <= laengeDesArrays - 1){
   System.out.println(temperaturArray[count]); //Ausgabe
   count++; // count wird um 1 erhöht
}
```

Wenn wir das gleiche Ergebnis mit einer do while-Schleife programmieren wollen, sieht der Programmcode wie folgt aus.

```
int count = 0;
do{
   System.out.println(temperaturArray[count]); //Ausgabe
   count++; // count wird um 1 erhöht
}while(count <= laengeDesArrays - 1)
```

Der Unterschied zwischen beiden Schleifen besteht nur darin, dass einmal vor und einmal nach dem Ausführungsblock auf Abbruch geprüft wird. Sie können aber auch eine Endlos-Schleife programmieren und den Abbruch durch ein break herbeiführen. Schauen Sie sich dazu das nächste Beispiel an.

```
int count = 0;
while(true){ //Endlos-Schleife
   System.out.println(temperaturArray[count]); //Ausgabe
   count++; // count wird um 1 erhöht
   if(count >   laengeDesArrays - 1){
      break;
   }
}
```

Als Letztes zeige ich Ihnen die Verwendung einer for-Schleife, die in Java wie folgt aufgebaut ist.

```
for(Initialisierung; Abbruchbedingung; Schleifenvariable ändern){
  Statements
}
```

Wenn Sie die for-Schleife so verwenden, wie in dem Schema oben gezeigt, haben die aufgeführten Begriffe folgende Bedeutung:

Initialisierung

Hier können Sie den Namen, Startwert und den Datentyp der Schleifenvariable festlegen. Dies wird bei der Initialisierung direkt am Anfang durchgeführt und kann z.B. so aussehen: `int i = 0`

Abbruchbedingung

Tragen Sie hier einen logischen Ausdruck ein. Gibt dieser Ausdruck `false` zurück, wird die Schleife beendet. Die Prüfung findet nach jedem Durchlauf erneut statt.

Schleifenvariable ändern

Die definierte Schleifenvariable kann hier nach eigenen Regeln hoch- oder runtergezählt werden. Wollen Sie in Einerschritten inkrementieren oder dekrementieren, können Sie dies am einfachsten mit dem ++- oder `--`-Operator erreichen.

```
// Einfache Schleife, mit 5 Durchläufen

for (int i = 0; i <5; i++){
...
}
//Endlosschleife
for (;;){
...
}
//Schleife liest temperaturArray aus.
for (int count = 0; count <= laengeDesArrays - 1; count++){
   System.out.println(temperaturArray[count]); //Ausgabe
}
```

Bei einer `for`-Schleife können Sie, genau wie bei den `while`-Schleifen, den Abbruch der Schleife durch ein `breake`-Statement erreichen.

A.4 Java ist objektorientiert

A.4.1 Klasse

Im Abschnitt Klassen und Instanzen haben Sie schon einfache Beispiele für Klassen gesehen. Wir wollen uns hier aber die Deklaration eine Klasse etwas genauer anschauen. Im einfachsten Fall brauchen Sie nur das Schlüsselwort `class` und den Klassennamen. Der eigentliche Programmcode steht dann hinter dem Klassennamen in geschweiften Klammern.

```
class TestKlasse{
// ...
}
```

Wie Sie schon im Abschnitt Vererbung gesehen haben, kann man mit dem Schlüsselwort `extends` eine Klasse angeben, von der man Methoden und Eigenschaften erben möchte. Wichtig ist hier noch zu wissen, dass Sie in Java immer nur von einer Klasse erben können. Die Klasse, von der geerbt wird, nennt man auch Elternklasse (*SuperClass*). In einem etwas anderen Sprachgebrauch sagt man auch, dass eine Klasse die Elternklasse (*SuperClass*) erweitert. Es ist aber auch möglich, dass eine Klasse nicht nur von einer anderen Klasse erbt oder diese erweitert, sondern auch gleichzeitig ein oder mehrere Interfaces implementieren kann. Das heißt, dass sie einen Satz von Methoden, die in der Interface-Klasse angegeben worden sind, implementiert. Im nächsten Beispiel erbt die Klasse `PKW` von der Klasse `Fahrzeug` und implementiert die beiden Interfaces `BewegungsInterface` und `HerstellerInterface`.

```
class PKW extends Fahrzeuge
   implements BewegungsInterface, HerstellerInterface{
...
}
```

A.4.2 Variablen

Die Eigenschaften einer Klasse werden in Variablen abgelegt. Bei der Deklaration dieser Variablen haben Sie drei Möglichkeiten, den Zugriff zu beeinflussen. Setzen Sie vor den Datentyp der Variablen das Schlüsselwort `private`, so kann man nicht von außen auf diese zugreifen. Private Variablen können Sie nur über Methoden verändern. Wenn Sie Variablen direkt verändern wollen, müssen Sie sie mit dem Schlüsselwort `public` als öffentlich deklarieren. Ohne die Schlüsselwörter `private` und `public` ist eine Variable immer öffentlich.

```
class PKW extends Fahrzeuge
   implements BewegungsInterface, HerstellerInterface{

   private String farbe; // privat
   public  String marke; // öffentlich
   String wert; // öffentlich
   ...
   // Private Variablen, müssen über Methoden gesetzt werden.
   public void setFarbe(String pfarbe){
     farbe = pfrabe;
   }
   // Private Variablen, müssen über Methoden abgefragt werden.
   public String getFarbe(){
     return farbe;
   }
}
```

Neben die Zugriffsdeklaration gehört noch der Datentyp, um eine Variable zu beschreiben. In einer Klasse können Variablen einfache Datentypen wie `int`, `long`, `double` usw. sein oder sogenannte Referenztypen, wie zum Beispiel Strings, Objekte oder Arrays.

A.4.3 Methoden

Bei der Deklaration von Methoden werden der Zugriff, der Datentyp des Rückgabewerts und die Übergabeparameter festgelegt. Bei dem Zugriff können Sie wie bei den Variablen zwischen `public` und `private` wählen. Alle Methoden, die Sie als `private` deklarieren, sind nur für den internen Gebrauch in der Klasse vorgesehen und können von außen nicht aufgerufen werden. Für die Deklaration der Datentypen von Rückgabewerten und Parametern gilt das Gleiche wie bei den Variablen. Sie können auch hier alle einfachen Datentypen und Referenzen verwenden. Wenn eine Methode keinen Wert zurückgeben soll, muss dies durch das Schlüsselwort `void` gekennzeichnet werden. Mit dem Schlüsselwort `return` wird die Methode beendet und ein Wert zurückgegeben. Der Rückgabewert steht immer direkt hinter dem Schlüsselwort `return` und kann der Wert einer Variablen oder das Ergebnis eines Ausdrucks sein.

```
public float berechneGeschwindigkeit(float strecke, float zeit){
   // Hinter return steht ein Ausdruck, der die Geschwindigkeit
   // berechnet.
   return strecke / zeit;
}
// Methode, die keinen Wert zurückgibt.
public void setzeLakierung(String lacktyp, PKW auto){
   ...
}
// Private Methode
private boolean isSportwagen(){
   ...
  return spw; // Der Inhalt der Variablen spw wird zurückgegeben.
}
```

Bei den Übergabeparametern gibt es zwischen den einfachen Datentypen und Referenztypen einen wichtigen Unterschied. Die einfachen Datentypen werden als Kopie übergeben, das bedeutet, dass ihr Wert in der Methode verändert werden kann, ohne dass sich dies auf die Übergabevariable auswirkt.

```
...
public void setzeGeschwindigkeit(float geschwindigkeit){
   geschwindigkeit = 20.0f;
}
```

```
public static void main(String[] args){
    Float geschw = 120.0f;
    setzeGeschwindigkeit(geschw);
    System.out.println(geschw); // Ausgabe ist 120.0.
}
```

Bei Referenztypen wird keine Kopie übergeben. Eine Manipulation des Übergabeparameters wirkt sich auch auf das übergebene Objekt aus.

```
...
public void aendernFarbe(PKW pkw){
    pkw.setFarbe("ROT");
}
public static void main(String[] args){
    PKW auto1 = new PKW();
    auto1.setzeFarbe("BLAU");
    aendernFarbe(auto1);
    System.out.println(auto1.getFarbe()); // Ausgabe ist ROT
}
```

Der Name einer Methode in einer Klasse ist normalerweise eindeutig. Sie haben aber die Möglichkeit, Methoden zu überladen, was bedeutet, dass sich die Deklaration von mindestens zwei Methoden nur durch die Übergabeparameter unterscheidet. So könnte man z.B. `float`-Parameter auch wahlweise als `double` übergeben. Das nächste Beispiel soll dies zeigen.

```
...
public double berechneGeschwindigkeit(float weg, float zeit){
...
}
public double berechneGeschwindigkeit(double weg, double zeit){
...
}
public double berechneGeschwindigkeit(double zeit){
...
}
```

Als Übergabeparameter können Sie in Java keine Methoden übergeben. Wenn Sie aber einen Referenztyp als Übergabeparameter definiert haben, können in diesem Typ Methoden enthalten sein. Ein Referenztyp kann, wie weiter oben schon erwähnt, ein beliebiges Objekt sein. Und ein Objekt ist ja die Instanz einer Klasse.

```
...
public void setFahrzeug(PKW pkw){
  // Hier stehen durch Übergabe eines Objekts auch dessen
  // Methoden zur Verfügung.
  pkw.setFensterheber("elektronisch");
  ...
}
public static void main(String[] args){
  PKW auto = new PKW(); // Instanz erzeugen
  setFahrzeug(auto);
  ...
}
```

A.4.4 Konstruktoren

Jede Klasse benötigt mindestens einen Konstruktor, mit dem aus der Klasse eine Instanz erzeugt werden kann. Der Aufruf eines Konstruktors erfolgt immer über den Operator new. An der Beispielklasse PKW sieht dies wie folgt aus.

```
PKW auto1 = new PKW(); // Konstruktor PKW()
```

Der Konstruktor hat in diesem Beispiel keinen Übergabeparameter. Prinzipiell haben Konstruktoren den gleichen Aufbau wie Methoden, nur dass sie keinen Rückgabewert haben und immer public deklariert werden. Außerdem stimmt ihr Name immer mit dem Klassennamen überein. In der PKW-Klasse könnte man z.B. die folgenden Konstruktoren definieren.

```
public class PKW extends Fahrzeuge{
  private String fensterheber = "";
  // Standard-Konstruktor
  public PKW(){
  }
  // Konstruktor, mit Übergabeparameter
  public PKW(String pfensterheber){
     fensterheber =  pfensterheber;
  }
...
}
```

Mit dem zweiten Konstruktor geben Sie direkt den Wert für die Variable fensterheber an. Dadurch können Sie sich den separaten Aufruf der Methode setFensterheber sparen. Im nächsten Beispiel wird die Instanz golf mit Übergabeparameter im Konstruktor erzeugt und die Instanz astra mit dem Standard-Konstruktor.

```
...
PKW golf = new PKW("elektronisch");
PKW astra = new PKW();
astra.setFensterheber("elektronisch");
...
```

In Konstruktoren können nicht nur die Eigenschaften der Klasse gesetzt werden, sondern alles, was zur Initialisierung einer Klasse notwendig ist. Außerdem gilt für die Übergabeparameter der Konstruktoren das Gleiche wie für die Übergabeparameter von Methoden. Sie können also einfache Datentypen und Referenztypen übergeben.

A.4.5 this

Mit dem Schlüsselwort `this` können Sie angeben, dass es sich bei einer Variablen um eine Instanzvariable handelt. Dies klingt vielleicht zuerst einmal recht ungewöhnlich, da wir bisher auf die Variablen in der Klasse immer direkt zugegriffen haben und das Schlüsselwort `this` dafür nicht nötig war. Stellen Sie sich aber den Fall vor, dass Sie in einer Methode einen Übergabeparameter genau so benennen wie eine Instanzvariable. In diesem Fall können Sie den Unterschied nur durch das Schlüsselwort `this` markieren. Im nächsten Beispiel werden die Instanzvariablen `temperatur` und `zeit` deklariert. Die gleichen Namen wurden auch im Konstruktor als Übergabeparameter benutzt. Damit diese namensgleichen Variablen bei der Zuweisung im Konstruktor unterschieden werden können, muss vor den Instanzvariablen das Schlüsselwort `this` stehen. Mit `this` ist immer die eigene Instanz gemeint.

```
public class Messwert{
  public float temperatur = 0;
  public long zeit = null;

  //Konstruktor
  public Messwert(float temperatur, long zeit){
     this.temperatur = temperatur;
     this.zeit = zeit;
  }
}
```

A.4.6 Zugriffsrechte

Bisher haben wir die Zugriffsrechte durch die Schlüsselwörter `public` und `private` unterschieden. Im einfachsten Fall haben wir auch kein Schlüsselwort verwendet. Es besteht zusätzlich die Möglichkeit, den Zugriff durch das Schlüsselwort `protected` zu verfeinern. Die Zugriffsrechte beziehen sich hier auf Variablen, Methoden und Konstanten in einer Klasse. In der folgenden Tabelle habe ich alle möglichen Zugriffsrechte aufgelistet und erklärt. Die Reihenfolge der Schlüsselwörter wurde so gewählt, dass die Zugriffsrechte von oben nach unten immer weiter eingeschränkt werden.

Zugriffsrecht für Variablen, Methoden und Konstanten	Zugriff in der eigenen Klasse	Zugriff im eigenen Package	Zugriff von einer abgeleiteten Klasse aus (Subclass)	Zugriff von anderen Packages aus
public	Ja	Ja	Ja	Ja
protected	Ja	Ja	Ja	Nein
ohne Schlüsselwort	Ja	Ja	Nein	Nein
private	Ja	Nein	Nein	Nein

Tabelle A.4: Die Zugriffsrechte

A.4.7 static und final

Um in Java eine Konstante zu deklarieren, bedient man sich einer Kombination aus den Schlüsselworten `static` und `final`. Mit `static` geben Sie an, dass es sich um eine Klassenvariable handelt, und mit `final` wird bestimmt, dass der zugewiesene Wert im weiteren Programm nicht mehr verändert werden kann. Für die Zugriffsrechte gilt natürlich das aus dem vorherigen Abschnitt. Wenn Sie z.B. die Konstante PI deklarieren wollen, macht es Sinn, das Zugriffsrecht auf `public` zu setzen, damit sie im ganzen Programm verwendet werden kann.

```
public static final double PI = 3.1415926535;
```

Variablen, die nur als `static` deklariert werden, haben den zugewiesenen Wert über alle Instanzen einer Klasse gleich.

```
public static float wert = 23.456f;
```

Der Zugriff auf Konstante und `static`-Variable erfolgt immer über den Klassennamen und nicht über den Namen der Instanz.

```
public class StaticTest{
   public static final double PI = 3.1415926535;
   public static float wert = 23.456f;
}
public class startKlasse{
   public static void main(String[] args){
      float pi =  StaticTest.PI //Zugriff über Klassenname
      StaticTest.wert = 123.45f; //Zugriff über Klassenname
      System.out.println(pi);  //Ausgabe
      System.out.println(StaticTest.wert);//Ausgabe
   }
}
```

A.4.8 Anonyme innere Klassen

Eine anonyme innere Klasse wird in einer umschließenden Klasse deklariert und kann eine bestehende Klasse erweitern oder ein Interface implementieren. Wenn ein Interface implementiert wird, erweitert die anonyme innere Klasse automatisch die Klasse `Object`. Die `Object`-Klasse ist die Mutter aller Klassen. Wenn Sie in Java eine Klasse anlegen und nicht das Schlüsselwort `extends` verwenden, erweitert diese Klasse immer die `Object`-Klasse. Die anonyme innere Klasse hat ihren Namen daher, dass sie keinen eigenen Klassennamen besitzt. Die Deklaration einer inneren anonymen Klasse beginnt immer mit `new` und einem Klassen- oder einem Interface-Namen.

```
new Klassenname() {...};
new Interfacename() {...};
```

Zwischen die geschweiften Klammern setzen Sie dann die Deklaration der Eigenschaften und Methoden. Als Erstes zeige ich Ihnen eine innere anonyme Klasse, die eine bestehende Klasse erweitert. Als einfaches Beispiel nehmen wir die Klasse `Person`, die in einer anonymen Klasse erweitert werden soll. Sie besitzt nur die beiden Eigenschaften `vorname`, `nachname` und die Methoden zum Setzen und Auslesen dieser Eigenschaften.

```
public class Person
{
    private String vorname;
    private String nachname;

    public Person(String nachname, String vorname ){
       this.nachname = nachname;
       this.vorname = vorname;
    }
    public void setVorname(String vorname){
        this.vorname = vorname;
    }
    public String getVorname(){
      return vorname;
    }
    public void setNachname(String nachname){
         this.nachname = nachname;
    }
    public String getNachname(){
          return nachname;
    }
}
```

In der Klasse `Start` soll `Person` als anonyme innere Klasse erweitert werden. Schauen Sie sich dazu im folgenden Beispiel den Konstruktor mit den Übergabeparametern `"Schmidt"` und `"Peter"` an. Dies ist der Konstruktor der Klasse `Person` und setzt die Eigenschaften `nachname` und `vorname`. In der Methode `erzeugeAusgabe` wird auf die beiden Parameter über die Methoden `getNachname` und `getVorname` zugegriffen. Außerdem wird in `erzeugeAusgabe` auf die Eigenschaft `name` der umgebenden Klasse `Start` zugegriffen.

```
public class Start
{
    private String name = "Name: ";
    public String person = new Person("Schmidt", "Peter"){
      public String erzeugeAusgabe(){
        return name+getNachname()+", "+getVorname();
      }
    }.erzeugeAusgabe();

    public static void main(String[] args){
        Start start = new Start();
        System.out.println(start.person);
    }
}
```

Auf alles, was Sie in der anonymen Klasse neu deklarieren, kann von der umschließenden Klasse aus nicht zugegriffen werden. Das liegt daran, dass alle Namen anonym sind und außerhalb der anonymen Klasse nicht sichtbar werden. Anders ist es aber mit Eigenschaften und Methoden, die schon in der Klasse `Person` deklariert worden sind. Auf diese kann auch weiterhin zugegriffen werden.

Um dennoch auf die Methode `erzeugeAusgabe` zugreifen zu können, muss sie direkt aufgerufen werden. Dieser direkte Aufruf erfolgt durch den Punkt-Zugriffsoperator hinter der schließenden geschweiften Klammer und dem Methodennamen.

```
// Direkter Aufruf einer Methode
public String new Person("Schmidt", "Peter"){...}.erzeugeAusgabe();
```

Der Rückgabewert von `erzeugeAusgabe` wird dann an die Eigenschaft `person` übergeben.

Das zweite Beispiel benutzt ein Interface, um eine anonyme innere Klasse zu erzeugen. Dazu nehmen wir die Klasse `AusgabeInterface`, die nur die Methode `ausgabe` deklariert.

```
public interface AusgabeInterface {
   public String ausgabe(String p);
}
```

Der Unterschied zum ersten Beispiel besteht darin, dass die Klasse hier nicht direkt erweitert, sondern das Interface `AusgabeInterface` implementiert wird. Wie oben schon beschrieben, wird dazu die Klasse `Object` herangezogen. Das Einsetzen der Klasse `Object` geschieht hier im Hintergrund. Für unser Beispiel bedeutet dies, dass die Instanz `testInterface` durch Erweitern der Klasse `Object` und dem Implementieren des Interface `AusgabeInterface` erzeugt wird. Da das Interface selber nicht anonym ist, kann über die Instanz `interface` in gewohnter Weise auf die Methode `ausgabe` zugegriffen werden.

```
public class TestAnonymeKlasse
{
    public AusgabeInterface testInterface= new AusgabeInterface() {
      String name = "Ich bin eine anonyme ";
       public String ausgabe(String p) {
           return name + p;
       }
    };
    public static void main(String[] args) {
       TestAnonymeKlasse test = new TestAnonymeKlasse();
       //Ausgabe: Ich bin eine anonyme innere Klasse!
      System.out.println(test.testInterface.ausgabe("innere
       Klasse!"));
    }
}
```

In dem Ausdruck `test.testInterface.ausgabe("innere Klasse!")` ist `test` die Instanz der umschließenden Klasse `TestAnonymeKlasse` und `testInterface` die Instanz der inneren anonymen Klasse, mit deren Hilfe dann auf die Methode `ausgabe` zugegriffen werden kann.

Hinweis

Die anonyme Klasse hat Zugriff auf Methoden und Eigenschaften der umschließenden Klasse.

Die anonyme Klasse hat keinen Zugriff auf lokale Variablen der umschließenden Klasse. Es sei denn, dass sie als `final` deklariert sind.

Die anonyme Klasse darf keine `static`-Methoden und -Eigenschaften haben.

Die anonyme Klasse darf Konstanten deklarieren.

Die anonyme Klasse hat keinen eigenen Konstruktor.

Auf die Methoden des Interface oder der erweiterten Klasse (`Person`) kann über die Instanz der anonymen Klasse zugegriffen werden.

`InstanzUmschließendeKlasse.InstanzAnonymeKlasse.Methode()`

Auf alle Eigenschaften und Methoden der anonymen Klasse, die nur in ihr deklariert worden sind, kann nur direkt zugegriffen werden.

`...new KlasseInterfaceName(){...}.MethodeEigenschaftName;`

A.4.9 ENUM-Datentypen

In dem `enum`-Datentyp können Sie vordefinierte Konstanten speichern. Dabei hat die Syntax starke Ähnlichkeit mit der Initialisierung eines Arrays. Wenn Sie z.B. die Namen von Automarken als Konstanten ablegen wollen, können Sie diese in einem `enum`-Datentyp speichern. Schauen Sie sich dazu die Deklaration des Objekts `Lebensmittel` an. Lebensmittel ist vom Typ `enum` und bekommt die in geschweiften Klammern stehenden Konstanten zugewiesen. Die nächste Code-Zeile müssen Sie zum Testen in die Datei **`Lebensmittel.java`** speichern. Also genau wie eine Klasse.

```
public enum Lebensmittel {BOHNEN, BANANEN, AEPFEL, KOHL, WEIZEN}
```

Da es sich bei `Lebensmittel` nicht um eine einfache Variable, sondern um ein Objekt handelt, wird wie bei allen Objekten der erste Buchstabe immer großgeschrieben. Auch der Zugriff auf die einzelnen Konstanten erfolgt mit der Objekt-Syntax durch einen Punkt und den Konstantennamen.

```
wert = Lebensmittel.KOHL;
```

Durch die `enum`-Deklaration wird eine Klasse vom Typ `Lebensmittel` definiert und kann auch so behandelt werden. Sie können auch Variablen vom Typ `Lebensmittel` deklarieren und z.B. als Übergabeparameter verwenden.

```
public class Aufzaehlungen
{
  private  Lebensmittel lebensmittel;
  public void setzeLebensmittel(Lebensmittel lebensmittel){
    this.lebensmittel = lebensmittel;
  }
  public void pruefeLebensmittel(){
     switch(lebensmittel) {
        case KOHL:
        case BOHNEN:
             System.out.println("Gemüse");
             break;
        case BANANEN:
        case AEPFEL:
             System.out.println("Obst");
             break;
        case WEIZEN:
             System.out.println("Getreide");
             break;
     }
    }
```

```
    public static void main(String[] args){
        Aufzaehlungen aufz = new  Aufzaehlungen();
        aufz.setzeLebensmittel(Lebensmittel.KOHL);
        aufz.pruefeLebensmittel();
        aufz.setzeLebensmittel(Lebensmittel.BANANEN);
        aufz.pruefeLebensmittel();
        aufz.setzeLebensmittel(Lebensmittel.WEIZEN);
        aufz.pruefeLebensmittel();
      }//Ausgabe: Gemüse Obst Getreide
}
```

A.4.10 Interfaces

Unter dem Punkt »Java-Konzepte« hatte ich Ihnen ein Interface anhand eines Beispiels erklärt. Wir wollen uns nun die genaue Syntax und Möglichkeiten bei der Verwendung eines Interface anschauen. Grundsätzlich ist ein Interface ein Referenztyp, so wie es eine Klasse ist, und es kann an vielen Stellen auch ähnlich eingesetzt werden. Von einem Interface kann aber keine Instanz erzeugt werden. Wenn eine Klasse ein Interface implementiert, muss sie alle Methoden-Signaturen aus dem Interface implementieren. Wird nur ein Teil implementiert, kommt es zu einem Compiler-Fehler. Es muss also zu jeder Methoden-Signatur aus dem Interface in der Klasse eine entsprechende Methode geben. In einem Interface können Sie neben Methoden-Signaturen auch Konstanten definieren. Dabei sind alle Methoden automatisch `public` und Konstanten `public static final`. Dies ist auch dann so, wenn Sie es nicht extra durch die entsprechenden Schlüsselwörter deklariert haben.

Eine Methoden-Signatur besteht immer aus einem Datentyp, dem Methodennamen und einer Liste von Übergabeparametern. Der Bezeichner `public` vor dem Datentyp ist optional. Beachten Sie bitte, dass eine Methoden-Signatur keine geschweiften Klammern besitzt und immer mit einem Semikolon abschließt.

Methoden-Signaturen

[`public`] **`Datentyp MethodenName(Datentyp ParameterName, ...);`**
`float berechneGeschwindigkeit(float strecke, float zeit);`
`void  setzeFarbe(String farbe);`
`public boolean isOK();`

Konstante

[`public final static`] **`Datentyp KONSTANTENNAME = Wert;`**
`float PI = 3.14156f;`
`public static final int MONTAG = 1;`
`public static final int DIENSTAG = 2;`

Tabelle A.5: Methoden-Signaturen und Konstanten

Um ein Interface zu deklarieren, setzen Sie vor seinen Namen die Schlüsselwörter `public` und `interface`. Da ein Interface von beliebig vielen Interfaces Konstanten und Methoden-Signaturen erben kann, haben Sie die Möglichkeit, hinter dem Namen des Interface mit dem Schlüsselwort `extends` und einer Komma-separierten Liste von Interface-Namen die zu erweiternden Interfaces anzugeben. Zum Schluss setzen Sie dann in geschweiften Klammern die Methoden-Signaturen und Konstanten-Deklarationen. Beachten Sie bitte, dass eine Klasse nur von einer Klasse erben kann, ein Interface aber von beliebig vielen Interfaces.

Interface-Deklaration

```
public interface InterfaceName [extends Interface1, Interface2,...]{
   //Methoden-Signaturen und Konstanten-Deklarationen
}
```

Im nächsten Beispiel werden die Interfaces `Benzinverbrauch` und `Dynamo` deklariert. Beide Interfaces erweitern das Interface `Bewegung`. In `Benzinverbrauch` und `Dynamo` sind somit auch alle Methoden-Signaturen aus `Bewegung` enthalten. Außerdem gibt es die zwei Klassen `Auto` und `Fahrrad`. Die `Auto`-Klasse implementiert die beiden Interfaces `Benzinverbrauch` und `Hersteller`. Die Klasse `Fahrrad` implementiert die Interfaces `Hersteller` und `Dynamo`.

Im Klassendiagramm in Abbildung A.1 werden die Beziehungen zwischen den Interfaces und Klassen grafisch dargestellt. Hierin zeigen die Pfeile an, welches Interface erweitert wird und welche Klasse welches Interface implementiert.

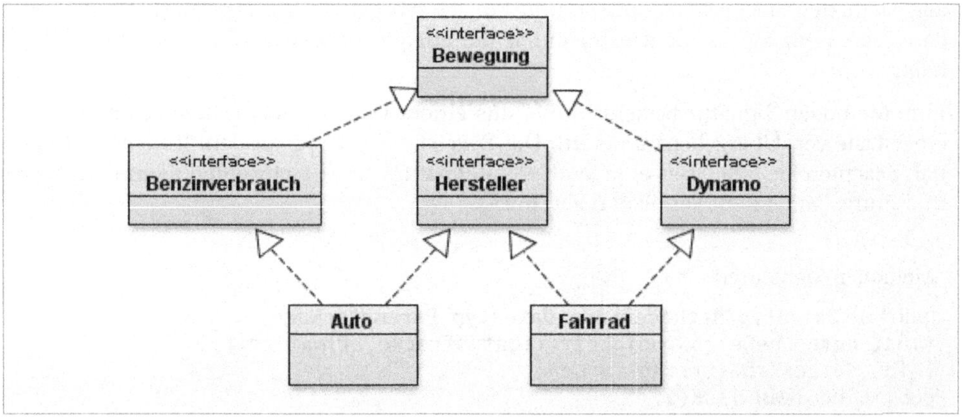

Abb. A.1: Interface- und Klassendiagramm

Um die Vererbungsmechanismen und Implementierungen zu verstehen, schauen Sie sich am besten den folgenden Programmcode an und vergleichen ihn mit dem Klassendiagramm. Zur besseren Übersicht können Sie sich dazu erst einmal den fett gedruckten Programmcode ansehen und die Methoden-Signaturen überlesen.

```
public interface Bewegung
{
```

```
    public float berechneGeschwindigkeit(float strecke,
    float  zeit);
}

public interface Benzinverbrauch extends Bewegung
{
    float berechneBenzinverbrauch(float geschwindigkeit);
}

public interface Dynamo extends Bewegung
{
     void setzeDynamo(String wert);
     String holeDynamo();
}
public interface Hersteller
{
    void setzeHersteller(String herst);
    String holeHersteller();
}

public class Auto implements Benzinverbrauch, Hersteller
{
     private String hersteller = "";
     public Auto(){} //Konstruktor

     public float berechneGeschwindigkeit(float strecke,
         float zeit){ return strecke / zeit; }

     public float berechneBenzinverbrauch(float geschwindigkeit){
        if(geschwindigkeit < 100f){
           return 6f;
         }
         return 8f;
     }

     public void setzeHersteller(String herst){
        hersteller = herst;
     }
}

public class Fahrrad implements Dynamo, Hersteller
{
```

```
    private String dynamo = "";
    private String hersteller = "";

    public Fahrrad() { } //Konstruktor

    public float berechneGeschwindigkeit(float strecke,
       float zeit){
        return strecke / zeit;
   }

   public void setzeDynamo(String wert){
     dynamo = wert;
   }

   public String holeDynamo(){
     return dynamo;
   }

   public void setzeHersteller(String herst){
     hersteller = herst;
   }

   public String holeHersteller(){
     return hersteller;
   }

   public String holeHersteller(){
       return hersteller;
   }

   public String wasBinIch(){
       return "Ich bin ein Auto!";
    }
}
```

Nachdem Sie die Beziehungen zwischen den einzelnen Objekten studiert haben, fehlt jetzt noch ein Beispiel, in dem die Klassen und Interfaces benutzt werden. In der folgenden Beispielklasse `Start` wird in der `main`-Methode eine Instanz der Klasse `Start` erzeugt und darüber die Methode `ausgabe` aufgerufen. Bevor wir uns `ausgabe` genauer ansehen, schauen wir uns die Deklaration der Methode `ausgabeGeschwindigkeit` an. In dieser Deklaration wurde als Datentyp für den ersten Übergabeparameter das Interface `Bewegung` benutzt. Hierdurch können alle Objekte an diesen Parameter übergeben werden, die das Interface `Bewegung` implementieren. In unserem Falle sind dies die Klassen `Auto` und `Fahrrad`. Wie dies umgesetzt wurde, können Sie sich in den ersten vier Zeilen der Methode `ausgabe` ansehen. Hier wird aus der Klasse `Auto` und `Fahrrad` jeweils eine Instanz erzeugt. Wichtig an dieser Stelle ist, dass die Datentypen für die Instanzen `auto1` und `fahrrad1` durch das Interface `Bewegung` deklariert wurden. Hierdurch ist es möglich, dass Instanzen unterschiedlicher Klassen an die Methode `ausgabeGeschwindigkeit` übergeben werden können.

In den nächsten sechs Zeilen wurde dann als Datentyp für die Instanz `auto2` das Interface `Benzinverbrauch` und für die Instanz `fahrrad2` das Interface `Dynamo` verwendet und jeweils eine Methode aus dem entsprechenden Interface aufgerufen.

Im letzten Block wurde als Datentyp für die Instanz `auto3` die Klasse `Auto` verwendet. Dadurch ist es dann möglich, auf alle Methoden und Eigenschaften aus der Klasse `Auto` zuzugreifen.

```
public class Start
{
    public Start(){ } //Konstruktor

    public void ausgabe(){
      Bewegung auto1 = new Auto();
      Bewegung fahrrad1 = new Fahrrad();
      ausgabeGeschwindigkeit(auto1, 30.0f, 0.5f);
      ausgabeGeschwindigkeit(fahrrad1, 30.0f, 1.5f);

      Benzinverbrauch auto2 = new Auto();
      float verbrauch = auto2.berechneBenzinverbrauch(90f);
      System.out.println("Benzinverbrauch: " + verbrauch);

      Dynamo fahrrad2 = new Fahrrad();
      fahrrad2.setzeDynamo("Nabendynamo");
      System.out.println(fahrrad2.holeDynamo());


      Auto auto3 = new Auto();
      auto3.setzeHersteller("Fiat");
      System.out.println("Was bist Du?      " +
         auto3.wasBinIch());
      System.out.println("Verbrauch:        " +
         auto3.berechneBenzinverbrauch(120f));
      System.out.println("Hersteller:       " +
         auto3.holeHersteller());
      System.out.println("Geschwindigkeit: " +
        auto3.berechneGeschwindigkeit(200f, 1.3f));
    }
```

```
    private void ausgabeGeschwindigkeit(Bewegung obj1,
        float strecke, float zeit){
        System.out.println("Geschwindigkeit: " +
        obj1.berechneGeschwindigkeit(strecke, zeit) + " km/h");
    }

    public static void main(String[] args){
        Start start = new Start();
        start.ausgabe();
    }
}
```

Wenn Sie das vorherige Beispiel nachprogrammieren möchten, müssen Sie beachten, dass alle Klassen und Interfaces in einer eigenen Datei gespeichert werden. Die Dateinamen entsprechen exakt dem Interface beziehungsweise dem Klassennamen und haben die Dateiendung java. Kompilieren Sie danach nacheinander alle Dateien, die alle in dem gleichen Verzeichnis liegen müssen, und starten Sie dann das Programm über den Java-Launcher.

```
$ javac Bewegung.java
$ javac Benzinverbrauch.java
$ javac Hersteller.java
$ javac Dynamo.java
$ javac Auto.java
$ javac Fahrrad.java
$ javac Start.java
$ java Start
Geschwindigkeit: 60.0 km/h
Geschwindigkeit: 20.0 km/h
Benzinverbrauch: 6.0
Nabendynamo
Was bist Du?     Ich bin ein Auto!
Verbrauch:       8.0
Hersteller:      Fiat
Geschwindigkeit: 153.84616
```

A.4.11 Vererbung

Was Vererbung ist, haben Sie jetzt schon an ein paar Beispielen kennengelernt. Ich möchte in diesem Kapitel aber noch einige Details erläutern, damit Sie auch die Objekthierarchie in Java verstehen. Ich habe in der nächsten Auflistung die wichtigsten Zusammenhänge und Regeln zur Objekthierarchie aufgelistet und kurz erklärt.

Hinweise und Begriffe
Wenn eine Klasse eine andere Klasse erweitert, kann man auch sagen, dass sie von dieser Klasse Eigenschaften und Methoden erbt.
Eine Klasse, die eine andere Klasse erweitert, wird auch Subclass oder Kindklasse genannt.
Die Klasse, die durch eine andere erweitert wird, heißt Superclass oder Elternklasse.
Eine Klasse, die eine andere Klasse erweitert, kann selber auch wieder von einer Klasse erweitert werden. Dies kann sich ohne Einschränkung immer weiter fortsetzen.
Die oberste aller Klassen ist die Klasse `Object`.
Jede Klasse erbt entweder von `Object` oder von einer anderen Elternklasse.
Eine Klasse kann immer nur von einer Elternklasse erben. Es können nie zwei oder mehrere Elternklassen zu einer Klasse existieren.

Tabelle A.6: Begriffe zur Klassenhierarchie

Die Klassenhierarchie in Java können Sie sich auch als Baumstruktur vorstellen. In diesem Baum steht an der obersten Stelle die Klasse `Object`, von der alle Vererbungen ausgehen. Dies bedeutet, dass alle Java-Klassen alle Methoden besitzen, die in `Object` deklariert wurden.

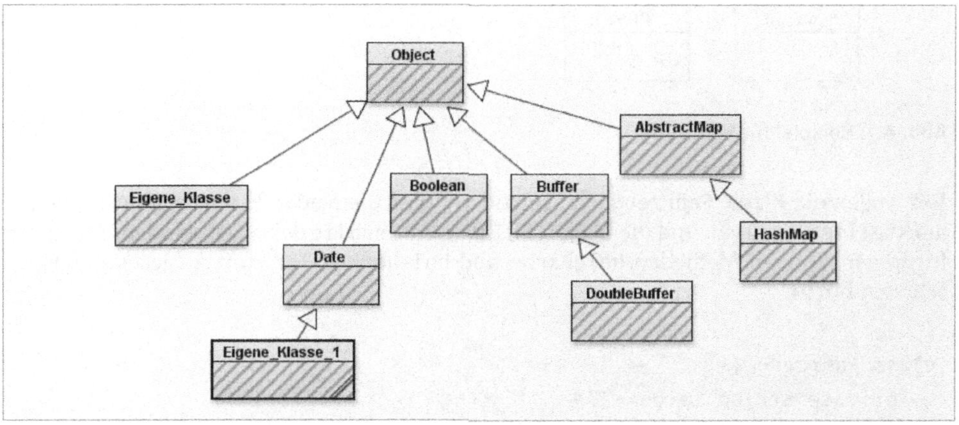

Abb. A.2: Beispiele für die Objekthierarchie von Java-Klassen

Selbst wenn Sie eine Klasse schreiben, die selber keine Methode besitzt, erbt diese aber alle Methoden der Klasse `Object`. Im nächsten Beispiel hat die Klasse `Eigene_Klasse` keine eigene Methode oder Eigenschaft, sie besitzt dennoch die vererbten Methoden der Klasse `Object`, und zwar, obwohl in der Klassendefinition nicht `extends Object` steht.

Im folgenden Beispiel wird eine Instanz der Klasse `Eigene_Klasse` gebildet und darüber werden die Methoden `toString` und `hashCode` aufgerufen. Beide Methoden wurden von `Object` geerbt.

```
public class Eigene_Klasse
{
   public Eigene_Klasse() {}

   public static void main(String[] args){
      Eigene_Klasse klasse = new Eigene_Klasse();
      System.out.println(klasse.toString());
      System.out.println(klasse.hashCode());
   }
}
```

Schauen Sie sich im Abschnitt A.4 »Java ist objektorientiert« unter dem Punkt A.4.11 »Vererbung« das Beispiel an. Dort erben die Klassen `Fahrrad` und `PKW` von der Klasse `Fahrzeug`.

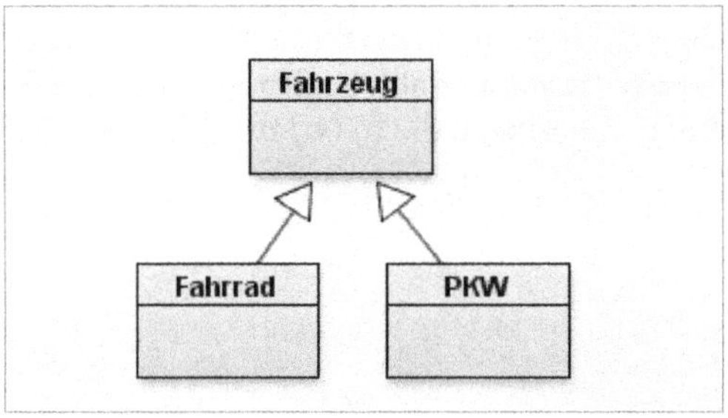

Abb. A.3: Beispiel für Vererbung

Wir wollen die Klasse `Fahrzeug` jetzt so ändern, dass die beiden Eigenschaften `farbe` und `hersteller` als `privat` und die beiden Methoden als `public` deklariert werden. Außerdem fügen wir die zwei Methoden `holeFarbe` und `holeHersteller` zum Auslesen der Eigenschaften hinzu.

```
class Fahrzeug {
   private String farbe ="";
   private String hersteller = "";

   public void setFarbe (String pfarbe){
      farbe = pfarbe;
   }
   public void setHersteller (String phersteller){
      hersteller = phersteller;
   }
   public String holeFarbe(){
      return farbe;
   }
```

```
    public String holeHersteller(){
        return hersteller;
    }
}
```

Die Klassen PKW und Fahrrad haben jetzt keinen direkten Zugriff mehr auf farbe und hersteller. Beide Eigenschaften sind private und deshalb nur innerhalb der eigenen Klasse verfügbar. Da aber alle Methoden der Klasse Fahrzeug public sind, kann in einer abgeleiteten Klasse über die public-Methoden auf die private-Eigenschaften zugegriffen werden.

Hinweise zur Vererbung
Eine Kindklasse (Subclass) kann über die public-Methoden der Elternklasse (Superclass) auf die private-Eigenschaften der Elternklasse zugreifen.
Vererbte Eigenschaften (Variablen) können genau so benutzt werden wie die eigenen.
In der Kindklasse können eigene Eigenschaften angelegt werden.
Auf vererbte Methoden kann genau so zugegriffen werden wie auf die eigenen.
Sie können in der Kindklasse für eine Methode die gleiche Signatur verwenden wie in der Elternklasse. Die Methode aus der Elternklasse wird dadurch überschrieben.
Sie können in der Kindklasse für eine static-Methode die gleiche Signatur verwenden wie in der Elternklasse. Die static-Methode aus der Elternklasse wird dadurch überschrieben.
Es können in der Kindklasse neue Methoden deklariert werden, die es nicht in der Elternklasse gibt.
Im Konstruktor der Kindklasse kann der Konstruktor der Elternklasse aufgerufen werden. Hierzu wird das Schlüsselwort super verwendet.
Es kann kein Konstruktor vererbt werden.

Tabelle A.7: Die Vererbung

Wenn Sie eine Instanz einer Kindklasse erzeugen, kann der Datentyp der Instanzvariable die eigene Klasse oder eine Elternklasse sein. Sie können auch die Object-Klasse als Datentyp verwenden. Versuchen Sie dann aber, auf Eigenschaften und Methoden der Kindklasse zuzugreifen, bekommen Sie beim Kompilieren eine Fehlermeldung, da die Elternklasse die Methoden der Kindklasse nicht kennt.

```
Object obj = new Fahrrad();
Fahrzeug fahrz = new Fahrrad();

//Compiler-Fehler, da setHersteller in Object nicht bekannt ist.
obj.setHersteller("Peugeot");
//Compiler-Fehler, da setDynamo in Fahrzeug nicht bekannt ist.
fahrz.setDynamo("Nabendynamo");
```

Damit Sie eine Elternklasse verwenden können, um auf Methoden der Kindklasse zuzugreifen, müssen Sie den Typ des Objekts wandeln (*casten*). Haben Sie beispielsweise von der Klasse `Fahrrad` eine Instanz vom Datentyp `Object` erzeugt, so können Sie vor dieses Objekt in Klammern den Klassennamen `Fahrrad` (Kindklasse) setzen, um es in den Datentyp der Kindklasse zu wandeln. Nach dem Wandeln können Sie auf alle Elemente der Kindklasse zugreifen.

```
Object obj = new Fahrrad();

Fahrrad rad2 = (Fahrrad)obj; //Cast: Object -> Fahrrad
rad2.setDynamo("Nabendynamo");
rad2.setHersteller("Peugeot");
```

Wie im Beispiel oben zu sehen ist, wurde die Instanz `obj` bei der Zuweisung in ein `Fahrrad`-Objekt gewandelt.

Hinweis

Eine Elternklasse kann durch eine Typwandlung (Cast) in eine Kindklasse gewandelt werden.

```
Kindklasse kindobjekt = (Kindklasse) elternobjekt;
```

Aber wieso will man überhaupt eine Kindinstanz an einen Elterndatentyp übergeben? Die Antwort heißt hier Flexibilität. Sie können nämlich eine beliebige Instanz einem Elternobjekt zuweisen, ohne dass Sie sich um den richtigen Datentyp kümmern müssen. So können Methoden beispielsweise unterschiedliche Typen von Objekten zurückgeben, die dann erst einmal einem `Object`-Typ zugewiesen werden können. In der weiteren Verarbeitung kann dann die richtige Typwandlung vorgenommen werden. Damit ein unbekannter Datentyp identifiziert werden kann, können Sie mit dem `instanceof`-Operator auf einen Typ abfragen.

```
if (obj instanceof Fahrrad) {
   Fahrrad rad2 = (Fahrrad)obj;
}
```

So wird im obigen Beispiel geprüft, ob `obj` eine Instanz von `Fahrrad` ist. Wird dies positiv bewertet, kann `obj` in den richtigen Typ gewandelt werden.

Hinweis

Mit dem `instanceof`-Operator kann geprüft werden, ob ein Objekt die Instanz einer bestimmten Klasse ist.

Objekt `instanceof` Klassenname → true/false

A.4.12 Methoden überschreiben

Wenn Sie in einer Kindklasse eine Methode deklarieren, die nicht `static` ist und die gleiche Signatur aufweist wie eine Methode in der Elternklasse, so wird die Methode der Elternklasse überschrieben. Für diese Kindklasse ist dann die neu definierte Methode relevant. Eine Methoden-Signatur ist dann gleich, wenn die Methodennamen übereinstimmen, der Rückgabeparameter vom gleichen Datentyp ist und alle Übergabeparameter vom gleichen Datentyp sind. In dem nächsten Beispiel wurde die Elternklasse `Ausgabe` mit der Methode `ausgaben` definiert. Von dieser Klasse erben die beiden Kindklassen `Ausgabe1` und `Ausgabe2`. In beiden Kindklassen wird jeweils die Methode `ausgeben` überschrieben.

```
public class Ausgabe
{
    public Ausgabe(){}
    public void ausgeben(){
     System.out.println("Ich bin die Ausgabe der Elternklasse");
   }
}
public class Ausgabe1 extends Ausgabe
{
    public Ausgabe1(){}
    @Override
    public void ausgeben(){
        System.out.println("Ich bin die Ausgabe der
                        Kindklasse (Ausgabe1)");
    }
}
public class Ausgabe2 extends Ausgabe
{
    public Ausgabe2(){}
    @Override
    public void ausgeben(){
        System.out.println("Ich bin die Ausgabe der
                    Kindklasse (Ausgabe2)");
    }
}

public class Test
{
    public Test(){}
    public static void main(String[] args)
    {
      Ausgabe ausgabe = new Ausgabe();
```

```
        Ausgabe1 ausgabe1 = new Ausgabe1();
        Ausgabe2 ausgabe2 = new Ausgabe2();

        ausgabe.ausgeben();
        ausgabe1.ausgeben();
        ausgabe2.ausgeben();
    }
}
// Ausgabe
Ich bin die Ausgabe der Elternklasse
Ich bin die Ausgabe der Kindklasse (Ausgabe1)
Ich bin die Ausgabe der Kindklasse (Ausgabe2)
```

Wenn die Test-Klasse ausgeführt wird, erscheint die Ausgabe wie oben angezeigt. Wie Sie dort sehen können, bleibt die Elternklasse vom Überschreiben in den Kindklassen unberührt.

In dem Beispiel werden Sie zwei Code-Zeilen finden, die ich bisher noch nicht erklärt habe. Und zwar steht jeweils vor den zu überschreibenden Methoden in den Kindklassen `@Override`. Das `@` wird als Annotation bezeichnet und kennzeichnet damit eine Compiler-Anweisung. Im Fall von `@Override` geben Sie damit dem Compiler zu erkennen, dass die folgende Methode eine Methode aus der Elternklasse überschreibt. Wenn Sie das Beispiel nachprogrammieren und die `@Override`-Anweisung wegfallen lassen, läuft das Programm auch einwandfrei. Die Anweisung ist also nicht unbedingt erforderlich. Durch die `@Override`-Anweisung wird das Programm aber leichter lesbar, da direkt ersichtlich ist, dass eine Methode überschrieben worden ist. Außerdem hilft es Ihnen, Fehler zu vermeiden. Wenn Sie sich beispielsweise bei der Eingabe der zu überschreibenden Methode vertippt haben, erhalten Sie beim Kompilieren sofort einen Fehler, da der Compiler versucht, die Methoden-Signatur, die hinter dem `@Override` steht, in der Elternklasse zu finden. Wird diese nicht gefunden, erzeugt der Compiler eine Fehlermeldung.

Wenn Sie das gleiche Szenario wie oben beschrieben mit `static`-Methoden durchführen, werden Sie sehen, dass der Aufruf davon abhängt, ob er von der Elternklasse oder Kindklasse ausgeführt wird. Um dies zu verdeutlichen, nehmen wir die Klasse `Ausgabe` und `Ausgabe1`. In beiden Klassen deklarieren wir jeweils eine `static`- und eine Nicht-`static`-Methode und schauen uns an, wie sich beide Methoden verhalten.

```
public class Ausgabe
{
    public Ausgabe(){}
    public static void ausgebenStatic(){
      System.out.println("Elternklasse static");
    }
   public void ausgeben(){
      System.out.println("Elternklasse");
    }
```

```
}
public class Ausgabe1 extends Ausgabe
{
    public Ausgabe1(){}
    @Override
    public static void ausgebenStatic(){
        System.out.println("Kindklasse static");
    }
    public void ausgeben(){
        System.out.println("Kindklasse");
    }
}

public class Test
{
    public Test(){}
    public static void main(String[] args)
    {
      Ausgabe1 ausgabe1 = new Ausgabe1();
      Ausgabe aus = (Ausgabe)ausgabe1;

      Ausgabe.ausgebenStatic(); //Aufruf der static-Methode
      aus.ausgeben();           //Aufruf der Instanz-Methode
    }
}
// Ausgabe
Elternklasse static
Kindklasse
```

In der `main`-Methode der `Test`-Klasse wird eine Instanz der Kindklasse (`Ausgabe1`) erzeugt. Diese Instanz wird dann durch eine Typwandlung einem Elterntyp (`Ausgabe`) zugewiesen. Es wird dann die `static`-Methode und danach die Instanz-Methode aufgerufen. An der Ausgabe können Sie erkennen, dass die `static`-Methode aus der Elternklasse und die Instanz-Methode aus der Kindklasse stammt.

Beachten Sie bitte, dass Sie die Zugriffsrechte in der Kindklasse gegenüber der Elternklasse weiter öffnen, aber nicht enger fassen können.

Zugriffsrecht der Methode in der Elternklasse	public	protected	ohne Schlüsselwort	private
Mögliche Zugriffsrechte der überschriebenenMethode in der Kindklasse	public	public protected	public protected ohne Schlüsselwort	public protected ohne Schlüsselwort private

Tabelle A.8: Zugriffsrechte bei Eltern- und Kindklassen

A.4.13 Super

Mit dem Schlüsselwort `super` können Sie aus der Kindklasse heraus auf einen Konstruktor der Elternklasse und auf Methoden der Elternklasse zugreifen, die in der Kindklasse bereits überschrieben wurden. Sehen Sie sich dazu im nächsten Beispiel die Klasse `Eltern` an. Sie besitzt einen Konstruktor mit einem Übergabeparameter. Durch diesen wird die Eigenschaft `name` gesetzt. Die Methode `ausgabe` gibt den Wert von `name` aus. Die Kindklasse `Kind` erweitert `Eltern` und überschreibt die Methode `ausgabe`. Mit dem Schlüsselwort `super` wird dort die Methode `ausgabe` aus der Elternklasse aufgerufen und danach eine eigene Ausgabe erzeugt. Im Konstruktor der Klasse `Kind` wird mit `super(name)` der Konstruktor der Klasse `Eltern` aufgerufen.

```
public class Eltern {
    public String name = null;
    //Konstruktor mit einem Übergabeparameter
    public Eltern(String name){
       this. name = name;
    }
    public void ausgabe() {
       System.out.println("Eltern: Name = " + name);
    }
}
public class Kind extends Eltern {

     public Kind(String name){
         super(name); //Konstruktor von Eltern aufrufen
     }

    @Override
    public void ausgabe() {
       super.ausgabe(); // Methode von Eltern
       System.out.println("Kind: Name = " + name);
    }
    public static void main(String[] args) {
        Kind kind = new Kind("Schmidt");
        kind.ausgabe();
    }
}
//Ausgabe
Eltern: Name = Schmidt
Kind: Name = Schmidt
```

Immer, wenn das Schlüsselwort `super` verwendet wird, müssen Anzahl und Typen der Übergabeparameter mit denen der Elternklasse übereinstimmen.

A.4.14 Überschreiben unterbinden

Wenn Sie nicht wollen, dass bestimmte Methoden aus einer Klasse von den Kindklassen überschrieben werden dürfen, können Sie dies mit dem Schlüsselwort `final` durchsetzen.

```
final float berechneGeschwindigkeit(float zeit, float weg){
    ...
}
```

A.4.15 Abstrakte Klassen und Methoden

Es gibt Situationen, in denen es sinnvoll ist, wenn es in einer Klasse nicht nur implementierte Methoden gibt, sondern auch Methoden-Signaturen. In solch einem Fall spricht man bei den Methoden-Signaturen von abstrakten Methoden, die Sie mit dem Schlüsselwort `abstract` kennzeichnen müssen. Hat eine Klasse mindestens eine abstrakte Methode, wird sie als abstrakte Klasse bezeichnet und muss ebenfalls mit dem Schlüsselwort `abstract` gekennzeichnet werden. Von ihr kann aber keine Instanz gebildet werden und sie kann erst genutzt werden, wenn von ihr eine Kindklasse erzeugt wird, die dann alle abstrakten Methoden implementiert.

Um das Prinzip von abstrakten Klassen besser verstehen zu können, sehen Sie sich die Klasse `Brief` an. Sie soll einen festen Briefkopf und einen Brieffuß ausgeben. Der eigentliche Inhalt des Briefes wird in dieser Klasse nicht implementiert, sondern durch die abstrakte Methode `schreibeBrieftext` deklariert. Die Methode `schreibeBrief` ruft nacheinander die Methoden für den Briefkopf, Briefinhalt und Brieffuß auf.

```
public abstract class Brief
{
    private String nachname;
    Brief(String nachname){
        this.nachname = nachname;
    }
    private void schreibeBriefkopf(){
        System.out.println("Sehr geehrte Frau " +
              nachname + ",\n");
    }

    public abstract void schreibeBrieftext();

    private void schreibeBrieffuss(){
        System.out.println("\nMit freundlichen Grüßen");
        System.out.println("Michael Grugelmeier");
    }
    public void schreibeBrief(){
        schreibeBriefkopf();
```

```
        schreibeBrieftext();
        schreibeBrieffuss();
    }
}
```

Um die Klasse `Brief` nutzen zu können, schreiben wir die Klasse `Mieterhoehung`. Sie erweitert die Klasse `Brief` und implementiert die Methode `schreibeBrieftext`. Es wird hier also in einer Kindklasse eine Methode implementiert, die in der Elternklasse nur als Methoden-Signatur deklariert ist. In unserem Beispiel wird eine Instanz der Klasse `Mieterhoehung` erzeugt und die Methode `schreibeBrief` aufgerufen.

```
public class Mieterhoehung extends Brief
{
    Mieterhoehung(String vorname){
        super(vorname);
    }
    public void schreibeBrieftext(){
        System.out.println("ich muss Ihnen leider mitteilen ...");
    }
    public static void main(String[] args){
        Mieterhoehung miete = new Mieterhoehung("Schmidt");
        miete.schreibeBrief();
    }
}

// Ausgabe
Sehr geehrte Frau Schmidt,

ich muss Ihnen leider mitteilen ...

Mit freundlichen Grüßen
Michael Grugelmeier
```

Abstrakte Klassen werden immer dann eingesetzt, wenn eine Klasse möglichst flexibel eingesetzt werden soll und Details noch nicht weiter implementiert werden. In den Kindklassen kann dann die Verfeinerung umgesetzt werden. In Java-Bibliotheken, die an andere Entwickler weitergegeben werden, finden Sie oft abstrakte Klassen.

A.5 Wrapper-Klassen für numerische Datentypen

Die primitiven Datentypen, die Java bereitstellt, haben Sie schon kennengelernt. Da diese Datentypen keine Objekte sind, stellen sie auch keine weitere Funktionalität bereit. Wenn Sie aber einen primitiven Datentyp beispielsweise in eine Zeichenkette oder in einen anderen numerischen Datentyp konvertieren wollen, benötigen Sie immer eine zusätzliche Klasse, die Ihnen das Konvertieren abnimmt. Wären die numerischen Datentypen Objekte, könnten Sie beispielsweise ein `Object`-Array anlegen und ganz unterschiedliche Datentypen darin speichern.

```
Object[] arrayDatentype =  new Object[3];
```

Sie bräuchten sich also bei der Deklaration noch nicht für einen Datentyp zu entscheiden.

Um numerische Datentypen besser verarbeiten und konvertieren zu können, stellt die Java-Bibliothek die sogenannten Wrapper-Klassen zur Verfügung. Es gibt für jeden primitiven Datentyp eine entsprechende Wrapper-Klasse. Da es in den verschiedenen Wrapper-Klassen Methoden gibt, die in ihrer Signatur übereinstimmen, wurden diese in der abstrakten Klasse `Number` definiert und in allen Wrapper-Klassen implementiert.

Viele Java-Bibliotheken, die mit numerischen Datentypen arbeiten, erwarten oft ein Objekt anstatt eines primitiven Datentyps. Die Komplexität der Wrapper-Klassen mit ihren vielen Konvertierungsmöglichkeiten sorgt für eine starke Vereinfachung im Umgang mit numerischen Datentypen und macht den Programmcode leichter lesbar. Wenn Sie später grafische Oberflächen entwickeln, werden Sie sehr schnell feststellen, wie oft Sie Zeichenketten in numerische Datentypen und numerische Datentypen in Zeichenketten wandeln müssen.

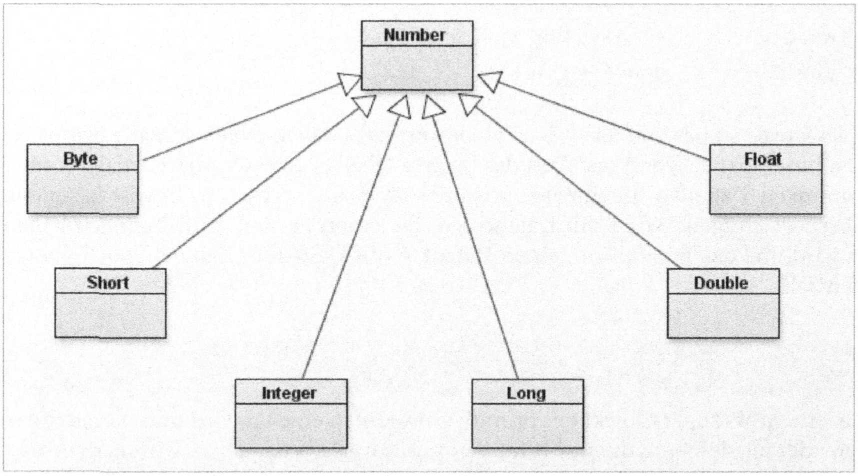

Abb. A.4: Wrapper-Klassen für numerische Datentypen

Um ein Wrapper-Objekt zu erzeugen, stehen Ihnen für alle numerischen Datentypen immer zwei Konstruktoren bereit, in denen Sie den Zahlenwert einmal als Zeichenkette oder als primitiven Datentyp angeben können.

```
Byte byte1 = new Byte((byte)126);
Byte byte2 = new Byte("-128");
Short short1 = new Short((short)32000);
```

```
Short short2 = new Short("-32000");
Integer integer1 = new Integer(357000);
Integer integer2 = new Integer("-320000");
Long long1 = new Long(3456433678903L);
Long long2 = new Long("3456433678903");
Float float1 = new Float(-1245.12E+4);
Float float2 = new Float("-1245.12E+4");
Double double1 = new Double(-3456.523562d);
Double double2 = new Double("-3456.523562");
```

In allen Wrapper-Klassen steht Ihnen der gleiche Satz an Methoden zur Verfügung, um aus einem Wrapper-Objekt einen primitiven Datentyp zu erzeugen. In dem nächsten Beispiel wurde eine Instanz der Wrapper-Klasse `Double` erzeugt und alle verfügbaren Konvertierungsmöglichkeiten wurden aufgerufen.

```
Double wert   = new Double("-123");
byte bwert    = wert.byteValue();     //-123
short swert   = wert.shortValue();    //-123
int iwert     = wert.intValue();      //-123
long lwert    = wert.longValue();     //-123
float fwert   = wert.floatValue();    //-123.0
double dwert = wert.doubleValue();  //-123.0
```

Das Beispiel wurde so gewählt, dass der Zahlenwert des `Double`-Objekts in alle primitiven Datentypen hineinpasst. Wenn der Wert des `Double`-Objekts aber so groß ist, dass er nicht in den primitiven Datentyp hineinpasst, wird der Wert auf 0 gesetzt. Dies ist besonders dann zu berücksichtigen, wenn mit Datentypen, die einen großen Zahlenbereich haben, gerechnet wird und das Ergebnis an einen Datentyp mit kleinerem Zahlenbereich übergeben werden soll.

Hinweis

Wenn aus einem Wrapper-Objekt ein primitiver Datentyp erzeugt wird und dieser einen zu großen oder zu kleinen Zahlenwert für den primitiven Datentyp hat, wird der zurückgegebene Wert auf 0 gesetzt.

```
Double wert   = new Double("-1235433.424");
byte bwert    = wert.byteValue();   // bwert = 0
```

Die Wrapper-Klassen stellen jeweils zwei Methoden für jeden Datentyp bereit, mit dem Sie Zahlenwerte vergleichen können. Die `compareTo`-Methode vergleicht zwei Werte und liefert eine 1 für größer, eine 0 für gleich und eine -1 für kleiner. Und die `equals`-Methode prüft auf Gleichheit und liefert `true` oder `false` zurück. Im nächsten Beispiel wurden die Vergleiche mit Integer-Werten durchgeführt und die Ergebnisse der Vergleiche als Kommentar hinter den Vergleich geschrieben.

```
Integer intwert = new Integer(3500);
int kleiner = intwert.compareTo(new Integer(3000));   // 1
int gleich = intwert.compareTo(new Integer(3500));    // 0
int groesser = intwert.compareTo(new Integer(4000));  // -1
boolean bool = intwert.equals(new Integer(3500));     // true
bool = intwert.equals(new Integer(3501));             // false
```

Alle Beispiele, die wir uns bisher angesehen haben, bezogen sich immer auf die erzeugte Instanz. Es gibt aber auch eine ganze Reihe von Klassen-Methoden, die Sie direkt aufrufen können, ohne eine Instanz zu erzeugen. So sehen Sie in dem nächsten Beispiel, wie Sie mit statischen Methoden Binär-, Hexadezimal-, Oktal- und Dezimal-Zeichenketten erzeugen können. Die Ergebnisse habe ich wieder als Kommentar hinter die Ausdrücke geschrieben.

```
String binary  = Integer.toBinaryString(356); //101100100
String hex     = Integer.toHexString(356);    //164
String octal   = Integer.toOctalString(356);  //544
String intstr  = Integer.toString(356));      //356
```

Es gibt aber noch viele Methoden, die ich hier nicht vorgestellt habe. Diese müssen bei Bedarf in der Dokumentation nachgelesen werden. Viel einfacher werden Sie später an diese Information herankommen, wenn Sie die Java-Programme nicht mehr mit einem Texteditor, sondern mit einer Java-Entwicklungsumgebung schreiben, die Ihnen die Dokumentation zu einer Klasse per Tastenkürzel anzeigt.

A.6 Zeichenkette (String)

Wenn Sie in Java Zeichenketten benutzen, stehen Ihnen viele Methoden bereit, um diese zu bearbeiten und zu konvertieren. Dies ist möglich, da es sich bei Zeichenketten nicht um primitive Datentypen handelt, sondern um Objekte, die Instanz- und Klassen-Methoden bereitstellen. Sie haben aber eine gesonderte Stellung, da ein String-Objekt nicht nur über den new-Operator erzeugt werden kann, sondern durch die direkte Zuweisung einer Zeichenkette an eine Variable. Sehen Sie sich dazu die Deklarationen im nächsten Beispiel an. Hier wurde zuerst ein Objekt mit dem new-Operator und danach durch die vereinfachte Schreibweise eine direkte Zuweisung erzeugt.

```
String str1 = new String("Hallo Raspberry Pi!");
String str2 = "Hallo Java!"
```

Sie haben außerdem die Möglichkeit, dem String-Konstruktor ein Array von char-Werten zu übergeben und dadurch eine Zeichenkette zu erzeugen.

```
char[] char1 = {'H','i','e','r',' ','s','t','e','h','t',' ',
'T','e','x','t','!'};
String xtr2 = new String(char1);
```

Auch beim Verbinden zweier Zeichenketten stehen Ihnen zwei unterschiedliche Verfahren zur Verfügung. Zum einen stellt die String-Klasse die Methode `concat` bereit, um an ein bestehendes String-Objekt einen String anzuhängen, oder Sie benutzen den Plus-Operator, um dies zu realisieren.

```
String satz1 = new String("Sie können ");
String satz2 = satz1.concat("Zeichenketten auf verschiedene ");
String satz3 = satz2 + "Weise verbinden!";
System.out.println(satz3);
//Ausgabe:
//Sie können Zeichenketten auf verschiedene Weise verbinden!
```

Neben dem Anhängen von Zeichenketten können Sie auch einzelne Zeichen oder Zeichenketten aus einem String-Objekt extrahieren. Bevor Sie sich aber die entsprechenden Methoden ansehen, müssen Sie wissen, wie eine Zeichenkette aufgebaut ist. Schauen Sie sich dazu die Zeichenkette `SONNENSCHEIN` in der folgenden Abbildung an. Dort sehen Sie über jedem Zeichen einen Index, der mit 0 beginnt und dann pro Zeichen um 1 erhöht wird.

0	1	2	3	4	5	6	7	8	9	10	11
S	O	N	N	E	N	S	C	H	E	I	N

Das erste Zeichen hat also den Index 0 und das zwölfte Zeichen den Index 11. Um mit dem Index arbeiten zu können, benötigen Sie sehr oft die Länge der Zeichenkette. Diese können Sie mit der Methode `length` ermitteln, die die Länge als `int`-Wert zurückgibt.

```
String wert = "SONNENSCHEIN";
int laenge = wert.length(); // laenge = 12
```

Um einen einzelnen `char`-Wert an einer bestimmten Position in einer Zeichenkette zu erfragen, können Sie die Methode `charAt` benutzen. Wenn Sie eine Zeichenkette von einem Startindex bis zu einem Endindex erfragen möchten, können Sie dies mit der Methode `substring` tun.

```
String satz = "Meine Tante flog zum Mond";
String str1 = satz.substring(6, 11);
String str2 = satz.substring(21);
char  char1 = satz.charAt(17);
System.out.println(str1);  // Tante
System.out.println(str2);  // Mond
System.out.println(char1); // z
```

Beachten Sie bitte, dass bei der Methode `substring` die Startposition immer dem Laufindex entspricht. Der erste Buchstabe in dem Wort *Tante* steht auf dem Indexwert 6. Der letzte Buchstabe steht auf dem Indexwert 10, hierbei müssen Sie aber als Endpunkt den

Indexwert plus eins angeben. Die Methode `substring`, die nur die Startposition entgegennimmt, gibt von dieser Position alle Zeichen bis zum Ende der Zeichenkette zurück. Bei der Methode `charAt` ist es relativ einfach, da hier genau das Zeichen zurückgegeben wird, das als Indexwert übergeben wurde. Die folgende Darstellung macht die etwas gewöhnungsbedürftige Angabe von Start- und Stoppposition deutlich.

0	1	2	3	4	5	6	7	8	9	10	**11**	12	13	14	15	16	17	18	19	20	21	22	23	24
M	e	i	n	e		T	a	n	t	e		f	l	o	g		z	u	m		M	o	n	d
						`substring` `(6, **11**)`											charAt(17)				`substring` `(21)`			

Eine weitere sehr nützliche Methode zur Verarbeitung von Zeichenketten ist die Methode `split`. Mit ihr können Sie in einer gegebenen Zeichenkette nach einzelnen Zeichen oder einer Zeichenfolge suchen lassen und die Zeichenkette an den Fundstellen in Teil-Zeichenketten aufteilen lassen. Als Ergebnis erhalten Sie dann ein Array von Zeichenketten. Im nächsten Beispiel wurde eine Zeichenkette mit Zahlenwerten, die durch Semikolon getrennt sind, genommen. Dies könnten z.B. Messwerte sein, die Sie aus einer Datei ausgelesen haben. Mit `split` und dem Semikolon als Trennzeichen erhalten Sie ein Array von Zeichenketten. In jedem Element steht dann der Messwert als Zeichenkette.

```
String zeile = "21.2;23.5;17.3;15.2";
String[] array = zeile.split(";");
//Ergebnis
//array[0] = 21.2
//array[1] = 23.5
//array[2] = 17.3
//array[3] = 15.2
```

Die Angabe von Trennzeichen in der Methode `split` ist keine einfache Zeichenkette, sondern ein regulärer Ausdruck, mit dem auch sehr komplexe Suchvorgänge erzeugt werden können.

Die String-Klasse besitzt auch einige Methoden, mit denen Sie prüfen können, ob und an welcher Position eine Zeichenkette in einer anderen enthalten ist. Dabei können Sie nach dem ersten oder letzten Vorkommen mit `indexOf` und `lastIndexOf` suchen lassen.

```
String zeile = "Die Katze liegt auf der Matratze";
int firstPos = zeile.indexOf("atze"); // firstPos = 5
int lastPos = zeile.lastIndexOf("atze"); // lastPos = 28
```

Wenn Sie in einer Zeichenkette einzelne Zeichen oder Zeichenketten ersetzen wollen, können Sie dies mit den `replace`-Methoden umsetzen. Ich möchte Ihnen hier nur die zwei Methoden `replaceAll` und `replaceFirst` vorstellen, mit denen Sie über einen regulären Ausdruck suchen und eine Zeichenkette ersetzen können. Aus dem folgenden Beispiel ist die Funktionsweise der beiden Methoden zu ersehen.

```
String satz1 = "Fuer fuenf Fluege.";
satz1 = satz1.replaceAll("ue", "ü");
System.out.println(satz1); //Für fünf Flüge.

String satz2 = "Fuer fuenf Fluege.";
satz2 = satz2.replaceFirst("ue", "ü");
System.out.println(satz2); //Für fuenf Fluege.
```

Was jetzt noch fehlt, ist ein einfacher Vergleich zweier Zeichenketten. Hierzu bietet die String-Klasse die Methode `equals`, mit der Sie überprüfen können, ob zwei Zeichenketten vollständig übereinstimmen. Trifft dies zu, gibt die Methode `true` zurück, ansonsten liefert sie `false`. Sie haben aber auch die Möglichkeit, nur den Anfang oder das Ende zweier Zeichenketten zu vergleichen. Hierzu können Sie die Methoden `startsWith` und `endWith` heranziehen.

```
String tier1 = "BÄR";
String tier2 = "AMEISENBÄR";
String tier3 = "AMEISEN";
System.out.println(tier1.equals(tier2));       // false
System.out.println(tier2.startsWith(tier3));   // true
System.out.println(tier2.endsWith(tier1));     // true
```

A.7 Character

Die `Character`-Klasse ist die Wrapper-Klasse für den primitiven Datentyp `char`. Im Gegensatz zu `String` können bei `char` nur einzelne Zeichen verarbeitet werden. Die `Character`-Klasse bietet Ihnen die Möglichkeit, Zeichen zu klassifizieren. So können Sie zum Beispiel einzelne Zeichen aus einer Zeichenkette mithilfe der `Character`-Klasse untersuchen. Sie können prüfen, ob es sich bei einem Zeichnen um einen Buchstaben, eine Zahl oder um ein Whitespace handelt. Whitespace-Zeichen sind Zeichen, die im normalen Text nicht zu sehen sind. Darunter fallen zum Beispiel Leerzeichen, Zeilenumbrüche, Tabulator-Zeichen und so weiter. Außerdem können Sie prüfen, ob es sich um einen Groß- oder Kleinbuchstaben handelt, und können diesen auch nach Groß- oder Kleinschreibung konvertieren. Im nächsten Beispiel sind zur Anschauung die wichtigsten Methoden der `Character`-Klasse angewendet. Die Zeichenkette `satz` wird hier für einen Test herangezogen und einzelne Zeichen aus dieser Zeichenkette werden als `char`-Variablen gespeichert. Danach werden `static`-Methoden getestet und zum Schluss eine Instanz der Klasse `Character` erzeugt. Hierfür wurde die Variable `zm` dem Konstruktor übergeben und mit dem übergebenen Zeichen dann auf Gleichheit mit den Zeichen `m` und `M` getestet. In der letzten Zeile wird dann `zm` als String ausgegeben.

```
String satz = "Name: Meier\t Telefonnummer: 02200/35465";
char zN = satz.charAt(0);     //N
char zm = satz.charAt(2);     //m
```

```
char zLeer = satz.charAt(5);  // Leerzeichen
char zZUmb = satz.charAt(11); // \t Tabulator
char zZahl = satz.charAt(28); // 0
// Static-Aufrufe der Klasse Character
System.out.println(Character.isLetter(zN));           //true
System.out.println(Character.isLetter(zm));           //true
System.out.println(Character.isLowerCase(zN));        //false
System.out.println(Character.isLowerCase(zm));        //true
System.out.println(Character.isUpperCase(zN));        //true
System.out.println(Character.isWhitespace(zLeer));//true
System.out.println(Character.isWhitespace(zZUmb));//true
System.out.println(Character.isDigit(zZahl));         //true
System.out.println(Character.toUpperCase(zm))         //M
System.out.println(Character.toLowerCase(zN));        //n
// Eine Instanz der Klasse Character
Character wert = new Character(zm);
System.out.println(wert.equals('m'));  //true
System.out.println(wert.equals('M'));  //false
System.out.println(wert.toString());   //m
```

Beachten Sie bitte, dass char-Zeichen in einfachen Hochkommas und Zeichenketten (Strings) in doppelten Hochkommas stehen.

```
char zeichen = 'X';
String zeichenkette = "X";
```

A.8 Boolean

Mit der Boolean-Klasse haben Sie die Möglichkeit, zwischen boolean, Boolean und String zu konvertieren. So können Sie beispielsweise mit der static-Methode toString aus einem boolean-Wert die entsprechende Zeichenkette true oder false erzeugen. Oder umgekehrt eine Zeichenkette parsen und daraus einen boolean-Wert erzeugen. Sehen Sie sich dazu das nächste Beispiel an, in dem mit static-Methoden und einer Instanz der Klasse Boolean die verschiedenen Datentypen erzeugt werden.

```
boolean bTrue = true;
boolean bFalse = false;
// Static-Aufrufe der Klasse Boolean
System.out.println(Boolean.toString(bTrue));//"true" (String)
System.out.println(Boolean.toString(bFalse));//"false" (String)
System.out.println(Boolean.parseBoolean("true")); // true
System.out.println(Boolean.parseBoolean("false"));// false
```

```
System.out.println(Boolean.parseBoolean("TRUE")); // true
System.out.println(Boolean.parseBoolean("FALSE"));// false
System.out.println(Boolean.parseBoolean("HALLO"));// false
System.out.println(Boolean.parseBoolean(""));     // false
// Eine Instanz der Klasse Boolean
Boolean w = new Boolean(bTrue);
boolean wert = w.booleanValue(); // true
```

A.9 Exceptions

Wenn in einem Java-Programm zur Laufzeit ein Fehler auftritt, wird ein Exception-Objekt erzeugt, das Informationen über den Fehler beinhaltet. Dieses Objekt wird an die Laufzeitumgebung übergeben und die versucht, eine Fehlerbehandlung zu finden, die dann auf den Fehler reagieren kann. Dabei wird folgendermaßen vorgegangen. Tritt der Fehler in einer Methode auf, wird in dieser geschaut, ob es eine dem Fehler entsprechende Fehlerbehandlung gibt. Wird keine gefunden, so wird der Fehler an die Stelle weitergeleitet, die die Methode aufgerufen hat. Von dort wird nach dem gleichen Verfahren vorgegangen, bis eine Fehlerbehandlung gefunden wurde. Wenn es aber keine Fehlerbehandlung gibt, wird die im Exception-Objekt gespeicherte Fehlermeldung auf der Konsole ausgegeben. Im nächsten Beispiel wird in der Methode `test()` ein Array von Strings erzeugt. Anschließend wird auf das Array mit einem Index zugegriffen, den es nicht gibt. Bei zwei Array-Elementen gibt es den Index 0 und 1, es wird aber versucht, auf den Index 2 zuzugreifen.

```
public class FehlerKette
{
  public void test(){
    String[] werte = {"23", "24"};
    String wert = werte[2];
  }
  public void test1(){
    //...
    test();
  }
  public static void main(String[] args){
    FehlerKette fehlerKette = new FehlerKette();
    fehlerKette.test1();
  }
}
```

In der Methode `test()` wird nach einer Fehlerbehandlung gesucht; da dort keine existiert, wird in `test1()` und danach in der `main`-Methode gesucht. Ohne erfolgreiche Suche wird die Fehlermeldung letztendlich auf der Konsole ausgegeben. In diesem Fall wird eine

`ArrayIndexOutOfBoundsException` ausgegeben. Außerdem können Sie die Methodenhierarchie sehen, die durchlaufen wurde.

```
java.lang.ArrayIndexOutOfBoundsException: 2
    at FehlerKette.test(FehlerKette.java:6)
    at FehlerKette.test1(FehlerKette.java:11)
    at FehlerKette.main(FehlerKette.java:16)
```

Um in Java eine Fehlerbehandlung umzusetzen, gibt es den sogenannten `try catch`-Block.

Hinweis

Mit einem `try-catch`-Block können Fehler abgefangen werden.

```
try{
...
}catch(...){
...
}
```

Hierbei wird in dem `try`-Block der Programmteil eingefügt, der auf einen Fehler geprüft werden soll. Im `catch`-Block erfolgt dann die eigentliche Fehlerbehandlung. Über den in runden Klammern stehenden Ausdruck hinter dem Schlüsselwort `catch` wird das Exception-Objekt an den `catch`-Block übergeben. Für unser obiges Beispiel muss man sich zuerst entscheiden, ob der Fehler in `test()`, `test1` oder der `main`-Methode abgefangen werden soll. Wir wählen hier die `test()`-Methode und setzen dort den `try-catch`-Block.

```
public void test(){
  try{
    String[] werte = {"23", "24"};
    String wert = werte[2];
  }catch(ArrayIndexOutOfBoundsException ex){
     System.out.println("Es wird ein falscher Index benutzt.");
     System.out.println(ex.getMessage() );
  }
}
```

In diesem Falle bleibt nur die Ausgabe einer eigenen Fehlermeldung und den Fehlertext des Exception-Objektes auf der Konsole auszugeben. Auch wenn die Fehlerbehandlung in unserem Falle nicht sehr sinnvoll ist, zeigt es aber, dass man in dem catch-Block auch Zugriff auf das Exception-Objekt hat. Außerdem macht es deutlich, dass der Programmierer alle Exception-Objekte kennen muss, die in dem try-Block auftreten können. So kommt es sehr oft vor, dass es zu einem try-Block mehrere catch-Blöcke mit unterschiedlichen Exception-Objekten gibt.

Hinweis

Zu einem try-Block kann es mehrere catch-Blöcke geben.

```
try{
...
}catch(...){
...
}catch(...){
...
}
```

Bei der Verarbeitung von Exception-Objekten gibt es aber noch Unterschiede zu beachten. Nicht jedes Exception-Objekt wird vom Java-Compiler gleichermaßen behandelt. So gibt es zum Beispiel Exceptions, die abgefangen werden müssen, andere hingegen können, müssen aber nicht abgefangen werden. Würden Sie zum Beispiel in der Methode `test()` den folgenden Programmcode eingeben, würde es zu einem Compiler-Fehler kommen.

```
public void test() {
 PrintWriter pw = new PrintWriter(new FileWriter("OutFile.txt"));
 //...
 pw.close;
}
```

Der Compiler meldet sich hier mit der folgenden Fehlermeldung, die uns darauf aufmerksam macht, dass das Exception-Objekt `IOException` in einem `try-catch`-Block abgefangen oder der Fehler an die nächsthöhere Instanz weitergegeben werden muss.

```
unreported exception java.io.IOException; must be caught or declared to
be thrown
```

Richtig wäre an dieser Stelle Folgendes.

```
public void test() {
 try{
  PrintWriter pw = new PrintWriter(new
        FileWriter("Textdatei.txt"));
   //...
   pw.close;
 }catch(IOException ex){
    //Hier muss die Fehlerbehandlung hin ...
 }
}
```

Man kann aber auch hinter `test()` das Schlüsselwort `throws` setzen, wodurch der Fehler direkt an die nächsthöhere Instanz weitergegeben wird. Diese muss dann den `try-catch`-Block implementieren.

```
...
public void test() throws IOException {
 PrintWriter pw = new PrintWriter(new FileWriter
      ("OutFile.txt"));
 //...
 pw.close;
}

public static void main(String[] args) {
  TestThrow2 test = new TestThrow2();
  try{
    test.test();
  }catch(IOException ex){
    //...
  }
}
```

Hinweis

Mit dem Schlüsselwort `throws` kann ein Fehler an die nächsthöhere Instanz weitergeleitet werden.

`MethodeName() throws NameException`

Welche Fehler abgefangen werden müssen und welche nicht, ist nicht zufällig, sondern richtet sich nach der Elternklasse eines Exception-Objekts. Immer wenn ein Exception-Objekt von `Error` oder `RuntimException` abgeleitet wurde, muss kein `try-catch`-Block implementiert werden, in allen anderen Fällen schon. Wenn Sie also Klassen nutzen, die Sie selber nicht programmiert haben, hilft nur ein Blick in die Dokumentation oder Sie lassen es auf den Compiler-Fehler ankommen und setzen dann den `try-catch`-Block.

Hinweis

Alle von `Error` und `RuntimeException` abgeleiteten Klassen müssen nicht zwingend einer Fehlerbehandlung unterzogen werden.

Namenskonvention: `NameError`, `NameRuntimeException`.

Hinweis

Alle von `Exception` abgeleiteten Klassen müssen einer Fehlerbehandlung unterzogen werden.

Namenkonvention: `NameException`

In dem vorherigen Beispiel haben wir in dem try-Block die Datei Textdatei.txt zum Schreiben geöffnet und eine Instanz der Klasse PrintWriter erzeugt. Am Ende des Blocks wurde mit pw.close() der Zugriff auf die Datei geschlossen und somit die Datei-Ressource freigegeben. Tritt jetzt zwischen dem Erzeugen und dem Schließen der Datei-Ressource ein Fehler auf, wird der try-Block verlassen, ohne dass pw.close() ausgeführt wird. Eine offene Ressource wird also nicht geschlossen. Für diese Fälle kann man hinter dem catch-Block noch einen finally-Block anhängen. Dieser finally-Block wird immer ausgeführt, wenn es einen zugehörigen try-Block gibt, unabhängig davon, welche Fehler in dem try-Block auftreten. Verlegen Sie pw.close() in diesen Block, ist garantiert, dass die Datei-Ressource ordnungsgemäß geschlossen wird.

Hinweis

Ein finally-Block wird immer ausgeführt, wenn es einen zugehörigen try-Block gibt. Dies ist unabhängig von erzeugten Fehlern im try-Block.

```
try{
...
}catch(...){
...
}catch(...){
...
}finally{
...
}
```

Bevor pw.close() in den finally-Block gelegt werden kann, muss man bedenken, dass das Objekt pw im try-Block deklariert wurde und deshalb auch nur dort bekannt ist. Um auf pw in einem catch- oder finally-Block zugreifen zu können, muss die Deklaration von pw vor den try-Block gelegt werden. Dort wird noch keine Instanz von pw erzeugt, sondern pw mit der Null-Referenz belegt. Außerdem muss im finally-Block vor der Ausführung von pw.close() geprüft werden, ob pw nicht null ist. Damit wird getestet, ob überhaupt schon eine Instanz der Klasse PrintWriter erzeugt worden ist. Dies kann nämlich dadurch verursacht werden, dass vor dem Statement

```
pw = new PrintWriter(new FileWriter("OutFile.txt"))
```

ein Fehler aufgetreten ist.

```
import java.io.*; //Import für die Klasse PrintWriter

public class TestFinally
{
    PrintWriter pw = null;  //Deklaration (noch keine Instanz)
    public void test() {
        try{
            //...
            pw = new PrintWriter(new FileWriter("OutFile.txt"));
```

```
            //...
        }catch(IOException ex){
            //...
        }finally{
            if(pw != null){
                pw.close();
            }
        }
    }
    public static void main(String[] args) {
        TestFinally test = new TestFinally();
        test.test();
    }
}
```

Bis jetzt haben wir immer nur Fehler abgefangen, aber selber noch keine Fehler erzeugt. Sie können aber auch selber Instanzen eines Exception-Objekts erzeugen und mit dem Befehl `throw` an die Laufzeitumgebung überreichen.

Hinweis

Mit dem Schlüsselwort `throw` wird ein Exception-Objekt an die Laufzeitumgebung übergeben.

```
throw new NameException();
throw new NameError();
throw new NameRuntimeException();
```

Schauen Sie sich dazu das nächste Beispiel an, dort wird der Array-Index der Methode `test` übergeben und der übergebene Wert geprüft. Immer wenn `index` größer als 1 ist, wird mit `throw` eine Instanz von `ArrayIndexOutOfBoundsException` an die Laufzeitumgebung überreicht. Ist der Wert von `index` in Ordnung, wird der Inhalt des Arrays für den übergebenen Index auf der Konsole ausgegeben.

```
import java.lang.ArrayIndexOutOfBoundsException;

public class TestThrow
{
    public void test(int index){
        String[] werte = {"23", "24"};
        if(index > 1){
            throw new ArrayIndexOutOfBoundsException();
        }else{
            System.out.println(werte[index]);
        }
```

```
    }

    public static void main(String[] args){
        TestThrow test = new TestThrow();
        test.test(0); // 23
        test.test(1); // 24
        test.test(2); // Fehlermeldung
    }
}
```

Die Klasse `ArrayIndexOutOfBoundsException` ist in dem Package `java.lang` hinterlegt und war in unserem Beispiel das Exception-Objekt. Sie haben aber auch die Möglichkeit, eigene Exception-Klassen zu erzeugen, die dann beispielweise eine eigene Fehlermeldung ausgeben. Um eine solche Klasse zu implementieren, erzeugen Sie eine Klasse, die die Klassen `Error`, `RuntimeException` oder `Exception` erweitert und deren Methoden überschreibt. In unserem Falle haben wir nur die Methode `getMessage()` überschrieben und erreichen damit, dass ein eigener Fehlermeldungstext erzeugt wird.

```
public class MyIndexException extends Error
{
   @Override
   public String getMessage(){
       return "Fehlerhafter Index";
   }
}
```

Wenn Sie jetzt in der Beispielklasse `TestThrow` die Klasse `ArrayIndexOutOfBoundsException` durch die eigene Klasse `MyIndexException` ersetzen, erhalten Sie die folgende Ausgabe auf der Konsole.

```
MyIndexException: Fehlerhafter Index
   at TestThrow.test(TestThrow.java:8)
   at TestThrow.main(TestThrow.java:18)
```

Eigene Exception-Klassen sollten Sie immer dann implementieren, wenn Sie im selbstgeschriebenen Programmcode mit `throw` Exception-Objekte an die Laufzeitumgebung übergeben und die Art des Fehlers sich auf die eigene Implementierung bezieht.

A.10 Garbage-Collector

Wenn Sie in Java programmieren, können Sie beliebig Objekte erzeugen, ohne dass Sie sich über das Bereitstellen von Speicher Gedanken machen müssen. Dies funktioniert so lange, wie die System-Ressourcen ausreichen. Ist der Speicherbedarf eines Programms sehr groß, muss der Programmierer auch schon mal aktiv dazu beitragen, dass nicht mehr benötigte Ressourcen freigegeben werden. Auch wenn wir im Rahmen dieses Buches nicht an die Grenzen herankommen, die uns der Raspberry Pi zur Verfügung stellt, sollten Sie die grundlegende Arbeitsweise der Speicherverwaltung kennen.

Immer wenn Sie von einer Klasse eine Instanz bilden, weisen Sie diese Instanz einer Variablen zu. Über diese Variable haben Sie dann Zugriff auf das Objekt im Speicher. Weisen Sie dieser Variablen dann ein neues Objekt zu, geht der Bezug zum alten Objekt verloren. Variablen, die den Zugriff auf ein Objekt ermöglichen, werden auch Referenz genannt. Der Garbage-Collector sucht regelmäßig nach Speicherobjekten, die mit keiner Referenz verbunden sind, und löscht sie aus dem Speicher. Wann dies genau passiert, möchte ich an einem einfachen Beispiel zeigen. Mit dem `new`-Operator erzeugen wir eine Instanz der Integer-Klasse und weisen diese der Variablen `intwert` zu. Stellen Sie sich jetzt vor, dass die Instanz irgendwo im Arbeitsspeicher abgelegt wird und die Referenz `intwert` auf diese Instanz zeigt. Das angelegte Objekt bleibt jetzt so lange im Speicher, bis entweder die Referenz `intwert` ihre Gültigkeit verliert, der Referenz eine neue Instanz zugewiesen wird oder die Referenz mit dem `null`-Wert belegt wird.

```
Integer intwert = new Integer ("1111");
intwert = new Integer ("2222");
// Integer("1111") hat jetzt keine Referenz mehr.
intwert = null;
// Integer("2222") hat jetzt keine Referenz mehr.
// Der Garbage-Collector löscht beide Instanzen aus dem Speicher.
```

In dem Beispiel wird einer Variablen nacheinander eine neue Instanz zugeordnet. Die alte Instanz besitzt dann keine Referenz und wird irgendwann vom Garbage-Collector aus dem Speicher gelöscht. Ohne aktives Eingreifen bestimmt bei referenzlosen Objekten die Speicherverwaltung den Zeitpunkt des Löschens. Mit dem Setzen einer Referenz auf den `null`-Wert erreichen Sie auf jeden Fall eine Löschung. Beachten Sie aber, dass mehrere Referenzen auf ein Objekt zeigen können. Die Löschung des Objekts erfolgt erst dann, wenn alle Referenzen aufgehoben sind.

A.11 Packages

Unter einem Package versteht man die Gruppierung von Klassen und Interfaces, die dann mit einem bestimmten Namensraum und einem Zugriffsrecht ausgestattet sind. Durch die Organisation von Software in Packages ist der Java-Compiler in der Lage, Java-Dateien zu finden und einzubinden. Das Einbinden von Java-Dateien wird auch als Import bezeichnet. Wenn Sie selber Programmteile in Packages speichern, sollten alle Klassen, die eine logische Einheit bilden, in einem Package zusammengefasst werden. Die Package-Namen sollten so sprechend sein, dass auch andere Entwickler sich leicht zurechtfinden.

Um eine Klasse oder ein Interface in ein Package zu legen, müssen zwei Dinge übereinstimmen. Als Erstes muss in der ersten Zeile der Java-Klasse die `package`-Deklaration stehen und die Java-Klasse muss in einem Verzeichnis gespeichert werden, dessen Name dem `package`-Namen entspricht. Da ein Package eine hierarchische Struktur aufweist, spiegelt sich diese Struktur in einem Verzeichnisbaum wider. Um dies zu verdeutlichen, soll die Klasse `TempMessung.java` in ein Package mit dem Namen `messen` abgelegt werden. Im Verzeichnisbaum soll `messen` an folgender Stelle liegen:

Speicherort der Klasse TempMessung

raspi/hausautomation/messen/TempMessung.java
raspi/hausautomation/messen/TempMessung.class

Zu dem Speicherort muss in der Klasse `TempMessung` eine passende `package`-Deklaration enthalten sein.

```
package raspi.hausautomation.messen;
```

Wie zu erkennen ist, wird die physische Verzeichnisstruktur in der Package-Deklaration durch eine Punktnotation dargestellt. Die Namen in der Package-Deklaration entsprechen den Verzeichnisnamen des Ablageortes.

Mit jeder installierten Java-Version ist auch immer eine umfassende Klassen-Bibliothek installiert. Diese können Sie für Ihre eigenen Programme nutzen. Damit Sie aus Ihren eigenen Klassen darauf zugreifen können, müssen Sie die Klasse importieren. Dies erreichen Sie durch die Importanweisung, die direkt hinter der Package-Deklaration stehen muss. Wenn Sie beispielsweise die `Date`-Klasse aus der Java-Bibliothek in der Klasse `TempMessung.java` verwenden möchten, sehen die ersten Zeilen in dieser Klasse wie folgt aus:

```
package raspi.hausautomation.messen; //Package für TempMessung

import java.util.Date;

public class TempMessung
{
    public Date date = null;
    ...
    date = new Date();
    ...
}
```

Die verwendete Klasse `Date` liegt im Package `java.util`. In diesem Package liegen aber auch noch viele andere Klassen. Immer wenn Sie aus einem Package mehrere Klassen importieren möchten, können Sie auch direkt das ganze Package importieren. Dies erreichen Sie durch den Platzhalter * am Ende der `import`-Deklaration.

Mit dem * können Sie direkt ein ganzes Package importieren

import java.util.*;

Auf alle importierten Klassen können Sie in Ihrer eigenen Klasse zugreifen. Es gibt aber auch die Möglichkeit, über einen voll qualifizierten Zugriff auf Klassen, die nicht importiert wurden, zuzugreifen. Im Beispiel der Klasse `Date` müssen Sie dann bei jedem Aufruf `java.util.Date` schreiben.

Voll qualifizierter Zugriff auf eine Klasse ohne `import`

```
public java.util.Date date = null;
...
date = new java.util.Date();
```

Diese etwas umständliche Schreibweise müssen Sie immer dann verwenden, wenn Sie mit verschiedenen Klassen aus unterschiedlichen Packages arbeiten, die Klassennamen aber gleich benannt wurden. In diese Situation kommen Sie nicht, wenn Sie nur die Java-Bibliothek verwenden. Wollen Sie aber auf andere Bibliotheken zugreifen, die Sie vielleicht selber geschrieben haben oder von Fremdherstellern bezogen haben, kann es vorkommen, dass es zur Namensgleichheit kommt. Hätten Sie beispielsweise selber eine Klasse mit dem Namen `Date` geschrieben und wollten diese mit der Klasse `Date` aus der Java-Bibliothek in einer Klasse gleichzeitig verwenden, so können Sie für eine Klasse die `import`-Deklaration und für die andere Klasse immer den voll qualifizierten Zugriff verwenden. Sie können natürlich auch für beide Klassen mit dem voll qualifizierten Zugriff arbeiten.

Das Package `java.lang` müssen Sie nicht durch `import` einbinden, da der Compiler dies automatisch vornimmt. Das haben Sie bei den bisherigen Beispielen auch immer so gehandhabt. Die Klassen `String`, `System`, `Float`, `Double`, `Byte`, `Integer` und noch einige andere liegen alle im Package `java.lang` und mussten somit nicht extra importiert werden.

In allen bisherigen Beispielen wurden die Klassen nicht in Packages abgelegt, da sie meist aus nur einer Klasse bestanden. In Java bezeichnet man dies als Default-Package und es ist für ganz einfache Programme auch in Ordnung. Es kann aber zu Zugriffsproblemen führen, wenn Sie Klassen aus dem Default-Package und Klassen mit Package-Deklaration in einem Programm verwenden. Die Klassen aus einem Package können dann nicht auf das Default-Package zugreifen. Umgekehrt funktioniert dies aber schon.

Grundsätzlich können Sie auf alle Klassen, die im gleichen Package wie die aufrufende Klasse liegen, zugreifen, ohne einen Import zu verwenden. Alles, was aber außerhalb des eigenen Package liegt, muss importiert werden.

Um einen Überblick über die Java-Bibliothek zu bekommen, können Sie sich im Internet die API zu der auf dem Raspberry Pi installierten Java-Version anschauen. Die API ist das Application Programming Interface und wurde bis jetzt als Java-Bibliothek bezeichnet. Die vollständige Dokumentation zur Version 8 finden Sie auf den Oracle-Seiten:

Dokumentation Application Programming Interface

```
http://docs.oracle.com/javase/8/docs/api/
```

Wenn der Link nicht mehr aktuell sein sollte, finden Sie die API auch immer unter den folgenden Suchbegriffen

```
java se 8 api oracle
```

se steht hier für Standard Edition. Es gibt von Java auch eine Enterprise Edition, die ich hier aber nicht vorstellen möchte.

Stichwortverzeichnis

C

D

R

S

Made in the USA
Las Vegas, NV
11 April 2026

45180639R00319